metzler kompakt

Andreas Kilcher (Hrsg.)

Deutsch-jüdische Literatur

120 Porträts

Verlag J. B. Metzler
Stuttgart · Weimar

Einleitung

Gewöhnlich werden Literaturen unter sprachlichen und kulturellen Gesichtspunkten definiert und voneinander unterschieden. Demnach gibt es die deutsche oder die hebräische, die englische oder die arabische Literatur. Diese Wahrnehmung von Literatur folgt dem im 19. Jahrhundert begründeten Konzept von Nationalliteratur, wonach, wie es etwa Johann Gottfried Herder formulierte, jedes Volk seine eigene Stimme, jede Nation ihre eigene Sprache, ihre eigene Literatur hat.

Mit diesem nationalen konkurrierte allerdings schon zu Beginn des 19. Jahrhunderts ein zweites Modell von Literatur, von Kultur überhaupt, das solcher sprachlichen Differenzierung eine Mehrsprachigkeit, solcher Nationalisierung eine Internationalität von Literatur entgegenstellt. In diesem Sinne hielt Friedrich Schlegel 1803/04 in Köln und Paris Vorlesungen zur *Geschichte der europäischen Literatur*, und in diesem Sinne entwarf der alte Goethe zwischen 1827 und 1829 ein höchst wirkungsmächtiges Konzept von Literatur, das gerade nicht auf Abgrenzung und Konflikt, sondern vielmehr auf Berührung und Kontakt zwischen einzelnen Literaturen basierte: das Konzept der »Weltliteratur«. Gegen nationalliterarische Eingrenzungen öffnete dieses den Blick auf die Wechselverhältnisse zwischen den Literaturen, auf Austausch, Übersetzung und Kommunikation.

Es ist kein Zufall, daß dieses weitreichende und wirkungsmächtige Konzept von Weltliteratur, das bald als Summe des kosmopolitischen Humanismus der Weimarer Klassik galt, gerade im liberalen deutschen Judentum des 19. Jahrhunderts aufgegriffen wurde. Goethes universalistisches Konzept von Literatur konnte so den Begriff der jüdischen Literatur begründen. Namentlich in der sogenannten »Wissenschaft des Judentums«, genauer in der Herausbildung einer jüdischen Literaturwissenschaft durch die Historiker Leopold Zunz und Moritz Steinschneider und in den davon ausgehenden Ausformulierungen einer jüdischen Literaturgeschichte von Gustav Karpeles bis Ludwig Geiger wird deutlich, daß der Begriff einer spezifisch jüdischen Literatur ausgerechnet vor dem Hintergrund eines weltliterarischen Literaturkonzeptes gebildet wurde. Symptomatisch dafür ist, daß der Begriff »Welt-Literatur« gerade mal 15 Jahre, nachdem ihn Goethe formuliert hatte, in jenem Essay auftauchte, der die jüdische Literaturwissenschaft als Disziplin begründete: in dem Aufsatz *Die jüdische Literatur* (1845) von Leopold Zunz. Zunz entwarf hier die jüdische als eine Literatur zwischen den Nationen, Kulturen und Sprachen, als eine Art ›dritten Raum‹ jenseits üblicher kultureller Identitäten, als einen Schreibraum, in dem sich Eigenes und Fremdes, Partikulares und Universales dialektisch überkreuzen und verbinden:

»Eine solche von der Weltgeschichte anerkannte historische Besonderheit sind die Juden nach Volkstum und Bekenntnis ein Ganzes, dessen Richtungen von einheitlichen, mit ihren Wurzeln in das tiefste Alterthum hineinragenden, Gesetzen gelenkt werden, und dessen geistige Erzeugnisse, bereits über zwei Jahrtausende, eine Lebensfaser unzerreißbar durchzieht. Dies ist die Berechtigung zur Existenz, die Begründung der Eigenthümlichkeit einer *jüdischen Literatur*. Aber sie ist auch aufs Innigste mit der Cultur der Alten, dem Ursprung und Fortgang des Christentums, der wissenschaftlichen Tätigkeit des Mittelalters verflochten, und indem sie in die geistigen Richtungen von Vor- und Mitwelt eingreift, Kämpfe und Leiden teilend, wird sie zugleich eine Ergänzung der *allgemeinen Literatur*; aber mit eigenem Organismus, der nach allgemeinen Gesetzen erkannt, das Allgemeine wiederum erkennen hilft. Ist die Totalität der geistigen Betriebsamkeit ein Meer, so ist einer von den Strömen, welche jenem das Wasser zuführen, eben die *jüdische Literatur.*«

Diese Vorstellung der jüdischen als einer Literatur zwischen den Kulturen hat um 1900 – der Wissenschaft des Judentums folgend – der Wortführer des deutschen liberalen Judentums und Goethephilologe Ludwig Geiger aufgegriffen, als er es unternommen hatte, das Feld nicht mehr nur der jüdischen, sondern speziell der *deutschsprachigen* jüdischen Literatur zu beschreiben. Auch er erachtete die deutsch-jüdische als eine Literatur, die jede puristische Vorstellung von Nationalliteratur als irrig erscheinen läßt und kulturelle sowie nationale Grenzen gerade überschreitet. Hundert Jahre nach Schlegels Vorlesungen zur europäischen Literatur formulierte dies Geiger in seinen 1903/04 in Berlin gehaltenen Vorlesungen *Die Juden und die deutsche Literatur*, wo er erklärte: »Wer die deutsche Literatur und Kunst [...] betrachtet, der wird geradezu sagen müssen, daß es eine ausschließlich deutsche Kunst fast niemals gegeben hat.«

Dem verlieh kurz darauf, nunmehr vor dem Hintergrund des Zionismus, der Journalist und Verleger Gustav Krojanker Nachdruck. Er tat dies in seiner vielbeachteten Aufsatzsammlung *Die Juden in der deutschen Literatur* (1922), in der er eine Reihe von jüngeren Autoren von Kafka über Else Lasker-Schüler bis zu Hugo von Hofmannsthal als jüdische Schriftsteller deutscher Sprache vorstellte. Auch Krojanker vertrat hier gegen einen puristischen »Normalbegriff« von Literatur, »der zwischen deutsch und undeutsch leichthin scheidet«, einen »weiteren und wahreren«, nämlich einen »Europa«-Begriff von Literatur, Literatur nämlich »als Inbegriff recht verschiedenartiger Prägungen« kultureller Systeme. So unterschiedlich Geiger und Krojanker die deutsch-jüdische Literatur letztlich auch verstehen – Geiger argumentiert mehr von der deutschen, Krojanker mehr von der jüdischen Kultur her –, stimmen doch beide darin überein, daß sie diese nicht als monokulturelles und nationales Sperrgebiet, sondern als transkulturelles Feld beschreiben, auf dem sich die Sprachen und Figuren verschiedener Kulturen überkreuzen und verbinden. Sie ist weder »deutsch« noch »jüdisch«, sondern – mit Blick auf den ebenso fruchtbaren, vielgestaltigen, konfliktreichen wie kontroversen Zwischenraum – »deutsch-jüdisch«.

Interpretationen eines Zwischenraums: Zur Geschichte der deutsch-jüdischen Literatur

Dieser transkulturelle Raum der deutsch-jüdischen Literatur, den das vorliegende Lexikon umgreift, sei hier einleitend in seiner historischen Ausdehnung in aller Kürze vorgestellt. Es kann dabei gewiß nicht um die Konstruktion einer linearen Geschichte gehen, sondern vielmehr darum, zu zeigen, daß Kontext und Text, Form und Funktion der deutsch-jüdischen Literatur seit ihrer Herausbildung in der Aufklärung zahlreichen Interpretationen und Transformationen unterworfen waren, daß es mithin nicht *die* deutsch-jüdische Literatur gibt, sondern vielmehr eine Vielzahl von eher bruchhaft nach- und nebeneinanderstehenden Formationen.

In der Tat war dieser Raum zwischen der deutschen und der jüdischen Kultur alles andere als selbstverständlich vorhanden; er war vielmehr erst das Ergebnis einer Konstellation, die nun durch die Aufklärung gegeben war. Vor der Aufklärung, waren die Grenzen zwischen der jüdischen und der nicht-jüdischen Welt von beiden Seiten her klar festgelegt, ein Austausch war nur sehr begrenzt bzw. nur nach regulierten Formen möglich, die zugleich ein Machtgefälle begründeten. Daneben gab es zwar zwischen der europäischen und der jüdischen Welt wiederholt auch fruchtbare, intellektuelle und kulturelle Kontakte, vermehrt im Humanismus und im Barock, doch blieben diese im wesentlichen auf kleine Kreise beschränkt. Zudem wurden sie aus jüdischer (d.h. rabbinischer) Sicht vor allem da als problematisch erachtet, wo sie die engen Grenzen des Religionsgesetzes überschritten, wie die Beispiele Uriel da Costa und Baruch Spinoza für das Amsterdam des 17. Jahrhunderts zeigen können. Die Moderne – in Gestalt etwa des kartesianischen Rationalismus und der lateinischen Sprache – erschien hier noch unter dem negativen Vorzeichen der Häresie.

Das änderte sich in Mitteleuropa erst um ca. 1750, indem unter den neuen theologisch-politischen Bedingungen der Aufklärung die kulturellen Grenzen zwischen dem jüdischen und dem nicht-jüdischen Europa durchlässiger wurden. Präzise hier entstand jener neue, dritte Raum zwischen den Kulturen und Sprachen, präzise in diesem transkulturellen Raum ist jenes neue Schreiben angesiedelt, das man als deutsch-jüdische Literatur bezeichnen kann. Während die jüdische Literatur vor der Aufklärung vornehmlich in hebräischer oder jiddischer Sprache verfaßt war, verwendeten die jüdischen Aufklärer seit ca. 1750 erstmals die deutsche Sprache, anstatt ausschließlich Tora und Talmud lernten sie auch die modernen, europäischen Wissenschaften, und anstatt im klar abgegrenzten Raum des Shtetl zu bleiben, gelangten sie aus dem russischen oder polnischen Osten in den Westen, genauer meist in das Preußen Friedrichs II. Das gilt sowohl für Moses Mendelssohn, der mehr noch als zu seinen Lebzeiten von seiner Nachwelt zur Gründer- und Leitfigur der jüdischen Aufklärung erhoben wurde. Es galt genauso für den aus Litauen stammenden Salomon Maimon, dessen Philosophie an Kant und dessen Ästhetik und Psychologie an Karl Philipp Moritz geschult war und der mit seiner *Lebensgeschichte* (1792/93) die erste jüdische Autobiographie geschrieben hat, die eben jene Transgressionen des jüdischen in ein europäisches Wissen, von Ost nach West, aus dem Ghetto in das Berlin der Aufklärung zum Thema machte.

Was Lessing für Mendelssohn, was Kant und Moritz für Maimon waren, das war für den ersten und eigentlichen deutsch-jüdischen Dichter Isachar Falkensohn Behr der Anakreontiker und »preußische Horaz« Karl Wilhelm Ramler. Behrs *Gedichte eines pohlnischen Juden* (1772) waren der bewußt vorgenommene Versuch einer kulturellen Integration über ein antikisierendes Literaturmuster. Nicht um Originalität ging es ihm (was ihm übrigens Goethe in seiner Rezension vorgeworfen hatte), sondern um Akkulturation, ohne aber die jüdische Perspektive dieses Vorhabens zu ignorieren. Im Gegenteil: diese Gedichte sollten zugleich partikular und universal lesbar sein, das lyrische Ich als Menschen und zugleich als »pohlnischen Juden« verstehbar machen.

Die kulturellen und politisch-theologischen Kategorien der Aufklärung – Bildung, Akkulturation und Emanzipation – waren auch die Voraussetzungen der Berliner jüdischen Literatur-Salons, geführt von Schriftstellerinnen wie Henriette Herz, Rahel Varnhagen und Fanny Lewald. Während Goethe den doppelten Anspruch – die Dialektik des Partikularen und Universalen – von Behrs Schreiben mißverstand, wurde er erstmals für Rahel Varnhagen zum Inbegriff der modernen, aufgeklärten und humanistischen europäischen Kultur, Garant von Bildung und Fortschritt. Integration war für die jüdischen Gastgeberinnen dieser Salons allerdings letztlich mit einer weitgehenden Aufgabe jüdischer Identität, auch der konfessionellen, verbunden. Der Universalismus der Aufklärung war nicht nur tolerant gegenüber dem Anderen, sondern zielte hier letztlich darauf, die Andersheit aufzulösen.

Dieser problematischen Seite der Aufklärung waren Heinrich Heine und Ludwig Börne verstärkt ausgesetzt, dies nunmehr angesichts des mit der antinapoleonischen Reaktion in Frage gestellten Liberalismus und des damit einhergehenden neuerstandenen Nationalismus und Antisemitismus, wofür die Hep-Hep-Ausschreitungen um 1819 ein erstes Beispiel waren. Heines berühmte Charakterisierung der Konversion als »Entréebillet zur europäischen Kultur« macht dies in aller Schärfe deutlich. Unter anderem in seinem *Rabbi von Bacherach* (1823/1841) aber hatte Heine – hier in der Form des historischen Romans und damit vergleichbar mit Berthold Auerbachs *Spinoza*-Roman – eben diese Möglichkeiten und Schwierigkeiten jüdischer Modernisierung zum Thema gemacht. Der *Rabbi von Bacherach* kann darüber hinaus auch als Prototyp der wohl verbreitetsten literarischen Formen der deutsch-jüdischen Literatur des 19. Jahrhunderts angesehen werden: der Ghettoliteratur. Sie war allerdings weniger in West-, sondern vor allem im deutschsprachigen Osteuropa entstanden. Ihre Vertreter, am bekanntesten unter ihnen Leopold Kompert und Karl Emil Franzos, thematisierten in unterschiedlichen Konstellationen die Konfliktstellungen zwischen Tradition und Moderne, zwischen jüdischem Shtetl und nicht-jüdischer Umwelt.

Der Optimismus von Bildung, Fortschritt, von kultureller Integration und politischer Emanzipation, der nach der jüdischen Aufklärung grundsätzlich auch die Ghettoliteratur leitete, geriet nach den Gründerjahren und im Wilhelminischen Deutschland zunehmend unter Druck. Spätestens seit dem Berliner Antisemitismus-Streit (1879/80) mit Heinrich von Treitschkes Ruf »Die Juden sind unser Unglück!«, genauer noch seit Eugen Dührings polemischer Schrift *Die Judenfrage als Racen-, Sitten- und Culturfrage* (1881) gab es in Deutschland einen antisemitischen Affekt gegen die kulturelle und literarische Integration der Juden. Dührings Programm bestand darin, die deutsche Literatur von allem Naturalismus, Ästhetizismus, Modernismus, und das hieß nach seiner Überzeugung, von den »verderblichen Eigenschaften« der »Judenrace« zu »reinigen«. »Keiner Nation ist es«, so klagte Dühring über »das literarische Auftauchen des Hebräertums«, »so handgreiflich übel gegangen, wie [...] den Deutschen. In dem Maße wie die ihrige wurde keine der europäischen Literaturen von Judennichtigkeiten absorbiert.« Aufsehenerregende antisemitische Prozesse wie die Dreifus-Affäre in Frankreich (1894–1899) und die Hilsner-Affäre in Böhmen (1899 ff.) machten überdeutlich, daß das aus der Aufklärung hervorgegangene und im Fortschrittsoptimismus des 19. Jahrhunderts verankerte Projekt des Liberalismus und der Assimilation in Gefahr war, zu scheitern.

Die Schlußfolgerungen auf jüdischer Seite nahmen zwei Richtungen ein: Entweder wurde die Forderung einer intensivierten Assimilation aufgestellt, oder aber die nach ihrem Ende in einer neuen Dissimilation. Die erste Schlußfolgerung zogen vor allem liberal-bürgerliche, jüdische Intellektuelle; sie interpretierten den neuerstandenen Antisemitismus als Konsequenz noch mangelnder Assimilation und forderten deshalb, gänzlich in der deutschen Kultur aufzugehen. Der berühmteste Beitrag dieser Art war zweifellos Walter Rathenaus Aufruf *Höre Israel!* (1897). Für zahlreiche deutsch-jüdische Schriftsteller, von Rudolf Borchardt über Ernst Lissauer bis zu Hugo Salus, wurde dies zur Maxime einer kulturellen Haltung, die sich später auch in einem bedingungslosen deutschen Patriotismus im Ersten Weltkrieg äußerte. Nur in kleinen Kreisen – in einem »geheimen

Deutschland« – und auch da nicht ohne Konflikte schien das alte Projekt eines gemeinsamen Raumes noch zu retten, so etwa für Karl Wolfskehl und andere jüdische Dichter im Kreis um Stefan George.

In demselben Jahr, als Rathenaus berühmter Aufruf erschien, fand in Basel der erste Zionistenkongreß statt. Hier versammelten sich unter Theodor Herzls Leitung erstmals diejenigen, die für das Judentum in Europa keine Zukunft mehr sahen, sondern einen eigenen »Judenstaat« forderten, wie Herzls ein Jahr zuvor erschienenene Programmschrift lautete. Während allerdings Herzl – so auch in seinem Roman *Altneuland* (1902) – einen vollständig säkularen Staat auf der Basis der modernen, europäischen Kultur vor Augen hatte, forderte die sogenannte Demokratische Fraktion um Martin Buber seit dem 5. Zionistenkongreß 1902 eine kulturelle Begründung des Zionismus und damit eine »Renaissance« (Buber) der jüdischen Kultur, eine »Geistige Organisation des Judentums« in einer dezidiert jüdischen Wissenschaft, Kunst und Literatur, wie es Moritz Goldstein formulierte. Dieses kulturzionistische Programm artikulierten 1902 die Beiträger des *Jüdischen Almanachs*, des ersten Buches des soeben gegründeten Jüdischen Verlags, unter denen sich neben Martin Buber die jungjüdischen Dichter Berthold Feiwel und Adolph Donath fanden. Einer solchen Fundierung des deutsch-jüdischen Schreibens folgten bis 1933 zahlreiche Schriftsteller, von Max Brod über Eugen Hoeflich bis Ludwig Strauß.

Für die meisten der deutsch-jüdischen Schriftsteller war allerdings eine eindeutige Positionierung zwischen Assimilation und Zionismus, zwischen Europa und »Hyper-Europa« (Goldstein) so nicht zu treffen. Zwischen 1900 und 1933 lokalisierten viele unter ihnen ihr Schreiben gerade in dem transkulturellen Zwischenraum, so prekär er auch geworden war. Aus radikalzionistischer Sicht (etwa Achad Haam, Chaim Nachman Bialik oder Gershom Scholem) taten dies letztlich sogar die deutschen Zionisten, indem sie in deutscher anstatt in der neuerstehenden hebräischen Sprache schrieben. Zwischen den Kulturen sahen sich selbst aber eben vor allem jene, die sich weder der zionistischen Nationalisierung von Literatur und Kultur anschließen wollten, noch dem bürgerlich-liberalen Judentum der assimilierten Elterngeneration folgen konnten. Dabei thematisierten sie auch die Spannung zwischen diesen beiden Vereindeutigungen, so beispielsweise Ludwig Jacobowski in seinem Roman *Werther, der Jude* (1892), Jacob Wassermann in seinem Roman *Die Juden von Zirndorf* (1897) sowie – in aller Schärfe und Not – in seinem berühmten Essay *Mein Weg als Deutscher und Jude* (1921), Arthur Schnitzler in seinem Roman *Der Weg ins Freie* (1908) und in seinem Drama *Professor Bernhardi* (1912), Moritz Goldstein in seinem eine ganze Debatte auslösenden Essay *Deutsch-jüdischer Parnass* (1912), Anton Kuh in seinem ebenso kontrovers diskutierten Essay *Juden und Deutsche* (1921), schließlich Franz Kafka, er allerdings parabolisch verschlüsselt in Erzählungen wie *Bericht für eine Akademie* (1917), *Die Strafkolonie* (1919) oder *Forschungen eines Hundes* (1922).

Vor allem im Umfeld des Expressionismus verstanden zahlreiche deutsch-jüdische Schriftsteller ihr Judentum geradezu als revolutionäre, avantgardistische Position, als literarische, geistige Diaspora jenseits von bürgerlichen Sicherheiten wie Assimilation und Zionismus. Else Lasker-Schüler etwa konstruierte den Mythos der orientalischen, »wilden Juden«, Alfred Döblin folgte zeitweise Nathan Birnbaums Territorialismus, Yvan Goll, Albert Ehrenstein, Alfred Wolfenstein und Lion Feuchtwanger verstanden nicht nur ihr eigenes Schreiben, sondern Literatur überhaupt als Korrelat jüdischer Diasporaexistenz, das jeglicher bürgerlichen Normalität und Sicherheit widerstehen muß. Mit dem Ersten Weltkrieg und dem Zusammenbruch der Habsburgermonarchie wurden zudem auch die Ostjuden in Westeuropa zum Vorbild eines unbürgerlichen, ursprünglicheren und halborientalischen Judentums, gegen das das europäisierte Westjudentum als verloren und aufgelöst erschien. Das beschrieben insbesondere diejenigen, die im Krieg an der Ostfront gedient hatten, so etwa Arnold Zweig (*Das ostjüdische Antlitz*, 1920) und Joseph Roth (*Juden auf Wanderschaft*, 1927).

Die Weimarer Republik blieb von dem Nebeneinander dieser drei Interpretationen von deutsch-jüdischer Literatur gekennzeichnet, also erstens einem assimilatorischen Literaturbegriff, der die möglichst vollständige Integration in die deutsche Literatur forderte, zweitens einem zionistischen Begriff, der ein nationaljüdisches Schreiben und damit letztlich eine neuhebräische Literatur forderte, drittens einer avantgardistischen Literatur jenseits dieser beiden Versuche einer kulturellen Vereindeutigung, und damit die weitestgehende Ausgestaltung jenes dritten Raumes zwischen den Kulturen, Sprachen und Nationen.

Dieser Vielstimmigkeit setzte allerdings die Machtergreifung der Nationalsozialisten 1933 ein Ende. Sie bedeutete für alle drei dieser Modelle deutsch-jüdischen Schreibens eine entscheidende Herausforderung. Eine Bestätigung konnte sie nur den Zionisten sein, die ihre Zukunft in Palästina sahen. Die avantgardistischen Schriftsteller aber flohen so rasch wie möglich ins Exil. Für die liberal-bürgerlichen Juden aber, wie sie nach wie vor der Centralverein deutscher Bürger jüdischen Glaubens repräsentierte, mußte das Projekt Assimilation in den folgenden Jahren – unter steigender Bedrohung – zunehmend als gescheitert erscheinen. Arnold Zweig zog bereits 1933, schon auf dem Weg ins Exil, seine *Bilanz der deutschen Judenheit* (1933), in der er das endgültige Scheitern der deutsch-jüdischen Aufklärungs-Geschichte seit Mendelssohn und des daraus hervorgehenden Projektes Assimilation feststellte.

Nicht so sehr aus zionistischer Überzeugung, sondern um eine sichere Zuflucht zu finden, emigrierten wie Zweig nicht wenige deutsch-jüdische Schriftsteller nach Palästina (u.a. Leo Perutz, Werner Kraft, Else Lasker-Schüler), ohne allerdings dort beachtet zu werden, im Gegenteil: für jüdische Literatur in deutscher Sprache hatten die neuhebräischen Schriftstellerkollegen im jungen Jischuw wenig Verständnis. Die größte Zahl der deutsch-jüdischen Schriftsteller ging jedoch zunächst ins europäische Exil (nach Prag und Wien bis zum Anschluß 1938, nach Frankreich, England, Holland und Italien bis zum Kriegsbeginn, in die Schweiz teilweise bis 1945), um von da aus vielfach in die USA oder gar nach Mexiko (z.B. Anna Seghers) und Südamerika und darüber hinaus zu gelangen; Karl Wolfskehl z.B. gelangte über Italien nach Neuseeland. Unter schwierigsten materiellen, physischen und politischen Umständen fanden sich die meisten, die bis 1933 die Avantgarde der deutschen Literatur mitgetragen haben, als Beobachter der Zerstörung Europas und Kritiker des Totalitarismus. Unter ebenso schwierigen Umständen schrieben und publizierten sie deutschsprachige Texte außerhalb der deutschsprachigen Welt, wo entsprechende Publikationsmöglichkeiten wie Zeitungen (z.B. in Paris), Zeitschriften (etwa Klaus Manns *Die Sammlung*) und Verlage (etwa Allert de Lange und Querido in Amsterdam) erst geschaffen werden mußten, jedoch für viele dennoch nicht erreichbar waren.

Doch nicht alle deutsch-jüdischen Schriftsteller gingen 1933 ins Exil. Bis 1938/39 war es in Deutschland, wenn auch unter zunehmender Bedrohung, möglich, zu schreiben und in jüdischen Verlagen zu publizieren (Schocken-Verlag, Philo-Verlag, Jüdische Buchvereinigung), dies auch gemäß dem Willen der nationalsozialistischen Kulturpolitik, die auf Ghettoisierung drängte und die jüdische Literatur klar von der deutschen getrennt wissen wollte. Für diejenigen, die noch nach 1938/39 in Deutschland blieben, wurde das Schreiben zu einem Ansturm gegen das Äußerste, so etwa für Gertrud Kolmar, Paul Kornfeld, Georg Hermann, Erich Mühsam oder Arno Nadel, einem Äußersten, das nicht wenige deutsch-jüdische Autoren in den Tod in der Gaskammer, aber auch in den Selbstmord getrieben hatte (Egon Friedell, Ernst Toller, Kurt Tucholsky, Ernst Weiss, Alfred Wolfenstein, Stefan Zweig).

Nach 1945 wog die Tatsache des systematisch geplanten und weitgehend durchgeführten Massenmordes an den europäischen Juden unüberwindbar schwer, und es kam der Zweifel auf, nicht nur in deutscher Sprache, sondern überhaupt je wieder schreiben zu können. Wo Kultur bei einer sich selbst überlassenen, morallosen und rein instrumentellen Vernunft – so Adorno und Horkheimer – in Barbarei umschlug, war kein Gedicht mehr möglich. Mit dieser Unmöglichkeit rang nach 1945 die Generation der Überlebenden, deren Schreiben zu einem Versuch wurde, in einer wie auch immer aufgebrochenen Sprache das unsagbar Gewordene dennoch zu sagen (z. B. Paul Celan, Nelly Sachs, Rose Ausländer, Wolfgang Hildesheimer, Jurek Becker). Noch die sogenannte Zweite Generation, die Kinder der Überlebenden, schreibt diesen Versuch fort, wenn auch unter veränderten und verkomplizierten Bedingungen einer nicht mehr selbst erlebten, sondern erst zu erfahrenden Geschichte (z. B. Barbara Honigmann, Robert Schindel).

Zum vorliegenden Lexikon

Dieser kurze Überblick über die Geschichte der deutsch-jüdischen Literatur umreißt das historische Feld, das das vorliegende Lexikon in einzelnen Porträts erfaßt. Das Lexikon freilich kann und will keine lineare Geschichte erzählen, sondern zerlegt diese förmlich in einzelne Schreibporträts, die allenfalls als Bausteine einer deutsch-jüdischen Literaturgeschichte gelten können. Das Lexikon bildet so gleichsam ein Mosaik aus singulären Porträts. Diese Porträts machen am Leitfaden von intellektuellen Biographien und Texten – statt einer eindeutigen Definition, was deutsch-jüdische Literatur sei – die Bildungen des vielstimmigen Diskurses der jüdischen Moderne sichtbar. Jeder Artikel will in diesem Sinne eine Schreibszene abbilden, d. h. eine Praxis deutsch-jüdischen Schreibens im ebenso fruchtbaren wie konfliktreichen Projekt der jüdischen Moderne.

Wenn das Lexikon auf diese Weise Zusammenhänge und Ganzheiten vermeidet, dann gilt dies nicht zuletzt auch für die Auswahl der Artikel: Das vorliegende Lexikon ist nicht mehr, aber auch nicht weniger als eine verkürzte Fassung des im Jahr 2000 erstmals erschienenen *Metzler Lexikons der deutsch-jüdischen Literatur*. Schon dieses konnte, wie wohl jedes Nachschlagewerk, nur eine Auswahl bieten. Das neue Nachschlagewerk muß förmlich aus dieser Auswahl eine zweite treffen, und so liegt es auf der Hand, daß es sich auf die bekannteren Namen beschränkt. Bekanntheit wird allerdings zugleich durch das Neue herausgefordert, indem überlieferte Wahrnehmungsmuster aufgebrochen werden. Die Aufmerksamkeit nämlich gilt – dies das eigentliche Movens dieses Lexikons – einem Unbekannten nicht nur bei den vergessenen, sondern auch bei den vermeintlich bekannten Autoren, den Klassikern der Moderne wie Heine, Kafka, Celan. Es ist dies ein Unbekanntes, das mit ihrem Judentum aufs engste zusammenhängt, ein Unbekanntes damit letztlich unserer eigenen europäischen Kultur. In dem Maß aber, wie das Lexikon in dieses Unbekannte vordringt, mag es dazu beitragen, das Feld der deutschen Literatur zu öffnen und mit einem im 20. Jahrhundert gewaltsam aus ihrem Bereich ausgeschlossenen Schreiben neu bekanntzumachen: dem Schreiben der deutsch-jüdischen Literatur.

Tübingen, im November 2005
Andreas B. Kilcher

Auswahlbibliographie

Bayerdörfer, Hans-Peter (Hg.): Theatralia Judaica. Emanzipation und Antisemitismus als Momente der Theatergeschichte. Von der Lessing-Zeit bis zur Schoah. Tübingen 1992.

Braun, Michael (Hg.): »Hinauf und Zurück in die herzhelle Zukunft.« Deutsch-jüdische Literatur im 20. Jahrhundert. Bonn 2000.

Brenner, Michael: Die Jüdische Kultur in der Weimarer Republik. München 2000.

Dresden, Sem: Holocaust und Literatur. Frankfurt a. M. 1997.

Eloesser, Arthur: Literatur. In: Juden im deutschen Kulturbereich. Ein Sammelwerk. Hg. Siegmund Kaznelson. Dritte Ausgabe, Berlin 1962, 1–67.

Eshel, Amir: Zeit der Zäsur. Jüdische Dichter im Angesicht der Shoah. Heidelberg 1999.

Gay, Peter: Weimar Culture: The Outsider as Insider. New York 1968.

–: Die deutschen Juden in der Wilhelminischen Kultur. In: Ders., Freud, Juden und andere Deutsche. München 1989, 115–188.

Geiger, Ludwig: Die deutsche Literatur und die Juden. Berlin 1910.

Gelber, Mark/Hans Otto Horch/Sigurd Paul Scheichl (Hg.): Von Franzos zu Canetti: Jüdische Autoren aus Österreich. Tübingen 1996.

–: Internationalismus in der deutsch-jüdischen Literatur. In: Die deutsch-jüdische Erfahrung. Beiträge zum kulturellen Dialog. Berlin 2003, 69–84.

Gilman, Sander L./Jack Zipes (Hg.): Yale Companion to Jewish Writing and Thought in German Culture, 1096–1996. New Haven 1997.

Grab, Walter: Gegenseitige Einflüsse deutscher und jüdischer Kultur: Von der Epoche der Aufklärung bis zur Weimarer Republik. Tel Aviv 1984.

Grimm, Günter E./Hans-Peter Bayerdörfer: Im Zeichen Hiobs: Jüdische Schriftsteller und deutsche Literatur im 20. Jahrhundert. Königstein 1985.

Hermand, Jost: Judentum und deutsche Kultur. Beispiele einer schmerzhaften Symbiose. Wien 1996.

Hermsdorf, Klaus: »Deutsch-jüdische« Schriftsteller? Anmerkungen zu einer Literaturdebatte des Exils. In: Zeitschrift für Germanistik 3 (1982), 278–292.

Hessing, Jakob: Im Exil. Zur deutsch-jüdischen Literatur. In: Merkur 50 (1996), 492–501.

Hoffmann, Daniel (Hg.): Handbuch zur deutsch-jüdischen Literatur des 20. Jahrhunderts. Paderborn 2002.

–: »Im neuen Einband Gott gereicht«. Liturgische Poesie in der deutsch-jüdischen Literatur des 20. Jahrhunderts. Berlin 2002.

–: Bruchstücke einer grossen Tradition. Gattungspoetische Studien zur deutsch-jüdischen Literatur. Paderborn 2005.

Horch, Hans Otto: Auf der Suche nach einer jüdischen Erzählliteratur. Die Literaturkritik der »Allgemeinen Zeitung des Judentums«. Frankfurt a. M. 1985.

–: Heimat und Fremde. Jüdische Schriftsteller und deutsche Literatur oder Probleme einer deutsch-jüdischen Literaturgeschichte. In: Juden als Träger bürgerlicher Kultur in Deutschland, hg. Julius H. Schoeps. Stuttgart 1989, 41–65.

–: Was heißt und zu welchem Ende studiert man deutsch-jüdische Literaturgeschichte? Prolegomena zu einem Forschungsprojekt. In: German Life and Letters 49 (1996), 124–135.

–: Deutsch-jüdische Literatur I. Vom 18. Jahrhundert bis zu Heinrich Heine. Studienbrief Fern-Universität Hagen 1995.

–: Deutsch-jüdische Literatur II. Von Heinrich Heine bis zur Wiener Moderne. Studienbrief Fern-Universität Hagen 1998.

–: /Horst Denkler (Hg.): Conditio Judaica. Judentum, Antisemitismus und deutschsprachige Literatur vom 18. Jahrhundert bis 1933/38. 3 Bde., Tübingen 1988–93.

Jasper, Willi: Deutsch-jüdischer Parnass. Literaturgeschichte eines Mythos. Berlin 2004.

Kaznelson, Siegmund (Hg.): Juden im deutschen Kulturbereich. Ein Sammelwerk. 2. Aufl., Berlin 1959.

Kilcher, Andreas: Was ist deutsch-jüdische Literatur? Eine historische Diskursanalyse. In: Weimarer Beiträge 45 (1999), 485–517.

–: Exterritorialitäten. Zur kulturellen Selbstreflexion der aktuellen deutsch-jüdischen Literatur. In: Deutsch-jüdische Literatur der neunziger Jahre. Hrsg. v. Sander L. Gilman und Hartmut Steinecke. Berlin 2002, 131–146. [= Beiheft zur Zeitschrift für deutsche Philologie Nr. 11]

–: Interpretationen eines kulturellen Zwischenraums. Die Debatte um die deutsch-jüdische Literatur 1900 bis 1933. In: Deutsch-jüdischer Parnaß. Rekonstruktion einer Debatte. Im Auftrag des Moses-Mendelssohn-Zentrums für europäisch-jüdische Studien hrsg. v. Julius H. Schoeps, Karl E. Grözinger, Willi Jasper und Gert Mattenklott. Berlin 2002, 289–312. (= Menora. Jahrbuch für deutsch-jüdische Geschichte 13. 2002)

–: Die »Zweite Generation«: Deutsch-jüdische Literatur 1980–2000. In: Geschichte der deutschen Literatur. 2., überarbeitete Auflage. Bd.6: Von 1945 bis zur Gegenwart. Hrsg. v. Joachim Bark, Gabriela Scherer u. Joachim Steinbach. Leipzig 2002.

–: Physiognomik und Pathognomik des modernen Judentums. Anton Kuhs anarchistische Sendung des Judentums. In: Aschkenas. 2000, 361–388.

–: The Grandeur and Collapse of the German-Jewish Symbiosis: Hans Tramer and Jewish Literary Studies at the Leo Baeck Institute. In: Preserving the Legacy of German Jewry. A History of the Leo Baeck Institute 1955–2005. Hg. v. Christhard Hoffmann. Tübingen 2005, 409–433.

Krobb, Florian: Selbstdarstellungen. Untersuchungen zur deutsch-jüdischen Literatur im neunzehnten Jahrhundert. Würzburg 2000.

Krojanker, Gustav (Hg.): Juden in der deutschen Literatur. Berlin 1922.

Lamping, Dieter: Von Kafka bis Celan. Jüdischer Diskurs in der deutschen Literatur des 20. Jahrhunderts. Göttingen 1998.

Lang, Berel: Writing and the Holocaust. New York 1988.

Lorenz, Dagmar/Gabriele Weinberger (Hg.): Insiders and Outsiders: Jewish and Gentile Culture in Germany and Austria. Detroit 1994.

Mayer, Hans: Außenseiter. Frankfurt a.M. 1975.

Mosès, Stéphane/Albrecht Schöne: Juden in der deutschen Literatur: Ein deutsch-israelisches Symposium. Frankfurt a.M. 1986.

Mosse, George: Germans and Jews. New York 1970.

–: Jüdische Intellektuelle in Deutschland. Frankfurt a.M. 1985.

Newmann Rafael (Hg.): Zweifache Eigenheit. Neuere jüdische Literatur in der Schweiz. Zürich 2001.

Nolden, Thomas: Junge jüdische Literatur. Konzentrisches Schreiben in der Gegenwart. Würzburg 1995.

Noor, Ashrav (Hg.): Erfahrung und Zäsur. Denkfiguren der deutsch-jüdischen Moderne. Freiburg i.Br. 1999.

Pazi, Margarita: Staub und Sterne. Aufsätze zur deutsch-jüdischen Literatur. Hg. Sigrid Bauschinger u. Paul Michael Lützeler. Göttingen 2000.

Reich-Ranicki, Marcel: Über Ruhestörer: Juden in der deutschen Literatur. Stuttgart 1989.

Robertson, Ritchie: The Jewish Question in German Literature: 1749–1939. Emancipation and its Discontents. Oxford 1999.

Schöne, Albrecht (Hg.): Kontroversen, alte und neue. Akten des VII. Internationalen IVG-Kongresses Göttingen 1985. Band 5: Auseinandersetzungen um jiddische Sprache und Literatur – Jüdische Komponenten in der deutschen Literatur – Die Assimilationskontroverse. Hg. Walter Röll/Hans-Peter Bayerdörfer. Tübingen 1986.

Schörken, Rolf/Dieter Jürgen Löwisch: Das doppelte Antlitz: Zur Wirkungsgeschichte deutsch-jüdischer Künstler und Gelehrter. Paderborn 1990.

Scholem, Gershom: Wider den Mythos vom deutsch-jüdischen Gespräch. In: Bulletin des Leo Baeck Institute 7 (1964), 278–281.

Schütz, Hans: »Eure Sprache ist auch meine«. Eine deutsch-jüdische Literaturgeschichte. Zürich 2000.

Schulte, Christoph: Die jüdische Aufklärung. München 2002.

Shaked, Gershon: Die Macht der Identität: Essays über jüdische Schriftsteller. Frankfurt a. M. 1992.

Shedletzky, Itta: Existenz und Tradition. Zur Bestimmung des »Jüdischen« in der deutschsprachigen Literatur. In: Deutsch-jüdische Exil- und Emigrationsliteratur im 20. Jahrhundert. Hg. Itta Shedletzky/Hans Otto Horch. Tübingen 1993, 3–14.

Shedletzky, Itta/Hans Otto Horch (Hg.): Deutsch-jüdische Exil- und Emigrationsliteratur im 20. Jahrhundert. Tübingen 1993.

Steinecke, Hartmut und Tiggesbäumker, Günter (Hg.): Jüdische Literatur in Westfalen. Vergangenheit und Gegenwart. Bielefeld 2002.

Stern, Guy: Literarische Kultur im Exil. Literature and Culture in Exile. Dresden 1998.

Strauss, Herbert A./C. Hoffmann (Hg.): Juden und Judentum in der Literatur. München 1985.

Stüben, Jens/Winfried Woesler (Hg.): »Wir tragen den Zettelkasten mit den Steckbriefen unserer Freunde«. Beiträge jüdischer Autoren zur deutschen Literatur seit 1945. Darmstadt 1993.

Theisohn, Philipp: Die Urbarkeit der Zeichen. Zionismus und Literatur – eine andere Poetik der Moderne. Stuttgart 2005.

Wallas, Armin A. (Hg.): Jüdische Identitäten in Mitteleuropa. Literarische Modelle der Identitätskonstruktion. Tübingen 2002.

–: zus. mit Werner Wintersteiner (Hg.): Aspekte jüdischer Literatur. Innsbruck 2001.

Weidner, Daniel: Jüdisches Gedächtnis, mystische Tradition und moderne Literatur. Walter Benjamin und Gershom Scholem deuten Kafka. In: Weimarer Beiträge (2000), 234–250.

Werner, Klaus: Erfahrungsgeschichte und Zeugenschaft. Studien zur deutsch-jüdischen Literatur aus Galizien und der Bukowina. München 2003.

Wirth-Nesher, Hana (Hg.): What is Jewish Literature? Philadelphia 1994.

Young, James A.: Beschreiben des Holocaust: Darstellung und Folgen der Interpretation. Frankfurt a. M. 1997.

Zohn, Harry: Wiener Juden in der deutschen Literatur. Tel Aviv 1964.

–: » … ich bin ein Sohn der deutschen Sprache nur …«: Jüdisches Erbe in der österreichischen Literatur. Wien 1986.

Nachschlagewerke

Bibliographia Judaica. Verzeichnis jüdischer Autoren deutscher Sprache, 3 Bde. und ein Ergänzungsband. Bearbeitet v. Renate Heuer. Frankfurt a. M. 1982–1995.

Bolbecher, Siglinde/Konstantin Kaiser: Lexikon der österreichischen Exilliteratur. Wien 2000.

Deutschsprachige Exilliteratur seit 1933. Hg. J. M. Spalek u. a. 4 Bde., Bern u. a. 1976–2000.

Encyclopaedia Judaica. 10 Bde. [unvollständig; bis »Lyra«]. Berlin 1928–34.

Encyclopaedia Judaica. 17 Bde. Jerusalem 1972.

Jüdische Frauen im 19. und 20. Jahrhundert. Lexikon zu Leben und Werk. Hg. Jutta Dick/Marianne Sassenberg. Reinbek 1993.

Jüdisches Lexikon. Ein enzyklopädisches Handbuch des jüdischen Wissens. 5 Bde. Berlin 1927–30.

Lexikon deutsch-jüdischer Autoren. Archiv Bibliographia Judaica. Redaktionelle Leitung: Renate Heuer. München u. a. 1992ff.

Kilcher, Andreas B. (Hg.): Metzler Lexikon der deutsch-jüdischen Literatur. Stuttgart 2000. Erneut Frankfurt a. M. 2003.

–: zus. mit Otfried Fraisse (Hg.): Metzler Lexikon jüdischer Philosophen. Philosophisches Denken des Judentums von der Antike bis zur Gegenwart. Stuttgart 2003.

Neues Lexikon des Judentums. Hg. Julius H. Schoeps. Gütersloh 1998.

Philo-Lexikon. Handbuch des jüdischen Wissens. 3. Aufl., Berlin 1936. Nachdruck Frankfurt a. M. 1992.

Stern, Desider: Werke jüdischer Autoren deutscher Sprache. Eine Bio-Bibliographie. 3. Aufl., Wien 1970.

Wall, Renate: Lexikon deutschprachiger Schriftstellerinnen im Exil 1933–1945. 2 Bde., Freiburg i.Br. 1995.

Zohn, Harry: Österreichische Juden in der Literatur. Ein bio-bibliographisches Lexikon. Tel Aviv 1969.

Adler, H[ans] G[ünther]

Geb. 2.7.1910 in Prag-Karolinenthal;
gest. 21.8.1988 in London

Das Lebenswerk A.s steht ganz im Zeichen der Verarbeitung seiner Erfahrungen der Jahre 1941–45. Ganz gleich, ob man ihn als den »ersten Holocaustforscher« (H. Ritter), als »KZ-Adler« (H. Broch) oder als den »jüdischen Dichter der Verfolgung« (K. Briegleb) apostrophiert: all diese Prädikate suchen die außergewöhnliche Komplexität zu charakterisieren, mit der A. seine wissenschaftliche und dichterische Reaktion auf Konzentrationslager und Vernichtungsandrohung als komplementäre Teile zu einem »Gesamtkunstwerk« (J. Serke) verschmolz. Der wissenschaftliche Diskurs dient dem Literaten zur theoretischen Durchdringung des Stoffes. Dies spiegelt sich vor allem in der Motivik wider. »Ich sehe ihn«, schreibt P. Demetz im Nachwort zur Neuausgabe des Romans *Panorama* (1988), »in der Epoche der Shoah, als Verbündeten Primo Levis und Elie Wiesels.« Jeremy Adler, sein Sohn, kommentiert den Kosmos der wissenschaftlichen wie literarischen Zeugenschaft so: »Wenn A.s Zeugnis darin besteht, den Verfolgungen mit seinem Zeugnis zu begegnen, so schreibt er einmal als Jude, der sich zum Gott der Hebräer bekennt und damit den Verfolger bannt, dann aber auch als Wissenschaftler, der die Welt des Unterdrückers durch die genaue Darstellung des Geschehens verneint.«

Aufgewachsen war A. im ethnischen Schmelztiegel Prag als Sproß einer assimilierten Familie: »Das Elternhaus war jüdisch«, berichtet A. in *Nachruf zu Lebzeiten*, »aber fast alles Jüdische einschließlich dem religiösen war kaum zu spüren, ein milder humanitärer Fortschrittsglaube herrschte vor.« A., der sich der *Dichtung der Prager Schule*, so der Titel eines Essays, zuordnete und als Teil dieser »deutsch-jüdischen Symbiose« begriff, sah sich, wie er F. Kobler mitteilte, als Autor, dem »die Vermittlung des Jüdischen, wie er es versteht, eine der vornehmsten Aufgaben ist«. Von seinem im Vorkriegs-Prag entworfenen jüdischen Selbstbild wich A. auch nach 1945 kaum ab. Keinen Platz hatte darin der Zionismus, den er, wie er F.B. Steiner einmal schrieb, als »Fiktion oder Konstruktion« verwarf.

Ein Brief an seine erste Frau G. Klepetar (20. 10. 1939) gibt eine umfangreiche Definition vom Verständnis seines weder orthodox noch zionistisch geprägten Judentums: »Jude bin ich aus Schicksal, deutsch spreche ich durch Fügung, Mensch bin ich in meiner Art durch meinen Willen.« Die Juden begriff er als »das antipolitische Volk«, denn, so A., »wo es Politik für andere oder auch für sich übt, wird es immer bald Schiffbruch erleiden, früher als andere Völker, die in eine ›stabilere‹ Staatlichkeit hineingeboren sind.« Seinen »›jüdischen‹ Akzent« faßte er in eine Art Bekenntnis zum stets vermittelnden Humanismus jüdischer Herkunft: »Judentum ist eine Möglichkeit, und ich liebe die Möglichkeit dieses Volkes der Möglichkeiten. Und ich selbst habe eine jüdische Verpflichtung zu leben und zu erfüllen, so weit sie schlicht vereinbar mit meinem Menschentum und meiner menschlichen Verpflichtung ist. [...] Die Pendelschläge zwischen Deutschtum und Ziontum, beides Möglichkeiten, die mir ohne Zweifel prinzipiell immer offenstanden, habe ich ausgeglichen.«

Diese frühe Position war prägend für A.s Gesamtwerk – und sie sollte dafür sorgen, daß sowohl seine wissenschaftlichen als auch seine literarischen Beiträge nicht ohne Widerspruch von zionistischer Seite blieben. Seine universale Reflexion der Lagerzeit begann bereits 1942 in Theresienstadt, als A. anfing, Unterlagen für eine wissenschaftliche Beschäftigung mit dem Lager zu sammeln. Im gleichen Jahr noch verfaßte er seine ersten Gedichte, die er unter dem Titel *Theresienstädter Bilderbogen* vereinigte. A. sorgte sich auch um die Erhaltung jüdischer Literatur und Musik aus den Lagern und rettete u.a. Dokumente von H. Kolben, P. Kien oder V. Ullmann. Er durchlief später die Lager Auschwitz-Birkenau, Niederorschel und Langenstein-Zwieberge. Nach 1945 machte sich A., der sein Überleben nicht als Schuld, sondern als Auftrag empfand, unmittelbar an die wissenschaftliche Darstellung des Erlebten. Das Motiv des Holocaust-Forschers findet sich im Roman *Die unsichtbare Wand* (entstanden 1954/61) wieder: »Die Dinge sind mir gegenwärtig als Erlebnisse und als Bild«, berichtet A.s alter ego, »und ich will sie auch erforschen, weil ich anders gar nicht kann. Bevor nicht alles durchgedacht und aufgewiesen ist, werde ich nicht rasten, geschweige denn Ruhe finden.« Das Buch *Theresienstadt 1941–1945*, dessen Erscheinen in Deutschland Th.W. Adorno durchsetzte, ist bis heute ein Standardwerk, das A. selbst als »Kafka-Roman mit umgekehrten Vorzeichen« und H.L. Goldschmidt als »Stimme jüdischer Selbstbesinnung und Selbstprüfung« bezeichnete. A. bezichtigte zionistische Mitglieder der jüdischen Selbstverwaltung des Lagers der Kollaboration. Deshalb behauptete H. Arendt in *Eichmann in Jerusalem* fälschlicherweise, daß die Staatsanwaltschaft absichtsvoll auf A.s Buch als Beweismittel verzichtet habe. In Wahrheit fungierte A. im Eichmann-Prozeß als Gutachter der Anklage.

A. wurde nach 1955 zu *dem* »Historiker und Soziologen des Untergangs der Juden« (Th. Heuss), der vor allem mit Funkarbeit viel für das deutsch-jüdische Verhältnis tat: »Das Interesse für jüdische Dinge aller Art«, schreibt er F. Kobler (5.3.58), »nimmt in Deutschland immer mehr zu und wächst sich zu einem der erstaunlichsten Ereignisse in der Wirkungsgeschichte des Judentums aus.«

Mit seinem komplementären Schaffen stellt A. das personifizierte Gedächtnis des Holocaust dar. In dem hochartifiziellen Text *Eine Reise* (entstanden 1950/51) literarisiert A. das Ghetto Theresienstadt; das 9. Bild von *Panorama* (entstanden 1948) gibt einen erschütternden Einblick in das »Zigeunerlager« Birkenau. Die Romane vermeiden strikt eine Typisierung in Verfolger und Opfer, in Juden und Nichtjuden, um die Menschlichkeit in den Mittelpunkt zu stellen. Ein Schlußstein in A.s Schaffen bildete die Studie *Der verwaltete Mensch*, ein »umfassendes Lexikon der Deportation«, so H. Böll im *Spiegel*.

Werke: Theresienstadt 1941–1945, Tübingen 1955; Die verheimlichte Wahrheit, Tübingen 1958; Die Juden in Deutschland, München 1960; Auschwitz, Wien u.a. 1962; Panorama, Olten u.a. 1968; Der verwaltete Mensch, Tübingen 1974; Die Freiheit des Menschen, Tübingen 1976; Die unsichtbare Wand, Wien u.a. 1989; Der Wahrheit verpflichtet, hg. J. Adler, Gerlingen 1998; Eine Reise, Wien 1999.

Literatur: Buch der Freunde, hg. W.P. Eckert u.a., Köln 1975; Zu Hause im Exil, hg. H. Hubmann u.a., Wiesbaden u.a. 1987; M. Atze, »Ortlose Botschaft«. Der Freundeskreis H.G.A., E. Canetti und F.B. Steiner im englischen Exil, Marbach 1998.

Marcel Atze

Aichinger, Ilse

Geb. 1.11.1921 in Wien

Die Auseinandersetzung mit jüdischer Existenz und Tradition steht in A.s literarischem Werk im Zeichen der Zerstörung. Was man als jüdisch bezeichnen könnte, findet sich einzig noch in der Form einer bruchstückhaften Hinterlassenschaft. Es geht nicht mehr darum, es konstruktiv zu interpretieren oder in die eigene Gegenwart zu integrieren, sondern darum, es als eine vernichtete

Welt zu erinnern. Spuren der gewaltsam unterbrochenen jüdischen Tradition findet A. immer wieder in der Landschaft ihrer Kindheit. Die Topographie »spielt ja viele, manchmal auch geheimnisvolle Rollen«, heißt es in *Der 1. September 1939* (1987). In diesem autobiographisch gefärbten Text zum Kriegsausbruch ist es der Wiener Aspangbahnhof, der für die familiäre Geborgenheit genauso steht wie für das Zerreißen dieser Familiengemeinschaft. »Viel früher soll auch meine Großtante manchmal dort gefahren sein, um uns zu besuchen, aber nur wenig später stieg meine Großmutter dort ein oder wurde in einen Güterwaggon verladen.« Die Großmutter mütterlicherseits war jüdischer Herkunft. A.s Mutter, Berta Kremer, trat nach dem Ersten Weltkrieg zum Katholizismus über. Sie heiratete 1920 den nicht-jüdischen Lehrer Ludwig Aichinger. Bereits ein Jahr später kamen A. und ihre Zwillingsschwester Helga zur Welt. Nach der Scheidung der Eltern 1927 verbrachten die Schwestern einen großen Teil ihrer Kindheit bei der Großmutter. Die Schulzeit machte sie mit dem katholischen Milieu vertraut. Beide besuchten das Gymnasium des Klosters Sacré Coeur und das der Ursulinen. Helga A. konnte in Begleitung einer Tante im Sommer 1939 nach England emigrieren. A.s Mutter war nach den Nürnberger Gesetzen so lange vor der Verfolgung geschützt, bis die »halbjüdische« Ilse erwachsen war. Mutter und Tochter waren bis zum Ende des Zweiten Weltkriegs dienstverpflichtet. Die Angehörigen der Mutter sind in Vernichtungslagern ermordet worden. 1945 beginnt A. ein Medizinstudium in Wien, das sie 1947 abbricht, um den Roman *Die größere Hoffnung* fertigzustellen. 1952 erhält sie in Niendorf für die *Spiegelgeschichte* den Preis der Gruppe 47. Ein Jahr später heiratet sie den bundesdeutschen Schriftsteller Günter Eich und lebt mit ihm in Bayern, später in der Nähe von Salzburg. 1954 kommt A.s Sohn Clemens, 1957 die Tochter Mirjam zur Welt. Nach dem Tod von Eich (1972) und dem Tod der Mutter (1983) übersiedelt A. nach Frankfurt a. M., 1988 kehrt sie nach Wien zurück. A. ist für ihr Werk mit wichtigen Preisen ausgezeichnet worden (u. a. Nelly-Sachs-Preis, Preis der Stadt Wien für Literatur, Österreichischer Staatspreis, Petrarca-Preis, Kafka-Preis). Nach ihrem Erstling, dem Roman *Die größere Hoffnung* (1948), schrieb sie Kurzprosa, Hörspiele, Dialoge und Lyrik.

Thema ihres einzigen Romans ist die existentielle Erfahrung des »Dazwischen«, geschildert am Schicksal des wie A. selbst halbjüdischen Mädchens Ellen. Ihre Erfahrungen mit den Mechanismen des Antisemitismus im nationalsozialistischen Wien treiben ihr Bewußtsein von jüdischer Identität und deren Tragweite erst hervor. In der Art eines sich zuspitzenden Stationendramas scheitern zahlreiche Versuche Ellens, diese Identität in kindlichem Spiel positiv zu bestimmen, etwa beim Versteckspiel auf dem jüdischen Friedhof. »›Wer weiß, ob wir überhaupt hier sind‹, sagte Leon. ›Wir haben keine Toten, die uns beweisen. Unsere Großeltern sind verächtlich, unsere Urgroßeltern bürgen nicht für uns.‹« Beim Spielen der Weihnachtsgeschichte erfahren Ellen und ihre jüdischen Freunde, daß die Lehre des Christentums – Nächstenliebe und Erlösung – keine Geltung für sie haben kann. Die Furcht vor der drohenden Deportation sickert in die Aufführung ein und transformiert die Erlösungsbotschaft in ihr Gegenteil, in eine Kunde vom Unheil, dem bevorstehenden Abtransport. »Der Engel verstummt vor dem Mißtrauen auf den nächtlichen Feldern, vor den blassen Gesichtern der Ausgelieferten. Er wußte nicht weiter. [...] Unten durch die enge Gasse fuhr ein schwerer Lastwagen.« Szenisch verstärkt durch die kindliche Arglosigkeit und Unwissenheit der Erzählperspektive, erlangt das Judentum bei A. eine primär auf Angst fixierte Bedeutung. A. selbst hat diese Angst als ein beherrschendes Lebensgefühl und als kulturelle Konstante bezeichnet. Die Angst komme von »vielen Generationen her«. Bei den Überlebenden der Shoah sei zu dieser Angst ein Schuldgefühl gekommen. Man werde »das nie los, dieses Gefühl, daß die anderen weg mußten und man zurückgeblieben ist« (Gespräch mit Manuel Esser, 1986).

Im Verlust der Großmutter konzentriert sich in A.s Werk die gewaltsame Unterbrechung jüdischer Tradition. Im Kapitel »Tod der Großmutter« im Roman *Die größere Hoffnung* versucht Ellen, den Selbstmord der Großmutter zu verhindern, mit dem diese sich dem Zugriff der Nationalsozialisten entziehen will. Dazu beschwört sie die Großmutter, ihr eine Geschichte zu erzählen. »Es war einmal, Großmutter, es war einmal! Irgendwann muß doch etwas gewesen sein, etwas, von dem noch niemand weiß als du, Großmutter.« Die Großmutter kann die Sehnsucht der Enkelin nach Weitergabe von Geschichte und Tradition nicht mehr stillen. Ihre Angst ist übermächtig geworden und beraubt sie ihrer Autorität über die Historie. Die Enkelin muß selbst in die Rolle derer schlüpfen, die von Vergangenem berichten, auch wenn sie – bis auf ihre Angst um die Familie – nur wenig zur Überlieferung beitragen kann. So beginnt sie das Märchen vom Rotkäppchen zu erzählen, das hier statt mit der Rettung mit dem Tod der Großmutter endet. Damit ist in dieser Szene nicht nur die Unmöglichkeit idyllischen Erzählens gestaltet, sondern auch der Bruch in der Vermittlung jüdischer Geschichte und Tradition (Hetzer). Auch im Gedicht *Winterantwort* (1963) steht die Großmutter für eine ganze Erfahrungswelt, die der Enkelin verschlossen geblieben ist. »Großmutter, wo sind deine Lippen hin,/ um die Gräser zu schmecken,/ und wer riecht uns heute den Himmel zu Ende,/ wessen Wangen reiben sich heute/ noch wund an den Mauern im Dorf?«

Die private Erfahrung korrespondiert mit den politisch zu wertenden Aussagen, wonach die Anstrengungen um eine deutsch-jüdische Symbiose gescheitert sind. In unmittelbarer Nachbarschaft von Adalbert Stifters »ehemaliger Wohnung in Wien« und dem »jüdischen Tempel« habe sich die »Residenz der geheimen Staatspolizei« befunden (*Nach der weißen Rose*, 1987). Es bleibt im gesamten Werk A.s in der Regel bei Andeutungen und der Feststellung des topographisch gestörten Gleichgewichts. Der Leser ist aufgefordert, aus diesen Indizien selbst seine Schlüsse zu ziehen. Ihre doppelte Zugehörigkeit zum österreichisch-katholischen und -jüdischen Milieu läßt A. angesichts des Ungeheuerlichen verstummen. So läßt sich als Konsequenz deuten, daß A. in ihrer Rede zur Verleihung des Franz-Kafka-Preises, *Die Zumutung des Atmens* (1983), christliche und jüdische Sinnangebote zurückweist. Deren jeweilige Ausschließlichkeit sei aufgrund der historischen Erfahrung unmöglich geworden. »Sollte ich gerade jetzt, wo ich den Schergen dieser Welt entronnen war, mein Herz dem Schutz einer Macht aussetzen, [...] die doch ihre Geschöpfe in solche zu ihrer Rechten und solche zu ihrer Linken schied, wenn es darauf ankam? [...] Oder sollte ich – noch viel weiter- und viel naheliegender – mich fügen in die Rolle derer, die keine Schweine essen durften, nicht aus Ehrfurcht, sondern aus Grauen vor ihnen, und selbst unter unserem kühlen Himmel nicht, denen aber das Mästen und Schlachten anderer Tiere niemals verboten worden war?«

Aus der Erfahrung ihres Lebens heraus ist die Religion für A. – wie auch jede politische Ideologie – fragwürdig geworden. Das schlägt sich nieder in einer Schreibweise, die immer radikaler und fundamentaler auf die Entlarvung von vermeintlichen Gewißheiten aus ist.

Von daher nährt sich auch die Kritik an einem Judentum, das die biblische Gesetzmäßigkeit verabsolutiert hat. »Sollte ich eine jener lebensfrohen Mütter werden, die ihre Urenkel als Glück erwarteten, ihre Urenkel, die sie doch schlachten und verbrennen mußten, wenn der Mächtige es befahl?« (*Die Zumutung des Atmens*). Eine ebenso kritische Bilanz der Assimilation zieht A. im Denkbild *Judengasse* in der Sammlung *Plätze und Strassen* (1954). Assimilation bedeutet nicht nur eine Veränderung des einst stolzen Judentums, sondern auch dessen langsames Verschwinden im bürgerlichen Umfeld Europas. Was von der jüdischen Tradition übriggeblieben ist, sind Strassennamen und Leerstellen. »Was unsere Strassen schmückt, sind nicht mehr die Schädel der Opfertiere. Unser Stolz ist vergangen. [...] Da rauscht kein rotes Meer. Nur unsere Wäsche trocknet noch im Ostwind. [...] Und hier ist die Stelle, an der wir müde wurden, hier bauten wir Häuser. Hier ging die Sonne unter, hier krümmten wir uns, ohne uns zu beugen. Seither wächst Gras zwischen den Steinen.«

Der Ideologieverdacht A.s macht auch vor der Sprache nicht Halt. Eine grundsätzliche Skepsis gerade dem Deutschen gegenüber ist in vielen Texten formuliert. Dies führt zur Konzeption einer deutsch-jüdischen Literatur, die von einem unmöglichen Schreibort geprägt ist. Ihre Sprache sei eine »kleine Sprache«, die »nicht weit reicht« und die »gegen ihren Willen weiter kommt«, heißt es in *Meine Sprache und ich* (1968). Diese Sprache neige zu »Fremdwörtern«, die »von weit her« geholt werden. Das erzählende Ich und seine Sprache haben sich in »Meeresnähe« und in Sichtkontakt mit den »Zöllnern« niedergelassen und schweigen einander an. Die Wortkargheit und der Stillstand der Sprache entpuppt sich als Versuch, gegen den sprachimmanenten Zwang zur Herstellung von Zusammenhängen vorzugehen. Das Einrichten in der Selbstnegation aber macht die Sprache »verdächtig«, womit zugleich ihr unmöglicher Ort skizziert ist. In *Schlechte Wörter* (1976) rückt das Sprechen von diesem Ort aus ins Zentrum. »Ich kann mich heraushalten, ich kann mich sogar leicht heraushalten. [...] Ich schaue zu, wie alles und jedes seine rasche, unzutreffende Bezeichnung bekommt.« Mit dem bewußten Gebrauch der »schlechten Wörter« wird gegen ein Erzählen Stellung bezogen, daß die »schlechte Welt« besser darzustellen versucht, als sie wirklich ist. In diesen zwei sprachkritischen Texten entwirft A. implizit eine »kleine Literatur« im Sinne Kafkas (Rosenberger). Der unmögliche Ort der »kleinen Literatur« von Kafka ist wie die »kleine Sprache« des erzählenden Ichs in *Meine Sprache und ich* an eine starke Exilierung gebunden. Bei A. ist diese eng mit der Erfahrung der nationalsozialistischen Verfolgung verknüpft.

Werke: Plätze und Straßen, in: Jahresring 54 (1954), 19–24; Materialien zu Leben und Werk, hg. S. Moser, Frankfurt a.M. 1990; Werke. Taschenbuchausgabe in 8 Bdn., hg. R. Reichensperger, Frankfurt a.M. 1991.

Literatur: M. Karnick, Die größere Hoffnung. Über ›jüdisches Schicksal‹ in deutscher Nachkriegsliteratur, in: Juden in der deutschen Literatur, hg. St. Mosès u.a., Frankfurt a.M. 1986, 366–383; N. Rosenberger, Poetik des Ungefügten. Zur Darstellung von Krieg und Verfolgung in I.A.s Roman »Die größere Hoffnung«, Wien 1998; T. Hetzer, Kinderblick auf die Shoah. Formen der Erinnerung bei I.A., Hubert Fichte und Danilo Kiš, Würzburg 1999.

Nicole Rosenberger

Altenberg, Peter (eigentl. Richard Engländer)

Geb. 3.3.1859 in Wien;
gest. 8.1.1919 in Wien

A., Sohn des wohlhabenden Kaufmanns Moritz Engländer und dessen Frau Pauline, erhielt als Kind Privatunterricht und machte seine Matura 1878 im zweiten Anlauf. Er begann erst ein Jurastudium, dann ein Studium der Medizin. 1879 brach er das Studium für eine Lehre als Buchhändler in Stuttgart ab, die er ebenso aufgab. Nach einem erneuten Versuch des Jurastudiums in Graz fand ein vom Vater hinzugezogener Arzt A. ungeeignet zum Ergreifen eines Berufs und konstatierte eine »Überempfindlichkeit des Nervensystems«. Andauernde Depressionen und Nervenkrisen führten dazu, daß der u. a. mit E. Friedell, K. Kraus, A. Loos, R. Musil, A. Polgar, A. Schnitzler und G. Klimt befreundete A. ab 1910 mit Unterbrechungen in Nervenheilanstalten lebte, zum Teil gegen den eigenen Willen auf Veranlassung seines Bruders. Einer gesunden vegetarischen Lebensweise und einer Nähe zu Nietzscheanischer Diätetik und Reformkultur stand ein exzessiver Alkohol- und Tablettenkonsum gegenüber. »Ästhetik ist Diätetik! Schön ist, was gesund ist! Alles andere ist teuflische Irrlehre!«, so A. in *Pròdromos* (1905), über das A. Ehrenstein schrieb, daß es ein Buch sei, welches die mosaischen Speisevorschriften reformieren und ein »Evangelium der Verdaulichkeit« predigen wolle.

A., der wie viele deutschsprachige Autoren jüdischer Herkunft seinen jüdisch klingenden Familiennamen Engländer für den Künstlernamen P. A. aufgab, veröffentlichte sein erstes Buch *Wie ich es sehe* erst mit 37 Jahren. Es folgten elf weitere Bücher, ein dreizehntes wurde gerade korrekturgelesen, als er starb. Der Künstlername geht auf einen Besuch des Zwanzigjährigen bei der Familie Lecher im Dorf Altenberg an der Donau zurück, bei dem er sich in die dreizehnjährige Bertha Lecher verliebte, die von ihren Brüdern gedemütigt und unter dem Namen ›Peter‹ zu Dienstleistungen genötigt wurde. A.s Entsetzen und Identifikation mit dem Mädchen drücken sich auch darin aus, daß ihr Bild zeit seines Lebens über dem Bett seines Zimmers im Graben-Hotel hing. A., der voller Einfühlung immer wieder junge Mädchen, Dienstboten und Prostituierte beschrieb, wurde in bewußter Reduktion ein Meister der Prosaskizzen und -gedichte, der Minidramulette und berühmter – noch kaum veröffentlichter – Briefe. Sein Ruf bei heute bekannteren Wiener Zeitgenossen war legendär.

Sein Verhältnis zum Judentum war hochgradig ambivalent. Viele seiner Zeitgenossen schilderten, daß er immer wieder Preisreden auf Jesus Christus sowie Wutreden antisemitischer Färbung von sich gab. In *Wie ich es sehe* (1896) findet sich folgende kleine Skizze, die letzteres veranschaulicht: »*Semitische Rasse*. Es wird soviel herumphilosophiert – – – und es ist doch so einfach! Sie haben eben die *perfide Lebens-Sehnsucht*! sie wünschen es, das dieses *Kapital* ›Leben‹ sich mit *100 Prozent* verzinse! Die Anderen begnügen sich mit 3!« Wie sehr solche halb verächtliche, halb stolze Selbstbezichtigung auch mit dem Urteil anderer zu tun hat, mag die folgende Tagebuchnotiz von Thomas Mann bezeugen: »Dieser Herr Peter ist natürlich auf dieselbe Art wie die Juden Kerr und Lessing mein geborener Feind, ein notwendiger Verächter oder doch Verächtlich-macher meiner Existenz [...] Natürlich hat der Typus Altenberg von Hause aus keinen Sinn für den Wert konservativer, Continuität-bewahrender Existenz und ist zur Beurteilung meines Werkes nicht berufen« (*Tagebücher* 1918–21). Gleichwohl vollzieht A. keineswegs nur eine Identifikation mit dem Aggressor, sondern beobachtet auch die Psychologie der sozialen Ausgrenzung. Dennoch konvertierte er im Jahre 1900 zum Christentum und ließ sich katholisch begraben, was nicht nur Mimikry, sondern offenbar auch Überzeugung war.

Bedeutsam ist in diesem Zusammenhang die Skizze *Der Primitive*, wo A. von

Gebhardts Stich *Heiliges Abendmahl* beschrieben wird. Auf diesem Bild schaut Judas durch eine halbgeöffnete Tür, und dort, wo Judas' Gesicht sein sollte, befindet sich eine goldene Münze mit dem Porträt des Philosophen Spinoza. Über dieses Bild sagt der Revolutionär Albert Königsberg zu einer Prostituierten, die er mit aufs Zimmer nahm: »Dieser tilgt die Schmach jenes. Er deckt ihn mit seinem puren Golde, wetzt die Scharte aus.« Beim Abschied schenkt er dem Mädchen auf dessen Verlangen die goldene Münze mit dem Spinozakopf. Das Mädchen, welches nun den Judas erblickt, sagt: »Auch ein Zerstörer – – –!« Der Revolutionär antwortet ihr darauf: »Wieso auch?! Es ist immer derselbe. Der liegt in uns und der ›andere‹ auch. Das verstehen Sie aber nicht. Immer ist einer in uns, der den ›Ideal-Menschen‹ in uns verrät, verkauft, tötet – – –!« Und das heißt: keineswegs nur in den Juden, sondern in allen Menschen. Eine weitere Pointe der Geschichte liegt darin, daß Spinoza zu Lebzeiten aus der jüdischen Gemeinde verstoßen wurde und bis heute bei gläubigen Juden wie Christen als Atheist gilt. Dies wirft ein Licht auf A.s Vorstellung des ›wahrhaftig‹ gläubigen Menschen, der keineswegs im Glanz lebt.

Gleichwohl ist A. weit davon entfernt, die Mechanismen der Ausgrenzung und Verstoßung zu glorifizieren. Er sieht durchaus, daß der Ausgegrenzte nicht nur eine ›revolutionäre‹ destabilisierende Wirkung hat, sondern daß er ebensowohl durch seine polare Andersartigkeit zu einer falschen Stabilisierung schlechtester Verhältnisse beitragen kann: »Wieso, weshalb sind gewisse ›Künstler‹ im Varieté, im ›Kabarett‹, die ihre *Andersrassigkeit* noch *absichtlich* betonen und verstärken im ›Rampenlicht‹, gerade in Wien, dieser Metropole des ›*organischen Antisemitismus*‹ der Welt, dieser ›lebendigeren und geschickteren Ausnützung der anderen‹, der sogenannten ›Nächsten‹ gerade in Wien *so allgemein beliebt*?!? Weil man *darüber* befriedigt ist, daß sie *öffentlich*, durch ihre ganze Art und Weise, wenn auch amüsant, interessant, den *Beweis liefern*, daß ›*diese*‹ Rasse eben *trotz* allem eine andere, verschiedene Rasse sei! Man gönnt ihnen ihre kleinen Lacherfolge, weil sie dadurch eine ganze Rasse *demaskieren*, nein, nur *kompromittieren*! Der ›Wiener‹ hat es nämlich nicht gern, sich ehrlich, anständig sagen zu müssen: ›Schau, schau, der is ja doch grad a so wie Unsereiner!‹ Das hat er nicht gern. Lieber sagt er: ›Er ist zwar a Jud‹, aber amüsant ist er, der Kerl, das muß man gerechterweise zugeben!« (*Rezept*)

Als A. 1919 zwei Monate vor seinem sechzigsten Geburtstag starb, hinterließ er, der ›ewige Schnorrer‹, zum Erstaunen vieler seiner Zeitgenossen, die damals recht beträchtliche Summe von 107.834 Kronen, die er der Wiener Kinder-Schutz- und Rettungs-Gesellschaft vermachte. Auf seinem vom Freund A. Loos entworfenen Grab steht seinem Wunsch gemäß: »Er liebte und sah.«

Werke: Wie ich es sehe, Berlin 1896; Was der Tag mir zuträgt, Berlin 1901; Pròdromos, Berlin 1905; Die Auswahl aus meinen Büchern, Berlin 1908.

Literatur: A. Ehrenstein, P.A., in: Juden in der deutschen Literatur, hg. G. Krojanker, Berlin 1922, 193–197; L.A. Lensing, P.A. Rezept die Welt zu sehen, Wien 1995; A. Barker, Telegrammstil der Seele, Wien u. a. 1998.

Arpe Caspary

Améry, Jean (eigentl. Hanns Maier)
Geb. 31. 10. 1912 in Wien;
gest. 17. 10. 1978 in Salzburg

»Ich war, als ich die Nürnberger Gesetze gelesen hatte, nicht jüdischer als eine halbe Stunde zuvor« – so brachte A. Wendepunkt und Widerspruch seiner Existenz einmal auf den Punkt. Die erste große Verfügung zur Ausgrenzung der Juden im Machtbereich Hitler-Deutschlands sollte aus dem jungen Österreicher bald einen »Toten auf Urlaub« machen. Der dies so lakonisch formulierte, war nicht gewappnet gegen die Ereignisse, die scheinbar unversehens über ihm zusammenstürzten, obwohl Selbstauskünften zufolge seine vielseitige Jugendlektüre auch das ganze Spektrum völkischer und antisemitischer Programmschriften umfaßt hatte. Aber 1935 verband A. nichts mit dem Kollektiv von Menschen, die per Dekret von den Parkbänken und Lehrstühlen gejagt und später in die Ghettos und Vernichtungslager deportiert wurden. A. war Intellektueller, Agnostiker und Bohemien, er hatte eine Buchhändlerlehre absolviert und lebte als angehender Schriftsteller in Wien. Mit einemmal rückte das für ihn bis dahin völlig unbedeutende Detail seiner Biographie – die jüdische Herkunft – ins Zentrum seines Lebens. Über sein Judentum, das er so als Zuweisung erfuhr, konnte er nur reflektieren, indem er »Zwang und Unmöglichkeit, Jude zu sein«, zueinander in Beziehung setzte – so nannte er seinen ersten großen Versuch, sich schreibend mit dem oktroyierten Widerspruch seiner Existenz auseinanderzusetzen. Dies geschah im Rahmen seiner »Bewältigungsversuche eines Überwältigten« – so der Untertitel seiner bedeutenden Sammlung von Funk-Essays, die unter dem Titel *Jenseits von Schuld und Sühne* 1966 in Buchform erschien. Für eine Sendereihe des Süddeutschen Rundfunks dachte A. Mitte der 70er Jahre noch einmal über *Mein Judentum* nach, das er zunächst auf sich zu nehmen hatte und sich später aneignete, das aber niemals »selbsterworbene Identität« werden konnte.

A.s Jugendjahre waren von Suchbewegungen im Widerspiel von Geist und Provinzialität geprägt. Er stand in regem Austausch mit der Mutter (sein Vater war im ersten Weltkrieg gefallen), und so wie sein Umfeld christlich war, so war es auch seine Sicht auf die Welt: »Man unterschlug mir nichts, nur war das Jüdische kein Thema.« So wird man hier nicht einmal von einem assimilierten Judentum sprechen können; Bindungen waren nicht gekappt worden, sie bestanden niemals. Den Satz Jean-Paul Sartres aus seinen *Reflexionen über die Judenfrage*, daß ein Jude jemand sei, den andere als Juden ansehen, konnte A. ganz auf sich selbst beziehen. Erst nach dem Erlaß der Nürnberger Gesetze, da er dem »von der Gesellschaft über mich verhängten Judesein« nirgendwo entfliehen konnte, begann er, sich »als Jude zu konstituieren«.

Nach dem »Anschluß« Österreichs an das Dritte Reich entkam A. nach Belgien und Frankreich. Als Deutscher, nicht als Jude, wurde der Flüchtling in französischen Konzentrationslagern interniert. Er konnte von dort fliehen, um nach dem Sieg Hitler-Deutschlands über Frankreich erneut ein Gejagter zu sein. Kleine Hilfeleistungen für die Résistance – ein »unbewußt vollzogener letzter Versuch, dem Judesein, das ich intellektuell längst auf mich genommen hatte, mich zu entziehen« – führten zu seiner Inhaftierung in einem belgischen Gestapo-Gefängnis. In eben jener Funktion als Widerstandskämpfer wurde er der Folter (in A.s Diktion: der »Tortur«) unterworfen, um Informationen aus ihm zu pressen; als Geheimnisträger war er völlig unbedeutend, doch während der Folter wurde seine jüdische Abstammung entdeckt, und so führte sein weiterer Weg in einem Deportationszug nach Auschwitz. Dort mußte sich endgültig die Vorstellung seines »Judeseins« – wie er in bewußter Vermeidung des Wortes ›Judentum‹ sagte – als formale Zuweisung in ein Kollektiv ausprägen, dessen Lebens- und Denkformen und dessen Religion er zeitlebens nur aus intellektueller Distanz zur Kenntnis zu nehmen vermochte.

Mit dem jüdischen Volk und seinem jungen, gefährdeten Staat verband ihn stets ein grundlegendes Gefühl der Solidarität, aber keines der Zugehörigkeit. »Die Existenz Israels hat auch jenen Juden, die mit diesem Lande beziehungsweise mit dem jüdischen Glauben und der jüdischen Kultur gar nichts zu tun haben, ihre Selbstachtung zurückgegeben«, schrieb A. 1976 in einem Brief, der einmal mehr seine distanzierte Anteilnahme dokumentiert. Hier wie in seinem gesamten Werk verbietet er sich jede Unaufrichtigkeit und überläßt nichts dem Zufall einer unpräzisen Formulierung. Sehr genau wußte er zwischen Empathie und Sentiment zu trennen – mit bedrückendem Ergebnis: »Das immerwährende Exil, das ich wählte, war die einzige Authentizität, die ich mir erringen konnte – das Judesein verlegte mir alle anderen Auswege.«

Heute gilt A. als Inbegriff des Intellektuellen, des *homme de lettres*. Dabei hat der Schriftsteller A. kein belletristisches Werk hinterlassen; noch sein einziges veröffentlichtes Prosabuch, *Lefeu oder Der Abbruch*, nennt sich im Untertitel *Roman-Essay*. Dennoch ist A. unbestritten einer der wichtigsten Vertreter der Literatur »nach Auschwitz«. In der anglo-amerikanischen Forschung zur »Holocaust-Literatur« ist A. fester Bestandteil des Kanons wie neben ihm nur noch Primo Levi, Elie Wiesel und Tadeusz Borowski. »Wollte er, daß die Scham ihn überlebte, dann mußte er die Scham gut beschreiben und das Beschriebene in eine bleibende Form gießen, das heißt, er mußte ein guter Schriftsteller werden«, so benannte Imre Kertész, seinerseits Auschwitz-Überlebender und ungarisch-jüdischer Schriftsteller, den Zusammenhalt in A.s Erinnerungsarbeit. Im Zentrum seines Schreibens stand die genaue Erfassung der Opfer-Existenz unter den Bedingungen existentiellen Bedrohtseins – ihre »Kondition«, wie der seit seiner Befreiung in Brüssel lebende A. in charakteristischer Verschmelzung von französischer und deutscher Diktion sagte. Er vermied die fiktional grundierte, ästhetische Gestaltung seiner bitteren Erfahrungen, arbeitete statt dessen zeitlebens an einer hochreflektierten, oft peinvollen Selbsterkundung, die auch ausführliche Essays *Über das Altern* (1968) und den Freitod (*Hand an sich legen*, 1976) einschloß. Das ihm am 15. September 1935 mit Erlaß der Nürnberger Gesetze aufgenötigte Judentum blieb dabei ein Akzidens, es konnte ihm später nicht hilfreich sein bei seinen Versuchen, des irreversiblen Verlusts seines »Weltvertrauens« Herr zu werden. 1978, während einer Lesereise, legte A. Hand an sich selbst.

Werke: Jenseits von Schuld und Sühne. Bewältigungsversuche eines Überwältigten, München 1966; [Mein Judentum], in: Mein Judentum, hg. H.J. Schultz, Stuttgart 1978, 78–89; Örtlichkeiten, Stuttgart 1980.

Literatur: J.A., text und kritik 99 (1988); E. Pulver, J.A., in: KLG 37 (1991); I. Kertész, Der Holocaust als Kultur, in: Sinn und Form 4 (1994), 561–570.

Jan Strümpel

Anders, Günther (eigentl. Günther Stern)

Geb. 12.7.1902 in Breslau;
gest. 17.12.1992 in Wien

In seinen 1982 publizierten *Ketzereien*, einer Sammlung fiktiver Dialoge und politisch-philosophischer Miniaturen, bezeichnete A. es als »eine der größten Begünstigungen« seines Lebens, »als Sohn von ganz und gar ungläubigen und traditionslosen Juden großgeworden zu sein«. Das Spannungsverhältnis von Distanz und leidenschaftlich bekannter Nähe zum Judentum, das sich durch das gesamte Lebenswerk des vielseitigen Philosophen, Schriftstellers und Kulturkritikers zieht, findet darin seinen bezeichnenden Ausdruck. Als Sohn des Kinderpsychologen William Stern und seiner Frau Clara in Breslau aufgewachsen, einer Familie, die sich ungleich stärker deutsch als jüdisch fühlte, aber aus Stolz die Taufe, die einer Universitätskarriere des Vaters förderlich gewesen wäre, ablehnte, erfuhr A. eine von jüdischen Traditionen völlig freie Erziehung. Jugenderfahrungen wie judenfeindlich motivierte Peinigungen während seines Einsatzes in einem paramilitärischen Schülerverband in Frankreich 1917 und seine vom Vater abgelehnte Freundschaft zu einem zionistisch inspirierten »Ostjuden« führten zu einem stärkeren Bewußtsein seiner jüdischen Herkunft. Als Student gehörte er zusammen mit Hans Jonas und Hannah Arendt, die er 1929 heiratete, zum Kreis der Schüler von Edmund Husserl und Martin Heidegger. 1930 mußte er – als marxistisch orientierter Journalist, der für den Berliner *Börsen-Courier* schrieb – angesichts des Aufstiegs des Nationalsozialismus seinen jüdischen Nachnamen aufgeben und wählte das symbolträchtige Pseudonym »Anders«. 1933, mitten in seiner Arbeit an dem Roman *Die Molussische Katakombe*, einer Parabel über totalitäre Herrschaftsmechanismen, floh A. ins Pariser Exil; es folgten die Trennung von H. Arendt, vermutlich nicht unbeeinflußt von ideologischen Auseinandersetzungen über ihre zionistische Haltung, die Emigration in die USA, wo er für die New Yorker deutsch-jüdische Emigrantenzeitschrift *Aufbau* Gedichte schrieb, seine Existenz aber mit Gelegenheitsjobs sichern mußte und zu keiner Zeit in der akademischen Philosophie Fuß zu fassen vermochte. 1950, in der McCarthy-Ära, kehrte A. den USA den Rücken und siedelte als freier Autor nach Wien über.

In der Folgezeit beschrieb A. in einer Vielfalt literarischer Formen die *conditio humana* des 20. Jahrhunderts, die für ihn im Zeichen des Grauens von Auschwitz und der historischen Zäsur des Abwurfs der ersten Atombombe auf Hiroshima 1945 stand. Das zunehmend pessimistische Denken des Mitinitiators der Anti-Atombewegung kreiste seither um die »Apokalypseblindheit« einer im moralischen Nihilismus befangenen Menschheit, deren Untergang er – ohne Mut, Hoffnung und Trost – als »Prophet« und Mahner zu bekämpfen trachtete. Der jüdisch-messianisch inspirierten Hoffnungsphilosophie Ernst Blochs setzte A. das kritische Prinzip entgegen, »ohne Hoffnung zu leben«, in radikaler Kritik des sich als Herrn der Schöpfung verstehenden, aber der Vernichtungskapazität der eigenen technischen Macht unterworfenen modernen Menschen. Neben diesem zentralen Thema seiner literarischen Wirksamkeit begegnen immer wieder Reflexionen über die Unvorstellbarkeit der singulären Verbrechen von Auschwitz, die ihm moralisch ungleich entsetzlicher erschienen als Hiroshima, wenn er auch beide Geschehnisse unter dem Aspekt der apokalyptischen Wirkung der modernen Technik eng miteinander verklammert sah. Symbolisch versuchte er dies auszudrücken, als er Klaus Eichmann, den Sohn des 1963 in Jerusalem zum Tode verurteilten Adolf Eichmann, in einem offenen Brief unter dem Titel *Wir Eichmannsöhne* aufforderte, die Distanzierung vom Vater durch sein Engagement für die Anti-Atombewegung sichtbar zu machen, umgekehrt aber die Gesellschaft davor warnte, sich selbst dem Geist Eichmanns, der Dynamik technokratischer Vernichtung auszuliefern.

In seiner auf einer Polenreise entstandenen Tagebuchsammlung *Besuch im Hades* (1966) brachte A. die persönliche Dimension seines Nachdenkens über die Shoah zur Sprache, indem er sich in radikal selbstquälerischer Weise mit dem eigenen Entkommensein auseinandersetzte. Das Bewußtsein, »zufällig nicht ermordet worden zu sein«, begegnet überall dort als Leitmotiv, wo er sein Selbstverständnis als Jude explizit thematisiert. Religiöse Bindungen gehörten für den bewußten Atheisten A., der in seinen *Ketzereien* seinen Nicht-Glauben mit der Empörung über die »Würdelosigkeit« derer begründete, die nach Auschwitz »einem, der *dies* zugelassen hat, im Gebet nahen«, ebensowenig zu seiner jüdischen Identität wie ein nationales Zugehörigkeitsgefühl. Daher stand A. auch der Politik des Staates Israel, den er trotz mancher Skepsis gegenüber seinen »theokratischen Resten« und der Verführungskraft politisch-militärischer Macht grundsätzlich bejahte, kritisch gegenüber und trat 1982 aus Protest gegen den Libanonkrieg aus der Wiener Israelitischen Kultusgemeinde aus, ohne dies allerdings als Distanzierung vom Judentum verstehen zu wollen.

Am klarsten gab A. 1978 in einem Rundfunkessay über sein Verständnis des Judentums Auskunft, dem er sich mit Stolz zugehörig fühlte. Sein Ideal war ein modernes, säkulares, übernationales und humanistisches Judentum, das – in seinem im Bilderverbot wurzelnden Widerwillen gegen Idole und in seinem Widerspruch gegen zerstörerische Nationalismen – in einer Zeit apokalyptischer Bedrohung das »Salz der Erde« sein könne. Die Existenz dieser Gestalt des Judentums erlebte A. als etwas im Grunde Anachronistisches und zutiefst Erstaunliches: schon immer habe er »Verwunderung über die Tatsache« empfunden, »daß er überhaupt noch als Jude zur Welt gekommen« sei und daß es die Juden noch gab, »deren Vorgeschichte und Geschichte ja aus einer niemals abreißenden ›Kette von Rissen‹, nämlich von Wanderungen, Fluchten und Massakern bestanden hat.« In dem Bewußtsein, die Bedeutung seines Jude-Seins kaum noch wirklich definieren zu können, war A. von diesem Wunder des Überlebens fasziniert, davon, selbst zum »Rest des Restes des Restes« zu gehören, und empfand den Gedanken, die »so blutig erkauften Rettungen« könnten zuletzt vergeblich gewesen sein, als unerträglich. »Also nenne ich mich einen Juden und bin entschlossen, als ein solcher, wenn gewiß auch ohne Rabbi und an einem ganz zufälligen Platze, begraben zu werden.« Die Distanz, ja Verachtung gegenüber der jüdischen Glaubenstradition scheint unter dem Eindruck der leidenschaftlichen Bejahung der Fortexistenz des Judentums relativiert zu werden, wo der »Ketzer« A., der »den Jom Kippur niemals gefeiert« hat, im Rückblick auf die Begegnung mit einem orthodoxen Juden in Jerusalem – seinem »bärtigen Bruder im Kaftan« – die über die Jahrhunderte hinweg Identität bewahrende Kraft dieser ihm selbst so fremden religiösen Dimension des Jude-Seins dankbar würdigt.

Werke: Besuch im Hades, Auschwitz u.a. 1966; Die Schrift an der Wand. Tagebücher 1941 bis 1966, München 1967; Nach »Holocaust« 1979, München 1979; Ketzereien, München 1982; Wir Eichmannsöhne. Offener Brief an Klaus Eichmann, München ²1988; [Mein Judentum], in: Mein Judentum, hg. H.J. Schultz, Stuttgart 1978, 58–76.

Literatur: E. Adunka, G.A. und das jüdische Erbe, in: G.A. kontrovers, hg. K.P. Liessmann, München 1992, 72–80; E. Schubert, G.A. mit Selbstzeugnissen und Bilddokumenten dargestellt, Hamburg 1992; M. Lohmann, Philosophieren in der Endzeit. Zur Gegenwartsanalyse von G.A., München 1996.

Christian Wiese

Auerbach, Berthold
(eigentl. Moses Baruch A.)
Geb. 28.2.1812 in Nordstetten/Schwarzwald;
gest. 8.2.1882 in Cannes

Die Lebensdaten A.s umfassen Beginn und Niedergang der »deutsch-jüdischen Weggemeinschaft« im Zeichen des Liberalismus (Toury): In seinem Geburtsjahr 1812 setzten die ersten preußischen

Emanzipationsgesetze ein Signal, das in Deutschland – von 1848 abgesehen – erst mit den Verfassungen des Norddeutschen Bundes 1869 bzw. des Reichs 1871 eingelöst wurde. Im Jahr seines Todes 1882, also nach erfolgter rechtlicher Gleichstellung, wurde die gesellschaftliche Integration durch den sich verstärkenden Antisemitismus in einer Weise in Frage gestellt, die auf die Exstirpation der deutschen und europäischen Juden im Dritten Reich vorausdeutet. A.s immer wieder zitierte, an den Verwandten und Freund Jakob Auerbach gerichtete Klage angesichts dieser Entwicklung, »Vergebens gelebt und gearbeitet!« (23. November 1880), verdichtet formelhaft die Erfahrungen, die am Ende seines Lebens die Hoffnungen auf eine Integration der Juden als deutsche Bürger zunichte zu machen schienen. A.s gesamtes Werk spricht in autobiographischer Unterströmung offen oder verdeckt, direkt oder indirekt von dem prekär bleibenden Versuch, seine Identitäten als religiös freidenkender Jude, als regional gebundener Süddeutscher und als liberaler kleindeutsch-preußischer Patriot in ein lebensfähiges und akzeptiertes Gleichgewicht zu bringen.

Entscheidend für A.s Selbstverständnis ist seine Herkunft aus dem bei Horb im schwäbischen Schwarzwald gelegenen Nordstetten, einem früher zu Vorderösterreich gehörenden und damit sozusagen noch josephinisch geprägten Dorf mit katholischer und jüdischer Bevölkerung, das er in seinen *Schwarzwälder Dorfgeschichten* als ein überregionales Modell deutsch-jüdischer Harmonie, als Inbegriff von »Heimat« schlechthin verklärt – ein utopischer Entwurf, dessen harmonisierende Tendenz freilich angesichts nicht seltener Zusammenstöße zwischen Christen und Juden, von denen A. in privaten Zeugnissen berichtet, fast nach »erpreßter Versöhnung« aussieht. A.s Sozialisation zu Beginn des 19. Jahrhunderts ist nicht untypisch: Moses Baruch Auerbacher (der sich seit 1830 Berthold Auerbach nennt) wird als neuntes Kind des Händlers Jakob Auerbacher und seiner Frau Edel geb. Frank geboren. Erst nachdem Bernhard Frankfurter nach Nordstetten berufen wird – ein besonders tüchtiger jüdischer Lehrer, der später Anregungen für die ersten Dorfgeschichten gibt –, eröffnen sich für den jungen A. über die dörfliche Sphäre hinausreichende Perspektiven: Er soll wie sein Großvater Rabbiner werden und bezieht deshalb 1825 die traditionelle Hechinger Talmudschule. Bereits 1827 verläßt er die offensichtlich als Belastung empfundene Jeschiwa – froh darüber, zu einem Onkel nach Karlsruhe übersiedeln und sich dort auf das Stuttgarter Gymnasium vorbereiten zu können, zu dem er nach einem vergeblichen Anlauf im Sommer 1830 Zugang erhält. 1832 beginnt er in Tübingen ein Jurastudium, siedelt 1833 aus politischen Gründen aber nach München über, wo er gleichwohl auf Antrag des Tübinger Oberamtsgerichts als Burschenschafter verhaftet, verhört und schließlich dazu gebracht wird, sich in Tübingen den Richtern zu stellen. Die Relegation von der Universität Ende 1833 bringt A. dazu, sich 1834 in Heidelberg zu immatrikulieren. Obwohl formal immer noch Student der »jüdischen Theologie« – in Wirklichkeit hörte er bei allen möglichen Fachvertretern, insbesondere bei Philosophen, Historikern und Literaturwissenschaftlern –, beginnt A. nun seine schriftstellerische Laufbahn und ist wohl nicht ganz unglücklich darüber, daß seine Nähe zu den Burschenschaften ihm die Zulassung zum Rabbinatsexamen vollends unmöglich macht. Denn als neue Religion gilt ihm, wie für so viele sich akkulturierende Juden vor ihm, säkulare Bildung in Gestalt deutscher und europäischer Literatur. Ende 1836 ereilt A. die Strenge der Demagogenverfolgung: er wird zu zweimonatiger Festungshaft auf dem Hohenasperg verurteilt. Die Haft hindert ihn aber nicht daran, sich mit allen Konsequenzen als freier Schriftsteller zu etablieren; er nutzt sie zur Niederschrift seines ersten Romans über Spinoza.

Bevor also A. zu Beginn der 40er Jahre zum Modell einer »Heimatliteratur« mit nationaler und universalmenschheitlicher Programmatik findet, das in Gestalt der detailrealistischen »Dorfgeschichte« sozusagen zu seinem literarhistorischen Markenzeichen wird und ihn berühmt macht, versucht er über mehrere Jahre hinweg, sich als dezidiert jüdischer Autor einen Namen zu machen. Sein Versuch, im Essay (*Das Judenthum und die neueste Literatur*, 1836) und in zwei historischen Romanen (*Spinoza*, 1837; *Dichter und Kaufmann*, 1840) das Leben der Juden in einer Zeit des Umbruchs zu reflektieren – weitere Werke sollten den geplanten »Ghetto«-Zyklus ergänzen –, erwies sich freilich als ein Mißerfolg. Im Essay von 1836 wandte sich A. einerseits gegen den Materialismus und Sensualismus des politisch verfolgten Jungen Deutschland, insbesondere gegen Heine, andererseits aber auch gegen Wolfgang Menzels Denunziation dieser liberalen Richtung als des »Jungen Palästina«. Hellsichtig erkannte er zugleich, wie ambivalent die Einstellung vieler nichtjüdischer liberaler Schriftsteller gegenüber den Juden war, die sie letztlich nur als Verbündete akzeptieren wollten, wenn sie alles Jüdische ohne Rest abgelegt hätten. Im *Spinoza*-Roman schrieb A. gleichsam eine maskierte Wunsch-Autobiographie. Die historische Figur Spinoza in ihrer Auseinandersetzung mit der jüdischen Orthodoxie wird zum Exempel religiöser Freizügigkeit im Zeichen eines aufgeklärt-human definierten Reformjudentums, wie es etwa der Freund Abraham Geiger propagierte. Dagegen steht der Lebensweg von Moses Ephraim Kuh im Roman *Dichter und Kaufmann* für die großen Schwierigkeiten der Juden, in der ersten Phase der Emanzipation aus dem inneren wie äußeren Ghetto auszubrechen und im Verein mit den ebenfalls noch unter dem Absolutismus leidenden Christen freie Bürger zu werden. Ausschließlich »Bildung« heißt die Devise, nicht – wie noch für den Reisenden in Lessings frühem Lustspiel *Die Juden* – Besitz und Bildung. Der Geldgeist von Juden wie Christen erscheint dem jungen A. – ganz ähnlich wie etwa auch Ludwig Börne – geradezu als Inbegriff einer gegenbürgerlichen Gesinnung, die überwunden werden muß, wenn das ideal gedachte Gemeinwesen entstehen soll.

Der ausbleibende Erfolg der beiden »jüdischen« Romane hinterließ bei A. einen Stachel: bis zu seinem Lebensende machte er Pläne für verschiedene »Judenerzählungen« und einen bis zur Gegenwart reichenden »Judenroman«, ohne daß mehr als fragmentarische Aufzeichnungen entstanden wären. Die Wendung zur Dorfgeschichte nach 1840 (die erste Sammlung erscheint 1843) muß wohl zumindest partiell als eine Transponierung deutsch-jüdischer Existenzproblematik in den allgemeineren Bereich der Dialektik von Fremde und Heimat interpretiert werden, wie sie dann in *Schrift und Volk* (1846) theoretisch entfaltet wird. Während im jüdischen Milieu der frühen Romane zugleich Menschheitsfragen behandelt wurden, wird nun umgekehrt im nichtjüdischen Milieu die Sache der Juden mit verfochten. A. bekennt sich allerdings nicht als religiöser Jude, sondern als zugehörig zur historischen Traditions- und Schicksalsgemeinschaft im Zeichen einer schnell fortschreitenden Säkularisierung. Jüdische Nebenfiguren vertreten in den vormärzlichen Dorfgeschichten die Instanz humaner Vernünftigkeit. Aber auch eine nichtjüdische Figur wie Vefele (*Des Schloßbauers Vefele*, 1843) – als Tochter eines dörflichen Außenseiters und als Körperbehinderte im doppelten Sinn stigmatisiert – dient dazu, die Sozio- wie Pathogenese von Vorurteilen darzustellen, und es ist nicht zufällig der Handelsjude Marem, der der verzweifelten Frau vor ihrem Freitod einen letzten Liebesdienst erweist. Eine ähnliche Verknüpfung von allgemeiner gesellschaftlicher und jüdischer Problematik findet sich auch in der Erzählung *Die Sträflinge* (1846), während die Wendung gegen die jüdische Orthodoxie im Ringen des katholischen Priesteradepten Ivo gespiegelt wird, der sich zu einer Abkehr von den Dogmen positiver Religion im Sinn aufgeklärt-universaler Religiosität durchringt (*Ivo, der Hajrle*, 1843). Den hohen Stellenwert konkreter kultureller Erfahrung und damit zusammenhängend die Relativierung eines abstrakten Idealismus vermittelt schließlich die Erzählung *Der Lauterbacher* (1843); nur auf diese Weise lassen sich Vorurteile gegenüber der Welt der Bauern wie der Juden abbauen.

Die Programmatik des sich im Genre der Dorfgeschichte manifestierenden frühen Detailrealismus wird von A. zugleich als Instrument einer bewußten Förderung deutsch-jüdischer Integration genutzt. Auch nach der Revolution von 1848, für die sich der Autor engagiert, weil er sie als entscheidende Chance begreift, mit der Emanzipation aller Bürger auch die der Juden zu erreichen, behält A. diesen Blickwinkel bei. Die zunehmende Idyllisierung der dörflichen Welt, die von der Kritik als Flucht in eine bloße Wunschwelt bemängelt wird, läßt sich auch als forcierter Ausdruck eines Appells deuten, doch endlich die »Heimkehr« aller Außenseiter zu ermöglichen. Das Dorf ist eben doch nur idealiter der Ort der erstrebten Sozialharmonie. In Wirklichkeit gibt es das Phänomen sozialer Ausgrenzung, das inhumane Wirkungen zeitigt. Exemplifiziert wird diese Ausgrenzung in aller Regel an nichtjüdischen Figuren, wie etwa an der schwarzen Marann und den beiden Waisen Amrei und Dami in der berühmtesten nachrevolutionären Dorfgeschichte A.s, *Barfüßele* (1856). Die drei Figuren sind im eigenen Heimatdorf »wie in der Fremde verirrt«, und der Entschluß der Waisen, ins Elsaß auszuwandern, macht den Bezug zur jüdischen Problematik deutlich, insofern im Elsaß wie in ganz Frankreich den Juden gleiche bürgerliche Rechte eingeräumt sind. Standen zur Zeit der Veröffentlichung dieser Erzählung wie auch der zwischen 1846 und 1869 erscheinenden didaktischen Kalendergeschichten A.s die Chancen für eine Integration der Juden in die majoritär christliche Gesellschaft nicht schlecht, so sah dies bereits ganz anders aus, als A. 1876 eine weitere Sammlung von Dorfgeschichten *Nach dreißig Jahren* und 1880 seine letzte Dorfgeschichte *Brigitta* erscheinen ließ. Trotz mittlerweile erreichter rechtlicher Gleichstellung war eine bis dato nicht gekannte gesellschaftliche Ausgrenzung der Juden im Gang, angesichts derer die wiederholten narrativen Beschwörungen des Gemeinsinns illusorisch anmuten.

Die Hinwendung A.s zum Zeit- und Gesellschaftsroman ist motiviert durch das Scheitern der bürgerlichen Revolution von 1848/49. Ästhetisch gesehen bleibt A. allerdings dem jungdeutschen Reflexions- und Ideenroman verhaftet, so daß er angesichts des Paradigmenwandels zum programmatischen Realismus mit seinem Romanwerk anachronistisch anmutet und jedenfalls als Romancier nicht an den Erfolg seiner Dorfgeschichten anknüpfen kann. A. greift zentrale Themen der nachmärzlichen Gesellschaft auf: in *Neues Leben* (1851) das Thema der bürgerlich-humanen pädagogischen Tat im amerikanischen Exil und im nachrevolutionären ländlichen Deutschland, in *Auf der Höhe* (1865) die Frage der Harmonisierung der Stände (Adel, Bürgertum, Bauern) im Begriff des guten Menschen sowie die Frage der Religionsfreiheit, in *Das*

Landhaus am Rhein (1869) das Problem der bürgerlichen Integration von Minoritäten und Fremden (Hugenotten, Juden, Schwarze), in *Waldfried* (1874) schließlich das Problem des Zusammenwachsens von Juden und Nichtjuden im Prozeß der nationalen Einigung, durch den endlich die Parabel vom jüdischen »Stiefkind im Stiefvaterlande« positiv aufgelöst wird. Der Satz einer jüdischen Nebenfigur dieses Romans, die gebildeten Juden seien »nicht sowohl Juden, als vielmehr Nichtchristen«, zeigt an, wie wenig an positiver religiöser Substanz in A.s Begriff eines säkularisierten Judentums noch bewahrt ist, und so ist der Einspruch des Reformrabbiners Ludwig Philippson gegen diesen Satz verständlich, er sei als Ausdruck von A.s »Confessionslosigkeit« zu werten, die sich durchaus vom Bekenntnis zum wie auch immer philosophisch reflektierten jüdischen Monotheismus bei anderen gebildeten Juden unterscheide (*Allgemeine Zeitung des Judenthums* 39, 1875, 466). Eben diese »Confessionslosigkeit« mag A.s positive Aufnahme beim allgemeinen gebildeten Publikum gefördert haben. Bei aller Anerkennung in bürgerlichen und adligen Kreisen aber kam dem – von 1860–81 mit einer kriegsbedingten zweijährigen Ausnahme in Berlin ansässigen, aber häufig umherreisenden – Autor immer wieder neu zu Bewußtsein, daß er auch als Protegé des höchsten Adels ein Außenseiter blieb – der »Hofjude«, wie er von einer antisemitischen Revue der preußischen Junkerpartei geschmäht wurde, der »Salontiroler«, wie ihn sein früherer liberaler Bundesgenosse Heinrich von Treitschke ironisierte. Konsequenzen für seine unmittelbare schriftstellerische Arbeit zog A. allerdings nur zögernd. Während er sich in mehreren Artikeln seit 1875 gegen die zunehmende neuartige Judenhetze wandte und vor allem in den Briefen an Jakob Auerbach kein Blatt vor den Mund nahm, blieb er in den poetischen Werken bei der schon lange praktizierten Methode, nur beiläufig, indirekt, maskiert von der Problematik deutsch-jüdischer Integration zu handeln. Die emphatische Berufung auf den Geist des *Nathan* bei der Säkularfeier von Lessings Tod 1881 konnte nicht darüber hinwegtäuschen, daß die aufklärerische Utopie einer versöhnten Gesellschaft zu diesem Zeitpunkt hoffnungslos anachronistisch anmutet. Die Dissoziation von harmonisierender Fiktion und wenigstens partiell realhistorischer Einsicht mußte auch ästhetisch fatale Konsequenzen haben, und so haben bereits die bedeutenderen zeitgenössischen Erzähler wie Keller, Fontane und Raabe den Vorwurf trivialliterarischer Verschleierung erhoben – ein Verdikt, das freilich das spezifisch ethische Problem des Autors, wie deutsch-jüdische Identität im Vollsinn des Doppelbegriffs festzuhalten sei, völlig außer acht läßt.

Werke: Das Judenthum und die neueste Literatur, Stuttgart 1836; Spinoza, Stuttgart 1837; Dichter und Kaufmann, 2 Bde., Stuttgart 1840, Repr. Tübingen 1980; Schwarzwälder Dorfgeschichten, 2 Bde., Mannheim 1843; Barfüßele, Stuttgart u. a. 1856; Waldfried, 3 Bde., Stuttgart 1874; Die Genesis des Nathan, Berlin 1881; Ausw. hg. J. Hein, Stuttgart 1994.

Literatur: A. Bettelheim, B. A., Stuttgart u. a. 1907; M. Pazi, Revolution und Demokratie im Leben und Werk von B. A., in: Geschichte und Literatur, hg. J. H. Schoeps u. a., Duisburg 1979, 355–374; J. Katz, B. A.'s Anticipation of the German-Jewish Tragedy, in: Hebrew Union College Annual 53 (1982), 215–240; T. Scheuffelen, B. A. 1812–1882, Marbacher Magazin Sonderheft 36/1985.

Hans Otto Horch

Ausländer, Rose
Geb. 11.5.1901 in Czernowitz;
gest. 3.1.1988 in Düsseldorf

Nach einer glücklichen Kindheit und Jugend in der Bukowina, die das ganze Leben hindurch Gegenstand liebevoller Erinnerung und Motiv ihrer Lyrik bleibt, widmet sich A. von 1919–20 im sog. *Ethischen Seminar* in Czernowitz dem Studium Platons, Spinozas und vor allem des jüdischen Philosophen Constantin Brunner. Nach dem Tod ihres Vaters wandert sie 1921 auf Drängen der Mutter aus wirtschaftlichen Gründen gemeinsam mit ihrem späteren Ehemann Ignaz Ausländer (Heirat 1923; Scheidung 1930) in die USA aus. Dort arbeitet sie als Zeitungsredakteurin und Bankangestellte und publiziert Gedichte und feuilletonistische Beiträge in deutschsprachigen Zeitungen. 1939 kehrt sie nach Czernowitz zurück und durchlebt von 1941–44 eine Zeit der Verfolgung und der Todesnot im Ghetto dieser von den Deutschen besetzten Stadt. Ab 1946 lebt sie wieder in den USA, übersiedelt jedoch 1965 in die Bundesrepublik Deutschland.

In rascher Folge erscheinen hier ihre Gedichtbände, für die sie zahlreiche Preise, Auszeichnungen und Ehrungen empfängt. »Mein/ aus der Verzweiflung/ geborenes Wort« – mit diesen Zeilen gibt A. selbst einen Einblick in den Motivationshintergrund ihrer im Vergleich zu ihrer früheren Dichtung (*Der Regenbogen,* 1939) formal und inhaltlich neuartigen, etwa seit 1956 entstehenden lyrischen Bild- und Ausdruckswelt, mit der sie in ihrer Sammlung *Blinder Sommer* (1965) zum erstenmal an die Öffentlichkeit tritt. Mit dem Wort »Verzweiflung« deutet sie auf die tiefe Krise ihres Selbst- und Wirklichkeitsverständnisses hin, aus der ihr Werk hervorgeht: Aufgrund der »alpdruckhaft beklemmenden Erfahrungen« im Ghetto von Czernowitz, aber auch der Vernichtung von Millionen deutscher und europäischer Juden durch die Nationalsozialisten droht sich für sie der Glaube an einen transzendentalen Sinn der Welt aufzulösen, der bis dahin die Leitlinie ihres Lebens und Schreibens gebildet hat. Ihr Weltbild wie ihre lyrische Bildwelt sind seither geprägt von der Spannung zwischen dem Vertrauen auf diesen universalen Sinn der Schöpfung und der Verzweiflung über die Sinnleere der geschichtlichen Erfahrungswelt. Um ihr einen poetisch adäquaten Ausdruck geben zu können, adaptiert sie während der ersten zehn Jahre nach dem Zweiten Weltkrieg die Schreib- und Kompositionsformen moderner Lyrik. Dabei orientiert sie sich vor allem an englischsprachigen Lyrikern – etwa an R. Frost, W.C. Williams, W. Stevens, T.S. Eliot, M. Moore und E.E. Cummings, aber auch an G. Ungaretti, P. Neruda, G. Eich, N. Sachs und P. Celan. Dennoch gliedert sie sich damit nicht in die auf der Traditionslinie Rimbaud – Mallarmé – Celan gelegene »absolute« Lyrik der Moderne ein. Aufgrund ihres Bestrebens, trotz des drohenden Sinnverlustes am Bild einer ganzheitlichen, in die Sphäre des Transzendentalen hineinreichenden Welt festzuhalten, bleibt ihre Lyrik bei aller formalästhetischen Modernität, sprachartistischen Brillanz und reflektorischen Intensität letztlich doch mimetisch orientiert: Sie ist Deutung der Welt im Sinne der traditionellen Darstellungsästhetik.

A. hat sich ihre ganzheitliche Weltsicht bereits im *Ethischen Seminar* in Czernowitz angeeignet, wo Grundgedanken der Philosophie Brunners zu Fundamenten ihres Denkens geworden sind. Für Brunner gibt es ein einheitlich in allen Menschen wirkendes, wahrheitsorientiertes Denken nicht. Er unterscheidet vielmehr zwischen dem Geist (dem absoluten Denken) und dem Analogon (dem fiktiven Denken); das eine richtet sich auf die Erkenntnis der absoluten Wahrheit; das andere geht aus

Beobachtungen partieller Bereiche oder aus fiktiven Deutungen der Erfahrungswelt hervor, tritt aber dennoch mit dem doktrinären Anspruch auf absolute Gültigkeit auf, wie es etwa bei Geboten, Verboten und Dogmen der Religionen, bei Mythologien oder Ideologien der Fall ist. Die Geschichte erscheint dadurch als permanenter Antagonismus des Prinzips des Geistigen und des Ungeistig-Analogen. Letztlich bleibt sie aber doch trotz ihrer tragisch anmutenden Widersprüchlichkeit auf einen teleologischen Sinn ausgerichtet. Dieser Antagonismus bildet auch die Grundstruktur der neuen lyrischen Bildwelt A. s. Sie gestaltet ihn mit Hilfe des der biblischen Schöpfungsgeschichte entnommenen Bildmaterials: Die archetypische Urszene der antagonistischen Entzweiung der Welt und der Menschheitsgeschichte liegt für sie im Sündenfall-Mythos: Mit seinem Erkenntnisverbot erweist sich der biblische Gott als prototypische Manifestation des analogen, doktrinären Denkens. Mit seiner Strafe für den Sündenfall verbannt er den auf Erkenntnis des Absoluten angelegten Menschen in den Bereich des Begrenzten, der Zeit, der Sterblichkeit und des Todes: »Wir erkennen dich/ . . ./ an deiner heimlichen Hand/ die den Zeiger zückt/ gegen das Schmetterlingsherz/ gegen unser Herz.« An seinem Wirkpotential, das A. durch funktionsspezifische Bilder – etwa »Dorn«, »Schwert«, »Feuer«, »Rauch«, »Schatten«, »Finsternis« – imaginativ zur Geltung bringt, zeigt sich das analoge Denken als Quelle des die Geschichte durchziehenden Bösen: der Intoleranz, des Terrors, des in den Holocaust einmündenden Rassismus. Auch zeitgeschichtliche Ereignisse werden aufgrund dieser Sehweise als mythische Vorgänge verstanden: »Sie kamen/ mit scharfen Fahnen und Pistolen/ schossen alle Sterne und den Mond ab/ damit kein Licht uns liebe/ damit kein Licht uns bliebe// Da begruben wir die Sonne/ Es war eine unendliche Sonnenfinsternis.« Dem um den biblischen Gott gelagerten Prinzip des analogen Denkens stellt A. in eklatanter Abänderung der biblischen Vorlage Eva als nicht von ihm erschaffene, autarke Protagonistin des Prinzips des Geistigen, der Wahrheit und der Liebe gegenüber (»Aus Himmelsrippen geschält/ Sonne ewige Eva«). Ihr Sündenfall und ihre fortdauernde Bereitschaft zur Sünde sind Zeichen des Willens zur Selbstbehauptung des der Wahrheit verpflichteten Menschen gegenüber dem Herrschafts- und Vernichtungswillen des totalitären analogischen Denkens. Eva wird – in deutlichem Kontrast zur Dunkelheitsmetaphorik des analogen Prinzips – umgeben mit einer Aura von Licht- und Sonnenmetaphern, die letztlich wohl auf die Erscheinungsweise der Idee des Guten im platonischen Sonnengleichnis verweist. Sie erscheint dadurch als paradigmatische Leitfigur, die Sinngewißheit verbürgt und als Drang zur Wahrheit, zur Menschlichkeit und zu selbstbestimmtem Handeln fortlebt und weiterwirkt: »Laßt uns Sünder sein/ verbotene Worte lieben/ und Menschen/ unter drohendem Himmel.«

Mit dieser Akzentuierung der sinnstiftenden Kraft des als das Weibliche gesehenen Geistig-Absoluten gegenüber allem Ideologisch-Doktrinären der unter männlicher Dominanz stehenden geschichtlichen Erfahrungswelt schafft sich A. die Basis für ihre neue dichterische Existenz: Sie gründet sich auf »der verzweifelten Hoffnung/ daß Dichten/ noch möglich sei«. Aus dem in der Leitfigur Eva repräsentierten Willen zur Wahrheit, zur Liebe und zur Menschlichkeit erhält sie ihre Legitimation: »Ich sing das verbotene/ Apfellied/ das vor der Geburt erlernte.« In einer Art von Anamnesis an eine vorgeburtliche Existenz im Sinne Platons deutet sie ihr poetisches Tun als Verwirklichung ihres innersten Wesens und als Zurückweisung jeder Art von analogisch begründetem Herrschaftsanspruch. Sie begreift es als Bekenntnis zur – im Sinne Spinozas – vom Geist, vom »Wort« durchwirkten Welt und zum ganzheitlichen Menschen, der in ihr als in seinem »Mutterland« leben kann.

Werke: Gesammelte Werke in sieben Bänden und einem Nachtragsband, hg. H. Braun, Frankfurt a. M. 1985ff.

Literatur: H. Braun, »Ich bin fünftausend Jahre jung« – R. A. Zu ihrer Biographie, Stuttgart 1999; »Weil Wörter mir diktieren: schreib uns« – Literaturwissenschaftliche Texte zu R. A., hg. H. Braun, Köln 1999.

Josef Billen

Becker, Jurek (eigentl. Jerzy)
Geb. 30. 9. 1937 in Lodz:
gest. 14. 3. 1997 in Berlin

B. wurde 1937 in Lodz geboren, seine Familie entstammte der jüdischen Mittelklasse und sprach polnisch. Lodz war zu dieser Zeit eine Stadt mit jüdischer Präsenz, die ihre Wurzeln in einer neuen polnischen Identität hatte. Nach der Shoah, deren erste literarische Aufarbeitung in der DDR er mit *Jakob der Lügner* (1969) leistete, gestand B. sein Selbstverständnis als Jude ein, niemals aber fühlte er sich als Pole; der Antisemitismus in Polen in der Vor- und Nachkriegszeit bestimmte sein Verhältnis zu seiner polnischen Identität. B.s neue deutsche Identität in der DDR war geradezu die Antithese zu seiner polnischen. B. (als Zweijähriger) und seine Eltern überlebten das Ghetto von Lodz. Später wurden er und seine Mutter in die Lager Sachsenhausen und Ravensbrück verlegt. Langeweile und Angst bestimmten die Welt des Kindes, aber auch die sich ständig verschlechternde Gesundheit seiner Mutter, die, wie viele in Litzmannstadt, dem Ghetto in Lodz, an Tuberkulose litt. Sie starb kurz nach der Befreiung von Ravensbrück; Jurek, so Jerzys Spitzname, wurde in einem Kinderlager untergebracht. Das rote Kreuz machte seinen Vater, der selbst aus Auschwitz befreit worden war, im Jahr 1945 ausfindig. Vater und Sohn zogen in den russischen Sektor Berlins. B.s Erinnerungen als Deutscher und Jude beginnen mit diesem Umzug nach Berlin und dem Erwerb der deutschen Sprache. »Da ich in einen Kreis hineingewählt worden bin, unter dessen Aufgaben die pflegliche Behandlung der deutschen Sprache ganz vornean steht, sollte ich wohl erwähnen, daß meine Muttersprache polnisch ist. Als ich acht Jahre alt war, hörte mein Vater, der letzte nach dem Krieg mir verbliebene Verwandte, von einem Tag zum nächsten auf, mit mir polnisch zu sprechen; seine Absicht war die beste, er vermutete, daß mir dann gar nichts anderes übrigbleiben würde, als im Handumdrehen deutsch zu lernen. Was er nicht bedacht hatte, war, daß ich das Polnische viel schneller vergaß, als ich die neue Sprache lernte. So mußte ich einige Zeit buchstäblich sprachlos leben. Das ist vorbei, der Lernprozeß ist inzwischen gut vorangekommen, wenn ich ihn auch längst nicht für abgeschlossen halte« (*Ende*). Auch in der DDR bewahrte B. Distanz zu irgendeiner Form von jüdischer Identität. Er hatte, ebenso wie sein Vater, jeden Glauben an die jüdisch-polnische Identität verloren. Der Kommunismus wurde das Gegenmittel nicht nur gegen den Faschismus, sondern auch gegen das Versagen der säkularen jüdischen Identität.

Nach dem Rudolph Slansky-Prozeß in Prag, den Nachwehen des Anschlags auf Stalin (1953), v. a. aber nach dem Merker-Prozeß (1955) wurde es in der DDR wieder zum Problem, jüdisch zu sein. Merker war aus dem mexikanischen Exil mit der Überzeugung zurückgekehrt, daß Antisemitismus und Shoah Themen im Kampf für ein sozialistisches Deutschland sein müßten. Der Prozeßverlauf zeigte jedoch, daß die Erinnerung an die Shoah politisch nicht gewollt war. Merker wurde aufgrund eines Gesetzes verurteilt, das eigentlich ein Wiederaufleben des Nazismus im Nachkriegsdeutschland verhindern sollte. In einer Welt, in der der Anspruch auf eine »universale« marxistische, über nationale und religiöse Definitionen hinausgehende Identität nur eine Identifikationsebene erlaubte, nämlich den neuen Staat, wurde jüdische oder gar zionistische Identität zu einem politischen Merkmal »doppelter Loyalität«. Auch B. verurteilte 1977 das »zionistische Projekt«, ein Begriff, mit dem er sich der Rhetorik der DDR anschloß, als nazistisch und deshalb kriminell. Im Jahr 1996 zog er diesen Kommentar allerdings als »übertrieben und falsch« zurück; er war zur Überzeugung gelangt, daß in diesem Kontext Antizionismus identisch mit Antisemitismus war.

1965 legt B. der DEFA sein erstes »ernsthaftes« Drehbuchprojekt vor, nachdem er eine Reihe leichter, komischer Filmskripts geschrieben hatte: *Jakob der Lügner*. Der Plot spielt in einem namenlosen Ghetto in Polen und ist die Geschichte eines Juden namens Jakob Heym. Heym hört einige Neuigkeiten mit an, als er im deutschen Revier festgehalten wird. Als er diese weitererzählt, tut er so, als hätte er ein Radio. Die Existenz eines Radios, von den Deutschen verboten, läßt die Ghettobewohner ihren Optimismus zurückgewinnen. Bei der letzten Lagerräumung wird Jakob nach Osten abtransportiert. B. hält zwei Schlüsse der Geschichte bereit – beim zweiten Schluß überlebt Jakob. In der ersten Version wird Jakobs Tod von einer erzählenden Stimme berichtet, derjenigen eines Freundes, der offensichtlich die Shoah überlebte. Dieser Kunstgriff verweist auf die Möglichkeit, in einer Welt nach der Shoah zu leben; der Überlebende kann schreiben, weil er überlebt hat.

Der Film schien B. dazu das beste Medium zu sein, weil er ihm ermöglichte, das größtmögliche Publikum zu erreichen. Als Folge der politischen Krisen 1965 wurde das Drehbuch von der DEFA nicht akzeptiert, wie auch bis dahin kein Film und kein Buch über Juden in der Shoah publiziert wurde. Typisch für die Repräsentation der Shoah in der DDR in Kino und Literatur war Bruno Apitz' *Nackt unter Wölfen* (1958), das später von Frank Beyer verfilmt wurde (1963). Die Geschichte spielt in Buchenwald, doch »der Jude« ist nur als Kind präsent, das von den politischen Gefangenen, von denen keiner jüdisch ist, vor den Nazis versteckt wird. Jedoch einen Film zu drehen, in dem ein Jude und der Mord an Juden im Zentrum stehen, wurde 1965 als politisch inakzeptabel betrachtet. Nach der Zurückweisung des Drehbuchs schrieb B. das Skript in einen Roman um, der 1969, im Westen 1970, unter dem Titel *Jakob der Lügner* erschien. Es war einer der ersten Romane über die Shoah, der sich nicht einfach auf Pathos als Weg des Verständnisses verließ. In der Retrospektive schrieb B. über *Jakob der Lügner*: »Die Geschichte war, so meinte ich, gut genug für einen ersten Roman, [...] weil einer über so schreckliche Dinge wie Ghetto und Judenverfolgung nicht mit der gewohnt tränenerstickten Stimme erzählte, sondern gar komisch zu sein versuchte« (*Ende*). Es war die Stimme des Juden, der für sich selber spricht, eine Stimme, die bislang in der DDR nicht zu Wort gekommen war, weder als Autor noch als Figur. Nach seiner Publikation in der BRD erhielt der Roman zahlreiche Preise – und wurde 1974 von der DEFA doch noch gedreht, mehr noch: er erhielt den Nationalpreis zweiter Klasse (1975) in der DDR.

B. arbeitete daraufhin an einer großen Trilogie über jüdisches Leben in Mitteleuropa. *Der Boxer* (1976), der zweite Teil nach *Jakob der Lügner*, ist die Geschichte eines Vaters und seines Kindes, die beide die Shoah überlebt haben. Der Vater findet seinen Sohn in einem

Waisenhaus, nimmt ihn mit nach Ostberlin und erzieht ihn als jungen Deutschen, indem er seinen Namen von Aron in Arno umwandelt. Die Unfähigkeit des Vaters, mit seinem Sohn zu kommunizieren, führt dazu, daß der Junge aufwächst, ohne zu wissen, wer er ist. Während des Sechs-Tage-Kriegs aber verschwindet der junge Kommunist nach Israel, um den jüdischen Staat zu verteidigen – und stirbt dort. Der Vater kann nur mutmaßen, was seinen Sohn zu einem Juden gemacht hat. Seine Frage ist nicht: »Was macht aus meinem Sohn einen guten Bürger der DDR?« B.s eigener Vater sprach nur von »den Deutschen«, als er nach 1945 »zurück« in Deutschland war. Er pflegte B. zu fragen: »Wie behandeln dich *die Deutschen* in der Schule?« (*Ende*) *Der Boxer* ist B.s Versuch, sich in literarischer Form mit dieser Frage auseinanderzusetzen. Auch der letzte Band der Trilogie, *Bronsteins Kinder* (1986), thematisiert die Shoah und das deutsch-jüdische Verhältnis. B. hatte die DDR nach der Biermann-Affäre 1976 verlassen, aber er behielt ein Visum, das ihm ermöglichte, die DDR regelmäßig von Westberlin aus, wo er sich niedergelassen hatte, zu besuchen. Dieser Roman zur Frage der jüdischen Identität, geschrieben nach dem Verlassen der DDR, sollte zunächst heißen: *Wie ich ein Deutscher wurde*. Er spielt in der DDR um 1973, als Walter Ulbricht starb. B.s eigener Vater war ein Jahr zuvor gestorben. Es war eine Zeit, in der die Versprechen des sozialistischen Modells sich hätten erfüllen können. In dem Roman geht es wiederum um einen Überlebenden und seinen Sohn. Die Mutter ist tot und die Schwester ist in einer Anstalt untergebracht wegen eines Traumas, das sie erlitt, als sie während der Shoah von einem polnischen Bauern versteckt wurde. Die Handlung erfährt eine Wendung, als der Sohn entdeckt, daß sein Vater und zwei seiner Freunde einen ehemaligen Wächter des Lagers Neuengamme entführt haben und gefangen halten, des Lagers, das sie selbst überlebt hatten. *Bronsteins Kinder* ist ein Roman über das Versagen und den Verlust des Vaters. Die abwesende Mutter ist ein Gegengewicht zu dem Vater-Sohn-Konflikt. Der Vater ist keinesfalls »gut genug«; seine elterlichen und menschlichen Fähigkeiten wurden durch die Erfahrungen in den Lagern zerstört. Die Väter in *Der Boxer* und in *Bronsteins Kinder* sind »schlechte« Väter, weil ihre Verbindung zur »Menschlichkeit« durch die Erfahrung der Shoah erschwert wurde. Die zentrale Frage in *Bronsteins Kinder*, wie in allen Romanen B.s, »wie wurde ich ein Deutscher?«, wird zur Frage »was ist deutsch?«. Wie also ist es möglich, Deutscher und zugleich ein Mensch, ein Vater zu sein? Und was, wenn dieser »Deutsche« ein »Jude« ist? Dies ist eine Frage, die von außerhalb gestellt wird: sie gilt der Position des Insiders als Outsider, ob Jude, Ostler oder Autor, einer Position mit dem Bewußtsein der Marginalität. In *Bronsteins Kinder* ereignet sich eine Szene, die sich in einer Reihe von B.s Arbeiten wiederholt. Der Sohn wird in einen Film über die Shoah involviert, in dem seine jüdische Freundin die Rolle einer Jüdin im KZ spielt. Die Verwirrung von Rolle und Repräsentation ist zentral, nicht nur für B.s literarische Arbeit, sondern auch für sein Selbstverständnis.

B.s Trilogie, ebenso wie seine Erzählung *Die Mauer*, sind das literarische Zeugnis des Überlebens der Juden im kommunistischen Deutschland. B.s Deutschland war die DDR und er überlebte als Kind. Diese »Tatsachen« stellen die Bestimmung dessen, was »jüdisch« ist in seinem Werk, in einen komplexen und widersprüchlichen Kontext. Sogar nach 1976, als er in den Westen gezogen war, ist er niemals sicher, ob »Jüdischsein« Teil seiner vergessenen (wenngleich gelebten) Vergangenheit, Teil seiner neuen westlichen Identität oder aber ein Stigma ist, daß es um jeden Preis zu vermeiden gilt. B.s Romane sind keine Berichte über die Shoah, sondern vom Überleben, Berichte der Neubegründung eines jüdischen Lebens, wie fragmentarisch und mißverstanden auch immer, in beiden Teilen Deutschlands.

Werke: Jakob der Lügner, Berlin 1969; Der Boxer, Rostock 1976; Bronsteins Kinder, Frankfurt a. M. 1986; Ende des Größenwahns, Frankfurt a. M. 1996.

Literatur: I. Heidelberger-Leonard, J. B., Frankfurt a. M. 1992; S. L. Gilman, Jüdischer Selbsthaß, Frankfurt a. M. 1993; F-J. Kopka, Von der Unübertrefflichkeit des ersten Buches. J. B.: »Jakob der Lügner«, in: Verrat an der Kunst?, hg. K. Deiritz u. a., Berlin 1993, 156–160; F. D. Hirschbach, »1945 World War II Ends, and Eight-Year-Old J. B. Is Freed from a Concentration Camp and Begins to Learn German«, in: Yale Companion to Jewish Writing and Thought in German Culture, hg. S. L. Gilman u. a., New Haven 1997, 621–626.

Sander L. Gilman
(Übersetzung: Alix Brand)

Beer-Hofmann, Richard
Geb. 11. 7. 1866 in Wien;
gest. 26. 9. 1945 in New York

Als Lyriker, Dramatiker und Romanautor gehört B.-H. zu den Autoren der Wiener Moderne. Noch bevor er selbst zu schreiben begann, spielte er in der Literatengruppe *Jung Wien*, deren Treffpunkt das berühmte Café Griensteidl auf dem Wiener Michaelerplatz war, eine hervorragende Rolle (vgl. K. Kraus, *Die demolirte Literatur*). Durch H. von Hofmannsthal und A. Schnitzler ermuntert, begann er zu schreiben und eroberte sich schnell und kampflos eine bedeutende Stellung in der Öffentlichkeit (Erich von Kahler). Daß sein nicht umfangreiches, von den Zeitgenossen hoch geschätztes Werk nach dem Krieg in den deutschsprachigen Ländern weitgehend vergessen wurde, verschuldet der durch die nationalsozialistische Vertreibungs- und Vernichtungspolitik verursachte kollektive »Gedächtnisverlust«. Unter den Autoren der Wiener Moderne, von denen ein Großteil jüdischer Herkunft war, kann B.-H. als »homo judaicus« (H. Zohn) gelten, da er als einziger sich in seinem Werk seit der Jahrhundertwende konsequent mit dem Judentum auseinandersetzte, es vermutlich auch in jungen Jahren nie ignoriert hat. Andererseits spiegelt sein Werk fast prototypisch sämtliche literarischen Spielarten der Wiener Moderne.

Die ökonomische, politische und sozialhistorische Krisenerfahrung, auf die seine Generation mit oft beschriebenen Bewußtseinsphänomenen reagierte: die durch den Empiriokritizismus des Physikers Ernst Mach inspirierte, von Hermann Bahr programmatisch verkündete krisenhafte Ich-Erfahrung bei gleichzeitiger Steigerung der sinnlichen Reizbarkeit, der sublime Ästhetizismus, die Todesverfallenheit angesichts eines als bedrohlich erlebten Totalitätsverlustes. Potenziert mußte sich diese Situation der jüdischen Jugend dieser Generation darstellen: wie an keinem anderen Ort Europas stieß in Wien die liberal-bürgerliche Emanzipation auf einen durch verkrustete gesellschaftliche Strukturen beförderten Antisemitismus, der ein Klima schuf, das den antisemitischen Bürgermeister Lueger hervorbrachte und den jungen Hitler prägte. Als Antwort auf diese latente antisemitische Feindseligkeit lassen sich vier für die moderne jüdische Identität typische Haltungen beschreiben: a) die Verleugnung der jüdischen Herkunft und das Insistieren auf der engen Verbundenheit mit der deutsch-österreichischen Sprache und Kultur, wie sie u. a. bei Hofmannsthal anzutreffen ist, b) die seit O. Weininger als jüdischer Selbsthaß diskutierte Adaption antisemitischer Stereotype, sodann c) die bewußt nationale

Identifizierung im Zionismus (Th. Herzl, *Der Judenstaat*, 1896), schließlich d) das als jüdische Renaissance bekannte bewußte Bekenntnis zu einem kulturell-geistig verstandenen Judentum, wie es Martin Buber, Achad Haam, aber auch B.-H. in je verschiedener Weise vertraten.

Aus einer österreichisch-jüdischen Fabrikanten- und Juristenfamilie stammend, stand B.-H. mit dem Jurastudium und der erfolgreich abgeschlossenen Promotion am Beginn einer klassischen bürgerlichen Karriere, als er sich um 1890 für die Lebensweise des Dandys und Literaten entschied. Die große sprachliche Sensibilität und Virtuosität seiner Texte – man nannte ihn einen »Hexenmeister der Sprache« – hat er mit den Autoren der Sprachkrise der Jahrhundertwende gemein, neben K. Kraus und F. Mauthner ist sein Freund H. von Hofmannsthal zu nennen, dessen legendärer *Chandosbrief* (1902) zum programmatischen Text wurde. Wie A. Schnitzler griff B.-H. die epochale Herausforderung der Psychoanalyse auf und experimentierte, durch die *Traumdeutung* Sigmund Freuds inspiriert, mit den Phänomenen des Unbewußten, der Hypnose, des Traums. 1892 entstand seine Pantomime *Pierrot Hypnotiseur* (zuerst veröffentlicht in Hank, 1984), in der gleichermaßen mit der sprachlosen gestischen Darstellungsweise der Pantomime wie mit der Hypnose als Bewußtseinserweiterung experimentiert wird. Traumhaftes und erinnerndes Bewußtsein werden derart ineinander verschränkt, daß innere und äußere Wirklichkeit gegeneinander verschwimmen. Noch das im Andenken an seine Frau Paula Lissy im New Yorker Exil geschriebene *Paula. Ein Fragment* arbeitet mit dem Freud'schen Konzept der Deckerinnerung.

Zunächst aber ist es das Milieu des Wiener Großbürgertums, aus dem die Stoffe seiner frühen Novellen stammen. 1893 erscheinen die von B.-H. später nicht mehr zur Publikation freigegebenen Novellen *Camelias* und *Das Kind*, deren Protagonisten jenen Typus des vollendeten Ästheten und Dandys darstellen, den B.-H. zu jener Zeit selbst verkörperte. Perfekter noch als das französische Vorbild alles Dandytums, so ironisiert Kraus, wähle er seine Freunde nach den Farben ihrer Anzüge aus (*Demolirte Literatur*). Ebenso wird in der Erzählung *Camelias* das aus künstlichen Reizen konstruierte Selbst des »schönen Freddy« durch seine Phantasien über die begehrte junge und an lebensreformerischen Idealen orientierte Thea entlarvt, vor der er sich resignativ zu der sein konstruiertes Selbst nicht gefährdenden »gemieteten« Camelien-Geliebten zurückzieht. Konsequenter findet die Auseinandersetzung mit dem Ästhetizismus in der zweiten Novelle *Das Kind* statt, wo an der psychischen Reaktion des Protagonisten Paul auf den Tod seines mit einem Dienstmädchen gezeugten, ungeliebten Kindes Schuldhaftigkeit und Sinnlosigkeit des ästhetizistischen Lebensentwurfs thematisiert werden. Als einer der ersten wendet B.-H. schon in diesen frühen Novellen die für die literarische Moderne charakteristischen Techniken der erlebten Rede und des inneren Monologes an.

Vollends in dem berühmten Roman *Der Tod Georgs* (1900) wird der Ästhetizismus des Helden Paul durch den plötzlichen Tod des vitalen Freundes radikal in Frage gestellt. Der einsam nur in den Sinneswahrnehmungen seines Bewußtseins lebende Ästhet gerät durch den Tod des Freundes in eine psychische Krise, in der er am erinnerten oder bloß phantasierten Tod der geliebten Frau die Leere und Sinnlosigkeit seines eigenen Lebensentwurfs erlebt, was ihn zu der plötzlichen Erkenntnis des »Gesetzes« führt, eines am zeitgenössischen Monismus orientierten Gesetzes der Natur – und der »Gerechtigkeit« als der Forderung des Gottes der Juden: »Gerechte Lose! – Das Wort traf und schreckte ihn als wäre es vom Himmel herab, schwer und eisern, gefallen und läge nun, ein Fremdes, inmitten seiner Gedanken.« Ein gleichermaßen organizistisch und jüdisch verstandenes Gesetz weist dem Ästheten Paul seinen Ort im Zusammenhang alles Lebendigen und reiht ihn ein in die Kette seiner Ahnen. Er habe in diesem Roman »dem Ästheten mit den Mitteln des Ästhetizismus ein Ende bereiten« wollen, bemerkte B.-H. dazu gegenüber W. Vordtriede (*Gespräche*, 1952). Ähnlich heißt es in dem schon vor seiner Veröffentlichung wegen seiner sprachlichen Schönheit berühmten *Schlaflied für Mirjam* (geschrieben 1897 für seine Tochter Mirjam) programmatisch: »Blut unsrer Väter, voll Unruh und Stolz«. Der biographische Anstoß für diese Neuorientierung ist wohl in der Begegnung B.-H.s mit seiner späteren Frau Paula Lissy zu sehen, die seinethalben zum Judentum übertrat. Das Judentum bildet von nun an eine konstante Bezugsgröße in B.-H.s Selbstverständnis.

Eine wichtige Übergangsfunktion nimmt das Drama *Der Graf von Charolais* ein, der Bearbeitung einer Vorlage von Massinger und Field aus dem 17. Jahrhundert (1904 unter der Regie von Max Reinhardt im Neuen Theater, Berlin, uraufgeführt), das zu B.-H.s erfolgreichstem Bühnenwerk wurde. Der historische Stoff, die Geschichte des Grafen Charolais, der seinen Vater entsühnen will, durch das Mitleid seines Richters gerettet wird und dessen Tochter zur Frau erhält, dann aber angesichts eines vermeintlichen Ehebruchs der Frau sich als unerbittlich rachedurstig erweist, stieß bei der Kritik vielfach auf Unverständnis, während die Figur des Roten Itzig unmißverständlich als Stellungnahme zum virulenten Antisemitismus gelesen wurde. Der Rote Itzig (in Reinhardts Inszenierung von diesem selbst verkörpert) als einer der Gläubiger des Grafen beharrt auf dem ihm zustehenden Recht des Gläubigers, den Leichnam zu beschlagnahmen. Hartnäckig widersetzt er sich der gräflichen Aufforderung, »ein guter Mensch« zu sein – aus Treue zu seinen Vorfahren und ihrem jahrhundertealten Leid. Der Monolog des Roten Itzig wurde zurecht als Neu-Interpretation des Shylock-Monologs gelesen, eine jüdische Perspektive indes, die die Möglichkeit der individuellen Emanzipation nicht zuläßt. Bei der Wiener Erstaufführung des Stückes im Jahre 1922 kam es zu hitzigen antisemitischen Debatten.

Eine deutliche Zeitspanne liegt zwischen diesem Drama und der Uraufführung von *Jaákobs Traum* (abgeschlossen 1915) am 5. 4. 1919 im Wiener Burgtheater. Das Stück, das als »Vorspiel« zu dem geplanten Zyklus *Die Historie von König David* konzipiert worden war, ist die Frucht einer langjährigen Auseinandersetzung B.-H.s mit der biblischen Überlieferung. Mit *Jaákobs Traum* nimmt B.-H. das umstrittene Thema der Auserwähltheit des jüdischen Volkes auf: Jaákob, der durch eine List seiner Mutter Rebekah den Segen Jitzchaks erhielt, erkennt im Traum, in der Auseinandersetzung mit den Erzengeln, seine Erwählung und nimmt sie an. Auch die anderen Stücke dieses Zyklus' von Versdramen folgen dem biblischen Stoff, wobei von dem projektierten Gesamtzyklus mit »Ruth und Boas«, »Der junge David«, »König David«, und »Davids Tod« nur *Jaákobs Traum*, *Der junge David. Sieben Bilder* (1933) und das *Vorspiel auf dem Theater zu König David* (1936) abgeschlossen und veröffentlicht wurden. Von dem weit verzweigten Produktionsprozeß zeugt eine Vielzahl von Entwürfen, Fragmenten, Kommentaren. B.-H. hat sie, entgegen seiner sonstigen großen Veröffentlichungsscheu, in den 20er und 30er Jahren zum großen Teil erscheinen lassen und damit wohl ganz bewußt die Rolle angenommen, die ihm durch seine früheren Stellungnahmen in der öffentlichen

Diskussion um das jüdische Selbstverständnis angesichts des immer rabiater werdenden Antisemitismus seit der Jahrhundertwende zugewachsen war. Das Projekt, die biblischen Erzählungen in heutiger Weltsicht zu reformulieren, ist auch als der Versuch zu sehen, der jüdischen Geschichte von ihren Anfängen her neuen Sinn zu verleihen, eine durchaus zeittypische gründungsmythische Perspektive, mit der Richard Wagners Musikdramen äußerst erfolgreich waren. Manches in der Ausführung verweist auch auf B.-H.s Vorliebe für Goethe; mit *Iphigenie* und *Faust* hatte er sich als Dramaturg und Regisseur bei Max Reinhardt beschäftigt. Bei allem aber ist das existentielle Motiv der Sinngebung »jüdischer Erlebnisart«, wie Theodor Reik formuliert hatte, und das »Seid nicht so sicher« aus dem Rechtfertigungsschreiben an Hofmannsthal, den *Charolais* betreffend (Briefwechsel, 1972) vorherrschend. Die Kluft zwischen jüdischer Verheißung und der stets gegenläufigen geschichtlichen Erfahrung soll durch ein neues jüdisches Selbstverständnis ausgemessen werden. »Jaákobs« träumende Begegnungen zunächst mit den Erzengeln, dann mit Gott transferieren die alten Konzepte der »Erwählung«, der »Verheißung« und der »Treue« in eine moderne dialogische Beziehung. Dem Sprachskeptiker B.-H. reichen indes die sprachlichen Ausdrucksmittel des Dramas für seine existentielle Intention nicht aus. Mit dem Konzept der »plastischen Vergegenwärtigung« biblischer Motive zielt er auf das gesamte Wahrnehmungsvermögen des Menschen, alle seine Sinne sollen sinfonisch angesprochen werden. Penibel genau werden daher Bühnenbilder, Szenen, Gesten, Bewegungsabläufe, Stimmodulationen vorgegeben, um eine »organischere, gottgewolltere Relation zwischen allem Geschauten, Geatmeten, Gerochenem, Getastetem, Geschwiegenem, Getanem und dem schließlich dann Gesprochenen herzustellen« (an Erich von Kahler, 1933) – ein synästhetisches Konzept des Erinnerns, in dem die Spannung zwischen der barocken Sinnlichkeit des österreichischen Katholizismus und der jüdischen Verpflichtung auf das Wort nicht größer sein könnte. Es kommt darin auch zum Ausdruck, wofür B.-H. mit seinem Leben zeugte: die gleichgewichtige Präsenz des Jüdischen und des Österreichischen. Obgleich er alles, was er während seiner Palästinareise (1936) erfuhr, mit positiven Kommentaren begleitete, kam eine Auswanderung nach Palästina für ihn auch dann nicht in Frage, als seiner österreichischen Existenz in einem sich immer mehr nazifizierenden Österreich der Boden entzogen wurde. Die Flucht in die Vereinigten Staaten wird unausweichlich, in Zürich stirbt die geliebte Frau Paula, die Adressatin des *Davids*-Zyklus. In New York, wo ihm die Töchter ein bescheidenes Domizil in altösterreichischem Stil schaffen, führt eine andere Wirklichkeit die Feder. In kurzer Zeit entsteht *Paula. Ein Fragment*, Erinnerungen an und für die geliebte Frau. Auch in der neuen Welt hält er an der Polarität seiner Existenz als Österreicher und Jude fest: »Wenn ich nicht mehr bin, und wenn die, die dann Deutsch lesen, mich zu den ihren zählen wollen, dann werde ich eben ein deutscher Dichter gewesen sein. Eines aber werde ich vor vielen anderen voraus haben – daß ich mich anlehnen kann an eine so lange Reihe von Vorfahren, die unter Bedrängnissen aller Art ihren Gott nie preisgegeben haben.«

Werke: Gesammelte Werke, hg. O. Kallir, Frankfurt a. M. 1963; Briefwechsel H. von Hofmannsthal – R. B.-H., hg. E. Weber, Frankfurt a. M. 1972; Briefwechsel A. Schnitzler – R. B.-H., hg. K. Fliedl, Wien 1992; Große R. B.-H. Werkausgabe in sechs Bdn., hg. G. Helmes u. a., Paderborn 1993ff.

Literatur: G. Lukács, Der Augenblick und die Formen: R. B.-H., in: ders., Die

Seele und die Formen, Berlin 1911, 229–263; Theodor Reik, R. B.-H., Leipzig 1912; R. Hank, Mortifikation und Beschwörung. Zur Veränderung ästhetischer Wahrnehmung in der Moderne am Beispiel des Frühwerks R. B.-H.s, Frankfurt a. M. 1984; St. Beller, Wien und die Juden (1867–1938), Wien u. a. 1993; R. B.-H. »Zwischen Ästhetizismus und Judentum«, hg. D. Borchmeyer, Paderborn 1996.

Hanna Delf von Wolzogen

Behr, Isachar Falkensohn (Gabriel Grigorjewitsch)

Geb. 1746 in Salantin (Litauen); gest. 1817(?) in Kamenez-Podolsk

B. vollzieht – wie nach ihm Salomon Maimon und viele andere – den typischen Weg eines aus orthodoxer Sozialisation sich lösenden Juden von Osten nach Westen: sehr jung verheiratet, verläßt der Litauer 1766 seine Familie in Richtung der größeren Handelsstadt Hasenpoth (heute Aizpute/Lettland), ein Jahr später läßt er sich als Händler in Königsberg nieder. Die Krönung dieser »Hedschra« ist Berlin, wo er mit Wohlwollen des Kreises um Mendelssohn und Lessing ein Dichter im Stil seines Vorbilds und Gönners K. W. Ramler wird. Zwischen 1769 und Dezember 1771 entstehen insgesamt 34 Gedichte und eine Kantate. Diese *Gedichte von einem pohlnischen Juden* erscheinen anonym mit einem aufschlußreichen Vorwort zur Ostermesse 1772 in Leipzig. Bereits im September 1770 waren vier Gedichte in Ch. H. Schmids *Almanach der deutschen Musen auf das Jahr 1771* veröffentlicht worden. Entgegen seinem ursprünglichen Plan, sich in Wien literarisch fortzubilden, entscheidet sich B. im Mai 1772 für die Fortführung eines Medizinstudiums. Nach einigen Monaten in Leipzig beendet er im Dezember 1772 mit Dissertation und Rigorosum das Medizinstudium in Halle. 1775 hofft B. offenbar auf eine Anstellung als Arzt im Breslauer jüdischen Krankenhaus, wird jedoch als Abtrünniger und Freidenker von der orthodoxen Gemeinde der Stadt einige Zeit in Arrest gehalten. Im selben Jahr praktiziert B. dann bereits in Hasenpoth und wandert im selben Jahr noch nach Mohilew aus, kehrt also in den Osten zurück. Im Reich der Zarin Katharina scheint angesichts einer gewissen Liberalisierung ein sozialer Aufstieg nun auch für Juden möglich; so erhält B. in St. Petersburg 1781 das Recht zur Praxis in den weißrussischen Gebieten und dankt der Monarchin mit dem Gedicht *Am Geburtstagsfest der Großen Kayserin Katharina der Zweyten, den 21. April 1781, St. Petersburg*. Acht Monate später konvertiert B. zum russisch-orthodoxen Glauben, was 1782 zur Zulassung als Arzt in ganz Rußland führt. Ende 1795 steigt B. zum Hofrat und Quarantänearzt auf und praktiziert seitdem bis zu seinem Tod 1817 (?) in dem erst 1795 zu Rußland gekommenen Kamenez-Podolsk.

Als deutschsprachiger Dichter ist B. allein durch die *Gedichte von einem pohlnischen Juden* bekannt. Diese Episode bleibende Produktivität gewinnt eine besondere Pointe durch Goethes Rezension des Gedichtbandes in den *Frankfurter Gelehrten Anzeigen*. Gemäß seinem Maßstab der »Originalität« kann Goethe nur zu dem Urteil kommen, es sei hier »durchgehends die Göttern und Menschen verhaßte Mittelmäßigkeit« zu beklagen. Goethe konnte aus der Sicht eines Frankfurter Patriziersohnes nicht verstehen, was B. selbst im Vorwort zu seinem Gedichtband betont: daß die »Originalität« seiner Sammlung vor allem in den Worten des Titels liege, »die wohl in ein paar tausend Jahren nicht beysammen gestanden« hätten: »Erregen nicht die Worte: pohlnischer Jude, in der Seele das Bild eines Mannes, schwartzvermummt, das Gesicht verwachsen, die Blicke finster, und rauh die Stimme? wird die angewöhnte misverstandene Frömmigkeit einiger zärtlichen Leserinnen das Bild nicht gräßlicher malen, als es meine armen Landesleute wirklich sind? und wird dieses lebhafte Bild meinen Liedern nicht nachtheilig seyn?«

Deutschsprachige weltliche Poesie und (orthodoxes) polnisches Judentum standen in der Tat bis ins 18. Jahrhundert hinein für sich völlig ausschließende Bereiche. Faktisch beginnt hier also der Prozeß des Eintritts eines Ostjuden in die deutsche Literatur. Nicht Originalität in Sprache und Ausdruck ist zunächst das Mittel dieser Akkulturation, sondern möglichst bruchlose Anpassung an die Muster der säkularen Wunschkultur – ohne Rückgriff auf die hebräische oder jiddische Sprache, »vollkommen deutsch und vollkommen zeitgenössisch« (Benyoëtz). Mit seiner »Judenschaft« aber hätte B. nach Goethes Meinung nur dann »ein Aufsehn« machen dürfen, wenn er mehr geleistet hätte »als ein christlicher etudiant en belles lettres auch«. Goethe, der zeit seines Lebens ein ambivalentes Verhältnis zu Juden und Judentum hatte, war sich sicher der Problematik seiner Forderung nicht voll bewußt: bemühte sich ein Jude im Zeitalter der Emanzipation um Akkulturation, galt er als vorlaut und zugleich unlauter, weil er sein Judentum zu verbergen suchte, blieb er in Aussehen und Sprache als traditioneller Jude kenntlich, wurde ihm mangelnder Sinn für Kultur vorgeworfen. In der Konstellation Behr/Goethe deutet sich also eine Dialektik der Emanzipation an, die auch nach Erreichen der gesellschaftlichen Gleichstellung nicht an Brisanz verlor: die Dialektik der Aufklärung im schaurigen Scheitern der erhofften deutsch-jüdischen Symbiose.

Werke: [Anon.], Gedichte von einem pohlnischen Juden, Mietau u. a. 1772.

Literatur: J. W. Goethe, [Rezension], in: Frankfurter Gelehrte Anzeigen Nr. 255, Stück 70, 1. 9. 1772; E. Benyoëtz, Letzte Morgenstunden der Aufklärung Oder Goethes ganz privater Ahasver, in: Juden in der deutschen Literatur, hg. S. Mosès u. a., Frankfurt a. M. 1986, 387–394; C. Wagenknecht, I. F. B.s Gedichte von einem pohlnischen Juden, in: ebd., 77–87; G. Alexander, I. F. B. (1746–1817), in: Aufklärung und Haskala in jüdischer und nichtjüdischer Sicht, hg. K. Gründer u. a., Heidelberg 1990, 57–69.

Hans Otto Horch und Eva Varga

Börne, Ludwig (eigentl. Löw Baruch)
Geb. 18. 5. 1786 in Frankfurt a. M.;
gest. 13. 2. 1837 in Paris

Wie seine Zeitgenossen Moritz Gottlieb Saphir und zum Teil auch Heinrich Heine betrachtete der Journalist B. seine jüdische Herkunft als zufällige Nebensache, die ihn zwar manchen gesellschaftlichen Vorurteilen und Einschränkungen aussetzte, die aber auch durch Teilnahme an der durch Hochdeutsch definierten Öffentlichkeit überwunden werden konnte. Auf sowohl indirekte als auch direkte Weise, in Kulturkritiken sowie in politischen Polemiken, engagierte sich B. für die gesetzliche Emanzipation deutscher Juden als Teil einer umfassenden Liberalisierung der deutschen Gesellschaft. B.s witzige, anekdotenhafte Schreibweise erschöpfte sich jedoch nicht in treffenden Plädoyers für die Gleichberechtigung aller Bürger der etwas vage konzipierten deutschen Nation, sondern prägte darüber hinaus einige satirische Porträts des eingeschränkten jüdischen Lebens im Ghetto. Aufgrund seiner schriftstellerischen Provokationen wurde B. zu einer äußerst kontroversen Figur, die von seiner Nachwelt wegen seines politischen Engagements gelobt, aber auch wegen seines anscheinenden ethnischen Selbsthasses verurteilt wurde.

Die Spannung zwischen B.s Identifikation mit der deutschen Öffentlichkeit und seiner jüdischen Herkunft zieht sich wie ein roter Faden durch seine Schriften. Von Anfang an befaßte sich B. in seiner publizistischen Tätigkeit mit der problematischen Stellung der Juden in der deutschen Gesellschaft. Zu seinen frühesten Artikeln gehören drei Berichte über die Umstände in Frankfurt, in dessen Judengasse B. geboren und teilweise aufgewachsen ist. Im Gegensatz zu Christian Wilhelm Dohms Emanzipationsbewegung (*Über die bürgerliche Verbesserung der Juden*, 1781) entwarf der als Jurist ausgebildete B. keinen systematischen Plan für politische Reformen. Statt dessen warb B., der während seiner Studienzeit in Berlin im Hause von Henriette Herz gewohnt und an ihrem Salon teilgenommen hatte, für Veränderungen der jüdischen Zustände durch belletristische Schilderungen der allgemeinen Misere des Ghettos. Die Absicht war, seine Leserschaft gleichzeitig zu unterhalten und zu reformistischem Denken zu provozieren. Diese Schreibweise begründete B. mit Einsichten in die Psychologie des Antisemitismus: »Die, auf welche ich wirken möchte, denken nicht. Ihr Haß und ihre Verachtung der Juden, das ist ein angeborener oder anerzogener Trieb, der nie zur Klarheit gekommen und vor sich selber Rechenschaft gefordert. Diesen aufzuwecken durch irgendeinen Stoß oder Druck der Rede, darum allein ist mir zu tun.« Aus den mit teils bösartigen Anekdoten durchdrungenen Ghettoschilderungen, die das Resultat dieses Ansatzes waren, hätten seine Leser zu dem Schluß gelangen sollen, daß die traditionellen Einschränkungen in bezug auf Wohn- und Gewerberecht die deutschen Juden in einer primitiven, u.a. durch das Sprechen von Jiddisch gekennzeichneten Halbkultur hielten und demzufolge möglichst rasch aufzuheben seien. B.s Vorliebe für witzige Anekdoten und pointierte Wortspiele wies allerdings mehr Affinität zu der Sprache des Ghettos auf, als der auf Hochdeutsch schreibende, 1817 zur evangelischen Kirche übergetretene Journalist vielleicht hätte zugeben wollen.

B.s Schreibpraxis und seine zweideutige Haltung gegenüber dem Judentum des jiddischsprechenden Ghettos setzten sich 1819–30 in einer Reihe kulturkritischer Artikel für Cottas *Morgenblatt für gebildete Stände* fort. Da das Judentum oft, und zwar nicht selten auf antisemitische Weise, im zeitgenössischen Theater und im gedruckten Wort thematisiert wurde, hatte B. zahlreiche Gelegenheiten, seine Ansichten über die Assimilation deutscher Juden zu entfalten und zu verbreiten. Besonders interessant in dieser Hinsicht ist eine Kritik der dramatischen Posse *Unser Verkehr* von Karl Borromäus Sessa, die in einem Bastard-Jiddisch vorgetragen worden war und in der zahlreiche jüdische Typen satirisch dargestellt wurden. In seiner Kritik zog B. einen kontroversen Vergleich zwischen der öffentlichen Begeisterung für das Stück und dessen »widerlichem« Dialekt und der berüchtigten, B. als Perversion geltenden Homosexualität des Schauspielers Albert Wurm. Einige spätere B.-Kritiker haben in solchen Argumenten eine Tendenz zum »jüdischen Selbsthaß« gesehen (Gilman). Dabei wird aber B.s rhetorische Anwendung von Spott und Witz, der als »jüdisch« rezipiert wurde, als Instrument gegen antisemitische Vorurteile ignoriert und die eigentliche Zielscheibe von B.s Satire, nämlich die ungerechten Ein- und Beschränkungen der deutschen Juden, gänzlich verkannt. Heine benützte 1829 eine beinahe identische Gleichstellung von Homosexualität und Antisemitismus zu rhetorisch-satirischem Zweck in seiner berühmten Fehde mit Graf August von Platen. Die satirische Polemik, die auch gegen die Persönlichkeit einzelner Gegner gerichtet werden konnte, war nicht nur Mittel, Denkprozesse zu provozieren, sie war auch eine hybride Diskursart, die den mit der Ghettosprache verwandten

Witz mit der deutschen Essayistik verband.

1830 brachte einen Einschnitt in B.s Leben und schriftstellerischer Tätigkeit. Kurz nach der Juli-Revolution übersiedelte er nach Paris und widmete sich der »direkten« politischen Polemik (Labuhn) in seinen von Campe in Buchform veröffentlichten *Briefen aus Paris*. In dieser mehrbändigen Korrespondenz versuchte B., seiner Leserschaft zur antimonarchistischen Revolte, dabei u.a. auch zu einer Reform des jüdischen Staatsbürgerschaftsrechts, zu raten, indem er deutsche politische Passivität und kulturelle Belanglosigkeit gnadenlos verhöhnte. Besondere Aufmerksamkeit erregte eine Anekdote, worin B. erzählte, wie er einmal als junger Mann einen Paß mit der erniedrigenden Anmerkung »juif de Francfort« erhalten und sich damals geschworen hatte, eines Tages einen »eigenen Paß zu schreiben«. Die scharfe Kritik, mit der B. seine deutschen Mitbürger überhäufte, rief aber eine antisemitische Gegenkampagne hervor, die manche Ähnlichkeiten mit dem Berliner Pamphleten-Krieg gegen Saphir einige Jahre zuvor aufwies. In seiner Erwiderung griff B. auf die Technik persönlicher Attacke aus der *Unser-Verkehr*-Zeit zurück, um seine Kontrahenten lächerlich zu machen und seine eigene sprachliche Überlegenheit zu demonstrieren. Damit landete B. trotz seiner angekündigten Absicht, sich direkt und ernsthaft auf politische Themen zu konzentrieren, wieder im Bereich der skandalumwitterten Feuilletonistik, deren ernsthafter Hintergrund manchen Lesern verborgen blieb.

Obwohl »jüdische« Schreibmodalitäten wie Spott, Satire und Witz B. zu einem gefürchteten und manchmal sehr effektiven Polemiker gemacht hatten, blieb der Autor gegenüber dem Humor sowie dem Judentum gespalten. B. versuchte niemals, seine jüdische Herkunft zu verleugnen, und reagierte prompt auf die zahlreichen antisemitischen Pamphlete der 1830er Jahre. Gleichzeitig schrieb er aber in erster Linie als liberales Mitglied des immer stärker die deutsche Öffentlichkeit bestimmenden Bürgertums. In Antwort auf den Vorwurf, er würde sich nur für jüdische Angelegenheiten interessieren, proklamierte er zum Beispiel: »Daß diese Toren mich noch daran erinnern [...], was mich zu vergessen lassen ihnen noch wichtiger sein müßte, als es mir gleichgültig ist, ob sie es vergessen oder nicht! Wenn ich nicht kämpfte für das geschändete Recht und die mißhandelte Freiheit aller Menschen, dürfte ich ein Herz haben für die Leiden eines Volkes, eines Geschlechts, für meine eigenen allein.« Trotz der breiten Feindseligkeit gegenüber seinen Ansichten und seiner Ausdrucksweise glaubte B. immer noch an die Möglichkeit einer Integration deutscher Juden in die deutsche Gesellschaft, insofern diese nach den humanistischen Idealen der Aufklärung reformiert werden konnte.

B.s Toleranz ging allerdings nicht so weit, daß er es unterließ, die anzugreifen, die seine Erwartungen enttäuscht hatten. Bei der Lektüre der *Briefe aus Paris* entsteht zuweilen der Eindruck, daß die Deutschen, obwohl sie B.s eigentliches Publikum waren, immer mehr zur Zielscheibe wurden. B. benutzte auch gelegentlich die Argumente seiner Kritiker gegen andere Schriftsteller jüdischer Herkunft, hauptsächlich gegen Heine, mit dem er sich am Anfang seiner Pariser Zeit vergebens um eine Zusammenarbeit bemühte. Die Ablehnung Heines führte zu einem heftigen Streit und veranlaßte B. zu polemischen Bemerkungen, in denen das Judentum weniger Gegenstand bürgerlicher Befreiung als vielmehr Instrument satirischer Kritik wurde: »Heine ist ein vollkommener *Bacher*! [jiddisch für Talmudschüler, d.i. ein frommer jüdischer Jüngling ohne Manieren]«, schrieb er privat an seine langjährige Freundin, Jeanette Wohl. »Er hat ganz die jüdische Art zu witzeln und opfert einem Witz nicht bloß das Recht und die Wahrheit, sondern auch seine eigene Überzeugung auf.« Ähnliche, nur wenig moderatere Positionen vertrat B. in seinen öffentlichen Schriften. Wie seine Gegner griff auch B. zu krassen Stereotypen, wenn er glaubte, sein eigenes Bestreben und seine eigene Stellung als Anwalt der Unterdrückten bedroht zu sehen. Dies war die ausgrenzende Kehrseite seines Insistierens auf einer repräsentativen Öffentlichkeit und der Allgemeingültigkeit seiner eigenen Ansichten.

Der 1835 ausbrechende Konflikt mit seinem früheren Freund und Apologeten Wolfgang Menzel, dem notorischen Denunzianten des »Jungen Deutschland«, führte zu einer letzten Umorientierung B.s in bezug auf die Öffentlichkeit und seine Rolle als journalistischem Humoristen und Provokateur. Zuvor immer aus der Überzeugung schreibend, daß die eigene rhetorische und argumentative Überlegenheit seine Leser dazu bringen würde, die Richtigkeit seiner Reformvorschläge und seine gesellschaftliche Zugehörigkeit anzuerkennen, fing B. jetzt an, an der Öffentlichkeit als Garant für national-liberale Gleichberechtigung zu zweifeln. Seine früheren demagogischen Ansprüche, einen allgemeinen öffentlichen Konsens mitbestimmen zu dürfen, gab er zugunsten eines eher französisch-amerikanischen, negativen Begriffs der politischen Freiheit auf. Da seine Gegner, wie er es 1837 in seinem letzten Werk *Menzel, der Franzosenfresser* formulierte, jedesmal zum »Notanker *Baruch*« griffen, wenn die Argumentation sie im Stich ließe, sei nicht viel von der deutschen Öffentlichkeit bzw. von einem deutschen Nationalstaat zu erwarten. Aus diesem Grund schien ihm eine Konstitution nach französisch-amerikanischem Muster erforderlich, um Außenseiter, die nie völlig von der Gesellschaft akzeptiert sein würden, vor chauvinistischen Übergriffen zu schützen. Mit seinem satirisch-rhetorischen Ton war dieses letzte Werk B.s früheren Schriften verwandt, dennoch war sein Glaube an die völlige Assimilation des Judentums in eine neue deutsch-nationale Identität deutlich abgeschwächt. »Die Freiheit kann ein Volk nicht umwandeln«, argumentierte er, »sie kann ihm nicht die Tugenden und Vorzüge verschaffen, die ihm seine Natur versagt: sie kann ihm die Fehler nicht nehmen, die ihm angeboren, die sein Klima, seine Erziehung, seine Geschichte oder sein unglückliches Gestirn verschuldet; die Freiheit ist nichts und dennoch alles, denn sie ist die Gesundheit der Völker.« Damit wurde der Akzent vom Nationalen aufs Liberale verschoben, und der daraus entstehende Konflikt mit der Deutschtümelei früherer Alliierten wie Menzel zeigte sich als paradigmatisch für die Spaltung der deutschen Linken in »nationale« und »liberale« Fraktionen. Wie B. erkannte, war ab 1835 die Emanzipationsbewegung liberales, aber nicht mehr nationalistisches Programm.

Nach seinem Tod wurde B. abwechselnd zum Vorbild des engagierten Demokraten sowie zum Hauptanstifter einer deutschlandfeindlichen, jüdischen Verschwörung erkoren, letzteres meistens in Zusammenhang mit Heine. Wegen seiner nicht gerade schmeichelhaften Schilderungen des Ghettolebens zieht er bis heute heftige Kritik von Verteidigern deutsch-jüdischer Partikularität auf sich. Es darf aber nicht vergessen werden, daß die von B. postulierte völlige Assimilation deutschsprachiger Juden zu seinen Lebzeiten eine viel plausiblere Möglichkeit war, als dies in der Zeit nach Nazi-Deutschland erscheinen mag. B. war ein wortkräftiger und schlagfertiger Verfechter eben dieses Assimilationsbestrebens und hat eine hybride deutsch-jüdische Diskursart miterfunden, die den satirischen Judenwitz popularisiert und dadurch einen neuen Ton in die deutsche Öffentlichkeit eingeführt hat. B. erweist sich nach wie vor als ein umstrittener Autor, eben weil er sich auf dem Gebiet bewegte, wo das liberale Ideal des Schmelztiegels mit dem Wunsch nach dem Erhalten der kulturellen Autonomie ethnischer Minderheiten in Konflikt gerät, ein Konflikt, der allerdings im 20. Jahrhundert ebensowenig wie im 19. Jahrhundert gelöst werden konnte.

Werke: Sämtliche Schriften, hg. I. und P. Rippmann, Düsseldorf 1964–68.

Literatur: W. Labuhn, Literatur und Öffentlichkeit im Vormärz: Das Beispiel L. B., Königstein 1980; S. Gilman, Jüdischer Selbsthaß. Antisemitismus und die verborgene Sprache der Juden, Frankfurt a. M. 1993; J. S. Chase, Inciting Laughter: The Development of »Jewish Humor« in Nineteenth-Century German Culture, Berlin u. a. 1999.

Jefferson S. Chase

Broch, Hermann

Geb. 1. 11. 1886 in Wien;
gest. 30. 5. 1951 in New Haven

1947 deutet B. die zehn Jahre seit seiner Ausreise nach England 1938 als einen Zustand der Heimatlosigkeit, den er durchaus für sich akzeptieren könne, sei er doch in diesen Dingen »viel israelitischer«. Er habe sein »ganzes Leben lang ausschließlich diasporesk gefühlt«. Wurzellos ist B.s Existenz in vielerlei Hinsicht gewesen. 1909 tritt er, der aus einer jüdischen Familie stammt, zum katholischen Glauben über. Seine Konversion steht nicht unbedingt im Zusammenhang mit der kurz darauf geschlossenen Ehe mit der Katholikin Franziska von Rothermann, sondern manifestiert eine bei B. schon des längeren bestehende Hinneigung zum Katholizismus.

Vierzig Jahre später jedoch schreibt er über den Juden Nuchem aus dem dritten Teil der *Schlafwandler* (1930–32): »bleib beim abstrakten Buch, bleib ein Jud, bleib bei deiner Thora«. B.s Rückwendung zum Judentum zeichnet sich in seinen Exiljahren in Amerika von 1938 an ab. Sie spiegelt sich vor allem in seinen zahlreichen Briefen. Unverkennbar in einem jüdischen Tonfall gehalten, gehen sie des öfteren sogar in die jiddische Sprach- und Gedankenwelt zurück, die den Juden des 20. Jahrhunderts als ursprünglicher Ausdruck der von der Moderne herausgeforderten traditionellen jüdischen Existenz gilt. In sein letztes literarisches Werk, *Die Schuldlosen* (1950), hat B. chassidische Legenden eingefügt. Offiziell hat er jedoch die Konversion zum Katholizismus nicht mehr rückgängig gemacht, obgleich ihn der Gedanke an diesen Schritt in seinen letzten Lebensjahren intensiv beschäftigt hat.

In der Charakterisierung der Thora als eines abstrakten Buches spiegelt sich für B. zugleich die existentielle Situation des jüdischen Menschen wider, der unter den Einfluß der Moderne geraten ist. Der Jude erscheint ihm im Bild des ewigen Juden Ahasver, der ja eine mythische Gestalt des christlichen Glaubens ist. So wie sich der Jude in das christliche Weltbild nicht einfügen kann und als ewiger Wanderer sein Leben fristet, so ist in B.s säkularisierter Version dieser Legende Ahasver ein mythisches Bild für die moderne ›diasporeske‹ Existenz des Juden, der keine Heimat unter den Völkern gefunden hat. Damit steigert sich für B. diese abstrakte Existenzform zu einer prototypischen Gestalt des modernen Menschen. In den Judenverfolgungen der 30er Jahre sieht er einen Reflex auf die krisenhafte Situation des modernen Menschen, der in der extremistischen Existenz des Juden vor allem den »Exponenten des modernen Menschen schlechthin« erkennt, vor dessen Existenzform er sich fürchtet. Die Stellung des Juden in der Welt des 20. Jahrhunderts deutet B. auf dem Hintergrund seiner großangelegten Theorie vom Wertzerfall der Moderne, durch den dem Menschen der für seine Existenz notwendige Rahmen einer Totalität der Welterfahrung bzw. des Welterlebens geraubt worden ist. Die moderne Geschichte versteht B. als einen fortschreitenden Prozeß der Neutralisierung des ursprünglich einheitsstiftenden Gotteserlebnisses. Die Versuche, diesem Prozeß durch eine Verinnerlichung der religiösen Erfahrung entgegenzuwirken, haben vor allem im Judentum zu einer »Annäherung an die Kälte des Absoluten« geführt, in der der »irdisch-religiöse Glaubensinhalt« zugunsten einer letzten Abstraktion der Religiosität überwunden wird. Der Jude wird dann zum »fortgeschrittensten Menschen kat' exochen«, weil er sich auf der anderen Seite von dieser abstrakten Situation seiner Existenz dadurch wieder emanzipiert, daß er sich der äußeren Seite seiner Existenz, der materiellen Welt, überantwortet.

Auch als Denker hat sich B. als heimatlos empfunden. Im Zerfall der Werte und in den Erfolgen des positivistischen Denkens liegt für ihn der Verlust einer Totalität der Welt, die im Abendland in der Religiosität des Menschen ihr Fundament gehabt hatte. In dem »tiefsten Bedürfnis« seiner Zeit nach »Glaubenkönnen«, das sich auch bedenkenlos jedem Religionssurrogat unterwirft, sieht B. zum einen die Bestätigung dafür, daß die Aufgaben, die diese säkularisierte Welt zu bewältigen hat, noch immer in einer »beinahe religiösen Totalität« liegen, zum anderen aber die Gefahr, daß der moderne Mensch in seinem Bestreben nach dem religiösen bzw. nach dem mystischen Erlebnis auf dessen rationale Fundierung meint verzichten zu können. In den konträren Gestalten seines Romans *Die Verzauberung* (1936), der Mutter Gisson und dem Seelenfänger Marius Ratti, hat er diesen Konflikt dichterisch gestaltet. *Die Verzauberung* sieht er als den ersten religiösen Roman, der das Religiöse nicht auf das »Gottesstreitertum« hin festlegen will. Jenseits jeglicher Glaubensentscheidung oder Hingabe an einen persönlichen Gott – mit der Bezeichnung »Gottesstreitertum« ist ja das Volk Israel gemeint – sollte der moderne Mensch im »Ringen um die neue Religiosität« zunächst einmal dessen fundamentale Bedeutung für seine Existenz erkennen. Seine Studien zur *Massenwahntheorie* (entstanden ab 1946) verstand B. als eine »Bekehrung«, die letztlich nicht religiöser Natur sein konnte, sondern als eine »Art säkularisierte Bekehrung zur schlichten Anständigkeit«. In der Frage nach der Möglichkeit moralischer Bindungen in einer säkularisierten Welt bleibt für ihn jedoch das Ethische letztlich an das Religiöse verwiesen. Den Juden empfahl er, ihre Religion »bis zu einem gewissen Grade« auf eine spezifisch ethische Haltung zu reduzieren, um für sich als jüdisches Volk eine Zukunft zu besitzen.

B.s abstrakter, seinem logischen und mathematischen Denken verpflichteter Gottesbegriff prägt nicht nur seine philosophischen Zeitdiagnosen, sondern auch seine dichterischen Werke. Im *Tod des Vergil* (1945) hat er dem Wort »Gott« stets den bestimmten Artikel beigegeben, um die unbestimmte Gottheit anzusprechen. Dieser Roman ist zugleich ein Zeugnis für B.s Zweifel, ob das Dichterische in seiner Zeit noch eine »legitime Lebensäußerung« sei, ob es nicht von der Zuwendung zur problematischen Existenz auf fatale Weise ablenke. Auf der anderen Seite hat er sich mit seinem Roman *Die Verzauberung* dem großen mythischen Werk im homerischen Stil anzunähern versucht. Unmittelbar nach dem Zweiten Weltkrieg gibt er in einem Brief an Yvan Goll zu bedenken, »daß derjenige, der kommen wird, weil er kommen muß, sich in sehr einfachen Worten äußern wird, in Worten, die nichts mit Kunst zu schaffen haben«. Das Wissen darum, in einer Übergangszeit zu leben, die, wie einst die Welt zu Christi Zeiten, den Künder braucht, dessen Rede vom genus humile beherrscht wird, hat B. zum einen zu einer Identifizierung seines Dichtens und Denkens mit dem des adventistischen Heiden Vergil animiert, zum andern zu der wiederholten Beteuerung geführt, daß er letzten Endes doch ein »Am ha'arez« sei, daß er also wie ein Unwissender aus dem Landvolk denke und spreche.

Werke: Kommentierte Werkausgabe, 13 Bde., hg. P.M. Lützeler, Frankfurt a.M. 1974ff.

Literatur: P.M. Lützeler, H.B., Eine Biographie, Frankfurt a.M. 1988.

Daniel Hoffmann

Brod, Max

Geb. 27.5.1884 in Prag;
gest. 20.12.1968 in Tel Aviv

Obwohl B. vor allem als Nachlaßverwalter und Biograph seines Freundes Kafka bekannt geworden ist, muß er als einer der wichtigsten deutsch-jüdischen Autoren betrachtet werden, der unter dem Einfluß des Kulturzionismus stand. Der Sohn eines Bankdirektors, der nach dem Besuch einer christlichen Grundschule und des Stephan-Gymnasiums in seiner Heimatstadt Jura studierte, verdankte die wichtigsten »Richtlinien« seines Lebens der Vermittlung durch den nur wenig älteren Hugo Bergmann. Wie andere Mitglieder der Prager Hochschülervereinigung »Bar Kochba« hatte dieser auf die Frage nach dem Sinn des Judeseins in der modernen Zeit in Martin Bubers *Reden über das Judentum* eine Antwort gefunden.

Als Zeugnis des Übergangs aus dem »Nichts an Überlieferung« zu einem positiven Verständnis des Judentums kann B.s Zeitroman *Die Jüdinnen* (1911) betrachtet werden. Die Koketterie der heiratswilligen Großstadtjüdin Irene Popper, die die Bekanntschaft von Adligen, »Ariern« oder öffentlich angesehenen Männern sucht, dient B. zur Kritik am assimilierten Bürgertum. Demgegenüber verkörpert die aus der böhmischen Provinz stammende Olga Großlicht den Idealtyp eines »naturhaften Landmädchens« mit »mütterlichen Instinkten«.

Gegen anderslautende Behauptungen moderner Theoretiker betonte B. in seinem Essay *Der jüdische Dichter deutscher Zunge* (entstanden 1913), daß die »national empfindenden jüdischen Dichter«, die sich mit dem hebräischen Schrifttum der Bibel und der jiddischen Literatur der Ostjuden vertraut gemacht hatten, zu »großer dichterischer Gestaltung« fähig seien. Die Stärke des »echten jüdischen Romans« sei nicht die konfliktreiche Gestaltung z.B. der Taufe, des Zionismus oder der Assimilation, sondern »das Dichterische»: »Überflüssig zu sagen, daß ich auch die nationale Begeisterung, die mystische Versenkung in die Tiefen des Judentums für hervorragende dichterische Stoffe halte. [...] Nicht nur das Judenproblem: der ganze Jude ist mir dichterisches Problem.«

Dieses kulturzionistische Programm zeigt sich erstmals deutlich im historischen Roman *Tycho Brahes Weg zu Gott* (entstanden 1915), in dem der Prager Hofastronom auch die Problematik der modernen Juden verkörpert, die am Verlust einer sinnvollen göttlichen Ordnung leiden. B. macht die Arbeitsweise von Brahes Schüler Johannes Kepler, der sich auf die Sammlung immer neuer Einzelbeobachtungen beschränkt, zur Herausforderung, durch die er das Verlorengegangene schrittweise zurückgewinnt. Während Brahe durch das Christentum erkennt, daß die Welt unerlöst ist, bekommt er durch den legendären Rabbi Löw den Weg aus der Krise gezeigt: Der gerechte Mensch dürfe nicht auf Erlösung warten, sondern könne sie durch den Dienst am Werk Gottes herbeiführen. »Gott ist nicht um des Gerechten willen da, um ihm zu dienen und ihn zu stützen, sondern der Gerechte ist da, um Gott zu dienen und um ihn zu stützen. [...] Nicht für sich selbst sollte und durfte er klug sein [...], sondern im Namen Gottes, zur Aufrichtung und Erlösung der Welt.«

Seit dem Ersten Weltkrieg vertrat B. eine messianische und universell ausgerichtete Auffassung vom Zionismus. In Bubers *Der Jude* kritisierte er die »westjüdischen Literaten« aus dem Umkreis des Aktivismus, weil sie sich nicht der neuen jüdischen Gemeinschaft anschlossen, welche die Befreiung der ganzen Menschheit bewirken könne (*Unsere Literaten und die Gemeinschaft*). In einer Replik auf F. Werfel erklärte er die »Durchdringung des Weltlichen mit Göttlichem« zum Kern des Judentums (*Franz Werfels »christliche Sendung«*). Mit der Zeitschrift *Der Jude* sah B. *Die dritte Phase des Zionismus* (entstanden 1917) beginnen, die unter dem Einfluß des Odessaer Kulturzionisten Achad Haam stand. Palästina sollte eine »›Heilstätte‹ für den jüdischen Geist« werden, die notwendige »soziale und kulturelle Volksarbeit« müsse jedoch auch in der Diaspora geleistet werden. Der jüdische Nationalismus habe im Unterschied zum Chauvinismus anderer Völker einen kosmopolitischen, völkerverbrüdernden Zug. B.s Verständnis des Judentums war ein »Bekenntnis zur Menschheit« und trug modernekritische Züge: »Gerade weil ich kosmopolitisches universales Fühlen für ein wesentliches Merkmal jüdischer Eigenart halte, muß es mein Wunsch sein, diese Eigenart an einem bestimmten Punkt der Erdkugel zu konzentrieren, ihr einen Körper zu geben und sie auf diese Art aus Zerflossenheit und Dekadenz zu realer, sichtbarer Wirkung zu bringen« (*Im Kampf um das Judentum*). Darüber hinaus verlieh B. seinen zionistischen Überzeugungen im Lyrikband *Das gelobte Land. Ein Buch der Schmerzen und Hoffnungen* (1917) und in den Essays der Bände *Sozialismus im Zionismus* (1920) sowie *Zionismus als Weltanschauung* (gemeinsam mit Felix Weltsch, 1925) Ausdruck.

Bei Diskussionen mit Weltsch und Kafka setzte er sich 1917/18 mit der Freiheit menschlichen Handelns auseinander und erklärte das Judentum zum »Diesseitswunder«, das von der Gnade Gottes abhängig sei. In Abwendung von seinen aktivistischen Positionen postulierte er im zweibändigen Essaybuch *Heidentum Christentum Judentum* zwei menschliche Seinsbereiche und formulierte eine Lehre, die er im Prinzip bis zum Ende seines Lebens vertrat. Während der Mensch im Bereich des »unedlen Unglücks« – zu dem die Politik gehöre – für sein Handeln voll verantwortlich sei, könne er im Bereich des »edlen Unglücks« – der Sphäre der Triebe und Leidenschaften – ohnmächtig sein. Schon das vitalistische Erlösungsdrama *Eine Königin Esther* (1918), indem er sein Ideal der jüdischen Frau zu dem einer Heldin entwickelte, die ihr Volk rettet, zeigt das veränderte Konzept: Nun können auch egoistische Leidenschaften zur Verwirklichung der Ethik dienen. Im utopischen Roman *Das große Wagnis* (1919) wird von einer jüdischen Gemeinschaft erzählt, deren Individuen ihre egoistischen Interessen nicht zu unterdrücken vermögen. Weil der Mensch zum Sündigen verurteilt scheint, ist das große Wagnis einer neuen Gesellschaft vor allem ein individuelles Problem. In Umdeutung der Geschichte David Reubenis wird dieses Thema in *Reubeni, Fürst der Juden* (1925) noch weitergehend behandelt. Weil auch die Sünde etwas Gutes bewirken kann, kann sich der Krieger gegen das »unedle Unglück« des jüdischen Volkes auflehnen.

Beim Besuch der Aufführungen der jiddischen Schauspielgruppe, die seit 1910 im Prager Café Savoy gastierte, hatte B. eine erste Bekanntschaft mit einem noch ursprünglichen jüdischen Volkstum gemacht. Während des Ersten Weltkrieges beteiligte er sich an der Bildungsarbeit für Flüchtlinge aus Osteuropa (*Erfahrungen im ostjüdischen*

Schulwerk, in: *Der Jude* 1916). Nach Gründung der Republik bemühte er sich um den Aufbau eines hebräischen Schulwesens in der Tschechoslowakei (*Die jüdische Schule*, in: *Der Jude* 1920/21). B.s universelles Verständnis vom Zionismus prägte sein Engagement für die jüdische Partei, zu deren Mitbegründern er gehörte. Als Vizepräsident des Jüdischen Nationalrates überreichte er dem tschechoslowakischen Nationalausschuß kurz vor Ausrufung der ČSR ein Memorandum, das nicht nur die Gleichberechtigung der Juden, sondern auch die Anerkennung ihrer Nation und kulturelle Autonomie forderte. In *Juden, Deutsche und Tschechen. Ein menschlich-politisches Bekenntnis* erklärte er sich im Juli 1918 zum Freund des ihm durch Sprache und Erziehung kulturverwandten Deutschtums, und des ihm »kulturfremden« Tschechentums (*Im Kampf um das Judentum*).

In *Die Frau, die nicht enttäuscht*, einem Roman, der von Juli 1932 bis Februar 1933 spielt, hat B. seine Beziehung zum »Deutschtum« auf den Begriff der »Distanzliebe« gebracht. Der jüdische Schriftsteller Justus Spira bekennt sich zwar zum Zionismus, liebt in einer Deutschen aber auch die deutsche Kultur, Landschaft und Natur: »deutsches Wesen aus der Distanz zu erkennen, zu verstehen, zu lieben – das kann mir nicht verwehrt werden [...] nur der Sehnsüchtige erfaßt den ganzen Wert der geliebten Wesenheit. [...]«, schrieb B. unmittelbar nach der nationalsozialistischen Machtübernahme. Dem entspricht, daß er Heine in einer fünfhundertseitigen Biographie zu einem »jüdischen Dichter« erklärte, der Deutschland unglücklich, weil distanzlos geliebt habe (*Heinrich Heine*, 1934). Vehement verteidigte B. in *Rassentheorie und Judentum* (1934) die nationalhumanistische Basis des Zionismus und widerlegte die Theorie von der Superiorität der »nordischen Rasse«.

Als B. mit dem letzten Zug vor Einmarsch der deutschen Wehrmacht Prag in Richtung Palästina verließ, war das für den Zionisten nicht nur eine Emigration, sondern auch eine »Heimkehr«. Unter dem Eindruck der aktuellen Entwicklungen verteidigte er in *Das Diesseitswunder oder Die jüdische Idee und ihre Verwirklichung* (1939) das Judentum als weltlich und geistig wirksamen Faktor und bezeichnete die Verfolgung der Juden als Verbrechen an der ganzen Menschheit. Nach intensivem Nachdenken suchte er in Reaktion auf die Shoah mit *Diesseits und Jenseits* (1947/48) nach einer Erklärung, warum Gott so viel Leiden geschehen ließ. Während sich der Mensch auf die irdische Wirklichkeit stützen müsse, sei das göttlich Vollkommene unzerstörbar, was keine Frage menschlicher Vernunft, sondern des uneingeschränkten Glaubens an göttliches Geschehen sei. Gott habe die Welt ganz offensichtlich geschaffen, um selbst zu leiden. Dennoch müsse der Mensch das Leiden bekämpfen, wodurch der Anbruch der messianischen Zeit schon im Diesseits möglich sei. Von diesem Glauben war auch die sehr fragwürdige Deutung geprägt, die B. in *Franz Kafkas Glauben und Lehre* (1948) zum Vermächtnis seines Freundes vorgelegt hat. In Kafka sah er »einen religiösen Helden vom Range eines Propheten«, dessen »Lehre« er geradezu messianische Funktion zusprach: »Würde die Menschheit Kafkas Lehre annehmen, so würde dies das Antlitz der ganzen Erde verändern.« Der traditionellen Begriffen verpflichtete B. wollte an die göttliche Vollkommenheit der Welt glauben, deren Verwirklichung er zeit seines Lebens lehrte. Neben *Unambo. Roman aus dem jüdisch-arabischen Krieg* (1949) veröffentlichte er mit *Galilei in Gefangenschaft* (1948) und *Der Meister* (1952) weitere historische Romane, die jüdischen Geistestraditionen verpflichtet waren.

Werke: Jüdinnen, Berlin-Charlottenburg 1911; Tycho Brahes Weg zu Gott,

Leipzig 1915; Im Kampf um das Judentum, Wien u. a. 1920; Heidentum Christentum Judentum, 2 Bde., München 1921; Reubeni. Fürst der Juden, Leipzig 1925; Die Frau die nicht enttäuscht, Amsterdam 1933; Streitbares Leben. 1884–1968, München u. a. 1969.

Literatur: M. Pazi, M.B., Bonn 1970; M.B. 1884–1984, hg. M. Pazi, New York u. a. 1987; C.-E. Bärsch, M.B. im Kampf um das Judentum, Wien 1992; E. Bahr, M.B. as a Novelist. From the Jewish ›Zeitroman‹ to the Zionist Novel, in: Von Franzos zu Canetti. Jüdische Autoren aus Österreich, hg. M.H. Gelber u.a., Tübingen 1996, 25–36.

Andreas Herzog

Buber, Martin
Geb. 8. 2. 1878 in Wien;
gest. 13. 6. 1965 in Jerusalem

Zu den großen Lebensleistungen des jüdischen Religionsphilosophen B. gehört die Wiederentdeckung, Sammlung und erzählerische Neu- und Nachgestaltung der Legenden und Geschichten der Chassidim, der Anhänger der in der ersten Hälfte des 18. Jahrhunderts aus der kabbalistischen Mystik hervorgehenden religiösen Erneuerungsbewegung des Ostjudentums. Die Bedeutung B.s für die deutsch-jüdische Literatur besteht, vor dem Hintergrund seiner Mitbegründung eines kulturzionistischen Begriffs der Literatur, hauptsächlich in diesem Teilbereich seines umfangreichen Lebenswerks; vor allem darum wird es im folgenden gehen.

B.s im Jahre 1904 beginnende Hinwendung zum Chassidismus hat mehrere Beweggründe: Sie erfolgt zum einen aus der Enttäuschung über die rein politisch-säkulare Ausrichtung der zionistisch-nationalen Erneuerungsbewegung unter der Führung Theodor Herzls, die für B. zu keiner geistig-kulturellen Erneuerung des assimilierten Judentums führen kann. Diese Erneuerung war u.a. das Programm seiner berühmten, in Prag gehaltenen *Drei Reden über das Judentum* (1911), mit denen er für zahlreiche jüdische Schriftsteller, nicht nur die des Prager Kreises, eine jüdische Begründung ihres Schreibens vorzeichnete. Zum anderen resultiert B.s Hinwendung zum Chassidismus auch aus der durch Nietzsches Kulturkritik offengelegten Krise des szientistisch ausgerichteten modernen Denkens überhaupt, das einen auf transzendentale Sinnzusammenhänge gerichteten Wahrheitsbegriff nicht mehr zuläßt. »Ich lebte«, schreibt B. rückblickend 1918, »in beweglicher Fülle des Geistes, aber wie ohne Judentum, so auch ohne Menschlichkeit und ohne die Gegenwart des Göttlichen.« Dieser als Entmythisierung gefaßten Krise des westlichen Judentums und der modernen Welt überhaupt sucht er den Chassidismus als glaubensgebundenen Mythos gegenüberzustellen, dessen Botschaft vom ganzheitlichen Leben sich in einer ganzheitlich erfahrenen Welt in der an die Gemeinschaft gebundenen Existenz jedes einzelnen Menschen erfüllen soll. Die Begegnung mit dem Chassidismus vollzieht sich für B. mit der Intensität eines Offenbarungs- und Erweckungserlebnisses: »Urjüdisches ging mir auf [...]. Und dieses Urjüdische war ein Urmenschliches, der Gehalt menschlichster Religiosität.« B. erfährt die Welt des Chassidismus als Gegenbild zur westlich-modernen Welt, nämlich als eine Lebenswirklichkeit, die unmittelbar zeigt, »daß die Menschenseele als Ganzes, in sich geeint, in der Kommunikation mit der Ganzheit des Seins leben kann, und zwar [...] als eine zur Gemeinschaft verbundene Vielheit von Seelen.«

Die erste, bereits 1906 erscheinende Sammlung chassidischer Erzählungen, *Die Geschichten des Rabbi Nachman*, und die ihnen 1907 folgende *Legende des Baalschem* bringen B. den ersten Ruhm als Erzähler ein. Dennoch distanziert er sich später von ihnen, weil ihm seine kunstvolle erzählerische Wiedergabe der volkstümlichen, formlosen Geschichten »allzu frei« erscheint. Aus einem zweiten Rezeptionsansatz gehen die Sammlungen *Der große Maggid und seine Nachfolge* (1922) sowie *Das verborgene Licht* (1924) hervor. Der Inhalt dieser beiden Bände geht später fast ganz in die 1949 erschienene Sammlung *Die Erzählungen der Chassidim* ein, an der B. bereits seit der 1938 erfolgten Übersiedlung nach Palästina »aus der Kraft des [damit verbundenen] Neubeginns« arbeitet. Diese Sammlung besteht aus mehr als eintausenddreihundert Erzählungen, in denen die namenlosen gläubigen Chassidim von exemplarisch-bedeutsamen Ereignissen, Handlungen und Aussprüchen aus dem Leben von mehr als sechzig ihrer Zaddikim, den Häuptern ihrer Gemeinden, erzählen. Sie dokumentiert damit aus der Perspektive des einfachen Volkes über einen Zeitraum von rund sechs Generationen – von 1700 bis 1870 – das spirituelle Wirken dieser Zaddikim in dem von höchster Glaubensintensität geprägten Leben der chassidischen Gemeinden. B. sieht als Zentrum der chassidischen Glaubensinhalte den chiliastisch-heilsgeschichtlichen Prozeß der Selbstoffenbarung und Selbstwerdung Gottes – eine Abwandlung der alten, neuplatonisch-gnostisch-jüdischen Gottesvorstellung. Sie findet ihren bildhaften Ausdruck im talmudischen, von der Kabbala ausgebauten und vom Chassidismus übernommenen Schechina-Mythos: Im Schöpfungsvorgang sind aus der übergroßen Lichtfülle der göttlichen Schöpfungskraft Funken in die Tiefe gefallen. Sie ruhen in allen Dingen und Wesen der Schöpfung, die sie wie Schalen umschließen und in denen sie – jeweils »eine vollständige, menschenähnliche Gestalt, in sich zusammengekrümmt, den Kopf auf den Schenkeln, ohne Hände und Füße bewegen zu können, embryohaft« – nach Erlösung verlangen. Diese Funken sind die »Schechina«: die von ihrer Herkunftsquelle getrennte, in der »Verbannung« befindliche, erlösungsbedürftige Wesenheit Gottes. Ihre Erlösung kann nur durch den Menschen bewirkt werden. Ihm obliegt es, sie durch seine liebevolle Zuwendung aus den sie umschließenden Dingen und Wesen zu läutern, sie zu erheben zu immer höheren Stufen, bis sie zu ihrem Ursprung zurückgekehrt sind. An dieser »Einung« Gottes, an der Herbeiführung der Einheit und Ganzheit des Seins mitzuwirken, liegt die ethische Grundforderung an den Menschen. Sie legitimiert sich nicht als Inhalt vernunftorientierten Denkens, sondern sie ergreift und erfüllt ihn im Vollzug des gelebten Lebens, das darauf gerichtet ist, »Gott in jedem Ding zu schauen und durch jede Tat zu erreichen«. Der Mittelpunkt dieses sich in der Gemeinde vollziehenden Lebens ist – im pragmatischen wie im spirituellen Sinne – der Zaddik, der sich mit allen seinen Lebensäußerungen immer und überall in den Dienst dieser Einung Gottes mit seiner Schechina stellt. In ihm realisiert sich in B.s Darstellung die »Idee des vollkommenen Menschen, [...] in dem das Unsterbliche seine sterbliche Erfüllung findet«. Alle von B. nachgestalteten Erzählungen thematisieren dieses auf das Absolute ausgerichtete ethisch-spirituelle Tun ihrer Zaddikim.

In ihrer ursprünglichen, in Volksbüchern, Heften und Flugblättern überlieferten Gestalt erachtet B. diese Erzählungen als »zusammengeflickt« und »unbeholfen«. Dennoch sieht er in ihnen die Quellen, die – reiner als die theoretischen Schriften des Chassidismus – die bis ins Letzte vom religiösen Einungswillen durchtränkte Wirklichkeit des chassidischen Lebens übermitteln: Sie stellen »die Wirklichkeit exemplarischen, als exemplarisch berichteten Lebens einer großen Reihe von Häuptern chassidischer Gemeinden« dar, und zwar »in einer ungeheuren Reihe von Exempeln, begrenzten Vorgängen, in denen auch gesprochen, aber nicht selten nur getan, nur gelebt wurde«. Als additive Reihung exemplarischer Vorgänge besitzen diese sonst formlosen Erzählungen einen tendenziell anekdotischen Charakter. Ihn legt B. bereits seit seinem zweiten, um 1920 erzähltheoretisch neu reflektierten Rezeptionsansatz durch Rekonstruktion des »reinen Vorgangs« frei und entwickelt ihn zu einer »gültigen Literaturform« weiter, die er als »legendäre Anekdote« bezeichnet. Der wesentliche Unterschied im Vergleich zur traditionellen Anekdote liegt in ihrer prinzipiellen Öffnung auf den heilsgeschichtlichen Prozeß der Einung Gottes mit seiner Schechina: »Anekdote [nenne ich] die Erzählung eines einzelnen Vorgangs, der ein ganzes Leben erleuchtet. Die legendäre Anekdote geht darüber hinaus: In dem einen Vorgang spricht sich der Sinn des Daseins aus.« Ihr Ziel, den erzählten Vorgang als augenblicksgebundene Repräsentation des bisher nicht gesehenen Heilsgeschichtlich-Absoluten sichtbar werden zu lassen, realisiert sie durch die Profilierung des Erzählduktus auf eine Schlußpointe hin. Sie entspricht damit der vorwiegend ausschnitthaft, als Folge augenblicksgebundener Begebenheiten gefaßten Lebenswirklichkeit des chassidischen Zaddiks, die selbst eine solche tendenziell auf Pointierung angelegte Struktur aufweist: Im Zaddik manifestiert sich die Anekdote als Lebensform, als Grundfigur seiner Existenz. Sie erklärt die »beispiellose Fülle« und die »ungeheure Reihe von Exempeln und begrenzten Vorgängen«, in denen die chassidischen Erzählungen überliefert sind. Ebenso wie die volkstümlichen chassidischen Erzählungen ist auch die »legendäre Anekdote« Resultat und – um B.s Wirkungsintentionen aufzunehmen – Agens des heilsgeschichtlichen Verwandlungsprozesses: Sie ist ein Ergebnis der Selbstauslegung der Einheit in die Welt der Vielheit, des Weges Gottes in die Vereinzelung der Dinge und Wesen, des Eintritts des Mythos in die Welt des Logos. Dieser Verwandlungsprozeß reicht so tief, daß vom Mysterium der absoluten Wahrheit nur noch die anekdotisch pointierte Geschichte übrigbleibt. Dennoch ist in ihr das in das Bild, in die Sprache, in die Wirklichkeit eingetretene Wesen Gottes als fortwirkende Kraft zugegen. Deshalb kann Gershom Scholem sagen: »Die Geschichten sind nicht tot, sie sind noch nicht zur Geschichte geworden, das geheime Leben in ihnen kann heute oder morgen bei dir oder bei mir wieder zum Vorschein kommen.« Das bedeutet: *Die Erzählungen der Chassidim* sind von ihrer Struktur wie ihrer Funktion her offene, noch nicht zu Ende geführte Geschichten. Indem sie die Sinnerwartungen des Lesers enttäuschen, suchen sie ihn zu bewegen, das in ihnen verborgene ethische Wirkungspotential als lebendige Tat in den heilsgeschichtlichen Prozeß einzubringen. Wie die Geschichten, ist auch dieser Prozeß noch nicht an sein Ziel gelangt. Beide – die Geschichten wie die Geschichte – bedürfen zu ihrer Vollendung des Menschen, der sein Leben in den Dienst ihres teleologischen Sinnes stellt.

Die Erschließung der ostjüdischen Literatur ist in den beiden ersten Jahrzehnten des 20. Jahrhunderts nicht nur durch B. erfolgt. Neben den Sammlungen von Jizchok Leib Perez (*Volkstümliche Erzählungen*, 1913, *Aus dieser und jener Welt*, 1919) und von Alexander Eliasberg (u. a. die *Sagen polnischer Juden*, 1916) sind vor allem die von Josef bin Gorion herausgegebenen *Sagen der Juden* (1913) und *Der Born Judas. Sammlung jüdischer Märchen, Legenden und Volkserzählungen* (6 Bde., 1916–23) zu nennen, die ebenfalls aus dem Gedanken an eine nationale Erneuerung des Judentums hervorgegangen sind. Dieser Sachverhalt ist bei der Frage nach der Einwirkung der ostjüdischen Erzähltradition und der sie prägenden thematischen und strukturellen Momente auf die deutsche Literatur zu berücksichtigen: Sie geht aus verschiedenen Quellen hervor. In der Regel wird diese Frage in bezug auf das Werk Kafkas gestellt; enge Verbindungen zur chassidischen Erzähltradition liegen jedoch auch beispielsweise vor bei Walter Benjamin (*Vergrößerungen*, in: *Einbahnstraße*; *In einem chassidischen Dorf*, in: *Über Literatur*), Ernst Bloch (*Spuren*), Hermann Broch (*Parabel von der Stimme*), Günter Kunert (*Das Holzscheit*).

Werke: Die Geschichten des Rabbi Nachman, Leipzig 1906; Die Legende des Baalschem, Frankfurt a.M. 1907; Der große Maggid und seine Nachfolge, Leipzig 1922; Das verborgene Licht, Frankfurt a.M. 1924; Die chassidischen Bücher, Hellerau 1928; Die Erzählungen der Chassidim, Zürich 1949; Werke, München u.a. 1963.

Literatur: G. Schaeder, M.B., Göttingen 1966; J. Billen, Lehre als Leben – Leben als Lehre. M.B.s Erzählungen der Chassidim, in: Die Parabel. Parabolische Formen in der deutschen Dichtung des 20. Jahrhunderts, hg. Th. Elm u.a., Frankfurt a.M. 1986, 109–144; M. Friedman, Begegnung auf dem schmalen Grat. M.B. – ein Leben, hg. M. Gormann-Thelen u.a., Münster 1999.

Josef Billen

Canetti, Elias

Geb. 25.7.1905 in Rustschuk (Bulgarien); gest. 14.8.1994 in Zürich

Bei jedem Versuch, C.s Verhältnis zum Judentum zu beschreiben, wird man mit jenen frappanten Zitaten aus der *Provinz des Menschen* (1973) beginnen müssen, in denen sich gleichzeitig ein anderes Verhältnis gebieterisch aufdrängt: das zum Deutschtum, genauer: zur deutschen Sprache. Im Gegensatz zu Kafkas pessimistischem Urteil über die deutsch-jüdische Literatur, die sich vom Ödipus-Komplex nähre, der nicht so sehr den »unschuldigen« leiblichen Vater als das »Judentum des Vaters« betreffe, stellt C. der »Unmöglichkeit, deutsch zu schreiben«, im finstersten Moment der deutsch-jüdischen Geschichte 1944 das Bekenntnis entgegen: »Die Sprache meines Geistes wird die deutsche bleiben, und zwar weil ich Jude bin. Was von dem auf jede Weise verheerten Land übrig bleibt, will ich als Jude in mir behüten. Auch *ihr* Schicksal ist meines; aber ich bringe noch ein allgemein menschliches Erbteil mit. Ich will ihrer Sprache zurückgeben, was ich ihr schulde. Ich will dazu beitragen, daß man ihnen für etwas Dank hat.« Das steht geschrieben in den *Aufzeichnungen 1942–1948*, in denen C. immer wieder das deutsch-jüdische Verhältnis und seine eigene Stellung zum Judentum, im besonderen zum Alten Testament, bedenkt, z.B. in der häufig zitierten Aufzeichnung, die das Jahr 1944 eröffnet: »Die größte geistige Versuchung in meinem Leben, die einzige, gegen die ich sehr schwer anzukämpfen habe, ist die: ganz Jude zu sein. [...] Ich habe meine Freunde verachtet, wenn sie sich aus den Lockungen der vielen Völker losrissen und blind wieder zu Juden, einfach Juden wurden.« Doch die »neuen Toten, die lange vor ihrer Zeit Toten, bitten einen sehr, und wer hat das Herz, ihnen nein zu sagen.« Aber C. setzt dieser »Versuchung« am Ende die Frage entgegen: »Kann ich nicht weiterhin allen gehören, wie bisher, und doch Jude sein?«

Die Frage der Identität in C.s Werk ist vielschichtig. Sie wird erschwert durch die bewußte Enthaltung des Autors von jeder öffentlichen Stellungnahme in dieser Sache. Die erste Schicht ist die biographische. C.s Autobiographie hat als Mittelpunkt das Verhältnis zur Mutter. Sie hat ihm die deutsche Sprache und den Zugang zur europäischen Kultur vermittelt. Sie hat die enge Welt der sephardischen Gemeinde in Rustschuk verlassen, gemeinsam mit dem Vater hat sie durch die Wahl des Namens Georg für den jüngsten Sohn ein symbolisches Zeichen gegen die Tradition gesetzt, sie ist die universal gebildete Kosmopolitin, die trotz ihres Kastenstolzes die sephardische Tradition fast ebenso verachtet wie die in Wien ankommenden aschkenasischen »Ostjuden«. Während die frühe Kindheit C.s immerhin noch von der Ausübung jüdischer Riten und Feste geprägt ist (Purim, Pessach, Beschneidung des jüngeren Bruders) und der Großvater durchsetzt, daß der kleine Elias in Wien Unterricht in der Talmud-Thora-Schule nimmt, setzt die Mutter alles daran, um die spezifisch jüdischen Gebote und Verbote, z.B. das Verbot, Schweinefleisch zu essen, zu enttabuisieren. In diesem Kampf zwischen Mutter und Großvater unterliegt der Patriarch, der seinen eigenen Sohn verflucht hat.

Aus den Aufzeichnungen von 1944 geht C.s Abneigung auch gegen den Zionismus deutlich hervor. Die einzige ausführlichere Überlegung dazu findet sich in der *Fackel im Ohr* (1980) im Kapitel *Der Redner*. Bei seinem letzten Besuch in Bulgarien erlebt C. 1924 den Aufbruch zahlreicher Familien nach Palästina. Führer dieses Auszugs ins gelobte Land ist C.s Cousin Bernhard Arditti. Dieser versucht C. für die zionistische Sache zu gewinnen und sagt »unmutig« zu C.s Plan, Dichter in deutscher Sprache zu werden: »Wozu? Lern Hebräisch! Das ist unsere Sprache. Glaubst du, daß es eine schönere Sprache gibt?« Das Phänomen der zionistischen Massenbegeisterung wird für C. allerdings weniger Anlaß zu einer Reflexion über das politische Phänomen als zu Betrachtungen über das Verhältnis von Führer und Masse. Ein Detail springt allerdings ins Auge: Über die Knaben der Auswandererfamilie heißt es: »Alles bei [ihnen] war auf körperliche Tätigkeit angelegt, von Büchern war nie die Rede, wohl aber von Sport. Es waren kräftige, aktive Burschen [...].« Zur körperlichen Ertüchtigung tritt als noch entscheidenderes Element die Verachtung des Geldes, die u.a. den »Führer« auszeichnet. Die zionistische Bewegung erscheint also wie die stolze Antwort auf die gängigen antisemitischen Klischees Feigheit, Intellektualität und Geldgier. In verschlüsselter Form behandelt C. im Kapitel *Backenroth* auch das Phänomen des galizischen chassidischen Judentums, das als faszinierender Gegenpol zur szientistischen, »mathematischen« Moderne erscheint.

Das Gegenstück zum Zionismus, die Assimilation, spielt in Autobiographie und Werk eine viel einschneidendere Rolle. Dabei muß bei C. auch nach dem Stellenwert Otto Weiningers gefragt werden. Er erwähnt ihn zweimal in der *Fackel im Ohr*, jedes Mal in Zusammenhang mit Karl Kraus und dem modischen Antifeminismus, ohne den jüdischen Antisemitismus zu berühren, der gleichfalls in der *Fackel* weiterwirkte. Bedenkt man die Bedeutung, die Kraus für C. bis zuletzt gehabt hat, ist es umso erstaunlicher, daß nirgends ausdrücklich von Kraus' Judentum die Rede ist. Indirekt wird das Problem jedoch zweimal subtil verschleiert behandelt: zum einen hält Veza Taubner-Calderon dem »Sklaven« von Kraus, den er als seine »Bibel« ausruft, eine Bibel mit den Worten »*Das* ist meine Bibel!« entgegen; zum anderen erfolgt der Loslösungsprozeß von Kraus über seinen »Doppelgänger« Dr. Sonne. Diesem gelang, was Veza versucht hatte: »Die Befreiung kam durch dieses Gesicht, das so sehr dem des Unterdrückers glich [...]. Statt Shakespeare und Nestroy bekam ich die Bibel [...].« Kraus war ein Beispiel des weiningerschen »jüdischen Selbsthasses«. Bedenkt man C.s Distanz zum Zionismus und zur religiösen Tradition, so liegt die Folgerung nahe, in ihm einen Assimilanten in der Tradition des liberalen Judentums zu sehen. Dagegen spricht allerdings vehement C.s Roman *Die Blendung* (1930/31 abgeschlossen, 1935 veröffentlicht). Darin wird im zweiten Teil das Schicksal des buckligen Juden Siegfried Fischer, genannt Fischerle, dargestellt. Schon die Wahl des Vornamens verweist auf die Assimilation und Wagneridolatrie à la Weininger. Fischerle wirkt wie eine antisemitische Karikatur, seine »Erziehung« kann als Parodie der Assimilation gelten. Es handelt sich um die Herstellung einer neuen Identität, die auch vor einer Schönheitsoperation nicht zurückschreckt. Dieser Traum wird grausame Wirklichkeit: Fischerle wird ermordet und sein Buckel abgeschnitten. Es ist fraglich, ob C. die antisemitische Erzählung Oskar Panizzas *Der operierte Jud* und die Replik Mynonas *Der operierte Goy* gekannt hat. Jedenfalls kann die Fabel Fischerles schwerlich anders gelesen werden denn als Widerruf der Assimilation und der deutsch-jüdischen Symbiose aus dem Geist der Aufklärung. Als C. den Roman dem Urteil Abraham Sonnes unterwarf, bekam er Hinweise auf mögliche »Angriffe« gegen die *Blendung*, die sich beide auf Weininger zurückführen lassen, nämlich den Vorwurf des Antifeminismus und des Antisemitismus. Allerdings: »Er wies mir auf präzise Weise das Gegenteil nach«, und diese »frühe Rechtfertigung« blieb C.s »Zuflucht«, als er tatsächlich mit diesen Vorwürfen konfrontiert wurde.

Die Masse war seit den 20er Jahren der Hauptgegenstand von C.s Erkenntnisinteresse. An der zionistischen Bewegung in Bulgarien hatte ihn vorrangig das Verhältnis von Führer und Masse fasziniert. In seiner *Komödie der Eitelkeit* (1933/34) hat sich die Bücherverbrennung niedergeschlagen, symbolisch gesteigert zu einem totalen Spiegelverbot und Ichverlust. Als Autor hat C. faktisch von 1934–60, dem Erscheinungsjahr von *Masse und Macht*, geschwiegen. Er hat selbst zu verstehen gegeben, daß *Masse und Macht* trotz seines anscheinend ahistorischen Charakters ein Buch über den Nationalsozialismus ist. Ausdrücklich geht C. auf die Juden im Abschnitt *Masse und Geschichte* ein. Einerseits definiert er ihr Massensymbol: »man muß sich fragen, worin denn diese Menschen Juden bleiben, was sie zu Juden macht, was das letzte, das allerletzte ist, das sie mit anderen verbindet, wenn sie sich sagen: Ich bin Jude. Dieses letzte steht am Anfang ihrer Geschichte und hat sich mit unheimlicher Gleichmäßigkeit im Laufe dieser Geschichte wiederholt: es ist der *Auszug aus Ägypten*.« In der *Geretteten Zunge* (1977) wird anläßlich der Beschreibung der Rolle des Kindes beim Pessach-Fest die Nachbildung dieser »uralten Erzählung« hervorgehoben. Andererseits sucht C. einen Grund für die Shoah. Er findet ihn in der deutschen Inflation von 1922/23: »In der Behandlung der Juden hat der Nationalsozialismus den Prozeß der Inflation auf das genaueste wiederholt.« Das der Inflation zugrundeliegende Phänomen der Entwertung überträgt sich auf die Menschen, die als daran schuldig angesehen werden.

Insgesamt also werden von C. alle historischen Lösungen (Zionismus, Assimilation, Orthodoxie) verworfen. 1970 reflektiert er, was die Orthodoxie betrifft, über den »Gottesgehorsam der Juden«, dessen abschreckendstes Beispiel für ihn seit jeher Abraham war, und sieht in ihm das Urmodell des Gehorsams auch vor den »*sichtbaren* Herren«. C. ist ungläubig, er nimmt auch an, daß der absolute Kenner der hebräischen Bibel und ihr dichterischer Übersetzer ins Deutsche, Dr. Sonne, »nicht gläubig« gewesen sei. Worin also besteht für C. »sein« Judesein? Das »Vorbild« Sonne ist ausgezeichnet durch seine »Meisterschaft über die hebräische Bibel«. Doch: »Das Wort ›Jude‹ hat er weder von sich noch von mir gebraucht. Es war ein Wort, das er auf sich beruhen ließ. Als Anspruch ebenso wie als Zielscheibe gehässiger Meuten war es seiner unwürdig. Von der Überlieferung war er erfüllt, ohne sich etwas auf sie zugute zu halten.« C. spricht ihm »Schonung jedes Lebens« zu, er war einer, der »Achtung [...] für jeden Menschen« hatte. In *Masse und Macht* betrachtet C. die »Nationen, als wären sie *Religionen*. Sie haben die Tendenz, von Zeit zu Zeit wirklich in diesen Zustand zu geraten. Eine Anlage dazu ist immer da, in Kriegen werden die nationalen Religionen akut.« Er formuliert das Verhältnis zu Religionen wie Nationen so: »Man muß jede von ihnen geistig so in sich aufgehen lassen, als wäre man dazu verurteilt, ihr für einen guten Teil seines Lebens wirklich anzugehören, daß man ihr auf Kosten aller übrigen ausgeliefert ist.« Denn für C. ist der Mensch ein Verwandlungswesen und der Dichter »der Hüter der Verwandlung«. Eine aufmerksame Lektüre jener Stellen, wo er von der Bibel spricht, macht deutlich, daß er sie vor allem als große Dichtung liest und nicht als »Gesetz«. Das schließt ein tiefliegendes Zugehörigkeitsgefühl nicht aus, wie es etwa in den *Stimmen von Marrakesch* (entstanden 1954) Sprache wird. Es ist dort am stärksten, wo es mit dem Thema des Exils verbunden ist. Meine eindrucksvollste Erinnerung an C., der die beiden Sprachen des jüdischen Exils (das Spanische und das Deutsche) sprach, sei deshalb an den Schluß gestellt: Er sagte mir über das, was die israelische Armee in Sabra und Chatila getan hatte, unter Tränen: »Auch sie!«

Werke: Werke, 9 Bde., München 1992–99.

Literatur: M. Bollacher, Mundus liber. Zum Verhältnis von Sprache und Judentum bei E.C., in: E.C.s Anthropologie und Poetik, hg. St.H. Kaszyński, München 1985, 47–67; N. Riedner, C.s Fischerle, Würzburg 1994; J. Le Rider, Anamnèse d'une identité juive, in: E.C., hg. C. Geoffroy, G. Stieg, Paris 1995, 45–50; M. Bollacher, C. und das Judentum, in: »Ein Dichter braucht Ahnen«. E.C. und die europäische Tradition, hg. G. Stieg u.a., Bern u.a. 1997, 37–47; G. Stieg, Die Fackel und die Sonne, in: ebd., 267–281.

Gerald Stieg

Celan, Paul (eigentl. Paul Antschel)

Geb. 23. 11. 1920 in Czernowitz;
gest. (30.) 4. 1970 in Paris

C. schreibt im Februar 1970 an den israelischen Verleger Gershom Schocken, »daß für mich, zumal im Gedicht, das Jüdische mitunter nicht so sehr eine *thematische* als vielmehr eine *pneumatische* Angelegenheit ist. Nicht daß ich das Jüdische nicht auch thematisch artikuliert hätte: auch in dieser Gestalt ist es gegenwärtig, in wohl jedem meiner Gedichtbände; meine Gedichtbände implizieren mein Judentum.« Der Vorrang des Pneumatischen vor dem Thematischen kennzeichnet wohl am grundlegendsten Celans Verhältnis zum Judentum. Es ist der Vorrang eines umfassenden geistigen Prinzips vor der thematischen Konturierung. Aber die Preisgabe eines verläßlichen Referenzsystems, eines einzelnen, eindeutig umrissenen Themas macht zugleich den Rang und die Bedeutung von Celans Lyrik überhaupt aus. Sie steht von Band zu Band fortschreitend im Zeichen der Auflösung von Eindeutigkeit, der dezidierten Mehrdeutigkeit, einer poetischen Vieldeutigkeit, die der historischen Präzision dient. Jedem Gedicht sei sein »20. Jänner« eingeschrieben, sagt C. im *Meridian*, seinem poetologischen Hauptwerk, der Rede, die er 1960 bei der Entgegennahme des Büchner-Preises hielt. Mit dem »20. Jänner« zitiert C. nicht allein Georg Büchners *Lenz*, sondern nennt auch den 20. Januar 1942, als in der Wannsee-Villa die »Endlösung der Judenfrage« vorbereitet wurde.

Das Pneumatische in C.s Verhältnis

zum Judentum prägt alle Ebenen seines Werkes: die Biographie und Herkunft des Dichters; die Geschichte des 20. Jahrhunderts, in ihrer Mitte die Shoah; die Erfahrung des Exils; sein übersetzerisches Werk; seine Vielsprachigkeit; der Weg, den seine Lyrik im Laufe ihrer Entwicklung über zwanzig Jahre zurücklegte; Namen und Orte, Personen und Ereignisse, die er zitiert, vor allem aber auch seine Lektüren. So geht der Begriff des »Pneumatischen« auf Franz Rosenzweigs Auslegung des biblisch-hebräischen »ruach«, Geist, Wind, zurück.

C. wurde am 23. November 1920 in Czernowitz geboren, in der Vielvölkerstadt der Bukowina – »es war eine Gegend, in der Bücher und Menschen lebten«. Die Mutter Friederike stammte aus dem benachbarten chassidischen Zentrum Sadagora; der Vater Leo war überzeugter Zionist. Der Sproß des deutschsprachigen jüdischen Mittelstands besuchte die Ssafa-Iwrija-Grundschule, in der er Bibelunterricht erhielt und in hebräischer Sprache unterrichtet wurde. In der Nacht vom 9. zum 10. November 1938 reiste der Abiturient durch Deutschland und kommt am Morgen nach der Reichspogromnacht in Berlin an: »Über Krakau/ bist du gekommen, am Anhalter/ Bahnhof/ floß deinen Blicken ein Rauch zu,/ der war schon von morgen«, heißt es 1963 im Zyklus *Die Niemandsrose*. In Tours beginnt C. das Studium der Medizin. Aus den Sommerferien 1939 kehrt C. nach Ausbruch des Zweiten Weltkriegs nicht mehr aus Czernowitz nach Tours zurück, sondern studiert in seiner Heimatstadt romanische Sprachen. 1941, nach der deutschen Invasion in der Sowjetunion, wird das Ghetto von Czernowitz errichtet, in dem die Familie interniert wird. Am 27. Juni 1942 werden die Eltern C.s ins Lager Michailowka in der Ukraine deportiert, wo sie, vermutlich im gleichen Jahr, ermordet werden. Von den frühesten bis zu seinen nachgelassenen Gedichten nimmt der Autor diesen Tod auf: *Nähe der Gräber* heißt ein Gedicht aus seinem frühesten Band *Der Sand aus den Urnen*: »Kennt noch das Wasser des südlichen Bug,/ Mutter, die Welle, die Wunden dir schlug«, und das Gedicht schließt: »Und duldest du, Mutter, wie einst, ach, daheim,/ den leisen, den deutschen, den schmerzlichen Reim?« Und in dem großen nachgelassenen Gedicht *Wolfsbohne* verbindet C. die Erinnerung an die tote Mutter mit seiner Erfahrung in Nachkriegsdeutschland: »Weit, in Michailowka, in/ der Ukraine, wo/ sie mir Vater und Mutter erschlugen: was/ blühte dort? was/ blüht dort? Welche/ Blume, Mutter,/ tat dir dort weh/ mit ihren Namen?// Mutter, dir,/ die du *Wolfsbohne* sagtest, nicht: Lupine.// Gestern/ kam einer von ihnen und/ tötete dich/ zum andern Mal in/ meinem Gedicht.// Mutter,/ Mutter, wessen/ Hand hab ich gedrückt,/ da ich mit deinen/ Worten ging nach Deutschland? [...]« Den unmittelbaren Anstoß zu diesem Gedicht gab eine im Herbst 1959 veröffentlichte Kritik von Günter Blöcker, C.s Lyrik sei von Wirklichkeitsferne bestimmt. »Ach, Sie wissen nicht«, schreibt C. am 26. Oktober 1959 an Nelly Sachs in Stockholm, »wie es in Deutschland tatsächlich wieder aussieht. Sehen Sie – ach, ich weiß, wie sehr ich Sie damit belaste, aber ich muß es Sie wissen lassen – die jüngste meiner Erfahrungen.« Und C. legt die Kritik und seine Erwiderung bei.

1948 erscheint C.s erster (später wegen zahlreicher Druckfehler zurückgezogener) Gedichtband *Der Sand aus den Urnen*, 1952 *Mohn und Gedächtnis*, 1955 *Von Schwelle zu Schwelle*, 1959 *Sprachgitter*, vier Jahre später *Die Niemandsrose*. Preise und Auszeichnungen folgen. Zugleich zeigt sich die Ambivalenz des Erfolgs: Anfang 1960 erhebt Claire Goll den – haltlosen – Vorwurf, C. plagiiere Gedichte ihres verstorbenen Mannes, des Lyrikers Yvan Goll; die nachfolgende öffentliche Auseinandersetzung setzte C. sehr zu. Berühmt gemacht hat C. das Gedicht *Todesfuge* mit den bekannten Zeilen »Schwarze Milch der Frühe wir trinken sie abends/ wir trinken sie mittags und morgens wir trinken sie nachts/ wir trinken und trinken/ wir schaufeln ein Grab in den Lüften da liegt man nicht eng/ [...]« und einer Wendung, die seit den 50er Jahren zu einem geflügelten Wort wurde: »der Tod ist ein Meister aus Deutschland«. Die bereitwillige, vielleicht allzu bereitwillige Rezeption des Gedichts, das, wie es nicht nur C. schien, »Artistische« daran hat schließlich dazu geführt, daß C. dieses Gedicht in späteren Jahren gemieden hat, es nicht mehr las und den Abdruck verweigerte.

C.s Werk läßt sich in drei Epochen einteilen: die vom Symbolismus geprägten ersten Bände bis zum Band *Die Niemandsrose*, der eine Zäsur in der Entwicklung von C.s Werk bedeutet. Er versammelt Motive und Themen der frühen Bände – die Erfahrung des Verlusts von Sprache und Heimat, das Pariser Exil, die Erinnerung vor allem an die getötete Mutter – und gibt diesen Themen doch zugleich eine Wendung zu einer Skepsis ins Ausdrucksvermögen der Sprache überhaupt. Darin weist *Die Niemandsrose* auf das Spätwerk voraus. Und in diesem Band nimmt C. explizit jüdische Themen auf, auch wenn er etwa früher, in *Von Schwelle zu Schwelle* ein Gedicht *Schibboleth* betitelt, das Schibboleth aber auf den spanischen Bürgerkrieg und den Widerstand gegen die austrofaschistische Diktatur vom Februar 1934 bezieht. Das »Schibboleth«, das Aussprechen und Preisgeben der Zugehörigkeit zum Judentum, ist von Beginn an ein bestimmendes Motiv in C.s Werk; die Explizitheit tritt erst später zutage.

In dem zuvor erschienenen *Sprachgitter* veröffentlicht C. das große, nach dem Fugenmuster komponierte Gedicht *Engführung*, das mit der Strophe beginnt: »Verbracht ins/ Gelände/ mit der untrüglichen Spur«. Peter Szondi hat in seinem letzten auf französisch verfaßten Aufsatz gezeigt, wie dieses Gedicht den Weg durch das Vernichtungslager der Shoah beschreitet, ein textueller Weg, keineswegs eine Abbildung des grauenvollen Ortes, Realisation, doch nicht Repräsentation der Vergangenheit. Das Gedicht entstand Mitte der 50er Jahre, als C. die deutschsprachige Fassung zu dem Film *Nuit et brouillard* von Alain Resnais erstellte, einem Dokumentarfilm über die deutschen Konzentrationslager. Es gibt zahlreiche Entsprechungen zwischen den Bildsequenzen, dem Kommentar zu diesem Film und schließlich C.s Gedicht.

Die Explizitheit jüdischer Thematik seit der *Niemandsrose* zeigt sich besonders deutlich in »Eine Gauner- und Ganovenweise/ gesungen zu Paris emprès Pointoise/ von Paul Celan/ aus Czernowitz bei Sadagora« – »wo bleibt mein Bart, Wind, wo/ mein Judenfleck, wo/ mein Bart, den du raufst?«, in dem Gedicht über Rabbi Löw *Einem, der vor der Tür stand*, in *Benedicta*, das beginnt: »Ge-/ trunken hast du,/ was von den Vätern mir kam/ und von jenseits der Väter:/ -- Pneuma« und als Motto die Zeilen aus einem jiddischen Lied trägt: »Zu ken men arojfgejn in himel arajn/ Un fregn baj got zu's darf asoj sajn?«, in *Hawdalah*, ein Gedicht, das den Segen zum Sabbatausgang im Titel führt und ausführt. Das Gedicht *Chymisch* kehrt zu C.s Grundthema der Erinnerung zurück: »Schweigen, wie Gold gekocht, in/ verkohlten/ Händen.// Große, graue,/ wie alles Verlorene nahe/ Schwestergestalt:// Alle die Namen, alle die mit-/ verbrannten/ Namen. Soviel/ zu segnende Asche. Soviel/ gewonnenes Land/ über/ den leichten, so leichten/ Seelenringen.«

Zürich, Zum Storchen heißt das Gedicht aus *Niemandsrose*, das C. Nelly Sachs gewidmet hat. Am 26. Mai, dem Himmelfahrtstag des Jahres 1960, traf

C. mit Nelly Sachs zusammen. Die Dichterin war auf dem Weg zur Verleihung des Annette-von-Droste-Hülshoff-Preises in Meersburg am Bodensee. Im Hotel »Zum Storchen«, mit Blick auf die Limmat und das Großmünster, unterhielten sich C. und Nelly Sachs. Wieder nach Paris zurückgekehrt, verfaßt C. das Gedicht, in dem er sich an jenes Gespräch erinnert. Es wurde zuerst in einem Sammelband abgedruckt, der 1961 zu Ehren von Nelly Sachs erschien. Es ist ein Gedicht über die jüdische Religion, »von/ Jüdischem, von/ deinem Gott« war die Rede. Doch läßt sich, wie in vielen Texten C.s, das Thema des Gedichts nicht eindeutig ausmachen. Welches »Zuviel«, welches »Zuwenig« kommt am Beginn des Gedichts zur Sprache? »Vom Zuviel war die Rede, vom/ Zuwenig. Von Du/ und Aber-Du, von/ der Trübung durch Helles, von/ Jüdischem, von/ deinem Gott.« In diesem Gedicht über ein Gespräch ist noch jemand drittes gegenwärtig: die damals in Zürich lebende Margarete Susman, mit der C. bekannt war. Die Schriftstellerin hat davon in ihrer Autobiographie berichtet, C. ihr zwei Gedichte gewidmet. Am Ende des Zweiten Weltkriegs hatte Margarete Susman den Versuch unternommen, die Geschichte des jüdischen Volkes aus dem Buch Hiob zu erklären. Über die Shoah schreibt Susman: »Wohl ist diesem Geschehen gegenüber jedes Wort ein *Zuwenig* und ein *Zuviel* [...].« Susmans Hiobdeutung, die sie zuerst 1929 in einem Aufsatz über Franz Kafka vorbrachte, hat Martin Buber, Walter Benjamin, Gershom Scholem – und ebenso C. – beeinflußt. Es gebe, so Susman, keine große Leistung des Judentums im Exil, die nicht im Kern eine Theodizee, der Versuch einer Rechtfertigung Gottes vor seinem Volk oder einer Rechtfertigung des Volkes vor Gott wäre. In C.s fragendem, skeptischem Versuch einer Theodizee – denn über den Versuch geht das Gedicht nicht hinaus – führen die Schlüsselworte auf Susmans Hiob-Buch zurück. Sowohl »das Herz, das ich hatte« als auch das von C. hervorgehobene »hoffen« sind Topoi von Susman. Der ganze Hiobskampf sei eine Frage der Macht, »*dieser* Macht: der Kraft des Herzens«; und »Die Hoffnung« ist das Schlußkapitel von Susmans Buch betitelt. Das Zentrum des ganzen Gedichts ist »sein/ haderndes Wort«, das nicht genannt wird, Hiobs Hadern mit Gott, von dem er kein Wort, kein Zeichen seiner Gerechtigkeit vernimmt. C.s radikale, entschiedene Skepsis kommt in den Schlußzeilen zum Ausdruck: »wir/ wissen ja nicht,/ was/ gilt ...« C.s Lyrik nimmt Abstand von Positionen, von Konfessionen und geschlossenen Sinnhorizonten. Sein Gedicht *Zürich, Zum Storchen* schließt sich nicht zu einer Theodizee. Es hält Fragen jüdischer Überlieferung offen, genauer: es setzt diese Überlieferung in Frageform. Dieses Prinzip der aufgelösten Tradition, der fragwürdig gemachten Gewißheiten, der diskontinuierlich bestimmten Zeiterfahrung bestimmt ebenso C.s Rezeption von Hölderlins Dichtung, um diese wesentliche Traditionslinie seines Werkes zu nennen, wie die Terminologie der Botanik und der modernen Naturwissenschaften, die in seinen Gedichten Eingang finden.

Gewidmet hat C. die *Niemandsrose* dem Andenken von Ossip Mandelstam (1891–1938), dem russischen Dichter, dessen Werk er ebenso wie die Gedichte von Sergej Jessenin oder Anna Achmatowa, um nur sie zu nennen, ins Deutsche übersetzte. Im Vorwort zu seiner Übertragung heißt es: »Der geistesgeschichtliche Kontext der Dichtung Ossip Mandelstamms[!], an der neben Russischem auch Jüdisches, Griechisches und Lateinisches teilhat, die in ihnen mitsprechende religiöse und philosophische Gedankenwelt, ist bislang zu großen Teilen noch unerschlossen.« C. fühlte sich dem russisch-jüdischen Dichter, der in der sibirischen Verbannung starb, besonders nahe. Seine Reflexionen über Mandelstams Werk entstehen zu fast gleicher Zeit und in großer inhaltlicher Nähe zum *Meridian*. »Zum Erinnerten« gehöre für Mandelstam, so C. in einem Rundfunkessay vom Mai 1960, »auch das Jüdische«, und er zitiert ein Gedicht von Mandelstam in seiner Übersetzung: »Diese Nacht: nicht gutzumachen,/ bei euch: Licht, trotzdem./ Sonnen, schwarz, die sich entfachen/ vor Jerusalem.// Sonnen, gelb: größres Entsetzen -/ schlaf, eiapopei./ Helles Judenhaus: sie setzen/ meine Mutter bei.// Sie, die nicht mehr priesterlichen,/ gnad- und heilsberaubt,/ singen aus der Welt, im Lichte,/ eines Weibes Staub.// Judenstimmen, die nicht schwiegen,/ Mutter, wie es schallt./ Ich erwach in meiner Wiege,/ sonnenschwarz umstrahlt.«

Die Niemandsrose leitet die Wendung zu C.s späterem Werk ein: zur semantischen Skepsis und zur poetischen Hermetik, die auch zum Gestaltungsprinzip seiner Gedichte wird, die Jüdisches aufnehmen oder die Shoah aufnehmen wie *Die fleissigen* aus dem Zyklus *Fadensonnen* von 1968, das historische Präzision und poetische Rätselhaftigkeit verbindet: »Die fleissigen/ Bodenschätze, häuslich,// die geheizte Synkope,// das nicht zu enträtselnde/ Halljahr,// die vollverglasten/ Spinnen-Altäre im alles-/ überragenden Flachbau,// die Zwischenlaute (noch immer?),/ die Schattenpalaver,// die Ängste, eisgerecht,/ flugklar,// der barock ummantelte,/ spracheschluckende Duschraum,/ semantisch durchleuchtet,// die unbeschriebene Wand/ einer Stehzelle:// hier// leb dich/ querdurch, ohne Uhr.« Auch hier wird die Verfolgung und Ermordung der Juden im Nationalsozialismus nicht zu einem Thema und dessen argumentativer, rhetorischer Anordnung; C.s Lyrik ist ein Werk »im Angesicht der Shoah« (Amir Eshel).

Im Herbst 1969 besuchte C., auf Einladung des Hebräischen Schriftstellerverbandes, Israel und hielt am 14. Oktober eine Ansprache: »Ich bin zu Ihnen nach Israel gekommen, weil ich das gebraucht habe. Wie nur selten eine Empfindung, beherrscht mich, nach allem Gesehenen und Gehörten, das Gefühl, das Richtige getan zu haben – ich hoffe, nicht nur für mich allein. Ich glaube, einen Begriff zu haben von dem, was jüdische Einsamkeit sein kann, und ich verstehe, inmitten von so vielem, auch den dankbaren Stolz auf jedes selbstgepflanzte Grün, das bereitsteht, jeden, der hier vorbeikommt zu erfrischen; wie ich die Freude begreife über jedes neuerworbene, selbsterfühlte erfüllte Wort, das herbeieilt, den ihm Zugewandten zu stärken – ich begreife das in diesen Zeiten der allenthalben wachsenden Selbstentfremdung und Vermassung. Und ich finde hier, in dieser äußeren und inneren Landschaft, viel von den Wahrheitszwängen, der Selbstevidenz und der weltoffenen Einmaligkeit großer Poesie. Und ich glaube mich unterredet zu haben mit der gelassen-zuversichtlichen Entschlossenheit, sich im Menschlichen zu behaupten. Ich danke all dem, ich danke Ihnen.« Daß Jerusalem eine Zäsur in seinem Leben sein würde, schrieb er später der Freundin Ilana Shmueli, habe er zuvor gewußt. Der nachgelassene, postum erschienene Band *Zeitgehöft* nimmt die Begegnung mit der Stadt vielfältig auf: topographisch, historisch, geographisch. Das hebräische Lied *Hachnissini* wird zitiert, die Tore der Heiligen Stadt, »das Dänenschiff,/ dem wir dankten«, die Erinnerung an die dänischen Fischer, die im Herbst 1943 die Juden des Landes vor der Deportation retteten. Die Begegnung mit einer jüdischen Gesellschaft in einem jüdischen Land, auch mit der hebräischen Sprache hat C. nachhaltig beeindruckt. Ende April nahm sich der Dichter in Paris das Leben. Wenige Wochen zuvor hat C. unter dem Eindruck seiner Reise die Wendung geprägt, sein Verhältnis zu Jüdischem sei eine pneumatische Angelegenheit, eine Angelegenheit, die alle einzelnen Momente, Stationen, Themen und Motive seiner Lyrik einschließt und über sie hinausreicht.

Werke: Gesammelte Werke in fünf Bdn., hg. B. Allemann u. a., Frankfurt a. M. 1983; Historisch-kritische Ausgabe der Werke, hg. B. Allemann u. a., Frankfurt a. M. 1986ff.; Tübinger Ausgabe, hg. J. Wertheimer u. a., Frankfurt a. M. 1995ff.

Literatur: P. Mayer, P. C. als jüdischer Dichter, Heidelberg 1969; J. Derrida, Schibboleth. Für P. C., Wien 1986; T. Sparr, C.s Poetik des hermetischen Gedichts, Heidelberg 1989; »Fremde Nähe«. C. als Übersetzer. Katalog der Ausstellung des Deutschen Literaturarchivs, hg. A. Gellhaus u. a., Marbach a. N. 1997; A. Eshel, Zeit der Zäsur. Jüdische Dichter im Angesicht der Shoah, Heidelberg 1999.

Thomas Sparr

Döblin, Alfred

Geb. 10. 8. 1878 in Stettin;
gest. 26. 6. 1957 in Emmendingen

»Ich will nicht vergessen: ich stamme von jüdischen Eltern.« Diese knappen Worte über seine jüdische Herkunft, von D. in die für das Archiv der Preußischen Akademie der Künste handschriftlich verfaßten Personalnachrichten eingefügt, komprimieren einen Zusammenhang, der in Leben und Werk des Autors tiefe Spuren hinterlassen hat. D. ist zu dieser Zeit – im Februar 1928 – längst kein Mitglied der Jüdischen Gemeinde mehr, die er bereits 1912 verlassen hat, und beantwortet die Frage nach seiner Religionszugehörigkeit demnach zutreffend mit »keine«. Andererseits fühlt er sich Juden und Judentum nach wie vor in einer komplexen Weise eng verbunden: kritisch gegenüber den assimilierten »Dreitagejuden« seiner eigenen westlichen Umgebung, fasziniert von der sicht- und spürbaren Identität der Ostjuden.

Es wäre freilich verfehlt, D.s vielfältiges Gesamtwerk hauptsächlich unter jüdischer Perspektive zu interpretieren. Dies gilt nicht nur wegen des nach langem religiösem Ringen erfolgten Übertritts zur katholischen Kirche im amerikanischen Exil 1941, sondern vor allem angesichts einer Bildungsgeschichte, zu deren frühen Identifikationsangeboten so disparate Einflüsse gehören wie Kleist und Hölderlin, Augustinus und Spinoza, Hegel und Schopenhauer, Nietzsche und Dostojewski. Hinzu kommen nicht nur die Naturwissenschaften einschließlich Medizin und vor allem Psychiatrie, sondern auch die Bildende Kunst und vor allem der Bereich der Musik, der für D.s poetologische Programmatik von zentraler Bedeutung ist (*Gespräche mit Kalypso*, 1910). Im Umkreis des Berliner Expressionismus, insbesondere im *Sturm*-Kreis um Herwarth Walden, entwickelt D. seinen ›Döblinismus‹, der sich gegen jede dogmatische Fixierung wendet und in der Tat im Lauf seines Lebens zu einer ästhetisch so unterschiedlichen literarischen Produktion geführt hat, daß es sehr schwer ist, einen gemeinsamen Nenner des Lebenswerks zu finden. So fasziniert D. zu dieser Zeit der fernöstliche Taoismus, der erste wichtige Roman (*Die drei Sprünge des Wang-lun*, 1915) wird folgerichtig im China des 18. Jahrhunderts angesiedelt. Als frühes Bekenntnis zu einer neuen Epik kann das »Berliner Programm« *An Romanautoren und ihre Kritiker* (1912) gelten, das sich gegen den herkömmlichen psychologischen Roman wendet und stattdessen die Darstellung der kollektiven Natur mittels »Tatsachenphantasie« fordert. Nicht nur *Wang-lun*, sondern auch der 1920 erscheinende Roman *Wallenstein* folgt dieser Positionierung moderner Epik. Der um die beiden Hauptfiguren Wallenstein und Kaiser Ferdinand angesiedelte Roman ist zugleich eine stellvertretende Auseinandersetzung mit dem Ersten Weltkrieg. Daß D. freilich immer auch das Schicksal der Juden mit im Blick hat, zeigt eine von einem geradezu magischen Realismus bestimmte Episode im Vierten Buch: die Verbrennung eines (getauften) Juden, dem Hostienschändung vorgeworfen wird. Nicht nur das Recht des Gemarterten zu brüllen (Adorno) wird hier in allen Einzelheiten seelischer und körperlicher Qualen vorgeführt, sondern zugleich auch die kalte Mitleidlosigkeit eines gemischten Publikums, für das die Exekution nichts ist als Befriedigung eigener sadistischer Gelüste.

In den 20er Jahren wird u.a. Arno Holz zum Gewährsmann eines neuen sozialethisch wie individualistisch-anarchistisch fundierten Naturalismus, dessen Kernstück die Lehre vom »Ich als Stück und Gegenstück der Natur« ist. Dieser Naturalismus beeinflußt bis in die 30er Jahre das dichterische Werk, so auch *Berlin Alexanderplatz* (1929), D.s größter Erfolg und einer der großen Romane der europäischen Moderne. Im gleichzeitig entstehenden Vortrag *Der Bau des epischen Werks* (1928) entwickelt D. seine Theorie des modernen Epos weiter, indem er nun mit ethisch-didaktischer Zielrichtung neben der personalen Erzählhaltung auch den auktorialen Erzähler wieder in seine Rechte einsetzt, um die Überwindung des alten und die Entstehung des neuen Menschen am Fall des Berliner Transportarbeiters Franz Biberkopf darstellen zu können. Zugleich wird die Großstadt in ihrer Vielstimmigkeit mittels eines virtuos gehandhabten Montageverfahrens als Bedingung moderner Existenz vorgeführt. Die thematische wie formale Eigenart des Romans ist wesentlich auch von jüdischen Traditionen religiöser Sinnsuche und ihrer erzählerischen Vermittlung bestimmt: einmal durch eine Vielzahl zentraler biblischer Motive (Genesis, Jeremia, Prediger Salomo, Hiob, Esther, aus dem Neuen Testament die auf Jeremia bezogene Johannes-Apokalypse), zum andern durch die von zwei Ostjuden des Scheunenviertels erzählte Geschichte vom Zannovich gleich zu Beginn des Romans, die strukturbildend für das ganze Werk ist und deutliche Stilformen der jiddischen Lehrerzählung verwendet. Sinn ist immer kommunikativ zu konstruieren, nie dogmatisch zu fixieren – diesem Prinzip jüdischer Hermeneutik ist auch D.s Roman verpflichtet. Daß bereits im Bericht *Reise in Polen* (1926) wichtige Strukturelemente des Romans experimentierend vorformuliert sind, unterstreicht die nicht nur weltanschauliche, sondern auch artistische Bedeutung, die die Entdeckung der Ostjuden als eines Volks mit bei aller Varietät erstaunlich eindeutiger Identität für D. gehabt hat. Gerade die widersprüchlichen Eindrükke in Polen machen den Gewinn dieser Reise aus und schlagen sich im Bericht auch formal nieder. So kann sich D. in seiner später, in *Unser Dasein* (1933), formulierten Einsicht bereits jetzt bestätigt fühlen, daß die »Spannung des Widerspruchs« das menschliche Leben bestimmt und jeder Versuch, »die Welt glatt und einwandfrei logisch verstehen zu können«, illusorisch ist. Die Spannungslosigkeit des westlichen Assimilationsparadigmas erhält in der höchst gespannten Existenz ostjüdischer Lebensweise ihre lebensnotwendige Korrektur.

Das durch das Dritte Reich unabwendbar gewordene Exil führt D. mit seiner Familie zunächst nach Zürich, dann seit Ende 1933 nach Paris, wo in erstaunlich kurzer Zeit der Roman *Babylonische Wandrung oder Hochmut kommt vor dem Fall* (1934) zu Ende geführt wird – ein Werk von geradezu kosmischer Komik, die angesichts der bedrohlichen Weltlage das vielleicht einzige Mittel einer geistigen Bewältigung darstellt. Eine Art autobiographischer Rechenschaft ist der Roman *Pardon wird nicht gegeben* (1935), in dem zugleich das ethische Versagen des Bürgertums als Grund für den Einbruch des Faschismus dargestellt wird. Der seit 1935 entstehende *Amazonas*-Roman ist ein eindrücklicher Beleg für die Revision der noch in den 20er Jahren erhofften Einheit von mystischem Naturbegriff und materialistisch-technischer Zivilisation, wie sie den Roman *Berge, Meere und Giganten* (1924, neue Kurzfassung *Giganten*, 1932) bestimmt hat. Noch vor Kriegsbeginn erscheint der erste Teil der großen Roman-Tetralogie *November 1918* (*Bürger und Soldaten 1918*, 1938), die vollständig erst nach D.s Tod in einer vorläufigen (1978) und endgültigen Gesamtausgabe (im Rahmen der *Ausgewählten Werke*, 1991) erscheinen konnte. 1940 wird das Jahr einer grundsätzlichen Wende, die – längst vorbereitet durch die Reise nach Polen und nun befördert durch eine Art mystischen Erlebnisses in der Verlassenheit des französischen Fluchtorts Mende – zu dem 1941 in den USA vollzogenen Übertritt zum Katholizismus führt. Dieser Schritt bedingt allerdings keineswegs eine kirchliche Dogmatisierung D.s: Er bleibt, was er immer gewesen ist, ein religiöser Mensch ohne das Bedürfnis vermittelnder Instanzen zum Göttlichen. Nicht nur der zu Ende geführte *November*-Roman, sondern vor allem der letzte große Roman, *Hamlet oder die lange Nacht nimmt ein Ende* (1946 vollendet, 1956 in der DDR erschienen), zeugt von der religiösen Wendung, steht aber auch in der autobiographischen Kontinuität des Gesamtwerks, das vom Motiv der Heimkehr, vom Vater-Sohn-Konflikt und einer ebenfalls keineswegs unproblematischen Mutter-Sohn-Bindung bestimmt ist. Die letzten Lebensjahre seit der Rückkehr nach Europa 1945 werden zu einer einzigen Odyssee zwischen Paris und der unheimisch gewordenen Heimat Deutschland, wo der Schriftsteller D. angesichts der restaurativen Grundstimmung keinen Platz mehr hat.

Im breiten Spektrum des D.schen Werks finden sich eine ganze Reihe Schriften, in denen Probleme jüdischer Existenz und Kultur thematisiert werden. Bei ihrem Entstehen spielt der seit dem Ersten Weltkrieg rabiat anwachsende Antisemitismus eine entscheidende Rolle; das Judentum als religiöser Komplex läßt ihn künftig ebensowenig gleichgültig wie die immer prekäre Existenz der Juden – sei es als identifizierbares Volk im Osten oder als um Akkulturation oder Assimilation bemühte Gruppe im Westen. Vom Beginn der 20er bis zum Ende der 30er Jahre bilden Aufsätze und Schriften zur jüdischen Kultur und jüdischen Existenz einen wesentlichen Teil des schriftstellerischen Engagements, wobei die Jahre von 1923–25 einerseits, 1932–37 andererseits die Schwerpunkte ausmachen.

Bereits in den frühen Äußerungen zu jüdischen Fragen (etwa *Zion und Europa*, 1921) fällt auf, daß D. scharf zwischen Westjuden und Ostjuden trennt: was den einen an Eigentümlichkeit und vitaler Kraft fehlt, haben die anderen im Übermaß. Noch allerdings ist D. von der Unausweichlichkeit des Verschwindens der Juden durch Assimilation überzeugt, und er scheint diesem prognostizierten Prozeß kaum negative Seiten zuzuschreiben. Zionismus jedenfalls ist kein Programm, das er zu diesem Zeitpunkt unterstützen könnte. Zum unmittelbaren Anlaß für eine nähere Beschäftigung D.s mit Zionismus und Territorialismus werden die pogromartigen Ausschreitungen gegen die Ostjuden des Scheunenviertels am 5. und 6. November 1923. Bereits zuvor hatte D. mehrfach – und wieder im Gegensatz zu der Öde herkömmlicher Kulturtradition – auf Leistungen ostjüdischer Theater und Autoren hingewiesen und damit seine Faszination durch diese fremde und vitale Welt kundgetan. Nun muß D. feststellen: »Große Verängstigung unter den Juden vor den nächsten Tagen; das ›Exil‹ wird vielen wieder deutlich.« Mit diesem Satz faßt D. bündig die charakteristische Existenzform der Juden seit ihrer Zerstreuung zusammen: das ›Exil‹ ist und bleibt – trotz aller Bestrebungen, über die Emanzipation in die jeweilige Majorität integriert zu werden – ihr Ort, und der immer wieder aufflammende Antisemitismus, die permanente Pogromdrohung ist das Menetekel, das sie an diese Existenzform des ›Galuth‹ leidvoll erinnert. Ihm selbst hat diese Erfahrung den Anstoß gegeben, sich über jüdische Alternativen näher zu informieren. D. lernt in Berlin namhafte Vertreter des Zionismus und Territorialismus kennen und bezieht 1924 in einem Vortrag über *Zionismus und westliche Kultur* Stellung zu diesen alternativen Lösungen der ›Judenfrage‹. Gegenüber »Rabbinismus und der Jahwereligion« bleibt D. skeptisch und befürwortet für den Osten eine nationale Existenz des jüdischen Volkes auf territorialistischer Grundlage. Die *Reise in Polen* (1926) wird von J. Roth zu Recht als eine »Reise zu den Juden« verstanden, deren nationale ostjüdische Identität von D. nun stets der entfremdeten westjüdischen Existenz polemisch und in gleichsam pädagogischer Absicht entgegengesetzt wird. Zugleich aber zeigt sich D. fasziniert vom polnischen Katholizismus – zwischen Judentum und Christentum wird der Autor künftig seinen eigenen religiösen Weg suchen.

Erst 1932 beginnt eine neue Phase des jüdischen Engagements, dessen sozialphilosophische Grundlage das siebte Buch von *Unser Dasein* enthält (erschienen noch April 1933). »Wie lange noch, jüdisches Volk-Nichtvolk?« – der Titel verweist auf den Tenor der nun beginnenden Aktivität D.s in Zürich und Paris bis 1937; nicht von ungefähr erscheint das überarbeitete siebte Buch unter dem Titel *Jüdische Erneuerung* im November 1933 separat als erste selbständige Veröffentlichung des Exils. Die ›theokratische‹ Phase der ausschließlichen Konzentration auf Bibel und Talmud ist für D. ebenso ein Notbehelf zum Überleben im Ghetto wie der traditionelle Messianismus eine Ausprägung falscher Hoffnung auf die Zukunft; es geht vielmehr angesichts der Bedrohung durch den Faschismus darum, wieder an die alte Stärke des Volkes Israel vor der Zerstreuung in alle Welt anzuknüpfen – Gegenwart als Volk, wo immer sie zu realisieren ist, ist die Parole. Dabei müssen alle Illusionen über den Prozeß der Emanzipation aufgegeben werden, die nun lebensgefährlich geworden sind. Sofern überhaupt in diesem Zusammenhang ›Religion‹ wichtig ist, dann eine Menschheitsreligion, bei der »Diesseitslehre, Weltlichkeit und Gerechtigkeit« im Mittelpunkt stehen.

Als Lösung der »Judennot« plädiert D. für jüdische Massensiedlungen in aller Welt; Palästina wird also keineswegs als einziges Zufluchtsland gesehen. Damit schließt D. an den Neoterritorialismus an, für dessen Institutionen (vor allem die internationale Freilandliga) er organisatorisch tätig ist. Eine auch religiös intensive Beziehung verbindet D. seit Mai 1934 mit Nathan Birnbaum, in dessen Zeitschriften *Der Ruf* und *Der jüdische Volksdienst* er mehrere Beiträge veröffentlicht. 1935 erscheint als literarische Summe von D.s jüdischem Engagement *Flucht und Sammlung des Judenvolks*, ein Band mit Prosa und zwei Erzählungen, der wesentliche Beiträge aus den Jahren 1934 und 1935 enthält. Nun sieht D. realistischerweise – wie die Zionisten – Palästina als einzig möglichen Fluchtort für die Juden; wichtiger aber ist ihm – wie dem Kulturzionismus, aber auch vom religiös-orthodoxen Standpunkt her Nathan Birnbaum – eine Neubesinnung auf die »Jiddischkeit« der Juden.

Resümiert man D.s jüdisches Engagement, so ist dessen Ehrlichkeit ebensowenig zu bestreiten wie die notgedrungen eingeschränkten Mittel, über die der Autor verfügt. So ist nicht zu übersehen, daß er sich – schon aus Mangel an Kenntnissen im Hebräischen – bezüglich der jüdischen Quellen auf sehr dünnem Eis bewegt: seine Hauptquellen sind die großen historischen Darstellungen von Heinrich Graetz und Simon Dubnow, außerdem die Luther-Bibel und die Übersetzung des Babylonischen Talmud durch Lazarus Goldschmidt. D. verfährt mit seinem Quellenmaterial wie immer sehr frei, kompiliert, verkürzt und scheut gelegentlich auch nicht vor einer Verkehrung von zitierten Passagen ins Gegenteil des Textsinns zurück. Entscheidend ist immer die eigene Darstellungsabsicht – ein Verfahren, das dem Autor nicht vorgeworfen werden kann: sein Ehrgeiz ging nicht auf wissenschaftlichen Lorbeer aus, sondern er wollte angesichts der voraussehbaren Katastrophe der europäischen Judenheit ein Zeichen für eine Neubesinnung setzen, zu dessen Propagierung ihm alle argumentativen Mittel recht waren. Diese Neubesinnung sollte auch die Nichtjuden aus ihrer geistigen Lethargie wecken, da nur in einer solidarischen Gesellschaft aller die Atavismen menschlicher Entwicklung zu tilgen sein würden.

Spätestens nach dem Tod N. Birnbaums (April 1937), der den Autor als ernsthaften Sucher des ›ganzen‹ Judentums akzeptiert, zugleich aber seine religiöse Krisis hellsichtig diagnostiziert hat, gibt D. sein jüdisches Engagement auf; sein Nachruf auf einen der »selbständigsten Köpfe und Temperamente, den das europäische Judentum in der letzten Zeit hervorgebracht hat«, wird zu einer Art Epilog dieser Phase seiner Aktivität. Die Gründe liegen oberflächlich sicher in Querelen mit anderen Aktivisten, aber auch im völligen Unverständnis nicht nur kommunistischer Kritiker, sondern auch linksliberaler Freunde wie L. Marcuse für seine angeblich »völkischen« Ziele. Am 5. Mai 1938 erscheint in der jüdisch-französischen Zeitschrift *Ordo* unter dem Titel *Von Führern und Schimmelpilzen* D.s öffentliche Absage an den sozusagen unter die Politiker gefallenen Territorialismus. Es versteht sich allerdings von selbst, daß D. sich auch nach seiner Abkehr und nach seinem Übertritt zum katholischen Christentum (das er als »reine Blüte des Judentums« versteht) zum Recht der Juden auf eine territoriale Heimat bekennt und das Entstehen des Staates Israel mit Sympathie begleitet. Der ›Döblinist‹ hat auch jetzt nichts von seinen früheren Standpunkten und Einsichten zu revidieren, die eine notwendige Stufe in einem an Wandlungen reichen Leben und Werk darstellen.

Werke: Ausgewählte Werke in Einzelbänden, in Verb. mit den Söhnen hg. W. Muschg, weitergef. H. Graber u. a., Olten u. a. 1960ff. [Taschenbuchausgabe: München 1970ff.]. Darin insbes.: Schriften zu jüdischen Fragen, hg. H. O. Horch, 1995; Reise in Polen, hg. H. Graber, Olten 1968.

Literatur: H.-P. Bayerdörfer, »Ghettokunst«. Meinetwegen, aber hundertprozentig echt. A. D.s Begegnung mit dem Ostjudentum, in: Im Zeichen Hiobs, hg. G. Grimm u. a., Königstein 1986, 161–177; K. Müller-Salget, A. D., Bonn 1988; T. Isermann, Der Text und das Unsagbare. Studien zu Religionssuche und Werkpoetik bei A. D., Idstein 1989; M. Prangel, A. D.s Konzept von der geistigen Gesamterneuerung des Judentums, in: Interbellum und Exil, hg. S. Onderdelinden, Amsterdam 1991, 162–180.

Hans Otto Horch

Domin, Hilde

Geb. 27. 7. 1912 in Köln

Wenn D. sich anläßlich der Entgegennahme des Nelly Sachs-Preises 1983 bewußt zu den »deutschen Dichtern jüdischen Schicksals« rechnete, zu jenen wenigen, die »aus der Verfolgung als Boten der Versöhnung, nicht des Hasses, heimgekehrt sind ins Sprachzuhause«, so spiegeln sich darin die biographischen Erfahrungen von Vertreibung und Verfolgung, Exil und Rückkehr, die ihr Leben und Denken prägten und zu zentralen Topoi, ja zur Essenz ihres gesamten schriftstellerischen Schaffens wurden. Tatsächlich definierte sie ihr »Judesein« in dem Essay *Hineingeboren* (1978), einer der wenigen expliziten Reflexionen über ihr Selbstverständnis als Jüdin, nicht im Sinne einer religiösen oder ethnischen Identität, sondern als Zugehörigkeit zu einer »Schicksalgemeinschaft«: »Ich bin hineingestoßen worden, ungefragt wie in das Leben selbst.« Als Tochter eines Rechtsanwalts und einer Sängerin in einem assimilierten bürgerlichen Elternhaus aufgewachsen, in dem gelebter jüdischer Glaube weitgehend fehlte und durch christliche Kulturelemente ersetzt worden war, verstand sich D. stets als »emanzipierte« Jüdin, die sich allerdings verpflichtet sah, sich um ihrer Menschenwürde willen nicht vor ihrem Schicksal zu »drükken«, sondern dem Judentum die Treue zu bewahren. Ihr prägendes biographisches Erlebnis, die Odyssee ihrer Flucht vor dem Nationalsozialismus, deutete sie als existentielle Folge dieser unausweichlichen Solidarität.

D. hatte 1929 Studien in Jura, später Nationalökonomie und – als Schülerin von Karl Mannheim und Karl Jaspers – Soziologie und Philosophie aufgenommen und sich einer sozialistischen Studentengruppe angeschlossen. 1932 – später interpretierte sie ihre frühe Emigration als individuellen Akt einer dem Zwang zuvorkommenden Freiheit – verließ sie gemeinsam mit ihrem späteren Mann, dem Kunsthistoriker Erwin Walter Palm, Deutschland, lebte in ihren »Fluchtwohnungen, Zufluchtwohnungen«, zunächst in Rom, 1939 in London, wohin auch ihre Eltern emigriert waren, und seit 1940 in der Dominikanischen Republik. In der Exilsituation in Santo Domingo, wo sie als Übersetzerin und Architekturfotografin, seit 1948 als Dozentin für deutsche Sprache an der Universität tätig war, begann sie zu schreiben – eine Neugeburt nach einer durch den Tod der Mutter ausgelösten existentiellen Krise. »Ich, H. D., bin erstaunlich jung. Ich kam erst 1951 auf die Welt [...] Als ich die Augen öffnete, verwaist und vertrieben, da stand ich auf und ging heim, in das Wort. ‚*Ich richtete mir ein Zimmer ein in der Luft/ Unter den Akrobaten und Vögeln*' Von wo ich unvertreibbar bin. Das Wort aber war das deutsche Wort. Deswegen fuhr ich wieder über das Meer, dahin, wo das Wort lebt. Es war drei Jahre nach meiner Geburt. Ich war 22 Jahre weg gewesen.« In diesem Erleben liegt der Schlüssel zu D.s biographischem Weg und zu ihrer literarischen Entwicklung einer nach Deutschland und in die deutsche Sprache zurückgekehrten Dichterin. 1955–61 lebte sie sporadisch in München und Frankfurt, unterbrochen von langjährigen Aufenthalten in Spanien, bevor sie 1961 nach Heidelberg zog, in die »erste [Wohnung], die keine Fluchtwohnung war seit 1936«. Ihre frühe Lyrik – 1959 erschien der erste Gedichtband *Eine Rose als Stütze* – reflektiert vor allem die Unbehaustheit und Ohnmacht des Exils, die Suche nach einem bewohnbaren Ort, die Problematik der existentiellen Zugehörigkeit, das Leid der aufgrund ihrer jüdischen Herkunft Verfolgten. In ihrem späteren Werk trat das Motiv der »Rückkehr« in den Vordergrund, der versöhnungsbereiten Rückkehr in die Heimat, vor allem aber in die deutsche Sprache, die ihr im Exil half, ihre Identität zu bewahren – »das Unverlierbare, nachdem alles andere sich als verlierbar erwiesen hatte. Das letzte, unabnehmbare Zuhause.« D. war sich der »Paradoxien des Exils« bewußt, zu denen die Liebe des Exilierten zu seiner Sprache gehört, »durch die er lebt und die ihm Leben gibt. In der ihm doch sein Leben beschädigt wurde.« Ihre späteren Gedichtzyklen – *Rückkehr der Schiffe* (1962) oder *Hier* (1964) – lassen aus der Perspektive der Verfolgten und Unbehausten D.s Zweifel an der Vertrauenswürdigkeit der wiedergewonnenen Heimat, aber auch die der Fremdheit abgerungene Hoffnung spürbar werden, die dagegen protestiert, Flucht und Exil, Schmerz und Furcht als menschliche Realität widerspruchslos hinzunehmen. Der 1968 veröffentlichte Roman *Das zweite Paradies* läßt erkennen, daß Deutschland aus Sicht der zurückgekehrten Jüdin noch längst nicht wieder in Frieden bewohnbar war, weil der Weg zum »zweiten Paradies«, dem Land der Herkunft, durch das »verweinte Labyrinth zwischen Henker und Opfer« führte, und antisemitische Ausschreitungen wie die Schändungen jüdischer Friedhöfe 1960/61 die Dichterin mit Schmerz und Angst erfüllten. Noch 1978, als D. in ihrem Essay *Hineingeboren* bekannte: »Die Rückkehr, nicht die Verfolgung, war das große Erlebnis meines Lebens«, verstand sie diese Rückkehr in das »Land, in dem unsagbare Furchtbarkeiten unter dem Schweigen und Wegsehen aller geschehen war«, als ein »Erlebnis von äußerster Zerbrechlichkeit«.

Als Vertreterin »dieser endgültig letzten Generation deutsch-jüdischer Dichter«, wie sie in einem fiktiven Interview mit Heinrich Heine formulierte, ringt D. in ihrer Dichtung immer wieder neu, oft aber indirekt und verborgen, mit dieser Spannung von Exil und Heimkehr, deutscher Sprache und Existenz. Auch eine unmittelbare literarische Auseinandersetzung mit der Shoah findet sich bei D. nicht; allerdings veranlaßte sie die Begegnung mit dem poetischen Werk von Nelly Sachs, deren feinfühlige Interpretin sie wurde, dazu, ihr anfänglich in Schweigen gehülltes »nicht mitteilbares« Entsetzen über die Realität von Vernichtung und Tod zur Sprache zu bringen. In einem *Offenen Brief an Nelly Sachs* (1960) würdigte sie die Dichterin, die den Ermordeten ein Grab in der Erinnerung schuf, widersprach aber jeglicher Theodizee auf mystisch-religiöser Grundlage, die – mit Sachs' poetischem Aufschrei »An uns übt Gott Zerbrechen« – einen Gott dachte, der dem jüdischen Volk gegenüber Leid und Grausamkeit zuließ. »Ich glaube nicht, daß wir da sind, damit die conditio humana an uns auf offener Bühne wieder und wieder vollstreckt werde, stellvertretend und ohne Milderung« – statt dessen konstatierte D. »mit Grauen« die »sehr irdische Tatsache«, daß die Juden in Deutschland von Menschen, Mördern, Schweigenden und Wegsehenden der Vernichtung preisgegeben worden seien. Das Hineingeborensein in das Schicksal des in der Geschichte so oft der Gewalt ausgelieferten Judentums birgt nach D.s Empfinden allerdings auch positive Aspekte: als Jüdin weiß sie sich »mitbedroht im jeweiligen geschichtlichen Opfer, in jedem, dem Unrecht geschieht«, solidarisch mit allen Ohnmächtigen in der Gegenwart. Der Zusammenhang dieser Dimension ihrer jüdischen Identität mit ihrem in poetologischen Arbeiten entworfenen und in ihrer politischen Lyrik bewährten Anspruch, die Literatur müsse die Aufgabe einer ästhetisch-humanistischen Erziehung des Menschen gegen Unmenschlichkeit in der modernen Gesellschaft übernehmen und Solidarität mit der immer größer werdenden »Bruderschaft der Verfolgten« üben, ist erst noch zu entdecken.

Werke: Gesammelte Gedichte, Frankfurt a.M. 1987; Gesammelte Essays. Heimat in der Sprache, München 1992; Gesammelte autobiographische Schriften. Fast ein Lebenslauf, Frankfurt a.M. 1993; Das zweite Paradies, Frankfurt a.M. ^{3}1999.

Literatur: M. Braun, Exil und Engagement. Untersuchungen zur Lyrik und Poetik H.D.s, Frankfurt a.M. 1993; E. Vallaster, »Ein Zimmer in der Luft«: Lie-

be, Exil, Rückkehr und Wort-Vertrauen. H. D.s lyrischer Entwicklungsweg und Interpretationszugänge, Frankfurt a. M. 1994; B. Lermen/M. Braun, H. D. »Hand in Hand mit der Sprache«, Bonn 1997; B. v. Wangenheim, Vokabular der Erinnerungen. Zum Werk von H. D., Frankfurt a. M. ²1998.

Christian Wiese

Ehrenstein, Albert
Geb. 23. 12. 1886 in Wien;
gest. 8. 4. 1950 in New York

Als Chiffre jüdischer Fremdheitserfahrung wählte E. bevorzugt die Ahasver-Figur. In seinen Essays *Menschen und Affen* (1926) bekannte er sich zur Grenzen auflösenden, antinationalen Existenz der Diaspora: »Die Lebensform, die Kunstform des echten Juden ist Ahasverismus.« Die Literarisierung der Ahasver-Figur steht bei E. in der Ambivalenz zwischen dem Leiden an der Heimatlosigkeit und dem Aufbruch in eine freie, nationale Abgrenzungen überwindende Zukunft. Im Gedicht *Ahasver* (in: *Mein Lied*, 1932) kehrte er die traditionelle (in einem antijüdischen Kontext entstandene) Legende vom Ewigen Juden um, indem er Ahasver zu einem ewigen Zeugen der Verfolgung der Juden durch die Christen erklärte. Das Werk E.s wird von ahasverischen, exterritorialen Gestalten bevölkert. Die Protagonisten seiner Erzählungen – zusammengefaßt, teilweise variiert in den Bänden *Der Selbstmord eines Katers* (1912), *Nicht da nicht dort* (1916), *Bericht aus einem Tollhaus* (1919), *Zaubermärchen* (1919), *Die Nacht wird* (1921), *Ritter des Todes* (1926) – sind allesamt Außenseiter, Lebensflüchtlinge. Bereits seine erste Veröffentlichung, das Gedicht *Wanderers Lied*, erschienen 1910 in der *Fackel*, evoziert die Lebenssituation der Ortlosigkeit, ein Thema, das E. in den Lyrikbänden *Die weiße Zeit* (1914), *Die Gedichte* (1920), *Wien* (1921), *Herbst* (1923) und *Mein Lied* (1931) weiter variierte.

E. wuchs in der Wiener Vorstadt Ottakring auf und studierte an der Universität Wien Geschichte und Geographie. Bei seinen ersten Publikationen wurde er von K. Kraus gefördert, Ende des Ersten Weltkriegs wandelte sich jedoch die Freundschaft mit Kraus in erbitterte Feindschaft. Von November 1915 bis April 1916 wirkte E. als Lektor bei Kurt Wolff in Leipzig, danach bis November 1916 beim S. Fischer-Verlag in Berlin. Als Wortführer des literarischen Expressionismus etablierte sich E. mit der Erzählung *Tubutsch* (1911). Der Titelheld fühlt sich ausgeliefert der »Leere« und »Öde«, die »um mich, in mir herrscht« und durchstreift ahasvergleich die Hinterhöfe, Mietskasernen und Vororte Wiens, auf diesem Wege die Untergründe der Vorkriegsgesellschaft protokollierend. Hinter der Analyse der Krise des Subjekts, der Orientierungs- und Ruhelosigkeit und der Auflösung überkommener Werte verbirgt sich E.s Diagnose der jüdischen Identitätskrise, wie B. Viertel 1912 in der *Neuen Rundschau* festgestellt hat: »Dieses Buch hat viel erlebt, bevor es geschrieben wurde. Ich möchte zu behaupten wagen, daß es jahrhundertelang den Passionsweg des Judentums mitgemacht hat. Als Titel könnte darüber stehen: Ahasver.« Die jüdische Lebensform der Diaspora – die er im Titel eines 1916 veröffentlichten Novellenbandes als Situation des »Nicht da nicht dort« umschrieben hat – erweitert sich für E. in globale Dimensionen: »Wir haben kein Heim, keinen Halt. Hin und her gestoßen müssen wir wandern in den Ländern, unter Menschen, die wir nicht lieben. Heimat? Ich weiß nicht, wo und wann ich lebe.«

In die Nachfolge des Ewigen Juden tritt auch der Ich-Erzähler der *Briefe an Gott* (1922): »Ich bin der Wanderer, der ausgestoßen ist aus allen Sippen, ich bin der Freie, ich bin der Wilderer, der ewige Fremdling, der in der Luft schwebt wie die Sterne über der Wüste.« Im Duktus des biblischen Buches Kohelet entfaltet sich die Klagerede eines unter der Sinnlosigkeit des Daseins leidenden Individuums. Der Ich-Erzähler unternimmt es, »Briefe an Gott zu schreiben, den ich nicht kenne«, unbeantwortete Klagen, Polemiken, »trostlose Rufe in die Leere« (Ernst Weiss), die nicht nur sein eigenes Leid, sondern auch die Nöte seiner Zeit beschwören (Enttäuschung über das Mißlingen des revolutionären Aufbruchs der Jahre 1918/19, Krieg, Nationalismus, soziale Ungerechtigkeit). Wenngleich er an der Existenz seines imaginären göttlichen Ansprechpartners zweifelt, setzt er dennoch seinen verzweifelten Versuch fort, den »heiligen Namen«, »ha-Schem«, zu entziffern. Wie stets bei E. ist auch das Strukturprinzip der *Briefe an Gott* von Ambivalenz geprägt: Der »ewige Fremdling« verkörpert nicht nur eine Leidensgestalt, sondern auch eine Inkarnation des »freien« Menschen, der aus seiner »exterritorialen« Position die Fähigkeit gewinnt, Unrecht zu erkennen und dagegen anzukämpfen. Wer sich sozial, existentiell und metaphysisch im Exil befindet, wird nach Ansicht E.s zum Träger revolutionärer Gesellschaftsveränderung. Dementsprechend nimmt der Ich-Erzähler der *Briefe an Gott* den Gestus eines biblischen Propheten an und formuliert seine Revolutionshoffnung in Form der messianischen Sehnsucht nach der Ankunft eines »Weltordners«, »der die kommunistische Erdgemeinschaft schaffen wird« und der »einreitet in das entmenschte Europa, und Gleichheit der Geburt, der Erziehung und des Erbes gibt den kommenden Kindern«. Die jüdisch-messianische Erlösungssehnsucht wird säkularisiert und im Kontext der sozialistisch-revolutionären Bestrebungen der Zwischenkriegszeit aktualisiert.

Auch E.s Selbstverständnis als Jude ist von Ambivalenz geprägt. Als Kind erlebte er das Judentum als Ensemble von »heiligen Klängen« und »ergreifenden Zeremonien«. Dem in assimilierten Verhältnissen aufgewachsenen Knaben blieben jedoch die Inhalte der jüdischen Religion weitgehend verschlossen. Wie viele Angehörige seiner Generation erlebte der in einem radikalisierten antisemitischen Milieu aufgewachsene E. sein Judesein zunächst als Ausgrenzung: »Bittere Erinnerung lebt auf in mir der Tage des Volksschülers, den auf dem Wege zur Schule schuldlos das ›Geh zum Teufi, Saujud vafluchta‹ der Kameraden traf und durchstach.« Das Konzept jüdischer Identität, das er sich schließlich erarbeitet hat (im Essay *Zionismus*, in: *Menschen und Affen*, 1926), distanziert sich gleichermaßen von Assimilation und Zionismus. An den jüdischen Assimilanten kritisierte E. die Anpassung an negative Erscheinungsformen der europäischen Zivilisation, konkret: die Identifizierung mit dem Deutschnationalismus und die patriotische, kriegsbejahende Haltung im Ersten Weltkrieg, sowie ihre Blindheit gegenüber der antisemitischen Bedrohung. Seine Polemik steigert sich zur Invektive gegen die »Assimilanten, Vollblutaffen mit Monokel und eisernem Kreuz«, deren Selbsttäuschung er »am Pogromtag unter dem losgelassen ›Dö Juden san schuld‹ brüllenden Hunger und Blutdurst« enden sieht. Dem zionistischen Projekt sprach er zwar die Berechtigung zu, in Palästina eine Zufluchtsstätte für Vertriebene einzurichten, die Idee eines »jüdischen Nationalparks«, wie E. sarkastisch vermerkt, lehnte er jedoch ab. In der kritischen Studie *Nationaljudentum*, die 1927 in der *Internationalen Zeitschrift für Individualpsychologie* erschien, präzisierte er seine zionismuskritische Haltung folgendermaßen: »Jedes Vaterland ist ein Ghetto. Zionismus ist Heimweh nach einem größeren Ghetto. [...] Gewiß ist der Ahasverismus, die Heimatlosigkeit, ein bitteres Schicksal dem Einzelnen, aber sie ist ein Grund der verhältnismäßig großen Leistungen vieler Juden [...]. Sie haben die größte Möglichkeit zum internationalen, übernationalen Menschen.« Der zionistischen »Flucht« nach Palästina stellte er eine offensive Konzeption jüdischer Identität entgegen, die auf dem Bekenntnis zur nomadisch-ungebundenen Lebensform der Diaspora beruht, um so »allen wahren: antinationalen Europäern« ein Vorbild zu sein. Die Diaspora-Juden sind für E. die potentiellen Träger der Revolution, ihr Messianismus ist die Verpflichtung zum Kampf gegen soziale Ungerechtigkeit und nationalistische Unterdrükkung.

Der hohe Anteil von Juden am kulturellen Leben erklärte E., so im Essay *Vom deutschen Adel jüdischer Nation* (in: *Menschen und Affen*, 1926), aus der eigenen Schriftkultur, verstärkt noch durch den Ausschluß aus dem öffentlichen Leben: »Ein Volk, dem durch viele Jahrhunderte das Wort, die Schrift heilig war, seit zweitausend Jahren in einer politischen Depression lebend, auf die Bibel und deren mystische und sophistische Kommentare als einzige Geistesquelle zurückgeworfen, vor jedem Studierenden Achtung hegend wie nur noch die Chinesen – ein solches Volk, durch Neigung, Erziehung und Zwang lange abgedrängt von allen militärischen, politischen Berufen und Staatsanstellungen, mußte in der Kunst die fast einzige Möglichkeit erblicken, sich gegen allen Rassenhaß, über Myriaden Hemmnisse und Erschwerungen hinweg, ehrenvoll Geltung zu schaffen.« Dabei forderte E. die Juden jedoch auf, aus ihrem intellektuell-künstlerischen Refugium herauszutreten, um sich in den Dienst der Revolution zu stellen.

Diesem Kampf widmete er sich in seinen während des Ersten Weltkriegs – den er 1916–18 im Schweizer Exil verbracht hatte – entstandenen, in den Bänden *Der Mensch schreit* (1916), *Die rote Zeit* (1917) und *Den ermordeten Brüdern* (1919) veröffentlichten Anti-Kriegs-Gedichten. Sein Haß gegen »das sterbende Barbaropa«, gegen »Hetzmarschälle«, »Heimatkünstler« und »Kriegsberichter«, die Europa in eine »Blutsintflut« verwandelt hatten (*Ode*), konkretisierte sich im revolutionären Engagement. Unter anderem beteiligte er sich an der 1915 von Franz Pfemfert gegründeten »Antinationalen Sozialisten-Partei«. Trotz seines revolutionären Elans zweifelte er jedoch an der Wirkung des literarischen Protests. Die Niederlage der revolutionären Experimente der Jahre 1918/19, zusätzlich erschwert durch das Scheitern seiner Liebesbeziehung zu der Schauspielerin Elisabeth Bergner, bewirkte Anfang der 20er Jahre eine Schaffenskrise. In dieser Phase arbeitete E. ältere Texte um und befaßte sich mit der Nachdichtung von Werken der griechischen (*Lukian*, 1918, 1925; *Longos*, 1924) und chinesischen (u.a. *Schi-King*, 1922; *Pe-Lo-Thien*, 1923; *China klagt*, 1924; *Räuber und Soldaten*, 1927; *Das gelbe Lied*, 1933) Literatur. Mittels einer Ineinanderverschränkung von Hellas, Zion und China konstruierte E. eine »andere Antike« (Gauß), die ihm als Medium der Zeitkritik diente. Daneben wirkte er 1919 als Mitbegründer des Genossenschaftsverlags in Wien und als Herausgeber der Schriftenreihe *Die Gefährten* (1920/21). Bis 1932 lebte er großteils in Berlin und Wien.

Ende der 20er Jahre, als Reaktion auf die zunehmenden Erfolge von Faschismus und Nationalsozialismus, aber auch im Widerstand gegen die imperialistische Politik der europäischen Großmächte, etablierte sich E. erneut mit kritisch-engagierten Texten. Unter anderem verarbeitete er in Gedichten und Erzählungen die Eindrücke einer Orientreise, die er 1929 gemeinsam mit Oskar Kokoschka unternommen hatte und die ihn auch nach Palästina geführt hatte. Seit 1932 lebte er in der Schweiz, mit Schreibverbot und Ausweisungsdrohungen der Fremdenpolizei belegt.

1941 gelang ihm die Emigration nach New York, wo er – unter ständigen Existenzsorgen, enttäuscht von Erfolglosigkeit, verbittert und verarmt – 1950 verstarb. Unter seinen letzten, unvollendeten Arbeiten ragt das Romanprojekt *Die Jungfrau von New Orleans* (1942) hervor, eine satirische Zukunftserzählung, die von der Selbstzerstörung des kriegsverwüsteten Europas und der Überwindung der Männerherrschaft durch ein weltweites Matriarchat erzählt; bis zuletzt variierte E. sein Leiden an den Katastrophen »Barbaropas«.

Werke: Ausgewählte Aufsätze, hg. M.Y. Ben-Gavriêl, Heidelberg u.a 1961; Gedichte und Prosa, hg. K. Otten, Neuwied u.a. 1961; Werke, hg. H. Mittelmann, München 1987ff.

Literatur: J. Drews, Die Lyrik A.E.s, München 1969; A. Beigel, Erlebnis und Flucht im Werk A.E.s, Frankfurt a.M. 1972; K.-M. Gauß, Wann endet die Nacht. Über A.E., Zürich 1986; U. Laugwitz, A.E., Frankfurt a.M. u.a. 1987; A.A. Wallas, A.E. Mythenzerstörer und Mythenschöpfer, München 1994.

Armin A. Wallas

Eloesser, Arthur (Marius Daalmann)
Geb. 20.3.1870 in Berlin;
gest. 14.2.1938 in Berlin

»Wir waren alle weicher erzogen als unsere Umgebung [...] wir waren gewohnt, mehr Anteil aneinander zu nehmen, mehr ineinander hineinzusehen: jeder Jude möchte, daß der andere weiß, wie ihm zumute sei, und nicht zuletzt, wenn er sich über irgend etwas zu beklagen hat« (*Jüdische Rundschau* 2.11. 1934). Es ist diese pragmatische, am Leitfaden des eigenen Leibes geprüfte ethische Diktion, die E.s Werk nicht nur in seinen Erinnerungen und Flaneurtexten, sondern als ganzes auszeichnet. Aufgewachsen als Sohn einer assimilierten Kaufmannsfamilie im Osten Berlins scheiterte E.s Wunsch, nach dem Studium der Germanistik bei E. Schmidt eine akademische Karriere zu beginnen, an E.s Ablehnung der Taufe. Nach einer Orientierungsphase in Paris und ersten schriftstellerischen Erfahrungen galt E. nach dem Eintritt in die Feuilletonredaktion der *Vossischen Zeitung* (1899) mit seiner moderateren Intonierung neben A. Kerr bald als die andere repräsentative Stimme der Berliner Kritik. Mit dem Blick vor allem auf die historisch-politischen Hintergründe und die soziale Funktion von Literatur nahm E. im Verlauf von vier Jahrzehnten fast zum gesamten Spektrum der Literatur und des Theaters seiner Zeit Stellung. Daneben war Berlin als großstädtisches Paradigma neuer demokratischer und ästhetischer Lebensformen fortwährend Gegenstand von E.s Reflexionen. Hier propagierte E. vor 1914 besonders die Literatur Georg Hermanns, des Chronisten jüdisch-berliner Geschichte, als Vorbild: »Wenn wir in unserer Literatur und Kunst zusammen erst ein Dutzend Georg Hermanns haben, wird Berlin eine lebendige Persönlichkeit sein und nicht mehr geschlechts- und physiognomielos aus toten Augen starren« (*Literarisches Echo* 14, 1911–12, 95). E. publizierte seine Kritiken und Essays u.a. in der *Neuen Rundschau*, dem *Literarischen Echo*, S. Jacobsohns *Weltbühne*, der *Frankfurter Zeitung* und gab die Werke O. Ludwigs, H.v. Kleists, Shakespeares und F. Wedekinds heraus. 1925 schrieb er Thomas Manns erste Biographie, 1926 eine biographische Hommage an Elisabeth Bergner. Mit seinem Hauptwerk *Die deutsche Literatur vom Barock bis zur Gegenwart* (1930/31) unternahm E. den Versuch, in den Krisenjahren der Weimarer Republik einem breiten Publikum das Reservoir der divergierenden literarischen Traditionen als gemeinsames Erbe »des immer noch unerkannten, beängstigenden, verwirrenden Volkes unter den Völkern« (Nachwort) neu zu erschließen. In der Darstellung jüdischer Autoren der Moderne gibt E. hier der Psychoanalyse S. Freuds mit ihrem Anspruch auf Wissenschaftlichkeit gegenüber der spätromantischen nationalreligiösen Prophetie M. Bubers den Vorzug.

Auf den Schock der Machtergreifung durch die Nationalsozialisten reagierte E. durch seine Mitarbeit als Theaterkritiker und Vortragender im Kulturbund deutscher Juden. Die »alte Einpflanzung« der Juden »in das deutsche Geistesleben« ist für E. »ein Schicksal aus inneren Gründen und darum ein unwiderrufliches geworden«; es sei der »unentreißbare seelische Besitz« der deutschen Sprache, »Gabe aus der Väter und aus Gottes Hand«, der unter den neuartigen Bedingungen der Ghettoisierung das Beharren und den Widerstand gegen die brutale Ausschließung der Juden aus dem staatlichen und kulturellen Leben Deutschlands zugrunde liege: »und wenn man uns die Zunge ausschnitte, würde dieses Innerste unserer Seelenkraft noch stumm fortleben« (*Judentum und deutsches Geistesleben*, 1933). E. schrieb für das 1934 mit Publikationsverbot belegte apologetische Sammelwerk *Juden im deutschen Kulturbereich* den enzyklopädischen Beitrag zur deutsch-jüdischen Literatur; 1936 konnte er in der Jüdischen Buch-Vereinigung seine deutsch-jüdische Literaturbilanz von M. Mendelssohn bis B. Auerbach mit dem Schwerpunkt auf dem Wirken H. Heines unter dem Titel *Vom Ghetto nach Europa* publizieren. E. hält sich in diesem Buch an die erzählerische Darstellung der historischen Fakten und Leistungen; seine auch hier betont pragmatische Encadrierung des »jüdischen Elements« bringt er in Wendungen wie »Weltoffenheit, vorurteilslose Menschenkenntnis auf Grund eines elastischen Einfühlungsvermögens« zum Ausdruck. Von 1933 bis 1938 (seit 1934 unter dem Pseudonym Marius Daalmann) hat E. auch in der niederländischen Zeitschrift *Elseviers geillustraded Maandsblad* Essays zur jüdischen und deutschen Kunst veröffentlicht. Parallel zu seinem Engagement im Kulturbund deutscher Juden hat E. mehrfach die Möglichkeiten der Emigration erkundet. In seinem Bericht über seine erste Palästinareise hatte er bei der jüngeren Generation für die »Rückkehr« nach Erez Israel geworben und dem Projekt der Gründung eines jüdischen Staates die Verpflichtung ins Gedächtnis gerufen, »das alte Gesetz zu erfüllen, das in den schützenden Klammern nationaler und religiöser Sicherungen von vornherein eine soziale, sittliche, eine der Menschheit zugeteilte Aufgabe bedeutet hat« (*Jüdische Rundschau* 12. 6. 1934). Von seiner zweiten Palästinareise 1937 kehrte E. schwer erkrankt nach Berlin zurück und ist dort im Jüdischen Krankenhaus gestorben.

Werke: Literarische Portraits aus dem modernen Frankreich, Berlin 1904; Die Straße meiner Jugend. Berliner Skizzen, Berlin 1919; Die deutsche Literatur vom Barock bis zur Gegenwart, 2 Bde., Berlin 1930–31; Judentum und deutsches Geistesleben, in: Kulturbund Deutscher Juden, Monatsblätter 1 (Oktober 1933), 4–7; Erinnerungen eines Berliner Juden, in: Jüdische Rundschau Nr. 76/77 (21. 9. 1934), Nr. 92 (16. 11. 1934); Vom Ghetto nach Europa. Das Judentum im geistigen Leben des 19. Jahrhunderts, Berlin 1936; Literatur, in: Juden im deutschen Kulturbereich, ein Sammelwerk, hg. S. Kaznelson, Berlin 1959, 1–67.

Horst Olbrich

Feuchtwanger, Lion
Geb. 7. 7. 1884 in München;
gest. 21. 12. 1958 in Pacific Palisades (Kalifornien)

Kaum ein deutsch-jüdischer Autor des 20. Jahrhunderts hat so viele Leser gefunden wie der Weltbürger F., der in zahlreichen Romanen und Essays ein universelles und geistiges Verständnis vom Judentum vertreten hat. Er wollte weder als jüdischer noch als deutscher, sondern als internationaler Schriftsteller gelten. Dennoch betonte er, daß seine Inhalte »jüdisch« seien und sein Herz »jüdisch« schlage.

Das erste von neun Kindern eines Fabrikanten wurde orthodox erzogen, mußte sich dem täglichen Studium der hebräischen Bibel und des Talmud widmen und die jüdischen Traditionen befolgen. »Meine Eltern hielten darauf, daß ich die umständlichen, mühevollen Riten rabbinischen Judentums, die auf Schritt und Tritt ins tägliche Leben eingreifen, minuziös befolgte« (*Aus meinem Leben*, in: *Neue Texte*, 1963). Durch die Einhaltung der Sabbat-Gesetze – sonnabends trug ihm das Kindermädchen die Bücher zur Schule – zog sich F. den Spott seiner katholischen Klassenkameraden zu und machte die Erfahrungen eines Außenseiters. Mit Beginn des Studiums der Germanistik, Geschichte und Philosophie löste er sich von der Orthodoxie, was jedoch nicht zu einer Abwendung vom Judentum führte. Der Schriftsteller begann mit Einaktern über biblische Figuren wie *König Saul*, promovierte über Heines *Der Rabbi von Bacherach* (1907), wobei ihm die Kenntnis der jüdischen Traditionen und Sprachen gute Dienste leistete. Jiddische Autoren wie Jizchok Leib Perez und Scholem Alejchem las F. im Original. Zeit seines Lebens beschäftigte er sich mit jüdischen Stoffen und Problemen, während er fürchtete, der Zionismus könne zu einem »jüdischen Chauvinismus« führen.

Im Essay *Die Verjudung der abendländischen Literatur* (1920) begründete F. die besondere »literarische Neigung« der Juden, die sich in ihrem hohen Anteil an der deutschen Literatur zeige, mit der Bibel, welche die land- und staatenlosen Juden zu einem Volk gemacht und ihre geistige Mission begründet habe: »Die Juden hatten durch zwei Jahrtausende nur ein Gemeinsames: ihr Buch. Dieses Buch war ihnen Staat, Land, Geschichte, Sinn ihres Leidens, einziger Zusammenhalt, dies Buch, nur dies, machte sie zum Volk.« Im Unterschied zu den »bodenständigen« Verhältnissen der vormodernen Zeit sah F. in der »nomadenhaften Existenz« der Juden eine Vorstufe der Entwicklung der Gegenwart: »Was früher den Juden von ihren Gegnern als ihre verächtlichste Eigenschaft vorgeworfen wurde, ihr Kosmopolitentum, ihr Nichtverwurzeltsein mit dem Boden, auf dem sie lebten, das erweist sich plötzlich als ungeheurer Vorzug.« Weil die Juden seit ihren Ursprüngen sowohl zum Abendland als auch zum Morgenland gehörten, verband F. ihre historische Mission seit dem Ersten Weltkrieg aber auch mit einer »asiatischen Lehre« des Verzichts. Die Juden seien die Träger der »Welt der Tat« und der »Überwindung des Willens«, weshalb sie zwischen der europäisch-amerikanischen Zivilisation und der asiatischen Kultur eine Mittlerrolle spielen könnten.

Die Auffassung vom »Unwert« des irdischen Strebens und des »Weges der Macht« prägt F.s Frühwerk, zu dem das Schauspiel *Jud Süß* (entstanden 1916) gehört, das er 1920–22 zum gleichnamigen historischen Roman ausbaute. Ursprünglich am Fallbeispiel des jüdischen Industriellen und Politikers Walter Rathenau orientiert, symbolisiert der Hof- und Finanzjude Josef Süß Oppenheimer die Tragik der Emanzipation, in dem er zum Sündenbock für die Politik seines Herrn, des Herzogs von Württemberg, gemacht wird. F. wollte damit jedoch weder etwas für noch gegen das Judentum bezeugen. Er läßt seinen Protagonisten vielmehr eine Wandlung von der europäischen »Welt der Macht« zur asiatischen »Welt des Verzichts« bzw. von Nietzsche zu Buddha vollziehen (*Über »Jud Süß«*, 1929). Nach dem Verlust seiner Tochter und unter dem Einfluß des Kabbalisten Rabbi Gabriel stürzt der mächtig gewordene Jud Süß mit dem Landesregenten bewußt auch sich selbst. Er verzichtet auf die Möglichkeit, sein Leben durch Konversion zum Christentum zu retten. Bei seiner Hinrichtung bekennt er sich öffentlich zum diskriminierten Volk der Juden und findet zum »heimlichen Wissen« des Judentums: »Vielfältig ist die Welt, aber sie ist eitel und Haschen nach Wind; eins aber und einzig ist der Gott Israels, das Seiende, das Überwirkliche, Jahve.« Daß sich F. trotz dieses Verzichtskonzepts gegenüber den politischen Verhältnissen später alles andere als passiv verhielt, belegt der Gesellschaftsroman *Erfolg. Drei Jahre Geschichte einer Provinz* (entstanden 1927–30), in dem er sich als einer der ersten deutschen Schriftsteller auch mit dem Nationalsozialismus auseinandersetzte. Bereits am 17.10.1931 bescheinigte der *Völkische Beobachter* »Löb Feuchtwanger«, daß er sich »nach dieser Leistung« einen Emigrantenplatz verdient habe. Im März 1933 kehrte F. von einer Vortragsreise durch die USA nicht nach Deutschland zurück, sondern emigrierte ins südfranzösische Sanary-sur-Mer. Sein Vermögen wurde beschlagnahmt; nachdem Goebbels F. zum »Volksfeind Nummer eins« erklärt hatte, wurde er ausgebürgert und ihm der Doktortitel aberkannt.

Von April bis Oktober 1933 schrieb F. den ersten Roman des Exils, mit dem er über den Nazi-Terror aufzuklären versuchte. *Die Geschwister Oppenheim/Die Geschwister Oppermann* spielen von November 1932 bis Spätsommer 1933 und erzählen die Geschichte einer großbürgerlichen jüdischen Familie, deren Mitglieder die Zeichen der bevorstehenden Katastrophe zunächst nicht zu lesen vermögen. Der Besitzer eines traditionsreichen Möbelhauses, Martin Oppermann, ist zu Zugeständnissen bereit und fusioniert mit seinem »arischen« Konkurrenten, bevor dieser seine Firma schließlich ganz übernimmt. Sein Sohn Bertold wird von einem nationalsozialistischen Deutschlehrer in den Tod getrieben. Sein Bruder Gustav Oppermann arbeitet an einer Biographie Lessings und kann (ähnlich wie F. selbst) nicht glauben, daß das Volk der Dichter und Denker Barbaren wie Hitler verfallen könne. Erst im Exil beginnt er den politischen Kampf und kehrt illegal nach Deutschland zurück, um Informationen über die Aktionen gegen die Juden zu sammeln. Gustav Oppermann stirbt an den Mißhandlungen, die er in einem KZ erleidet. Der schnell geschriebene Roman, der im Sommer 1934 bereits in einer Viertelmillion Exemplaren verbreitet war, wurde mit *Erfolg* und *Exil* (entstanden 1935–39) zur Wartesaal-Trilogie vereint, die F. zur Auseinandersetzung mit der Sorglosigkeit nicht nur des jüdischen Bürgertums diente. Bei ihrem Abschluß, kurz vor Beginn des Zweiten Weltkrieges, glaubte der Schriftsteller noch an einen Sieg der Vernunft.

In *Die Aufgabe des Judentums*, einem Buch, das er gemeinsam mit Arnold Zweig 1933 in Paris veröffentlichte, begründete F. die universelle Mission der Juden aus ihrer Diaspora. Er beruft sich auf Jesaja als »Klassiker eines Messianismus mit besonders universalistischen Implikationen« und unterscheidet das Judentum von anderen nationalen Ideologien. Der jüdische Nationalismus gestatte nur geistige Mittel und müsse sich selbst überwinden: »Das Ziel des wahren jüdischen Nationalismus ist die Durchdringung der Materie mit Geist. Er ist kosmopolitisch, dieser wahre jüdische Nationalismus, er ist messianisch.« Den Begriff Kosmopolitismus verwendete der Schriftsteller als Synonym für Internationalismus, worunter er keinen Verzicht auf »nationale Eigenart« oder »nationale Traditionen« verstand (Wolf).

Auch in einem Romanzyklus über den jüdischen Geschichtsschreiber Flavius Josephus (entstanden 1930–40) setzte sich F. mit dem Konflikt zwischen jüdischem Nationalismus und Weltbürgertum auseinander. Der 1. Band, *Der jüdische Krieg*, erschien 1932. Das Manuskript des als Schluß gedachten 2. Bandes, *Die Söhne*, vernichteten die Nazis bei der Plünderung seines Hauses. Seine Neuerarbeitung sprengte den ursprünglichen Rahmen, so daß F. einen 3. Band, *Der Tag wird kommen*, verfaßte, den er noch vor seiner Flucht aus Frankreich abschloß. Die literarische Verarbeitung der fast 2000 Jahre alten Geschichte der Flavierkaiser diente F. zur Auseinandersetzung mit der jüdischen Situation in der Gegenwart. Der jüdische Priester Josef Ben Matthias, der am Aufstand gegen die Römer beteiligt war, wird nach seiner Gefangennahme zu einem Günstling Vespasians, den er zum Messias erklärt. Er assimiliert sich zum Schriftsteller Flavius Josephus und vertritt fortan ein Weltbürgertum, als dessen gleichberechtigten Teil er das Judentum betrachtet: »Die Heroen des griechischen Mythos und die Propheten der Bibel schlossen einander nicht aus, es war kein Gegensatz zwischen den Himmeln Jahves und dem Olymp des Homer. Josef begann die Grenzen zu hassen, die ihm früher Auszeichnung, Auserwähltheit bedeutet hatten. [...] Er war eine neue Art Mensch, nicht mehr Jude, nicht Grieche, nicht Römer: ein Bürger des ganzen Erdkreises, soweit er gesittet war.« Flavius Josephus schreibt die Geschichte des jüdischen Krieges vom Standpunkt unparteiischer Objektivität, hält aber trotzdem an seiner jüdischen Nationalität fest. Weil er zwischen der »östlichen Kultur« der Juden und der »westlichen Zivilisation« der Römer zu vermitteln sucht, zieht er sich die Feindschaft beider Seiten zu. Der 2. Band, *Die Söhne* (entstanden 1934–35), ist von den Diskussionen der Juden über das Weltbürgertum geprägt, wobei F. den »Großdoktor« Gamaliel folgendes sagen läßt: »Ich ziehe es vor, das Judentum für eine Weile national einzuengen, statt es ganz aus der Welt verschwinden zu lassen. Ich muß die Gemeinschaft über die nächsten dreißig Jahre hinwegbringen.« Es gelingt Josef nicht, eine Universalgeschichte der Juden zu verfassen. Nach Titus' Tod übernimmt der Judenhasser Domitian die Macht und der Geschichtsschreiber muß seinen Universalismus der aktiven Verteidigung der Juden opfern. Im 3. Band kehrt der Kosmopolit zum Kampf in seine Heimat zurück, wo er den Tod findet. Die Idee, sein jüdisches und weltbürgerliches Verständnis zu vereinen, bleibt in *Der Tag wird kommen* nur in der Utopie erhalten. Der Roman-Zyklus über den Schriftsteller ist als persönliche Auseinandersetzung F.s mit seiner jüdischen Identität zu verstehen, die vor dem unmittelbaren Hintergrund der politischen Ereignisse vom Ende der Weimarer Republik bis zum Beginn des Zweiten Weltkrieges erfolgte.

F. hat sich nicht nur in Romanen und Aufsätzen, sondern auch durch die Mitarbeit in antifaschistischen Institutionen gegen die nationalsozialistische Herrschaft gewandt, was den weltberühmten Verfasser des *Jud Süß* zu einem der namhaftesten Vertreter der literarischen Emigration Deutschlands machte. Nach Kriegsausbruch wurde er mehrfach in südfranzösischen Lagern interniert, bevor ihm die Flucht nach Amerika gelang. Zum mittlerweile dritten Mal baute er sich in Kalifornien eine Schreibwerkstatt mit einer umfangreichen Bibliothek auf. Stärker als unter dem Verlust seiner Heimat hat F. an der Unvernunft der Welt gelitten. Weil er mit dem sozialistischen Experiment sympathisierte, blieben seine Gesuche um eine Einbürgerung in die USA elf Jahre lang vergeblich. Der staatenlose Schriftsteller reiste nie wieder nach Europa, weil er fürchtete, nicht mehr an seinen Arbeitsplatz zurückkehren zu können.

In seinen letzten Lebensjahren wandte sich F. erneut jüdischen Themen zu. In *Die Jüdin von Toledo/Spanische Ballade* (entstanden 1952–54) erzählt er von den Religionskämpfen und Judenpogromen im Spanien des 12. Jahrhunderts. Auch hier repräsentiert eine Figur seine Idee vom Judentum. Um König Alfons VIII. von seinen kriegerischen Leidenschaften abzubringen, opfert ihm sein genialer jüdischer Finanzminister seine schöne Tochter Raquel. Jehuda Ibn Esra ist ein verantwortlich handelnder »Jud Süß«, und sein Judentum verkörpert eine vernünftige Lehre des Friedens, die gegen die irrationale Faszination vom Krieg kämpft. Der Gewalt soll mit den Mitteln jüdischen Geistes begegnet werden: »Es sind nicht die Siege des Schwertes, welche die Propheten uns versprochen haben [...] Unser Erbteil ist das große Buch. Wir haben uns durch zweitausend Jahre mit ihm befaßt, es hat uns zusammengehalten im Elend und in der Zerstreuung ebenso wie in unserem Glanz, wir allein verstehen es richtig zu deuten. Was es uns verheißt, sind Siege des Geistes.« Obwohl Jehuda und seine Tochter, die Jüdin von Toledo, der muslimischen Rache zum Opfer fallen, leben die Ideen des Judentums weiter. Nach ausführlichen Quellenstudien legte F. mit *Jefta und seine Tochter* (entstanden 1955–57) eine Umdeutung der israelitischen Frühgeschichte vor. Gegen die biblische Vorlage des Buches der Richter macht er die Entwicklung des jüdischen Volkes zu Menschlichkeit und Zivilisation zu seinem Thema. Nachdem sich die Juden von den gottlosen Ammonitern bedroht sehen, übertragen sie Jefta die Führung über ihr Heer. Vor der aussichtslos erscheinenden Schlacht legt der gefürchtete Krieger das Gelöbnis ab, im Falle seines Sieges den ersten Menschen, der ihm aus seinem Haus entgegenkommt, Gott zu opfern. Er trifft seine einzige Tochter, womit Jefta soviel Schrecken verbreitet, daß er nicht nur den Frieden, sondern auch die Vereinigung der israelitischen Stämme erzwingt. Wie in *Jud Süß* wird das Vater-Tochter-Motiv ins Symbolische erhöht. Am inneren Konflikt eines Protagonisten, der von einem jüdischen Vater und einer heidnischen Mutter abstammt, will F. zeigen, daß die Juden ihren nomadischen Sitten treu geblieben sind, aber auch die seßhafte Lebensweise übernommen haben. »Der Gott der hebräischen Stämme wandelte sich allmählich aus einem Kriegs- und Feuergott in einen Gott des Ackers und der Fruchtbarkeit [...].«

Als programmatisch für sein gesamtes Schreiben kann gelten, was der deutsch-jüdische Schriftsteller, der sich während seines 25-jährigen Exils stets der deutschen Sprache bedient hat, 1933 äußerte: »Oft [...] werde ich gefragt, ob ich mich als jüdischer oder als deutscher Schriftsteller fühle. Ich pflege zu antworten, ich sei nicht das eine, noch das andere: ich fühle mich als internationaler Schriftsteller. Wahrscheinlich seien meine Inhalte mehr jüdisch betont, meine Form mehr deutsch [...] Meine Bücher sind somit gefühlsmäßig jüdisch-national, verstandesmäßig international betont. Daraus wohl erklärt es sich, daß sie von einigen Juden als antisemitisch, hingegen von deutschen Nationalisten als schlaue jüdisch-nationale Tendenzmache wüst beschimpft werden. Ich glaube nicht, daß irgend jemand eine wirkliche, klare Demarkationslinie ziehen kann zwischen dem, was jüdisch ist, und dem, was nicht« (*Bin ich ein deutscher oder ein jüdischer Schriftsteller?*).

Werke: Gesammelte Werke in Einzelausgaben, Berlin 1959ff.; Centum Opuscula, hg. W. Berndt, Rudolstadt 1956, wieder als: Ein Buch nur für meine Freunde, Frankfurt a.M. 1984.

Literatur: A. Wolf, L. F. und das Judentum, in: Bulletin des Leo Baeck Instituts 61 (1982), 57–78; 62 (1982), 55–94; F. Dietschreit, L. F., Stuttgart 1988; L. F., in: Lexikon deutsch-jüdischer Autoren, Bd. 7, hg. R. Heuer, München 1999, 43–85.

Andreas Herzog

Franzos, Karl Emil
Geb. 25. 10. 1848 in Czortkow (Galizien); gest. 28. 1. 1904 in Berlin

»Wißt Ihr, wie mir mein bißchen Bildung vorkommt? Da hab' ich da einen bunten Fleck auf meinen Kaftan geheftet und dort einen – wie ich sie eben bekommen konnte, aber ein deutscher Rock ist's nicht geworden.« Dieses bittere Resümee, das F. dem Protagonisten seines bekanntesten Werkes, des Romans *Der Pojaz*, in den Mund legt, stellt zugleich eine Positionsbestimmung des Autors als eines der populärsten deutsch-jüdischen Dichter seiner Zeit dar, der sich vom zunehmenden Antisemitismus in den letzten Jahrzehnten des 19. Jahrhunderts massiv in seiner jüdischen Identität bedroht sah. Die Aussage, formuliert von einem Vertreter des osteuropäischen Judentums, markiert zugleich eine entschiedene Absage an alle Akkulturationshoffnungen und -bestrebungen und damit eine radikale Abkehr von dem, was F. seit Mitte der 1870er Jahre nicht müde geworden war, in seinen Erzählungen über das osteuropäische, galizische Judentum zu spiegeln.

F. selbst war zwar in Galizien geboren, doch bereits wenige Jahre nach seiner Geburt zog die Familie ins bukowinische Czernowitz, dessen jüdische Bewohner sich nicht mehr zum ostjüdischen Kulturkreis zugehörig fühlten. Dennoch wurde für F. das galizische Ghetto zum wichtigsten Schauplatz seiner Erzählungen. Dieser Versuch, seine Erzählungen als authentische Kulturbilder jüdischen Lebens auszugeben, verdeckte auf lange Zeit die Tatsache, daß es sich bei seinen Schilderungen ausschließlich um Fremdheitsdarstellungen handelte, bei denen das galizische Judentum aus der Perspektive eines aufgeklärten, deutsch akkulturierten jüdischen Autors betrachtet wurde. Zum anderen negierte F. auf diese Weise bewußt die Tatsache, daß andere Autoren, darunter Leo Herzberg-Fränkel, das Leben der galizischen Juden bereits geraume Zeit vor ihm und z. T. unter gänzlich anderer Akzentsetzung literarisch festgehalten hatten.

F.s Sichtweise auf den von ihm behandelten Gegenstand ist geprägt von der deutschen Aufklärung. Im Zentrum seiner Erzählungen, und hier vor allem in den kurz hintereinander erschienenen Werken *Aus Halb-Asien. Culturbilder aus Galizien, der Bukowina, Südrußland und Rumänien*, 1876 sowie in *Die Juden von Barnow*, 1877 steht die Auseinandersetzung des galizischen Ghettojudentums mit dem stets als rückständig apostrophierten Chassidismus sowie mit der Willkür der polnischen und russischen Obrigkeit. Auf diese Weise führte F. ein neues Element in die Ghettoliteratur ein: eine sehr eigentümliche Variante des literarischen Nationalismus, bei dem das Adjektiv ›deutsch‹ explizit gleichgesetzt wurde mit den Begriffen ›Aufklärung‹ bzw. ›Josefinismus‹ und die Begriffe ›chassidisch‹ und ›polnisch‹ bzw. ›russisch‹ für deren Gegenteil. Auch die Subsumierung der osteuropäischen Landschaften unter die Bezeichnung »Halb-Asien« war dazu angetan, die Distanz zwischen Deutschland und dem Osten Europas zusätzlich zu akzentuieren. F. machte sich auf diese Weise zu einem Fürsprecher eines in jener Zeit in Deutschland vielfach propagierten ostwärts gerichteten Kulturstrebens. Der Begriff von einer nicht näher definierten, von einer vagen Idee sich herleitenden deutschen Kultur wird bei ihm so zum Inbegriff eines generellen Kulturgedankens, der selbstverständlich auch für die Nationen Osteuropas – und dabei konnten die dort lebenden Juden problemlos einbezogen werden – seine Gültigkeit haben sollte, wie es F. vielfach in seinen Texten programmatisch postulierte. Deutschland wurde hier die Rolle eines segensreichen Heilsbringers im Osten zugewiesen, der die Aufklärung in der galizischen Finsternis zu verbreiten hatte, eine Position mit der sich die jüdischen wie nichtjüdischen Leser von F. in hohem Maße zu identifizieren vermochten. F.s Auffassung von Deutschland als einer Kulturnation in nuce manifestierte sich in seinen Erzählungen vor allem in der zentralen Bedeutung, die der Lektüre deutscher Werke beigemessen wird. Sie ist der entscheidende Gradmesser, der die Position des Individuums innerhalb des Vielvölkerstaates Galizien zwischen Polen, Deutschen und Juden bestimmt. Programmatisch abgehandelt findet sich diese Haltung in einer der bekanntesten Ghettoerzählungen von F., *Schiller in Barnow*.

F. trat jedoch nicht nur als erfolgreicher Ghettoerzähler in Erscheinung. Sein Interesse galt auch der deutschen Literatur und hier auch den entlegenen und vergessenen Autoren. Symptomatisch dafür ist sein Engagement für das Werk Georg Büchners, aus dessen Nachlaß er eine erste Werkausgabe edierte und damit entscheidend zur Wiederentdeckung dieses Autors beitrug. Wichtiger noch waren jedoch F.s Aktivitäten als Journalist und Herausgeber literarischer Zeitschriften, in denen er sich jedoch – im Unterschied zu seinen Erzählungen – zu aktuellen jüdischen Themen fast gar nicht äußerte. Dabei wurde er hier schon früh mit dem um sich greifenden Antisemitismus konfrontiert, durch den er sein Ideal einer deutsch-jüdischen Symbiose zunehmend bedroht sah. Wie stark die antisemitischen Umtriebe tatsächlich waren, verdeutlichen zahlreiche Briefe von F. an seine Freunde, in denen er sich darüber beklagte, daß er trotz seiner Popularität große Schwierigkeiten hatte, Verleger für seine Werke zu finden. Ihre restriktive Haltung führte er auf die politisch aufgeheizte Atmosphäre zurück, die Verlage und ebenso Zeitschriften vor Werken mit jüdischen Stoffen zurückschrecken ließ.

F.s Reaktionen auf diese Entwicklung sind geprägt von deutlichen Ambivalenzen, deren Bandbreite von völliger Negierung bis hin zu einem deutlichen Engagement für jüdische Belange reicht. Auf literarischer Ebene dominierte zunächst – vor allem in den Novellenbänden *Vom Don zur Donau. Neue Culturbilder aus Halb-Asien*, 1878 sowie in *Aus der großen Ebene*, 1888 – die Kontinuität jener Geisteshaltung, die F. bei seinen Lesern so populär gemacht hatte. Eindeutiger erscheinen F.s Aktivitäten hingegen im außerliterarischen Bereich, wo er sich, anders als früher, dezidiert für jüdische Belange einsetzte. Zu verzeichnen sind seine Vortragstätigkeit in jüdisch-literarischen Vereinen sowie Pläne, eine Anthologie mit Werken deutscher Autoren jüdischer Herkunft zu edieren. Eine weitere wichtige Rolle spielten auch F.s Aufsätze über deutsch-jüdische Autoren, darunter über Leopold Kompert sowie seine Artikel über Aron Bernstein und Moritz Rappaport. In diesem Zusammenhang gab F. auch seine bisherige Zurückhaltung gegenüber jüdischen Zeitschriften auf; 1890 wurde er zu einem der produktivsten Mitarbeiter der *Allgemeinen Zeitung des Judenthums*.

Nur schrittweise fanden diese Aktivitäten ihre Entsprechung auch auf literarischer Ebene. Bereits in seinen Skizzen und Essays war F. zunehmend auch um die Darstellung historischer Zusammenhänge bemüht, die an die Stelle pauschaler Abwertung orthodoxer bzw. chassidischer Lebensformen trat. Dieses neue Verständnis für die Realität dieser Lebensformen manifestierte sich auch im Versuch einer Herabmilderung des in seinen früheren Erzählungen so sehr bemühten Gegensatzes zwischen den Juden West- und Osteuropas, und es gibt sogar vereinzelte Äußerungen, in denen F. darum bemüht war, ostjüdische Lebensformen gegen die Überheblichkeit des westeuropäischen, akkulturierten Judentums zu verteidigen. Zwar leben auch in F.s späten Ghettoerzählungen die alten Gegensatzpaare weiter, doch erscheinen die Fronten weniger unversöhnlich. Eindeutig überwiegt in diesen Texten aus den 1880er und 90er Jahren eine pessimistische Grundhaltung. Sowohl *Moschko von Parma* (1880) als auch *Judith Trachtenberg* (1889) können durchaus als literarische Reaktionen auf die gesellschaftspolitischen Zustände in Deutschland gelesen werden. Beide Erzählungen handeln von den Versuchen der Protagonisten, einen eigenen Weg zu finden zwischen jüdischer Identitätsbewahrung und Moderne. Doch sowohl Moschko als auch Judith sind zum Scheitern verurteilt, ein Scheitern, das im Unterschied zu früheren Erzählungen allerdings nicht mehr aus den inneren Kämpfen im Ghetto resultiert. Als undurchdringlich erweist sich nun die Grenze zwischen Ghetto und nichtjüdischer Welt. Beide Protagonisten sind der Ghettoexistenz bereits entwachsen, die neue Gesellschaft bleibt ihnen trotz aller Bemühungen aber letztlich fremd. Spiegelbildlich zur Position der deutschen Juden am Ende des 19. Jahrhunderts agieren und scheitern sie in einem Niemandsland. Der Akzent von F.s späten Werken liegt damit unverkennbar auf den Grenzen des Akkulturationsprozesses.

Programmatisch durchgespielt wird diese Haltung noch einmal in einem der letzten Werke von F., in dem bereits 1893 beendeten, in Deutschland in Buchform jedoch erst nach F.s Tod im Jahre 1904 erschienenen Ghettoroman *Der Pojaz* (1905). Wie viele der späten Werke war auch der *Pojaz* bereits in den 70er Jahren konzipiert, später jedoch gründlich umgearbeitet worden. Das F. ungünstig erscheinende gesellschaftspolitische Klima veranlaßte ihn zudem, das Werk zu seinen Lebzeiten in Deutschland nicht mehr zu veröffentlichen, während eine von ihm autorisierte russische Übersetzung bereits 1894 in Petersburg erscheinen konnte. Der Roman ist vielfach als verdeckte Autobiographie seines Verfassers interpretiert worden, tatsächlich aber kann hier nur von einem autobiographischen Reflex gesprochen werden, der sich vor allem auf stilistischer Ebene niederschlägt und damit erneut auf F.s innere Wandlung zwischen Beginn und Ende der Niederschrift verweist. So unterscheidet sich der Text vor allem in seinem Anfang, der noch deutlich den frühen Ghettoerzählungen verwandt ist, sichtbar von Mittelteil und Schluß, die erzählerische Elemente aufweisen, wie sie für F.s Spätwerk charakteristisch sind. Dazu zählt vor allem eine humoristische Tonart, die, wie F. im Vorwort ausführte, ein Spezifikum des ostjüdischen Ghettojudentums darstelle, das dem westlichen Leser auf diese Weise nähergebracht werden solle. Dieser humoristische Tonfall vor allem ist es, der die von F. durchaus noch akzentuierten Kontraste zwischen West- und Ostjudentum weniger hart erscheinen läßt. Diesem Tonfall entgegengesetzt wird eine durchgängig resignative Grundstimmung, die sich vor allem in der eingeschränkten Entwicklungsperspektive des Protagonisten Sender Glatteis äußert. Dieser Determinismus läßt Senders Streben nach deutscher Kultur von vornherein als vergeblich erscheinen, denn allen Akkulturationsversuchen zum Trotz erblickt die nichtjüdische Umwelt in ihm lediglich einen Juden, der sich als Deutscher verkleidet hat. Damit markiert der Roman zugleich F.s endgültigen Abschied von seinen früheren Akkulturationsidealen, eine Desillusion, die dem Autor F. umso bitterer erscheinen mußte, da er sich nicht in der Lage sah, jenseits der überlebten deutsch-jüdischen Kultursymbiose einen neuen, genuin jüdischen Weg zu erkennen, geschweige denn, einen solchen Weg einzuschlagen.

Werke: Aus Halb-Asien, 2 Bde., Leipzig 1876; Die Juden von Barnow, Stuttgart u. a. 1877; Vom Don zur Donau, 2 Bde.,

Leipzig 1878; Moschko von Parma, Leipzig 1880; Aus der großen Ebene, 2 Bde., Stuttgart 1888; Judith Trachtenberg, Breslau 1891; Leib Weihnachtskuchen und sein Kind, Berlin 1896; Der Pojaz, Stuttgart 1905.

Literatur: S. Hubach, Galizische Träume. Die jüdischen Erzählungen des K. E. F., Stuttgart 1986; M. Pazi, K. E. F.' Assimilationsvorstellung und Assimilationserfahrung, in: Conditio Judaica, 2. Teil, hg. H. O. Horch u. a., Tübingen 1989, 218–233; G. v. Glasenapp, Aus der Judengasse. Zur Entstehung und Ausprägung deutschsprachiger Ghettoliteratur im 19. Jahrhundert, Tübingen 1996.

Gabriele von Glasenapp

Fried, Erich

Geb 6. 5. 1921 in Wien;
gest. 22. 11. 1988 in Baden-Baden

F. wurde 1921 als Sohn einer assimilierten jüdischen Familie in Wien geboren. Nach dem ›Anschluß‹ 1938 sah er sich gezwungen, nach England zu flüchten, wo er den Rest seines Lebens verbrachte. Während des Exils war F. 1939–45 literarisch sehr aktiv, nach Kriegsende verstummte der Lyriker allerdings 13 Jahre lang, bis 1958 sein erster Nachkriegsband erschien und zwei Jahre später sein einziger Roman. Ab Anfang der 60er Jahre erschienen dann bis zu seinem Tode 1988 über zwei Dutzend Gedichtbände, von denen *und Vietnam und* (1966) sowie die *Liebesgedichte* (1979) Berühmtheit erlangten. Aufgrund seines politischen Engagements in der Bundesrepublik Deutschland und Österreich in den 60er und 70er Jahren erlangte F. – insbesondere in rechten Kreisen – einen Ruf als Störenfried und Unruhestifter.

Im Mittelpunkt der Lyrik F.s steht – außer seinem politischen Engagement ab Mitte der 60er Jahre – die Tradition des europäischen Judentums. Eingedenk der erzwungenen Emigration (1938) und Ermordung eines Großteils seiner Familie in der Shoah spielt in dieser Dichtung die persönliche Betroffenheit des Autors eine erhebliche Rolle. Lyrik, die dem Themenkreis des Holocaust zuzurechnen ist, erschien erstmals in *Anfechtungen* (1967). Ähnliches gilt auch für ein Gedicht wie *Sommer der Verjährung* in *Zeitfragen* (1968). Neben solch eindeutig biographischen Gedichten behandelte Fried das Thema Holocaust aber auch in metaphorisch-allegorischen Bildern, die er aus der jüdischen Tradition schöpfte (*Die Überlebenden*, in: *Warngedichte*, 1964).

Für F. stellte sich früh die Frage, was es bedeutet, den Holocaust überlebt zu haben (*Begräbnis meines Vaters*, in: *Oesterreich*, 1945/46). Konstanten in F.s dichterischem Werk sind daher das Thema Schuldzuweisung sowie die Bereitschaft, persönliche Schuld auf sich zu nehmen. Aus diesem Grund weigerte sich F. bereits während des Krieges, die weit verbreitete Auffassung von der Kollektivschuld der Deutschen zu akzeptieren (*Dichter in Deutschland*, in: *Deutschland*, 1944). Die Frage nach der ›Schuld als Jude‹ wird in dem Gedicht *Markttag* (*Gedichte*, 1958) aufgeworfen, erneut im Zyklus *Judenfragen* (*Höre, Israel*, 1974), wo es heißt, daß »Mitschuld verkauft wird«. *Markttag* steht am Beginn einer Reihe von Gedichten, in denen die Akzeptanz von Schuld als Merkmal der jüdischen Schicksalsgemeinschaft präsentiert wird. Beispielhaft für diese Auseinandersetzung ist das Gedicht *Der Überlebende* (*Lebensschatten*, 1981), worin es heißt: »Wie oft/ muß ich sterben/ dafür/ daß ich dort/ nicht gestorben bin?« Nach der Erfahrung von Auschwitz stellt sich F. also die Schlüsselfrage: »Was ist Leben/ nach soviel Tod?« Denn während die Mörder ihre Schuld verdrängen, ist dies den Überlebenden nicht möglich (vgl. *Gespräch mit einem Überlebenden*, in: *Es ist was es ist*, 1983; *Überleben* und *Die Übriggebliebenen*, in: *Beunruhigungen*,

1984). Gedichte wie *Gespräch mit einem Überlebenden* fragen gezielt nach dem Handlungsspielraum des einzelnen während der Naziherrschaft. Bestimmend ist dabei der Selbstvorwurf, aus Angst um das eigene Leben nicht genügend getan zu haben und daraus hervorgehend das Gefühl der Mitschuld an der Ermordung von Millionen von Juden.

Eine Auseinandersetzung mit seiner jüdischen Identität läßt sich bereits in F.s früher Lyrik (bis 1946) in der Form von Aufnahmen von Elementen jüdischer Kultur ausmachen. Zentrales Element ist dabei die Figur Moses', die von F. als Führungsfigur präsentiert und als normatives Menschenbild typologisiert wird. Erste Ansätze einer Gestaltung biblischer Motive finden sich bereits in den Bänden *Deutschland* und *Oesterreich*, die allerdings noch geprägt sind vom politischen Programm kommunistischer Flüchtlingsorganisationen im Exil in Großbritannien. Zu den biblischen Motiven, die neben zeitgeschichtlichen Ereignissen stehen, zählt etwa das Motiv des alttestamentlichen Bruderzwists von Kain und Abel (*Der Hitlertod singt sein Leiblied*, in: *Deutschland*), ein Motiv, das später wieder aufgegriffen wurde (u. a. in *Drachentöter Kain*, in: *Befreiung von der Flucht*, 1968). Ein weiteres biblisches Motiv ist das der Sintflut (*Nach der Sintflut I* und *Nach der Sintflut II*, in: *Deutschland*), eine Metapher für die faschistische Flut, die das Land mit braunem Schlamm überdeckt. Bei der Aufnahme biblischer Motive in F.s ersten beiden Gedichtbänden, die sich von den ganz frühen Gedichten gerade durch diese Motive unterscheiden, spielt das Gedicht *Moses in der Wüste* (*Oesterreich*, 1945/46) eine zentrale Rolle. In ihm leitet sich die Exilerfahrung des jüdischen Volkes von der Offenbarung in der Wüste ab, da die Verfolgung Strafe für das Nichteinhalten göttlicher Gebote war. In Anlehnung daran verstand F. auch die eigene Exilsituation in Großbritannien als Strafe für unzureichendes Handeln im Leben. Die biblische Geschichte des Leidens des Volkes Israel wird zur Parabel auf die Exilsituation der Nachgeborenen umgedeutet. Bekräftigt wird eine derartige Interpretation von *Moses in der Wüste* durch ein weiteres Rollengedicht aus *Oesterreich*, *Josua zu Moses*, in welchem die Sprecher- und Mittlerfunktion von Moses zu Gott auf Josua übergeht und sich damit eine Verschiebung auf der humanitären Werteskala ausmachen läßt. Unter den Aspekten, die das Weiterleben im Exil ermöglichen, wird nunmehr vor allem die Liebe hervorgehoben. Folglich läßt sich in F.s Lyrik ab diesem Zeitpunkt zunehmend eine positivere Auffassung vom Umgang mit Feinden zeigen, geprägt einerseits von kritischer Distanz zum Judentum, andererseits von starker ethischer Affinität zum Christentum (F. war Atheist!) und Identifikation mit der (v. a. jüdisch verstandenen) Jesus-Figur. F. hat das Motiv vom Auszug des Volkes Israel aus Ägypten später wiederholt aufgegriffen (vgl. das 1946 entstandene Gedicht *Ägypten*), das als ein früher Beleg für F.s Zionismuskritik interpretiert worden ist (Zeller). Trotz des überzeitlichen Rahmens hat F. hier die Perspektive der biblischen Erzählung um den Blickwinkel der Gegenseite erweitert, indem er die traditionelle Zuweisung von Gut und Böse gezielt hinterfragte (vgl. auch *Wadi*, in: *Warngedichte*).

Eine gänzlich veränderte Sichtweise macht sich nach *Warngedichte* in F.s Lyrik ab Mitte/Ende der 60er Jahre bemerkbar. Ab diesem Zeitpunkt dominieren nicht mehr metaphorisch-allegorische Bilder, der Realitätsbezug wird direkter. Dabei macht F. in dem Titelgedicht von *Höre, Israel* den jüdischen Staat zur Zielscheibe seiner Kritik: »Als wir verfolgt wurden/ war ich einer von euch/ Wie kann ich das bleiben/ wenn ihr Verfolger werdet?« (vgl. auch die aktualisierte Version von 1983). Zugehörigkeit zum Judentum bedeutet für F., auf der Seite der Entrechteten zu stehen und gegen Gewalt und Vernichtung zu kämpfen. Aufgrund des Wechsels des jüdischen Volkes von der Seite der Verfolgten auf die der Verfolger sind die überlieferten jüdischen Glaubensrituale der Sühne jedoch zur leeren Formel geworden. In diesem Zusammenhang steht auch F.s Kritik an der propagandistischen Vereinnahmung biblischer Motive seitens der Israelis anläßlich des Sechstagekrieges 1967 (*Bibelfest*, in: *Befreiung von der Flucht*). Indem ab Ende der 60er Jahre erneut aktuelles politisches Tagesgeschehen in F.s Dichtung Aufnahme findet, zeichnet sich ein Umschwung ab, für den insbesondere auch die Aufgabe der Leitfunktion des herkömmlichen Moses-Bildes symptomatisch ist. Moses wird nun als Ausgangspunkt und letzte Konsequenz von Faschismus und Stalinismus angeprangert (*Führer von Gottes Gnaden*, in: *Unter Nebenfeinden*, 1970; *Vom Menschen ausgehende Geschichtsauffassung*, in: *100 Gedichte ohne Vaterland*, 1978; *Bericht von einem Menschen*, in: *Das Nahe suchen*, 1982; *In später Stunde*, in: *Um Klarheit*, 1985). Das Festhalten am Freund-Feind-Schema führt bei F. gradlinig zu einem Vergleich politischer Verbrecher im 20. Jahrhundert mit den Nachfolgern Moses' im heutigen Israel: »[sie] sind Massenmörder und sind/ ob durch eigene Schuld oder nicht/ die Unmenschen/ denen Menschen/ nicht folgen dürfen« (*In später Stunde*). Indem F. also Moses als Vorläufer von Massenmördern einstuft, erteilt er den Inhalten der jüdischen Tradition eine Absage, weist ihnen sogar Mitschuld am Faschismus zu.

Allerdings erschöpfte sich F.s Verständnis des Judentums und der jüdischen Tradition nicht in einem solchen Negativbild. Für sein Verständnis des Judentums wird der Entwurf einer Gegenfigur – die typologisierte, zum Leitbild eines ethischen und menschlichen Denkens und Verhaltens erhobene Gestalt des Jesus von Nazareth – maßgebend. Derartige Züge einer Gegenfigur zum Moses-Bild tauchen in F.s Lyrik bereits sehr früh auf, was das kürzlich im Fried-Nachlaß (ÖLA/Wien) entdeckte Gedicht *Judas Weg* (ca. 1943) beweist, dessen Schlüsselaussage lautet: »Die Liebe erliegt nicht im Krieg.« F. versteht dabei Jesus weder als Messias im christlichen Sinne noch als religiöse Figur, vielmehr hat die humane Grundeinstellung dieser Figur für ihn Vorbildfunktion. Die Polarisierung von jüdischen Schrifttraditionen und neutestamentlichen Bibelzitaten sowie der Übergang von einer alttestamentlichen Orientierung zu einem neutestamentlichen Humanismus wird etwa in den Gedichten *Karfreitag* und *Eli* (*Von Bis nach Seit*, 1985) deutlich. Die von Jesus repräsentierten Werte der Nächstenliebe und Güte erklärt F. zu zentralen Inhalten des jüdischen Glaubens (*Fragen an Israel*, in: *Um Klarheit*). Die Feindesliebe wird damit zum positiven Prinzip erhoben, jegliche Art menschlicher Selbstgerechtigkeit hingegen verurteilt (*Marienlegende* und *Gewaltloser Verzicht auf Gewaltlosigkeit*, in: *Die Freiheit den Mund aufzumachen*, 1972; *Gegen das Steinewerfen*, in: *Um Klarheit*). Angesichts dieser Konstellation wird die Auserwähltheit des Volkes Israel im Umfeld des hebräischen Humanismus angesiedelt und die heutige jüdische Nation zur Umkehr aufgerufen. So heißt es im Titelgedicht von *Höre, Israel*: »Kehrt um! Kehrt um!/ Die Euch Geld und Waffen gaben/ werden nicht immer da sein/ um euch zu schützen// Umkehren wird nicht leicht sein:/ Der Haß der Armen lebt lange/ und viele wünschen euch das/ was einst ihr euren Peinigern wünschtet//. Doch euch bleibt kein anderer Weg/ euch die Zukunft zu öffnen/ wenn es nicht eine Zukunft/ der ewig Verhaßten sein soll.« Ein Verständnis von F.s intensiver, oft kontroverser und manchmal auch widersprüchlicher Einstellung zum Judentum, so läßt sich zusammenfassen, erscheint nur unter Berücksichtigung einer im neutestamentlichen Humanismus verankerten Ethik als möglich.

Werke: Gesammelte Werke in 4 Bdn., Berlin 1993.

Literatur: M. Zeller, Gedichte haben Zeit. Aufriß einer zeitgenössischen Poetik, Stuttgart 1982; E. F., hg. H. L. Arnold, München 1986; V. Kaukoreit, Frühe Stationen des Lyrikers E. F., Darmstadt 1991; E. F., in: Jüdische Portraits, hg. H. Koelbl, Frankfurt a. M. 1989, 69–73; S. W. Lawrie, E. F., A Writer Without a Country, New York 1996; Interpretationen. Gedichte von E. F., hg. V. Kaukoreit, Stuttgart 1999.

Jörg Thunecke

Friedell, Egon (eigentl. Egon Friedmann)

Geb. 21. 1. 1878 in Wien;
gest. 16. 3. 1938 in Wien

F. war und wollte vieles zugleich sein, erfolgreicher Schauspieler und Kabarettist, gefürchteter Theaterkritiker und zeitkritischer Kulturphilosoph, viel gespielter Dramatiker und beklatschter Regisseur, stets zitierter Essayist, Satiriker und Aphoristiker, und vor allem universaler Kulturhistoriker. Geboren in Wien als Sohn eines wohlhabenden Tuchfabrikanten, fortgesetzt »unbotmäßig« auf verschiedenen Schulen, 1899 mit Abitur und 1904 nach einem Studium der Germanistik und Philosophie in Wien mit einer Arbeit über Novalis bei Friedrich Jodl promoviert, verkehrte F., dank eines beträchtlichen Erbes nun unabhängig, fast ausschließlich in den Kreisen der Wiener Bohème, besonders mit P. Altenberg, A. Polgar, mit L. und A. Loos. Er schrieb Theaterkritiken, und die auch gleich über sich selbst als Schauspieler, veröffentlichte satirische Skizzen für die *Fackel*, mehr als hundert Anekdoten und Essays für Boulevardblätter ebenso wie für die *Schaubühne* oder das *Neue Wiener Journal*. Dabei war F., wie seine Zeitungsparodien zeigen, stets auf ironische Distanz zur Wiener Zeitungskultur bedacht. Als Schauspieler stand er 1905 bei der Uraufführung von *Die Büchse der Pandora* zusammen mit Wedekind auf der Bühne. Auftritte in Wiener Kabaretts machten F. bekannt. 1908 wurde er künstlerischer Leiter des Kabaretts »Die Fledermaus«, war dann Leiter des Avantgardetheaters von F. Fischer. Seit 1913 spielte er als Chargendarsteller bei M. Reinhardt am Deutschen Theater in Berlin und am Josephstädter Theater in Wien. Zusammen mit Polgar schrieb er Theaterstücke wie 1908 die Groteske *Goethe*, eine Persiflage auf den bildungsbürgerlichen Goethekult der Zeit. Im Ersten Weltkrieg hielt er propagandistische Vorträge und Lesungen. F. war dabei ein wohlgelittener Bonvivant von charmanter Menschenscheu und nicht ohne Alkoholprobleme, eine »barocke« Erscheinung, der sein Leben mit Selbstironie und Geschick zur repräsentativen Biographie seines Zeitalters zu stilisieren versucht hat. M. Reinhardt hat ihn einen »genialen Dilettanten« genannt und meinte damit F.s Begabung, sich mit dem Nimbus des Universalen und des Genies zu umgeben, der alles aus seiner Zeit produktiv aufnimmt. Gezielt hat F. zahllose Anekdoten über sich in Umlauf gebracht und seine manierierte Technik des Selbstplagiats soweit kultiviert, daß er den identischen Essay zweimal bei derselben Zeitung unterbringen konnte.

F. war im genauen Sinn seiner Zeit Antisemit, d. h. jemand, der sein Unbehagen in der Moderne den Juden anlastete. Ausfälle gegen »verschmockte Jourjuden« und ähnliches finden sich vielfach in seinen Büchern und Briefen. Sie entsprachen der antibürgerlichen Kulturkritik seiner Zeit. 1897 war F. aus Überzeugung vom Judentum zum protestantischen Glauben übergetreten, publizierte ausschließlich unter dem Namen F. und ließ seinen Geburtsnamen Friedmann 1916 amtlich in F. ändern. Erst die Nationalsozialisten sollten ihn wieder zu einem Juden erklären. Dabei war er kein Christ im dogmatischen Sinn und Antisemit nur soweit es die gängige Modernitätskritik vorgab. Sein in der Shaw-Nachfolge geschriebenes Theaterstück *Die Judastragödie* von 1920 oder sein Essay über *Das Jesusproblem* von 1921 lassen einen lebensphilosophisch inspirierten Glauben an das welthistorische Genie Jesus erkennen, der romantischen Geniekult in ironischer Brechung zur Darstellung bringt.

Neben seiner Theaterarbeit begann F. in den 20er Jahren mit den Arbeiten zu einer Kulturgeschichte, die die Moderne als Ganzes unter Pathologieverdacht stellte. Mehr als in anderen seiner Bücher wirkt hier die enge Verknüpfung von Modernitätskritik und Antisemitismus strukturbildend. Die *Kulturgeschichte der Neuzeit*, 1927 zum ersten Mal erschienen und M. Reinhardt gewidmet, und sein Spätwerk, die *Kulturgeschichte des Altertums*, deren erster Teil 1936 in Zürich erschien und K. Hamsun gewidmet ist, wollen »mit hohem Ernst fröhliche Wissenschaft« betreiben, wie Polgar bemerkt hat. Sie sind betont antiwissenschaftlich, oft anekdotisch und stark reduktionistisch in der Darstellung historischer Verläufe. F. ist nicht an der Geschichte von Gesellschaft, Politik oder Ökonomie interessiert, sondern an den Ideenkämpfen sogenannter geistiger Prinzipien, die in Religion und Kunst verkörpert seien. Rationalismus und Mystik, Materialismus und Idealismus stehen sich unversöhnlich gegenüber. Das Judentum gehört zu den negativen Mächten in der Geschichte. Ihm stehe das christliche Ethos besonders der Deutschen gegenüber. Wo es zu Judenverfolgungen durch Christen gekommen ist, sei dies geschehen, weil »das Volk« niemals vergessen habe, »daß es die Juden gewesen waren, die den Heiland getötet hatten«. Mendelssohn oder Freud sind gleichermaßen Repräsentanten des einen, jüdischen Rationalismus und Materialismus, der die Welt zersetzte. Beide Kulturgeschichten wurden zu einem beispiellosen Erfolg und werden bis heute immer wieder neu aufgelegt. Fast alle seiner zeitgenössischen Rezensenten haben F.s Arbeit als organisch gelungenes Kunstwerk gelobt, auch etwa Th. Mann. Nur wenige sozialistische und zionistische Leser kritisierten F.s judenfeindliche Denkschablonen.

Während F. antisemitische Stereotypien reichlich bedient, ist er doch kein Rassist. »Rasse«, darunter versteht F. historisch gewachsene Mentalitäten. Kulturen sind nur dann schöpferisch, so F., wenn sich in ihnen die Völker und Nationen mischen: »Je höher die Kultur, desto stärker ist meist die Mischung. Reinheit des Bluts, Autochthonie, Fernhaltung der fremden Einflüsse ist so wenig ein Vorzug, daß vielmehr in der Regel ein Volk um so leistungsfähiger ist, je mehr fremde Einwirkungen es aufgenommen und zu einer inneren Einheit verschmolzen hat.« So hat jeder die Freiheit, seine »Rasse« wechseln zu können. Jesus selbst ist das Beispiel für einen solchen Wechsel (und unausgesprochen F. selbst).

1933 setzte F. Hoffnungen auf den Nationalsozialismus, mußte aber bald sehen, daß trotz gelegentlicher lobender Erwähnungen in völkischen Zeitungen für ihn in Deutschland keine Publikationsmöglichkeiten mehr bestanden. Über das so geliebte Deutschland schrieb er 1935: »Es ist dort das Reich des Antichrist angebrochen. Jede Regung von Noblesse, Frömmigkeit, Bildung, Vernunft wird von einer Rotte verkommener Hausknechte auf die gehässigste und ordinärste Weise verfolgt.« 1937 wurde die Auslieferung seiner Bücher untersagt. Eine Emigration lehnte er wiederholt ab. Ein Leben außerhalb der Wiener Kultur war für ihn unvorstellbar. Seine manisch-depressive Veranlagung und schon länger ausgesprochene Selbstmordabsichten kulminierten 1938, als er durch die SA verhaftet werden sollte. F. sprang aus dem Fenster in den Tod.

Werke: Die Judastragödie, Wien u.a. 1920; Das Jesusproblem, Wien u.a. 1921; Kulturgeschichte der Neuzeit. Die Krisis der europäischen Seele von der schwarzen Pest bis zum Weltkrieg, 3 Bde., München 1927ff.; Kulturgeschichte des Altertums. Leben und Legende der vorchristlichen Seele, 1.Teil, Zürich 1936; Das F.-Lesebuch, hg. H. Illig, München 1988.

Literatur: G. Patterson, Race and Anti-Semitism in the Life and Work of E. F., in: Jahrbuch des Instituts für Deutsche Geschichte 10 (1981), 319–339; R. Innerhofer, Kulturgeschichte zwischen den beiden Weltkriegen. E. F., Wien u.a. 1990.

Gerhard Lauer

Goldschmidt, Georges-Arthur

Geb. 2.5.1928 in Reinbek bei Hamburg

»Sie, die Sprache, blieb unverloren, ja, trotz allem. Aber sie mußte nun hindurchgehen durch ihre Antwortlosigkeiten, hindurchgehen durch furchtbares Verstummen, hindurchgehen durch die tausenden Finsternisse todbringender Rede.« Diese Sätze aus Paul Celans berühmter Rede beim Erhalten des Bremer Literaturpreises 1958 zitierte G., als er dreieinhalb Jahrzehnte später selbst mit dem Preis ausgezeichnet wurde. Für Celan, der seine letzten gut zwanzig Lebensjahre ebenfalls in G.s Wohnort Paris verbracht hatte, und für sich selbst als Stellvertreter einer Generation vertriebener deutscher Juden, fragt G. anschließend, wie es komme, »daß wir, denen uns nachgesagt wurde, wir schändeten die deutsche Sprache nur schon, daß wir sie in den Mund nähmen [...], daß gerade uns zuteil wurde, diese deutsche Sprache in die Emigration, ins Menschliche hinüberzuretten und daß wir dafür auch noch preisgekrönt werden?«

Anders als der polyglotte Celan, der sich für seine Dichtung konsequent der deutschen Sprache bediente und auch aus etlichen Sprachen Lyrik ins Deutsche übersetzte, hat G., der mit zehn Jahren Deutschland und die deutsche Sprache hinter sich lassen mußte, seinen Kontakt mit dem Deutschen zunächst als französischer Übersetzer von Werken Goethes, Nietzsches, Kafkas, Benjamins, vor allem aber Peter Handkes wiedergewonnen. Auch sein eigenes literarisches Werk hat er größtenteils auf französisch verfaßt. Von den vier Büchern, die, jeweils als eigenständige Erzählungen, die Jugendautobiographie G.s von der Abreise vom Hamburger Elternhaus via Italien nach Frankreich über die qualvollen Jahre in einem katholischen Internat in den französischen Alpen bis zur Befreiung spiegeln, sind nur zwei ursprünglich auf deutsch geschrieben worden: *Die Absonderung* (1991) und *Die Aussetzung* (1996). Sie handeln von den Erlebnissen in Frankreich; die Jugendjahre in Deutschland aber lassen sich für G. auf Deutsch nicht mehr wiedergeben, wie er in seinem Nachwort zur Erzählung *Ein Garten in Deutschland* (1988) schreibt: »Die Heimat, die einen verstieß, macht es ihm auch unmöglich, in der Muttersprache von der Heimat zu erzählen.« Seine gebrochene Beziehung zur deutschen Muttersprache mit ihren traumatischen Hintergründen kommt in der Jugendautobiographie plastisch zum Ausdruck. Sie ist verbunden mit der Lust des Jungen, mit den deutschen Besatzern deutsch zu sprechen, etwa mit jenem »Mann im Regenmantel«, der die Deportation einer Gruppe von Juden überwacht, die vorübergehend in eine Art Transitlager in das französische Alpendorf verbracht worden sind. »Er war stolz gewesen, alles zu verstehen, und hatte sich zurückhalten müssen, um nicht dazuzutreten und zeigen, er könne genausogut deutsch wie sie. Der untersetzte Mann mit dem steifen, roten Nakken hätte sofort begriffen, ihn beim Arm gepackt und gezwungen, miteinzusteigen.« Die Lust an der deutschen Sprache steht jedesmal in engster Beziehung dazu, daß ihr Gebrauch ihn augenblicklich als jüdischen Flüchtling verraten und damit dem Tod ausliefern würde. G.s Essay *Als Freud das Meer sah*, der 1988 auf französisch erschien (wobei die französische Fassung mit der Homonymie von ›mer‹ und ›mère‹ spielt) und der inzwischen auch auf deutsch vorliegt (1999) mißt aus der Distanz der fremden Sprache und unter intimer Kenntnis des Deutschen auf selten differenzierte Weise dessen kulturelle Potenz und Kontingenz aus.

Die Autobiographie G.s offenbart das Ausmaß der verheerenden Erfahrungen der Ausgrenzung bei einem jungen Juden, der, aus einer völlig assimilierten, getauften Familie stammend, erst dadurch überhaupt seines Judentums bewußt wird. Dadurch fehlt dem Judesein in seinem Bewußtsein jede positive Konnotation, auch das Element einer kollektiven Identität. Als die Eltern gegen Ende der 30er Jahre, kurz vor der Emigration des Jungen mit seinem Bruder, immer nervöser und apathischer werden, heißt es: »Und ihm kam der Gedanke: vielleicht waren auch sie Juden!«

Mit der beginnenden Pubertät gerät das Judentum zusätzlich zur Erfahrung von Isolation und Unterdrückung durch Schul- und Internatskameraden auch zur vermeintlichen Ursache sexueller Schuld durch Onanie: »[...] es war das, was er abends im Bett machte, das war es, das Judesein: das Schlimme.« Das in der von Handke übersetzten Erzählung *Der unterbrochene Wald* (1991, dt. 1995) geschilderte Gefühl, »sich in den Boden graben, schrumpfen, sich ins Laub hineinfressen« zu müssen, »um unsichtbar zu werden«, ist deshalb bei dem versteckten Jungen nicht bloß von der konkreten Angst vor den Häschern, sondern auch von einer diffusen Scham bestimmt.

Aus G.s Prosa erwächst unwillkürlich die Frage, inwiefern es, jenseits der unmittelbaren Realität der Vernichtungslager, spezifisch jüdisches Leiden in diesem Jahrhundert gegeben hat. Für ihn ist vor allem Karl Philipp Moritz' autobiographische Jugendfigur Anton Reiser eine Vorgabe der Identifikation. In seinem Essay *Der bestrafte Narziß* (1990; dt. 1994) hebt er die Rolle des Kindes als des personifizierten Widerstands gegen Lüge und Gewaltherrschaft und deshalb auch seiner exponierten Rolle als deren Opfer hervor. Die pädagogisch verbrämten gewalttätigen Praktiken des Internats sind (wiewohl ihn dort Menschen unter Lebensgefahr vor der Deportation bewahrten) in dieser Hinsicht nur graduell verschieden von den Vernichtungspraktiken eines Genozids. Spezifisch »jüdisch« bleibt in diesem Zusammenhang die besonders krasse Erfahrung des Unrechts sowie eine gewisse Tradition der Verlängerung des kindlichen Widerstands in die Literatur, wobei ihm v.a. Franz Kafka als beispielhaft gilt. Entsprechend sieht er im biblischen Bildnisverbot den Hinweis auf die Irreduzibilität des Menschen, der als Jugendlicher den eigenen Körper und damit die eigene personale Identität entdeckt.

Die Erkenntnis, daß das aufgestempelte »J« in den Pässen kaum für »Jugendlicher« steht, wie man ihm zu Hause gesagt hat, sondern eher für »Jude«, überfällt den Protagonisten der *Absonderung* nach seiner Ausreise aus Deutschland. Für G. sind die beiden Begriffe biografisch untrennbar verknüpft, durch das Leiden, den oft nur innerlich vollzogenen Widerstand und das erwachende Identitätsbewußtsein des Jungen, dem das Judentum zu einem schmerzlichen, aber klaren und höchst individuell ausgerichteten Teil seiner Persönlichkeit wächst.

Werke: Ein Garten in Deutschland, übers. E. Helmlé, Zürich 1988; Die Absonderung, mit e. Vorwort v. P. Handke, Zürich 1991; Der unterbrochene Wald, übers. P. Handke, Zürich 1992; Rede zum Bremer Literaturpreis 1993, in: Verleihung des Bremer Literaturpreises 1993, Bremen 1993, 20–23; Der bestrafte Narziß, übers. M. Müller, Zürich 1994; Die Aussetzung, Zürich 1996; Als Freud das Meer sah. Freud und die deutsche Sprache, übers. B. Große, Zürich 1999; Über die Flüsse, Zürich 2001; Der Stoff des Schreibens, Berlin 2005.

Literatur: M. Holdenried, Das Ende der Aufrichtigkeit?, in: Archiv für das Studium der neueren Sprachen und Literaturen 149 (1997), 1–18; B. Breysach, Verfolgte Kindheit, in: Bilder des Holocaust, hg. M. Köppen u. a., Köln u. a. 1997, 47–62; A. Bodenheimer, Kenntlichkeit und Schuld. Zur literarischen Jugendautobiographie G.-A. G.s, in: In der Sprache der Täter, hg. S. Braese, Opladen u. a. 1998, 149–166.

Alfred Bodenheimer

Goldstein, Moritz (Egon Distel, Michael Osten, Inquit)
Geb. 27. 3. 1880 in Berlin;
gest. 3. 9. 1977 in New York

Es war hauptsächlich ein Aufsatz, der G. in seiner Zeit und für die Nachwelt berühmt gemacht hat: der 1912 im *Kunstwart* erschienene *Deutsch-jüdische Parnaß*. Mit dieser Analyse des Status der Juden in der deutschen Literatur hat G. eine zentrale Frage seiner Zeit aufgeworfen und eine öffentliche Diskussion angeregt, die als »Kunstwart-Debatte« in die Geschichte eingegangen ist. Das von G. aufgeworfene Problem war zunächst ein sehr persönliches: Nachdem noch sein Großvater väterlicherseits »fest in der jüdischen Tradition wurzelte«, löste sich sein Vater, der zum Rabbiner bestimmt vom oberschlesischen Chorzow nach Berlin zog, »von dem jüdischen Ritual«, allerdings ohne »in seiner Treue zum Judentum je wankend zu werden«, so G. in seiner 1948 geschriebenen und 1977 erschienenen Autobiographie (*Berliner Jahre*). G. selbst setzte sein Judentum unter ähnliche Prämissen: »Niemals bin ich in dem Gefühl meiner Zugehörigkeit zum Judentum oder besser zu den Juden wankend geworden. Aber freilich, ich hasse das Ritual.« Doch anders als bei seinem Vater bestand G.s Herausforderung nicht in der Konfrontation zwischen einem religiösen und einem säkularen Judentum, sondern zwischen der jüdischen und der deutschen Kultur. Die »seelische Not des deutschen Juden«, nie »ganz jüdisch oder ganz deutsch zu werden« (*Berliner Jahre*), ist die eine, nämlich persönliche Ausgangslage von G.s *Kunstwart*-Aufsatz.

Eine zweite, intellektuelle Ausgangslage war die kulturzionistische Position, wie sie G. insbesondere aus der »Monatsschrift für modernes Judentum« *Ost und West* kannte. Entsprechend dem Programm dieser Zeitschrift, die u. a. mit Beiträgen von Martin Buber und Achad Haam seit 1901 an der Herausbildung eines Begriffs »jüdischer Kunst« maßgebend mitgewirkt hat, machte auch G. in seinem ersten, allerdings kaum bekannt gewordenen Aufsatz *Geistige Organisation des Judentums*, 1906 in *Ost und West* erschienen, die Formation einer jüdisch-nationalen Identität von einer kulturellen, eben »geistigen Organisation« des Judentums abhängig. G.s Programm von 1906 bestand darin, innerhalb der deutschen eine explizit jüdische Kultur zu begründen. Dazu schlug er eine Reihe von Institutionalisierungen vor: eine dezidiert »jüdische Wissenschaft«, eine »jüdische Publizistik«, eine »jüdische Musik«, eine »jüdische Kritik«, vor allem aber, als »wichtigstes Kampfmittel«, eine »jüdische Literatur« in deutscher Sprache, die Bildung also »einer Art jüdischer Dichterschule in Deutschland«, und schließlich, als Reflexionsorgan, ein »Jahrbuch für jüdische Kultur in Deutschland«. Parallel zu diesem Aufsatz stellte G. seit 1907 auch in seinen (1997 veröffentlichten) *Formulierungen* und *Aphorismen zur Gegenwart und Zukunft der deutschen Juden* Überlegungen zu einer jüdischen Kultur in Deutschland an. Auch hier ist das auf den *Deutsch-jüdischen Parnaß* vorausweisende Programm einer zwar deutschsprachigen, aber durch »jüdische Stoffe und jüdische Themen« als jüdisch ausgewiesenen Literatur bereits skizziert.

Dieses Programm einer nationalen jüdischen Kultur in Deutschland erwies sich G. allerdings aus zwei Gründen zunehmend als revisionsbedürftig. Zum einen verschärfte es die »seelische Not des deutschen Juden«, nie »ganz jüdisch oder ganz deutsch zu werden«. Zum anderen wurde es von der Erfahrung des Antisemitismus mit seiner Logik der Stigmatisierung und Exklusion alles »Jüdischen« in Frage gestellt. G.s Antwort auf die Frage »was tun wir jetzt?« will eine Alternative sowohl zur Assimilation wie auch zum engeren Kulturbegriff des Zionismus bieten. Darin besteht das eigentliche Programm des *Deutsch-jüdischen Parnaß*. Der Assimilation hält G. die Naivität vor, nicht zu sehen, daß die deutsch-jüdische Symbiose eine »unglückliche«, nämlich einseitige »Liebe« ist. Den kulturzionistischen »Sprung in die neuhebräische Literatur« wiederum erachtet G. als eine Lösung, die der »westeuropäischen« Konstitution der deutsch-jüdischen Literaten nicht gerecht wird. »Wir deutschen Juden [...] können ebensowenig hebräische Dichter werden, wie wir nach Zion auswandern.« G.s eigene Antwort liegt zwischen den beiden Modellen, wenn er fordert, »eine Nationalliteratur zu begründen ohne Nationalsprache«, und das bedeutet: eine deutschsprachige jüdische Nationalliteratur. Sie besteht in der Thematisierung von »jüdischen Stoffen«, in der Schöpfung also eines »Judendramas« und »Judenromans«.

Unmittelbar nach der Publikation des *Kunstwart*-Aufsatzes verfasste G. für den Jüdischen Verlag einen zweiten Essay, *Begriff und Programm einer jüdischen Nationalliteratur* (1913), der seine Position präzisierte, jedoch trotz des Publikationsorts kaum wahrgenommen wurde. Der Essay ist allerdings ein Symptom dafür, wie breit und kontrovers dagegen der *Kunstwart*-Aufsatz diskutiert wurde. Ferdinand Avenarius, der Herausgeber des bekennendermaßen »deutschnationalen«, aber »nicht antisemitischen« *Kunstwart*, registrierte den Eingang von über neunzig Repliken v. a. von jüdischer Seite. Einige erschienen im Aprilheft und im Augustheft 1912. Die assimilierten Juden, für die Ernst Lissauer und Jakob Loewenberg sprachen, kurz darauf und in völliger Übereinstimmung mit letzterem auch Ludwig Geiger in der *Allgemeinen Zeitung des Judentums* (Nov. 1912), kritisierten die Zwischenlösung einer deutschsprachigen jüdischen »Nationalliteratur« und forderten dagegen: »entweder auswandern; oder: deutsch werden. Dann aber: sich eingraben, einwurzeln mit aller Kraft, mit allen Muskeln sich zum Deutschen erziehen« (Lissauer). Dagegen steht die entschieden kulturzionistische Antwort von Ludwig Strauß, der, weitaus klarer als G., gegen die assimilatorische deutsch-jüdische »Zwitterkultur« den zionistischen »Übergang zur neuhebräischen Literatur« forderte. G.s Programm einer deutschsprachigen jüdischen Nationalliteratur hingegen erachtete Strauß als eine Zwischenstufe auf dem Weg zur eigentlich jüdischen, nämlich hebräischen Kultur. Vor allem G.s These, »wir Juden verwalten den geistigen Besitz eines Volkes, das uns die Berechtigung und die Fähigkeit dazu abspricht«, war Anlaß dafür, daß der Aufsatz schließlich auch von antisemitischer Seite wiederholt als willkommener Beleg herangezogen wurde, so etwa von Philipp Stauff, der im *Kunstwart* ebenfalls das Wort erhielt.

Angesichts der Zustimmung v.a. von zionistischer Seite stand G. jede Möglichkeit für eine publizistische Karriere offen. Trotz zahlreicher Einladungen hat er diese nicht ergriffen. G. sah sich nicht als Analytiker, sondern als Schaffender von Literatur, und zwar nach seinem Programm einer deutschsprachigen, aber dezidiert jüdischen Literatur. Seit dem Gymnasium war es sein Ziel, Dramatiker zu werden. In den Aphorismen notierte er den »klaren Entschluß, ein Judendrama zu schreiben«, was er in dem 1898–1900 auf Anregung von Gustav Karpeles entstandenen Drama *Alexander in Jerusalem* (der erste Akt erschien 1921/22 in Karpeles' *Jahrbuch für jüdische Geschichte und Literatur*) ein erstes Mal einzulösen versuchte. Das Germanistikstudium in Berlin und München, das er mit einer Promotion über *Die Technik der zyklischen Rahmenerzählung* (1906) bei Erich Schmidt abgeschlossen hatte, ebenso auch die durch diesen vermittelte Tätigkeit als Herausgeber der »Goldenen Klassiker-Bibliothek« beim »Deutschen Verlagshaus Bong & Co« (1907–14), sah G. als Kompromiß. Seine eigentlichen, unermüdlichen Anstrengungen galten dem Drama, womit er jedoch kaum Erfolg hatte. Von den zahlreichen Dramen wurden nur wenige aufgeführt und publiziert, so das unter dem Pseudonym »Egon Distel« – einem aus »G.« abgeleiteten Anagramm – geschriebene Decamerone-Drama *Alessandro und der Abt*, das 1912 in der *Schaubühne* teilweise publiziert und in Darmstadt, ein einziges Mal, aufgeführt wurde, und die »komische Tragödie« *Die Gabe Gottes*, die vermittelt durch Siegfried Jacobsohn auf zahlreichen Bühnen (Berlin, Dresden, Wien, Königsberg, Halle, u.a.) und mit viel Resonanz (u.a. A. Kerr, J. Bab, S. Jacobsohn, J. Roth) aufgeführt und 1919 gedruckt wurde.

Bei Ausbruch des Krieges wurde G. beim Bong-Verlag entlassen. Von 1915–18 diente er als deutscher Soldat an der Westfront, wo er den philosophischen Essay *Der Wert des Zwecklosen* (1920) verfasste, ein »Versuch, in einer, im Nietzscheschen Sinne, gottlos gewordenen Welt den Wert neu zu stabilisieren«. Nach dem Krieg nahm G. beim Ullstein-Verlag die Tätigkeit als Redakteur und Mitarbeiter der *Vossischen Zeitung* auf. Damit entschied sich seine berufliche Laufbahn, nach früheren Feuilletonarbeiten (u.a. *Berliner Tagblatt, Die Weltbühne*), zum Journalismus. Großen Erfolg hatte er insbesondere mit seinen unter dem Pseudonym »Inquit« veröffentlichten Gerichtsberichten, die er 1928–33 – gemäß G. »die fünf besten Jahre meines Lebens« – als Gerichtsberichterstatter schrieb. Daneben arbeitete G. unermüdlich an literarischen Projekten, wieder aber wurden nur wenige veröffentlicht, so das »Schauspiel« *Der verlorene Vater* (1927) und – unter dem ebenfalls aus seinem Namen abgeleiteten Pseudonym Michael Osten – die beiden Novellenbände *Die zerbrochene Erde* und *Katastrophe*. Unveröffentlicht blieb hingegen u.a. der Roman *Victoria-Palast*, den G. im Nachhinein als sein »tragisch verkanntes Werk« bezeichnete und dessen Ablehnung bei nicht weniger als 30 Verlagen er dem Umstand zuschrieb, daß er in dem Roman die jüdische Utopie eines toleranten und säkularen Zusammenlebens entworfen hat: »Sie sind Juden, aber weder halten sie das Ritual noch bietet ihre Zugehörigkeit ihnen ein Denkproblem. Sie sowohl wie ihre nichtjüdischen Mitbürger werden von dem religiösen oder rassischen Zwiespalt nicht berührt.«

Hitlers Machtergreifung 1933 bedeutete das Ende des »Gerichts-Inquits«. Am 30. September verließ G. Berlin in Richtung Florenz, wo er bis 1939 an dem von Werner Peiser gegründeten Internat für deutschsprachige Flüchtlingskinder Deutsch und Judentumskunde unterrichtete. Seit 1936 half er seiner Frau Toni bei der Führung von Fremdenpensionen, zunächst bei Viareggio, nach der Ausweisung aus Italien Anfang 1939 in Wales, nach dem Krieg schließlich in Washington, wo G.s Sohn Thomas lebte. Die erste Phase des Exils in Italien und England veranlasste G. zu einem philosophischen Essay über die Macht. Ihr zweiter Teil mit dem Titel *Führers Must Fall: A Study of the Phenomenon of Power from Caesar to Hitler*, eine Genealogie des »German Führers«, erschien 1942 – wiederum unter dem Pseudonym Michael Osten – in London. Der erste, 1938 in Italien geschriebene Teil *Die Sache der Juden*, so der Titel des erhaltenen Manuskripts, blieb jedoch unveröffentlicht. Sein Gegenstand war eine Analyse der politischen und kulturellen Lage der Juden in Deutschland und Europa seit der Aufklärung – nunmehr angesichts der Verbannung »vom deutschen Boden, aus dem deutschen Leben, aus der deutschen Sprache«, mehr noch: angesichts der drohenden »existentiellen Vernichtung«.

In den USA wurde G. nie heimisch. Dennoch kehrte er nicht nach Deutschland zurück. Das Exil wurde ihm, der nach dem Selbstmord seiner Frau 1950 von der deutschen Künstlerhilfe lebte und gelegentlich für amerikanische und deutsche Zeitungen (*Aufbau*, *Neue Zeitung*, *Stuttgarter Zeitung* etc.) schrieb, zur irreduziblen Existenzform. »Nach Deutschland gehen, das heißt für mich [...] nicht heimkehren [...]; es heißt auswandern.« Nicht so sehr Berlin, so konstatierte G. während einer Berlin-Reise 1958 angesichts der völlig zerstörten und neugebauten Stadt, sei »ein Anderer geworden«, sondern er selbst. Nicht zufällig ist das Exil das Thema des 1954 entstandenen, autobiographischen Romans *Die Götter von Manhattan*: der Ich-Erzähler, ein deutsch-jüdischer Exilant, lebt heimatlos, vereinsamt, vergessen in den USA.

Werke: Geistige Organisation des Judentums, in: Ost und West 6 (1906), 513–526; Deutsch-jüdischer Parnaß, in: Der Kunstwart 25 (1912), 281–294; Begriff und Programm einer jüdischen Nationalliteratur, Berlin o. J. [1913]; German Jewery's Dilemma, in: Leo Baeck Yearbook 2 (1957), 236–254; Berliner Jahre. Erinnerungen 1880–1933, München 1977; Texte zur jüdischen Selbstwahrnehmung aus dem Nachlaß, in: Aschkenas 7 (1997), 79–135.

Literatur: W. Elfe, M. G., in: Deutschsprachige Exilliteratur seit 1933, hg. J. Spalek u. a., Bern 1976ff., Bd. 2, 229–237; Bd. 4, 505–507; S. Aschheim, 1912. The Publication of G.s »The German-Jewish Parnassus«, in: Yale Companion to Jewish Writing and Thought in German Culture 1096–1996, hg. S. Gilman u. a., New Haven 1997, 299–305; A. Kilcher, Interpretationen eines kulturellen Zwischenraums. Die Debatte um die deutsch-jüdische Literatur 1900–1933, in: Menora 13 (2002).

Andreas Kilcher

Goll, Yvan (Isaac Lang)

Geb. 29. 3. 1891 in Saint-Dié des Vosges; gest. 27. 2. 1950 in Neuilly bei Paris

Das Werk des elsässischen Dichters G., eines der wenigen zweisprachigen Autoren der ersten Hälfte des 20. Jahrhunderts, ist gleichermaßen vom avantgardistischen Diskurs wie von Exilerfahrungen geprägt. Es umfaßt satirische Dramen (u. a. *Methusalem oder Der ewige Bürger*, 1922), zeitkritische Romane (u. a. *Sodom Berlin*, 1929) und kunstästhetische Essays. Seine für die europäische Literaturgeschichte größte Bedeutung hat er jedoch zweifelsohne als Lyriker, der eine Zwischenstellung zwischen humanistischem Expressionismus und französischem Modernismus einnimmt. Wie bei so vielen jüdischen Dichtern seiner Zeit ist seine jüdische »Schicksalserbschaft« (G.) der Schlüssel zu seinem poetischen Universum. Sein stilistisch sehr heterogenes Oeuvre erstreckt sich vom pazifistisch engagierten Expressionismus (1914–19) über einen gemäßigten Surrealismus in der Nachfolge Apollinaires (1920–25) bis zu dem von Geheimwissenschaften und jüdischer Mystik geprägten Spätwerk. Dennoch lässt sich ein gemeinsamer Nenner in der Suche nach einer literarisch faßbaren Identität in einer von Zerrissenheit und Exilerfahrung traumatisierten Welt erkennen. Die bei G. ausgeprägte Neigung zu einer mythischen Selbstdarstellung in Figuren wie *Noemi*, *Johann Ohneland*, *Hiob* oder *Raziel* verweist auf eine permanente Krise der Selbstgewißheit, auf die »stets neu gestellte Frage nach der eigenen Identität«, ebenso wie seine Zuflucht zu Pseudonymen wie *Iwan Lassang*, *Johannes Lang*, *Tristan Torsi* oder *Johannes Thor* als Ausdruck dieses »Identitätsproblems« verstanden werden kann (Schwandt).

G. stammte aus einem orthodox-jüdischen Elternhaus und war mit den traditionellen Sitten und Gebräuchen dieses Judentums vertraut. Tagebuchaufzeichnungen aus dem Nachlaß belegen, daß G. in seiner Kindheit und Jugend den jüdischen Glauben praktizierte, lassen aber bei aller Verehrung, die er dem Vater als frommem und pflichtbewußtem Gläubigen entgegenbrachte, seine kritische Einstellung gegenüber einer zum Dogma erstarrten Religion erkennen. In der von expressionistisch-messianischer Euphorie getragenen Dithyrambe *Noemi* (entstanden 1917) feiert G. die Lebendigkeit des Glaubens zur Zeit der Patriarchen und reflektiert in der Figur der biblischen Noemi seine eigene schicksalsbedingte Zugehörigkeit zum Judentum, übt aber scharfe Kritik an der Praxis der sich in Gebetsformeln und Riten erschöpfenden Religiosität: »Am morschen Altar schüttelt ihr die Palmen, mit faulen Zähnen kräht ihr Klagepsalmen. Mit Litaneien und Schreien wollt ihr Gott befreien, in klebrigen Kaftanen imitiert ihr die Geste der Ahnen.« Dennoch beschwört der Dichter in Noemis wiederholtem Aufruf »Hör Israel!« die Kraft des jüdischen Geistes, der berufen sei, die fünf Kontinente zu erleuchten, und gibt der Hoffnung auf eine seelische Auferstehung seines Volkes emphatischen Ausdruck. Auch die bekannteste expressionistische Dichtung G.s, *Der Panamakanal* (entstanden 1912), ist erfüllt von der Hoffnung auf geistige Erneuerung und Verbrüderung der Menschheit und läßt sich geradezu als Ausdruck eines deutsch-jüdischen Messianismus interpretieren, der Ideen der deutschen Romantik mit messianischen Erwartungen zu einer kommunistisch-revolutionären Erlösungsutopie verschmolz. In G.s Dithyrambe *Der Neue Orpheus* (entstanden 1918) erscheint der Dichter als Erlöser der Menschheit, der in die Unterwelt hinabsteigt, um Eurydike, die leidende Menschheit, zu befreien. Angesichts des Scheiterns der expressionistischen Hoffnungen auf eine Veränderung der Gesellschaft endet das Gedicht in tragischer Desillusionierung: »Umsonst! Die Menge hört ihn schon nicht mehr. Sie drängt zur Unterwelt, zum Alltag und zum Leid zurück! Orpheus allein im Wartesaal schießt sich das Herz entzwei!«

Die messianischen Züge und die jüdisch-religiöse Thematik treten nach 1920 etwas zurück hinter G.s avantgardistische Bestrebungen um eine Erneuerung der Sprache und Bildlichkeit unter dem Einfluß der Ästhetik des Kubismus und der neuen Massenmedien. Erst in den 30er Jahren gestaltet G. unter dem Eindruck der Verbrennung seiner Bücher auf dem Römerberg in Frankfurt im Mai 1933 und dem darauf folgenden Publikationsverbot das Drama des verfolgten und zerrissenen jüdischen Menschen in dem Gedichtzyklus *Jean sans terre* (entstanden zwischen 1933 und 1942), der als sein Hauptwerk anzusehen ist. Jean sans terre ist der König

Johann Ohneland, ein rastlos Umhergetriebener, der auf der Suche nach seinen Wurzeln die Erde sieben Mal umfährt, doch überall ein Fremder bleibt. In dieser autobiographisch gefärbten Dichtung aktualisiert G. den alten Mythos vom Ewigen Juden, von Ahasverus, der durch Christi Fluch verurteilt ist, ruhelos durch die Zeiten zu wandern. Ahasver verkörpert die existentiellen Nöte des exilierten Juden und ist das Alter ego von Jean sans terre. In einem Brief G.s an Paula Ludwig von 1935 läßt er keinen Zweifel an seiner Identifizierung mit Johann Ohneland und beschreibt sein ahasverisches Lebensgefühl mit den Worten: »Wie es in meinen Füßen zuckt und zappelt; diese Füße des Ewigen Juden, die die Wanderschaft nicht vergessen können. Wie es in meinen Augen unruhet, zwischen zwei Heimaten ewig der Heimatlose.« Das Gefühl des Entwurzeltseins wurde durch die Erfahrungen des Schweizer Exils während des Ersten Weltkriegs geprägt und verschärfte sich nach 1939, als G. und seine Frau Claire gezwungen waren, nach Amerika auszuwandern. In vielen Balladen verkörpert die Figur Jean sans terre das Schicksal des jüdischen Dichters als eines Außenseiters der Gesellschaft, der als kosmopolitischer »Bürger des Traums« ohnmächtig den Schrecken der Zeit ausgeliefert ist: »Toujours solitaire/ Ivre d'infini/ Il parcourt la terre/ Eternel banni.« Der Verlust der Heimat – konkret: die Aberkennung der Staatsbürgerschaft – geht mit dem Verlust der Sprache einher. Nach der Machtergreifung hat G. bewußt auf die deutsche Sprache verzichtet, die ihm durch die nationalsozialistische Propaganda korrumpiert und entweiht erschien und dichtete bis ein Jahr vor seinem Tod nur noch in französischer und englischer Sprache.

Eine weitere jüdische Symbolfigur, mit der G. den Sinn seines Leidens und Dichtens zu bestimmen versuchte, ist Hiob, dessen Mythos Anfang der 40er Jahre in den Mittelpunkt seiner literarischen Thematisierung der Exilerfahrung rückt. Im Gegensatz zum biblischen Hiob, der Gott herausfordert und die Frage nach der Gerechtigkeit des Menschen vor Gott stellt, ergibt sich der klagende Hiob dem Leiden und versteht den Schmerz nicht als sinnloses Leiden, sondern als Zeichen der Auserwähltheit und Berufung: »O Herr daß Du mich adelst zur Nessel und meinen Schmerz versteinerst im Fels.« Die Selbstentäußerung Hiobs und seine gleichzeitige Sehnsucht nach Verwandlung und Rückkehr zum elementaren kosmischen Sein lassen die Figur wie eine Wiederbelebung des orphischen Mythos erscheinen, welche bereits die Todesmystik von G.s Spätwerk vorwegnimmt.

Während seines New Yorker Exils beginnt G. intensiv die Geheimwissenschaften zu studieren, wobei neben der Lektüre mittelalterlicher alchemistischer Traktate die Beschäftigung mit der Kabbala – G. las u. a. auch Gershom Scholems *Major trends in Jewish mysticism* (1941) – einen großen Raum einnimmt. Schon 1917 hatte G. in einer Künstlerkolonie am Monte Verità in Ascona Mitglieder des *Eranos*-Kreises kennengelernt und war über die Vermittlung C. G. Jungs zum ersten Mal mit der Kabbala in Berührung gekommen. Aber erst in den 40er Jahren wird die Beschäftigung mit kabbalistischer Literatur wie z. B. dem Buch *Sohar* oder Abraham Abulafias *Buch der Zeichen* poetisch fruchtbar. Er entdeckt die Kabbala als poetische Inspirationsquelle, die ihm Bilder und Symbole für seine Arbeit am Wort und die Besinnung auf den dichterischen Schaffensprozeß zur Verfügung stellt. Im spanischen Kabbalisten Abulafia, der sich das Pseudonym *Raziel* gab, entdeckt G. einen Seelenverwandten und widmet dem mystischen Gottsucher das Gedicht *Raziel* aus dem Zyklus *Les cercles magiques* (entstanden 1942–46), das in sechs Fassungen die ekstatischen Exerzitien des Kabbalisten im »Laboratorium des Wortes« mit der Suche des Dichters nach dem »Wort mit der totalen Ausstrahlung« in Beziehung setzt. Raziel baute in zwanzig Jahren »das Schloß des Wortes, in dem Gott in seinen zweiundsiebzig Namen gefangen saß« genauso wie der sich den Mysterien weihende Dichter den »Turm der Worte errichtet«, um Gott zu erreichen. G.s poetische Assimilation kabbalistischer Geheimlehren mündet in eine Poetik des »Reismus«, die die mystische Verschmelzung von Ding (= Res) und Wort anstrebt, um »die Essenz des Lebens« im substantiellen, schöpferischen Wort auszudrücken. In den hermetischen Sonetten des Zyklus *Le Char triomphal de l'Antimoine* (entstanden 1949) verbinden sich kabbalistische Motive aus dem *Sohar* (wie der Baum der Sefiroth) mit Elementen aus dem Tarock und alchemistischen Vorstellungen. G. stellt kunstvolle Analogien zwischen der Suche nach dem Stein der Weisen, dem alchemistischen *Opus magnum* und der Suche des Dichters nach dem »Wort der Weisen« her und bezeichnet den Dichter als »Alchemisten des Alphabets«, der mit den Mitteln der Buchstaben und Chiffren die *Res* in Poesie verwandelt. G.s eklektizistische Rezeption der Geheimlehren der Kabbala und Alchemie steht im Kontext einer Erneuerung des dichterischen Wortes, das die Quintessenz aller Dinge und damit das Absolute vermitteln soll.

In seinen letzten Gedichten *Traumkraut* (entstanden 1949, kurz vor seinem Tod), die in deutscher Sprache geschrieben sind und gleichsam sein poetisches Testament darstellen, glaubte G. dem Geheimnis des Wortes endlich nahegekommen zu sein. Dieser Zyklus, der auch die Hiob-Gedichte enthält, beschreibt in surrealistischen Metaphern den Todeskampf des Dichters mit der Leukämie und deren Überwindung durch die Macht des beschwörenden Wortes. Angesichts einer heillos zerrütteten Welt, die dem Juden Heimat und Asyl verweigerte, blieben dem »messianischsten von allen Juden« (C. Goll), dessen Leben und Werk die verzweifelte Passion des nach Erlösung suchenden »Juif errant« widerspiegelt, nur die Klage Hiobs: »Ich bin ein Heimgesuchter weil ich ein Heimsuchender war«, und die Zuflucht zur Poesie.

Werke: Dichtungen, Lyrik, Prosa, Dramen, hg. C. Goll, Darmstadt 1960; Gefangen im Kreise, Dichtungen, Essays und Briefe, hg. K. Schumann, Leipzig 1982; Jean sans terre, Johann Ohneland, hg. K. Wachinger, Ebenhausen 1990; Die Lyrik, hg. B. Glauert-Hesse, Berlin 1996.

Literatur: E. Schwandt, Mythische Selbstdarstellung in der Lyrik Y. G.s, in: Colloquia Germanica 4 (1970), 232–247; P. Berg, Jüdische Themen und das Hiob-Schicksal im Werke Y. G.s, Cincinnati 1976; M. Müller-Lentrodt, Poetik für eine brennende Welt. ›Zonen‹ der Poetik Y. G.s im Kontext der europäischen Avantgarde. Mit einem Rückblick auf 50 Jahre Forschungsliteratur zu Y. G., Bern 1997.

Matthias Müller-Lentrodt

Gronemann, Sammy

Geb. 21. 3. 1875 in Strasburg (West-Preußen); gest. 6. 3. 1952 in Tel-Aviv

In G., dem Rechtsanwalt, Schriftsteller und Journalisten ist dem deutschen Judentum, wie es vor dem Holocaust existierte, sein wichtigster Humorist und Satiriker entstanden. War der satirische Humor G.s die eine Komponente seines Werkes, so wurde ihm erst Profil gegeben durch sein orthodoxes Judentum und seine zionistische Weltanschauung. In diesem Rahmen bewegt sich G.s Kritik an einem deutschen Judentum, das in jener Zeit den Höhepunkt seiner Assimilationsphase erreicht hatte, aber auch zugleich den Tiefpunkt einer erneuten Verunsicherung durch das Auftreten des rassischen Antisemitismus, der die Assimilierung und Integrierung in die deutsche Gesellschaft von vorneherein ausschloß.

G. setzte mit seinem journalistischen und schriftstellerischen Werk gerade an diesem Moment des von den deutschen Juden meist nur halbeingestandenen Unbehagens an, für das die Zionisten den Begriff der »geistigen Judennoth« geprägt hatten. Als Sohn eines orthodoxen Rabbiners, der sein ganzes Leben lang seiner orthodoxen Lebenshaltung treu blieb, sowie als »Zionist der ersten Stunde« stellte G. mit seinem Werk der Verunsicherung und jüdischen Selbstentfremdung die Geborgenheit in einem jüdisch-traditionsbewußten Leben und die Hoffnung auf ein authentisches jüdisches Leben in einem eigenen Heimatland entgegen. G. verstand dies mit Humor und Witz und einer Prise satirischer Schärfe zu vermitteln, was ihn zu einer erfrischenden Ausnahme innerhalb der frühzionistischen Literatur in Deutschland machte, die sich vor allem durch Pathos und romantischen Mystizismus auszeichnete.

G.s Autobiographie *Erinnerungen eines Jekken* (1946), sein Roman *Tohuwabohu* (1920) und seine Sammlung anekdotischer Geschichten über die Skurrilitäten des deutsch-jüdischen Zusammenlebens *Schalet. Beiträge zur Philosophie des »Wenn schon!«* (1927) vermitteln Eindrücke in das »Tohuwabohu« jüdischer Existenz in Deutschland. Diese Bücher setzen alle der assimilatorischen Lösung der sog. »Judenfrage« die jüdische Selbstbesinnung und die Forderung nach Anerkennung der kulturellen Eigenständigkeit als alternativen Weg entgegen. G.s 1924 erschienener autobiographischer Bericht über seine Tätigkeit als Dolmetscher für Jiddisch an der Ostfront während des ersten Weltkrieges, *Hawdoloh und Zapfenstreich. Erinnerungen an die ostjüdische Etappe 1916–1918*, kann als einer der Meilensteine in der positiven Neubewertung des Ostjudentums angesehen werden. Er beschreibt das Fronterlebnis als Katalysator für die Bewußtwerdung jüdischer Eigenart. Als das zentrale Erlebnis wird dabei die Begegnung des deutschen Judentums mit dem Ostjudentum dargestellt, das als ein authentisches Judentum dem seinen Traditionen entfremdeten Westjudentum als vorbildhaft gegenübergestellt wird. G. versucht mit diesem Buch auch die vom politischen Zionismus in Gang gesetzte Umorientierung in der Bestimmung des Begriffes Judentum von einer Religionsgemeinschaft zu einer nationalen Gemeinschaft nahezubringen und das Gefühl der alle nationalen Schranken übersteigenden jüdischen Solidarität zu vermitteln.

Der wachsende Antisemitismus in den 20er Jahren ließ es G. immer dringlicher erscheinen, das deutsche Judentum aus seinem gefährlichen Sicherheitsgefühl zu schrecken. Im Jahre 1926 veröffentlichte er sein erstes Theaterstück, das Purimspiel *Hamans Flucht*, das vor allem zur Aufführung auf jüdischen Jugendbühnen gedacht war und das den Antisemitismus in allen seinen Verkleidungen zu entlarven suchte. Das Stück endet mit dem Bekenntnis zum Zionismus und dem Aufruf an die Juden, ihre Energie dem Aufbau des eigenen Heimatlandes zuzuwenden, was letzten Endes dem Antisemitismus Einhalt gebieten würde. »Vorwärts geht der Zeiten Lauf,/ Haman hängt sich selber auf.«

1933 wurde G. als Syndikus des Schutzverbandes deutscher Schriftsteller, zu dessen Gründungsmitgliedern er gehörte, entsetzt. Am 1. April 1933 floh er mit seiner Frau nach Paris, wo er wegen der restriktiven Einwanderungspolitik der britischen Regierung bis 1936 blieb und für zionistische Organisationen arbeitete. In Palästina wandte sich G. dem Medium der Bühne zu. In dem Bühnenstück *Jakob und Christian* (1937) stellte er den deutschen Rassenwahn satirisch dar. In den folgenden Theaterstücken wie *Der Weise und der*

Narr. König Salomo und der Schuster (1942), *Der Prozess um des Esels Schatten* (1945), *Die Familie Heine* (1947), *Die Königin von Saba* (1951) wandte sich G. den internen Problemen des jüdischen Jischuws zu und versuchte auf seine humorvoll-satirische Weise seine Vision eines Zionismus zu vermitteln, in der die Pragmatik des politischen Zionismus sich harmonisch verband mit dem jüdischen Geisteserbe. »Das Judentum ist eine Einheit. Das Einheitsprinzip ist das Wesen unserer Gemeinschaft und Kultur. Wer vom religiösen Judentum abgeht, wird bald auch den nationalen Halt verlieren und umgekehrt« (*Israelit, Orthodoxie und Zionismus*, 1902).

Werke: Israelit, Orthodoxie und Zionismus, in: Israelitische Rundschau 22, 24, 26 (1902); Sturmgeselle Vogelstein, in: Die Welt 40, 41 (1906); Die Fiktion des Rabbi Jochanan Ben Sakai, in: Unsere Hoffnung 8 (1906), 587–597; Tohuwabohu, Berlin 1920; Haman Ho Roscho!, in: Schlemiel 17 (1920); Galerie des Schlemiels. Albert Einstein, in: Schlemiel 21 (1920); Erste Begegnung, in: Das Zelt 1 (1924), 28–29; Hawdoloh und Zapfenstreich. Erinnerungen an die ostjüdische Etappe 1916–1918, Berlin 1924; Antonio, der Kaufmann von Venedig, in: Jahrbuch für Geschichte und Literatur 26 (1925), 84–94; Hamans Flucht, Wien 1926; Schalet. Beiträge zur Philosophie des »Wenn schon!«, Berlin 1927; Der Weise und der Narr, Tel-Aviv 1942; Erinnerungen eines deutschen Juden [Sichronot schel Jekke], Tel-Aviv 1946.

Hanni Mittelmann

Haas, Willy

Geb. 7.6.1891 in Prag;
gest. 4.9.1973 in Hamburg

In seinem philosophisch-utopischen Reiseroman *Stern der Ungeborenen* (entstanden 1943–45) läßt Franz Werfel in der fiktiven Gestalt B.H. seinen Freund H. als »Wiedergeborenen« auftreten, der den Ich-Erzähler durch die Gegenwart des Jahres 101.943 führt. Lesbar wird das Bild einer Freundschaft, die ihren Anfang nahm im Prag des beginnenden 20. Jahrhunderts – eine Freundschaft, die zum einen vor dem Hintergrund einer sich im Aufbruch gegen die Vätergeneration befindenden Jugend, zum anderen auf der Folie einer deutsch-jüdischen Akkulturation vor Ausbruch des Ersten Weltkrieges zu betrachten ist. »B.H. war der geistige Mensch in Person. Was aber ist der geistige Mensch anders als einer, der durch mehrere Wiedergeburten hindurchgegangen ist? Der geistige Mensch kann daher in keinem Zeitalter wirklich zu Hause sein, und will er sich nur halbwegs einrichten, ist er gezwungen, Zugehörigkeit zur jeweiligen Menschheit zu simulieren« (Werfel, *Stern der Ungeborenen*). Der Freund wird als ein Mensch vorgestellt, der zwischen den Epochen steht. Diese literarische Darstellung entspricht H.' Sicht auf den »modernen Juden« als einen »Wurzellosen«, so wie er sie in seinem Aufsatz *Rationalistische und transzendente Morallehre* (*Herder-Blätter*, 1911) einnimmt. Die Zuschreibung »Wurzellosigkeit«, woraus für H. eine ästhetische und moralische Indifferenz resultiert, ist hier nicht »vorwurfsvoll« gedacht, aus ihr folge vielmehr, so H., eine äußerst »überentwickelte« Aufnahmefähigkeit und -empfindlichkeit der Vergangenheit und unmittelbaren Gegenwart gegenüber. »Man kann z.B. beobachten, daß jener obenberührte Typus wurzelloser Juden ein geradezu unglaubliches Einfühlen in historische, soziale oder auch nur literarische Milieus zu entwickeln imstande ist.«

Wenn auch H. in seinen Essays, Theater- und Filmkritiken der Weimarer Zeit, seiner autobiographischen Schrift *Die literarische Welt* (1957), ja in seinen Artikeln für den Feuilletonteil der *Welt* im Nachkriegsdeutschland sich explizit nicht als einen »modernen Juden«, einen »Wurzellosen« benennt, so läßt sich die in den frühen Schriften vorgenommene Definition des »modernen Juden« mit Blick auf sein Gesamtwerk als eine Selbst-Charakterisierung verstehen. »Willy wurde in der Blütezeit des Liberalismus geboren, als Juden, in ihrer ganzen tragischen Liebe zum deutschen Volk alte deutsche und womöglich altgermanische Vornamen gaben.« Siegfried, Siegmund, Trude, Bertha, Hertha bekamen so beinahe den ephemeren Charakter von jüdischen Vornamen, so H. in *Calibans Panoptikum* (1960). Wie F. Werfel, P. Kornfeld, H. und F. Janowitz, O. Pick zum einen, M. Brod und F. Kafka, O. Baum, F. Weltsch zum anderen (»Prager Kreis«), gehörte H. zu einer Generation im deutsch-jüdischen Kulturraum der Moldau-Metropole Prag, die zwar von ihrem Selbstverständnis eine Kulturschicht repräsentierte, aber, so H., ohne eine »politische Grundlage«. Sie betrachteten sich nicht wie ihre Väter als österreichische Patrioten, auch wenn sie 1914 für die k.u.k. Monarchie in den Krieg zogen, H. als Offizier der österreichisch-ungarischen Armee. »Wir waren an einer historischen Kippe, und wir fühlten es sehr genau, das Gefühl der Einsamkeit, der Isoliertheit, der Bodenlosigkeit [...]« (*Vor hunderttausend Jahren*, 1961). H.' Vorfahren waren sephardischen Ursprungs, die im 17. Jahrhundert von Holland aus nach Mähren gelangten – Bauern, Getreidehändler, Kolonialwarenhändler. Der Vater Gustav H., ein angesehener Advokat, zählte zu den führenden Mitgliedern der Prager B'nai B'rith-Loge. Dieser offizielle Humanitätsverein versuchte den geistigen und sittlichen Charakter des Judentums zu bewahren. In den Lebenserinnerungen *Die Literarische Welt* beschreibt H. den Vater als einen bibliophilen Mann, der Goethe und Spinoza las, der aber nie den Versuch gemacht habe, mit ihm »ein kleines Stück Weges zu gehen«. Das Gefühl einer »geistigen Heimatlosigkeit« speist sich bei H. aus einem fehlenden Identifikationsangebot, das ein Aufbegehren hervorruft, und zwar gegen ein deutsch-jüdisches Selbstverständnis des Vaters, das für den Sohn jenseits seines Erlebens der unmittelbaren Gegenwart zu verorten ist: »So waren unsere Eltern gleichsam mythisch ausgetrocknet und unergiebig, und vielleicht war gerade das die eigentliche Ursache unseres tiefen Ressentiments, das sich bis zum Haß gegen den Vater steigerte« (*Die Literarische Welt*). In den von H. und Norbert Eisler gemeinsam herausgegebenen *Herder-Blättern* (1911–12), dem Hausblatt der »J. G.Herder-Vereinigung zu Prag« (gegr. 1910), schaffen die Jungen sich ein Forum: Neben H. publizieren hier Werfel, Brod, Kafka, Musil, F. und H. Janowitz ihre Texte. Otto Picks Beitrag *Neue tschechische Literatur* steht programmatisch für eine Öffnung zur tschechischen Kultur. Die Wahl eines nicht-jüdischen Schriftstellers und Philosophen als Namengeber für die Jugendvereinigung der Prager B'nai B'rith-Loge markiert hier, insbesondere vor dem Hintergrund der »Bewahrung« der jüdischen Religion und Kultur, eine Abgrenzung zu der Vätergeneration.

Nach dem Ende des Ersten Weltkrieges bricht H. sein Jura-Studium an der Karls-Universität ab und verläßt Prag. Auf Anregung des Verlegers Ernst Rowohlt gibt er von 1925–33 in Berlin *Die literarische Welt* heraus und läßt in der Weimarer Zeit erneut eine »literarische Welt« um sich entstehen. Es ist der Versuch – gegen die Tendenz einer allgemeinen Radikalisierung – den Lesern, in der Hauptsache der Jugend, einen »offenen Diskurs« zu bieten; neutral zu bleiben, und dies meint für H., die Dichtung, das Denken vor einer Ideologisierung, Politisierung zu bewahren. »[...] es ist mir lieber, ein ehrlicher, platter Aufklärer zu sein als ein schauspielerischer Christ oder Jude – ich habe für die dialektischen Spiegelfechtereien katholischer, protestantischer und jüdischer Schriftsteller, die durch substanzlose Geistreichtuerei einen nicht vorhandenen Glauben intellektuell herbeizaubern wollen, nie etwas übriggehabt« (*Die literarische Welt*). H. bleibt in Berlin ein »Jude ohne Judentum« (Valentini). Er befindet sich zwischen den Zeiten: sowohl in der unmittelbaren Gegenwart, im Berlin der 20er Jahre, als auch in der Vergangenheit, in der Bewahrung, ja Anverwandlung von Werten und Traditionen, so wie sie für H. im Werk Hugo von Hofmannsthals anzutreffen sind. Hofmannsthal sei ihm ein Lebensspender gewesen, »[...] ein Baumeister und Bildner, der in mir selbst wirkte: ein Geist der Entelechie« (*Die literarische Welt*). H. war ein »geistiger Mensch«, ein Konservativer, der sich »halbwegs eingerichtet« hat. Sein literarisches und journalistisches Schaffen muß als Versuch verstanden werden, ein kulturelles Erbe zu bewahren, das ihm selbst zu einer »zweiten Heimat« geworden war.

Werke: Das Spiel mit dem Feuer, Berlin 1923; Die literarische Welt. Lebenserinnerungen, München 1957; Vor hunderttausend Jahren, in: Merian 12 (1961), 38–40; Herder-Blätter. Faksimile-Ausgabe, hg. i.A. der Freien Akademie der Künste in Hamburg, Hamburg 1962.

Literatur: L. Valentini, W.H. Der Zeuge einer Epoche, Frankfurt a.M u.a. 1986; J. Born, Der junge W.H. und sein Freundeskreis, in: Prager deutschsprachige Literatur zur Zeit Kafkas, hg. Österreichische Franz Kafka-Gesellschaft, Wien 1989, 37–45; N. Abels, Die Kunst, durch die Zeiten zu fallen. Über W.H., in: Berlin und der Prager Kreis, hg. M. Pazi u.a., Würzburg 1991, 265–280.

Katja Schettler

Harden, Maximilian (eigentl. Felix Ernst Witkowski)

Geb. 20.10.1861 in Berlin;
gest. 30.10.1927 in Montana (Schweiz)

Obwohl er sich selbst als Christ betrachtete, wurde kaum ein Schriftsteller der wilhelminischen Zeit so sehr als Jude wahrgenommen, analysiert und verfolgt wie H., der als Begründer und Herausgeber der unabhängigen kulturpolitischen Wochenzeitschrift *Die Zukunft* seit 1892 zum wichtigsten Journalisten der wilhelminischen Zeit avancierte. In einer autobiographischen Rückschau schreibt H.: »Und als sechzehnjähriger Knabe war ich, der nie innere oder äußere Beziehung zum Glauben Israels gehabt hatte und während der Schulzeit schon nur in den Lehren neutestamentlicher Religion unterwiesen worden war, zum Christenthum übergetreten, das dem jungen Sinn die höherer Kultur entsprechende Glaubensform schien« (*Bebel und Genossen III, Zukunft,* 10.10.1903).

Der sechste Sohn eines jüdischen Seidenhändlers aus Posen läßt sich 1881 taufen; 1887 ändert er seinen Geburtsnamen Felix Ernst Witkowski in Maximilian Harden um. Diesen Namen hatte er sich als junger Schauspieler zugelegt. Er selbst begründet diese Entscheidung mit familiären Schwierigkeiten, gleichzeitig ist darin aber wohl auch der Versuch zu erkennen, ähnlich wie Heinrich Heine ein »Entréebillet in die deutsche Gesellschaft« zu erlangen (Young). Beides, die Taufe und sein Namenswechsel, werden zu zentralen Bezugspunkten der antisemitischen Verfolgung H.s. Aber auch von jüdischen Rezipienten, die H. als einen Vertreter deutsch-jüdischer Literatur darstellen, werden diese biographischen Ereignisse kritisch interpretiert. Häufig ist H. als einer jener Juden beschrieben worden, die sich selbst und andere wegen ihres Judentums haßten. Maßgeblich geht diese Zuschreibung auf Theodor Lessing zurück, der in seinem Essay *Der jüdische Selbsthaß* (1930) H. porträtiert und ihn neben so prominente Vertreter eines jüdischen Antisemitismus wie Arthur Trebitsch und Otto Weininger stellt.

Der junge H. quält sich mit seinen jüdischen Wurzeln, weil sie eine unbefangene Annäherung der Öffentlichkeit an seine Person in der antisemitisch geprägten Atmosphäre des Wilhelminischen Kaiserreiches unmöglich machen. »Ich bin längst gewöhnt, als ein mauschelnder Itzig vorgeführt zu werden; da ich einsam lebe, mag Mancher die Karikatur für ähnlich halten«, bilanziert H. die Reaktionen auf seine Person in einem Prozeßbericht 1907 *(Der Prozeß, Zukunft*, 23. 11. 1907.) Dabei weist H. die von außen an ihn herangetragene Identifizierung als Jude nicht zurück, solange sein deutscher Patriotismus nicht infragegestellt wird. Leidenschaftlich und polemisch bekämpft er Kaiser Wilhelm II. und dessen bereits von Bismarck kritisierten »Neuen Kurs«. Mehrmals handelt sich H. damit Prozesse wegen Majestätsbeleidigung und mehrjährige Festungshaftstrafen ein. In seinen Schriften finden sich dennoch zahlreiche patriotische Äußerungen und konservative Standpunkte. Wie bei vielen Juden seiner Zeit kulminieren sie zu Beginn des Ersten Weltkrieges in chauvinistischem Überschwang: »Deutschland kämpft. Wer hat ihm dazu die Berechtigung gegeben? In seiner Macht liegt sein Recht. Deshalb ist der Krieg, den es führt, ein guter Krieg« (*Zukunft*, 5. 9. 1914). Im Laufe des Krieges jedoch gibt H. diese Haltung auf und wird Pazifist. Nach dem Krieg tritt er mit Entschiedenheit für die Republik ein, deren Schwächen und Repräsentanten er allerdings heftig kritisiert.

Jüdischen Themen gegenüber bezieht H. streitbare Positionen, außerdem öffnet er sein Blatt für die Diskussion extremer Meinungen. Von jüdischer Seite vielfach kritisiert wurde H.s Haltung in der Affäre Dreyfus, die eine Welle antisemitischer Ressentiments freisetzte. Diese wiederum stellten die Assimilation in Frage und lösten bei zahlreichen assimilierten Juden eine Rückbesinnung auf die eigenen Ursprünge aus, wie auch die Affäre, insbesondere bei Th. Herzl, einigen Einfluß auf die Institutionalisierung des Zionismus hatte. H. jedoch, der in der *Zukunft* wiederholt Stellung zu dieser Frage bezieht, verweigert sich einer Parteinahme für Dreyfus, begründet durch »irrationale antikapitalistische und antisemitische Affekte« (Hellige). Ein weiteres Mal gewinnt die Assimilationsproblematik an Bedeutung, als H. Walther Rathenau, mit dem er befreundet ist, 1897 in der *Zukunft* ein Forum für seinen berühmten Artikel *Höre Israel* bietet. Darin tituliert der junge Industrielle die preußischen Juden als »asiatische Bande auf märkischem Sand« und plädiert für eine Massentaufe. Im Gegenzug animiert H. Th. Herzl zu einer Stellungnahme zum Zionismus. In späteren Jahren finden sich wiederholt durchaus positive Stellungnahmen zum Zionismus. H. begrüßt die Balfour-Deklaration von 1917, die den Juden einen eigenen Staat in Palästina verspricht; 1920 widmet er eine halbe Ausgabe der *Zukunft* den Entwicklungen in Palästina.

H.s Haltung gegenüber den durch Pogrome verfolgten russischen Juden ist distanziert. In ihrer Emigration nach Deutschland sieht er eine Gefahr für die deutsche Gesellschaft: »Die Leute sind enorm klug und geschickt. Haben in fünfzig Jahren bei uns mehr erreicht als je ein anderes Volk; und tun, als seien sie noch geknechtet. Schätze sie, bewundere sie sogar. Alle Quellen der Bildung sind von ihnen besetzt. Va bene. Aber das Ideal ihrer Intellektualität braucht nicht unseres zu sein; sie dürfen uns nicht zwingen, mit ihren Augen zu sehen, noch gar für ihre Interessen unsere hinlänglich bedrohte nationale Zukunft zu opfern« (*Moritz und Rina, Zukunft*,

30. 9. 1905). Gleichzeitig kämpft H. gegen den Antisemitismus in Deutschland. In der *Zukunft* zieht er gegen antisemitische Exzesse zu Feld, schreibt Satiren, etwa über den preußischen Finanzminister Johannes Miquel. Er bespöttelt den antisemitischen Reichstagsabgeordneten Ahlwardt oder weist Behauptungen zurück, daß die Juden Kriegsgewinnler und Schieber gewesen seien.

Der brutale Mordversuch an H. im Jahre 1922, den er nur zufällig überlebt, erzwingt erneut eine Auseinandersetzung mit der eigenen Identität. Republikfeindliche, deutsch-nationale Reichswehrverbände wie die Organisation Consul verübten »Feme-Morde« an vermeintlichen Landesverrätern. H. Haase, K. Eisner, R. Luxemburg, K. Liebknecht, G. Landauer und W. Rathenau zählen zu den Opfern. Da die Schuldigen im Fall H.s gefaßt werden, kommt es zum Prozeß, der exemplarisch für die antisemitische Unrechtsjustiz der Weimarer Republik steht: Er verhöhnt das Opfer H., indem er die Schuldigen milde bestraft und H. zum Angeklagten macht. In der Rede vor den Geschworenen rechtfertigt H. 1923 seinen Übertritt zum Christentum mehr als vierzig Jahre zuvor: »Das war eine Zeit, in der man vom Rassenantisemitismus nichts wußte; sonst wäre es wohl eine Art Apostasie gewesen, und ich hätte es nicht getan.« In den folgenden Ausführungen stellt er das Verhalten der Deutschen den Leistungen der Juden gegenüber, ohne sich jedoch explizit mit einer der beiden Gruppen zu identifizieren. 1923 gibt H. als Folge des Attentats die *Zukunft* auf, verbittert und einsam stirbt er 1927.

Werke: Die Zukunft Jg. 1–30 (1892–1922); Apostata, Berlin 1892; Apostata, Neue Folge, Berlin 1892; Literatur und Theater, Berlin 1896; W. Rathenau/M.H., Briefwechsel, hg. H.D. Hellige, Heidelberg 1983; Köpfe. Portraits, Briefe u. Dokumente, Hamburg 1983.

Literatur: P. Mayer, M.H., in: Juden in der deutschen Literatur, hg. G. Krojanker, Berlin 1922, 101–112; Th. Lessing, Der jüdische Selbsthaß, Berlin 1930; E. Gottgetreu, M.H., in: Leo Baeck Institute Year Book 7 (1962), 215–246; U. Weller, M.H. und die »Zukunft«, Bremen 1970; H.F. Young, M.H., Münster 1971.

Stefanie Oswalt

Heimann, Moritz

Geb. 19.7.1868 in Werder bei Müncheberg; gest. 22.9.1925 in Berlin

Daß sein Weltbild ein eklektisches gewesen ist, gespeist aus jüdischer, christlicher, platonischer Tradition und u.a. Goethe, Herder, Tolstoi und Dostojewski verpflichtet, hat H. mit vielen seiner deutsch-jüdischen Zeitgenossen gemeinsam. Im Unterschied zu ihnen hat er aber diesen Eklektizismus auf eine recht eigentümliche Weise charakterisiert. Für H. funktioniert er nämlich nur, weil als entscheidendes Bindeglied zwischen den einzelnen Elementen seines Denkens jeweils eine Paradoxie fungiert. So beschwert er sich zum Beispiel brieflich bei Samuel Fischer, für dessen Verlag er von 1895 bis 1923 als Lektor gewirkt hat, über das mangelnde Interesse des Verlags an der Öffentlichkeitsarbeit zugunsten seiner dreibändigen Ausgabe *Prosaische Schriften* (1918), obwohl ihm doch erst jüngst von einem Kritiker ein »repräsentativer Rang als deutsch schreibender Jude eingeräumt« worden sei. Diese Formulierung liest sich wie ein Zugeständnis an die antisemitischen Vorurteile, daß Deutsch nicht die Muttersprache eines Juden sein könne. H. hätte aber in einer anderen Sprache als der deutschen weder schreiben können noch wollen, da ihm, der »auf deutscher Erde geboren« worden ist, auch »alles, was ich zu vernehmen imstande war, die deutsche Sprache gesagt hat«, wie er in dem Essay *Zionismus und Politik* (entstanden 1917) schreibt. Den jüngeren unter seinen jüdischen Zeitgenossen, die Hebräisch lernen, gibt er zu bedenken, man könne »in einer erlernten Sprache [nicht] anders als künstlich, nachahmend, ja unbewußt travestierend dichten«. In dem Sinne wäre H. nicht ein deutsch schreibender Jude, sondern ein deutscher Jude, da das Deutsche für ihn nichts bewußt Angelerntes gewesen ist, sondern ein durch die Herkunft Mitgegebenes. Doch seine Vorliebe für die paradoxe Formulierung läßt ihn, wie hier in dem Brief an Samuel Fischer, die einzelnen Elemente seiner Existenz als gegeneinandergestellte, weil innerlich letztlich doch einander fremde betonen. Die Verbindung des Deutschen und des Jüdischen sowie des Jüdischen und des Christlichen, die seine geistige Existenz geprägt haben, erkennt auch er als Unvereinbarkeiten. Weil H. in allen Phänomenen, die das Leben des modernen Menschen bestimmen, ein Paradox glaubte ausmachen zu können, das auf die dialektische Struktur der modernen Existenz verweist, hat Martin Buber ihn in der *Weltbühne* als einen »sokratischen Juden« bezeichnet.

H. unterscheidet sich jedoch von dem Klischeebild des jüdischen Großstadtintellektuellen, der als ein wurzelloser, heimatfremder Mensch angesehen wird, weil er sich ein Leben lang als Dorfbewohner seiner Heimat, der Mark Brandenburg, verbunden gefühlt hat. In das väterliche Haus in Kagel bei Berlin hat er sich schließlich in den letzten beiden Jahren seines Lebens wegen seiner schweren Erkrankung zurückgezogen. Aus der Zeit seiner Kindheit erinnert sich H., daß sie damals die einzige jüdische Familie in Kagel gewesen wären, die sich aber in die »christliche, deutsche Umgebung vollkommen in- und hineingelebt [hätten] *durch* [ihre] jüdische Gegensätzlichkeit, nicht trotz ihrer«. Daß sich gerade das Gegensätzliche zu einer gelungenen Einheit zusammenfinden könne, hat er sich selbst von der Astronomie bestätigen lassen. Seine Bemerkung, daß nichts Unnatürliches darin läge, »seine Bahn mit zwei Mittelpunkten zu laufen; einige Kometen tun es und die Planeten alle«, hat als berühmter Ausspruch auch Eingang in das *Philo-Lexikon* gefunden.

H.s einziges dichterisches Werk, in dem er einen jüdischen Stoff thematisiert hat, ist das fünfaktige Drama *Das Weib des Akiba* (1922). Es zeichnet den Lebensweg Rabbi Akibas nach, der nach der Zerstörung des Zweiten Tempels (70 n.Chr.) zum Mitbegründer des talmudischen Judentums wurde, indem er die Sammlung und Systematisierung der mündlichen Torah initiierte. Angelehnt an haggadische Quellen zeigt H. Akiba zunächst als unwissenden Hirten, den seine Frau Jaltha schließlich dazu drängt, ein Torahgelehrter zu werden. In diese historische Konstellation des jüdischen Volkes, das durch die Tempelzerstörung seines zentralen Heiligtums beraubt worden war, hat H. die Problematik der modernen jüdischen Existenz wiederum als paradoxe Verfassung gespiegelt. Im Mittelpunkt des Dramas steht nämlich die Frage nach der Glaubensgewißheit in einer Welt, die keinen Ort mehr für die Gegenwart Gottes besitzt. Akiba wandelt sich im Verlaufe des Stückes von einem praktisch veranlagten zu einem von religiöser Weisheit durchdrungenen Menschen, der aus den zerstörerischen Kräften seiner Zeit den Anbruch der messianischen Zeit glaubt herauslesen zu können. Doch nicht ihm, der sich seines Gottes gewiß ist, gibt sich der als Bote des Messias geltende Prophet Elias zu erkennen, sondern seiner Frau Jaltha, die jedoch in der ungewissen historischen Stunde den Gedanken an die Gegenwart des Messias weit von sich weist. »Wer sicher ist, und wenn er Gottes sicher wäre, ist ein Verderber.« Diese Einsicht in die fundamentale Ungewißheit der Welt deutet H. aber wiederum paradoxal als Ausdruck für eine Gewißheit von der möglichen Gegenwart Gottes. »Dich weiß er, dich weiß Gott«, sagt Akiba zu seiner Frau.

In dieser Gewißheit findet auch die Glaubensnot des Diasporajudentums, zu der sich H. in zahlreichen Essays geäußert hat, ihren adäquaten Ausdruck. In seinen Urteilen zum einen über die Bemühungen führender Vertreter der Renaissance des Judentums, den assimilierten Juden das traditionelle Kulturgut ihrer Religion zu vermitteln, zum anderen über den Zionismus, spricht sich jedoch wiederholt der individuelle Standpunkt seines paradoxalen Denkens aus. Dieser Blick für das Paradoxe aber schärft den Realitätssinn, er vertreibt die Illusionen, die sich mancher seiner jüdischen Zeitgenossen über die Zukunft des Judentums gemacht hat. H. formuliert seine Position vor allem in seinem Aufsatz *Zionismus und Politik*. Die Auswirkungen des Ersten Weltkriegs haben für ihn unmittelbar einen Einfluß auf die Beurteilung der Sehnsucht der Juden nach einer neuen Heimstatt. Diese Sehnsucht ist letztlich nur noch als ein politisches Problem zu verstehen. Die religiösen Implikationen des Zionismus erfahren angesichts der politischen Ereignisse eine unfreiwillige Säkularisierung. Daran, wie der Zionismus mit dieser Säkularisierung seiner Ideen zurechtkommt, erweist sich dann seine Ernsthaftigkeit. Für H. ist »alles willkommen zu heißen, was dazu zwingt, die zarten Dinge praktisch zu nehmen«. Weil es nach ihm keine »paradoxere Situation als die der Juden im Abendland« gibt, darf sich das Judentum nicht auf religiöse Visionen einlassen, sondern muß, um das Paradox aushalten und letztlich auflösen zu können, den realen Gegebenheiten der historischen Stunde ins Auge sehen. »Nur als Tat ist der Zionismus ein vollkommener – Gedanke.« In seiner Rezension von Emil Cohns *Judentum* (1923) stimmt H. zwar nicht dessen »poetisch galvanisierter Orthodoxie« als möglicher Rettung der jüdischen Religion zu, doch erkennt er in Cohns ernsthaftem Bemühen um eine neue Form des Judentums die notwendige Hinwendung zur Realität, zum »Kampf«, den »die bürgerliche jüdische Gemeinde [wird] aufnehmen müssen, als die einzige jüdische Realität«. Auch in seinen Rezensionen jener Bücher wie z.B. Bin Gorions *Der Born Judas* (1916) und *Die Sagen der Juden* (1913), die dem assimilierten Judentum eine Nationalliteratur und damit ein nationales Selbstbewußtsein vermitteln wollen, geht es H. folgerichtig nicht um die rein ästhetische Bedeutung dieser Sammlungen, sondern um deren politischen Wert. Diese Bücher sind für ihn nicht Objekte »literarischer Liebhaberei«, sondern historische Zeugnisse, die den Diasporajuden, aber auch seinen Feinden, zeigen können, wie das Jüdische jenseits der Stereotypen aussieht. Daß Bin Gorion seine Sagen, Legenden und Märchen der Juden, die er nicht als lebendig überlieferte Literatur, sondern in Büchern, nämlich dem »gestrüppigen nachbiblischen Schrifttum« vorgefunden hatte, nicht in die künstliche Einheit eines literarischen Werkes umredigierte, lobte H., weil sich die Erfindung dieser Geschichten letztlich nicht poetischer Phantasie verdankt, sondern Zeugnis für einen »Volksgeist« ablegen wollte, der nun in seiner kontroversen Auseinandersetzung mit einem von der Tradition oft als starr und fordernd dargestellten Gott erstmals wieder in Erscheinung tritt. Eben diese lebendige, vor der Erstarrung in rituellen Gebräuchen bewahrende anarchische Kraft hat H. auch in Bubers Übertragungen der Geschichten des Rabbi Nachman wiedergefunden. In Buber sieht H. den Dichter, der die in das Dunkle der fremden jiddischen und hebräischen Sprache gehüllten Erzählungen »ans Licht erlöst« hat. Buber konnte dies nur gelingen, weil er der Überlieferung nicht abtrünnig geworden war, zugleich aber ein freier Mensch blieb. In dieser paradoxen Position ist das Verhältnis von Nähe und Distanz, Abhängigkeit und Unabhängigkeit, das den modernen Juden mit seiner Tradition verbindet, exemplarisch zum Ausdruck gebracht. In der Existenz dieses Buches liegt für H. deshalb keine literarische Sensation, sondern eine »kleine Verheißung«, haben die Juden doch mit ihm einen Stein für den Bau ihres neuen Hauses in der Hand. In diesem Sinne kann es, auch als Buch, »in der Realität wirken«.

Werke: Prosaische Schriften in drei Bdn., Berlin 1918; Wintergespinst. Zehn Novellen, Berlin 1921.

Literatur: J. Bab, M.H., in: Juden in der deutschen Literatur, hg. G. Krojanker, Berlin 1922, 260–292; R.v. Heydebrand, M.H., in: Zeit der Moderne. Festschrift f. Bernhard Zeller, hg. H.-H. Krummacher, Stuttgart 1984, 171–225; D. Hoffmann, Die Gewißheit des Glaubens. Richard Beer-Hofmanns und M.H.s jüdische Dramen, in: Richard Beer-Hofmann. Zwischen Ästhetizismus und Judentum, hg. D. Borchmeyer, Paderborn 1996, 101–118.

Daniel Hoffmann

Heine, Heinrich

Geb. 13.12.1797(?) in Düsseldorf;
gest. 17.2.1856 in Paris

Im Kapitel VI der *Bäder von Lucca* (entstanden Frühjahr 1829) spielt der Autor mit der Geburtsstunde seines Abgesandten im Text, des Dottore Enrico. Dies geschieht im Kontext des Religionsgesprächs, das den Lucca-Komplex überhaupt (*Bäder* und *Stadt*) durchzieht. Es variiert den Gedanken, jüdisches Geborenwerden in die Zeit binde unauflösbar an ein ewiges Judesein in der Welt. Die Tänzerin Franscheska, die kein Geburtsdatum besitzt, Allegorie der Poesie im Text, fragt Enrico nach seinem Alter, indem sie sich achtzehnmal auf einem Fuß herumdreht und dergestalt das jüdische ›Achtzehngebet‹ ›stehend‹ wie vorgeschrieben, dabei ewig beweglich verkörpert. »Ich, Signora, bin in der Neujahrsnacht Achtzehnhundert geboren.« Er sei »einer der ersten Männer unseres Jahrhunderts«. Noch einmal, als biographische Notiz 1835 im Pariser Exil, gibt H. den Jahrhundertbeginn als das Datum seiner Geburt an. Am Rhein, unter napoleonischer Herrschaft 1806–14, habe seine Kindheit die freie Luft Frankreichs geatmet. Das ›wahre‹ Geburtsdatum des deutschen Juden Harry (Heymann) Heine bleibt unbestimmbar. Die relevanten Papiere, allen voran das Beschneidungsbuch der Gemeinde in Düsseldorf, gelten als verloren (verbrannt), H. beharrt kurz vor seinem Tode auf dem Geburtstag 13.12.1799, seine Mutter auf 1797.

Die Unbestimmtheit, die seiner urkundlichen Identität anhaftet, konnte dem Autor nur recht sein. Sein (widersprüchlicher) »Geburtsstolz« (so in den *Geständnissen* 1854) beruhte auf Geschichtlichkeit und Modernität seines bewußten Judeseins: auf Solidarität und Fremdheit im Judentum. H. litt mit, wie es in der *Lutetia* (1843) heißt, am »achtzehnhundertjährigen Gebreste« der Juden, verabscheute aber zugleich, den »achtzehnhundertjährigen Bart« des Ewigen Juden ›weitertragen‹ zu sollen (u.a. *Doktor Faust. Ein Tanzpoem*, 1847). Die *Hebräischen Melodien*, entstanden 1851, sagen es poetisch knapp: »Heilen kann mich nur der Tod,/ Aber, ach, ich bin unsterblich!«

Dieser eingeschränkte »Geburtsstolz« nun aber ist an das Verfolgungsleid des »gemordeten Volks« (*Zur Geschichte der Religion und Philosophie in Deutschland* I, 1834) eher mittelbar gebunden, unmittelbar jedoch an den Gedanken der Befreiung. Dies ist der Grund des Spiels mit der Neujahrsnacht 1800, das des jüdischen Dichters Anfang pünktlich auf den Anfang des großen 19. Jahrhunderts legt. Es sollte nach H.s Auffassung der Arbeit an den in Frankreich seit 1789 erworbenen Grundfreiheiten gewidmet sein. In diesem zeitgeschichtlichen Bezug ist die nähere Bestimmung des Stolzes in den Geständnissen zu lesen: »Wenn nicht jeder Geburtsstolz bei dem Kämpen der Revolution und ihrer demokratischen Prinzipien ein närrischer Widerspruch wäre, so könnte der Schreiber dieser Blätter stolz darauf sein, daß seine Ahnen dem edlen Hause Israel angehörten, daß er ein Abkömmling jener Märtyrer, die der Welt einen Gott und eine Moral gegeben, und auf allen Schlachtfeldern des Gedankens gekämpft und gelitten haben.«

Stolz und Leid übersetzen H.s Schriften in einen Mitteilungszug, der Seinwollen im Anderen oder Liebesbegehren heißen kann. Es ist das Begehren nach einer Liebe, »die sich Bahn durch Felsen bricht« (*Heimkehr*, 1830), reiner Widerspruch zur gesellschaftlich allgegenwärtigen Härte, an der Liebe abprallt und sich in Elend verwandelt. H.s Lyrik hat es ungeschminkt ›besungen‹ und dabei als kritische Liebesdichtung das gefunden und den lyrischen Konventionen seiner Zeit entgegengesetzt, was in den *Bädern von Lucca* »Naturlaut« genannt ist. H.s deutsche Feinde quer durch die Ideologien (schreibende Zensoren, Patrioten, Jungdeutsche und Antisemiten) haben diesen Naturlaut denunziert als, z. B., »liederliche Grazie« (Th. Mundt, 1835). Solche ›Kritik‹ gab vor, »frivoles Blut« von der deutschen Literatur fernhalten zu wollen, zielte aber auf das Existenzrecht des rasch berühmt gewordenen Juden in der Literatur und seinen Dialog- und Liebesanspruch. Ein jungdeutscher Pietist, im Ton gemäßigter als die gewöhnlich offen antisemitischen Angreifer, sucht das »Ärgernis«, das der Nicht-Christ H. als politischer Liebesdichter gibt, mit einem im Unterton drohenden Bekehrungsgestus zu bannen: H. könne den Juden nicht verleugnen, »noch nicht«! »Dir fehlt nichts als wieder ein Vaterland [...]. Dir fehlt nichts als das Christentum« (A. Jung, 1835). An dieser ›Front‹ ist stets klar ausgesprochen, daß man an das jüdische Nichtchrist-Sein des Dichters das Diktum koppelt, »heilige Gefühle« seien ihm fremd, es fehle ihm Liebe, Sitte, Ernst etc. Diese Koppelung geschieht mit einem Automatismus, der die unzähligen privaten und öffentlichen Ausgrenzungsgesten als deutsch-nationale Stellvertretungsakte ausweist. Sie kulminieren in offiziöspolitischen Umschreibungen dessen, was man als ›jüdische Liebesunfähigkeit‹ anprangert, z. B. in einem vom preußischen Außenminister Ancillon 1834 lancierten Pamphlet gegen H., das mit der Todesstrafe winkt und trocken resümiert: H. habe »aufgehört, sich als Glied eines großen Ganzen anzuerkennen« und hänge stattdessen der Französischen Revolution an. Diese aber, ein Seperatum der Geschichte, sei »da gewesen, und Punktum. Jetzt kommt was Neues.«

Was Wunder, daß H., der bereits seine Anfänger-Verse als »die Liebeslieder eines Juden« von »Christlicher Liebe« gehudelt sah (*Jugendbrief*, Oktober 1816), die Schreib- und Veröffentlichungsbedingungen seiner Sprache nicht als literarische, sondern als existenzielle erlebte. Sie standen ihm stets akut entgegen, hatten aber ihre alte Geschichte im offenen Gedächtnis des jungen Juden. So reift er als Lyriker zum Historiker des Judentums heran. Wesentliche Anregungen dazu erhielt er 1822–23 im Berliner »Verein für Cultur und Wissenschaft der Juden«. Seinen Freunden dort (E. Gans, L. Zunz, M. Moser, E. Wohlwill, L. Markus, J. Lehmann) widmete er den Versuch, dem Gedächtnis einen komplex künstlerischen Ausdruck zu geben und (mit einer neuen, jungen Sarah) seinem modernen, kämpferisch-jüdischen Liebesbegehren Gestalt und Ausstrahlungskraft zu verleihen (*Der Rabbi von Bacherach*, 1822 ff.).

H. hat sein Judesein als Kreativquell

aufgefaßt. Er wollte es, ankämpfend gegen Zurücksetzungen und Demütigung, steigern und verwirklichen auf höchster Stufe intellektueller und ästhetischer Leistungsfähigkeit (in diesem Zusammenhang steht seine taktische Taufe 1825), ohne je seine Zugehörigkeit zum »gemordeten Volk« aufkündigen zu wollen. Entsprechend prekär gestalteten sich seine Beziehungen, die er sowohl zur jüdischen wie zur christlichen Umwelt aufnahm. Sie sind Beziehungen des Begehrens im Entwurfsmaß einer primär-erotischen Absolutheit. Ein trotziges Ich erschließt sich die Welt mit dem Vermögen und dem Willen, sie unteilbar zu erleben und zu lieben, unteilbar in sozialen, ethnisch-religiösen und konventionellen Rücksichten. Aus dem Stand der Pubertät entwickelt sich der lebenslange Unwille über die Begrenzungen seines Liebesbegehrens. H. nimmt sie als fremdgesteuert wahr und ignoriert sie mutwillig. So ist die faktische Elendsgeschichte seiner vielberedeten unglücklichen Lieben in Konsequenz einer Freiheit zu lesen, die H. sich nahm, Zurückweisung zu riskieren. Diese Freiheit half ihm, ein Kindheitstrauma wenn nicht aufzulösen, so doch zu zähmen, nämlich die Angst, auch im 19. Jahrhundert, dem Zeitalter der »Emanzipation«, dem Ghetto durchaus noch nicht entronnen zu sein.

Daher verknüpft H. in den *Memoiren* (1846) die genealogische Fesselung der Vatererzählung durch die Ghetto-Erinnerung mit hübschen Anekdoten, die das »Erziehungssystem« der Mutter, das den Jungen störungsfrei assimilieren sollte, ironisieren. Frei von Ironie ist erst das Finale des Erinnerungstextes, die Geschichte einer ersten Selbstbefreiung durch die erste Liebe. Sie ist symbolisch erzählt. Die Geliebte stammt aus dem »unehrlichen Geschlecht« der Scharfrichter (»das rote Sefchen«). »Wenn die Leidenschaft eintrat«, ähnelten sich die Stimmen der sozial Getrennten und glich sich ihr Trotz. »Ich küßte die trutzigen Lippen [...] nicht bloß aus zärtlicher Neigung sondern auch aus Hohn gegen die alte Gesellschaft und alle ihre dunklen Vorurteile, und in diesem Augenblick loderten in mir auf die ersten Flammen jener zwei Passionen, welchen mein späteres Leben gewidmet blieb, die Liebe für schöne Frauen und die Liebe für die Französische Revolution...«

Dem Vater, den der Dichter nach eigenem Bekunden wie niemanden auf der Welt geliebt hat, überlassen die *Memoiren* das letzte Wort. Es ist ein Text von ergreifender Schlichtheit, welcher den behutsam Sprechenden als den ›rabbinischen‹ Gedächtnisträger in der Familie ausweist, der die Grenzen des Ghettos gesprengt, aber dessen Überdauerndes, die Genealogie der jüdischen Frömmigkeit, in die Moderne hinübergeleitet hat an der Richtschnur von Liebe und Toleranz. Der Sohn hat dieses Erbe im gesamten literarischen Werk ausgeschrieben, hier in der Schlußszene der *Memoiren* in Gestalt eines Gedenkbildes, das jedem, der so wie der Vater aus dem Ghetto getreten ist, jüdische Autorität in der Moderne zuschreibt. Samson war Harrys Umgang mit Josepha denunziert worden. Er reagiert, indem er das Gegenteil eines väterlichen Verbots zelebriert. Er nimmt, auf der Düsseldorfer Promenade, vor dem »unehrlichen« Mädchen freundlich grüßend den Hut ab.

Nach seinem Ortswechsel vom Rhein an die Elbe erfährt H. das Gesetz der »unehrlichen« Sozialstellung seiner Liebe am eigenen Leib und ohne Toleranz. Der H.sche Familienzweig in Hamburg mit dem Oberhaupt Salomon übte das väterliche Gesetz über der Gesamtfamilie kraft erfolgreicher Ökonomie und Assimilation. Die Bedingungen des Außenseitertums, die auch dem jüdischen Patriziat auferlegt blieben, ›übersetzte‹ Salomon ins Innere der Familie, und hier traf die Ausgrenzung das schwächste Glied, den dichtenden Neffen, der nach des Vaters geschäftlicher Liquidation und bürgerlicher Entmündigung durch den Hamburger Clan in finanzielle Abhängigkeit vom Onkel geraten war. H. gedenkt jedoch, in Freiheit am Standard der Millionärsfamilie zu partizipieren. Da ihm dies nur als ökonomischem oder juristischem Qualifikanten für einen Familiendienst, nicht als Dichter gestattet gewesen wäre, manifestiert sich nun die Triebkraft des Trotzes, der freie Mutwille, in seiner ganzen psycho-sozialen Komplexität. Trotz treibt das Begehren gegen die Toleranzgrenzen, die ›objektiv‹ dem Leben in jüdischer Diaspora gezogen sind, sich dem Sprößling und »hirnverbrannten Poeten« (*Memoiren*, 1846) nun aber ›subjektiv‹ in Urszenen familiärer Opportunitätsgewalt offenbaren (*Affrontenburg*, 1853). H. verliebt sich in die Töchter des Patriarchen. Die erste, Amalie, weist ihn ordnungsgemäß ab; die zweite, Therese, wahrscheinlich auch. Vor allem an sie muß sich H. ›unsterblich‹ verloren haben. Wie das sein Dichten geprägt habe, dieses »Geheimnis« verrät der Autor stets nur rückgebunden in Texten; zuletzt, niedergeworfen ins todbringende Leidensbett, in die Gedichte der *Lazarus*-Zyklen (1851–55). »Ein Wetterstrahl, beleuchtend plötzlich/ Des Abgrunds Nacht, war mir dein Brief [...].«

Die Erfahrungen in der assimilierten Familie sind ›in sich selbst‹ auch Leid an der Religionsgeschichte des Juden- und Christentums. In diesem Doppelleid liegt die Erklärung verborgen ebenso für H.s immerwährende Solidarität mit Juden und »jüdischer Geschichte« (ihr Geist offenbare sich ihm immer mehr und mehr, an Moses Moser, 25. 6. 1824), wie für seine literarprofessionelle Über-Wachheit gegenüber den Problemen jüdisch-kultureller Modernität und sozialer Integration. Das Doppelleid in Dichtung gefaßt, das ist das Zentralmotiv H.s, das er geheimnisvoll »ein und denselben Gedanken« nennt, der seine diversen Schriften durchziehe und immer ein und dasselbe bezeuge: daß er niemals von sich selber abzufallen gedenke (*Buch der Lieder*, Vorrede 1837).

Auf der Lektürespur dieses »Gedankens« begegnen wir der Dynamik eines ebenso geschichtlich reflektierten wie modern kämpferischen Sensualismus, der sich seiner anathematischen Wurzeln im mosaischen Gesetz und im religiösen Spiritualismus des Volks Gottes (im »Familienübel«) und zugleich seiner Herkunft aus talmudisch-agadischer Sprachkompetenz und Poesie gewiß ist. Die gleiche Widersprüchlichkeit prägt H.s Krieg gegen die christliche Geistigkeit, die ihn poetisch fasziniert. Allerdings rechnet er die »Krankheit«, an der alle Menschen leiden, zwar gleichermaßen der Sinnenfeindlichkeit der Synagoge (ihrem »übergeistigten, mageren Judäismus«) und dem katholischen Spiritualismus zu. Aber den Gewaltquell des »Kreuzes«, die »blutrünstige Delinquentenreligion«, eine Religion für Herren und Knechte, die ihre ideologisch formierten Massen in die »Judenschlachten« führt (*Rabbi*), macht H. allein für das besondere, das achtzehnhundertjährige Leid der Juden verantwortlich. Ihnen gilt in den Schriften ein Mitleid, das der Autor wechselnd »besorglich« (*Harzreise*), »grauenhaft« (*Florentinische Nächte*), »entsetzlich« (*Religion und Philosophie*), »unnennbar« (*Salon de 1831*), »unsäglich« (*Romantische Schule, Lutetia*), »unendlich« (*Portia*) oder »schauerlich« nennt (*Elementargeister*). Immer spricht Mitleid sich aus eingedenk »der unheilbar großen Brüderkrankheit«. So gesagt zum Lobe des Onkels, ein Jahr bevor die Familienadvokaten dem Sterbenden die Enterbung des Neffen ablisten werden (*Zeitgedicht* XI, 1843).

Auf einer weitausgespannten Skala zwischen tiefverborgener jüdischer Gedenk-Haltung und heiter zur Schau getragener ›Offenheit‹ in Tages- und Angriffstexten begegnen wir dem literarisch mutwilligen, ins Universelle sich bäumenden Liebesbegehren ebenso wie den Spuren einer poetischen Trauerarbeit am »Unheilbaren« des modernen Judeseins. Unter den Arbeitsbeispielen aus allen Lebensphasen H.s gehören die am wenigsten beachteten Texte zu den schönsten, wie das Buch Lucca (*Bäder und Stadt*), 1828/30, der wunderbare Shylock-Komplex (*Shakespeares Mädchen und Frauen*, 1838) oder die Rahmentexte zur Teiledition aus dem Rabbi-Komplex (*Salon* IV), die H. als Korrespondent der *Allgemeinen Zeitung* ab dem 7. 5. 1840 aus Paris nach Deutschland sendet, mit dem Bericht über das jüngste Pogrom, das das revolutionäre Frankreich zu verantworten hat. Dieser Text schreibt seiner Angriffspassage gegen die naturalisierten Juden der Metropole, die nichts für ihre verfolgten Glaubensbrüder getan haben, die Sorge um das europäische assimilierte Judentum ein. Hat es aus seiner Selbstvergessenheit nichts gelernt? Wie wird es das künftige »Verfolgungsgewitter« überstehen, das alle »früheren Erduldungen noch weit überbieten wird« (*Portia*, 1838)? Mußevolle Lektüren, die den »Geheimnissen«, den tausend Anspielungen auch in H.s populären, dem Gerüchte nach leicht verständlichen Schriften nicht ausweichen (u. a. in: *Reisebilder, Atta Troll, Wintermärchen, Lutetia, Historien*), treffen auf staunenswürdig reiche Texteinlagerungen aus der historisch-lyrischen Arbeit H.s am Verfolgungsleid und an den Gedankenkämpfen aus der jüdischen Gesamtgeschichte.

Auf dieser Lektürespur ist schließlich H.s jüdischer Hellenismus zu entdekken, meist in populäre Ausdrücke wie »Religion der Freude« gehüllt (u. a. *Schnabelewopski* XI, 1833). Selten ist in den Dichtungen ›aufgedeckt‹, wie innig das Programmatische, das im Verfolg der »teuern, blutteuern Erworbenheiten« der Revolution unverborgen und schön formuliert ausgestreut wird, im palästinensisch-babylonischen Ursprung der jüdisch-hellenischen Mischkultur verwurzelt ist. Ist diese Wurzel einmal bedacht, wie »im Wonnemond 1852« am Schluß der Vorrede zu *Religion und Philosophie*, wo der Autor in eine Passage des biblischen Weisheitsbuches aus jener Periode schlüpft (Ben Sira), dann geschieht das so trefflich mystifiziert, daß es bis heute im geläufigen H.-Bild nicht vorkommt. Der jüdische Hellenismus H.s ist das »esoterische« Ferment in seinen Schriften. Der Autor hat es denn auch vor seinen »esoterischen Lesern« gar nicht verborgen, denen, die ihm auf den verzweigten Fährten seiner Anspielungskunst folgen wollen und vor der zirkulären Dynamik nicht zurückschrecken, die uns ›hinabzieht‹ in untergründige Mischungsverhältnisse, die H.s Judesein eingeht, in welches »die griechische Gefühls- und Denkweise« neues Licht bringt (u. a. *Elementargeister*). Sie regelt die ›Einmischung‹ der Französischen Revolution ins Weiterschreiben der Bibel: Der Dichter bekennt sich zu den »Traditionen« der Sprache Gottes (*Religion und Philosophie* I) – »trotz dem, daß ich ein heimlicher Hellene bin« (*Briefe aus Helgoland*, 1830/40).

In diesen Kontext bettet er sein Selbstbewußtsein als jüdischer »Genius«. Er wirft es in die Waagschale am Höhepunkt des öffentlichen Erbschaft-Streits mit den Hamburgern 1845. Sie hatten ihn enterbt, weil zu befürchten stand, der Sprößling werde über die »Familien-Mysterien« schreiben, d. i., über die Preisgabe der jüdischen Überlieferung beim Reichwerden nach der Logik des modernen Bank-Kapitalismus und seiner »sittlichen« Kosten. H. greift an (*Schriftstellernöte*), indem er in der anonymen Rolle eines Familienschreibers ins Medium der skandalisierenden Zeitungs-Nachrichten und der verächtlichen Sprache der Millionen-Erben selber tritt. So kann er aus der Perspektive nackten, »kolossalen Reichtums« kenntlich machen, wie die Familie an seinem »Genius gefrevelt« habe. Der privaten Rede aber fehlt die literarische Contenance. »Ich kann mir die Wunde nicht länger verleugnen, und es werden Jahre hingehen ehe der alte Humor wieder gesund sprudelt« (an Campe, 31. 10. 1845). Angesichts solcher Quellen (Abgründe der Familiennöte) hat die Zuwendung zu einem neuen jüdischen Hellenismus seine besondere Authentizität. H.s Texte übertragen an Brennpunkten religionsgeschichtlicher Reflexivität »Schönheit« und »Liebe«, als Kategorien und Objekte des Begehrens, in Bilder eines poetischen Messianismus, dem eine neu-talmudische Erzähl-Radikalität dient: Schönheit und Liebe sind wirklich möglich nur, d.i. »ungeschminkt«, ohne »gotische Lügen«, im Vorfühlen darauf, daß der noch gefesselte, säkulare Retter kommen wird. Es verkürzt radikal die Zeitintervalle, die uns von der Zeit ›vor dem Sündenfall‹ trennen, und entwirft dergestalt gegenwärtige Verheißung. »O verzage nicht, schöner Messias, der du nicht bloß Israel erlösen willst, wie die abergläubischen Juden sich einbilden, sondern die ganze leidende Menschheit!« Der messianische Bezug in den Schriften führt uns zurück zum ›andern Sprechen‹ in den *Bädern*, zur Traumgeschichte der allegorischen Liebe zwischen Franscheska und Enrico. So wie es kein Mangel für eine Tänzerin sei, »einige sechstausend Jahre« zu jung zu sein, so möchte der im symbolischen Raum des jüdischen Gedächtnisses seine Liebe ›anders Aussprechende‹ sich solchem Alter annähern; er sei anderthalb Jahrtausend zu spät geboren (*Buch le Grand*, 1827). In der literarisch wirklichen Nichtzeit solchen Datums hat eine Dichtung ihren Grund, die sich in Zeit-Bildern ausspricht, denen, in der Jetztzeit der Entsagung und verfolgten Schönheit, noch die Merkmale des Unmöglichen anhaften. Es ist noch die Zeit des Kreuzes und eines negativen Messianismus. Deshalb, in entsetzlich psalmodierendem Traumtext (*Nächtliche Fahrt*, 1851), phantasiert der sterbende Ästhet sich in den christlichen »Heiland« (die »auferstandene Leiche«, 1843), der die Schönheit durch Mord vor sich selbst schützt. »Du arme Schönheit, schaudre nicht [...]/ O steh mir bei, barmherziger Gott!/ Barmherziger Gott Schadday!/ Da schollerts hinab ins Meer – O Weh –/ Schadday! Schadday! Adonay! –.«

Werke: Säkularausgabe, Berlin u.a. 1970ff.; Sämtliche Schriften, München u.a. 1968–76; Düsseldorfer Ausgabe, Hamburg 1973–97.

Literatur: J.A. Kruse, H.s Hamburger Zeit, Hamburg 1972; L. Rosenthal, H.H. als Jude, Frankfurt a.M. 1973; K. Briegleb, Bei den Wassern Babels, München 1997.

Klaus Briegleb

Herz, Henriette

Geb. 5.9. 1764 in Berlin;
gest. 22.10. 1847 in Berlin

Als das *Buch des Andenkens*, die erste Sammlung von Briefen der Rahel Varnhagen, 1833 veröffentlicht wurde, vernichtete H. einen großen Teil ihrer Korrespondenz. Während Rahel Varnhagen ihre Briefe selbst zur Veröffentlichung vorbereitet hatte, sah H. in den ihrigen kein »Werk«, kein Schreiben, das öffentlich werden könnte. Anders verhält es sich mit ihrer Autobiographie. Diese wurde 1818, ein Jahr nach ihrer Konversion zum Protestantismus, in Rom begonnen und bis 1829 unregelmäßig fortgesetzt, dann abgebrochen. Joseph Fürst, dem H. ihre noch verbliebenen Briefe und ihr Tagebuch zugänglich machte, zeichnete in den folgenden Jahren auf, was H., seinen Fragen folgend, aus ihrem Leben erzählte, und veröffentlichte nach ihrem Tod *Henriette Herz. Ihr Leben und ihre Erinnerungen* (1850). In gewisser Weise entzieht sich

H.' Werk in beiden Versionen: als Fragment ihrer Jugenderinnerungen und als Buch, das die Erzählung ihres Lebens zwar weiterführt, sie aber einem anderen Autor überläßt.

Henriette, Tochter der Esther und des aus Hamburg gebürtigen sefardischen Arztes Benjamin de Lemos, erhielt etwas unregelmäßig Privatunterricht, lernte das Klavierspiel, Tanzen, Französisch und besuchte eine Nähschule. Als Fünfzehnjährige wurde sie mit dem viel älteren jüdischen Kant-Schüler und Arzt Marcus H. verheiratet. Sie führte ein offenes Haus, gründete mit Brendel Veit (Dorothea Schlegel), Alexander und Wilhelm von Humboldt den sogenannten »Tugendbund«, lehrte die letzteren die hebräische Schrift und zählte unter anderen Schleiermacher, Friedrich Schlegel und den jungen Börne, der kurze Zeit bei ihr wohnte, zu ihren Freunden. Nach dem frühen Tod des Markus H. blieb sie unabhängig, war als Erzieherin tätig, unterrichtete Französisch und erwarb selbst Kenntnisse in etlichen weiteren Sprachen, darunter Sanskrit, Schwedisch, Türkisch und Malayisch. Ihr Alter verbrachte sie recht zurückgezogen und in eingeschränkten Verhältnissen, die erst in ihren letzten beiden Lebensjahren durch eine Pension, die Alexander von Humboldt beim preußischen König für sie erwirkte, gebessert wurden.

H.' Jugenderinnerungen reflektieren ihre frühe Widerspenstigkeit gegenüber den Ordnungen des Hauses und ihre Unruhe, die ihre Schreibweise ebenso charakterisiert wie das Kind, über das sie schreibt: »ich war sehr wild u. sehr unordentlich u. zwar das erste in sehr hohem Grade. Ich gieng eigentlich nie, sondern lief oder sprang: so erinnere ich mich einst mitten im Laufe still gestanden zu sein, mich selbst fragend ob ich denn gar nicht gehn könne?« Zu Unruhe und Unordnung tritt die Schönheit des Kindes, die ihm schon früh gestattet, die Schwelle zwischen Haus und Öffentlichkeit, jüdischer und »gemischter« Gesellschaft immer wieder zu überschreiten – in einem öffentlichen Konzert am Piano, beim Tanz, in der Oper. Mehr noch: das Mädchen wird zur kindlichen Repräsentantin der »jüdischen Kolonie« bei Festlichkeiten zu Ehren des christlichen hohen Adels. Schönheit gilt ihr schon bei ihrem Vater als Zeichen dafür, daß er nicht zu den Juden gehört, unter denen er lebt: er ist sefardisch, nicht aschkenasisch, und seine Schönheit wird auf natürliche wie kulturelle Merkmale, auf Körper wie Sprache zurückgeführt. Die Schönheit des Mädchens und der Frau wird aber als Gegensatz nicht nur zur aschkenasischen Welt, sondern zur jüdischen Welt schlechthin gedeutet: sie wird verdorben durch den jüdischen Brauch, der den Frauen, als H. heiratet, noch vorschrieb, ihr Haar vollständig zu verbergen. Und auch wenn die Zeit, in der H. einen Gegensatz zwischen ihrer Schönheit und den Regeln der jüdischen Welt erfuhr, vorüberging, weil der Brauch sich änderte – ihre Umwelt interpretierte H.' Schönheit als griechisch, als Zeichen einer Kultur, die nicht jüdisch war (Weissberg). Nur einmal schildert H. eine erfolgreiche Vermittlung zwischen ihren »wilden« und »schönen« Unternehmungen und der Disziplin der jüdischen Gemeinde. Als die häusliche Aufführung einer Komödie, bei der sie mitspielen sollte, von den Gemeinde-Ältesten untersagt wurde, verhandelte sie selbst mit ihnen und erwirkte eine Aufhebung des Verbots, indem sie darauf verwies, daß es sich lediglich um ein »Kinderspiel« handle. Indem sie die Unruhe und die Aufbrüche ihres frühen Lebens in einen Raum der Kindheit und des Kindlichen verlegt, werden sie der Disziplinierung entzogen.

Momente des Konflikts und der Gefahr, die ihre Unruhe mit sich bringt, schildert H. als Unterbrechung ihrer Bewegung in Geschichten des Gleitens und Fallens. Als Kleinkind, in neuen

Schuhen, verletzt sie sich lebensgefährlich. Nach der erfolgreichen Verhandlung des Kindes mit den Gemeinde-Ältesten beschreibt sie, wie sie – »vor Freude ausser mir« – lief, oft ausglitt und mehrmals hinfiel, doch hier, nach erfolgreichen Verhandlungen, »ohne mir Schaden zu thun«. Schließlich fällt sie mit einem »schauerlichen Roman in der Hand« auf der Straße vor dem Fenster und den Augen des Marcus H., ihres Bräutigams. Dieser Sturz, der keine Verletzung, doch große Beschämung nach sich zieht, läßt sich leicht in Verbindung bringen mit den Momenten ihres Innehaltens, in denen sie sich melancholisch in einen Roman hinein und als entführte Heldin hinweg träumt: das Haus ihres Bräutigams ist der Ort, wo die, die mit solchen Träumen in der Hand läuft, zu Fall kommt. Eine Möglichkeit, die häuslichen Ordnungen zu überschreiten, ohne sie zu verletzen, könnte in späteren Jahren das Übersetzen gewesen sein: Mungo Parks *Reise im Innern von Afrika* (1799, mit Friedrich Schleiermacher) und Isaac Welds *Reisen durch die Staaten von Nordamerika, und die Provinzen Ober- und Unter-Canada, während den Jahren 1795, 1796 und 1797* (1801) sind Übersetzungen aus dem Englischen, die ihr zugeschrieben werden; unveröffentlicht blieb ihre Übersetzung von Mary Wollstonecrafts *A Vindication of the Rights of Women*.

Wenn das Kind sonst innehält, so vor dem Spiegel – »auch ward zuweilen wol der Spiegel verhängt weil ich immer hineinsah« – der Ort, wo sie sich selbst als einer begegnet, die schön ist und nicht jüdisch. Der Unmöglichkeit, als Kind und als Mädchen jüdisch zu sein, ist eine lange Passage gewidmet, die die Selbstreflexion vor dem Spiegel weiterführt: »Das Kind, besonders aber die Mädgen, wurden gar nicht eigentlich im *Glauben* ihrer Eltern unterrichtet, wurden aber angehalten, die *Formen* desselben zu beobachten, d.h., sie mussten alle die unzähligen Gebräuche beobachten welche er, oder vielmehr die Rabienen vorschrieben.« Ein Kind, das mit einer Religion aufwächst, deren Sprache und Regeln ihm unverständlich sind, das also im Grunde keine Religion hat, ist nicht jüdisch, denn Judentum ist eine Angelegenheit der Religion, nicht der Geburt, so H. entschieden in einem Brief an F. C. Sibbern vom 5. September 1822. H. entwirft eine Biographie, in der die Distanz zum Judentum ursprünglich und die unruhige Bewegung in den Zwischenräumen der gemischten Gesellschaft natürlich ist. Ihre Konversion erscheint in diesen Erinnerungen, die gewiß nicht nur, aber auch eine Legitimationserzählung bilden, weder als Herkunftswechsel noch als Religionswechsel: sie tritt nicht über, sondern zum ersten Mal in eine Religion ein und hält zugleich ihre (jüdische) Geschichte fest: »Mein Vater war portugiesischer Jude, dessen Grossvater mit vielen seiner Glaubensgenossen aus Portugal fliehen mussten, um nicht in die Hände der Inquisition zu gerathen« – so beginnt ihre Autobiographie.

Werke: Jugenderinnerungen, hg. H. Hahn, in: Mittheilungen aus dem Litteraturarchive in Berlin 1 (1896), 141–184; Briefwechsel des jungen Börne mit H. H., hg. L. Geiger, Oldenburg u. a. 1905, Repr. Frankfurt a. M. 1999; H. H. in Erinnerungen, Briefen und Zeugnissen, hg. R. Schmitz, Leipzig 1984.

Literatur: L. Weissberg, Weibliche Körpersprachen. Bild und Wort bei H. H., in: Von einer Welt in die andere. Jüdinnen im 19. und 20. Jahrhundert, hg. J. Dick u. a., Wien 1993, 71–92; dies., Life as a Goddess. Henriette Herz Writes Her Autobiography (Braun Lectures in the History of the Jews in Prussia 6), Ramat-Gan 2001; M. L. Davies, Identity or History. Marcus Herz and the End of the Enlightenment, Detroit 1995, 145–178.

Andrea Schatz

Herzberg-Fränkel, Leo
Geb. 19. 9. 1827 in Brody (Galizien); gest. 5. 6. 1915 in Teplitz-Schönau (Böhmen)

H. gilt als Begründer der galizischen Ghettogeschichte. Aufgewachsen in Brody, einem Zentrum der jüdischen Reformbewegung (Haskala), nahm er in der Revolution von 1848 Partei für die Reformer und für die Revolution. Daher war er gezwungen, seine Heimatstadt nach der Niederschlagung der Revolution zu verlassen. H. lebte für einige Jahre in Wien und war dort als Mitarbeiter verschiedener Zeitschriften tätig, u. a. von Moritz Gottlieb Saphirs *Humorist* sowie des *Österreichischen Lloyd*. 1856 kehrte H. nach Brody zurück und wurde dort Sekretär an der Industrie- und Handelskammer. Außerdem wirkte er als Inspektor der Baron-Hirsch-Schulstiftungen an Schulen, in denen im Unterschied zum traditionellen Cheder jüdische und weltliche Bildungsinhalte vermittelt wurden.

Noch in Wien hatte H. Kontakte zu jüdischen Publizisten, darunter zu Meir Letteris und Leopold Kompert, geknüpft. In den von ihnen edierten Zeitschriften, den *Wiener Mittheilungen* sowie dem *Jahrbuch für Israeliten*, erschienen ab Mitte der 1850er Jahre H.s Reportagen, Feuilletons und Erzählungen über das Leben der galizischen Juden und lenkten damit zum ersten Mal die Aufmerksamkeit einer breiteren Öffentlichkeit auf das jüdische Leben in Österreichs entlegenster Provinz. Der Wiener Verleger Arnold Hilberg stellte die Erzählungen schließlich zu einer selbständigen Publikation zusammen, die 1867 unter dem Titel *Polnische Juden. Geschichten und Bilder* in Wien erschien. Die Resonanz auf diese in den Augen des österreichischen Publikums neuartige Darstellung jüdischen Ghettolebens war so groß, daß 1878 und 1888 zwei weitere, um mehrere Erzählungen erweiterte Auflagen erscheinen konnten. Zahlreiche Erzählungen wurden von jüdischen Zeitschriften wiederholt nachgedruckt sowie in mehrere Sprachen übersetzt. Anerkennung für seine Schilderungen des galizischen Ghettolebens erfuhr H. schließlich auch durch das österreichische Kaiserhaus. Kronprinz Rudolf betraute ihn 1898 mit der Abfassung des Kapitels *Die Juden in Galizien* innerhalb des von ihm initiierten enzyklopädischen Werkes *Die österreichisch-ungarische Monarchie in Wort und Bild*. Im Mittelpunkt von H.s Erzählungen steht der vom Autor scharf akzentuierte Gegensatz zwischen dem unaufgeklärten, in weltabgewandten Traditionen verharrenden galizischen und dem aufgeklärten, in seiner Mehrheit deutsch akkulturierten Judentum. Dieser Gegensatz wird von H. auf unterschiedlichen Ebenen thematisiert: Vorherrschend ist die Kritik am traditionellen jüdischen Bildungssystem, das keine weltlichen Einflüsse zuläßt und dem Bildungsstreben des einzelnen keinen Raum gibt (*Der Klausner, Der Autodidact, Aus den untern Schichten*). Kritisiert werden auch die in den traditionellen jüdischen Gemeinschaften üblichen Kinderehen (*Heirathen, Eine Carrière*) sowie die Ablehnung von jeglichen beruflichen Aktivitäten durch die Orthodoxie. Demgegenüber evoziert H. die Utopie des ackerbauenden Juden (*Der Autodidact, Baschinka*).

Diese Forderungen dürfen jedoch nicht mit einer frühen Parteinahme für den Zionismus gleichgesetzt werden. H. blieb im Gegenteil bis zum Ende seines Lebens dem deutschen Aufklärungsideal des 19. Jahrhunderts verbunden und kritisierte in mehreren Artikeln den Zionismus als aussichtslose Utopie, der zudem die Gefahr berge, jegliche jüdische Identität ernsthaft in Frage zu stellen. Der Auseinandersetzung mit den unterschiedlichen Formen jüdischer Identität im post-emanzipatorischen Zeitalter wird in H.s Erzählungen ein weiteres wichtiges Feld zugewiesen.

Grundsätzliche Ablehnung erfährt dabei die ›Mischehe‹, die immer mit dem Übertritt des jüdischen Partners zum christlichen Glauben verbunden sei und daher – in den Augen H.s – zum Scheitern verurteilt war (*Eine Mischehe*). Kritisiert werden auch übertriebene Emanzipationsbestrebungen (*Jentele*). Mit der gleichen, offen moraldidaktischen Attitüde gestaltet H. auch das Motiv des Glaubensabfalls und der Taufe (*Ein Meschumed*), ein Verhalten, das nach H.s Ansicht auch nicht durch die bedrükkenden Zustände im Ghetto gerechtfertigt werden kann. Nicht von ungefähr evoziert H. gerade in der letztgenannten Erzählung das sogenannte ›wahre‹ Judentum in Form eines Jom Kippur-Gottesdienstes, dessen kathartische Wirkung den Protagonisten schließlich zu Reue und Umkehr bewegt. Nicht zuletzt sind H.s Ghettoerzählungen immer auch durch ein starkes politisches Element geprägt. Analog zum Gegensatzpaar Tradition und Aufklärung verlaufen auch die politischen Fronten. So leidet der galizische Ghettojude nicht nur unter der ihn beherrschenden Orthodoxie, sondern auch unter der Willkür der russischen Behörden, deren Druck wiederum die Macht der Orthodoxie in nicht unwesentlicher Weise stabilisiert, etwa in der Weise, daß die von H. angeprangerten Kinderehen dadurch zustande kommen, daß sie den Juden eine Möglichkeit boten, den Militärdienst zu umgehen. Die unter dem programmatischen Titel *Täuschungen* veröffentlichte Erzählung behandelt schließlich das jüdische Schicksal während des polnischen Aufstandes gegen die russische Herrschaft, in dem Preußen als Land der Verheißung dargestellt wird. Dem verlieh H. auch dadurch Bedeutung, daß er den gleichen Stoff dreißig Jahre später erneut in einer eigenständig erschienenen Erzählung (*Geheime Wege*, 1895) behandelte.

Trotz mancher Kritik an H.s vielfach klischeehafter Darstellung wurde seine Sichtweise des galizischen Ghettojudentums richtungsweisend für alle weiteren Ghettoautoren des 19. Jahrhunderts, zu dessen bekanntesten Vertretern Karl Emil Franzos zählt.

Werke: Polnische Juden, Wien 1867; Abtrünnig. Ein Lebensbild aus Galizien, Berlin 1889; Geheime Wege, Prag 1895.

Literatur: G. Kurz, Widersprüchliche Lebensbilder aus Galizien. Zu L.H.-F.s ›Polnische Juden‹, in: Conditio Judaica, 2. Teil, hg. H.O. Horch u.a, Tübingen 1989, 247–257; G.v. Glasenapp, Aus der Judengasse. Zur Entstehung und Ausprägung deutschsprachiger Ghettoliteratur im 19. Jahrhundert, Tübingen 1996.

Gabriele von Glasenapp

Herzl, Theodor
Geb. 2.5.1860 in Pest;
gest. 3.7.1904 in Edlach
(Niederösterreich)

»Ich gedachte, eine Lehrdichtung zu verfassen. Mehr Dichtung als Lehre! werden die einen sagen –– mehr Lehre als Dichtung die anderen.« Diese Bemerkung aus H.s Nachwort zu seinem 1902 erschienenen Roman *Altneuland* ließe sich beinahe als Bilanz seines gesamten literarischen Werks sehen. Denn dieses Werk steht, schon in den Jahren vor Erscheinen der programmatischen Schrift *Der Judenstaat* (1896) und dem Ersten Zionistenkongreß in Basel im Jahr danach, ganz im Zeichen einer Lösung der Judenfrage. Mit 22 Jahren schrieb H. in seinem Jugendtagebuch eine Kritik von Eugen Dührings antisemitischem Buch *Die Judenfrage als Racen-, Sitten- und Culturfrage.* »Im weiteren Verlauf der Jahre hat die Frage an mir gebohrt und genagt, mich gequält und sehr unglücklich gemacht«, heißt es in seinem 1895 begonnenen *Zionistischen Tagebuch.* Was die Lösung der Frage anging, änderten sich H.s Ansätze. Noch 1893 propagierte er öffentliche Massentaufen der Jugend (die

»Führer dieser Bewegung«, auch er selber, sollten die letzten Juden der »Grenzgeneration« bleiben) verbunden mit der Aufforderung an den Papst, sich gegen den Antisemitismus einzusetzen.

Als Wendepunkt in H.s Reflexion der Judenfrage können die Monate der Jahreswende 1894/95 gelten. H., der achtzehnjährig nach Wien gekommen war und dort als Jurist promoviert hatte, war 1891 als Korrespondent der *Neuen Freien Presse* nach Paris geschickt worden. Der quer durch alle Parteien gehende Antisemitismus der intellektuellen und politischen Elite Frankreichs, der im Dezember 1894 im Hochverratsprozeß gegen den jüdischen Hauptmann Alfred Dreyfus und seiner Verurteilung kulminierte, überzeugte H. von der Aussichtslosigkeit der Bekämpfung des Antisemitismus zum einen und des Projekts der Assimilation zum andern. Im wenige Wochen vor Beginn des Dreyfus-Prozesses verfaßten Schauspiel *Das neue Ghetto* vollzog er diese Erkenntnis literarisch. Ein junger Jude erliegt darin einem Duell mit einem antisemitischen Rittmeister. Im Sterben fordert er die Juden auf, »aus dem Ghetto« auszubrechen.

Was im Stück noch vage formuliert ist, kristallisiert sich in den zionistischen Schriften und der politischen Betätigung H.s in den folgenden Monaten und Jahren heraus. In seiner geplanten *Rede an die Rothschilds,* die sein Vater Jacob H. aus den Aufzeichnungen in das *Zionistische Tagebuch* exzerpierte, legt er erstmals differenziert jene Ideen vor, die dann im *Judenstaat* veröffentlicht werden. H. selbst begriff sie durchaus als die Utopie, die sie waren. Zugleich bezog er seine nationale wie religiöse Legitimation aus der Bibel: »Es gilt eine sehr alte, sehr berühmte, sehr bewährte Sache zu wiederholen. Aber in anderen, modernen, feineren Formen. [...] Diese einfache alte Sache ist der Auszug aus Mizraim [Ägypten].« Entsprechend schrieb er auch über die Jewish Society, die er als administrativen »Gestor« im Dienste der Juden vorsah, sie wäre »der neue Moses der Juden«. Zugleich entwarf H. aber ein wirtschaftliches und gesellschaftliches Konzept, das auf der Chancengleichheit durch freie Ausbildung, aber nicht auf sozialistischem Egalitarismus beruhte: »Am Anfang müssen alle gleich sein, nicht am Ende«, heißt es in *Altneuland.* Dies sollte einerseits den proletarisierten jüdischen Massen Osteuropas eine neue Perspektive eröffnen und sich andererseits als Gegenmodell für das von H. gehaßte parvenuhafte Finanzjudentum West- und Mitteleuropas präsentieren. Entsprechend suchte er den Paradigmenwechsel von einem philanthropischen Engagement reicher Juden wie jüdischen Siedlungen in Argentinien oder Palästina hin zu einem politischen Engagement, das in die jüdische Selbstverwaltung, bzw. einen jüdischen Staat münden sollte.

Die Entwicklung H.s »vom ästhetisierenden zum politisierenden Zionisten« (Biller) war fließend. Schon im Kern seiner Staatsidee war die völker- und staatsrechtliche Seite ein tragendes Element, und H. traf schon vor dem Einberufen des ersten Zionistenkongresses gewissermaßen in Eigenregie wichtige Vertreter der Politik in Deutschland und der Türkei – gleichzeitig wies er das Lob eines englischen Geistlichen über den *Judenstaat*, das Buch sei »rather a business« mit der Bemerkung zurück: »I don't make any businesses. I am a literary man.« H.s Credo, »nur das Phantastische ergreift die Menschen«, das er eigentlich als Psychologie politischer Führerschaft formulierte, kann daher in wesentlichem Maße auch auf ihn selbst angewandt werden.

H.s Ideen veränderten die geistige Situation des Judentums radikal, und *Der Judenstaat* hatte »die Durchschlagskraft eines stählernen Bolzens« (St. Zweig). Die innerjüdische Debatte entzündete sich auf verschiedenen Ebenen: Die Orthodoxie warf H. eine unzulässige Einmischung in den göttlich-messianischen Heilsplan vor, das liberale Judentum befürchtete eine Unterminierung der jüdischen Emanzipation in Europa. Doch auch innerhalb der zionistischen Bewegung gab es Kritik vor allem seitens der Kulturzionisten, deren prominenteste Vertreter Martin Buber und Achad Haam waren. Achad Haam griff die Leitung der Zionistischen Vereinigung um H. und Max Nordau schon beim ersten Zionistenkongreß an, weil er den ostjüdischen Massen unerfüllbare Hoffnungen auf die Erfüllung westlicher Staatsphantasien mache und sie ihren eigenen Lebensumständen entfremde, ohne ihnen eine reelle Alternative anzubieten. Noch beißender fiel Achad Haams Rezension von *Altneuland* aus, da er fast jeden genuin jüdischen Charakter des dort geschilderten Judenstaats und damit die Legitimation der Idee überhaupt vermißte. Verliefen die Differenzen zwischen H. und den Kulturzionisten innerhalb des impliziten Konsenses einer »politischen Brisanz des jüdischen Messianismus« (Dethloff), so spiegelt sich seine Haltung gegenüber der Kritik von außen in seinem allegorischen Feuilleton *Das lenkbare Luftschiff* (1896). Dort geht es um einen genialen Ingenieur, dessen bahnbrechende Erfindung eines lenkbaren Luftschiffs zunächst für ein Hirngespinst gehalten wird, der es dann aber nach Erfolgen mit kleineren Erfindungen verwirklicht, um es nach seinem ersten Flug vor Augenzeugen zu vernichten. »Wer die Zukunft vorbereitet, muß über die Gegenwart hinwegblicken können.«

H.s früher Tod traf viele Juden Osteuropas »wie die Kunde von einer neuen Tempelzerstörung« (Bein). Bei Aufzeichnungen zu einem nie geschriebenen Drama über Moses hatte er 1898 geschrieben: »Ihm ist es nicht um das Ziel, sondern um die Wanderung zu thun.« Ähnlich ahnte auch H., daß er das Gelobte Land nicht mehr selbst betreten würde.

Werke: H.-Worte, hg. F. A. Teilhaber, Berlin 1921; Briefe und Tagebücher, 5 Bde., hg. A. Bein u. a., Berlin u. a. 1983; Gesammelte zionistische Schriften, Berlin 1934–35; Th. H. oder Der Moses des Fin de siècle, hg. K. Dethloff, Wien u. a. 1986.

Literatur: A. Elon, Th. H. Eine Biographie, Wien 1979²; A. Bein, Th. H., Berlin u. a. 1983; G. Biller, Dezisionismus – Zionismus – Thedaismus. Zum Potential eines genuin jüdischen Aufbruchs, in: Jüdische Selbstwahrnehmung, hg. H. O. Horch u. a., Tübingen 1997, 55–76.

Alfred Bodenheimer

Hessel, Franz

Geb. 21. 11. 1880 in Stettin;
gest. 6. 1. 1941 in Sanary-sur-Mer

»Was ist das, ein Jude?« fragt Gustav Behrendt, der Protagonist in H.s erstem, 1913 erschienenen Roman *Der Kramladen des Glücks*, als er sich in seiner Kindheit erstmals mit der Verspottung und der sozialen Ausgrenzung seiner jüdischen Herkunft wegen konfrontiert sieht. Einer der Spielkameraden »zeigte mit dem Finger auf ihn und rief ein böses Wort. Und die andern wiederholten es.« Der Identitätsfrage Gustavs gibt ein anderer Kamerad lachend die Antwort: »›Er weiß selbst nicht, was er ist.‹ Da lachten alle. Dann wurde wieder gespielt wie gestern. Aber Gustav schlich sich bald fort und kam nie wieder zu den Jungen in den Hof.« – Wie die späteren Romane H.s – *Pariser Romanze* (1920), *Heimliches Berlin* (1927) und das Fragment *Alter Mann* (1987 aus dem Nachlaß veröffentlicht) – ist auch *Der Kramladen des Glücks* deutlich autobiographisch gefärbt. So dürften die antisemitischen Erfahrungen und die Frage nach der jüdischen Identität des Protagonisten Gustav Behrendt H.s eigene Erlebnisse und seine Auseinandersetzung mit dem Judentum reflektieren.

Visionär schilderte H. dabei das heranziehende Unheil, das über das jüdische Volk mit der Nazi-Herrschaft hereinbrechen sollte: Bei der Bestattung der strenggläubigen jüdischen Großmutter Gustavs »scholl plötzlich von draußen ungedämpft Militärmusik und Soldatenschritt. Da kam wohl ein Regiment oder auch nur eine Kompagnie in die Stadt zurück. Aber dem Gustav war es, als lärmten tausend und aber tausend Feinde an den Toren seines Volkes. Und die Mauern rückten immer enger zusammen um die Geduckten, Geängsteten. Bald werden ihre Äxte unsre Tore zerbrechen, bald werden rote Würgerarme hereinlangen, phantasierte der Knabe.«

Auf der Suche nach einer Beantwortung der jüdischen Frage und nach einem Fundament der Existenz reist Gustav später als Student zu einem Zionistenkongreß nach Basel – tatsächlich besuchte H. im August 1903 gemeinsam mit K. Wolfskehl den Basler Kongreß, wo es dem jungen Dichter vermutlich ähnlich erging wie dem Romanhelden, der sich unter den Strenggläubigen fremd fühlt, in der Erkenntnis: »Es war doch schrecklich, daß er nirgend hingehörte, daß ihm ›die ganze Welt offen lag‹, wie die Leute sagten.« Aus diesem Bewußtsein einer heimatlosen Existenz entwickelte H., der lutherisch getaufte Sohn eines assimilierten, wohlhabenden jüdischen Bankiers, eine Lebensphilosophie und ein ästhetisches Programm. Als schreibender Flaneur, als Zuschauer aus der Distanz – in den geliebten Städten München, Paris und Berlin – erreichte er durch das Nichteinlassen auf die utilitäre Realität Anteilnahme an allem, eine größtmögliche Weltoffenheit und ein Höchstmaß an Genuß. H. wandte sich schreibend immer wieder gegen die materialistische Fixierung seiner Zeit, gegen das Diktat des Besitzens, indem er das besitzlose Genießen zum Lebensprogramm erhob: »Genieße froh, was du nicht hast«, lautet die Maxime glücklicher Existenz im Roman *Heimliches Berlin*. Die urbane Wirklichkeit verwandelte sich so in einen »Kramladen des Glücks«, dessen »Ware« den Blicken des bindungslosen Schriftsteller-Flaneurs zur freien Verfügung stand. Zu einem literarischen Höhepunkt dieser Realitätsbegegnung gelangte H. mit seinem Buch *Spazieren in Berlin* (1929).

H. erlebte die genußvolle Freiheit des flanierenden Beobachters zunächst in seiner Studentenzeit in München, wo er Kontakte zu den Kreisen der Schwabinger Künstler und Bohemiens knüpfte, wo er die Bekanntschaft mit Stefan George und seinem Zirkel machte und eine Liebesfreundschaft mit Franziska zu Reventlow schloß. Wie Reventlow in ihrem Schwabing-Roman *Herrn Dames Aufzeichnungen* (1913) erzählt, galt H. im Kreis der »Kosmiker« um Ludwig Klages und Alfred Schuler als ein Außenseiter: »sie schätzen meine Rasse nicht«, läßt Reventlow ihre Romanfigur Willy, in der H. verschlüsselt ist, erklären, »sie lassen nur blonde Langschädel gelten, und ich sehe so äthiopisch aus«. H., der sich nach einem Studium der deutschen Philologie im Sommersemester 1903 (bis Januar 1904) für die Orientalistik einschrieb und sich dabei auch dem Hebräischen widmete, verfaßte und edierte gemeinsam mit Franziska zu Reventlow 1904 den *Schwabinger Beobachter*, in dem das Treiben der »Georgianer« und der »Kosmiker« satirisch kommentiert wurde. 1905 veröffentlichte H. sein erstes Buch, den Gedichtband *Verlorene Gespielen*. Ein Jahr später siedelte er nach Paris über, wo er die Kunst des Flanierens vervollkommnete. Seine Freundschaft mit Henri-Pierre Roché und seine Liebe zur Käthe-Kollwitz-Schülerin Helen Grund, die H. im Juni 1913 heiratete, fanden eine literarische Spiegelung in Rochés 1953 erschienenem Roman *Jules et Jim*, der Vorlage für den berühmten Film von François Truffaut (1961).

Später, in den 20er Jahren, als Lektor und Autor des Rowohlt Verlags in Berlin, war H. wesentlich am literarischen Leben der Weimarer Republik beteiligt. Neben Romanen, Gedichten, dramatischen Arbeiten, Kritiken, Übersetzungen (u.a. übertrug er gemeinsam mit dem Freund Walter Benjamin Teile von Marcel Prousts *A la recherche du temps perdu* ins Deutsche) und der Herausgabe der Zeitschrift *Vers und Prosa* widmete sich H. – stilistisch meisterhaft – vor allem der kleinen Prosa, die er in zahlreichen Zeitungen und Zeitschriften der 20er und frühen 30er Jahre publizierte und die er in einigen Bänden gesammelt vorlegte (*Teigwaren, leicht gefärbt*, 1926; *Nachfeier*, 1929; *Ermunterungen zum Genuß*, 1933). Als H. unter das Publikationsverbot der Nationalsozialisten fiel, beschäftigte ihn Rowohlt weiterhin mit lektorischen und übersetzerischen Arbeiten. Erst kurz vor den Pogromen im November 1938 konnte Helen H. ihren Mann dazu bewegen, Deutschland zu verlassen und nach Frankreich zu emigrieren. Im Erleiden der nazistischen Judenverfolgung scheint der Schriftsteller eine neue Solidarität mit dem jüdischen Volk und dessen Leiden gefunden zu haben: als Grund seines so langen Ausharrens in Hitler-Deutschland gab er Freunden an, »daß er sich nicht dazu berechtigt gesehen habe, als ein Bevorzugter dem Schicksal der Juden zu entgehen«.

Im Pariser Exil veröffentlichte H. unter dem biblischen Pseudonym »Hesekiel« noch einige Prosastücke in der *Pariser Tageszeitung*; 1940 zog er mit seiner Frau und seinem ältesten Sohn Ulrich (der zweite Sohn Stefan war inzwischen französischer Staatsbürger) nach Sanary-sur-Mer, dem Zufluchtsort vieler deutscher Emigranten. Als der deutsche Überfall auf Frankreich erfolgte, wurde H. im Lager von Les Milles interniert. Völlig erschöpft kehrte er im Juli 1940 nach Sanary zurück; dort starb er, nach kurzer fiebriger Krankheit, im Januar 1941.

Werke: Sämtliche Werke, 5 Bde., hg. H. Vollmer u. a., Oldenburg 1999.

Literatur: Letzte Heimkehr. F.H. und die Seinen im Exil, hg. M. Flügge, Berlin 1989; M. Flügge, Gesprungene Liebe. Die wahre Geschichte zu »Jules und Jim«, Berlin u.a. 1993; J. Plath, Liebhaber der Großstadt. Ästhetische Konzeptionen im Werk F.H.s, Paderborn 1994; Genieße froh, was du nicht hast. Der Flaneur F.H., hg. M. Opitz u.a., Würzburg 1997.

Hartmut Vollmer

Hildesheimer, Wolfgang

Geb. 9.12.1916 in Hamburg;
gest. 21.8.1991 in Poschiavo

Gegen Ende seiner unter dem Titel *Mein Judentum* 1978 veröffentlichten Selbstbetrachtung schreibt H.: »Ich denke [...], daß diese Überlegungen und Feststellungen meinen nichtjüdischen Freunden zutiefst fremd sind. Wenn sie dies lesen oder hören, werden sie sagen: So kenne ich dich gar nicht. Ich werde sagen: Wie sollte ich auch in eurer Gegenwart jemals darauf kommen, in dieser Schicht von mir herumzustöbern?« Diese Bemerkung deutet auf die spezifische Problematik von H.s Bestimmung und Selbstbestimmung als Jude und als jüdischer Schriftsteller. Jahrzehntelang hatte H. es vorgezogen, seine Rückkehr aus dem Exil gegenüber dem deutschen Publikum »nicht [zu] betonen, [seine] Identität im Literaturbetrieb bedeckt [zu] halten und in der Textarbeit integrativ-mythisch [zu] verhüllen und nur im Blick auf die Täter [...] aus der Verdeckung ganz heraus[zu]gehen« (Briegleb). In dieser Disposition, die entscheidend begründet war durch H.s Unmittelbarkeit zum westdeutschen Literaturbetrieb der Nachkriegsjahre, schuf H. ein literarisches Oeuvre, das jüdische Existenz nach Auschwitz auf singuläre Weise in der deutschen Nachkriegsliteratur thematisiert.

Zu den Vorfahren H.s zählten bedeutende Rabbiner. Die Eltern waren frühzeitig zionistisch orientiert; 1933 emigriert die Familie nach Palästina. Nach einer Tischlerlehre in Jerusalem absolviert H. in London eine zweijährige Ausbildung zum Zeichner und Bühnenbildner; bei Kriegsausbruch kehrt er nach Palästina zurück und arbeitet als Information Officer für die britischen Behörden. Ab 1946 wirkt er als Simultandolmetscher bei den Nürnberger Kriegsverbrecher-Prozessen mit und ist an der Edition eines Teils der Dokumente beteiligt. Die Nürnberger Jahre konfrontieren H. unmittelbar mit Tätern, Zeugen und Zeugnissen der Vernichtungspolitik: »Auch den Lampenschirm aus menschlicher Haut – und Schrecklicheres – habe ich gesehen.« Die Bedeutung dieser Zeit für H.s literarische Arbeit kann kaum überschätzt werden. Die in Nürnberg gewonnenen Einsichten gehen in das ab 1950 entstehende literarische Werk zunächst vor allem im Modus einer abgründigen Kultur- und Zivilisationskritik ein. Dessenungeachtet werden H.s Satiren und Glossen (*Lieblose Legenden*) von der zeitgenössischen Kritik als »gemütlich dahinplätschernd« (W.E. Süskind) wahrgenommen, und K. Krolow stellte fest: »H. tut nicht weh.« Auf der Basis dieser Produktion – und dieser Lektüren – erfolgt H.s Eintritt in die Gruppe 47 im Mai 1951. Damit verkörpert H. den raren Fall eines jüdischen Autors deutscher Sprache, der *auf deutschem Boden* am Aufbau der deutschen Literatur nach Kriegsende mitzuwirken versucht.

Auch die Spuren der Erfahrung von Verfolgung und Vernichtung, die sich in H.s Theater des Absurden (*Spiele, in denen es dunkel wird*, 1958) zeigen, bleiben von Literaturbetrieb und -kritik weitestgehend unerkannt. Eine entscheidende Wende in H.s Poetologie zeichnet sich gegen Anfang der 60er Jahre ab: Die Latenz der katastrophischen Erfahrung bricht auf, immer deutlicher und ungeschützter öffnen sich sowohl H.s Schreiben als auch seine poetologische Reflexion der Konfrontation mit dem Zivilisationsbruch des Holocaust. Vier Texte H.s, die in den Jahren 1962 und 1963 entstehen, markieren diese Zäsur. Ende 1962 verfaßt H., der 1957 in die Schweiz gezogen war, für einen Sammelband H. Kestens den Beitrag *Die vier Hauptgründe, weshalb ich nicht in der Bundesrepublik lebe*. Mit für H. bis dahin ungewohnter Deutlichkeit verweist er auf den in Deutschland verbreiteten Antisemitismus (»Ich bin Jude. Zwei Drittel aller Deutschen sind Antisemiten.«), auf Intoleranz und »Mangel an Einsicht und Selbstkritik« mit katastrophalen Folgen für die politische Kultur, auf eine »Atmosphäre von provinzieller Geistesträgheit« und »allgemeiner Indolenz gegenüber allen Geschehnissen, die nicht unmittelbar Deutschland angehen«, sowie auf die Notwendigkeit, ein »Refugium« einzurichten, in das sich jene flüchten könnten, die »sich vielleicht einmal genötigt sehen, Deutschland bei Nacht und Nebel zu verlassen«. Zwar zieht H. diesen Text noch vor seiner Veröffentlichung zurück; er steht gleichwohl für eine Radikalisierung, die H. als jüdischer Bürger und Schriftsteller durchläuft. Zeitgleich entstehen die *Vergeblichen Aufzeichnungen*, in denen H. über die Schreibnot in der Gegenwart reflektiert, unter unmittelbarem Bezug auf die Geschichte jüdischer Verfolgung: »Jedenfalls zeugt hier nichts von Versuchen einer Bewältigung oder auch nur irgendeiner menschlichen Tätigkeit.« Im Mittelpunkt des kurz darauf verfaßten *Nachtstücks* steht ein Mann, der unübersehbar von der Traumatisierung durch eine existenzbedrohende Verfolgungserfahrung gezeichnet ist: Gequält von »einer furchtbaren Erinnerung«, wird er von entsetzlichen »Bildern«

heimgesucht, die ihn schlaflos machen. Am konkreten historischen Bezug dieser Figur sowie der seines Gegenspielers, eines Einbrechers, läßt H. in einem Interview mit *theater heute* keinen Zweifel: »Ich selbst schlafe miserabel. [...] Wer kann schlafen, wenn er über Deutschland liest. [...] [Der Einbrecher] könnte Klavier spielen, während draußen die Juden gejagt werden. Man trifft ihn überall auf den Straßen, in den Zügen, er funktioniert.« Wenig später entsteht eine der seltenen Rezensionen H.s – über R. Hochhuths *Der Stellvertreter.* In einer kritischen Reflexion über die poetologische Verfassung des Hochhuth-Dramas bereitet sich hier wie in den anderen Texten H.s dieser Zeit jenes große erinnerungspoetologische Projekt vor, dessen erster Teil, *Tynset,* 1965 erscheint.

Im Zentrum von *Tynset* steht ein schlafloser Ich-Erzähler, der – nachdrücklicher als noch im *Nachtstück* – kenntlich wird als ein deutsch-jüdischer Überlebender der NS-Massenvernichtung. Diese Identität wird jedoch nur zu einem relativ geringen Teil durch explizit NS-historische Episoden markiert. Im Vordergrund stehen vielmehr Folgen der Traumatisierung, die der Text unmittelbar abbildet: beschädigte Erinnerung, stete Wiederkehr von Bildern der Stigmatisierung und Verfolgung, Erschütterung der Beziehung zu Gott, das Schuldgefühl des Überlebenden, aber auch die Wahrnehmung der Gegenwart als Zeit ohne Fragen und als veränderte, anhaltend gefährliche Gestalt der Vergangenheit. Die berühmte Telefon-Episode – der Ich-Erzähler wählt willkürliche Nummern, teilt den Hörern mit, sie seien ›entdeckt‹, und stellt fest, wie diese fluchtartig Haus und Stadt verlassen – gerät zur eindrucksvollen Metonymie westdeutscher Wirklichkeit. Im Rezensionsbetrieb jedoch wird dieser Bezug durchgehend metaphorisiert und universalisiert. K. Korn etwa charakterisierte das Buch als eine »Metapher des Todeskampfes, der Leben heißt«. Die Laudatien für den Preisträger des Bremer Literaturpreises und des Büchnerpreises 1966 verdeutlichen, daß diese Lesepraxis eine wesentliche Voraussetzung der öffentlichen Ehrungen bildete.

Die in *Tynset* begonnene »monologische Prosa« (V. Jehle) setzt H. im 1973 erschienenen *Masante* fort. Die kritische Perspektive des Ich-Erzählers auf die katastrophische Gegenwart erfährt eine kennzeichnende Steigerung. In enger Verschränkung mit konkreten Sachverhalten aus der Geschichte der NS-Massenverbrechen (Saloniki-Episode) gerät die Zivilisationskritik noch entschiedener: »[Der Erzähler] sichtet den Vorrat abendländischer Tradition. Die ›Inventur‹ fällt vernichtend aus« (G. Hartlaub). Aktualität und Eskalation der Katastrophe werden in *Masante* unzweideutig bezeichnet durch die Anzeichen eines herannahenden ökologischen Kollapses. Die ökologische Krise wird in der poetologischen Perspektive, die *Masante* bestimmt, erkennbar als authentische Weiterung jenes Katastrophischen der Epoche, das durch Auschwitz unwiderruflich in die Geschichte der Menschen eingetreten war. Auf die in *Masante* noch deutlicheren Bezüge auf die NS-Vergangenheit und ihre Virulenz für die Gegenwart reagierte J. Kaiser mit der Diagnose, H. leide unter »Haß auf Teutonisches«. Tatsächlich wiederholte sich für H. eine Erfahrung, die er bereits 1967 anläßlich des Sechs-Tage-Krieges zwischen Israel und seinen arabischen Anrainerstaaten gemacht hatte: Die Wahrnehmungsfähigkeit in Westdeutschland für die Situation von Juden in der Gegenwart hatte sich auch durch die antiautoritäre Bewegung nicht gebessert. Es ist gerade auch diese Erfahrung, die Eingang findet in den 1975 gehaltenen Vortrag *The End of Fiction.* Unter Hinweis auf die Unabwendbarkeit einer ökologischen Katastrophe und das Unvermögen fiktionaler Konstrukte, diese Entwicklung noch aufzuhalten oder gar umzukehren, stellt H. den Sinn fiktionalen Schreibens kategorisch in Frage. In seiner komplexen Einlassung auf das Realismus-Problem und seine historische Diskussion (Moskauer Kongreß 1934), aber auch auf Erscheinungen der deutschsprachigen Gegenwartsliteratur (K. Struck, P. Handke) wird jedoch offenkundig, daß diese Absage H.s – über das ökologische Moment hinaus – untrennbar geknüpft war an die subjektive Nähe zur Verfolgungserfahrung während der NS-Jahre (« ... as some of us have experienced it«) sowie an die Summe seiner Erfahrungen, die er seit rund 25 Jahren mit deutscher Literatur und Literaturkritik gesammelt hatte. Einige der Reaktionen auf den Vortrag bestätigen diese skeptischen Einsichten eklatant. Auseinandersetzung wird durch Polemik ersetzt: M. Walser spottet über den »Weisen von Poschiavo«, P. Handke bezeichnet H.s Haltung als »Nummer 1 in der Hitparade der Blödheit«.

Im April 1978 sendet der Süddeutsche Rundfunk H.s Vortrag zum Thema *Mein Judentum*. Wie auch die anderen Beiträger der Reihe reflektiert H. über verschiedenartige Erfahrungen und Erlebnisse, die auf seine Bestimmung und Selbstbestimmung als Jude Einfluß genommen haben: Kindheit und Jugend, das Exil in Palästina, die Nürnberger Prozesse, aber auch die Begegnung mit einer Vielzahl von Spielarten des Antisemitismus. Eine genauere Lektüre des Vortrags im Kontext seiner Erfahrungen als jüdischer Autor deutscher Sprache im westdeutschen Literaturbetrieb jedoch zeigt, daß dieser Text wie wohl kein anderer H.s die Erfahrung der Ferne und der Abgeschiedenheit als Jude von seinen nichtjüdischen Freunden und Kollegen offenbart. Diese Ferne wird jetzt – anders als noch Anfang der 60er Jahre – auch vor deutscher Öffentlichkeit nicht mehr verborgen. Sie wird spektakulär demonstriert mit den Worten: »Es sei hier ausgesprochen: Wir Juden sind anders.« Damit geht H. unwiderruflich auf Distanz gerade auch zu jenen Kollegen, die im Wege einer erfolgreichen ›Assimilation‹ und ›Integration‹, etwa in den deutschen Kulturbetrieb, nicht zuletzt ihre eigene Vergangenheitsbewältigung zu betreiben und zu besiegeln suchten. Auf solche Instrumentalisierungsversuche spielt H. an, wenn er schreibt, daß die »Bewältigung [der Vergangenheit] schließlich nicht *meine* Aufgabe war«.

Wohl erscheinen noch der Bestseller *Mozart* (1977), der preisgekrönte *Marbot* (1981), *Mitteilungen an Max über den Stand der Dinge und anderes* (1983) und andere, kleinere Schriften; doch sowohl der Charakter dieser Texte wie auch die Wiederaufnahme seiner bildkünstlerischen Aktivität verdeutlichen, daß H. im Essay *The End of Fiction* eine Entscheidung diskursiv entwickelt und vorgetragen hatte, die seit langem vorbereitet gewesen und nun zu realer Praxis geworden war. H. war der Überzeugung, daß »Schriftsteller-sein« keine »Entscheidung fürs Leben ist [...], sondern ein Schicksal, das sich nach jedem Buch wenden kann.« Von der spezifischen Integrität, die solcher Einsichts- und Entscheidungsfähigkeit innewohnt, zehrt sein literarisches Oeuvre. In immer neuen Anläufen zielt es darauf, eine Innensicht zu geben auf jene Beschädigungen menschlicher Existenz, die untrennbar mit der NS-Vernichtungspolitik verknüpft waren. In diesem Sinn handelt H.s Schreiben immer von jüdischer Existenz – als einer Erfahrung, deren paradigmatische Bedeutung für die Epoche für H. außer Frage stand.

Werke: Gesammelte Werke in sieben Bdn., hg. L. Hart Nibbrig u. a., Frankfurt a. M. 1991.

Literatur: K. Briegleb, Weiterschreiben! Wege zu einer deutschen literarischen ›Postmoderne‹?, in: Gegenwartsliteratur seit 1968, hg. K. Briegleb u. a., München u. a. 1992, 340–381; H. A. Lea, W. H.s

Weg als Jude und Deutscher, Stuttgart 1997; S. Braese, »... as some of us have experienced it«. W. H.s ›The End of Fiction‹, in: Deutsche Nachkriegsliteratur und der Holocaust, hg. ders. u. a., Frankfurt a. M. 1998, 331–349.

Stephan Braese

Hilsenrath, Edgar

Geb. 2.4.1926 in Leipzig

H.s ausschließliches Thema sind Varianten des Völkermords im 20. Jahrhundert: neben dem Holocaust der Völkermord der modernen Türkei an den Armeniern. Dabei reichen die literarischen Problemlösungen von einem hypernaturalistischen Detailrealismus (in *Nacht*) über den grotesken Schelmenroman (*Der Nazi & der Friseur*) bis zum modernen orientalischen Anti-Märchen (*Das Märchen vom letzten Gedanken*), zur Reminiszenz jiddischer Erzähltraditionen (*Jossel Wassermanns Heimkehr*) und zum autobiographischen Roman (*Bronskys Geständnis. Die Abenteuer des Ruben Jablonski*). »Das Wesentliche ist, daß ich rede [...], denn solange ich rede, bin ich noch nicht tot.« Dieser Satz des Protagonisten aus dem Roman *Jossel Wassermanns Heimkehr* kann als eine Art Motto über H.s Leben und Werk stehen – ein Motto, das noch zu ergänzen wäre durch den Hinweis auf die Sprache, in der H. redet, nämlich Deutsch. Er sei ein »Jude deutscher Kultur« und habe ein »Liebesverhältnis mit der deutschen Sprache«. Gerade dadurch ist H. prädestiniert dafür, als Autor in Deutschland eine Position in der Holocaust-Diskussion zu vertreten, die die Antithese zu allen staatstragenden Bekenntnissen darstellt und den Philosemitismus als das entlarvt, was er seiner Struktur nach ist: ein antisemitisches »Ticket-Denken« (Horkheimer-Adorno) mit umgekehrtem Vorzeichen.

Diese Liebe zur deutschen Kultur und Sprache ist angesichts der biographischen Stationen keineswegs selbstverständlich. Als Sohn einer Kaufmannsfamilie in Leipzig geboren, verbrachte H. seine Kindheit und Jugend in Halle. Wegen des zunehmenden Antisemitismus in Deutschland siedelte er mit Mutter und Bruder 1938 zu den in Sereth (Bukowina) lebenden Großeltern über, nach eigener Aussage die schönste Zeit seines Lebens. 1940 engagierte sich H. in einer zionistischen Gruppierung. 1941 wurde die Familie von rumänischen Faschisten in das transnistrische, zwischen Dnjestr und Bug gelegene Ghetto Moghilev-Podolsk deportiert; H. überlebte wie seine engere Familie und gelangte 1945 über Sereth auf abenteuerlichen Wegen nach Palästina, wo er sich bis 1947 als Gelegenheitsarbeiter durchschlug. Im November 1947 fand die Familie im französischen Lyon wieder zusammen. 1951 emigrierte H. von Frankreich in die USA, wo unter schwierigsten Umständen bis 1954 der erste große Roman *Nacht* entstand, die schockierend genaue fiktionale Verarbeitung der Ghettojahre. 1964 erschien der Roman in einer Kleinstauflage bei Kindler, deren Restbestände schnell wieder vom Markt verschwanden – eine Konsequenz des zu dieser Zeit dominierenden Philosemitismus, der keine anderen als die approbierten Formen des Gedenkens zuläßt. Erst 1978 wurde die Neuauflage von *Nacht* durch das Engagement des jungen Verlegers Helmut Braun zu einem großen Erfolg. Bereits 1977 hatte Braun den in den USA 1971 erschienenen und zum Bestseller gewordenen grotesken Roman *Der Nazi & der Friseur* zu einem Erfolg auf dem deutschen Markt werden lassen – eine Provokation nicht nur wegen zahlreicher krasser Gewalt- und Pornographieszenen, sondern vor allem wegen der grotesken Verkehrung der Verhältnisse, insofern der physisch allen antisemitischen Klischees ›jüdischer‹ Physiognomie entsprechende Massenmörder Max Schulz die Identität des von ihm ermordeten ›arisch‹ aussehenden Jugendfreundes Itzig Finkelstein annimmt und in Israel Karriere macht. Max Schulz kann seine übergroßen Verbrechen nur dadurch sühnen, daß er mit der Angst seiner Opfer weiterleben muß – und auch diese Fortexistenz hat mit Gerechtigkeit nichts zu tun, sondern offenbart die Antwortlosigkeit auf die Verbrechen des Holocaust. Die Moral des Romans, so F. Torberg, resultiert aus amoralischen Voraussetzungen; sie besteht in der »Entlarvung der klischierten Vorurteile, an denen unser Dasein krankt«, nicht in der Verurteilung eines Verbrechens, das »jenseits von Schuld und Sühne« liegt (J. Améry).

In der Kritik haben die beiden ersten Romane ein sehr unterschiedliches Echo gefunden, wobei H. aus regelästhetischer Schulmeisterperspektive sogar als Verfasser indiskutabler Trivialliteratur denunziert wurde. Dies mag ein Impuls für den Autor gewesen sein, die Jahre in New York und das Entstehen des Romans *Nacht* noch einmal zu vergegenwärtigen. In *Bronskys Geständnis* (1980) verknüpft H. Hypernaturalismus und Satire zu einer ganz eigenen Form autobiographischer Selbstbefragung. Dabei geht es um eine psychoanalytische Durchleuchtung des Verdrängten: der Patient Jakob Bronsky ist einerseits mit den sechs Millionen gestorben, andererseits hat er überlebt und ist damit »den anderen Tod« gestorben, den mentalen und vitalen Tod mitten im Leben einer Umwelt, die von der »steinernen Welt« (Borowski) der Vernichtungslager nichts mehr wissen will.

Mit dem Roman *Das Märchen vom letzten Gedanken* (1989) verläßt H., der seit 1975 in Berlin lebt, nur scheinbar die Thematik des Holocaust; denn mit dem Genozid der modernen Türkei an den Armeniern im Ersten Weltkrieg ist dessen prinzipielle Möglichkeit noch vor Stalin und vor Hitler bereits erwiesen. Dieser Bezug wird im Roman selbst nicht nur durch Formulierungen wie »Holocaust« oder »Endlösung« offensichtlich, sondern vor allem durch den leitmotivisch wiederkehrenden direkten Vergleich von Armeniern und Juden, der schließlich auf der Handlungsebene am Ende gleichsam materialisiert wird: ein armenischer Überlebender des ersten Völkermords verschwindet als Helfer eines orthodoxen Juden im Polen des Frühjahrs 1943 spurlos. War H. in der Lage, auf der Basis des erlebten und beschriebenen Grauens der Shoah den eine knappe Generation früher begangenen Völkermord an den christlichen Armeniern fiktional zu vergegenwärtigen, so hat Franz Werfel umgekehrt in seinem großen Roman *Die vierzig Tage des Musa Dagh* aus dem Jahr 1933, den H. aufmerksam studiert hat, bestürzend hellsichtig und konkret die Shoah an den Juden im Genozid an den Armeniern vorausgesehen und vorausbeschrieben. In H.s Roman erscheinen alle narrativen Möglichkeiten seiner früheren Werke kondensiert und gebündelt; das Geschichtenerzählen wird zum letzten Beweis der früheren Existenz eines ausgerotteten Volkes, Geschichten, die freilich notwendigerweise widersprüchlich bleiben und die so hergestellte Geschichte eigenartig unfaßbar erscheinen lassen. Mit seinem Armenien-Roman kam H. jedenfalls endgültig und gleichsam offiziell in der deutschen Literatur an: 1989 wurde ihm der von Grass gestiftete Alfred-Döblin-Preis verliehen, es folgten 1992 der Heinz-Galinski-Preis der Berliner Jüdischen Gemeinde, 1994 der Hans-Erich-Nossack-Preis des Kulturkreises der deutschen Wirtschaft, 1996 der erstmals verliehene Jakob-Wassermann-Preis der Stadt Fürth, 1998 der Hans-Sahl-Preis der Kulturstiftung der Deutschen Bank.

Eine doppelte Rückkehr zum Ort des größten Glücks wie des größten Unglücks, zur Bukowina, stellen die beiden zuletzt erschienenen Romane H.s dar.

In *Jossel Wassermanns Heimkehr* geht es um die Geschichte eines kleinen, als Mittelpunkt der Welt imaginierten ostjüdischen Stetls namens Pohodna am Pruth, deren Tradierung allerdings der großen Vernichtung anheimfällt: weder schafft es der alte Thoraschreiber Eisik, der von Jossel damit beauftragt wird, noch der deutsche Deserteur Anton Krüger, der im Kaftan von der polnischen Miliz aufgegriffen, in einen Judenzug gesteckt wird und damit denselben Tod erleidet wie die anderen Juden auch. Es bleiben Jossels eigene Erinnerungen, die er auf dem Sterbebett seinem jüdischen Anwalt und einem nichtjüdischen Notar anvertraut. Der Roman ist bis in seine der jiddischen Tradition verbundene Erzählweise ein Epitaph auf die untergegangene Welt der Ostjuden, aber trotz zahlreicher chassidischer Legenden und humoristischer Alltagsszenen angesichts der omnipräsenten Vernichtungsmaschinerie ohne verklärende Tendenz.

Der ausdrücklich als autobiographisch deklarierte Roman *Die Abenteuer des Ruben Jablonski* füllt insofern eine Lücke, als in ihm die Zeit nach der Befreiung aus dem Lager im März 1944 bis zur Wiedergewinnung der Potenz als Mann und Schriftsteller nach einer schlimmen Zeit der Depressionen unmittelbar vor der Übersiedlung in die USA erzählt wird. »Atmen und leben und schreiben« – dieses Bekenntnis des Sohnes gegenüber seinem Vater ist zugleich das existenzielle Credo eines Schriftstellers, der nur durch die Fähigkeit zu schreiben den »anderen Tod« der Holocaust-Überlebenden überwinden konnte. H.s Bedeutung innerhalb der deutschsprachigen Holocaust-Literatur besteht darin, daß er bereits mit seinen ersten beiden Romanen den Paradigmawechsel eingeleitet hat, der das Genre seit etwa Mitte der 80er Jahre bestimmt und der offenbar mit dem Wechsel vom kommunikativen zum kollektiven Gedächtnis des Holocaust zusammenhängt (Lauer). Der radikale Bruch mit Konventionen ›authentischen‹ Schreibens über das eigentlich nicht Beschreibbare vollzieht sich über Irritationen der Erinnerungssemantik, die mit Hilfe nicht eigentlich neuer, auf diesem Feld jedoch zunächst nicht üblicher literarischer Formen und Techniken erreicht werden. H. steht damit in einer Reihe mit Autoren wie G. Tabori, I. Kertész, J. Lind, J. Becker, aber auch R. Klüger, für die die traditionelle Differenz von ›Authentizität‹ bzw. ›Nicht-Authentizität‹ der Rede über den Holocaust bereits irrelevant geworden ist, weil sich nun der Diskurs metakommunikativ auf die Konstitution von Sinnbildung in herkömmlichen Kommunikaten über den Holocaust bezieht und nicht länger auf eine zu vermittelnde unverrückbare Position des ›Authentischen‹. Damit zieht auch die Holocaust-Literatur die Konsequenzen aus der prinzipiellen Historikerdebatte über das »Erzählen« von Geschichte im allgemeinen (Hayden White), das »Beschreiben des Holocaust« im besonderen (James E. Young). Es geht nun primär um die »Differenz von Kommunikabilität und Inkommunikabilität« (Lauer). Statt ›kultureller Texte‹ über den Holocaust werden nun dezidiert ›literarische‹ Texte verfaßt. Was künftig im kollektiven Gedächtnis als Holocaust erinnert wird, hängt nicht unwesentlich von der Art dieser neuen Literatur ab.

Werke: Nacht, München 1964; Der Nazi & der Friseur, Köln 1977; Bronskys Geständnis, München u.a. 1980; Das Märchen vom letzten Gedanken, München 1989; Jossel Wassermanns Heimkehr, München 1993; Die Abenteuer des Ruben Jablonski, München 1997.

Literatur: C. Brecheisen, Literatur des Holocaust, Augsburg 1993; E. H. Das Unerzählbare erzählen, hg. T. Kraft, München 1996; G. Lauer, Erinnerungsverhandlungen. Kollektives Gedächtnis und Literatur fünfzig Jahre nach der Vernichtung der europäischen Juden, in: Deut-

sche Vierteljahrsschrift 73 (1999), 215–245.

Hans Otto Horch

Hollaender, Felix

Geb. 1. 1. 1867 in Loebschütz (Oberschlesien); gest. 29. 5. 1931

Die Eltern H.s waren in den Gründerjahren mit ihren beiden Söhnen von Schlesien nach Berlin gezogen, um ihnen eine bessere Ausbildung bieten zu können. H.s Bruder Victor machte sich später als Violinvirtuose, Operettenkomponist und als Direktor des Sternschen Konservatoriums in Berlin einen Namen. Sein Sohn Friedrich wurde als Kabarettist, Chansondichter und -komponist berühmt. H. selbst studierte Germanistik und Volkswirtschaft in Berlin, bereiste 1892 verschiedene europäische Länder und lebte seit 1894 wieder in Berlin. Dort gründete er 1896 die Zeitschrift *Die Welt am Montag*, die sich im Untertitel *Unabhängige Zeitung für Politik und Kultur* nannte und deren Herausgeber H. bis 1898 war. Zu den Mitarbeitern gehörten u. a. Siegfried Jacobsohn, Kurt Eisner, Samuel Lublinski, Franz Oppenheimer und Hellmut von Gerlach. Bis zu ihrem Verbot im Frühjahr 1933 verfolgte sie liberal-pazifistische Ideen. Bald schon hatte H. mit Werken wie *Jesus und Judas* (1890) und *Frau Ellin Röte* (1893) als Romanschriftsteller Erfolg. *Der Weg des Thomas Truck* (1902), ein Entwicklungs- und Erziehungsroman, gibt Einblick in die Weltanschauungen und Heilslehren der Jahrhundertwende. Der Roman *Sturmwind im Westen* (1896) wurde 1980 wiederentdeckt und unter dem Titel *Regine oder die Falle* verfilmt.

Nach 1902/03 widmete sich H. dem Theater. 1902 machte er die Bekanntschaft von Max Reinhardt, der 1903 seine Tragikkomödie *Ackermann* uraufführte. 1905 gab H. seine schriftstellerische Karriere auf und wurde zusammen mit Arthur Kahane Dramaturg am Kleinen Theater. Wie Eduard von Winterstein schrieb, war H. »das Bindeglied zwischen Reinhardts Theater und der Presse, ein Trompeter, der der Welt laut und vernehmlich verkündete, was hier unter Reinhardts Händen erstand und ferner entstehen sollte«. H. inszenierte aber auch regelmäßig selbst, allerdings mit geringem Erfolg bei der Kritik. Siegfried Jacobsohn etwa schrieb 1910: »Reinhardt ist endlich wieder selbst da – die Hollaenders rücken in den Hintergrund, aus dem sie sich nie hätten vorwagen dürfen.« Herbert Ihering sprach 1921 vom »Zickzack hollaendscher Inszenierungen«. Der Kritiker höre »in regellosem Wechsel hinter den Sätzen der Schauspieler die exaltierten Schreie des Regisseurs: Raffen! Einschnitt! Einschnitt! Raffen!« Seine Inszenierungen seien »naturalistisch beruhigt, angegraut. [...] Und Hollaender erreicht, daß bei aller Zerfahrenheit, allem Durcheinander und allem Dilettantismus seine Inszenierungen doch sein Gepräge tragen und die Natur der 90er Jahre in der Banalisierung durch Kolportagephantasien und in der Zerkritzelung durch überreizte Nerven aufnehmen.« 1913/14 wurde H. für kurze Zeit Intendant in Frankfurt a. M.; 1920 übergab Max Reinhardt die Leitung seiner Berliner Bühnen (Großes Schauspielhaus, Deutsches Theater und Kammerspiele) offiziell an H. 1923 jedoch, als Reinhardt wieder nach Berlin zurückkehrte, trennten sich beider Wege. H. wurde Theaterkritiker beim *8-Uhr-Abendblatt*, eine Position, die er bis zu seinem Tod 1931 innehatte. Daneben entstanden weitere Romane (*Das Erwachen des Donald Westhoff*, 1917; *Das Schiff der Abenteuer*, 1929) sowie Drehbücher. 1925 wurde H.s Roman *Der Eid des Stephan Huller* von 1912 unter dem Titel *Varieté* mit Emil Jannings in der Hauptrolle verfilmt.

Auch wenn die Schilderung des Judentums bei H. auf den engen Kreis der bürgerlichen Familie beschränkt blieb und so eher den Charakter des Privaten hatte, zeigen doch Werke wie *Salomons Schwiegertochter* (1925), daß H. kein heiles Bild eines auf ein bürgerliches Minimum reduzierten Judentums zeichnete. Die Thematisierung der Mischehe, um die es in diesem Roman geht, zeigt, gerade angesichts der immer kleiner werdenden jüdischen Gemeinden in den 20er Jahren, ein hohes Problembewußtsein. Das gilt zum Teil auch für den autobiographisch inspirierten Roman *Unser Haus* von 1911, in dem H. die Geschichte einer jüdischen Familie zur Zeit der Gründerjahre und der Jahrhundertwende beschrieb. Mag auch H.s Blick auf diese Geschichte biographisch verklärt sein, so kommt doch gerade darin zum Ausdruck, in welchem Maße jüdisch-bürgerliche Kreise ihr Judentum als selbstverständliche Größe ansahen, gleich ob sie nun religiös waren oder nicht. Das Judentum blieb für sie, so auch für H., ein Teil der kulturellen Identität.

Werke: F. H. Gesammelte Werke, hg. W. Flemming, 6 Bde., Berlin 1926; Lebendiges Theater, Berlin 1932.

Literatur: R. Novak, F. H., Wien 1970.

Heidelore Riss

Jacobowski, Ludwig

Geb. 21. 1. 1868 in Posen;
gest. 2. 12. 1900 in Berlin

J. war der Sohn eines jüdischen Kaufmanns aus Strelno in Posen. Die Familie ging 1874 nach Berlin. Der durch Augenleiden und Sprachfehler behinderte J. verlor früh seine Eltern und wandte sein Interesse der Literatur und Geschichte zu. Nach dem Studium der Philosophie und Geschichte promovierte er in Freiburg über Klinger und Shakespeare. Zu Lebzeiten vielbeachtet, heute aber fast vollständig vergessen, hat sich J. in zahlreichen literarischen, essayistischen und feuilletonistischen Werken mit der Frage jüdischen Lebens und jüdischer Kultur befaßt. Erfolgreich war er in erster Linie als Kulturmanager und Herausgeber überaus auflagenstarker Anthologien und Zeitschriften. Unter anderem war er Mitbegründer der Zeitschrift *Der Zeitgenosse* und Chefredakteur der *Gesellschaft*, in der eine heftige Antisemitismus-Debatte geführt wurde.

Mit seinem Roman *Werther, der Jude*, der 1892 erstmals erschien, zahlreiche Auflagen und Übersetzungen beispielsweise ins Französische und Jiddische erlebte, schaffte J. eine ungewöhnliche, wenn auch literarisch nicht immer überzeugende Variante der Werther-Tradition. Held des Romans und alter ego des Autors ist der Bankierssohn Leo Wolff, der ein ausgesprochen ambivalentes Verhältnis zum Judentum hat. Als überaus träumerischer und sensibler Student wird er einerseits Opfer antisemitischer Übergriffe des jungen Berliner Pöbels; andererseits keimt in ihm Haß gegen den Typus des skrupellos auf Geschäftserfolg erpichten Juden auf, der durch seinen Vater repräsentiert wird. Im Roman entwirft J. als glühender Verfechter eines neuen jüdischen Selbstverständnisses ein Zweigenerationenmodell, in dem die jungen Juden eine Besserung des untragbaren Zustands herbeiführen sollen, den die schuldhafte ältere (ost-)jüdische Generation – die schon rein äußerlich stereotyp als unsympathisch dargestellt wird – verursacht hat. Einen idealisierten Lösungsansatz, der auch in J.s frühen politischen Schriften seinen Niederschlag findet, stellt die ethische Reform dieser jüngeren jüdischen Generation dar. Im Roman wird die Assimilation mit dem deutschen Bürgertum, das teils antisemitische Tendenzen zeigt, als Gegenentwurf vorgeschlagen. Der in moralisch-sexueller Hinsicht freisinnige Leo, der die junge christliche Helene (Gretchen) heiraten will, scheitert an der gesellschaftlichen Struktur, die die junge jüdische Generation im wilhelminischen Reich vorfand. So wird Leo, der auch Tendenzen zum jüdischen Selbsthaß zeigt, wie Werther in den Selbstmord getrieben. Als differenzierte psychologische Darstellung eines nervösen und sensiblen Charakters ist der Roman ein typisches Werk der Jahrhundertwende.

In ebenso pathetischen wie ironisch-sarkastischen Schriften wie *Offene Antwort eines Juden auf Herrn Ahlwardts »Der Eid eines Juden«* (1891) oder *Der Juden Anteil am Verbrechen* (1892) stellt sich der erst 23jährige J. gegen die »trüben Sturzwellen des Antisemitismus«, indem er systematisch die »Hohlheit der patriotistischen Phrase« demontiert. J.s Hoffnung richtet sich auf den toleranten, freien und fortschrittlichen deutschen Geist und auf junge Juden, die »in sich und an sich arbeiten«, »um ehrlich, echt und warm theilzunehmen an der [...] Fortentwicklung des deutschen Volkes«. Der Versuch, eine gemeinsame Plattform für die Ideologien des Deutschtums und des Judentums zu finden, brachten J. sogar dazu, anhand einer empirischen Untersuchung zu beweisen, daß der prozentuale Anteil der Juden an aufgeklärten Straftaten geringer war als der von Nichtjuden.

In den letzten Lebensjahren wurde J. vor allem durch Samuel Lublinski mit der Idee des Zionismus vertraut gemacht. Wie der noch unveröffentlichte Briefwechsel beider zeigt, konnte sich J. nicht so recht dafür erwärmen. Er sah seine geistige Heimat (und die der Berliner Juden überhaupt) zu sehr in der deutschen Kultur und Literatur verwurzelt. So distanziert sich J. in einem Brief vom 26. 7. 1900, wenige Monate vor seinem frühen Tod, vom Zionismus, indem er Lublinski empfiehlt, »die deutsche Kultur noch in ihren Tiefen erkennen und lieben [zu] lernen«. Insgesamt zeigt sich am Ende einer zehnjährigen enthusiastisch-kämpferischen Auseinandersetzung mit dem Antisemitismus bei J. doch eine gewisse Resignation und Schwermut, die sicher auch bedingt war durch seine schwache Gesundheit. Er starb 32jährig an einer durch Typhus verursachten Hirnhautentzündung.

Werke: Gesammelte Werke in einem Band. Jubiläumsausgabe zum 100. Todestag. Romane, Erzählungen, Lyrik, Dramatik, kritische, essayistische und poetologische Schriften, hg. u. Nachw. A. Müller, M. Schardt, Oldenburg 1999.

Literatur: F.B. Stern, L.J. Persönlichkeit und Werk eines Dichters, Darmstadt 1966.

Michael Schardt

Jacobsohn, Siegfried
Geb. 28. 1. 1881 in Berlin;
gest. 3. 12. 1926 in Berlin

Wie viele jüdische Intellektuelle um 1900 verstand sich J. selbstbewußt als Repräsentant einer von Juden maßgeblich mitgeprägten deutschsprachigen Kultur. Deren gleichsam paradigmatische Erscheinung war für ihn der Schauspieler, Regisseur und Theaterleiter Max Reinhardt, über den J. 1910 als erster eine Monographie – eine Sammlung von Kritiken – veröffentlichte, ohne freilich dessen jüdische Herkunft hervorzuheben. Ein 1920 projektiertes Buch für den Welt Verlag, das den Titel *Die Juden auf der deutschen Bühne* tragen und u.a. Beiträge von Karl Kraus und Fritz Mauthner enthalten sollte, wurde von J. dagegen aus ungeklärten Gründen nie fertiggestellt. 1928, nach J.s Tod, hat Arnold Zweig einen gleichlautenden Titel mit der gedruckten Widmung »In memoriam Siegfried Jacobsohn« herausgebracht; im Unterschied zu J.s Konzeption eines Sammelbandes veröffentlichte Zweig jedoch eine ausschließlich von ihm selbst verfaßte monographische Abhandlung. Wie J.s Buch im Welt Verlag, so blieben auch Beiträge, die J. 1917 Martin Buber in unveröffentlichten Briefen für dessen

Zeitschrift *Der Jude* in Aussicht gestellt hatte, nicht realisierte Vorhaben.

Als Redakteur und Herausgeber der 1905 gegründeten Zeitschrift *Die Schaubühne*, die 1918 in *Die Weltbühne* umbenannt wurde, öffnete J. sein Blatt 1913, im Jahr der beginnenden Mitarbeit von Kurt Tucholsky, politischen Themen. Von nun an druckte er, wenn auch nicht in apologetischer Absicht, gelegentlich Beiträge ab, die sich mit jüdischen Fragen beschäftigten. Bei der Behandlung jüdischer Themen gab J., der seine Zeitschrift als Diskussionsforum verstand, sowohl Autoren Raum, die eine kulturelle jüdische Identität hervorhoben und mit dem Zionismus sympathisierten (z. B. Max Epstein und Arnold Zweig), als auch entschiedenen Kritikern solcher Positionen (unter ihnen Julius Bab und Ludwig Marcuse). Alle Mitarbeiter J.s jedoch verband die strikte Ablehnung des Antisemitismus. Er selbst kritisierte in seiner nach dem Vorbild der *Fackel* von Karl Kraus geschaffenen Rubrik *Antworten* jüdische Journalisten, die für antisemitische Zeitungen oder Zeitschriften schrieben, und jüdische Organisationen wie den »Verband nationaldeutscher Juden«, die vor einer Zusammenarbeit mit antisemitischen Vereinigungen nicht zurückschreckten. Scharf attackierte er sie als das »verächtlichste Pack unter der Sonne« (*Briefe an Kurt Tucholsky*). Konsequenterweise begegnete er auch dem jüdischen Selbsthaß mit gleicher Kritik: »Nichts kläglicher als diese braven Knaben, die ewig dafür um Entschuldigung bitten, daß sie geboren und beschnitten sind« (*Die Weltbühne*, 16. 11. 1926). Zwar wurde Theodor Lessings vehementer Angriff auf Samuel Lublinski, dem J. 1910 in seiner Zeitschrift Raum gab (*Die Weltbühne*, 20. 1. 1910), von Zeitgenossen wie Thomas Mann als jüdischer Selbsthaß verbucht (*Literarisches Echo*, 1. 3. 1910), plausibler erscheint es heute indes, sie als Parteinahme für die »ostjüdischen Parias« (Marwedel) und zugleich als Auftakt der Kritik einer um jeden Preis angestrebten jüdischen Assimilation (Nickel) zu betrachten, die J. dann in der Weimarer Republik vehement formuliert hat.

Werke: Die Schaubühne 1905–1918 (Repr. 14 Bde., Königstein/Ts. 1980); Die Weltbühne 1918–1933 (Repr. 16 Bde., Königstein/Ts. 1978); Max Reinhardt, Berlin 1910; Jahre der Bühne. Theaterkritische Schriften, hg. W. Karsch, Reinbek 1965; Briefe an K. Tucholsky 1915–1926, hg. R. v. Soldenhoff, Hamburg 1989.

Literatur: A. Enseling, Die Weltbühne, Münster 1962; W. B. van der Grijn Santen, Die Weltbühne und das Judentum, Königstein 1994; S. Brauer, »Ihr seid, liebe Juden, (als solche) verdammt uninteressant«, in: Kurt Tucholsky und das Judentum, hg. M. Hepp, Oldenburg 1996, 93–112; G. Nickel, Die Schaubühne – Die Weltbühne. S. J.s Wochenschrift und ihr ästhetisches Programm, Opladen 1996.

Gunther Nickel

Kafka, Franz

Geb. 3. 7. 1883 in Prag; gest. 3. 6. 1924 in Kierling bei Klosterneuburg

Anders als viele seiner jüdischen Zeitgenossen, anders vor allem als sein Freund Max Brod, hat K. jüdische Existenzen und Problemstellungen in seinen literarischen Texten nie explizit thematisiert, sondern vorwiegend implizit, anspielend, parabolisch. In seinen Tagebüchern und Briefen hingegen hat er den Versuch einer jüdischen Selbstbestimmung seiner Literatur und Existenz sehr wohl unternommen. K.s entscheidende kulturelle Kategorie ist die »westjüdische« Disposition (Baioni). »Wir kennen doch beide«, so schrieb er 1920 an seine tschechische Übersetzerin und Freundin Milena Jesenská, »ausgiebig charakteristische Exemplare von Westjuden, ich bin, so viel ich weiß, der westjüdischeste von ihnen, das bedeutet, übertrieben ausgedrückt, daß mir keine ruhige Sekunde geschenkt ist, nichts ist mir geschenkt, alles muß erworben werden, nicht nur die Gegenwart und Zukunft, auch noch die Vergangenheit.« Die Kategorie »westjüdisch« gehört einem Disput unter europäischen Juden an; vor allem Martin Buber und Nathan Birnbaum waren es, die die Opposition Westjuden/Ostjuden zum entscheidenden Kriterium des Kulturzionismus erhoben haben. K. hat ihre Argumentation zwischen 1909 und 1912 anläßlich von Vorträgen in Prag zur Kenntnis genommen. Gemäß dieser Opposition gelten die Ostjuden als Paradigma eines ursprünglichen, der Tradition verbundenen, lebendigen Judentums, Westjuden hingegen als Inbegriff einer entwurzelten, gemeinschafts-, traditions- und zukunftslosen Existenz. Wenn K. diese zweite als seine eigene Option erklärte, funktionierte er sie allerdings um zu einer Metapher für seine literarische Existenz. Mehr noch: K.s westjüdische Selbstbestimmung, »nichts als Literatur« zu sein, wurde zu einer Formel der ästhetischen Moderne überhaupt.

Die westjüdische Anlage hat K. an seinem assimilierten Elternhaus festgestellt. Der tschechisch-jüdische Vater Hermann K. aus der Provinz hatte nach der Heirat mit der wohlhabenderen Deutsch-Jüdin Julie Löwy in Prag ein Geschäft für Kurzwaren und Modeartikel eröffnet. Im *Brief an den Vater* (entstanden 1919) hat K. seine väterliche Genealogie ganz unter ein westjüdisches Vorzeichen gesetzt: »Du hattest aus der kleinen ghettoartigen Dorfgemeinde wirklich noch etwas Judentum mitgebracht, es war nicht viel und verlor sich noch ein wenig in der Stadt und beim Militär, immerhin reichten noch die Eindrücke und Erinnerungen der Jugend knapp zu einer Art jüdischen Lebens aus, [...] aber zum Weiter-überliefert-werden war es gegenüber dem Kind zu wenig, es vertropfte zur Gänze während Du es weitergabst.« Mit dieser Disposition war K. nicht allein. Während seines Jura-Studiums an der Deutschen Universität in Prag zwischen 1901 und 1906 befreundete er sich mit Max Brod, Oskar Baum und Felix Weltsch, Söhne assimilierter Familien, die Mitglieder der »Lese- und Redehalle der deutschen Studenten« waren, und zunächst nicht etwa des zionistischen Studentenvereins »Bar-Kochba«.

Die Diskussion um das Judentum unter den Studenten wurde deutlich intensiver, als Buber 1909 und 1910 in Prag seine berühmten *Drei Reden zum Judentum* (1911) gehalten hatte. Für viele der assimilierten Studenten waren sie ein Auslöser zur Auseinandersetzung mit dem Zionismus und, darüber vermittelt, mit ihrem eigenen Judentum. Kurz darauf debattierten die Prager jüdischen Intellektuellen ein zweites Ereignis: Zwischen 1910 und 1912 gastierte im Café Savoy eine polnisch-jiddische Theatergruppe, die den assimilierten Studenten als Verwirklichung von Bubers romantischem Begriff des Ostjudentums erschien. K. jedenfalls engagierte sich für die Schauspieler und befreundete sich mit ihrem Hauptdarsteller Jizchak Löwy, »gierig und glücklich originäres Judentum« kennenzulernen. Die *Tagebücher*, kurz zuvor begonnen, geben einen Eindruck von K.s Begeisterung für die ostjüdische Kultur; ihr erstes Drittel hat das jiddische Theater zum Gegenstand. Anläßlich eines Liederabends durch eine der Schauspielerinnen notierte er im Oktober 1911: »Bei manchen Liedern, der Ansprache ›jüdische Kinderlach‹, manchem Anblick dieser Frau, die auf dem Podium, weil sie Jüdin ist, und Zuhörer, weil wir Juden sind, an sich zieht, ohne Verlangen oder Neugier nach Christen, ging mir ein Zittern über die Wangen.« Die *Tagebücher* bezeugen auch K.s neue Lektüren: Heinrich Graetz' *Geschichte des Judentums*, die er Anfang November 1911 ebenfalls »gierig und glücklich zu lesen angefangen« hat, Meyer Isser Pines' *L'histoire de la Littérature Judéo-Allemande*, Jacob Fromers *Organismus des Judentums*, am wichtigsten aber, seit 1911, die zionistische Zeitschrift *Selbstwehr* des Bar Kochba-Vereins (Binder). K.s Engagement erreichte einen Höhepunkt, als er am 28. Januar 1912 im jüdischen Rathaus in Prag eine *Rede über die jiddische Sprache* hielt. Diese Rede zeigt jedoch auch, daß K.s Begriff der ostjüdischen Kultur immer auch quer zu den Forderungen des Zionismus stand, betonte er doch an der jiddischen Sprache nicht die Qualität einer nationalen, gemeinschaftstiftenden Institution, sondern gerade die Subversion von grammatischer, politischer und sozialer Ordnung. Dies bestätigt auch K.s *Schema zur Charakteristik kleiner Literaturen* (entstanden Ende 1911), das die Politik und Poetik der »kleinen« jiddischen Literatur beschreibt, zugleich aber auch programmatisch für K.s eigene Literatur ist, einer »kleinen Literatur« also, die großen Gemeinschaften nicht angehören kann und will.

Nicht nur die *Tagebücher* bezeugen, daß die Begegnung mit dem jiddischen Theater K.s Schreiben freigesetzt hat. Es kommt auch in Gang, als er am 20. September 1912 einen intensiven Briefwechsel mit Felice Bauer beginnt, mit der Erinnerung an ihr gut zionistisches Versprechen, »im nächsten Jahr eine Palästinareise mit ihm machen zu wollen«. Zwei Tage später, in der Nacht vom 22./23. September, kaum zufällig kurz nach dem Jom Kippur, schrieb K. *Das Urteil*. Diese äußerst intensive Erfahrung des Schreibens im Herbst 1912 hat K.s Selbstverständnis als Schriftsteller geklärt. K. wurde deutlich, daß er, anders als seine Freunde, die Literatur nicht in den Dienst der neuen jüdischen Gemeinschaft des Zionismus stellen kann, wie es etwa Brod in seinem Aufsatz *Der jüdische Dichter deutscher Zunge* (1913) gefordert hatte. Ebensowenig nachvollziehbar schien ihm aber auch das literarische Dispositiv der Assimilation, das er Karl Kraus vorgehalten und im *Bericht für eine Akademie* (entstanden 1917), als Akkulturation eines Affen zu einem Menschen mit der »Durchschnittsbildung eines Europäers«, parabolisch und satirisch durchgespielt hat. Indem K. sein Schreiben sowohl vom Zionismus als auch von der Assimilation abgrenzte, stellte er es förmlich außerhalb der Gemeinschaft und ihren Institutionen wie Sprache, Familie, Ehe, Gesetz. Sein Schreiben galt ihm als die Unmöglichkeit von Tradition, Gemeinschaft, Familie und Zionismus, als westjüdische, oder, nach einem Ausdruck von Paul Friedrich, als »Junggesellenkunst«. Diese Lage außerhalb und »vor dem Gesetz« beschreiben insbesondere die frühen Vater-Sohn-Szenarien *Das Urteil* und *Die Verwandlung* (entstanden Herbst 1912), aber auch die drei Romanfragmente *Der Verschollene* (entstanden 1912–14), *Der Process* (entstanden 1914–Januar 1915) und *Das Schloss* (entstanden 1922).

Als sich während des Ersten Weltkriegs ostjüdische Flüchtlinge aus dem zaristischen Rußland in mitteleuropäischen Städten wie Berlin, Wien und Prag sammelten, wurde für K. das Ostjudentum erneut zum Thema. Diesmal argumentierte er jedoch näher an Bubers Kulturzionismus. Zwar hatte er noch im November 1915 Bubers Einladung zur Mitarbeit an dessen Zeitschrift *Der Jude* mit dem Argument ausgeschlagen, »viel zu bedrückt und unsicher [zu sein], als daß ich in dieser Gemeinschaft auch nur mit der geringsten Stimme reden dürfte«. Anderthalb Jahre später aber erschienen die »Tiergeschichten« *Schakale und Araber* und *Bericht für eine Akademie* ausgerechnet in *Der Jude*. Als K. die Nummer vor sich hat, muß er »immer erst aufatmen von Eitelkeits- und Selbstgefälligkeitsausbrüchen« und empfindet »Orgien beim Lesen«. Doch schon Mitte 1916 näherte er sich dem Zionismus, indem er Felice nachdrücklich dazu aufforderte, an dem u.a. von Buber gegründeten Volksheim für ostjüdische Flüchtlinge als Helferin tätig zu werden. Das Volksheim wurde K. geradezu zu einer Chiffre von Bubers Ostjudentum. Die zionistische Arbeit an der Gemeinschaft führte er jedoch nicht selbst aus, sondern delegierte sie gleichsam an Felice. Im Sommer 1923 sollte der mittlerweile schwerkranke K. im Müritzer Ostseebad zufällig neben der Ferienkolonie des Volksheims wohnen und sich mit den »vielen Hebräisch-Sprechenden, gesunden, fröhlichen Kindern« abgeben, zwar »nicht glücklich, aber an der Schwelle des Glücks«.

Ebenso ambivalent war K.s Begegnung mit der religiösen Welt der frommen osteuropäischen Juden, der Chassidim, in den Jahren 1915 und 1916 (Grözinger). Mehr spielerisch ist die Konstruktion einer eigenen chassidischen Genealogie: »Ich heiße hebräisch Amschel, wie der Großvater meiner Mutter von der Mutterseite, der als ein sehr frommer und gelehrter Mann mit langem weißen Bart meiner Mutter erinnerlich ist. [...] Sie erinnert sich auch an die vielen, die Wände füllenden Bücher.« Ernsthafter ist K.s Interesse an der in Erzählungen und Wundergeschichten verhüllten chassidischen und kabbalistischen Tradition, die er durch Georg Langer kennenlernte. Langer hatte beim Rabbi von Belz studiert und war 1914 unter einigem Aufsehen in chassidischer Kleidung nach Prag zurückgekehrt. Zusammen mit Langer besuchte K. im September 1915 den berühmten Rabbi von Grodek, im Juli 1916 den Rabbi von Belz. K. begegnete dieser Welt allerdings mit einer »seltsamen Mischung von Begeisterung, Neugierde, Skepsis, Zustimmung und Ironie«. Zweifellos stand er an einem völlig anderen Punkt als Langer: »Langer sucht oder ahnt in allem tiefern Sinn, ich glaube, der tiefere Sinn ist der, daß ein solcher fehlt.« Doch gerade unter diesem negativen Vorzeichen erscheint der halachische und kabbalistische Gesetzes- und Gerichtsbegriff des Chassidismus mit seinen Instanzen der Richter, der Torwächter, des »Am ha-Arez« (»Mann vom Lande«) in K.s literarischem Kosmos. K.s Literatur ist zwar nicht Kabbala in dem Sinne, daß sie ihre »Wurzeln in die alten Jahrhunderte treibt«. Sie ist aber Kabbala in dem Sinne, wie es Gershom Scholem verstanden hat: im Sinne einer Krise des Gesetzes, einer »verfallenden Tradition« (Mosès). Dieser sabbatianische, potentiell häretische Begriff der Kabbala als Verlust, Profanierung oder Außerkraftsetzung des Gesetzes und des Gerichts stimmt auf überraschende Weise mit der westjüdischen Konstitution von K.s Schreiben, jenem negativen Verhältnis zu Tradition und Gemeinschaft, überein. Schon K.s berühmtester ›Gesetzestext‹ *Der Process* hatte diesen ›häretischen‹ Gesetzes- und Gerichtsbegriff zum Gegenstand. Aber auch die Sammlung *Ein Landarzt* (entstanden 1916–17), der die Lektüre von Alexander Eliasbergs *Sagen polnischer Juden* (1916) vorausliegt, geht von dieser Disposition aus.

Ende April 1917 erschien in der *Selbstwehr* unter dem buberianischen Titel *Zur hebräischen Renaissance* eine Rezension von Moses Raths Hebräischlehrbuch *Sfat Ammenu*, das soeben in zweiter Auflage erschienen war. Mittlerweile nicht mehr nur Leser, sondern auch Autor der *Selbstwehr* – im September 1915 erschien dort *Vor dem Gesetz*, 1919 folgten u.a. *Die Sorge des Hausvaters* und *Eine kaiserliche Botschaft* –, hatte sich K. Raths Lehrbuch angeschafft und bis zum September 1917 fünfundvierzig Lektionen durchgearbeitet. Folgt man der kulturzionistischen Ideologie der Rezension, dann wäre K. mit dem Erlernen der hebräischen Sprache auf dem besten Weg gewesen, die Bedingung für die nationale »Renaissance« des Judentums zu erfüllen. K. hat sich nicht mit dem Selbststudium mit Hilfe von Moses Rath begnügt; er hat auch Privatunterricht genommen, zunächst 1919 bei Friedrich Thierberger und 1921 bei Georg Langer. Die größte »hebräische Kraftanstrengung«, wie K. sein Lernen bezeichnete, unternahm er jedoch im Sommer 1923, in der Zeit seines ernsthaftesten Plans der Auswanderung nach Palästina. K.s Lehrerin war die in Jerusalem geborene Puah Ben-Tovim, die 1923 vermittelt durch Hugo Bergmann nach Prag kam. Als er im Spätherbst 1923 nicht nach Palästina, sondern nach Berlin ging, besuchte er an der »Hochschule für die Wissenschaft des Judentums« Hebräisch- und Talmudkurse. Zugleich hat er bei seiner letzten Lebensgefährtin Dora Diamant, die aus einer ostjüdischen Familie mit chassidischem Hintergrund stammte und wie Felice Helferin in Bubers Volksheim war, wiederum mit Blick auf eine allerdings nunmehr imaginäre Auswanderung nach Palästina Hebräisch gelernt.

Doch selbst wenn K.s Hebräischstudien einen ernsthaften Versuch darstellen, an einer kulturellen und politischen jüdischen Gemeinschaft tatsächlich teilzunehmen, stehen auch sie unter einem westjüdischen Vorzeichen. Dies macht eine »Feststellung« von K. deutlich, an die sich Miriam Singer, die mit Brod und K. 1921 bei Georg Langer Hebräisch lernte, erinnerte: »Damals prägte K. die passende Feststellung: ›Die Prager Zionisten beginnen im September bei der ersten Moses-Rath-Lektion und lernen fleißig bis zum Juni. Während der Ferien gelingt es ihnen, alles Gelernte wieder zu vergessen und dann fangen sie im September wieder mit der ersten Moses-Rath-Lektion an.‹« Unter dasselbe westjüdische Vorzeichen, das die eigenen potentiell zionistischen Anstrengungen ironisierte, setzte K. auch seine Hebräisch- und Talmudlektionen in Berlin 1923/24, so in einem Brief an seinen Freund der letzten Jahre, Robert Klopstock: »Daß Sie in die Iwriah gehen wollen, ist sehr gut, vielleicht nicht nur in die Hebräischkurse, sondern auch zur Talmudstunde (einmal wöchentlich! Sie werden es nicht ganz verstehn, was tut es? Aus der Ferne werden Sie es hören, was sind es sonst, als Nachrichten aus der Ferne).« »Nachrichten aus der Ferne« und vergessenes Wissen sind auch die alten Traditionen, denen die *Forschungen eines Hundes* (entstanden 1922) gelten, und *Josefines* Gesang (entstanden März 1924), der dem Mäusevolk unnahbar und unverständlich geworden ist.

Was K. in den literarischen Texten parabolisch und allusiv zu verstehen gibt, macht er in den Briefen und Tagebüchern explizit: daß er, wenn auch in einem komplizierten Verhältnis, sein Schreiben zur heterogenen »kleinen Welt der deutsch-jüdischen Literatur« rechnet, wie er in dem wichtigen Brief vom Juni 1921 an Brod formulierte. Zur Beschreibung und Interpretation dieser »kleinen Literatur« greift K., im Anschluß an Anton Kuh, auf die Psychoanalyse zurück. An der Psychoanalyse nämlich, die K. an anderer Stelle als »Raschi-Kommentar« zum modernen Judentum bezeichnet hat, interessiert ihn insbesondere »die Erkenntnis, daß der Vaterkomplex von dem sich mancher geistig nährt, nicht den unschuldigen Vater, sondern das Judentum des Vaters betrifft. Weg vom Judentum [...] wollen die meisten, die deutsch zu schreiben anfingen, sie wollten es, aber mit den Hinterbeinchen klebten sie noch am Judentum des Vaters und mit den Vorderbeinchen fanden sie keinen neuen Boden. Die Verzweiflung darüber war ihre Inspiration.« Das ödipale Dispositiv der deutsch-jüdischen Literatur besteht, mit anderen Worten, in einer doppelten Verpflichtung gegenüber zwei großen kulturellen, religiösen, sozialen und politischen Systemen, dem jüdischen und dem deutschen. K. nun differenziert diese deutsch-jüdische Doppelbindung in vier »Unmöglichkeiten« – und nicht etwa Möglichkeiten, denn die deutsch-jüdische Literatur ist, so K., »eine von allen Seiten unmögliche Literatur, eine Zigeunerliteratur«. Die erste ist die »Unmöglichkeit, nicht zu schreiben«; sie ist gleichsam die Prämisse der deutsch-jüdischen Interkulturalität und entspringt der Verzweiflung, zwischen zwei Identitäten zu stehen. Die zweite ist die »Unmöglichkeit, deutsch zu schreiben«, was der Not der Assimilation entspricht, die deutsch sein will, jedoch unwillkürlich immer »jüdisch« bleibt, wie K. an Kraus feststellt. Die dritte ist die »Unmöglichkeit, anders zu schreiben«, was der Not des Zionismus entspricht, der nicht deutsch, sondern – wie etwa Brod, aber auch Buber – hebräisch schreiben will, aber vom Deutschen nicht loskommen kann. Die vierte Unmöglichkeit schließlich liegt jenseits von Assimilation und Zionismus, jenseits also der beiden großen Orientierungssysteme der deutschen und der jüdischen Kultur; es ist K.s westjüdische Unmöglichkeit: »die Unmöglichkeit zu schreiben«. Dieses Schreiben befindet sich gleichsam im toten Punkt zwischen der deutschen und der jüdischen Literatur. Zwischen den beiden Vater-Literaturen stehend, ist jener »westjüdische Sohn« zum Schreiben getrieben, doch sein Schreiben vermag nicht an eines der beiden kulturellen Familien-Systeme anzuschließen. Gleich den rastlosen Treppen-Existenzen des *Jäger Gracchus* (entstanden 1917) und des *Odradek* (*Die Sorge des Hausvaters*, entstanden 1917), oszilliert es unentschlossen im vergangenheits- und zukunftslosen, im westjüdischen Raum zwischen den Kulturen.

Werke: Schriften, Tagebücher, Briefe, kritische Ausgabe, hg. J. Born u. a., Frankfurt a. M. 1982ff.

Literatur: H. Binder, F. K. und die Wochenschrift ›Selbstwehr‹, in: DVjs 41 (1967), 283–304; E. T. Beck, K. and the Jiddisch Theater, Madison 1971; C. Stölzl, K.s böses Böhmen. Zur Sozialgeschichte eines Prager Juden, München 1975; K. und das Judentum, hg. K.-E. Grözinger u. a., Frankfurt a. M. 1987; K.-E. Grözinger, K. und die Kabbala, Frankfurt a. M. 1992; G. Baioni, K. Literatur und Judentum, Stuttgart 1994; A. Kilcher, K., Scholem und die Politik der jüdischen Sprachen, in: Politik und Religion im Judentum, hg. C. Miething, Tübingen 1999, 79–115.

Andreas Kilcher

Kerr, Alfred

Geb. 25. 12. 1867 in Breslau;
gest. 12. 10. 1948 in Hamburg

K. gehörte zu den bekanntesten und umstrittensten Theaterkritikern der ersten Hälfte des 20. Jahrhunderts in Deutschland. Das Urteil der Zeitgenossen über ihn schwankte zwischen »Feuilletonschlampe« (K. Kraus), »Kerr ist Dichter« (R. Musil) und »Kritikergenie« (M. Heimann). K.s Kritiken zum Theater und zu politisch-gesellschaftlichen Ereignissen polarisierten die Avantgarde ebenso wie die Reaktion. Mit seinen Kritiken gilt K. als Wegbereiter der Dramen Ibsens und Hauptmanns auf den deutschen Bühnen. Er setzte sich für die Wiederaufführung der Dramen Hebbels ein und förderte Dichter wie F. Wedekind, G. Hirschfeld, E. Toller und G. B. Shaw. Seine Gegnerschaft zu K. Kraus, M. Harden und B. Brecht ist Literaturgeschichte.

Geboren wurde K. im schlesischen Breslau. Sein Vater betrieb eine florierende Weinstube. Nach dem Besuch des Gymnasiums studierte K. in Breslau und Berlin, wo er sich 1887 niederließ. Seit seiner Promotion 1894 widmete sich K. ausschließlich seiner schriftstellerischen und kritischen Arbeit. 1909 änderte er seinen Familiennamen Kempner in Kerr, um der Vermutung aus dem Weg zu gehen, er sei mit dem »schlesischen Schwan« Friederike

Kempner verwandt, Autorin berühmt-berüchtigter Lyrik, die in Wahrheit eine Tante des Dichters Jakob van Hoddis war. Schon als Student in Berlin knüpfte K. Kontakte zum Kreis um die *Freie Bühne*. Seit der Uraufführung von *Vor Sonnenaufgang* 1889 war K. ein uneingeschränkter Bewunderer Gerhard Hauptmanns: »Wir fühlten einen Dichter sich auf uns niederlassen. Freiheit! Freiheit! Freiheit!«, eine Freiheit, die sich nicht nur auf die ästhetische Form, sondern auch auf das Lebensgefühl der jungen Generation bezog. Als Theaterkritiker wurde K. in den folgenden Jahren neben Paul Schlenther zu einem der Wegbereiter des Naturalismus auf der deutschen Bühne. Er schrieb für die *Neue Rundschau*, die *Vossische Zeitung*, die *Breslauer Zeitung*, die *Frankfurter Zeitung* und die *Königsberger Allgemeine Zeitung*. 1900 gründete K. mit Paul Cassirer und Wilhelm Herzog die Theaterzeitschrift *Pan*, die bis zum Ersten Weltkrieg erschien. Kurt Tucholsky, Frank Wedekind, Heinrich Mann und Robert Walser schrieben für diese Zeitschrift. Von Wien aus jedoch verspottete Karl Kraus K.s *Pan* als bloßen Abklatsch der 1895–1900 erschienenen Kunstzeitschrift gleichen Namens: »der kleine Pan röchelt noch«. 1900–19 war K. auch Theaterkritiker des *Tag*, von 1919 bis zu seiner Flucht 1933 schrieb er für das *Berliner Tageblatt*. Bereits 1904 war eine Sammlung seiner Kritiken unter dem Titel *Das neue Drama* erschienen, und eine weitere Sammlung (*Die Welt im Drama 1917–1921*) war auf fünf Bände angewachsen.

Schon Syntax und Semantik brachen mit der Theaterkritik alter Schule, die – vom akademischen Katheder herab – Stück und Aufführung analysierte und bewertete. Dagegen setzte K. knappe Formulierungen, Umgangssprache und Dialekt, gepaart mit Fragmenten klassischer Bildung, Wortspiele, Metaphern und Assoziationen. »Mein Werk ist nicht mit dem Schweiß einer Wissenschaftlichkeit kunstfern geschrieben, sondern mit dem Blut des Herzens.« Damit spielt K. nicht nur die Wissenschaft gegen die Kunst aus, sondern er setzt die Kunst in eins mit dem schaffenden Leben. Zeitgenossen wie Martin Buber forderten vom neuen, hier jüdischen Menschen, Schöpfer zu werden, um am neuen Leben des jüdischen Volkes teilzuhaben. Bei K. kehren diese der Lebensphilosophie und dem Vitalismus der Jahrhundertwende entsprechenden Gedanken immer wieder. Höchstes Kriterium für K. ist die schöpferische Fähigkeit des Autors, »ein Dasein im Blitze zucken zu lassen«, ein Anspruch, den K. bei Autoren wie Hauptmann, Toller oder Shaw in höchstem Maße eingelöst sah. Vor diesem Hintergrund ist auch K.s oft zitierte Forderung zu verstehen, daß die Kritik eine gleichberechtigte Kunst neben der Dichtung und der Kritiker ein Dichter sein solle. Nur so könne die Kritik ihrem aufklärerischen Auftrag gerecht werden. Dieser Maxime blieb K. auch treu, als im Oktober 1921 die berühmte *Wilnaer Truppe* in Berlin gastierte. Als K. den *Dybuk* von An-ski sah, war seine erste Frage: »Was meldet sich der Wahrnehmung?« Und was sich ihm meldete, löste bei anderen Irritationen aus, denn K. sah das Gemeinsame und nicht das Trennende: »Oft ist es bauernverwandte Kunst, wenn der wohlhäbige Jüd Szender für sein Töchterli den Bräutigam sucht [...]; ganz wie bei Ludwig Thoma zu Bauern der katholische Schmuser geht, und man zuvor die Mitgift oberbayerisch feilschend Stück für Stück beguckt, bekloppt, rechnet.«

Für K.s Kritiken galt, was Tucholsky über seine Gedichte schrieb: »[Sie] hauen ein wie ein gut sitzender Säbel.« Mit spitzer Feder schrieb K. gegen die Engstirnigkeit der wilhelminischen Gesellschaft an, er kritisierte Justiz und Militarismus und verhehlte nicht seine Abneigung gegen Nietzsche und Wagner sowie deren Verehrer wie Rudolf Steiner. K. verriß Georg Kaiser und August Stramm, was ihm den Vorwurf einbrachte, ein Gegner des Expressionismus zu sein, obwohl er Toller, Horváth und Wedekind hoch einschätzte. Persönliche Feindschaft dagegen prägte sein Verhältnis zu Brecht, der ihm 1918 das Manuskript des *Baal* zugesandt hatte. »Er [ist] ein begabter Ragoutkoch, zeigt zwar als Lyriker große Begabung, dagegen [sind] seine Fähigkeiten als Dramatiker begrenzt.« Als 1928 K. Plagiatsvorwürfe wegen der *Dreigroschenoper* erhob, eskalierte der Streit. Dem epischen Drama stand K. verständnislos gegenüber, der Begriff sei »ein Fremdwort für: das ungekonnte Drama. Für (entschuldigen!) das Idiotenstück« – womit K. sich auch die endgültige Feindschaft von Karl Kraus zuzog.

Auch im Streit um das Heine-Denkmal in Düsseldorf ergriff K. Partei. Er organisierte eine Sammlung für den Bau des Denkmals und griff die – antisemitischen – Gegner des Projekts scharf an. Gerade was den Antisemitismus anging, reagierte K. mit besonderer Sensibilität. In seinem *Lebenslauf* von 1928 schrieb er über den verdeckten Antisemitismus: »›Verfluchtes Judenaas‹ oder ›Wieviel schwangere Judenweiber man sieht – s'ist zum Kotzen!‹ Nicht das war verletzend. Sondern wenn aufgeklärte Freunde, Wohlwollende, schonend sagten: ›Die jüdischen Herrschaften‹ – das traf.« K. empfand »die Herkunft von diesem Fabelvolk immer als etwas Beglückendes, so gewiß ich von seiner Sprache nichts weiß als die für mich gewaltig schönen sechs rauhen Riesenworte: Schma Jisroel, Adonai Elohenu Adonai Jechod. Höre Israel: der Herr, dein Gott, der Herr ist ewig! Sie haben jedoch ewige Geltung für meine Phantasie« (*Lebenslauf*, 1928). Anläßlich seiner Palästinareise 1903 hatte er über die Juden geschrieben: »Die Juden [sind] im Verstand die Allerfreiesten. Die Allerfreiesten von jedem Lichtschwund. Dies alte Volk ist das neueste – nach zweitausend Jahren.« K. ging es dabei weniger um ein zur Schau getragenes Judentum, sondern um ein mit Aufrichtigkeit und Würde gelebtes und verteidigtes jüdisches Selbstverständnis. Pointiert drückte K. dies in seinem Reisebericht *Jeruschalajim* aus: »Simson, Barkochba . . . Vettern! Eure Pfote«, bzw. »Trotzdem soll jeder feige Vertusch-, Verkriech-, Versteckjude die Gicht kriegen, Knollen am Popo, und zerspringen.« Gerade das Kämpferische ist für K. Inbegriff des Judentums. Jedes Verleugnen des eigenen Judentums bedeutete für ihn umgekehrt, Wasser auf die Mühlen des Antisemitismus zu schütten. Seine scharfen Angriffe gegen antisemitische Untertöne bei Juden (wie beispielsweise Maximilian Harden) oder Nichtjuden müssen vor diesem Hintergrund gesehen werden. Dennoch sind die jüdischen Helden für ihn nur »Vettern«, seine eigentliche Heimat sah er in Deutschland. »Ich hab auch in Jeruschalajim gewußt: daß ich ein Deutscher bin, und daß wunderbar das Schicksal mit mir spielt, weil es [. . .] vom Davidschloß mich hinübertrug [. . .] in das unsterblich dahinklingende, jetzo von mir geliebte Deutschland.« Orientierungspunkt für K. blieb die deutsche Kultur, Literatur und Musik. Der Jerusalemer Reisebericht war nicht der einzige; während der 20er Jahre erschienen regelmäßig Reisefeuilletons und Reisebücher. Neben einer Sammlung von Reiseberichten (*Die Welt im Licht*, 1920, darin *Jeruschalajim* von 1903) waren dies *New York und London* (1923), *O Spanien* (1924), *Yankeeland* (1928), *Es sei wie es wolle, es war doch schön* (1927) und *Die Allgier trieb nach Algier* (1928).

Ab 1928 schrieb K. regelmäßig Rundfunkkommentare, in denen er vor den Nationalsozialisten warnte. 1929 unterschrieb er neben Kurt Tucholsky und Heinrich Mann Henri Barbusses Aufruf zur Gründung einer europäischen Liga gegen den Faschismus. Am 15. 2. 1933 mußte er überstürzt mit seiner zweiten Frau und den beiden Kindern die Flucht antreten, über Prag, die Schweiz und Paris nach London. Dort lebte er mit seiner Familie (»meine drei Menschen und ich«) in großer Armut. K. schrieb für Emigrantenzeitungen wie das *Pariser Tageblatt*, war Korrespondent der *BBC* und arbeitete im *Freien Deutschen Kulturbund*. Darüber hinaus konnte er eigene Werke in kleiner Auflage veröffentlichen. 1934 erschien *Diktatur des Hausknechts*, eine Abrechnung mit Hitler. K. hatte schon einmal von »Hausknechten« gesprochen, nämlich 1896 im Zusammenhang mit der Dreyfuß-Affäre und Zolas Verurteilung wegen seines Artikels *J'accuse*: »Es ist da drüben ein Aufstand der Hausknechte.« Er bezeichnete damit eine Geisteshaltung aller Schichten. Im Militär etwa geißelte er diese Haltung als »höheren Stallknechts-Komment [mit] Kasino-Weltanschauung«, die ihren Ausdruck auch im falschen Ehrbegriff, im Antisemitismus oder in der Frauenfeindlichkeit fand. Den antisemitischen Hofprediger Stöcker nannte er einmal »einen ganz und gar subalternen Kopf«. 1935 schrieb er *Walter Rathenau. Erinnerungen eines Freundes* und schließlich 1938 *Melodien*, eine Sammlung von Gedichten.

1948 entschloß sich der mittlerweile 81jährige K. zu einer Vortragsreise durch Deutschland. In Hamburg erkrankte er schwer und setzte seinem Leben wenige Wochen später selbst ein Ende.

Werke: Werke in Einzelbänden, hg. H. Haarmann u. a., 8 Bde., Berlin 1989ff.; Wo liegt Berlin? Briefe aus der Reichshauptstadt 1895–1900, hg. G. Rühle, Berlin [5]1998.

Literatur: H. Schneider, A. K. als Theaterkritiker, 2 Bde., Rheinfelden 1984; L. Schöne, Neuigkeiten vom Mittelpunkt der Welt. Der Kampf ums Theater in der Weimarer Republik, Darmstadt 1995.

Heidelore Riss

Kesten, Hermann

Geb. 28. 1. 1900 in Podwoloczysk (Galizien); gest. 3. 5. 1996 in Riehen bei Basel

»Ich wußte immer, daß ich ein Jude war, und nie genau, was ein Jude war« – im Kontext von K.s umfangreichem Oeuvre wird dieses Bekenntnis, das er seinem Bericht einer Reise nach Israel 1950 einfügte, lesbar als Ausdruck eines jüdischen Schriftstellers deutscher Sprache, dem, obzwar noch in der Nähe zur jüdischen Überlieferung aufgewachsen, Bestimmung und Selbstbestimmung als Jude im Gang des Assimilationsprozesses zusehends ungewisser geworden waren, bis die Verfolgungs- und Vernichtungspolitik des Nationalsozialismus eine neue, radikalisierte Selbstbefragung zunächst des Geflüchteten, dann des Überlebenden erzwang. H. Krüger kennzeichnete in seiner Laudatio auf den Preisträger des Nelly-Sachs-Preises 1977 »die jüdische Tradition dieses Mannes« als »ein freies, aufgeklärtes, undogmatisches Judentum« und führte u. a. aus: »Dieser K. ist darin Jude, daß er Sündenzerknirschung und Jenseitshoffnung nicht kennt. Hier und heute will er leben. Humanität muß jetzt verwirklicht werden.« Auch wenn die Anwendung solcher, schon durch ihre Kürzelhaftigkeit problematischen Definitionen »des Jüdischen« Krügers Deutung in Frage stellt, sucht sie doch der Vermutung nachzugehen, daß ein Zusammenhang bestehen muß zwischen dem Charakter des Werkes und der spezifischen Stellung seines Autors im westdeutschen Kulturbetrieb auf der einen Seite und seinem Judentum, seiner Erfahrung jüdischer Existenz auf der anderen Seite.

Nach Kindheit und Jugend in Nürnberg, Studien der Germanistik, Geschichte und Philosophie in Erlangen und Frankfurt und ersten Erfolgen als Autor der Neuen Sachlichkeit (Kleist-Preis 1928) sind es die Krisenzustände Ende der 20er Jahre und vor allem die Machtübernahme der Nationalsozialisten, die K. mit der Frage jüdischer Identität existentiell konfrontieren. Ohne Illusionen über den Vernichtungscharakter des NS-Antisemitismus schon im Sommer 1933 – »man will uns ausrotten, mein Lieber« (Brief an R. Neumann, 7. 8. 1933) –, scheinen jedoch vor allem das Ende der bürgerlichen Freiheiten und der politischen und moralischen Unabhängigkeit des Schriftstellers K.s Abreise Ende März 1933 motiviert zu haben: »Die Tatsache, daß Kesten Jude war, spielte bei seiner Entscheidung, das Reich zu verlassen, nicht die ausschlaggebende Rolle« (A. Winkler). Eine universalistisch grundierte Perspektive – die das NS-Regime auch in der Retrospektive zuerst als »einen Mordversuch am deutschen Volk und an Europa und an unserer Zivilisation« zu begreifen sucht – bleibt bestimmend sowohl für das poetische Schaffen wie für die zahlreichen Wortmeldungen in der Exilpresse.

Das Ende des Krieges, das verknüpft war mit der Öffnung der Lager und immer neuen Nachrichten über das Ausmaß der NS-Verbrechen, führt zu einer expliziteren Auseinandersetzung mit Fragen jüdischer Gegenwart und jüdischer Selbstbestimmung. Im Roman *Die fremden Götter* (1949) erzählt K. von einem ehemaligen KZ-Häftling, den das Wunder des Überlebens zum jüdischen Glauben zurückgeführt hat und der in Konflikt mit seiner Tochter gerät, die, versteckt in einem französischen Kloster, katholisch getauft worden war. K. nimmt jedoch nicht einseitig Partei, sondern versucht zu zeigen, wie »die Götter die Gläubigen und ihre Familien« zu »zerstören« vermögen. Jahre später wird er in einem Nachwort von 1960 das Buch als »heiteren Vorschlag zur gegenseitigen Duldung« charakterisieren. Kurz nach Erscheinen des Romans besucht K. für vier Wochen den jungen Staat Israel. »Ich ging kontinuierlich vom Befremden zum Entzücken oder zur Ablehnung, von Verzweiflung zur Erheiterung, und von einem Staunen ins andere.« Als jemand, der »den Nationalismus für die Revolte des achtzehnten, die Krankheit des neunzehnten und das Verbrechen des zwanzigsten Jahrhunderts« hält, empfindet K. eine deutliche, persönliche Reserve gegenüber dem zionistischen Gemeinwesen. Als neue Heimat kommt Israel für ihn nicht in Frage: »Alle erwarteten von mir, ich würde das Land nie mehr verlassen wollen. Sie schauderten, als ich gestand, ich sei ein Tourist, so reiselustig wie der Ewige Jude, und ich fände New York oder Rom eine hübschere Residenz als Tel-Aviv.«

K.s Identität als jüdischer Schriftsteller deutscher Sprache findet in den anschließenden Jahrzehnten seinen explizitesten Ausdruck zum einen in den wiederholten, eindringlichen Evokationen von Szenen der Verfolgung und Unterdrückung, zum andern im Versuch fortgesetzter politischer und kulturpolitischer Intervention im westdeutschen Literaturbetrieb. Neben der Schilderung von Verschleppung, Mißhandlung und Mord unter dem NS-Regime mangelt es dabei nicht an Seitenblicken auf eine schwer faßliche ›Normalität‹, wie sie etwa in *Die Abenteuer eines Moralisten* (1961) zur Darstellung kommt: »Sie taten alle, als ginge ihr Alltag weiter [...]. Die Leute saßen vor den Cafés wie seit Jahrzehnten, sie lachten und tranken, diskutierten und flirteten. Keiner fürchtete sich vor den Verfolgern, die mitten unter ihnen saßen. Keiner zitterte vor dem Krieg, der an der Wand lehnte. Saßen da auch Republikaner? Und Demokraten? Und Freunde von Christen? Und Freunde von Juden? [...] Mischten sich die Henker und Opfer?« Und im Roman *Die Zeit der Narren* (1966), der in der Nachkriegszeit spielt, scheint manches »darauf hinzuweisen, daß eine neue Feindseligkeit gegenüber den Juden entsteht, nur weil sie Opfer waren und die Welt nicht an ihrem Gewissen gerüttelt werden möchte« (C. Schnauber).

Nicht weniger als in seinem poetischen Werk suchte K. auch in öffentlichen Statements wiederholt die Perspektive des jüdischen Exilanten in den deutschen Diskurs einzubringen. Befragt zu seinem Verhältnis als Jude zu Deutschland, in das er dauerhaft nicht mehr zurückgekehrt war, antwortete er 1966: »Für Juden, die das Dritte Reich von innen oder außen gesehen haben, muß die Bundesrepublik wie ein Paradies mit Alpträumen aussehen.« Und in seiner Einleitung zu dem von ihm herausgegebenen Band *Ich lebe nicht in der Bundesrepublik* (1964) stellt er lakonisch fest: »Millionen Deutscher denken und sprechen heute noch besser von der SS und der SA und den alten PGs als von politischen Emigranten oder gar von Juden, die gleichfalls politische Emigranten oder politische Opfer waren.«

In das Jahr 1961 fällt die Niederschrift jener Zeile, die vielleicht am markantesten K.s historischen Ort als Jude in der westdeutschen Nachkriegsliteratur kennzeichnet. Nachdem er öffentlich auf ein Geburtstagsgedicht Ina Seidels zu Ehren Hitlers aufmerksam gemacht und Seidels Sohn sich bei Hans Werner Richter, dem Leiter der Gruppe 47, darüber beschwert hatte, schrieb Richter zurück: »Kesten ist Jude und wo kommen wir hin, wenn wir jetzt die Vergangenheit untereinander austragen, d.h. ich rechne Kesten nicht uns zugehörig, aber er empfindet es so.« In dieser Zeile verwirklichte sich eine Bestimmung des Jüdischen, die K. an anderer Stelle als eine seiner wesentlichen gekennzeichnet hatte: die abgrenzende Zuschreibung von außen. Sie steht hier für die aus Kestens jüdischer Verfolgungserfahrung resultierende Distanz, auch Dissidenz, zu der unter deutschen Autoren weitverbreiteten Haltung, eine tatsächliche »Austragung« der Vergangenheit zu vermeiden. Diese Einstellung führte zu jener notorischen, demonstrativen Abwertung der Exilliteratur, die K. zeitlebens – u.a. mit seinem Briefband *Deutsche Literatur im Exil* – zu bekämpfen suchte. Wie sehr K. in dieser Ablehnung der Exilliteratur durch die westdeutsche Nachkriegsliteratur nicht nur das Gebot der Erinnerung, sondern auch seine Identität als jüdischer Autor deutscher Sprache verletzt sah, wird deutlich in einer Bilanz der deutschen Literatur, die er 1965 veröffentlichte. Dort spricht er von »einer gewissen Intoleranz gegen die ehemals exilierten Autoren, die sie gar nicht mehr zur deutschen Literatur zählen oder wie in einem Ghetto separieren. Freilich ist eine kleine Gruppe der ehemals exilierten Autoren ein wenig empfindlich, nämlich jene, die noch am Leben sind.«

Werke: Ausgewählte Werke in 20 Einzelbänden, Frankfurt a.M. 1980–84.

Literatur: C. Schnauber, H.K., in: Zeitkritische Romane des 20. Jahrhunderts, hg. H. Wagener, Stuttgart 1975, 146–166; A. Winkler, H.K. im Exil (1933–1940), Hamburg 1977; G.F. Fritzsche, H.K., in: KLG (1996); S. Braese, »... nicht uns zugehörig«. H.K. und die Gruppe 47, in: Bestandsaufnahme – Studien zur Gruppe 47, hg. ders., Berlin 1999, 175–207.

Stephan Braese

Kisch, Egon Erwin

Geb. 29.4.1885 in Prag;
gest. 31.3.1948 in Prag

K. war als *Rasender Reporter* – so der Titel seiner berühmtesten Reportagensammlung von 1925, der bis 1945 eine ganze Reihe weiterer folgte – in der ganzen Welt zu Hause: in Europa, Afrika, der Sowjetunion, den USA, China, wohin ihn seine Reisen in den 20er Jahren führten. Er gilt als typischer Vertreter der Neuen Sachlichkeit, deren Programmatik er selbst so formuliert hat: »Nichts ist verblüffender als die einfache Wahrheit, nichts ist exotischer als unsere Umwelt, nichts phantasievoller als die Sachlichkeit und nichts Sensationelleres gibt es in der Welt als die Zeit, in der man lebt.« Mit dem Eintritt in die Kommunistische Partei Österreichs 1919 wurde Wien, 1921–33 Berlin, wo K. bereits vor dem Ersten Weltkrieg einige Jahre gearbeitet hatte, zum Ort seiner Aktivitäten. Hier wurde er als engagierter Kommunist (u.a. seit 1928 im »Bund proletarisch-revolutionärer Schriftsteller«) zu einer bekannten Figur des kulturellen Lebens. Im Exil schloß er sich dem antifaschistischen Widerstand in Paris an, bereiste Belgien, die Niederlande und Australien und nahm am Spanischen Bürgerkrieg teil, ehe er 1939 nach Mexiko emigrierte. K. kehrte 1946 nach Prag zurück, wo er kommunalpolitische Verantwortung übernahm. Er starb noch vor der Machtergreifung der Kommunisten, deren Regime seiner idealistischen Vorstellung eines Sozialismus mit menschlichem Antlitz zutiefst widerstrebt hätte.

Diese Rückkehr nach Prag ist keineswegs zufällig. Seit dem 17. Jahrhundert war diese Stadt die Heimat seiner Familie, die, lange im Besitz einer jüdischen Apotheke, eine bedeutende Stellung im Prager Judentum innehatte. Nach eigener Darstellung (*Familiäres, allzu Familiäres*, in: *Die Abenteuer in Prag*, 1920) ergaben sich verwandtschaftliche Verbindungen mit dem Hohen Rabbi Löw, mit dem Gemeindeältesten der Prager Gemeinde Baruch Austerlitz (seinerseits mit Heinrich Heine verwandt) sowie mit dessen Nachfolger, dem ›Primator‹ Wolf Frankel-Spira, aber auch mit Moses Ephraim Kuh und mit Mendelssohns Lehrer Abraham Kisch. Dieser bedeutenden Verwandtschaft fühlte sich K. zeit seines Lebens ebenso verbunden wie der Tradition des jüdischen Prag, obwohl er selbst längst ein ›Jude ohne Judentum‹ geworden war. K. hat diese Anhänglichkeit nicht von ungefähr 1933 in ein einprägsames Bild gefaßt: »Die Zeiger der jüdischen Rathausuhr gehen den Weg zurück, sie verlaufen von links nach rechts entlang eines Kreises, den die ersten zwölf Buchstaben des hebräischen Alphabets bilden, Zeichen der Zeit auch sie, aber einer längst vergangenen. Nur der Mann in Kaftan und Stirnlöckchen kennt sich da noch aus« (*Unter den Uhren von Prag*). Die Paradoxie des Bildes besteht darin, daß auch er – alles andere als ein gläubiger Jude – sich ebenfalls noch ›auskennt‹; die Zeit des Exils verstärkt diese Komponente eher, als sie zu schwächen.

Die Ausgabe der *Gesammelten Werke* K.s enthält eine Fülle von Texten, in denen von Juden und Judentum die Rede ist. Das überlieferte Corpus an Ghetto-Geschichten seit 1912 – Reportagen aus den unterschiedlichsten jüdischen Milieus in aller Welt, aber auch Neufassungen überlieferter jüdischer Legenden, biographisch-historische Skizzen über merkwürdige jüdische Lebensläufe – ist deutlich umfangreicher als die zwölf Texte, die K. gesammelt unter dem Titel *Geschichten aus sieben Ghettos* 1934 herausgebracht hat. Die meisten Texte dieser Sammlung waren bereits zwischen 1925 und 1933 veröffentlicht worden; dennoch wurde sie zu Recht als ein Werk sui generis betrachtet. Die zwölf *Geschichten aus sieben Ghettos* belegen die Intention des Autors: Zeugnis abzulegen von der weltweiten Diaspora der Juden in Historie und Gegenwart, die zugleich zu einem Spiegel der Welt mit Gerechten und Ungerechten wird und so die Juden in das Schicksal der Menschheit eingereiht erscheinen läßt. Von daher war es naheliegend, daß K. nach seiner Rückkehr ins heimische Prag eine erweiterte Ausgabe plante, in die vor allem später entstandene Geschichten integriert werden sollten: *Geschichten aus vierzehn Ghettos*. Diese Sammlung kam nicht zustande. Einige für sie bestimmte neuere Texte wurden allerdings in einer englischen Fassung *Tales from Seven Ghettos* 1948 veröffentlicht.

Zweifellos gehören die auf Prag und Böhmen bezogenen Geschichten zu den authentischsten der Sammlung. Insbesondere seit seiner Exilierung und der Rückkehr nach Prag scheint K.s Beziehung zur Heimat besonders intensiv gewesen zu sein. Sein Interesse für die Juden in aller Welt läßt aber dadurch nicht nach. Wo immer er auf sie trifft, streift ihn ein Hauch von Heimatlichkeit, von gemeinsam erlittenem historischem Schicksal. Besonders eindringlich wird dies in einer noch in Mexiko veröffentlichten Geschichte, *Indiodorf unter dem Davidstern* (1945). Hier, unter den doppelten Außenseitern, findet K. eine Haltung, die selten geworden ist: Judentum erweist sich nicht in der buchstäblichen Befolgung von Gesetzen, sondern in der Standhaftigkeit gegenüber allen Anfeindungen. Am Schluß des besuchten Gottesdienstes reiht sich K. im Gedenken an die Prager Herkunft in das allgemeine Totengebet ein. Der Text schließt mit einer ergreifenden Totenbeschwörung der in Auschwitz Ermordeten: »Ein Zug von Millionen, Frauen und Männer, die sich zeit ihres Lebens darum gesorgt, ihre Familien zu ernähren und ihre Kinder zu nützlichen Mitgliedern der menschlichen Gesellschaft zu machen; Angestellte und Arbeiter, die sich im Schweiße ihres Angesichts ihr Brot verdienten; Ärzte, die Tag und Nacht bereit waren, Leidenden zu helfen; Menschen, die bemüht waren, die Wahrheit zu verbreiten und die Lage ihrer Mitmenschen zu verbessern; Gelehrte, die der Wissenschaft lebten; Künstler, die dem Leben Schönheit geben wollten; Kinder, die sich ihre Zukunft so wunderbar träumten [...] alle Arten von Menschen, lebensfrohe und sentimentale, gute und schlechte, starke und schwache. Unübersehbar, unaufhörlich ist ihre Reihe. An kalten Fratzen vorbei, wanken sie dem Ziele zu. Dort steht es, ein rauchender Bau. Alle wissen, was dieser Bau bedeutet, woraus der Rauch besteht, der aus dem Schlot aufsteigt. Es ist die Todesfabrik, sie fabriziert Leichen. Mit welchen Gedanken bewegt sich diese Armee der dem Mord Geweihten diesem Ziele zu? Keine Hoffnung mehr, keine Hoffnung mehr für sich, für ihre Kinder, für ihr Angedenken, kaum Hoffnung mehr auf Rache, auf Bestrafung des Massenmords. Sie müssen sich in das Tor schieben, sie müssen sich entkleiden, sie müssen in die Kammer gehen, wo ein fürchterliches Gas sie erwürgt, verbrennt, auflöst. Aus dem Schlot steigt Rauch. Unübersehbar ist die Kolonne, sie zieht dahin, als hätte es nie eine Menschheit gegeben, als hätte es nie einen Sinn der Menschheit gegeben, niemals das Streben, mehr Brot, mehr Recht, mehr Wahrheit, mehr Gesundheit, mehr Weisheit, mehr Schönheit, mehr Liebe und mehr Glück in die Welt zu bringen. Als letzter trete ich weg vom Altar, zu dem ich mich vor einigen Stunden so gut gelaunt aufgemacht hatte« (GW, VIII, 535 f.).

Auschwitz steht also am Ende einer langen Tradition des Judentums, dessen historisch-kulturelle Physiognomie ein Schriftsteller unvoreingenommen skizzieren konnte, der mit seinem sozialistischen Idealismus zugleich einen Beleg für den säkularisiert-messianischen Hintergrund dieser Utopie bietet.

Werke: Gesammelte Werke in Einzelausgaben, 12 Bde., Berlin 1992; Briefe an Jarmila, hg. K. Haupt, Berlin 1998.

Literatur: W. Grab, E. E. K. und das Judentum, in: Juden in der Weimarer Republik, hg. W. Grab u. a., Stuttgart u. a. 1986, 218–243; F. Hofmann, E. E. K., Berlin 1988; H. O. Horch, »Was heißt: glauben? Das sind doch Tatsachen!« Zu den ›Ghetto‹-Geschichten E. E. K.s, in: Von Franzos zu Canetti. Jüdische Autoren aus Österreich, hg. M. H. Gelber u. a., Tübingen 1996, 37–57; M. G. Patka, E. E. K., Wien 1997.

Hans Otto Horch

Klemperer, Victor

Geb. 9. 10. 1881 in Landsberg;
gest. 11. 2. 1960 in Dresden

Von Kindheit an war K. mit dem Judentum direkt konfrontiert: Sein Vater war Zweiter Prediger der Berliner Reformgemeinde. Tiefe Spuren hinterließ dies nicht: »religiöse und philosophische Tröstungen sind mir versagt«. 1906 konvertierte er aus Anlaß seiner Eheschließung mit Eva Schlemmer zum Protestantismus – mehr ein Bekenntnis zum Deutschtum als eine Absage an das Judentum. Assimilation war im Kaiserreich die Bedingung für eine erfolgreiche Karriere. Mit dieser Thematik setzte sich der junge K. u. a. in Beiträgen für die *Allgemeine Zeitung für das Judentum* über Friedrich Spielhagen (1909) und Marie von Ebner-Eschenbach (1910) auseinander.

K. studierte Philosophie, Germanistik und Romanistik und promovierte 1913 in München über die Romane Spielhagens. Schon ein Jahr später folgt die Habilitation bei Karl Vossler in München mit einer Arbeit über Montesquieu. K. hatte sich endgültig für die Romanistik entschieden. 1920 erhielt er einen (in seinen Augen zweitrangigen) Lehrstuhl an der Technischen Hochschule Dresden und begann mit der Arbeit an Grundlagenwerken zur französischen Literaturgeschichte. In der Nachfolge Vosslers nimmt er Stellung gegen die Positivisten einerseits und gegen die Schule der (Jung-) Grammatiker andererseits. Entgegen einer Auffassung von Sprache als etwas »bloß« Mechanischem, das man sammeln und katalogisieren kann, plädiert er für eine Verbindung von Sprache (Sprachgeist) und Leben eines Volkes (Volksseele) und für eine Sprachgeschichte als Teil der Kulturgeschichte. Vollendeter Ausdruck des Humanismus ist ihm die französische Aufklärung: »Mein Denken ist ganz und gar das voltairisch kosmopolitische. [...] Voltaire und Montesquieu sind mehr als je meine Leute.« Eine erste umfassende literaturhistorische Darstellung erschien ab 1925 unter dem Titel *Die französische Literatur von Napoleon bis zur Gegenwart*, 1929 folgte eine *Idealistische Literaturgeschichte*.

Zu Berühmtheit gelangt K. weder durch seine wissenschaftlichen Arbeiten noch durch seine Lehrtätigkeit. Das ruhige Gelehrtendasein endet 1933 jäh. In erschreckender Weise brechen die »Sicherheiten« einer bürgerlichen Existenz zusammen: »Ich war meines Deutschtums, meines Europäertums, meines Menschentums, meines zwanzigsten Jahrhunderts so sicher. Das Blut? Rassenhaß? Heute doch nicht, hier doch nicht.« K. findet sich wieder mit dem Judentum konfrontiert, das ihn so wenig interessiert hatte: »Das Wesen des Judentums [ist] nicht mein Thema.« Jetzt ist er als Jude definiert, genauer: Jude in einer »Mischehe« (K.s Frau Eva ist »Arierin«) – allerdings einer »nicht privilegierten«, denn die Ehe war kinderlos geblieben. Die zwangsweise Wiedereingemeindung unter die Juden änderte nichts an K.s Distanz jüdischen Themen gegenüber. Sowenig er im Zionismus die Rettung sieht – »Die [...] zionistische Sache ist eine Sektiererangelegenheit« –, sowenig mag er jüdische Gottergebenheit hinnehmen: »Besonders widerlich ist uns das Verhalten mancher Juden. Sie fangen an, sich innerlich zu fügen und den neuen Ghettozustand [...] als einen hinzunehmenden gesetzlichen Zustand anzusehen.« Mehr Aufmerksamkeit als dem Judentum widmet er den neuen widerwärtigen Aspekten des Deutschtums: »Ich glaube nicht mehr an die Völkerpsychologie. Alles, was ich für undeutsch gehalten habe [...] alles das floriert hier.«

K. entschließt sich, gegen alle Bedrohung und gegen alle Hindernisse, abgeschnitten vom Leben außerhalb der »Judenhäuser« und ohne Zugang zu Bibliotheken, seine Tagebuchaufzeichnungen fortzusetzen – als Überlebenshilfe (»Mein Tagebuch war in diesen Jahren immer wieder meine Balancierstange«) und gegen das Vergessen: »Ich möchte der Kulturgeschichtsschreiber der gegenwärtigen Katastrophe werden. Beobachten bis zum letzten, notieren, ohne zu fragen, ob die Ausnutzung der Notizen noch einmal glückt.« Dabei kommt es ihm »nicht auf die großen Sachen an, sondern auf den Alltag der Tyrannei, der vergessen wird. [...] Ich notiere die Mückenstiche. [...] Das ist *mein* Heldentum. Ich will Zeugnis ablegen, und exaktes Zeugnis!« Die Hoffnung auf spätere »Auswertung« der Aufzeichnungen unterstreicht, daß sie als Teil K.s literarischer Produktion anzusehen sind: Leben und Werk sind aufs engste verbunden.

Ein zentraler Aspekt von K.s Aufzeichnungen ist die Sprache: »Die Sprache bringt es an den Tag«, lautete die Formel dafür. Im Griff der Herrschenden und gegen alle humanistische Tradition ist sie zum Instrument der Vernunftfeindlichkeit geworden. In der Sprache des Dritten Reiches, der »Lingua Tertii Imperii« oder *LTI*, wie K.s inzwischen berühmtes Buch von 1947 überschrieben ist, im »frommen Blutdunst der Ausdrücke« entdeckt K. das »langsam wirkende Gift«, das die Begriffe und Gefühle »schändet«. Den »Superlativismus«, das allegorisierende »*der* Jude«, den religiösen Klang (Hitler: »Das salbungsvolle Gebrüll [...] eines Geistlichen«), die Rede von »ewigen« Dingen wie »Vorsehung«, »Reich« und »Volk«, die Technisierung des Lebendigen, den Abkürzungswahn, den K. mit *LTI* ironisch aufgreift, den »lügnerischen Euphemismus« für das entsetzlichste Grauen, die »unsinnige Überschätzung des Sports [...] unter gleichzeitiger Herabsetzung des Geistigen« und die »Angst vor dem denkenden Menschen« spürt er in den offiziellen Verlautbarungen der Täter auf – aber auch in den Alltagsgesprächen der Opfer, die sich der Vergiftung auch ihrer Sprache letztlich nicht entziehen können.

K.s Innenansicht der Nazizeit in seinen Tagebüchern macht deutlich, daß »man« mehr wußte, als es die »Gewußthabenichtse« gern darstellten: »Wer von den ›arischen‹ Deutschen ist wirklich unberührt vom NS? Die Seuche wütet in allen.« Antworten auf die beunruhigende Frage, wie das geschehen konnte, wie »Goethezeit – Hitler« zusammengehen konnte, findet K. zunächst in Impressionismus (»Der schwankende [...] Impressionist nimmt amoralisches Verhalten für eigene und fremde Verantwortungslosigkeit in Anspruch«) *und* Expressionismus (»Formen der Willensbetonung und des stürmischen Vorwärtsdrängens erbt die LTI von den Expressionisten«), aber noch mehr sind es für ihn »Grenzverwischung, Unsicherheit, Schwanken und Zweifel«, die den Nationalsozialismus bestimmen. Quelle des Elends ist für K. daher nicht die rigide Bändigung alles Lebendigen und die Beschneidung jeglicher Grenzüberschreitungen, wie es etwa die »Kritische Theorie« aus Untersuchungen des autoritären Charakters und des dialektischen Umschlags der Aufklärung schloß, sondern ganz im Gegenteil der Wildwuchs, das Überbordende – insbesondere in der Romantik. Die Romantik trägt nach K. das »Charakteristikum der Maßlosigkeit, der Mißachtung jeder Grenze«. Selbst die »Rassenlehre [eines Gobineau ...] hat ihre Wurzeln in der deutschen Romantik«. Für K. gibt es keinen Zweifel: »Ich hatte und habe das ganz bestimmte Wissen um die engste Verbundenheit zwischen Nazismus und deutscher Romantik in mir. [...] Romantik beherrscht die Zeit, und aus ihrem Quell schöpfen beide, die Unschuldigen und die Giftmischer, die Opfer und die Henker.«

K. und seine Frau überleben das Dritte Reich: Die Mischehe bietet Aufschub, nach dem Brand Dresdens können sie untertauchen, nach Kriegsende kehren sie in die Stadt zurück. K.s ablehnende Haltung gegenüber dem Kommunismus, die für ihn als Liberalen selbstverständlich war, ist während des Dritten Reichs unverändert geblieben: »Ich sehe keinen Unterschied zwischen beiden Bewegungen; beide sind materialistisch und führen in Sklaverei.« Trotz der »Rassenlehre des Nationalsozialismus«, dem »Allertierischsten«, setzt er »im letzten« Nationalsozialismus und Kommunismus gleich. So kann K.s Beitritt zur KPD 1945 kaum als Ausdruck einer gewandelten Einstellung gewertet werden, sowenig wie der gleichzeitige Austritt aus der protestantischen Kirche. K. will »endlich auf das richtige Pferd [...] setzen«, er will das Versäumte und ihm Versagte nachholen und gelangt mit einigen Mühen und erheblichem Ehrgeiz auch bis in mittlere Ebenen des DDR-Machtapparats und -Kulturbetriebs. Er bleibt dabei der distanzierte Beobachter: »Ich bin ein alter Liberaler und mein zeitweilig verdrängter Liberalismus schlägt immer stärker durch die rote Schminkeschicht.« Die »Sache der DDR«, der er sich im Kulturbund, in der Volkskammer und in unzähligen Gremien widmet, erscheint ihm »ideell betrachtet die bessere, und praktisch betrachtet, die auf Dauer siegreiche«. Der Marxismus blieb ihm fremd: »Genosse K.! Wessen Genosse?« – aber er spielt mit: *So sitze ich zwischen allen Stühlen*, dies der bezeichnende Titel seiner Tagebuchaufzeichnungen der Jahre 1945–59. Voll Resignation muß er feststellen, daß sich »die« Deutschen wenig geändert haben, daß »man« – d.h. als Jude – immer noch Angst vor ihnen haben muß: »Ich könnte nie wieder jemandem in Deutschland trauen.« Auch am Schutz durch die Russen beginnt er zu zweifeln und erkennt mehr und mehr, daß der offizielle Antifaschismus auch Teil eines Kalküls im Kalten Krieg ist. Wieder bringt es die Sprache an den Tag: Die LTI hat unbeschadet überdauert und ist mit nur geringen Varianten als LQI, Lingua Quartii Imperii, herrschender Diskurs: Die Sprache des *vierten* Reiches »scheint mir manchmal weniger von der des *dritten* unterschieden als etwa das Dresdener Sächsische vom Leipziger. [...] Schauderhaft die Identität der LTI und LQI, der sowjetischen und nazistischen, des neudemokratischen und des Hitlerschen Liedes! [...] Les extrêmes se touchent.« Diesen Notizen im Tagebuch steht die Anpassung im öffentlichen Leben entgegen: Sie läßt ihn selbst in perfekter LQI-Sprache sprechen, wenn z.B. von »Bonn mit seinen Nazi- und Judenmörder-Ministern« die Rede ist.

Die Anerkennung bleibt enttäuschend karg. Der Ruf an die Humboldt-Universität nach Berlin 1951 (nach den Stationen Greifswald und Halle an der Peripherie der wissenschaftlichen Welt) kommt zu spät, um noch eine »Ehre« zu sein: »Man schätzt mich nicht in Berlin, ich bin dort alt, Provinz und abgetan.« Selbst der Nationalpreis 1953 ist nur »dritter Klasse«. *LTI, Notizbuch eines Philologen* von 1947, das 1966 auch in der BRD unter dem Titel *Die unbewältigte Sprache* erschien, war zunächst ein bescheidener Erfolg. Berühmt wurde K. auch nicht durch seine großen Arbeiten zur *Geschichte der französischen Literatur*, die v.a. in den 50er Jahren erschienen, sondern erst lange nach seinem Tod, als 1995 die *Tagebücher* der NS-Zeit herauskommen, die in eindringlicher Weise und auch mit schonungsloser Offenheit gegen sich selbst das jüdisch-bürgerliche Konstrukt aus idealisiertem Deutschtum und Vertrauen auf die Durchsetzungskraft der Vernunft widerlegen.

Werke: LTI. Notizbuch eines Philologen, Berlin 1947; Curriculum Vitae. Jugend um 1900, Berlin 1989; Ich will Zeugnis ablegen bis zum letzten. Tagebücher 1933–1945, Berlin 1995; Und so ist alles schwankend. Tagebücher Juni bis Dezember 1945, Berlin 1996; Leben sammeln, nicht fragen wozu und warum. Tagebücher 1918–1933, Berlin 1996; So sitze ich denn zwischen allen Stühlen. Tagebücher 1945–1959, Berlin 1999.

Literatur: V.K. zum Gedenken. Von seinen Freunden und ihm selbst, Rudolstadt 1961; F.R. Fries, Lesarten zu K., Berlin 1995; Im Herzen der Finsternis. V.K. als Chronist der NS-Zeit, hg. H. Heer, Berlin 1997; J. Dirschauer, Tagebuch gegen den Untergang. Zur Faszination V.K.s, Gießen 1997.

Carl Freytag

Klüger, Ruth
Geb. 31. 10. 1931 in Wien

Der 1992 erschienene, mehrfach preisgekrönte Prosaband *weiter leben. Eine Jugend*, das bislang einzige literarische Werk von K., machte die Verfasserin zu einer bedeutenden Autorin der Holocaust-Literatur, die seitdem auch als Essayistin Beachtung fand. Ihre Erinnerungen an die Jahre der Verfolgung in Wien und die Leidensgeschichte in den Lagern Theresienstadt, Auschwitz-Birkenau und Christianstadt/Groß-Rosen, markieren mit ihren provokanten kultur- und religionskritischen Reflexionen und ihrer unsentimentalen Schreibweise einen Wendepunkt der Lagerliteratur. *weiter leben* zeugt vom intuitiven Wissen eines Kindes, dem der Tod ein Gegenstand unaufhaltbarer Neugier darstellt, das sich keine Illusionen über Antisemitismus und Nationalsozialismus macht und sein Außenseitertum als Opposition gestaltet.

Nach der Selbstbefreiung im Februar 1945 und der Flucht ins bayerische Straubing besucht K. zwei Jahre eine deutsche Schule, bevor sie 1947 mit der Mutter nach New York emigriert. Sie studiert Germanistik und Anglistik und lehrt heute in Irvine/Kalifornien. K ist Kleist-Forscherin und war langjährige Herausgeberin des *German Quarterly*. Als Kind mußte sie Verhaftung und Flucht des Vaters miterleben, der ebenso wie der Halbbruder ein Opfer der Vernichtung wird. Allein mit der Mutter und den verbliebenen weiblichen Verwandten erfährt K. die verfolgungsbedingten Deformationen jüdischer Familien und zeichnet in ihrem Buch ein illusionsloses Opferbild. Der Titel ihrer Erinnerungen nimmt Bezug auf J. Améry. T. Borowski, P. Weiss, P. Levi werden mehrfach erwähnt. Im Bewußtsein dieser bereits vorhandenen »Bibliothek« von Auschwitz-Literatur artikuliert K. ihr weiblich-jüdisches Rebellentum. *weiter leben* ist mehr als eine Jugendbiographie. Die in Lagern verbrachte Kindheit und Jugend stellen keine biographisch konnotierten Urszenen dar, sondern lenken die Aufmerksamkeit auf die Vernichtung als tagtäglicher Wirklichkeit. Auf die Frage: »Was habt ihr Kinder in Auschwitz gemacht?« lautet die Antwort: »Appell gestanden sind wir. In Birkenau bin ich Appell gestanden und hab' Durst und Todesangst gehabt. Das war alles, das war es schon.« An dieser sprachlich faßbaren Erinnerung, und nicht beim Überleben, knüpft K. mit ihrem ›Bildungsroman‹ an, den sie als Selbstaufklärung eines verletzten Ichs versteht. Das tabuverletzende Nachfragen erhebt die Verfasserin zum literarischen Prinzip, ihre Lager-Erinnerung bildet kein geschlossenes erzählerisches Universum. K. dekonstruiert das Theorem der Unsagbarkeit des Holocaust, ohne hieraus eine neue, normative Ästhetik abzuleiten. »Die Rolle die so ein KZ-Aufenthalt im Leben spielt, läßt sich von keiner wackeligen psychologischen Regel ableiten, sondern ist anders für jeden, hängt ab von dem, was vorausging, von dem, was nachher kam, und davon, wie es für den oder die im Lager war.« Schon als Kind schreibt K. Gedichte, die in *weiter leben* die Prosapassagen unterbrechen. K. deutet die gebundene Form als ein sprachliches Ordnungsprinzip gegen die Sinnlosigkeit und das Auslöschen des Individuums im Lager. »Wer nur erlebt reim- und gedankenlos, ist in Gefahr, den Verstand zu verlieren.« Einige Jugendgedichte sind in den Anthologien *An den Wind geschrieben* (1960) und *Welch Wort in die Kälte gerufen* (1968) enthalten. Nüchtern opponiert die Autorin gegen die aus der Rückschau geborene Mystifikation von Orten, vor allem des einen Schauplatzes, Auschwitz-Birkenau, gegen die kollektive Besetzung als »Ursprungsort«, der die Musealisierung der Gedenkorte antwortet. Ihre Erinnerung speist sich aus der Differenz von erinnerndem Ich und erinnerter Vergangenheit und arbeitet sich an der Gespaltenheit der Gedächtnisbilder ab, die K. zufolge im Mythos des Ortes nicht aufgehoben werden. »Aber das KZ als Ort? Ortschaft, Landschaft, landscape, seascape – das Wort Zeitschaft sollte es geben, um zu vermitteln, was ein Ort ist, zu einer gewissen Zeit, weder vorher noch nachher.«

Die abgebrochene Kindheit in einer emanzipierten, aber nicht assimilierten Familie im zutiefst »judenkinderfeindlichen«, »heimatlich unheimlich« erinnerten Wien ist der Ausgangspunkt von K.s streitbarem Dialog mit dem Judentum, »weil mir das Wenige, was mir an jüdischem Glaubensbekenntnis gegeben wurde, abbröckelte, bevor es gefestigt war. Das wäre auch ohne Nazis geschehen. Unter den Nazis war es die Enttäuschung, bei einem Schiffbruch eine morsche Rettungsplanke umklammert zu haben.« Der Widerstand gegen den rituellen Ausschluß der Frauen steht im Zentrum der Religionskritik und hat K. zu einer Autorin gemacht, die, KZ-Literatur und Feminismus vermittelnd, dem Holocaust-Gedenken neue Fragen stellt. Der Möglichkeit beraubt, »offiziell« zu trauern, »zum Beispiel für meinen Vater Kaddisch« zu sagen, bleibt ihr die Religion fremd, die »die Gottesliebe ihrer Töchter zur Hilfsfunktion der Männer erniedrigt«. Eine kollektive Identität vermittelt die Erinnerung an die Frauengemeinschaft in Theresienstadt, aber auch an die Vorträge des bewunderten Leo Baeck: »Er gab uns unser Erbe zurück, die Bibel im Geiste der Aufklärung, man konnte beides haben, den alten Mythos und die neue Wissenschaft.«

In der deutschsprachigen Öffentlichkeit sieht K. sich als »einheimische Ausländerin«. In Abgrenzung von dem Studenten Christoph (d. i. M. Walser) erkennt die 17jährige Ich-Erzählerin ihr Judentum als politisch-historische Wahrheit. Der Blick vom Deportationszug hinaus auf Menschen, denen die Landschaft unhinterfragte Heimat zu sein scheint und die sich der Wirklichkeit von Deportation und Vernichtung verschließen, gibt auch ein dialektisches Bild der deutsch-jüdischen Verfehlungen: »Ich grübelte über die Inkongruenz, daß diese Sorglosigkeit im selben Raum existiert wie unser Transport. [...] Ich entdeckte das Geheimnis der Gleichzeitigkeit als etwas Unergründliches, nicht ganz Vorstellbares, verwandt mit Unendlichkeit, Ewigkeit.«

Werke: weiter leben. Eine Jugend, Göttingen 1992; Katastrophen. Über deutsche Literatur, Göttingen 1994; Frauen lesen anders. Essays, München 1996.

Literatur: R. K. in Deutschland, hg. St. Braese u. a., Bonn 1994; I. Heidelberger-Leonard, R. K.: weiter leben. Eine Jugend, München 1996; S. Bauschinger, Uns verbindet, was uns trennt. R. K.s »weiter leben« und seine Leser, in: Jüdischer Almanach, Frankfurt a. M. 1996, 126–137; I. v. d. Lühe, Das Gefängnis der Erinnerung – Erzählstrategien gegen den Konsum des Schreckens in R. K.s weiter leben, in: Bilder des Holocaust, hg. M. Köppen u. a., Köln u. a. 1997, 29–45.

Barbara Breysach

Koestler, Arthur

Geb. 5. 9. 1905 in Budapest;
gest. 3. 3. 1983 in London

K. war der Sohn eines ungarischen Juden und einer Österreicherin. Er wuchs in Budapest mehrsprachig auf und zog mit seinen Eltern 1919 nach Wien. 1922 immatrikulierte er sich an der Technischen Hochschule für Ingenieurwissenschaften und kam in Kontakt mit zionistischen Studenten. Er trat der schlagenden zionistischen Verbindung »Unitas« bei und avancierte mit neunzehn Jahren zum jüngsten Vorsitzenden des Verbands der zwölf zionistischen Burschenschaften Österreichs. Als Wladimir Jabotinsky, der Organisator des illegalen jüdischen Selbstschutzes in Palästina, 1924 nach Wien kam, gründeten K. und einige andere jüdische Intellektuelle die »Aktivisten-Liga«. Wesentliche Programmpunkte waren die Förderung der jüdischen Einwanderung nach Palästina und die offensiv betriebene Staatsgründung. K. legte eine hebräische Sprachprüfung ab, erwarb das Einwanderungszertifikat als Chaluz, brach das Studium ab und am 1. April 1926 nach Palästina auf. Bald nach seiner Ankunft in Haifa begab sich K. in die Siedlung Kvuza Hefziba, wurde jedoch wegen seiner Sympathie für Jabotinskys revisionistische Position von den sozialistischen Kibbuzim nicht aufgenommen. K. kehrte zunächst nach Haifa zurück, gelangte aber über Kairo, wohin er einen ehemaligen Bundesbruder der »Unitas« begleitete, als Generalsekretär der revisionistischen Zionistenorganisation nach Berlin. Da diese Tätigkeit wenig befriedigend war, nahm K. das Angebot des Medienkonzerns Ullstein an, als Nahostkorrespondent in Palästina zu fungieren. So kehrte er im September 1927 nach Jerusalem zurück und verfaßte in den folgenden Jahren Artikel zu politischen und kulturellen Themen. 1929 setzte K. seine Korrespondententätigkeit in Paris und Berlin fort. Er wandte sich nun zunehmend dem Kommunismus zu und trat Ende 1931 der KPD bei. Als er 1933 von einer Reise durch die Sowjetunion nach Deutschland nicht zurückkehren konnte, ging er über Wien und Budapest ins Exil nach Paris, wo er für das »Institut zum Studium des Faschismus« arbeitete. 1936 ging er als Korrespondent der englischen »News Chronicle« nach Spanien, um über den Bürgerkrieg zu berichten, geriet in Gefangenschaft und verbrachte über drei Monate in einer Todeszelle. Nach seiner Freilassung durch Intervention von englischen Parlamentariern und Kulturorganisationen ging K. als Berichterstatter des »News Chronicle« nach Palästina, kehrte aber 1938 nach Paris zurück. K. trat aus der KP aus. Kurz nach Kriegsbeginn wurde er verhaftet und im Lager Le Vernet in den Pyrenäen vier Monate interniert. Im Herbst 1940 gelang ihm die Ausreise nach London. Von diesem Tag an schrieb er englisch. Er trat in den Dienst der britischen Armee und reiste 1941/42 als Vortragsredner durch England, um »halb schlafende Zuhörer von der Existenz Dachaus und Buchenwalds zu überzeugen«. Bis Ende 1947 lebte K. in London, unternahm aber wiederholt Reisen nach Palästina. Von 1948–52 pendelte K. zwischen Wohnorten in Frankreich und den USA, bevor er sich endgültig in London niederließ.

Im Mittelpunkt von K.s Romantrilogie *Die Gladiatoren*, *Sonnenfinsternis* und *Ein Mann springt in die Tiefe* steht die Frage nach dem Verhältnis von Zweck und Mitteln beim Kampf um die Verwirklichung einer gesellschaftlichen Utopie. In dem Spartakus-Roman zeigt K. die Eigendynamik einer Revolution, die ihre Initiatoren vor die Entscheidung stellt, entweder gegen ihre moralischen Prinzipien zu verstoßen oder selbst zum Opfer zu werden. *Sonnenfinsternis* stellt eine literarische Reaktion auf die Moskauer Schauprozesse dar. Der Roman ist ein Versuch, die psychischen Vorgänge in einem Berufsrevolutionär zu rekonstruieren. *Ein Mann springt in die Tiefe* spürt den psychischen Wurzeln des politischen Engagements nach.

Mit seinem vierten Roman *Diebe in der Nacht* verwirklichte K. einen Plan, der bis in die Zeit seines ersten Palästina-Aufenthalts zurückreicht. Der Roman trägt den Untertitel *Chronik eines Experiments.* Damit ist nicht nur die dokumentarische Annäherung an die jüdische Siedlungsbewegung und Staatswerdung gemeint, sondern auch die Beobachtung des Protagonisten Joseph, wie er sich unter den Laboratoriumsbedingungen des Kibbuz Esras Turm und des Jischuw entwickelt. Joseph bleibt aufgrund seiner westeuropäischen Herkunft ein Außenseiter. Sein religiöser Agnostizismus trennt ihn von den frommen Juden und erfüllt ihn mit dem Verdacht, »die ganze Idee der Heimkehr [sei] nichts als romantische Mache«. An der Gründung der Siedlung Esras Turm macht K. einen entscheidenden Transformationsprozeß sichtbar. Der nach 1933 zunehmende Zuzug der Flüchtlinge verschärfte den jüdisch-arabischen Konflikt, der 1936 zu einem arabischen Aufstand eskalierte. Die britische Mandatsregierung versuchte diesen Konflikt durch Beschränkung des jüdischen Landerwerbs und extrem niedrige Zuwanderungsquoten für jüdische Immigranten zu lösen. Damit wurde zwangsläufig ein Großteil der nach Palästina kommenden Flüchtlinge in die Illegalität getrieben. Der Effekt dieser unsensiblen Politik bestand in einer Militarisierung und Spiritualisierung des Bewußtseins der jüdischen Siedler. Joseph notiert in sein Tagebuch: »Die hebräische Untergrundbewegung begann als politische Bewegung und entwickelt immer stärker mystische Züge.« Trotz einem Rest von Skepsis will Joseph sich dem illegalen Widerstand zur Verfügung stellen. Das entschlossene und gewalttätige Eintreten für die eigenen Interessen muß für Joseph vor dem Hintergrund der geschichtlichen Erfahrung des Galuth gesehen und als Ausdruck des neuentstandenen jüdischen Nationalcharakters gewertet werden. Die Bewohner Palästinas »haben aufgehört, Juden zu sein, sie wurden zu Hebräern«. Die Wandlung zum Hebräer manifestiert sich für Joseph vor allem im Gebrauch des Hebräischen. Über die Sabras stellt er fest: »Ihre Eltern waren notorisch vielsprachig – sie wurden in einer Sprache aufgezogen, welche zwanzig Jahrhunderte überwintert hatte, bevor sie wieder künstlich zum Leben zurückgebracht worden ist. Da, in der Sprache liegt die Hauptreibungsfläche. Das Hebräische aus seiner heiligen Versteinerung zu erwecken, um es wieder als lebende Sprache einer Nation dienstbar zu machen, war eine phantastische Leistung. Aber mit diesem Wunder ging ein schweres Opfer einher. Unsere Kinder werden in einer Sprache aufgezogen, die sich seit dem Beginn des Christentums nicht entwickelt hat. Sie hat keine Aufzeichnungen, keine Erinnerungen, kaum eine Spur von dem, was der Menschheit seit der Tempelzerstörung widerfahren ist. [...] [E]s fehlen die humanistischen Hormone des Geistes, denn Latein und Griechisch werden an unseren Schulen nicht gelehrt.« Zwar verfaßte K. selbst bei seinem ersten Aufenthalt in Palästina einige hebräische Märchen, aber schließlich gelangte er zu dem scharfen Urteil, daß die Juden sich mit der Erhebung des Hebräischen zur offiziellen Sprache »nicht nur von der Kultur des Westens, sondern auch von ihrer eigenen kulturellen Vergangenheit« abgeschnitten hätten. Auch Joseph bleibt aufgrund seiner Herkunft ein »bunter Vogel«, der seinen Individualismus nicht ablegen kann.

Zudem gibt es noch einen biographischen Hinderungsgrund für eine vollständige Identifizierung mit dem »neuen Hebräer«, die Joseph mit zahlreichen Einwanderern teilt. Er besteht in dem sogenannten »Zu Vergessenden«, das die meisten Flüchtlinge aus Europa und Rußland in ihrem seelischen Gepäck mitbringen.

Einen vorläufigen Abschluß fand K.s Beschäftigung mit dem Thema Judentum und dem Staat Israel in der Studie *Promise and Fulfilment. Palestine 1917–49.* Bei seiner Analyse der Genealogie des jüdischen Staates hat K. besonders das Wirken von irrationalen Kräften berücksichtigt. Dazu zählt für ihn die mystische Beziehung zum Hebräischen. Die Entscheidung gegen das Jiddische als Nationalsprache begrüßt K. zwar, denn es sei »a typical product of exile, which mirrors the physical and cultural homelessness«, aber das Hebräische hält er für tot. Der fortbestehende synagogale und exegetische Gebrauch der Sprache zementiere nur ihre Erstarrtheit. K. erblickt daher in der Wahl des Hebräischen als Nationalsprache »a twofold difficulty: the archaic texture of the language and its rabbinical aura«. Eine Bedingung für die Überwindung dieser Schwierigkeiten sieht er in der Latinisierung des hebräischen Alphabets. Mit dem Tatbestand der Staatsgründung entfällt für K. jede Rechtfertigung, außerhalb Israels auf jüdischer Identität zu bestehen. Er fordert dazu auf, »entweder israelischer Bürger zu werden oder aufzuhören, in nationaler, religiöser oder irgendeiner andern Bedeutung des Wortes Jude zu sein«, was ihm den Vorwurf eintrug, »sich nolens volens in die böse Gesellschaft der berufsmäßigen Antisemiten begeben« zu haben. Für sich selbst zog K. die Konsequenz der Assimilation. In einem Interview bekannte er 1950: »Ich halte es für einen Zufall, daß mein Vater jüdischen Glaubens war; aber ich war der Meinung, daß mich das moralisch verpflichtete, mich mit der zionistischen Bewegung zu identifizieren, solange es für die Verfolgten und Heimatlosen keinen Hafen gibt. Im Augenblick, da Israel Realität wurde, fühlte ich mich frei von dieser Verpflichtung und frei, mich zu entscheiden, ob ich ein Israelit in Israel oder ein Europäer in Europa werden wollte. Meine ganze Entwicklung und kulturelle Abhängigkeit machten Europa zum natürlichen Gegenstand meiner Wahl.«

Mit seiner späten Monographie *Der dreizehnte Stamm* (1977) über das untergegangene Volk der Khasaren kehrte K. noch einmal zur jüdischen Geschichte zurück. Das Reich der Khasaren, das vom 7.–10.Jahrhundert zwischen dem Kaukasus und der Wolga bestand, dient K. hier als Exempel einer früheren Verwirklichung (jüdischer) nationaler Souveränität.

Werke: Sonnenfinsternis (engl. 1940, dt. 1948), Hamburg/Wien 2000; Diebe in der Nacht. Chronik eines Experiments, Wien o.J. [1946]; Promise and Fulfilment. Palestine 1917–1949, London 1949; Der dreizehnte Stamm. Das Reich der Khasaren und sein Erbe, Wien u. a. 1977.

Literatur: J. Egyptien, Alter Jude oder neuer Hebräer? A. K. und sein Beitrag zur jüdischen Identität, in: Das Jüdische Echo 47 (1998), 264–272.

Jürgen Egyptien

Kolmar, Gertrud
(eigentl. Gertrud Chodziesner)
Geb. 10. 12. 1894 in Berlin;
gest. vermutlich 1943

»Ich bin fremd./ Weil sich die Menschen nicht zu mir wagen,/ Will ich mit Türmen gegürtet sein,/ Die steile, steingraue Mützen tragen/ In Wolken hinein [...]« heißt das Gedicht *Die Jüdin* aus dem Zyklus *Weibliches Bildnis* von 1938. Ausgeschlossensein und Isolation sind Grunderfahrungen im Leben der Dichterin, die zeitlebens kaum Aufmerksamkeit fand. Aus diesen Grunderfahrungen zog K. zugleich die poetische Kraft. In ihr Werk hat K. die Verachteten, Stigmatisierten aufgenommen, all jene, die als anders gelten. »Die Landstreicherin«, »Die Irre«, »Die Fremde«, »Die Häßliche«, »Die Lumpensammlerin«, »Die Kinderdiebin« – die Titel ihrer Gedichte lesen sich wie ein Pandaemonium ihrer Gesellschaft.

Zwei Titel stechen besonders hervor: »Die Frau« – das Pandaemonium bevölkern Frauen – und »Die Jüdin«, das Paradigma der Fremdheit und gesellschaftlichen Ächtung, die aber zur entschiedenen Selbstbesinnung führt. So heißt es im Fortgang des Gedichts *Die Jüdin*: »Ich möchte eine Forscherreise rüsten/ in mein eignes uraltes Land.// Ich kann das begrabene Ur der Chaldäer/ Vielleicht entdecken noch irgendwo,/ Den Götzen Dagon, das Zelt der Hebräer,/ Die Posaunen von Jericho.« Etwas Abstandvolles zeichnet K.s Verhältnis zum Judentum aus. Es ist nicht selbstverständlich gegeben und vertraut, sondern gleicht einer Expedition in die eigene Fremde. »Ich kannte das Judentum nicht, meinen Glauben«, sagt die Erzieherin in K.s Erzählung *Susanna*, die Anfang 1940 entstand. Die Geschichte ist rasch erzählt: Eine Erzieherin nimmt eine Stelle in einem Provinzstädtchen an, um ein gemütskrankes Mädchen zu betreuen. Die eigentliche Handlung entwickelt sich zwischen Susanna und ihrer Betreuerin, zwei Wirklichkeitswahrnehmungen, zwei Sprechweisen, die eine phantastisch ausgreifend, doch zugleich präzis, die andere verengt, prosaisch, vernünftig, treffen aufeinander, verstricken sich in Frage und Antwort, wobei die Fremdheit Susannas immer mehr zur Distanz der Erzieherin zu sich selbst wird. Sie erinnert die Begegnungen des jungen Rubin mit Susanna, Gespräche und Szenen, das Wechselspiel von Traum und Wirklichkeit, und noch in der Erinnerung bleibt ihre Verwunderung und Verwirrung spürbar. Als sich die Vernunft schließlich Bahn bricht und Rubin beschließt, das Städtchen zu verlassen, kommt es zur Katstrophe: Susanna folgt ihrem Geliebten auf den Gleisen seines Morgenzugs und findet den Tod. Die Erzählerin verläßt den Ort wenige Tage nach dem Begräbnis und erinnert sich erst jetzt wieder, da sie die Todesanzeige der Mutter von Rubin liest. »*Sein* Name stand nicht da. Nur eine Reihe ferner Städte: Shanghai, Tel Aviv, Parral, San Francisco. Wo werde *ich* einst sein?« Thema und Motive der schmalen Erzählung sind von K.s lyrischem Hauptwerk gespeist. Umrisse des Stetl zeichnen sich ab; in der »Froschvorstadt« sprechen die Bewohner jiddisches Deutsch. Verwundert und befremdet betrachtet die Ich-Erzählerin die ostjüdische Lebenswelt. Distanz zum Judentum, aber auch das Bewußtsein der Zugehörigkeit sind die beiden Grundelemente in K.s Verhältnis zum Judentum.

K. wurde am 10. Dezember 1894 im Herzen Berlins, in der Nähe des kaiserlichen Stadtschlosses geboren. Sie wuchs im Westend in der Welt des assimilierten Judentums auf, der ihr Cousin Walter Benjamin mit seiner *Berliner Kindheit um 1900* ein literarisches Denkmal gesetzt hat. Der Vater, Ludwig Chodziesner, war ein kaisertreuer Rechtsanwalt. Rechtsanwälte kehren in K.s erzählerischer Welt immer wieder, wie auch die Schuld unüberwindlich spürbar und gegenwärtig ist. In einem ihrer letzten Briefe an die Schwester Hilde in Zürich nimmt K. noch die Schuld für die Verfolgung auf sich: »So will ich auch unter mein Schicksal treten, mag es hoch wie ein Turm, mag es schwarz und lastend wie eine Wolke sein. Wenn ich es schon nicht kenne: ich habe es im voraus bejaht, mich ihm im voraus gestellt, und damit weiß ich, daß es mich nicht erdrücken wird, mich nicht zu klein befinden. Wie viele von denen, die heute im bloßen Anblicken eines für sie viel zu großen Schicksals zusammenklappen, haben sich denn gefragt, ob sie nicht irgendeine Strafe verdient haben, nicht irgendeine Sühne leisten müssen? Ich war nicht schlimmer in meinem Trachten und Tun als andere Frauen. Aber ich wußte, daß ich nicht lebte, wie ich gesollt, und war immer bereit zu büßen. Und alles Leid, das über mich kam und über mich kommen mag, will ich als Buße auf mich nehmen und es wird gerecht sein. Ich will es tragen ohne Jammern und irgendwie finden, daß es ist, was zu mir gehört, das auszuhalten und irgendwie zu überstehen ich geschaffen ward und gewachsen bin mit meinem Wesen.«

Zum Trauma ihres Lebens wird eine vermutlich von den Eltern erzwungene Abtreibung in den Jahren des Ersten Weltkriegs. Das Motiv der kinderlosen Frau, der Beziehung von Mutter und Kind, durchzieht ihr ganzes Werk. In den 20er Jahren arbeitet K. als Erzieherin bei Familien in Berlin, in Hamburg, sie kehrt zurück ins elterliche Haus nach Finkenkrug in der Nähe von Spandau. Ihre *Gedichte* erscheinen zuerst 1917, der Vater hatte die Begabung der Tochter entdeckt und ihre Texte zu einem befreundeten Verleger gebracht. Als Pseudonym wählte sie den deutschen Namen der Grenzstadt Chodziesner in der Provinz Posen, aus dem die väterliche Familie stammte: Kolmar. Erst 17 Jahre später, 1934, folgt der Band *Preußens Wappen* in der Berliner Rabenpresse, 1938, als letzte Veröffentlichung zu Lebzeiten, *Die Frau und die Tiere* im Jüdischen Buchverlag in Berlin, die Ausgabe wurde bald nach dem Druck eingestampft. Themen und Gestalten, Motive und Formen zeichnen sich schon im frühesten Band ab. »Mutter und Kind«, »Mann und Weib«, Kinderlieder, allegorisierende Texte, »Abschied«, »Leichtsinn«, »Die Verlassene«, das Thema der vergeblichen, enttäuschten Liebe, das in den späteren Gedichten an Härte und Klarheit gewinnt. Aber auch Naturszenen, Gärten, Jahreszeiten, die zu eigenen Bedeutungen konfigurieren, zeigen sich in diesem frühesten Zyklus. K.s erzählerisches Werk lehnt sich an die konservative Tradition ihrer Zeit an. Franz Werfel hat sie beeinflußt, Werner Bergengruen steht ihr in erzählerischen Formen nahe, aber auch das heute vergessene *Lied der Väter* von Edzard Schaper.

1930/31 schrieb K. ihren einzigen Roman *Eine jüdische Mutter.* Er erschien zuerst 1965, bezeichnenderweise unter dem verkürzten Titel *Eine Mutter.* Es ist die Geschichte einer Frau, Martha Wolg, die ihr vermißtes Kind in einer Laubenkolonie entdeckt. Es ist einem Sexualverbrechen zum Opfer gefallen, schwer verletzt und wird geistig behindert bleiben. Die Mutter flößt dem Kind im Krankenhaus Gift ein, das Kind stirbt, und die Mutter macht sich auf die verzweifelte Suche nach dem Täter; diese Suche wird zu ihrem einzigen Lebensmotiv. Sie begegnet einem Rechtsanwalt, von dem sie Hilfe erhofft, und beginnt eine kalte sinnliche Liebesbeziehung zu ihm, die an ihrem inneren Frost zerbricht. Der Roman ist im spätexpressionistischen Stil der Zeit verfaßt, sein Thema von einem Film beeinflußt, der Anfang der 30er Jahre die Zeitgenossen nachhaltig beeinflußte: Fritz Langs *M – Eine Stadt sucht einen Mörder.* Während aber für Lang der Täter die Schlüsselposition innehat, bleibt er bei K. nicht auszumachen. Ihre Aufmerksamkeit gilt den Opfern, dem Kind und seiner Mutter, während aber zugleich nicht ersichtlich wird, warum es »eine jüdische Mutter« ist. Martha Wolg verwindet das Verbrechen nicht. Sie ertränkt sich. In K.s Erzählungen sterben die Frauen gewaltsam.

Im Herbst 1933 schreibt K. einen Essay über eine Gestalt der französischen Revolution, der sie auch in ihrer Lyrik nachging: *Das Bildnis Robbespierres.* In ihm legt sie dar, welche Macht historisch überlieferte Bilder ausüben.

Das angestammte Haus in Finkenkrug muß K. zusammen mit ihrem Vater 1938 verlassen, um in einem sogenannten »Judenhaus« in Berlin-Schöneberg zu leben. K. leistet Zwangsarbeit in der deutschen Rüstungsindustrie. Im September 1942 wird der 81jährige Ludwig Chodziesner nach Theresienstadt deportiert. Er stirbt im Februar 1943. K. lernt Hebräisch und verfaßt einige Gedichte in dieser Sprache. Im Rahmen der »Fabrikaktion« wird sie von der SS am 27. Februar 1943 an ihrem Arbeitsplatz verhaftet und am 2. März 1943 mit dem 32. »Osttransport« nach Auschwitz deportiert. Der genaue Todestag von K. ist unbekannt. Ihr Werk wurde erst in den vergangenen Jahren einer größeren Öffentlichkeit bekannt, ihre Biographie 1993 in einer vielbeachteten Ausstellung des Deutschen Literaturarchivs gezeigt.

Werke: Das lyrische Werk. Zweite erweiterte Gesamtausgabe, hg. F. Kemp, München 1963; Susanna, hg. T. Sparr, Frankfurt a. M. 1993; Briefe, hg. J. Woltmann, Göttingen 1997; Eine jüdische Mutter, Göttingen 1999.

Literatur: G. K. 1894–1993, Katalog bearbeitet v. J. Woltmann, Marbacher Magazin 63 (1993); G. K. Leben und Werk in Texten und Bildern, hg. B. Eichmann-Leutenegger, Frankfurt a. M. 1993; B. R. Erdle, Antlitz – Mord – Gesetz. Figuren des Anderen bei G. K. und Emmanuel Lévinas, Wien 1994; Widerstehen im Wort. Studien zu den Dichtungen G. K.s, hg. K. Lindemann, Göttingen 1996; K. Zarnegin, Tierische Träume. Lektüren zu G. K.s »Die Frau und die Tiere«, Tübingen 1998.

Thomas Sparr

Kompert, Leopold

Geb. 5. 5. 1822 in Münchengrätz;
gest. 23. 11. 1886 in Wien

Auch wenn Vorläufer und Vorbilder ausgemacht werden können – es war K.s erster Erzählband *Aus dem Ghetto* (1848), der das Genre der Ghettoliteratur im Bewußtsein der literarischen Öffentlichkeit seiner Zeit etablierte. Das Verdienst derjenigen Art Ghettoliteratur, mit der K.s Name synonym geworden ist, bestand in einer literarischen Emanzipation des traditionellen jüdischen Lebensraumes und der traditionellen jüdischen Lebensweise, die im Zeichen der Modernisierung der westjüdischen Bevölkerung als rückständig und fortschrittsfeindlich verpönt war. Mit seiner Erschließung des Lebensbereiches, den er Ghetto nennt, für die deutschsprachige Literatur, stellte K. den Juden im deutschsprachigen Mitteleuropa einen eigenen literarischen Identifikationsraum zur Verfügung, in dem die Fragen der jüdischen Identität in der Epoche von Assimilation und Verbürgerlichung verhandelt werden konnten. Er hielt weiterhin die Erinnerung an eine jüdische Lebenswelt wach, die im Zuge des gesellschaftlichen Wandels verlorenzugehen und vergessen zu werden drohte.

K.s Vater war Wollhändler und Mautpächter, seine Mutter Tochter eines Rabbiners. Ab 1832 besuchte K. das Jungbunzlauer Gymnasium, 1837/38 absolvierte er die letzte Gymnasialklasse in Prag. Dort nahm er auch sein Studium auf, das er ab 1839 in Wien fortsetzte (Fachrichtung Medizin, kein Abschluß). Nach dem Bankrott des väterlichen Geschäftes war K. gezwungen, seinen Lebensunterhalt selbst zu bestreiten. Die Jahre 1843–47 verbrachte er als Hauslehrer auf dem Schloß eines ungarischen Grafen. In dieser Zeit begann er auch, seine ersten Ghettogeschichten zu schreiben. Bereits im Vorwort zu seiner ersten Erzählsammlung legt K. folgerichtig seine Ghetto-Darstellung als Retrospektive offen. Im Bild eines jungen Juden, der von einem nahen Berg auf das Ghetto hinabblickt, versinnbildlicht K. die Perspektive seiner Geschichten. Was der Bergsteiger sieht – die Großeltern im Sonnenschein auf einer Bank vor ihrem Haus: ein Inbegriff der Harmonie – und was er fürchtet – die Existenzunsicherheit in einer neuen, unbekannten Welt, in der jüdisches Bewußtsein keine Rolle mehr spielt – umreißt den literarischen Verständnisrahmen seiner Geschichten: Vergangenheitsglorifizierung mit Gegenwartsrelevanz. Das Bild verdeutlicht gleichzeitig K.s eigenen Weg aus traditionellen jüdischen Bindungen auf dem böhmischen Lande in das bürgerlich-jüdische Milieu der Metropole Wien.

Nach seiner ungarischen Hauslehrerzeit nach Wien zurückgekehrt, arbeitete er als Bankangestellter und als Redakteur für mehrere Zeitschriften der Hauptstadt. Nach dem Erfolg seiner Bücher wurde K. mit zahlreichen ehrenamtlichen gesellschaftlichen Funktionen betraut, die seine Stellung innerhalb der deutschen bürgerlichen Kultur wie gleichermaßen in der jüdischen Gemeinde illustrieren und damit als Manifestationen des Versuchs zu bewerten sind, Akkulturation und bürgerliche Orientierung mit jüdischer Identitätsbewahrung zu vereinbaren. K. war Vorstandsmitglied der Wiener Sektion der Schillergesellschaft, Mitglied des Ehrengerichts der Schriftstellervereinigung Concordia, Wiener Gemeinderatsabgeordneter, Präsident der Schulsektion der Wiener Israelitischen Kultusgemeinde und in dieser Eigenschaft Wiener Bezirksschulrat und Niederösterreichischer Landesschulrat.

Seine Ghettogeschichten sind ebenfalls von dem Versuch geprägt, deutsch-jüdische Identität auf versöhnliche, integrative, beide Bezugsgruppen ansprechende und damit das gegenseitige Verständnis fördernde Weise zu präsentieren. Vier Aspekte kennzeichnen sein Werk, das fünf Erzählsammlungen und zwei Romane umfaßt: Erstens die Absicht, vergangenes oder vom Verschwinden bedrohtes jüdisches Leben für die Nachwelt festzuhalten, also Sitten und Gebräuche, Figuren, Anekdoten und Begebenheiten, die dem Leben der böhmischen Judengassen eigen waren, literarisch zu bewahren. Die jüdischen Gemeinden in seinen Geschichten sind vom religiösen Festtagskalender geprägt, ihre Bewohner gehen traditionellen Tätigkeiten nach; innere Spannungen und unterschiedliche Ausrichtungen werden nicht verschwiegen, sondern ausgetragen und meist harmonisch gelöst. Die Kontakte mit der Außenwelt sind von Mißtrauen und Anfeindungen geprägt, die oft die Juden noch mehr auf sich selbst verweisen. Man darf K.s Geschichten nun aber nicht als authentische Kultur- oder Sittenbilder mißverstehen. Denn K. stellt zweitens die traditionelle jüdische Gemeinschaft in durchaus bürgerlichen Kategorien dar. Seine Helden vertreten Familientugenden, Moralvorstellungen und Frömmigkeitsformen, die den »Zug innerer Verwandtschaft« zwischen Juden und »deutschem Volk« demonstrieren sollen, wie er im Vorwort zu *Geschichten einer Gasse* sagt. Der jüdische »Volksgeist« soll für Außenstehende verständlich und damit nicht bedrohlich, für Juden selbst als Quelle von Stolz und Selbstverständnis erscheinen. Zu diesem Zweck entwickelte K. drittens eine sentimental-realistische Literatursprache, in die sich ein anheimelndes Literaturjiddisch in der Figurenrede als sympathiewerbendes Element einfügt. Er schildert sein Ghetto durchaus humoristisch (komische Typen und Sprachkomik steuern Lokalkolorit bei), nie aber ironisch oder satirisch. Viertens: Seinen bürgerlich-liberalen Toleranzvorstellungen nach, ursprünglich dem Geist von 1848 verpflichtet, spricht K. in seinen Schriften zahlreiche kontroverse Themen der innerjüdischen Debatte (wie Synagogalreform, Synchronisierung von Sabbat und Sonntag) und des deutsch-jüdischen Dialogs an (Misch- oder Zivilehe, Landbesitz und Berufsprofil der jüdischen Bevölkerung). Seine Schilderungen jüdischer Eigenarten verdanken sich der Grundüberzeugung, daß Wissen Verständnis erzeugt, daß sachliche Auseinandersetzung die Beilegung innerjüdischer wie deutsch-jüdischer Konflikte und Mißverständnisse ermöglicht. In dieser Hinsicht ist K.s Literatur der Aufklärung verpflichtet. Die späteren Strömungen des Ghettogenres, die sich einerseits als nostalgisch-sentimentale und andererseits als satirisch-kritische und politisch explizite Literatur entwickelte, sind somit in K.s Texten bereits angelegt.

Während traditionalistische oder assimilatorische Zeitgenossen in ihren Texten zu Fragen wie Konversion oder Mischehe oft eindeutige Positionen beziehen, ist für K. die Entscheidungsfreiheit des Individuums oberster Maßstab. Individuelle Entfaltung zu gewährleisten, ist für ihn die Aufgabe allen öffentlichen Wirkens; nur auf ihr kann politischer und kultureller Fortschritt beruhen. Damit Konversionswünsche allerdings nicht aus Opportunismus entstehen, muß der verbürgerlichten, akkulturierten Gemeinschaft ein jüdisches Selbstverständnis und Selbstbewußtsein gegeben werden, das den einzelnen Juden eine Identifizierung mit ihrem Kollektiv ermöglicht. Dieser Aufgabe ist K.s Literatur gewidmet. Während zahlreiche seiner Geschichten die Widerstandskraft und den Selbstbehauptungswillen der jüdischen Gemeinschaft in Zeiten von Verfolgung und behördlicher Schikanierung behandeln, kommen moderne Ausprägungen von Judenfeindschaft in seinem Werk kaum vor. Als herausragender Repräsentant einer Generation, deren Ideologie von kulturellem Symbioseoptimismus bei gleichzeitiger Identitätsbewahrung geprägt war, hatte Antisemitismus in K.s Werk nur einen Platz, insofern er als überwindbar (oder gar als Kennzeichen einer überwundenen Zeit) aufgefaßt werden konnte. K.s Ghettogeschichten stehen am Anfang der bürgerlichen deutsch-jüdischen Literaturentwicklung; sie sind Dokument einer Zeit, als die Konstruktion einer heilen jüdischen Welt in der Literatur als Wegweiser für eine gedeihliche Zukunft noch möglich war.

Werke: Sämtliche Werke in zehn Bdn., hg. St. Hock, Leipzig o. J. [1906]; Der Dorfgeher. Geschichten aus dem Ghetto, hg. F. Krobb, Göttingen 1996.

Literatur: W. A. Iggers, L. K. – Romancier of the Bohemian Ghetto, in: Modern Austrian Literature 6 (1973), 117–137; Th. Winkelbauer, L. K. und die Böhmischen Landjuden, in: Conditio Judaica II, hg. H. O. Horch u. a., Tübingen 1989, 190–217; G. v. Glasenapp, Aus der Judengasse, Tübingen 1996, 102–121; F. Krobb, Reclaiming the Location, in: Ghetto Writing, hg. A. Fuchs, F. Krobb, Columbia 1999, 41–53.

Florian Krobb

Kracauer, Siegfried

Geb. 8. 2. 1889 in Frankfurt a. M.;
gest. 26. 11. 1966 in New York

Von seinem Onkel Isidor K., der ursprünglich Rabbiner werden wollte, wurde K. schon früh mit Fragestellungen des jüdischen Denkens konfrontiert, die ihn zeit seines Lebens beschäftigten. Jener war Lehrer am berühmten Philanthropin in Frankfurt und der Historiograph der Frankfurter jüdischen Gemeinde (*Zur Geschichte der Juden in Frankfurt am Main, 1150–1824*). In seinem Hause herrschte ein an Theologie interessiertes Klima, das die Beschäftigung mit dem Judentum ermöglichte, ohne ein religiöses Bekenntnis zu erfordern. Noch vor seinem Eintritt in die Feuilleton-Redaktion der *Frankfurter Zeitung* 1923 schloß sich der promovierte Architekt K. einer Gruppe jüdischer Intellektueller um den Rabbiner Nehemiah A. Nobel an, 1921/22 hatte er einen Lehrauftrag am »Frankfurter Freien Jüdischen Lehrhaus«, das von F.

Rosenzweig und M. Buber geleitet wurde und sich um eine politisch motivierte, gegen die allgemeine Tendenz zur Assimilation gerichtete Renaissance der jüdischen Tradition bemühte.

K.s Stellung in dieser »anderen Frankfurter Schule« war nicht weniger prekär als einige Jahre später seine Position in Max Horkheimers »Institut für Sozialforschung«. Sein »ängstliches Mißtrauen gegen große Träume, die nicht an den Rand geschrieben sind«, korrespondierte mit seiner Abneigung gegen Letztbegründungen, seinem Insistieren auf der »Vorläufigkeit aller gegebenen Konfigurationen«, die ihm im Aperçu besser aufgehoben schien als im philosophischen System. Dabei ging es nicht um Relativierung, sondern um die Rehabilitation des Profanum, das in Vor- und Zwischenräumen ein übersehenes Dasein fristet und der richtigen Benennung harrt. Diese Orientierung zeigt sich noch in seinem letzten, postum erschienenen Buch *History. The Last Things Before The Last* (1969): In der Parallelisierung von Geschichtsschreibung und Photographie wendet sich K. gegen die eine, fortschrittsoptimistische Universalgeschichte und betont das Recht der vielen disparaten Geschichten, die in ihren Zwischenräumen eine andere Botschaft, eine Geschichte der namenlosen Verlierer, zu lesen erlauben. Zugleich sind es diese »Löcher in der Wand, durch die wir entweichen können und das Unwahrscheinliche sich einschleichen kann«. Damit die Porosität der scheinbar geschlossenen Systeme aber überhaupt wahrgenommen werden kann, bedarf es einer Methodik des Umwegs, des Aufschubs von Bedeutung, der Verzögerung und Verlangsamung von Wahrnehmung, die mit genauem Blick auf dem Detail verweilt. Diese Maxime eines Sammlers von Details, die das Verhältnis von »Großem und Kleinem« berührt, bezeichnete K. selbst als »theologisches Argument«: in der vollständigen Ansammlung der kleinsten Fakten soll eine »Tradition verlorener Prozesse« begründet werden, die eine »Empfänglichkeit [...] für das sprachlose Plädoyer der Toten« ermöglicht.

Die messianische Figur der Erlösung, die hier im Interesse historischer Diskontinuität und Kontingenz zitiert wird, bleibt bei K. eingespannt in die paradoxe Arbeit an einer radikal negativen Theologie, die das Bilderverbot gegen jede Form der Dogmatisierung und Positivierung des Judentums aktiviert. So schreibt K. 1923 in einem Brief an L. Löwenthal über Rosenzweigs *Der Stern der Erlösung* (1921): »Es ist doch ein Schmarren! Die richtige Apotheosenphilosophie, die mit dem Nichts anfängt und mit dem: ›Hab Sonne im Herzen‹ schließt.« Gegen das ›positive Judentum‹, das einen romantischen Neuanfang verspreche, ohne auf die reale gesellschaftliche Entwicklung zu reagieren, wendet sich K. 1925 auch in seiner öffentlichen Polemik gegen die Bibelübersetzung Bubers und Rosenzweigs. In *Die Bibel auf Deutsch* (1926) kritisiert er deren Versuch der Aktualisierung der Heiligen Schrift durch Übersetzung als »Flucht ins Private«, bei der das Interesse an der konkreten sozialen Wirklichkeit auf der Strecke bleibe. Völlig unhaltbar ist für K. eine Legitimation, nach der die Wahrheit im Wort der Bibel zeitlos aufgehoben und nur zu bergen sei: »Das Profane ist den theologischen Kategorien längst entwachsen [...] Aus ihrer Hülle haben Interessen sich herausgeschält, die nur mehr weltlichen Charakters sind; den Gemeinschaften der positiven Religionen steht die Gesellschaft als zu sich selber gekommene Größe mit eigenen Begriffen und Zielsetzungen gegenüber. Bei ihr, nicht bei jenen, ist in der Gegenwart die Aktualität.« In der Wendung zu einer emphatisch verstandenen ›Aktualität‹ besteht für K. die einzige Alternative zu den vielen Eskapismen esoterischer und religiöser Erneuerungsbewegungen, von denen die Geschichte der Weimarer Republik zeugt.

Der Bestimmung des Orts der Wahrheit im Profanen gilt K.s ganze theoretische Anstrengung – von den soziologischen und kulturphilosophischen Studien über die Romane und Städtebilder bis hin zur späten *Theory of Film* (1960). Dabei ist seiner »bunten Nüchternheit« (Bloch) eine Negativität eingeschrieben, die er bereits 1924 in einem Brief als »einzig mögliche Haltung« des Intellektuellen präzisiert hat: »Wir müssen verborgen sein, quietistisch, nichtstuerisch, ein Stachel den andern, und lieber sie (mit uns) zur Verzweiflung treibend als ihnen Hoffnung gebend.« Dieser Gestus des Unversöhnlichen, verbunden mit dem Bekenntnis zur »äußeren Wirklichkeit«, zeichnet auch K.s physiognomische Studien aus, deren Programmatik er 1927 in dem Aufsatz *Das Ornament der Masse* formulierte: »Der Ort, den eine Epoche im Geschichtsprozeß einnimmt, ist aus der Analyse ihrer unscheinbaren Oberflächenäußerungen schlagender zu bestimmen als aus den Urteilen der Epoche über sich selbst.« Zwar geht es stets »um die Einsetzung der Wahrheit in der Welt«, dabei ist jedoch zu berücksichtigen, daß »ihre [der Wahrheit] Realität immer genau an der Stelle läge, über die wir gerade geschritten sind«. Damit verbindet K. das methodische Postulat einer Verkehrung von Peripherie und Zentrum. Theorie steht ganz im Dienste eines Prozesses »der Entmythologisierung, der den radikalen Abbau der immer wieder neu besetzten Positionen des Natürlichen bewirkt«. Der Kapitalismus treibt den Konstruktionscharakter der Wirklichkeit hervor, bleibt aber bei der notwendigen »Entzauberung« auf halbem Weg stehen, seine Rationalisierung endet letztlich doch wieder in Mythos und Natur. Wie später in Horkheimers und Adornos *Dialektik der Aufklärung* geht es K. bereits in diesem frühen Aufsatz darum, den Umschlag von Rationalität in Mythos aufzuzeigen. Gegen Verfallstheoretiker wie beispielsweise Oswald Spengler betont K. allerdings, daß dieser Prozeß durch die kapitalistische Moderne hindurch führen müsse und nicht in pessimistischer Zivilisationskritik umzukehren sei. Zielpunkt des Denkens ist jedoch kein U-Topos, sondern die heterotopische Entstehung von Text/Gewebe am falschen Ort, für die das Ornament einsteht. Unterstützt wird dies durch die Hybridisierung von Genres, Themen und Stilen, welche die Texte K.s stets an der Grenze von Literatur und Theorie situiert.

Für seine Arbeiten fand K. in der liberalen *Frankfurter Zeitung* ein angesehenes Publikationsorgan und eine breite Öffentlichkeit. Durch diese Tätigkeit war er aber auch bereits zu Beginn des nationalsozialistischen Terrorregimes so exponiert, daß er noch in der Nacht des Reichstagsbrandes am 28. Februar 1933 aus Berlin nach Paris fliehen mußte. Mit dieser Flucht begann ein Exil, das K. und seine Frau »buchstäblich in letzter Minute« nach New York führte, von wo sie nur noch besuchsweise nach Deutschland zurückkehrten: »die Luft ist dort noch auf lange, lange hinaus verpestet, man weiß nicht, wem man die Hand gibt«. Diese Flucht des Juden vor dem nationalsozialistischen Genozid, dem die Mutter und die Tante zum Opfer fielen, das Motiv des Entkommenseins, wurde als heimliches Zentrum der späten Schriften K.s identifiziert (Mülder-Bach). Doch die Ahnung, zukünftig einmal entkommen zu müssen, bestimmt bereits seine beiden Romane *Ginster* (1928) und *Georg* (1934). Das »Katastrophenjudentum«, von dem der Überlebende Jean Améry einige Jahre später sprechen wird, findet hier in den Überlebensstrategien der Anonymität bereits eine signifikante Gestalt. In *Ginster* entgeht der Protagonist der objektiven Entpersonalisierung in einer zum Totalitarismus neigenden

Gesellschaft durch die eigenmächtige Demontage des Ich: »Ich selbst will nichts. [...] am liebsten zerrieselte ich.« K. führt hier literarisch vor, was Adorno Jahre später in der *Negativen Dialektik* (1966) als Programm der Moderne formuliert hat: »Mit der Kraft des Subjekts den Trug konstitutiver Subjektivität zu durchbrechen.« Da das Subjekt an Selbsterhaltung gefesselt ist – Zygmunt Bauman hat die Fatalität dieser Selbsterhaltungslogik am Beispiel der Judenräte buchstabiert –, läßt es sich nur in einem dezidiert anti-subjektiven Sinn retten: allein in der Idiosynkrasie kann sich Differenz erhalten. An die Stelle der Selbstvergewisserung tritt die Vergewisserung einer Wirklichkeit, in der es auf das Selbst nicht mehr ankommt. Die Figur, durch die das Geschehen perspektiviert ist, wird als »Seismograph eines fernen Erdbebens« (Ernst Simon) konstruiert, der sein eigenes Verschwinden betreibt. In den Figuren Ginsters und Georgs läßt sich der geschichtsphilosophische Ort des Subjekts als Objekt entziffern. Ihre Fremdheit in der Welt, textuell chiffriert als Exterritorialität und Extemporalität, rückt in den Blick, was die Fixierung aufs Subjekt sonst verstellt: daß es verloren ist.

Werke: Schriften, 8 Bde., hg. K. Witte, Frankfurt a. M. 1971 ff.

Literatur: I. Mülder, S. K. – Grenzgänger zwischen Theorie und Literatur, Stuttgart 1985; S. K. Neue Interpretationen, hg. M. Kessler u. a., Tübingen 1990; M. Günter, Anatomie des Anti-Subjekts. Zur Subversion autobiographischen Schreibens bei S. K., W. Benjamin und C. Einstein, Würzburg 1996; G. Koch, K. zur Einführung, Hamburg 1996.

Manuela Günter

Kraft, Werner

Geb. 4. 5. 1896 in Braunschweig; gest. 14. 6. 1991 in Jerusalem

Geboren 1896 in Braunschweig in eine assimilierte jüdische Familie, wächst K. ab 1901 in Hannover auf, macht 1914 am Leibniz-Gymnasium Abitur, studiert zwei Semester in Berlin, muß dann Sanitätssoldat werden (bis Januar 1919). Er publiziert erstmals 1914 eine Literaturkritik in Pfemferts *Aktion*. Entscheidende Leseerlebnisse – Borchardt, George, Hofmannsthal, Kraus – fallen bereits in diese frühen Jahre; auch lernt K. schon im Juli 1915 Walter Benjamin und Gershom Scholem in Berlin auf einem ›Sprechabend‹ kennen. Nach Kriegsende folgt zunächst ein Studium der Germanistik und Romanistik in Freiburg und Hamburg, das er – nachdem er bereits eine Bibliothekarausbildung begonnen hatte – im Sommer 1925 mit der Promotion abschloß (*Motivgeschichtliche Untersuchungen über die Päpstin Johanna in der deutschen Literatur*). 1928–33 arbeitete K. als Bibliotheksrat an der Vormals Königlichen und Provinzialbibliothek in Hannover. Inzwischen mit Erna K., geb. Halle, verheiratet und Vater von zwei Kindern, hört K., neben dem Bibliotheksdienst, Karl Kraus' Vorlesungen in Berlin, beginnt nach 14jähriger Pause wieder literaturkritische Aufsätze zu publizieren und entdeckt den spätaufklärerischen Sprachphilosophen und Staatstheoretiker Carl Gustav Jochmann (1789–1830), der in seinem Bild von deutscher Literatur eine zentrale Stelle einnimmt.

Im Herbst 1933 wird K. als Jude aus dem Bibliotheksdienst entlassen; die Familie wandert nach Palästina aus, während K. zunächst noch in Europa einen Wirkungsort sucht, bis er endlich im August 1934 ebenfalls in Jerusalem eintrifft. Während eines Studienaufenthaltes in Paris endet im März 1937 seine starken Verwerfungen unterliegende

Freundschaft mit Walter Benjamin, der ihn danach über die Priorität bei der Wiederentdeckung Jochmanns betrügt und einen Aufsatz über Jochmanns *Die Rückschritte der Poesie* 1939 in der *Zeitschrift für Sozialforschung* publiziert. K. ernährt seine Familie als Verwaltungsangestellter und Bibliothekar und arbeitet, nur von einer Handvoll Menschen beachtet, an seinen Dichtungen und literarhistorischen Studien und Essays zu Kafka, Heine und Jochmann und kann nur Weniges in Frankreich und Palästina veröffentlichen. Erst 1946 setzen dann seine Publikationen in Österreich und Deutschland ein: 1956 erscheint seine Monographie zu Karl Kraus, den er auch als großen Lyriker darstellt, 1961 seine bis heute maßgebende Studie zum Werk Rudolf Borchardts, 1972 die umfangreiche Darstellung Carl Gustav Jochmanns (*Carl Gustav Jochmann und sein Kreis. Zur deutschen Geistesgeschichte zwischen Aufklärung und Vormärz*); hinzu kommen Aufsatzbände, Gedichte, ein Roman und kleine reflektierende Prosa. Schließlich legt K. 1973 seine Autobiographie *Spiegelung der Jugend* (Neuauflage 1996) vor, die mit dem Weggang aus Deutschland endet und nur summarisch von jenen Jahren berichtet, in denen er, weiter fast ausschließlich in der deutschen Sprache lebend, in Palästina/Israel in großer Isolation sein umfangreiches Werk erarbeitete. Seine Einsamkeit wird allerdings gemildert durch den Umgang mit Gershom Scholem, Ernst Simon, Martin Buber und Else Lasker-Schüler sowie durch eine seit den 50er Jahren wachsende Zahl von Besuchern aus Europa.

K. hatte um 1950 darauf verzichtet, wieder seinen Dienst als Bibliothekar in Hannover anzutreten, und damit in Kauf genommen, daß seine Wirkungsmöglichkeiten im deutschen Sprachraum begrenzt blieben. Dennoch war sein Einfluß intensiv und sein Ansehen groß. Er war der Anreger für zahlreiche Arbeiten über Jochmann, Seume, Gustav von Schlabrendorf, Borchardt, Kraus und den Literaturwissenschaftler Ludwig Strauß, und er legte ausführlich Zeugnis ab von Begegnungen mit Th. Lessing, Wilhelm Lehmann, Borchardt, Buber und Wilhelm Kütemeyer. K. war in seiner literarischen Ästhetik ein Konservativer, für dessen Literaturvorstellung die radikale Moderne kaum eine Rolle spielte. Zugleich war er aber politisch eher ein Linker, der die große deutsche Poesie in einem unglückseligen Spannungsverhältnis zu der historisch nicht gelungenen Emanzipation des deutschen Bürgertums und den verfehlten Gelegenheiten zur Entwicklung einer liberalen Demokratie in Deutschland sah. Hitler zwang K. 1933 wie so viele deutsche Juden dazu, ihr in ihrem Selbstverständnis nur noch fernes Judentum zu akzeptieren, was er mit Stolz tat, ohne je ein gläubiger Jude zu werden. K. betrachtet es für sich selbst als Zwang bzw. Selbstverständlichkeit, gegen die er gar nicht rebellieren konnte, sein ganzes Leben im Raum des deutschen Geistes zu führen. In seinem Gespräch mit Scholem, Simon und Buber ging es konsequenterweise fast nur um Themen aus der deutschen philosophischen und literarischen Tradition.

Weitere Werke: Wort aus der Leere. Ausgewählte Gedichte, Jerusalem 1937; Figur der Hoffnung. Ausgewählte Gedichte 1925–53, Heidelberg 1955; Der Wirrwarr. Ein Roman, Frankfurt a. M. 1960; Rebellen des Geistes. Essays, Stuttgart 1968; Franz Kafka. Durchdringung und Geheimnis, Frankfurt a. M. 1968; Goethe. Wiederholte Spiegelungen aus fünf Jahrzehnten, München 1986.

Literatur: W. K. 1896–1991, bearbeitet v. J. Drews, Marbacher Magazin 75 (1996).

Jörg Drews

Kraus, Karl

Geb. 28.4.1874 in Jičin (Böhmen); gest. 12.6.1936 in Wien

K.' Beziehung zum Judentum ist durch Negation und Widerspruch gekennzeichnet. Immer wieder und von seltenen Ausnahmen abgesehen, betont er, daß er »nicht dazugehört«: »daß ich nicht nur glaube, sondern wie aus der Erschütterung eines Offenbarungserlebnisses spüre, daß mir nichts von allen den Eigenschaften der Juden anhaftet«. Sich einerseits vom Judentum lossagend, war er andererseits obsessiv damit befaßt. Es gibt kaum eine Ausgabe der *Fackel*, in der nicht ein das Judentum betreffendes Thema berührt würde. »Die Judenfrage ist in Österreich stets actuell, und sie zu besprechen bedarf es für uns keiner besonderen Anknüpfung. Jeder Tag brächte eine solche – irgendein kleines Product des Missverhältnisses, das auf der einen Seite mit widerlichem Pathos, auf der anderen in unarticulierter Wuth ausgebeutet wird.« K. greift in der *Fackel* mit dem Judentum in Verbindung stehende Vorkommnisse samt den dazu erscheinenden schriftlichen Kommentaren auf und wertet diese aus. Die *Fackel* stellt somit eine Quelle dar, anhand derer wichtige innerjüdische und jüdisch-österreichische bzw. jüdisch-europäische Diskurse, Auseinandersetzungen und Probleme von Ende des 19. Jahrhunderts bis zur Machtergreifung Hitlers einsehbar werden. Dabei ist K.' Haltung zum Judentum so komplex und widersprüchlich, daß man von Anfang an betonen muß, daß er sich selten eindeutig festlegen läßt.

K. stellte seine Kindheit im assimilierten Elternhaus stets als glücklich dar. Seine Mutter Ernestine verstarb bereits 1891, nachdem sie neun Kinder geboren hatte, deren zweitjüngstes Karl war. Sein Vater avancierte vom Papiertütenhersteller zum Papierfabrikanten, womit er so viel Gewinn erwirtschaftete, daß sich K. zeit seines Lebens unabhängig von finanziellen Fragen Projekten widmen konnte. »Aus diesem zusammengeklebten Vermögen entspringt Krausens innere Freiheit«, lautet die boshafte Version dieses Umstandes von Stephan Großmann, der fortfährt: »Es ist erlaubt, vom alten Kraus in Gitschin zu sprechen, weil dieser Kontrast: alter jüdischer Kaufmann – junger christelnder Poet das eigentliche Schema der Krausschen Satire ist.«

Im Jahr 1877 zog die Familie K. von Böhmen nach Wien, wo K. bis zu seinem Tod bleiben sollte. K.' Interesse galt schon früh dem Schreiben. Nach seinem Abitur 1892 begann er für diverse Zeitungen und Zeitschriften tätig zu sein, u.a. für die *Breslauer Zeitung*, die *Wiener Literatur-Zeitung*, *Die Zeit* (Wien). Die Leipziger und Wiener Journale *Die Gesellschaft* und *Liebelei* publizierten Rezensionen und satirische Skizzen K.' unter dem Pseudonym »Crêpe de Chîne«. Als beginnender Journalist war es K.' angestrebtes Ziel, Daniel Spitzers Nachfolger zu werden, Autor der Kolumne »Wiener Spaziergänge« der *Neuen Freien Presse*. Von 1894–96 war er auch tatsächlich für die *Neue Freie Presse* tätig, wandte sich jedoch bald gegen sie. Auch Maximilian Harden, an dessen Berliner Zeitung *Die Zukunft* sich K. bei Gründung der *Fackel* im Jahr 1899 stark orientierte, wurde vom Vorbild zum Feindbild. Dieses Muster zieht sich durch K.' Werk, was ihm den Vorwurf einbrachte, an anderen stets nur seine eigenen Schwächen zu kritisieren. Walter Benjamin beschreibt dies als die »Zweideutigkeit des Dämons«: »Selbstausdruck und Entlarvung gehen in ihr als Selbstentlarvung ineinander über.«

Die meisten, mit denen K. diese Art Bindung hatte, waren Juden. Vielen Zeitgenossen K.' und nicht zuletzt ihm selber war bereits bewußt, daß der Haß von Juden gegen ihr eigenes Judentum im Grunde ein nach außen projizierter Identitätskonflikt war. »Jüdischer Selbsthaß« war ein Schlagwort, spätestens seit Anton Kuhs *Juden und Deutsche* (1921) und Theodor Lessings *Jüdischer Selbsthaß* (1930), in dem K., aber auch seinen Antipoden Harden und Herzl Kapitel gewidmet waren. Jüdischer Selbsthaß läßt sich als Internalisierung antisemitischer Klischees verstehen, die dann abgespalten und auf andere Juden angewandt werden (Gilman). Wie sehr K. als ›Paradebeispiel‹ dafür gelten kann, zeigt eine kaum verhohlene Selbstbeschreibung: »Insoferne es aber Juden gibt, welche gewisse accidentelle Eigenschaften ihres Lebenskreises, die sie selbst als culturhindernde Elemente abgestreift haben, klar erkennen und tadeln, kann man bisweilen von jüdischen Antisemiten und antisemitischen Juden hören.« K. nimmt insbesondere auch das antisemitische Ansinnen auf, Juden die deutsche Sprache als Ausdrucksmittel abzuerkennen. So galt K.' Hauptkritik an seinem Antipoden Heinrich Heine dessen Umgang mit Sprache. Er warf ihm vor, der deutschen Sprache »ans Mieder zu gehen«, sprich sie zu vulgarisieren, bezeichnete Heine abfällig als den »ersten Feuilletonisten«, der nicht Literatur, sondern Alltags- und Eintagsprosa produziere. K.' heftigster Vorwurf aber galt seinen jüdischen Kollegen von der liberalen Presse bzw. deren »jüdelnder« Sprache. Anton Kuh bezeichnete K. als »Meisterdetektiv des latenten Jüdelns im Weltraum. Es räumt ihm in der Geschichte des jüdischen Antisemitismus eine epochal besiegelte Rolle ein.« K.' Auseinandersetzung mit Sprache jedoch, sein Verständnis der Kritik als Sprachkritik, kann ihrerseits als der jüdischen Tradition entsprungen gesehen werden. Benjamin jedenfalls sieht die Tatsache, daß für K. »Gerechtigkeit und Sprache ineinander gestiftet bleiben«, als Beweis, daß K. keineswegs das »Judentum in sich niedergerungen« hat und bezeichnet K.' Verehrung der Gerechtigkeit in Form der deutschen Sprache als »echt jüdischen Salto mortale«.

Ferdinand Lassalle erklärte freimütig: »Es gibt zwei Sorten von Menschen, die ich über alles verachte, Journalisten und Juden – und ich bin beides.« Daß K. dies so niemals formuliert hätte, hing entscheidend mit seiner Rolle als Satiriker zusammen. Als solcher nahm er für sich eine distanzierte Position ein. K. ließ sich in keine ethnische oder soziale Gruppierung einordnen. »Auch ist es nicht mein Geschmack, mit anderen Leuten in einem gemeinsamen Problem zu wohnen. Denn so pflegen meine Arbeiten nicht zu entstehen.« In *Er ist doch ä Jud* wandte er sich an die: »zehntausend christlichen oder jüdischen Hundeseelen, die mir, seitdem ich sie hasse, mein Judentum apportieren«. Es gehörte zu K.' kreativen Bedingungen, sich selbst zu einer unabhängigen Instanz der Kritik zu stilisieren. Dennoch bemühte er sich keineswegs um Objektivität oder Widerspruchslosigkeit. Im Gegenteil, gerade bezüglich seines Verständnisses des Judentums verstrickte K. sich in Widersprüche. Auf der einen Seite ließ er in frühen Ausgaben der *Fackel* radikale Antisemiten wie Lanz von Liebenfels und H.S. Chamberlain zu Wort kommen. Auf der anderen Seite aber kommen in der *Fackel* auch die jüdische Autorin Else Lasker-Schüler und andere jüdische Autoren zu Wort. Zudem hob er in der *Fackel* bewußt hervor, daß er Geld für den jüdischen Blindenverein spendet. Solche Widersprüche ließ K. nebeneinander bestehen, ohne sie zu rechtfertigen oder zu erläutern, denn er tat, wie Benjamin schreibt, nicht seine Meinung kund, sondern urteilte und »richtete«.

Widersprüchlich ist auch K.' Verhältnis zur Assimilation. Theoretisch forderte er sie, bis zur Aufgabe der Identität. »Nur muthiges Säubern in den eigenen Reihen, nur das Ablegen der Eigenthümlichkeiten einer Rasse, die durch die vielhundertjährige Zerstreuung längst aufgehört hat, eine Nation zu sein, kann all der Qual ein Ende machen. Die goldenen und die zeitungspapiernen Gitter, die heute noch das Ghetto umschließen, müssen fallen. Durch Auflösung zur Erlösung! Sonst sieht das vielberufene zwanzigste Jahrhundert Excesse ärgerer Art.« Dieses im Freudschen Sinne ›unheimliche‹ Zitat in der Diktion Chamberlains nimmt Vokabular und Argumente des Antisemitismus auf und zitiert im Ausdruck »durch Auflösung zur Erlösung« den von K. verehrten Otto Weininger. K. war überzeugt, daß ohne künstlichen, geschichtsfälschenden Eingriff durch die Zionisten das Judentum in einem natürlichen Prozeß der Auflösung begriffen sei. Deshalb »natürlich«, weil K., wie übrigens auch Herzl und viele Zionisten, an die ›überragende Flexibilität‹ des jüdischen Volkes glaubte. Während jedoch Herzl diese einzusetzen wünschte, um kulturelle und soziale Differenzen unter den Juden zu überwinden, erwartete K. chamäleonartige Fähigkeiten vom jüdischen Volk: »Der widerhaarigste Zionist müsste sich in wenigen Jahren unschwer zum Europäer civilisiren lassen. Der unumstössliche Glaube an die Anpassungsfähigkeit des jüdischen Volkes ist die beste Orthodoxie. Bestimmt, in allen Culturen unlösbar aufzugehen.« Die größte Gefahr des Zionismus lag für K. entsprechend in der »Ermuthigung assimilationsfeindlichen Strebens« und er kritisierte die Zionisten als die »Herren in Basel, die sich vermassen, die historische Entwicklung eines verfallenden Volkes über's Knie brechen zu wollen«. Konkret jedoch warf er beinahe ausnahmslos assimilierten oder gar konvertierten Juden Heuchelei und Berechnung vor, so zum Beispiel dem Herausgeber der *Neuen Freien Presse* Moritz Benedikt und dessen Feuilletonchef Herzl. Der erklärte Antizionist Benedikt heuchelte nach K.' Ansicht, weil er die zionistische Bewegung in seiner Zeitung ignoriert, Herzl, weil er als Zionist für die *Neue Freie Presse* arbeitet, wie auch Herzl überhaupt zu denjenigen zählte, die K. ständiger Kritik unterzog. K. war der Ansicht, daß Herzl sich nur aus Karrieresucht und Geltungsbedürfnis dem Zionismus verschrieben habe. Nachdem Herzls *Tagebücher* postum veröffentlicht wurden, stellte K. Herzls Ernsthaftigkeit in Bezug auf den Zionismus allerdings nicht mehr in Frage, andere Kritikpunkte nahm er jedoch nicht zurück: »was die Gestalt jenes Mannes anlangt, so kann ich auch heute noch sagen, daß sie durch seine eigenen Tagebücher in der Problematik befangen bleibt, in der ich sie ehedem sah und die nun einmal in der Alternative liegt, ob aus der zionistischen Idee ein Königreich oder ein Roman werden solle, und vor allem in der Möglichkeit, mit dem Königsgedanken im Sinn und mit der Verachtung für die Neue Freie Presse im Herzen deren Feuilletonredakteur zu bleiben.«

K. bezichtigte die Zionisten, allen voran Herzl, des »jüdischen Selbsthasses«. In dem Pamphlet *Eine Krone für Zion* (1899) heißt es: »Wenn sich Zionisten mit Antisemiten in eine ohnehin dürftige Weltanschauung theilen, dann muss diese bald alle sein [...], dann hat noch immer der gute Geschmack ein Recht, dagegen zu protestieren, daß die Gedankenfülle, aus der der betrunkene Greisler in Hernals sein ›Hinaus mit Euch, Juden!‹ ruft, im Zionismus ihre einfache Wiederholung erfährt, und daß die Antwort ›Jawohl, hinaus mit uns Juden!‹ bis auf den feierlichen Ton gar zu wenig Abwechslung bietet.« K. polemisierte inbesondere auch gegen die Zielsetzung des Zionismus. Er beschrieb die Zionisten als harmlose und schwärmerische Vielschwätzer und Nichtstuer und schlug ihnen vor, »die Flinte in jenes Korn zu werfen, das auf dem heiligen Boden leider nicht gedeiht«.

Sein Leben lang hielt K. die Authenzität, Unverdorbenheit und Bedürftigkeit des Ostjudentums der angepaßten Dekadenz des Westjudentums entgegen:

»Ich weiß nicht, ob es antisemitische Streberei ist, den Kärntnerstraßenjuden, der nie in den Tempel geht, aber am 18. August in die Pfarrkirche von Ischl, für beiweitem keine so erfreuliche Erscheinung zu halten wie Herrn Bielohlawek, und ich weiß nicht, ob es eine jüdische Eigenschaft ist, einen alten Schnapsschänker im Kaftan kulturvoller zu finden als ein Mitglied der deutschösterreichischen Schriftstellergenossenschaft im Smoking.« Die positive Rolle, die K. dem Ostjudentum innerhalb des europäischen Judentums zuspricht, deckt sich scheinbar mit der Position des Kulturzionismus. Im Gegensatz zu Martin Buber aber hielt K. den Zionismus für ein Verbrechen des Westjudentums am Ostjudentum: »So ward er zuerst im Westen proclamirt, wo die Assimilirten in satter Ruhe leben [...]. Allmählich erst sehen wir den neuen Glauben in jenen wirklich schmerzensreichen Ländern Einzug halten, deren Bewohner eine dunkle Orthodoxie verhindert, sich zum internationalen Proletarierleid zu bekennen. Nun werden die Hunderttausende, die – man könnte sagen – auf die Erlösung zum allgemein menschlichen Elende warten, in dem perspectivenlosen jüdischen festgehalten.« »Wirklich schmerzensreich« steht im strengen Gegensatz zum assimilierten Westjudentum, das sich zum Opfer stilisiere.

Selbst angesichts der Dreyfus-Affäre verteidigte K. die Assimilation. Für viele seiner jüdischen Zeitgenossen war das Schicksal Dreyfus' der Beweis, daß Assimilation keineswegs gegen Antisemitismus feit, und somit verkörperte Dreyfus ihr Scheitern. K. vertrat vehement die einzige Überzeugung, die es ermöglichte, weiterhin an den Erfolg der Assimilation zu glauben: die von Dreyfus' Schuld, wenngleich diese in Bezug auf die antisemitischen Ausschreitungen in der Bevölkerung im Grunde unerheblich war. K. ließ in frühen Ausgaben der *Fackel* wiederholt Anti-Dreyfussards zu Wort kommen und polemisierte selbst gegen ihn. Mit anderen Idealen geriet K. allerdings in schweren Konflikt. Um Dreyfus verdächtigen und verunglimpfen zu können, verteidigte der erklärte Pazifist K., der als einziger österreichischer Teilnehmer an dem Pazifistenkongreß im Jahre 1932 in Amsterdam teilnahm, den gesamten Militärapparat Frankreichs. Es ist möglich, daß K.' Austritt aus der jüdischen Gemeinde mit der Dreyfus-Affäre in Zusammenhang steht (Zohn). Tatsächlich hatte die Dreyfus-Affäre eine polarisierende Wirkung: viele europäische Juden wandten sich dem Judentum entweder voll zu oder gänzlich von ihm ab.

K. blieb von 1899–1910 konfessionslos und trat dann mit der Taufe am 8. April 1911 der katholischen Kirche bei. Diesen Schritt hielt er streng geheim. Nur in Briefen an seine jahrzehntelange katholische Freundin Sidonie von Nadherny erwähnt er hin und wieder Meßbesuche, wobei offen bleibt, ob er dies ihr zuliebe tat. K. hatte eine Ehe mit Nadherny erwogen, die 1914 durch einen langen Brief Rilkes an sie vereitelt wurde, in dem Rilke vor einem »sehr kontinuierlichen Umgang« mit K. warnte, denn »er kann Ihnen nicht anders als fremd sein«, was sich recht unzweideutig auf K.' Judentum bezog. Die Frage, die K. in die Nähe Jonathan Swifts rückt, ist, ob man Satiriker und Christ zugleich sein kann. Der Satiriker Theodor Haecker, Zeitgenosse und Bewunderer K.', gab mit seinem Übertritt zum Katholizismus die Satire gänzlich auf. K. war für Haecker niemals Christ, da er Christentum und Satire für unvereinbar hielt. Milde und Mitleid, höchste christliche Werte, stellen in der Satire schlichte Formfehler dar. Dagegen steht die These, daß K., intuitiv Kierkegaards Gebot befolgend, um das Christentum zu untermauern, nicht als überzeugter Christ spricht, sondern als »einer, der als Jude geboren ist« (Timms). In dem Gedicht *Nach zwanzig Jahren* vermerkt

K. selber, er sei »nicht Jud genug, um Christ zu sein«. Das Christentum verband K. mit Glauben, das Judentum mit Zweifel. »Seid Christen aus Notwehr! Glaubet an Kraft, wo sich die Schwäche analytisch rächt, an Seele, wo nicht Raum ist für Psychologie!« Psychologie, von K. immer ins Lächerliche gezogen, galt damals allgemein als eine »Wissenschaft des Judentums«. K. polemisierte gegen die Psychologie, für Freud jedoch hatte er großen Respekt.

Der Ausbruch des Ersten Weltkriegs markiert einen tiefen Einschnitt für K, aber die Zielgruppe seiner Angriffe verschob sich auch in Kriegszeiten nicht: 1915 begann er mit der Arbeit an *Die letzten Tage der Menschheit*, das 1919 in Sonderheften der Fackel erschien. Auch in anderen Texten übte er scharfe Kritik an der Kriegshetze in der Presse. Seine Taktik, der Zensur zu entgehen, war auch hier das Zitat. Dennoch wurde die *Fackel* mehrfach konfisziert. Problematisch ist sein Gedicht *Gebet an die Sonne von Gibeon*, in dem er Deutschland mit dem biblischen Israel gleichsetzt. Komplex in seiner Bedeutung, konnte es als antisemitische Propaganda aufgefaßt werden. Nicht zufällig vermerkte Schnitzler in seinem Tagebuch, nachdem er einen Vortragsabend besucht hatte, an dem K. dieses Gedicht las, daß K. nun den Juden die Schuld am Ersten Weltkrieg gäbe. Aus Enttäuschung über ihre Haltung im Krieg und die unheilige »Dreieinigkeit« von politischer Macht, Journalismus und Geschäft verläßt K. 1923 die Kirche. Der konkrete Anlaß für K.' Austritt war, daß Max Reinhardt jährlich der Salzburger Domplatz für Jedermann-Aufführung zur Verfügung gestellt wurde, worin K. nurmehr eine Touristenattraktion und somit eben jene weltlich-profitliche »Dreieinigkeit« am Werke sah.

Auf die Machtübernahme Hitlers reagiert K. zunächst mit Schweigen. 1934 erschien keine Ausgabe der *Fackel*, sondern die Erklärung: *Warum die Fackel nicht erscheint*. In dieser setzt sich K. ein letztes Mal intensiv mit seiner Beziehung zum Judentum auseinander, die er in der dritten Person formuliert: »Dagegen fühlt er sich zu dem Bekenntnis gedrängt, daß er [...] die Naturkraft eines unkompromittierbaren Judentums dankbar erkennt und über alles liebt: als etwas, das von Rasse und Kasse, von Klasse, Gasse und Masse, kurz jeglichem Hasse zwischen Troglodyten und Schiebern unbehelligt in sich ruht.« 1925 wurde K. für den Nobelpreis vorgeschlagen. Er las vermehrt im Berliner und später auch im Wiener Rundfunk, Theater- und Oper-Inszenierungen entstanden in seiner Fassung und Regie.

K., der in den letzten Jahren deutlich an Lesern verlor, zog sich mehr und mehr zurück auf die Sprache. Er wollte ein Sprachseminar ins Leben rufen, um »durch Vorführung von Greueln der Satzbildung den Möglichkeiten [...] der Sprache näher zu kommen, deren unzüchtiger Gebrauch zu den Greueln des Blutes geführt hat.« Es sollte nicht mehr dazu kommen, da K. im Februar 1936 bei einem Unfall mit einem Fahrradfahrer verletzt wurde und nach einer allgemeinen Verschlechterung seiner Gesundheit im Juni desselben Jahres starb. In dem nicht mehr umgesetzten Wunsch drückt sich K.' unerschütterliche Überzeugung aus, daß alles von der Sprache ausgeht und zugleich, daß das Positive nur daraus entstehen kann, daß man das Negative erkennt und beim Namen nennt. Genau darin sah K. seine Aufgabe und so läßt sich auch sein Verhältnis zum Judentum verstehen.

Werke: Die Fackel, Wien 1899–1936; Werke, hg. H. Fischer, 14 Bde. u. 2 Suppl., München 1952–70; Schriften, hg. Chr. Wagenknecht, 20 Bde., Frankfurt a.M. 1986ff.

Literatur: W. Benjamin, K.K., in: Gesammelte Schriften, hg. R. Tiedemann u.a., Bd. II,1, Frankfurt a.M. 1980, 334–367; S.P. Scheichl, K.K. und die Politik (1892–1919), Innsbruck 1971; H.

Zohn, »Jüdischer Selbsthasser« oder Erzjude?, in: Modern Austrian Literature 8 (1975), 1–18; S. Gilman, Jüdischer Selbsthaß, Frankfurt a. M. 1993; E. Timms, K.K, Wien 1995.

Alix Brand

Kuh, Anton

Geb. 12. 7. 1890 in Wien;
gest. 18. 1. 1941 in New York

In seinem Nachruf auf K. appellierte Franz Werfel daran, diesen »vielleicht letzten Kaffeehaus-Literaten«, mit dem ihn »ein mehr als dreißigjähriges Gespräch« verband, im Gedächtnis zu behalten. Allzu leicht nämlich konnte vergessen werden, was jenen »Hirnzigeuner von lukianischem Geblüt« (Alfred Kerr), »unruhiger als Quecksilber, mit einem Dutzend Manien und von Bosheit funkelnd« (Hermann Kesten), in Wien, Prag, Berlin und schließlich in New York berühmt gemacht hatte: seine Gabe als Stegreifredner, oder, wie ihn Kurt Tucholsky bezeichnete, als »Sprechsteller«. K.s Werke liegen jedoch nicht nur, worauf Werfel das Augenmerk richtete, »zwischen seinen schmalen Lippen« begraben, sondern sind auch in über 1000 Zeitungsbeiträgen überliefert und in neueren Ausgaben, wenn auch nicht vollständig, wieder zugänglich. Von 1912 bis zu seinem Tod publizierte K., wortakrobatisch und mit kritisch-satirischem Witz, Prozessberichte, Kommentare und Glossen zu Tagesgeschehen, Theaterkritiken, Buchrezensionen, Sketchs, Aphorismen, Essays, am kontinuierlichsten für das *Prager Tagblatt* (1912–37), aber auch in unterschiedlichsten Blättern wie *Der Friede* (1918–19), *Das Tagebuch* (1922/1925–26), *Die Stunde* (1923–26), *Die Bühne* (1924–26), *Der Querschnitt* (1924–33), *Die Weltbühne* (1928–32), *Die Neue Weltbühne* (1934–38) und schließlich, als Emigrant in New York, für den *Aufbau* (1939–41).

Zumindest in der Hinwendung zur Publizistik folgte K., der einer alteingesessenen Prager jüdischen Familie entstammte, seinem Großvater David Kuh, der den *Tagesboten aus Böhmen* gründete. Von seiner »Gesinnung« jedoch – er galt, ein deutschtreuer assimilierter Jude, als umstrittener »Pionier des Deutschtums« in Böhmen – distanzierte sich K. scharf. Auch sein Vater Emil K. wurde, als Chefredakteur des *Neuen Wiener Tagblatts*, »Zeitungsmann«. K.s Arbeit als Journalist begann 1912 beim *Prager Tagblatt*. An Prag, dieser »meteorologischen Versuchsstation für deutsche Kunst und Literatur«, interessierte ihn, mit Blick u. a. auf F. Werfel, E. E. Kisch, M. Brod, E. Weiss, A. Ehrenstein und F. Kafka, v. a. die Literatur. Während er in Wien im Gefolge von Peter Altenberg vor allem im Café »Central«, später im »Herrenhof« verkehrte, sah man ihn in Prag im Café »Arco« und im »Continental«.

In den Jahren 1919/20 hielt er in Prag und Berlin eine Reihe von aufsehenerregenden Stegreifreden, die 1921 unter dem Titel *Juden und Deutsche* als sein erstes Buch erschienen. Wenn auch »fern von dem Verlangen, in den Geruch ritueller Autorschaft zu kommen«, war das Buch explizit »an die Juden gerichtet«, mit dem Aufruf, wie das Motto von Ludwig Börne zum Ausdruck bringen sollte, sich zu »befreien«: »Die Juden sind der Freiheit viel näher als der Deutsche. Sie sind Sklaven, sie werden einmal ihre Ketten brechen, und dann sind sie frei. Der Deutsche aber ist Bedienter, er könnte frei sein, aber er will es nicht.« Worin diese Befreiung bestehen sollte, bestimmt K. zunächst ex negativo, nämlich in Form einer Kritik der drei gängigen Formen moderner jüdischer Identität: Assimilation, Zionismus und Selbsthaß. Das Programm dieser »Befreiung« entwickelte K. in Anlehnung v. a. an drei Namen: Neben Börne, den er, programmatisch unter dessen ursprünglichem »nom de guerre« Löw Baruch, auch in der Einleitung zu der von ihm herausgegebenen Auswahl *Börne der Zeitgenosse* (1922) als nachhaltig aktuellen Kritiker des deutschen, patriotischen »Spießers« feierte, war es der Kulturkritiker Friedrich Nietzsche, mit dessen begrifflichem Instrumentarium – etwa mit dem vom »Bildungsphilister« abgeleiteten Terminus »Intelligenzplebejer« – K. gegen das deutsch-nationale und konservative Kulturverständnis, auch der deutschen und österreichischen Juden, polemisierte. Die größte Bedeutung für K. hatte jedoch die anarchistisch radikalisierte Psychoanalyse seines Freundes und Schwagers *in spe* Otto Gross. Wenn K. in *Juden und Deutsche* »die »Tragikomik« der »Durchschnittsjuden« mit seinem »selbstanklägerischen Judenblick gesichtet« hatte, dann tat er dies in den Begriffen von Gross. Im Namen des Freudianischen Unbewußten und von Johann Jakob Bachofens »Mutterrecht« verkündete dieser, etwa in Franz Pfemferts *Die Aktion*, die Bekämpfung und Überwindung der vaterrechtlichen Instanzen der Macht: Staat, Religion, Wissenschaft und, als Ursprung allen Übels, Familie und Ehe. K. nun bildete diese Kritik auf das Judentum ab, in dessen Familienbegriff er nichts weniger als den Ursprung – und insofern die »Urschuld« – der patriarchalen Kultur vermutete: »Der Vater, Ur-Besitzer, schwingt die Erhaltungsfuchtel. Die Mutter, in ihrem Glück verkrüppelt, hegt die Kinder als Krüppel; die Töchter sind lebendig aufgebahrtes, wie Topfblumen betreutes Verkaufsgut«, während die rebellischen Söhne »Schaum um den Mund, unterlaufenen Auges, an den Fesseln der Erinnerung zerren«, meist jedoch, ohne vom Joch des »tausendjährigen Autoritätsgeistes« loszukommen.

Im Anschluß an Gross, aber auch an einen Programmpunkt des Expressionismus, verstand nun K. die jüdische Moderne im wesentlichen als Vater-Sohn-Konflikt, als verzweifelten Versuch jüdischer Söhne einer »Überwindung des Papa«. Die drei Formen moderner jüdischer Identität – Zionismus, Assimilation, Selbsthaß – erweisen sich ihm als mehr oder weniger mißlungene Ödipalisierungen des jüdischen »Ur-vaters«. Am wenigsten gelingt dies dem Zionismus, den K. polemisch auf den »Ruf des Familienbruders« »zurück in die warme Stube!« reduzierte. Der Zionismus nämlich perpetuiere all das, was in Gross' Begriffen als »zerstörungswürdig« gilt: »Familie, Ehe, den Gott der Rache, Kanaan«. Gemäß K. hat der Zionismus aus der zweitausendjährigen Diaspora nichts gelernt, wo doch gerade die Juden ihren »Leidensvorsprung« in »Mißtrauen gegen jede Art von Volksbewußtsein umzuwerten« hätten. K.s Zionismuskritik zielt nicht etwa, was insbesondere die zionistischen Rezensenten – so Robert Weltsch in der *Jüdischen Rundschau*, Max Brod in der *Selbstwehr* oder Elias Hurwicz in *Der Jude* – irritierte, auf Assimilation, im Gegenteil: gerade an der »deutsch-jüdischen Gemütsallianz« kritisierte er die Perpetuierung der jüdischen »Schuld« der »Vordringlichkeit zu den fremden Idealen«. Diese Schuld freilich ist eine »tragische«. Denn ob als Liberalismus, Sozialismus oder als Deutschpatriotismus, der »Lohn des falschen Strebens«, so K. bereits 1918 in einem Artikel, der bezeichnenderweise sowohl in der pazifistischen Zeitschrift *Der Friede* wie auch in der zionistischen *Selbstwehr* erschien, sei »der Pogrom«. Dies zeige sich kraß an dem »Finale nicht nur der jüdischen Irrtümer allein, sondern der Weltirrtümer«, nämlich an der Kriegsbegeisterung der deutschtreuen Juden, die blind gegenüber der Tatsache waren, daß schon dieser Krieg von den Deutschen auch und gerade gegen die Juden gerichtet war: »Hier war die letzte Siegesfolgerung: Entjudung. Ihr Krieg war ein Hakenkreuzzug.« Den »jüdischen Selbsthaß« schließlich versteht K. als

Radikalisierung der »psychotischen« Disposition der Assimilation, indem die verzweifelte »Überwindung des Papa« förmlich in das Innere verlegt wird. Hypersensibel für alles »Jüdische« spürt der »jüdische Antisemit« das »latente Jüdeln im Weltraum« auf, mit dem Zweck, selbst »aus der Haut des Judentums in eine unbekannte, noblere zu fahren«. Doch auch diese Form der »Befreiung« muß scheitern. In seiner paranoiden Fixierung auf alles Jüdische widerspricht sich der »Vater- und Familienhaß« der »jüdischen Selbstflucht« selbst, außer er endet wie bei Otto Weininger, so K.s Zynismus, im Selbstmord. Was K. im Anschluß an Gross als den Typus des ewig pubertierenden jüdischen Junggesellen beschrieben und Kafka – der K. u. a. 1917 zusammen mit Gross getroffen hatte – offensichtlich eingeleuchtet hat, war in erster Linie gegen Karl Kraus gerichtet. Die Polemik gegen Kraus kulminierte in K.s skandalöser Stegreifrede vom 25. Oktober 1925, die im selben Jahr unter dem Titel *Der Affe Zarathustras (Karl Kraus)* publiziert wurde und ihm einen Prozeß einbrachte. An Kraus, seinem Paradebeispiel des »ewig pubertierenden« jüdischen Sohnes, diagnostizierte K. die »Psychose« des Selbsthasses: In ihm kollidierte die paranoide Fixierung auf »das eigene jüdische Familientum« mit dem verzweifelten Anrennen dagegen.

Als Abgrenzung gegen diese drei mißglückten Formen moderner jüdischer Identität ist K.s geradezu anarchistische »Sendung des Judentums« zu verstehen, die darin besteht, sich gegen alles zu stellen, »was Kultur, Sitte und Ordnung heißt«. Weder Selbstflucht wie im jüdischen Antisemitismus, noch Opportunismus wie im Zionismus und in der Assimilation, sondern »Offensive« ist die Aufgabe des Judentums, eines Judentums eben, das aus der Erfahrung des Exils gelernt hat, was wirklich Wert hat: nicht für Staat oder Familie »tausend Heldentode« zu sterben, sondern »ein freies Leben« zu leben.

1925 verließ K. Wien in Richtung Berlin, wo die Warnungen vor Nationalismus, Faschismus und Antisemitismus in seinen Stegreifreden und Feuilletons eindringlicher wurden. Einen Eindruck von der Publizistik dieser Zeit vermitteln die Sammelbände *Der unsterbliche Österreicher* (1931) und *Physiognomik* (1931). Die unverblümte Kritik Hitlers und der »Hakenkreuzler« macht verständlich, daß sich K. als Schriftsteller und als Jude zunehmend bedroht sah. 1933 verlegte er seinen Standort wieder nach Wien, wo er in zahlreichen Zeitungsbeiträgen und, vermittelt über Alma Mahler-Werfel, in einer allerdings gescheiterten halb-politischen Aktion den eigentlichen und endgültigen Untergang Österreichs, den er im Anschluß an Nazi-Deutschland lange vorausgesehen hat, verzweifelt abzuwenden versuchte. 1938 floh er im letzten Moment zunächst nach Prag, im selben Jahr schließlich nach New York, wo ihm der »German Jewish Club« Kontakte zu Rundfunk und Presse vermittelte. Am 26. November 1938 wurde seine Radiorede *Geschichte und Gedächtnis* ausgestrahlt – es war dies eine »schrille und unangenehm konkrete« Aufforderung, ein Vermächtnis an die Emigranten, im »Wettlauf zwischen dem Grauen und dem Gedächtnis« dem Vergessen keine Chance zu lassen: »Wenn ich [...], als Emigrant zu Emigranten und als Emigrant zu Amerikanern, eine politisch und menschlich wichtige Aufforderung an Sie richten darf, so ist es die: Tun sie sich selber weh, behalten Sie Ihr Gedächtnis frisch! Das Gedächtnis ist das Archiv, aus dem eines Tages die weltgeschichtlichen Rechnungen präsentiert werden.«

Werke: Juden und Deutsche, hg. u. eingel. A. Kilcher, Wien 2003; Luftlinien, hg. R. Greuner, Berlin 1981; Zeitgeist im Literatur-Café, hg. U. Lehner, Wien 1983; Sekundentriumph und Katzenjammer, hg. T. Krischke, Wien 1994.

Literatur: U. Lehner, A.K. (1890–1941), in: Deutschsprachige Exilliteratur seit 1933, hg. J. Spalek u.a., Bd. 4, München 1994, 1019–1049; A. Kilcher, Der Sinn der Diaspora. A.K. und sein Essay »Juden und Deutsche«, in: Das Jüdische Echo 48 (1999), 173–180; ders., Physiognomik und Pathognomik des modernen Judentums, in: Aschkenas 10 (2000).

Andreas Kilcher

Landau, Lola

Geb. 3.12.1892 in Berlin;
gest. 2.2.1990 in Jerusalem

In ihrer 1987 erschienenen Autobiographie *Vor dem Vergessen* schildert L. eindringlich die Jahre von der Jahrhundertwende bis zu ihrer Emigration nach Palästina 1936. Das Buch kann ebenso als ein äußerst persönlicher Lebensbericht wie als Zeitdokument gelten. Einfühlsam beschreibt die später überzeugte Zionistin ihr großbürgerlich-kultiviertes und jüdisch-assimiliertes Elternhaus. Die Umbrüche und Erschütterungen der Jahre unmittelbar vor und nach dem Ersten Weltkrieg finden ihren Niederschlag auch im Leben von L.s Familie. Die junge Autorin hat 1916 ihren ersten Band mit Gedichten, *Schimmerndes Gelände*, publiziert. Zur gleichen Zeit engagiert sie sich in der Friedens- und Frauenbewegung. Nach einer Ausbildung zur Englischlehrerin heiratet sie den Philosophen Siegfried Marck. Das Paar lebt in Breslau, L. wird Mutter zweier Söhne. Die damit verbundenen Erfahrungen finden Eingang in den zweiten Lyrikband, *Das Lied der Mutter* (1919). Als sie bei einer seiner Lesungen den Dichter Armin T. Wegner kennenlernt, wird dies für beide eine schicksalhafte Begegnung. Nach jahrelangen Kämpfen löst sich L. 1921 aus ihrer ersten Ehe und heiratet Wegner. Das von Wegner so genannte Haus Sieben Wälder in Neu-Globsow am Stechlinsee, in dem das Paar zusammen mit den beiden Söhnen aus L.s erster Ehe und der gemeinsamen Tochter Sibylle lebt, wird zum Treffpunkt zahlreicher Künstlerfreunde, z.B Ernst Toller. L. unterstützt Wegner intensiv beim Schreiben seiner Bücher und Zeitschriftenartikel. Daneben entstehen gemeinsame Werke wie das Schattenspiel *Wasif und Akif* (1925) und das Hörspiel *Treibeis. Umkehr und Sieg Fridtjof Nansens* (1931). L.s Mysterienspiel *Die Wette mit dem Tod* (1930) wird als Festspiel auf dem Marktplatz von Wernigerode aufgeführt.

In den 20er Jahren führen ausgedehnte Reisen Wegner und L. durch Europa, Nordafrika und den Vorderen Orient. Am Vorabend des Dritten Reiches bereist das Ehe- und Autorenpaar 1928/29 auch Palästina, das einen tiefen Eindruck auf L. macht: »Das Land meiner Urväter kam mir entgegen, sauste auf mich zu. Nicht ich besuchte Palästina, Palästina suchte mich heim. Als ob ich hierher und nirgendwo anders hingehörte. Aus der Verschüttung brach es bei mir hervor, das jüdische Empfinden, das ich vergessen hatte. Ich entdeckte nicht ein fremdes Land, ich entdeckte mich.« Wegners Bewunderung für die jüdischen Siedler geht in sein Buch *Jagd durch das tausendjährige Land* (1932) ein. Als Hitler 1933 an die Macht kommt, leben L. und ihr Mann in Berlin. Empört über die nationalsozialistische Rassenhetze und den Boykottaufruf gegen jüdische Geschäfte schreibt Wegner am 11. 4. 1933 sein *Sendschreiben an den Reichskanzler Adolf Hitler* mit dem Titel *Für Deutschland*. L. hingegen schließt sich Keren Hajessod, dem Grundfond für Palästina, an. Sie lernt Hebräisch, wirbt für die Auswanderung und sammelt Geld für das Aufbauwerk. L. ist längst zur Auswanderung entschlossen, aber ihr Mann glaubt, Deutschland nicht verlassen zu können. Im August 1933 wird er von der Gestapo verhaftet und zunächst in das KZ Oranienburg gebracht. Aber selbst nachdem er Ende 1933 nach Monaten verzweifelter Bemühungen aus dem Lager entlassen wird, sieht er sich außer Stande, zu emigrieren. 1934 lebt die Familie für einige Monate in London, kehrt aber im Spätherbst nach Berlin zurück. Erst 1936, nach einer Vorladung L.s zur Gestapo, faßt Wegner den Entschluß, sich vorübergehend in Italien niederzulassen. L.s jüngster Sohn emigriert über England nach Australien. Sie selbst wandert 1936 mit dem ältesten Sohn, der sich wie sie zum überzeugten Zionisten entwickelt hat, und mit der Tochter Sybille nach Palästina aus. Wegner kann sich nicht entschließen, seiner Familie in ein Land zu folgen, in dem er als Deutscher und Nichtjude unweigerlich zum Fremden würde. Der Konflikt zwischen den beiden Ehepartnern verhärtet sich. In den postum veröffentlichten Aufzeichnungen von *Positano* (1995) beschreibt L. das Scheitern der beiden einander noch immer Liebenden, die 1937 im faschistischen Italien ein letztes Mal versuchen, nach ihrer Emigration aus Deutschland wieder zueinander zu finden: »Es war nicht nur persönliche Tragik, Auflösung einer Ehe, Tod mitten im Leben; es war Volksschicksal, das uns trennte, sein deutsches, mein jüdisches, nach dem Schiffbruch.«

L. kehrt 1937 endgültig aus Italien nach Palästina zurück. Sie beginnt den harten Existenzkampf der meisten Neueinwanderer, nimmt schlecht bezahlte Hilfstätigkeiten an, bis sie schließlich eine Stellung als Englischlehrerin in einem Pottaschewerk am Toten Meer antritt. Das schwere Leben in der heißen und trockenen Wüstengegend und die harte Arbeit schildert L. auf den letzten Seiten ihrer *Vor dem Vergessen* betitelten Memoiren (1987). Obwohl das Buch in seinem Untertitel von drei Leben spricht, endet es doch im wesentlichen mit der Einwanderung nach Palästina. Das dritte Leben bleibt zumindest im Buch Epilog. Die beiden ersten Leben jedoch, das in Berlin und Breslau, als großbürgerliche Arzttochter und Professorengattin, und das zweite, jenes mit Wegner, nehmen in L.s literarischem Schaffen breiten Raum ein. So ist ihr seit den 70er Jahren in Deutschland erschienenes Werk stark autobiographisch getönt. Im Prosaband *Hörst du mich, kleine Schwester* (1970) begegnet man in der Erzählung *Der Doppelgänger* erneut Wegner. Von den Härten des Emigranten- und Einwandererdaseins ihrer beiden Söhne zeugt der längste Text des Bandes, *Brüder*. Die Problematik der Eltern ist hierbei jedoch umgekehrt: die Mutter der beiden Söhne ist im Erzähltext deutsche Nichtjüdin und ihr Mann ist Jude. Er stirbt an Herzversagen, bevor er Opfer der nationalsozialistischen Rassenpolitik werden kann. Die Mutter beschließt, »in seinem Sinne« weiterzuleben, und schließt sich einer im Untergrund arbeitenden Gruppe von Fluchthelfern an, die Verfolgte über den Bodensee in die Schweiz bringt. Während das Elternpaar der Erzählung als eine ins Symbolhafte gewendete Spiegelung von L. und Wegner gelesen werden kann, folgt die Beschreibung der beiden Brüder eng den wirklichen Flucht- und Lebenswegen von L.s Söhnen. Ihr eigenes wie das Schicksal zahlloser anderer Flüchtlinge reflektierend, schreibt L. in ihrem Gedicht *Einwanderer*: »Wir tragen von fremden Ländern die Spuren,/ Ins Antlitz geschnitten mit schmerzhaftem Schnitt./ Vertrieben von zärtlich geliebten Fluren,/ Schleppen wir auf dem Rücken verlassene Länder mit.« Der Erzählband *Die zärtliche Buche* (1980) enthält neben Gedichten Erinnerungen an L.s Berliner Kindheit, an das Leben im Haus Sieben Wälder am Stechlin und an die Wiederbegegnung mit Deutschland nach dem Krieg. Auf die imaginäre Frage, ob sie »heimgekehrt« sei, antwortet die Autorin: »Nein, ich bin nicht heimgekehrt. Ich bin in Israel zu Hause. Ich bin nur als Gast hier, aber ich bin wiedergekehrt zu den

Erlebnissen meiner Kindheit und Jugend.«

Werke: Hörst du mich, kleine Schwester? Sieben Erzählungen, Bodman a. Bodensee 1971; Die zärtliche Buche. Gedichte und Prosa, Bodman a. Bodensee 1980; Vor dem Vergessen. Meine drei Leben, Frankfurt a. M. 1987; Positano oder der Weg ins dritte Leben. Zwei autobiographische Anekdoten, Berlin 1995.

Literatur: J. Serke, Die verbrannten Dichter, Weinheim u. a. 1977, 71–73; J. Deuter, »Noch liebt mich die Erde.« L. L. – Lebensweg einer deutschen Dichterin von Berlin nach Jerusalem, in: Sprache im technischen Zeitalter 91 (1984), 209–233; M. Pazi, Staub und Sterne. Deutschsprachige Autorinnen in Erez-Israel und Israel, in: Deutsche Literatur von Frauen, Bd. 2, hg. G. Brinker-Gabler, München 1988, 317–333.

Karina von Tippelskirch

Landauer, Gustav

Geb. 7. 4. 1870 in Karlsruhe;
ermordet 2. 5. 1919 in München

L. ist eine der inspirierenden Gestalten der Jahrhundertwende, wie er selbst die Tendenzen seiner Zeit seinen Ideen amalgamiert. Ibsen, Hauptmann, Wagner, Nietzsche sind die Heroen des rebellischen Sohnes einer Karlsruher jüdischen Kaufmannsfamilie. Schon der Student der Philologie trifft auf die sozialdemokratische Linke und wird schnell, als Redakteur des *Sozialist*, zum Kopf des Berliner Anarchismus.

Obschon selbstverständlich aus seiner jüdischen Herkunft lebend, verraten die frühen Arbeiten des Schriftstellers L. auch andere Stimmungen: In der frühen Novelle *Arnold Himmelheber* (*Macht und Mächte*, 1903) gibt es einen Antihelden, den aus einem kleinen schwäbischen Judendorf stammenden jüdischen Viehhändler Wolf Tilsiter. Tilsiter muß sterben zugunsten eines neuen Menschen, der als Kind der Liebe von seiner Gattin, der schönen Rahel, und dem nietzscheanischen Kulturfindel Himmelheber gezeugt wurde. Mit Tilsiter stirbt die »schmutzige, engstirnige, brutale und dumpfe« landjüdische Lebenswelt, für die er steht. Der Mensch, der als nackter Leichnam unter den Lumpen Tilsiters hervorkommt, erlebt indes eine triumphale Auferstehung. L. verarbeitet hier eine Vielzahl von Anspielungen aus der Umgebung seiner eigenen Kindheit, deren Wurzeln im badischen Landjudentum zu suchen sind.

Eine weitere Befreiungsvision legt der junge L. mit seinem Roman *Der Todesprediger* (1893) vor, der unter dem Eindruck der *Zarathustra*-Lektüre entstanden ist. Der Held, ein Ästhet, gerät durch den Tod seiner Frau in eine Lebenskrise, die ihn zu den Verheißungen des Sozialismus, des Nihilismus und schließlich in die liebenden Arme einer Anarchistin führt. L. hatte diesen Roman zu Beginn seines politischen Engagements im Berliner Anarchismus geschrieben. Enttäuscht wird er sich 1899 daraus zurückziehen (*Anarchische Gedanken über Anarchismus*, *Die Zukunft*, 1901). Sprachphilosophische Studien mit F. Mauthner, die Freunde aus der *Neuen Gemeinschaft* E. Mühsam und M. Buber, die spätere zweite Frau H. Lachmann weisen den Weg. Als Übersetzer, Publizist und Promoter der Berliner Volksbühnenbewegung war L. einer der umtriebigsten Köpfe des wilhelminischen Berlin.

Erst spät, im Zuge seines politischen Engagements für den *Sozialistischen Bund* und die neuerliche Herausgabe des *Sozialist* (1909–15), ergreift L. auch zu jüdischen Fragen öffentlich das Wort; zunächst mit einer Besprechung von M. Bubers *Legende des Baalschem* (1908). Die kulturzionistische Debatte, an der L. durch die Freundschaft mit Buber regen Anteil nimmt, vor allem aber dessen Bearbeitung chassidischer Legenden, deren Entstehen er kommentierend begleitet, mögen auslösend gewesen sein. Nach der Lektüre des Manuskripts schreibt er: »Mit meiner Besprechung des Baal Schem, der mir immer tiefer und wundervoller wird, geht es mir sehr seltsam. Ich hatte sie noch zurückbehalten, um eine Kleinigkeit zu ändern; und dann habe ich sie, so wie sie da war, ganz annulliert; sie war mir nämlich, so wie mir's in der Zeit zu Mute war, ganz und gar jüdisch geraten, [...] Und nun ringe ich noch um den Ausdruck für das Dichterisch-Geistige, unabhängig von Persönlichem und Ethnischem« (Brief vom 15. 9. 1908). Die Besprechung erschien erst 1910 im *Literarischen Echo* nach einer intensiven Arbeitsphase, während der der Essay *Die Revolution* (1907 in Bubers Reihe *Die Gesellschaft*), aus Reden und Thesen der *Aufruf zum Sozialismus* (1911) entstehen. Das offensive Bekenntnis zum Judentum ist somit in den für L. charakteristischen Kontext gestellt: *Judentum und Sozialismus* lautete der Titel eines Vortrags vor der *Zionistischen Ortsgruppe West-Berlin* von 1912. Zum nämlichen Thema spricht er bei der Eröffnung des von Siegfried Lehmann gegründeten *Jüdischen Volksheims* in der Berliner Dragonerstraße. Judentum wird hier von L. ganz ähnlich wie von R. Beer-Hofmann begriffen als »eine Tatsächlichkeit«, eine natürliche, von den Vorfahren ererbte Eigenschaft, von der sich ebenso schwer wie vom Französischen oder Alemannischen positiv sagen läßt, was sie eigentlich sei. An den »Wendepunkten« der jüdischen Geschichte aber gehe es um das heiße Bemühen, das Unsagbare wieder in Worte zu fassen. In diesem Wollen nun sieht L. die Gemeinsamkeit des gegenwärtigen Judentums mit dem Sozialismus: während sich das zionistische Bemühen um ein neues jüdisches Gemeinwesen dreht, lebt der Sozialist wie der »Jude im Galuth« (Exil) als Einsamer unter den Völkern, getragen von der Sehnsucht nach einer neuen »Gemeinschaft des Geistes«. L.s Begriff des »verbindenden Geistes«, der sich in der Auseinandersetzung mit der Sprachkritik seines Freundes F. Mauthner (vgl. *Skepsis und Mystik*, 1903) konturiert hatte und in dem Essay *Die Revolution* in geschichtsphilosophischer Perspektive entfaltet wurde, wird hier jüdisch verstanden und pointiert als »Judentum contra Judentum«, insofern als an die Stelle der »Bewucherung«, »des Zinses«, der »Schmarotzer« Institutionen des verbindenden Geistes treten sollen. In der Idee des verbindenden Geistes sieht L. die jüdische Idee der Gerechtigkeit aufgehoben, als gemeinsame Wollensintention des Juden und des Sozialisten. Auch der *Aufruf zum Sozialismus* verbindet die Kritik an Materialismus und Marxismus sowie die Diskussion des Proudhonismus mit der aus dem mosaischen Judentum stammenden sozialrevolutionären Idee des Jobeljahres. Von dieser Position ausgehend nimmt L. sowohl gegen Stimmen des assimilierten Judentums Stellung, die eine originär jüdische Tradition leugnen (so in *Zur Poesie der Juden* gegen Julius Bab: *Die Freistatt*) – Moses, Jesus, Spinoza stünden in einer Traditionsreihe mit Zeitgenossen wie M. Susman und R. Beer-Hofmann –, als auch gegen die zionistische Option eines Erez Israel, die er zwar für die pauperisierten jüdischen Massen Rußlands akzeptiert, für sich selbst aber ablehnt. Für ihn gibt es eine assimilierte, aus den europäischen Kultur- und Sprachtraditionen gespeiste und zugleich jüdische Lebensform (*Sind das Ketzergedanken?* in: *Sammelbuch vom Judentum*, 1913). Hier wird noch einmal deutlich, daß L. Nationalität nicht als monolithische Größe im Sinne des politischen Nationalismus versteht, sondern als hereditär-kulturelle Größe, aus deren Vielstimmigkeit Individualität sich speist: »Mein Judentum und mein Deutschtum tun einander nichts [...] zuleide.« Seine Existenz als Deutscher und Jude bestätigt ihm die Vision einer multinationalen Menschheit. Es wäre indes verkürzt, würde man L.s fundiertes jüdisches Selbstverständnis der späten Jahre allein aus der kulturzionistischen Einflußsphäre Bubers erklären wollen. Ebenso wirksam war der besonders in den Kriegsjahren lauter werdende Antisemitismus. L. hat die antisemitische Befindlichkeit der deutschen Gesellschaft zeitlebens beobachtet, jetzt nimmt er auch öffentlich dazu Stellung; so etwa zum Ritualmordprozeß um den Schlachtermeister Mendel Beilis (*Kiew*, 1913) oder zur Ostjudenpolitik des deutschen Reiches im Krieg (*Ostjuden und deutsches Reich*).

Aber auch Literatur wird als Ausdrucksform jüdischer Existenzweisen reflektiert, etwa wenn L. das Phänomen der Décadence als insbesondere jüdische Adoleszenzproblematik diskutiert (*Walter Calé*, 1907) oder wenn er dem Verhältnis von Judentum und Macht anhand von A. Strindbergs *Historischen Miniaturen* (1917) nachgeht. Als Vermächtnis können die in den letzten Kriegsjahren entstandenen *Shakespeare-Studien* (1920) gelten. L. setzt sich hier am Leitfaden der *Ethik* Spinozas mit den subjektiven Grundlagen politischer und gesellschaftlicher Gewalt auseinander. Sein Shylock-Kommentar kann als Statement zum Antisemitismus der Kriegsjahre gelesen werden. Der forcierten Gewalt setzt er eine Haltung forcierter Geistigkeit, die seine jüdische Vision ist, entgegen. Sie bestimmt, gepaart mit dem klaren Bewußtsein der Grenzen des politisch Möglichen, auch sein Engagement in der Münchner Räterepublik. In München wurde L. brutal ermordet.

Werke: Der Sozialist 1909–1915, Repr. Vaduz 1980; G.L. – Fritz Mauthner. Briefwechsel 1890–1919, hg. H. Delf, München 1994; Werkausgabe in 6 Bdn., hg. G. Mattenklott u. H. Delf, darin: Bd. 3, Dichter, Ketzer, Außenseiter. Essays und Reden zu Dichtung, Philosophie, Judentum, hg. H. Delf, Berlin 1997.

Literatur: M. Buber, G.L., in: Die Zeit 506 (11. 6. 1904), 127–128; E. Simon, Der werdende Mensch und der werdende Jude, in: Der Jude 6 (1921/22); 8 (Mai 1922), 457–475; H. Kohn, G.L. über Geistige und Volk, in: Aus unbekannten Schriften. Festgabe für M. Buber zum 50. Geb., Berlin 1928, 205–208; G.L. (1870–1919). Eine Bestandsaufnahme zur Rezeption seines Werkes, hg. L. Fiedler u.a., Frankfurt a.M. 1995; H. Delf, G.L.s frühe Nietzsche Lektüre, in: Jüdischer Nietzscheanismus, hg. W. Stegmaier u.a., Berlin 1997; G.L. im Gespräch. Symposium zum 125. Geburtstag, hg. H. Delf u.a., Tübingen 1997.

Hanna Delf von Wolzogen

Landsberger, Artur
Geb. 26. 3. 1876 in Berlin;
gest. 4. 10. 1933 in Berlin

L. wuchs in Berlin auf. Nach dem Abitur studierte er in München, Berlin und Greifswald Jura und promovierte 1906 mit einer völkerrechtlichen Arbeit. 1907/08 arbeitete er als Redakteur an der Wochenschrift für deutsche Kultur *Morgen* mit, zu deren Herausgebern und Mitarbeitern auch Herwarth Walden, Werner Sombart, Richard Strauss, Georg Brandes und Hugo von Hofmannsthal gehörten. Mit dem Roman *Wie Hilde Simon mit Gott und dem Teufel kämpfte* (1911) begann seine lange und erfolgreiche Karriere als Unterhaltungsschriftsteller. In seinen unzähligen Romanen und einigen Boulevardkomödien und Filmdrehbüchern stellt sich L. als beißend satirischer Zeitkritiker und Sittenschilderer dar. In den 20er und 30er Jahren des 20. Jahrhunderts erfreute er sich großer Popularität, nicht zuletzt wegen sensationalistischer Themen wie Satanismus (*Wie Hilde Simon mit Gott und dem Teufel kämpfte*) und Weltrevolution der Liebe (*Wie Satan starb*).

Nicht nur durch den Roman *Berlin ohne Juden* erscheint er seinem Wiener Zeitgenossen Hugo Bettauer verwandt.

Seine besondere Abneigung gilt einem neureichen, aufstiegsbesessenen Berliner jüdischen Milieu, das er in den meisten seiner Romane verspottet. In diesen Kreisen muß die eigene jüdische Abstammung als Peinlichkeit heruntergespielt werden: » – ich habe es meinem Mann so oft gesagt – jedesmal kam irgendein wichtiges Geschäft dazwischen – es ist nichts weiter als Nachlässigkeit, daß wir noch nicht getauft sind« (*Millionäre*). Seine Kritik könnte als antisemitisch (und damit als Manifestation von ›jüdischem Selbsthaß‹) mißverstanden werden; auch die Illustrationen der Bücher erinnern oft an die Ästhetik judenfeindlicher Hetzbilder. Als Satire von innen, die es den jüdischen Lesern ermöglichte, sich selbst und die eigenen Auffälligkeiten zu belachen, stellen sich L.s jüdische Werke als Teil des vielfältigen deutsch-jüdischen kulturellen Kommunikations- und Selbstverständigungssystems dar. Weiterhin macht er die gleichen gesellschaftlichen Faux Pas, die er an jüdischen Parvenues verspottet, auch an christlichen Neureichen aus (*Raffke & Cie.*). Besonders entlarven sich Figuren, die, in dritter Generation getauft, ihre patriotischen Parolen und antidemokratischen Dünkel mit dem Verweis auf ihren uralten deutschen Adel unterfüttern (*Wie Satan starb*).

Durch Verwendung und Variation etablierter Mittel des Lächerlichmachens der jüdischen Aufstiegsanstrengungen setzt L. die Assimilationsdiskussion des 19. Jahrhunderts fort, doch er weitet sie aus zu einer Zeitkritik, die nach 1918 Kriegstreiberei, Kriegsgewinnlerei und Feindschaft gegenüber der Weimarer Demokratie mit einschließt. Interesse seiner oft provokativen Bücher ist es, die »fette Bourgeoisie aus dem Schlaf zu rütteln« (*Wie Satan starb*). Seine Erlösergestalten gehören sämtlich der jüngeren Generation an, sie stammen aus dem Adel, dem Besitzbürgertum und der jüdischen Aufstiegsschicht, deren Elterngeneration das Hauptziel von L.s Spott bildet. Die dialogreichen Romane verlieren jedoch an Überzeugungskraft durch oft sehr konstruierte Lösungen und sozialromantische Parolen, die in Kitsch abzurutschen drohen.

Diese kritische literarische Zeitdiagnostik komplementieren publizistische Aktivitäten zum Verständnis der »Judenfrage«. In dem Band *Judentaufen* vereinigt L. die Antworten bekannter Zeitgenossen von Werner Sombart, Max Weber, Heinrich Mann bis zu Max Nordau und Ludwig Geiger zur Frage »der Assimilation sämtlicher Juden durch Uebertritte und Mischehen«, im »Falle der Verwirklichung der zionistischen Idee«, oder wenn keiner dieser radikalen Wege als erfolgversprechend eingestuft wird. Besonderen Anlaß gibt das Schicksal der Ostjuden v. a. des Zarenreichs, denen L. Auswanderung oder Hungertod voraussagt, wenn sie denn den Pogromen entgehen sollten. Dem Verständnis dieser Ostjuden und der Rückgewinnung einer jüdischen kulturellen Dimension als Gegengewicht zu den Degenerationserscheinungen, die er in seinen Romanen aufspießte, diente besonders die Herausgabe der beiden Anthologien *Das Ghettobuch* (1914) und *Das Volk des Ghetto* (1916), Sammlungen, die aus dem Jiddischen und Hebräischen übersetzte Texte neben Beispielen der traditionellen deutschsprachigen Ghettoliteratur präsentieren. Der Ton des Vorwortes des späteren Bandes weist allerdings einen eher mitleidvoll-herablassenden Blick auf das Ostjudentum auf. So zeigt L.s Werk eine kritische Sicht moderner westjüdischer Existenz, es läßt aber gleichermaßen erkennen, wie sehr der Verfasser selbst dieser westlichen Sichtweise verhaftet bleibt. Es zeigt zeittypische Auseinandersetzungen mit der »Judenfrage«, die als »das schlechthin wichtigste Problem der modernen Kultur« bezeichnet wird (*Judentaufen*): die Diskussion der jüdischen Zukunft im Spannungsfeld von totaler Assimilation und totaler Dissimilation durch jüdische Nationalstaatsgründung sowie die Entdeckung ostjüdischer Kultur und Geistigkeit.

Werke: Wie Hilde Simon mit Gott und dem Teufel kämpfte, München 1911; Millionäre, München 1913; Raffke & Cie., Hannover 1924; Berlin ohne Juden, München 1925; als Hg.: Judentaufen, München 1912; Das Ghettobuch, München 1914; Das Volk des Ghettos, München 1916.

Literatur: S. Wininger, Große Jüdische National-Biographie, Repr. Nendeln 1979, Bd. 3, 585f.; Neue Deutsche Biographie, Bd. 13, Berlin 1982, 515f.; H. Rupp u. a., Deutsches Literatur-Lexikon, Bern 1984, Bd. 9.

Florian Krobb

Langgässer, Elisabeth
Geb. 23.2.1899 in Alzey;
gest. 25.7.1950 in Karlsruhe

In einem Brief L.s vom 28. 3. 1949 heißt es: »Dazu [...] bin ich Halbjüdin; väterlicherseits von jener Sorte total assimilierter Juden, die das Nationale eher über- als untertrieben.« Der Vater Eduard L. (1846–1909), Architekt und Baurat, ließ sich erst vor der Heirat mit der Katholikin Eugenie Dienst taufen. Solange die Konversion nicht religiös motiviert ist, sondern lediglich den Prozeß der Assimilation abschließt, scheint sie für L. mindestens ebenso fragwürdig zu sein wie der Verbleib im Judentum.

L. hat für den Protagonisten ihres Hauptwerks *Das unauslöschliche Siegel* (1946), den getauften Juden Lazarus Belfontaine, einige biographisch und familiengeschichtlich beziehungsreiche Details verwandt (Hoffmann). Zwar ist die Auseinandersetzung mit dem Judentum in dem christlichen Mysterienroman nur peripher, aber im Urteil um so entschiedener, da L. hier insbesondere dem Reformjudentum einen verhängnisvollen »Kultus der Vernunft« unterstellt. Begonnen wurde der Roman 1936, kurz nach der Heirat mit Wilhelm Hoffmann, der bei Heidegger über Augustinus promoviert und L.s Werk maßgeblich beeinflußt hat. Überschattet, aber nicht verhindert wurde die Weiterarbeit durch das gegen L. wegen des »fehlenden arischen Nachweises« erlassene Publikationsverbot. Um dieses aufzuheben, berief sich L. 1937 in einem Schreiben an den Geschäftsführer der Reichskulturkammer, Hans Hinkel, vergeblich auf die »rein arische Linie [ihrer] mütterlichen Vorfahren«, denen sie ihren »künstlerischen Beruf« zu verdanken habe. Daß L. ihre jüdische Herkunft in einem anderen Kontext weniger als Makel denn als Vorzug begriff, geht aus einem Brief vom 15. 3. 1948 hervor: »Übrigens muss ich Ihnen noch etwas Kurioses sagen: Ich bin Halbjüdin (daher mein blutsmässiges Wissen um die Antike und das ganz frühe Mittelalter).« Insgesamt ist L.s Ambivalenz gegenüber der eigenen jüdischen Herkunft unverkennbar, und mitunter macht sich der Einfluß stereotyper rassistischer Kategorien bemerkbar. In religiös-theologischer Hinsicht war für die dezidierte Katholikin das nachbiblische Judentum nicht von Belang, die einzigartige Bedeutung des »Alten Bundes« für das Christentum hat sie aber stets hervorgehoben.

Exemplarisch vermittelt L.s letzter Roman *Märkische Argonautenfahrt* (1951) ihre Grundüberzeugung. Der getaufte Jude Levi-Jeschower dient hier als Sprachrohr der Autorin, wenn er konstatiert, daß das jüdische Volk der »von Gott bezeichnete Gegenstand der Heilsgeschichte« gewesen sei. »Dieses Einzige hatte den Einen hervorbringen sollen, seinen Messias und sollte ihn anerkennen als Gott und Menschensohn.« Daß diese Anerkennung nicht erfolgte, wird als »katastrophales Fehlurteil des jüdischen Intellekts« bezeichnet. Eine Auffassung, die nirgends relativiert wird,

u. a. weil nur konvertierte Juden in L.s Werk vorkommen. Ursprünglich sollte auch die Shoah in der *Märkischen Argonautenfahrt* ein zentrales Thema darstellen, und der Roman war »als Gericht, als Busspredigt und als Läuterung« gedacht, wie L. 1948 an ihre in Schweden lebende Tochter Cordelia Edvardson schreibt. Dieses 1929 geborene, uneheliche Kind L.s und des jüdischen Staatsrechtlers Hermann Heller war 1944 nach Theresienstadt und von dort nach Auschwitz deportiert worden. Die in dem oben zitierten Brief geäußerte Bitte, Cordelia möge der Mutter Erinnerungen an Auschwitz schildern, da sie für ihren Roman »ganz reale Anschauungen [...] brauche«, hat die Tochter erfüllt. Die vier Seiten umfassenden Aufzeichnungen, die als erster Entwurf für Cordelia Edvardsons Autobiographie *Gebranntes Kind sucht das Feuer* (1986) gelten können, haben aber in der *Märkischen Argonautenfahrt* nur marginale Spuren hinterlassen. Denn in dem Roman wurde die beabsichtigte Auseinandersetzung mit dem Nationalsozialismus, die Darstellung individueller Schuld und kollektiven Versagens zunehmend überlagert von der heilsgeschichtlichen Dimension. Die in dem Brief an die Tochter apostrophierten »typisch deutschen Sünden« verflüchtigten sich in der Vorstellung von der Erbsünde, der allgemeinen Sündhaftigkeit der menschlichen Natur. Das heißt jedoch nicht, daß L. in ihren literarischen Texten die historische Realität, insbesondere die konkreten Erfahrungen des Dritten Reiches völlig ausgeblendet hätte. Beispielsweise werden im Schlußkapitel des *Unauslöschlichen Siegels*, dem von der zeitgenössischen Kritik meist ignorierten *Epilog 1943*, das jüdische Schicksal und die nationalsozialistischen Verbrechen zwar dichterisch überhöht, aber ganz unverhüllt und keineswegs bloß metaphorisch dargestellt. Die dort geschilderten Szenen aus dem Berliner Jüdischen Krankenhaus in der Iranischen Straße basieren auf realer Anschauung, da L. ihre hier internierte Tochter Cordelia mehrmals besuchen konnte. Antisemitismus, Ausgrenzung und Bedrohung der Juden nach 1933 werden auch in einigen Erzählungen aus dem Kurzgeschichtenband *Der Torso* (1948) thematisiert: die Zurückweisung und vorerst nur symbolische Eliminierung der Juden in *Saisonbeginn*, die nur halbherzige und letztlich folgenlose Hilfsbereitschaft in *Untergetaucht* sowie die Situation eines dienstverpflichteten »Mischlings« in der Erzählung *An der Nähmaschine*, in der L. ihre 1944 erfolgte Einziehung zur Zwangsarbeit literarisch umgesetzt hat.

Welchen Stellenwert die jüdische Identität für L.s. schriftstellerisches Werk insgesamt hatte, ist schwer einzuschätzen. Während sie ihr Selbstverständnis als christliche Dichterin stets reflektiert und mehrfach ausführlich dargelegt hat, sind ihre Äußerungen zu der jüdischen Komponente ihrer literarischen Produktion spärlich, wenig ergiebig und überdies widersprüchlich. Zeugnisse für eine intensive Beschäftigung mit jüdischer Religion und Tradition gibt es nicht. Nur als unverzichtbare Basis des Christentums wird das Judentum respektiert, als eigenständige Glaubensrichtung jedoch nicht ernst genommen und letztlich für obsolet gehalten.

Werke: Gesammelte Werke, 5 Bde., Hamburg 1959ff.; Briefe 1924–1950, 2 Bde., hg. E. Hoffmann, Düsseldorf 1990.

Literatur: E. Hoffmann, Nachwort in: E. L., Das unauslöschliche Siegel, Düsseldorf 1987, 625–640; C. Gelbin, The indelible Seal: Race, Hybridity and Identity in E. L.'s Writings, Diss. Cornell 1997; F. Hetman, Schlafe, meine Rose. Die Lebensgeschichte der E. L., Weinheim 1999.

Elisabeth Hoffmann

Lasker-Schüler, Else
Geb. 11.2.1869 in Elberfeld;
gest. 22.1.1945 in Jerusalem

Der Anfang von L.-S.s wahrscheinlich 1944 entstandenem Prosatext *Der Antisemitismus* lautet: »Ihn erachte ich für eine Erbschaft vom Vater auf den Sohn. Ein Erbteil, mit dem der Erbende selten umzugehen versteht. Anstatt den ihm zugefallenen unedlen, unechten Schatz, der ihn an Seele und Gemüt zu verarmen droht, zu vernichten, bemüht er sich, ihn zu bewahren im Safe seines reinen Herzens; um ihn bei Gelegenheit sogar verschwenderisch herauszuwerfen.« Etwa ein Jahr vor ihrem Tod sah die Dichterin im Rückblick auf die eigene Kindheit im Antisemitismus das Verhängnis nicht nur ihres eigenen Lebens und der deutschen Judenheit, sondern des Abendlands überhaupt. Zugleich erlebte sie selbst den Versuch einer neuen jüdischen Sammlung im Lande Israel, der in ihr ambivalente Gefühle weckte: »Und knickt auch oftmals die Blüte der ewigen Blume: sie wächst aufs neue«, heißt es einerseits voller Bewunderung gegenüber dem zionistischen Aufbauwerk. Andererseits aber wird die kollektive Hoffnung auf persönlicher Ebene nicht eingelöst: »Nachdem ich dem Totschlag des Antisemitismus entkommen, zerreißt mich zuweilen vertrauenslos die Kralle des eigenen Volks.«

Der Antisemitismus in ihrer Heimatstadt Elberfeld scheint über L.-S.s Jugend dunkle Schatten geworfen zu haben. In ihren Erinnerungen verwandelt diese dauernde äußere Bedrohung die später oft heraufbeschworene behütete Existenz im Elternhaus zu einer »Idylle mit doppeltem Boden« (Hessing), und es kann nur darüber gemutmaßt werden, inwieweit L.-S.s Austritt aus der Schule bereits im Alter von elf Jahren, als dessen Grund sie selbst einmal die Erkrankung am Veitstanz angibt, durch antisemitische Vorfälle mitverursacht war. Im Elternhaus selbst scheint noch eine gewisse, wenn auch lose Bindung an die jüdische Tradition bestanden zu haben, wie die Darstellung des Sederabends im Drama *Arthur Aronymus und seine Väter* und der Prosatext *Der Versöhnungstag* im Band *Konzert*, die beide 1932 erschienen, annehmen lassen. Zugleich aber wirkte nicht nur die deutsche Klassik (etwa in einem von L.-S. erwähnten wöchentlichen »Lesekränzchen« im elterlichen Salon), sondern auch das Christentum in diese Erziehung hinein. L.-S.s Bruder Paul, der 1882 starb und nach welchem sie später ihren eigenen Sohn (1899–1927) nannte, hatte vor seinem Tod zum Katholizismus übertreten wollen. L.-S. fühlte sich zeitlebens der Person Jesu verbunden, gerade auch seiner jüdischen Herkunft wegen. Das Christentum aber lehnte sie ab, wiederum seines antijüdischen Einschlags wegen, in welchem sie den Fundus des zeitgenössischen Antisemitismus erblickte: »›Liebet euch untereinander!‹ [...] ermahnte der göttliche Jude. Nach seinem Tode taufte man ihn. Das heißt: man errichtete eine Wand zwischen Ihm und seinem einstigen Volk. ›Liebet euch untereinander! [...] flehte Er. Aber – sie säten grausamsten Haß, noch heute die Stiefvölker auf seine Geschwister.«

Die Herkunft aus jüdisch-bildungsbürgerlichem, stark akkulturiertem Milieu und wohl noch mehr die erste, 1894 geschlossene Ehe mit dem ganz der aufklärerischen Assimilationsidee verpflichteten Arzt Berthold Lasker gaben eine für den oberen Mittelstand unter den deutschen Juden typische Biographie vor – doch L.-S. brach zunächst aus dem bürgerlichen und später auch aus dem jüdischen Selbstverständnis dieser Gruppe aus. Der Ausbruch in beide Richtungen wurde wesentlich gefördert dadurch, daß sie mit ihrem Mann nach Berlin gezogen war. Dort fand sie zunächst Anschluß an die literarische und künstlerische Bohème und heiratete

1903, noch im Jahr ihrer Scheidung von Berthold Lasker, den viel jüngeren Musiker und Dichter Georg Lewin, dem sie den Namen Herwarth Walden gab, unter welchem er bekannt wurde (auch diese Ehe wurde 1911 geschieden). Als literarisches Zeugnis ihres Verkehrens in der Berliner Bohème kann *Das Peter Hille-Buch* von 1906 gelten. Unter den vielen verschlüsselten Nennungen von Leuten aus L.-S.s damaligem Umfeld tauchen dort auch die »Jerusalemiter« auf, die unschwer als Zionisten zu dechiffrieren sind. Die Begegnung mit ihnen wird aber als enttäuschend wiedergegeben: »sie nahmen heimlich ihre Harfen und spielten darauf Mißtöne statt der Lieder lieblicher Zebaothländer.«

Ist auch eine Annäherung L.-S.s an zionistisches Gedankengut erst in den 30er Jahren evident, so hat der Kontakt mit dem Zionismus in Berlin dennoch entscheidenden Einfluß auf L.-S.s weiteres Leben und Schaffen gehabt. Es entstanden Bekanntschaften, teilweise auch Freundschaften, mit Persönlichkeiten wie Hugo Bergmann, Martin Buber oder Shmuel Josef Agnon, die in den letzten Lebensjahren im Exil wieder bedeutungsvoll werden sollten. Vor allem aber wurde L.-S. hier ihres Judentums auch als einer Zugehörigkeit zu einem Volk gewahr, während es zum Credo des Assimilationsdiskurses gehörte, das Judentum strikt als Religionszugehörigkeit zu definieren. Die Irritation, aber auch der neue Grad an Identifikation, die dies bei L.-S. auslösten, läßt sich an dem 1905 in der Sammlung *Der siebente Tag* erschienenen Gedicht *Mein Volk* erkennen. Dasselbe Gedicht erschien einige Jahre später noch einmal innerhalb des Zyklus *Hebräische Balladen* (1913), in welchen L.-S. etliche biblische Motive als Vorlage ihrer Gedichte wählt. Der Titel dieses Zyklus mag teilweise eine Anlehnung an Heinrich Heines *Hebräische Melodien* sein (wie denn überhaupt das Werk Heines für L.-S. von entscheidender Bedeutung war), es verbirgt sich darin aber auch eine Sehnsucht nach Authentizität des Jüdischen, das bewußt vom kulturellen und sprachlichen Kontext Europas geschieden wird. Sie hatte faktisch Bubers populären Gedanken vom Juden als Orientalen vorweggenommen, der den rassistischen Herabsetzungen der Zeit mit einer selbstbewußten Andersartigkeit zu begegnen erlaubte, indem sie eine orientalisierende Gegenwelt aufbaute, in welcher sie nicht nur ihre Literatur, sondern auch ihre eigene Person ansiedelte. Den Namen Tino, den sie von Peter Hille erhalten hatte, orientalisierte sie 1907 in ihrem Prosaband *Die Nächte der Tino von Bagdad*, andere Selbstbenennungen waren das arabische »Jussuf« (das sie in Briefunterschriften bis zum Lebensende beibehielt) und gelegentlich das biblische Abigail (das von L.-S. zeitweise auch maskulin eingesetzt wird). Der verbreiteten optimistischen Metapher des jüdischen Bürgertums von der deutsch-jüdischen Symbiose begegnet L.-S. mit dem radikal anderen Konzept einer »semitischen« Durchdringung des Deutschen: »Oft sagen mir Theologen, ich schreibe deutsch wie hebräisch oder arabisch«, heißt es in dem Essayband *Gesichte* (1913). Eine tödliche Opposition zwischen jüdisch-moslemischem Orient und abendländischem Christentum, welche in ihrer Konsequenz stärker ist als die persönliche Zuneigung der »Prinzessin von Bagdad« zu einem christlichen Ritter, prägt auch das Prosastück *Der Kreuzfahrer*.

Eine der radikalsten Anklagen gegen den christlichen Antisemitismus in der deutsch-jüdischen Literatur überhaupt stellt L.-S.s Erzählung *Der Wunderrabbiner von Barcelona* (1921) dar. Besonders an dieser Erzählung und ihren Anlehnungen an den *Rabbi von Bacherach* ist die Nähe L.-S.s zu Heine demonstriert worden. Es scheint aber überdies eine Erzählung zu sein, in welcher L.-S. die

Rolle der Juden im Abendland sowie Auftrag und Grenzen des Zionismus zur Sprache bringen wollte. Nach einem mörderischen Pogrom – ausgebrochen nach der Flucht eines jüdischen Mädchens mit dem Sohn des Bürgermeisters – versucht der Wunderrabbiner Eleasar, der deutlich Züge eines chassidischen Rabbis trägt, den Juden der Stadt Mut zuzusprechen. Er spricht von Israel – statt des Prophetenworts vom »Licht unter den Völkern« – als von einer »kleinen Entlichtung am göttlichen Leibe des Wächters der Welt« und als »Volk der Propheten«, von Gott ausersehen, »ihm zu dienen in jedem Lande, in jedem Volke, auf allen Wegen.« Die »Heimat«, welche die anderen Völker dafür erhalten, ist bloßer Ersatz für den »erhabenen Strahl« Israels. Die Aporie jahrhundertelanger jüdischer Exilexistenz findet sich zusammengefaßt in zwei Sätzen: »Bedrängt, die Städte zu verlassen, in denen sie von Urbeginn bestimmt waren, Gott zu säen, flüchteten sich die noch wach gebliebenen Judengedanken in des Hohen Priesters Schoß. Aber daß *Palästina* nur die *Sternwarte* ihrer Heimat sei, wagte der Wunderrabbiner den müden Auserwählten nicht ins Gedächtnis zu rufen.« Und erst nachdem die Christen offenbar ihre Untaten bereut haben, wendet sich der Wunderrabbiner mit einem bitteren Gebet an Gott: »Hinschlachten läßt du deinen Lieblingssohn immer wieder immer, daß deines heiligen Namens Posaune die Völker der Christen erwecke, und belohnst ihre scheußlichen Taten mit Erleuchtung.« Die implizite Aussage, daß die Existenz der Juden im christlichen Abendland ein ständiger Brandherd gewalttätigen christlichen Hasses bleiben müsse, ist dieser Erzählung so deutlich eingeschrieben, wie es wenige jüdische Zeitgenossen L.-S.s auch nur zu denken gewagt hätten.

Nur auf den ersten Blick scheint es so, als habe L.-S. in ihrer Erzählung und ihrem Drama zum *Arthur Aronymus*-Stoff, die beide 1932, im Jahr vor der nationalsozialistischen Machtergreifung und der Vertreibung L.-S.s aus Deutschland, erschienen, diese Aussage grundlegend revidiert. Tatsächlich jedoch wird das Beängstigende des Pogroms, auch wenn es hier noch abgewendet wird, noch deutlicher, da es nicht mehr in einem mythisierten Barcelona, sondern im westfälischen Gäseke, dem Herkunftsort ihrer Familie väterlicherseits, im 19. Jahrhundert angesiedelt ist. Auch die Rolle der Kirchenvertreter, die am Ende zwar als Retter vor dem Mob, am Anfang aber als potentielle Missionare der jüdischen Kinder auftreten, ist ambivalent. Die Szene im Haus der jüdischen Familie am Sederabend, wo »Jude und Christ ihr Brot gemeinsam in Eintracht brechen«, ist oft als jüdisch-christliche Versöhnungsszene verstanden worden. Doch steckt dahinter auch eine Auflehnung gegen einen Geschichtsverlauf und die latente Gefahr eines endgültigen Zusammenbruchs der brüchigen Emanzipation, wie er bald darauf ja auch stattfand: Obwohl L.-S. noch im Erscheinungsjahr des Dramas mit dem Kleist-Preis ausgezeichnet worden war, mußte die geplante Uraufführung am Darmstädter Theater einige Monate später infolge der nationalsozialistischen Machtergreifung bereits abgesagt werden. Kurz darauf verließ L.-S., nachdem sie in Berlin auf der Straße mißhandelt worden war, fluchtartig Deutschland und fuhr nach Zürich.

Es fällt auf, daß L.-S. in der Schweiz mit führenden Linkszionisten wie Jakob Zucker, dem Journalisten Benjamin Sagalowitz oder dem Anwalt und Nationalrat David Farbstein in Kontakt stand. Ihre wohl wichtigste Bekanntschaft machte sie Ende 1933 aber mit Emil Raas, einem jungen jüdischen Berner Anwalt, der als »Mill« auch in ihre Dichtungen einging. Raas war es auch, der L.-S. in Fragen ihrer Schweizer Aufenthaltsbewilligung beriet und während ihrer Auslandsaufenthalte Ansprechpartner der dortigen Behörden war. Innerhalb der sehr umfangreichen Korrespondenz, die sie im wesentlichen bis 1939 mit ihm führte, äußerte sie u. a. auch ihre Gedanken zum Attentat und zum Prozeß des jungen Juden David Frankfurter, der 1936 den NSDAP-Landesleiter in der Schweiz, Wilhelm Gustloff, in Davos erschossen hatte. Ihre Beschäftigung mit dem Fall zeigt ein waches und reflektiertes Bewußtsein für das Tagesgeschehen, das ihr oft genug abgesprochen worden ist. Eine Nachahmung dieses Akts des Widerstands eines Emigranten gegen die Nationalsozialisten könne, so L.-S., »uns J[uden] sehr schaden. Das *eine* Mal enormes Symbol.« L.-S., die im Schweizer Exil von der Sozialhilfe der israelitischen Gemeinde und wiederholten Zuwendungen von Schweizer Juden lebte und sich ansonsten vor allem als Zeichnerin mit festen Aufträgen für Bilder über Wasser hielt, unterstützte während der Jahre in der Schweiz zusätzlich regelmäßig ihre in Berlin verbliebenen beiden Nichten. Sie selbst war wiederholt zur längeren Ausreise aus der Schweiz gezwungen, um ihre Aufenthaltsbewilligung erneuern zu lassen. So reiste sie 1934 und 1937 nach Palästina. Das literarische Ergebnis ihrer ersten Reise war *Das Hebräerland* (1937), ein Buch, dessen Vielschichtigkeit an Schilderung, Introspektion, politischen, historischen, ideologischen Betrachtungen sowie an Übergängen in Raum und Zeit noch längst nicht zureichend erfaßt ist. Generell bestand für L.-S. in der Schweiz Arbeitsverbot, und nur ab und zu publizierte sie in Tageszeitungen (vor allem in der *Neuen Zürcher Zeitung*) und in der jüdischen Schweizer Presse. Ihr Drama *Arthur Aronymus*, an dessen Uraufführung am Zürcher Schauspielhaus 1936 sie große Erwartungen geknüpft hatte, wurde nach wenigen Vorstellungen abgesetzt, und am *Hebräerland* verdiente sie kaum etwas. Als sie im Frühjahr 1939 zum drittenmal nach Palästina fuhr, wurde ihr das für den August beantragte Rückreisevisum von den Schweizer Behörden kurzerhand verweigert.

Hatte L.-S. schon in ihren – bislang im vollen Umfang nicht veröffentlichten – *Tagebuchzeilen aus Zürich* und ihrer Zürcher Abschiedsrede vom 15. März 1939 messianische Gedanken geäußert, so verdichtete sich ihre eschatologische Weltsicht 1940/41 im nachgelassenen Drama *IchundIch*. Daß sie darin mit einer gleichzeitigen Darstellung biblischer Gestalten, Fausts und Mephistos sowie Protagonisten aus dem Dritten Reich »die Chronologie und die bekannte Anordnung von Ereignissen und historischen sowie literarischen Ereignissen außer Kraft setzt« (Dane), kann als spezifisch jüdische Tradition des Erinnerns und zugleich als generelle Erscheinung des avantgardistischen Theaters verstanden werden. Wie schwer sich die Interpreten L.-S.s gerade mit den modernen Elementen des Dramas lange Zeit taten, zeigt die Verzögerung der Publikation des Dramas. Sie geschah vor allem auf Druck des ersten Herausgebers ihrer Dichtungen nach dem Krieg, Ernst Ginsberg, der in diesem Drama »die geistige Nacht über die Dichterin hereinbrechen« sah, weshalb Werner Kraft in seinem Band nachgelassener Schriften 1962 nur Auszüge aus dem Drama publizieren konnte. Im Jahre 1970 schließlich wurde *Ichundich* in vollem Umfang in einer germanistischen Fachzeitschrift veröffentlicht. Erst 1979, nachdem u. a. ein Gutachten Heinrich Bölls eingeholt worden war, kam es in Düsseldorf und Wuppertal zur Uraufführung.

Als letzte Buchpublikation zu Lebzeiten L.-S.s erschien 1943 in Jerusalem ihr Gedichtband *Mein blaues Klavier*. Insbesondere dessen – schon 1937 in der *Neuen Zürcher Zeitung* erschienenes – Titelgedicht, die Verbindung des Symbols eines musizierenden, harmoniesüchtigen Bildungsbürgertums mit der Sehnsuchtsfarbe der deutschen Romantik und deren Konfrontation mit der vollständigen Zerstörung (»Nun tanzen die Ratten im Geklirr«), ist zu einer Metapher für den Untergang des deutschen Judentums geworden.

Es fällt auf, daß L.-S. auch in Palästina ein dichtes Netz von persönlichen Beziehungen besaß und u. a. mit etlichen der dortigen Intellektuellen, Künstler und Publizisten (H. Bergmann, E. Simon, S. J. Agnon, L. Krakauer, Buber, Ben-Chorin, Kestenberg) Kontakt pflegte (die unersprießliche Begegnung mit G. Scholem von 1934 hingegen wird von ihr im *Hebräerland* wie von Scholem in zwei Briefen an Walter Benjamin bezeugt). Nicht zuletzt trug sie ihrerseits Anfang der 40er Jahre zum deutschsprachigen Kulturleben in Jerusalem bei, indem sie den »Kraal«, einen Kreis mit regelmäßigen Vorträgen wechselnder Referenten, gründete und über ein Jahr lang alleine betrieb. Die Diskrepanz zwischen dem mythischen Jerusalem der messianischen Vorstellungen und dem realen, in welchem sie lebte, irritierte sie bis zuletzt – nicht ohne daß sie Gedanken zur Entkrampfung der Beziehungen zwischen Juden und Arabern, aber auch zur Verbesserung der Zustände in der Stadt überhaupt geäußert hätte. »Ich glaube«, heißt es etwa in einer nachgelassenen *Aufzeichnung*, die zehn Punkte umfaßt, »– nur Barmherzigkeit ist imstande, die Heilige Stadt Jerusalem zu befestigen.« Gemeint war kaum das Delegieren der »Barmherzigkeit« an Gott, sondern ein Auftrag an die Bewohner selbst. Wie sehr L.-S. – durchaus auch in prophetischem Selbstverständnis – gegen Ende ihres Lebens eine Humanisierung und Entritualisierung des Glaubens, und insbesondere des Judentums vertrat, läßt sich aus einem anderen Punkt dieser *Aufzeichnung* ersehen: »So lange noch *ein* Kind hungert, verzichtet Gott auf jede Synagoge. Ich glaube im Namen Gottes zu sprechen in aller Bescheidenheit.«

Werke: Werke und Briefe. Kritische Ausgabe, hg. N. Oellers u. a., Frankfurt a. M. 1996ff.

Literatur: J. Hessing, E. L.-S., München 1987; I. Shedletzky, Bacherach and Barcelona. On L.-S.s Relation to Heinrich Heine, in: The Jewish Reception of Heinrich Heine, hg. M. Gelber, Tübingen 1992; G. Dane, Die Dichterin als Rabbinerin, in: Text u. Kritik 122 (1994), 55–64; A. Bodenheimer, Die auferlegte Heimat. E.L-S.s Emigration in Palästina, Tübingen 1995.

Alfred Bodenheimer

Lewald, Fanny

Geb. 24. 3. 1811 in Königsberg;
gest. 5. 8. 1889 in Dresden

L. gehört zu den bekanntesten, erfolgreichsten und bestbezahlten Autorinnen des 19. Jahrhunderts. Sie hat 27 zumeist mehrbändige Romane, zahlreiche Novellen, Erzählungen, politische Schriften, Zeitungs- und Zeitschriftenartikel, Reiseberichte und autobiographische Aufzeichnungen verfaßt. Mit ihrem 1861/62 publizierten Werk *Meine Lebensgeschichte* liegt erstmals die deutschsprachige Autobiographie einer Frau jüdischer Herkunft vor, die noch zu Lebzeiten der Autorin und unter deren eigenem Namen veröffentlicht wurde. Dabei ist L. auch die erste Autorin, die ihre Kindheitssozialisation als Jüdin in Deutschland schildert. Sie entstammt als ältestes von zehn Geschwistern einer assimilierten Königsberger Kaufmannsfamilie. Von ihrem Judentum erfährt L. erst über eine jüdische Nachbarsfamilie, während im Elternhaus in den ersten Jahren ein Gespräch über die jüdische Herkunft der Familie verweigert wird. Eine weitere Konfrontation mit ihrem Judentum erlebt L. über antisemitische Pöbeleien auf der Straße, Ausgrenzungen in der Schule bzw. in den Elternhäusern von Schulkameradinnen, die sie nicht zu sich nach Hause einladen dürfen, und durch die sog. Hep-Hep-Verfolgungen des Jahres 1819: »Von da ab hatte ich den vollständigen Begriff von der Unterdrükkung der Juden, von der Ungerechtigkeit, welche man gegen sie begehe. Auch das Bewußtsein der gebildeten Juden, aufgeklärter und besser zu sein als ihre Verfolger, hatte bereits angefangen, sich auf mich zu übertragen, und die Juden hatten damals ihr stolzes Selbstgefühl, das man ihnen sooft als Anmaßung und Arroganz vorgeworfen hat, sehr nötig, wenn sie selbst sich aufrecht erhalten und ihre Kinder tüchtig machen wollten, an der allmählichen Emanzipation des Volkes mitzuarbeiten. Viele, welche später in diesem Kampfe am meisten gewirkt, sind in jener Zeit der Judenverfolgungen nicht viel älter gewesen als ich, und werden sich ihrer wohl auch erinnert haben« (*Lebensgeschichte*). Trotz dieser hier formulierten kämpferischen Haltung ist L.s Jugend von dem Bedürfnis der Zugehörigkeit zur christlichen Gesellschaft und zur neu sich formierenden deutschen Nation geprägt. 1828 läßt sich L. mit ausdrücklicher Genehmigung ihrer Eltern taufen; ihre beiden Brüder hatten diesen Schritt bereits vollzogen. Aufgrund der elterlichen Einwilligung wirkt die Hinwendung zum Christentum – anders noch als bei der vorherigen Generation getaufter Juden – nicht als familiärer Bruch. L. vollzieht die Taufe letztendlich jedoch ohne Überzeugung, d.h. ohne Glaube an die christlichen Dogmen, was für sie zu schweren inneren Konflikten führt. Anders als zum Christentum sieht sich L. zu Deutschland und zur deutschen Kultur beinahe unhinterfragt zugehörig, dies zeigt sich in Formulierungen wie »bei uns in Deutschland« oder »für unser deutsches Vaterland«. Formal entspricht L.s *Lebensgeschichte* dem Goetheschen Vorbild von *Dichtung und Wahrheit*. In Anlehnung an die klassische Autobiographie des bewunderten Dichterfürsten dient die *Lebensgeschichte* nicht nur dazu, den Weg der Akkulturation zu schildern, sondern diese literarisch als gelungen auszuweisen. Die Autobiographie endet mit dem Betreten Italiens anläßlich einer ersten Italienreise im Jahr 1845. Ihren dreizehnmonatigen Italienaufenthalt hat L. zuvor bereits, ebenfalls in der Tradition Goethes, unter dem Titel *Italienisches Bilderbuch* (1847) publiziert. In Italien lernt L. den nichtjüdischen Literatur- und Kunsthistoriker Adolf Stahr kennen, den sie – nach dessen jahrelangen Scheidungsquerelen – 1855 heiratet.

L.s Leben fällt in eine Epoche des heftigen öffentlichen Ringens für und wider die vollständige juristische und staatsbürgerliche Anerkennung der Juden und gleichzeitig der verstärkten nationalen und antisemitischen Strömungen im Vorfeld der Reichsgründung von 1871. Nach einer kurzen Phase der bürgerlichen Gleichberechtigung der Juden infolge der Revolution von 1848 wird diese Gleichstellung erst mit der Reichsgründung definitiv durchgesetzt. In ihrem vorerst anonym publizierten Tendenzroman *Jenny* (1843) gestaltet L. die emanzipatorischen Forderungen der Zeit literarisch. Hauptmotiv ist die Liebe zwischen christlichen und jüdischen Protagonisten, die wegen gesellschaftlicher Vorurteile sowie einer Gesetzgebung, die nur konfessionelle Ehen erlaubt, nicht realisierbar ist. Auch die von L. in zahlreichen Werken thematisierte Überwindung von Ständeunterschieden findet hier literarischen Ausdruck. Der Roman endet tragisch: Der adelige Graf, Verlobter der bürgerlichen Jenny aus jüdischer Familie, stirbt an den Folgen eines Duells, zu dem er seinen Gegner aufgrund von dessen antisemitischen Äußerungen herausforderte; der Schmerz um den Geliebten reißt Jenny in den Tod. Zugleich ist dem Roman im kämpferischen Ausruf von Jennys Bruder ein politisch-utopischer

Schluß zu eigen: »›Wir leben‹, sagte er mit der Begeisterung eines Sehers, ›um eine Zeit zu erblicken, in der keine solche Opfer auf dem Altare der Vorurteile bluten! Wir wollen leben, um eine freie Zukunft, um die Emanzipation unseres Volkes zu sehen!‹« In der Revolution von 1848 sieht L. ihre politischen Hoffnungen vorerst erfüllt. In ihren *Erinnerungen aus dem Jahre 1848* (1850) hält L. erfreut fest, daß mit Eduard von Simson und Gabriel Riesser zwei Juden als Vizepräsidenten der deutschen Nationalversammlung vorstehen. Zudem verweist sie stolz auf die maßgebliche Rolle weiterer Juden (insbesondere Börne, Heine und Jacoby) im Kampf um die Republik: »Es ist der ruhmvollste Ehrenkranz für das jüdische Volk, daß es nach so langer Unterdrückung nicht matt, nicht schwach, sondern stark genug geworden war, an die Spitze der Bewegung in Deutschland zu treten.« Die *Erinnerungen* enden jedoch resignativ mit der Schilderung des allmählichen Siegs der Reaktion. In der zweiten Hälfte des Jahrhunderts entwickelt sich L. allmählich von einer revolutionären Demokratin hin zu einer Anhängerin der konstitutionellen Monarchie und zu einer Verehrerin Bismarcks. Literarisch wendet sie sich vom Tendenzroman ab und dem realistisch-bürgerlichen Figurenroman zu.

L. vollzieht als Jüdin, Frau und Schriftstellerin einen dreifachen Emanzipationsweg. In ihren explizit politischen Schriften widmet sie sich insbesondere der Emanzipation der Frauen (u. a. *Osterbriefe für die Frauen*, 1863; *Für und wider die Frauen*, 1870) und wird hiermit zu einer der bekanntesten Vertreterinnen der ersten Generation der Frauenbewegung. Eine der Erzählungen, die jüdische wie weibliche Gleichberechtigung zusammenführt, ist *Sarah* (in: *Dünen- und Berggeschichten*, 1851). Dies ist auch die einzige Erzählung, in der religiöse jüdische Identität für L. zentral wird, ansonsten gehören ihre jüdischen Figuren eher dem bürgerlich-assimilierten Milieu an (Lewis). Jüdische Figuren tauchen in zahlreichen von L.s Romanen auf (u. a. *Wandlungen*, 1853; *Von Geschlecht zu Geschlecht*, 1864–66; *Die Familie Darner*, 1887), doch erhält eine jüdische Thematik nicht mehr die Bedeutung wie in *Jenny*. In ihrem einzigen historischen Roman *Prinz Louis Ferdinand* (1849) schildert L. eine fiktive Liebesbeziehung zwischen dem Preussenprinzen und Rahel Varnhagen. Bei aller – auch in der *Lebensgeschichte* geäußerten – Anerkennung für die ersten Jahre Berliner Salonkultur, die L. nicht nur als wichtigen Schritt in der Emanzipation jüdischer Frauen, sondern auch als Möglichkeit der Ständedurchmischung wertet, schlägt L. hier teilweise kritische Töne gegen den allzu freien Umgang zwischen den Geschlechtern an. Seit 1847, später gemeinsam mit ihrem Ehemann, führt L. in Berlin selbst einen literarischen Salon.

Die jüdischen Figuren, die L. zeichnet, sind teilweise von ungebrochenen antisemitischen Klischees überfrachtet, die entweder ihren unemanzipierten Status und/oder ihr parvenühaftes Emporkommen und ihre künstlich wirkende übergroße Assimilationsbereitschaft zeigen. So spricht beispielsweise Frau Steinheim in *Jenny* mit »schnarrender Stimme und jüdischem Jargon«, auffällig sind »ihre Sprechlust und ihr unaufhörliches Gestikulieren« sowie ihre »Kleidung, aus allem zusammengesetzt, was es Neues und Kostbares gab«. L.s Emanzipationsverständnis folgt tendenziell der Vorstellung, die Wilhelm von Dohm in seiner programmatischen Schrift *Über die bürgerliche Verbesserung der Juden* bereits 1781 geäußert hat (Rheinberg): Die Gleichberechtigung der Juden müsse demnach mit ihrer kulturellen Anpassung einhergehen. Auch in ihren postum publizierten Tagebuchaufzeichnungen *Gefühltes und Gedachtes* (1890) wendet sich L. bisweilen in harscher Kritik gegen Juden. In der Stellungnahme zur antisemitischen »Berliner Bewegung« des Jahres 1880 verurteilt L. v. a. das Verhalten der Juden selbst: »Und ehe die Juden das echt jüdische Zeter- und Weheschreien nicht einstellen und in sich nach den Anlässen zu diesem erneuten Hasse suchen – wird es schwer zu einer Klärung und Beruhigung kommen können. – Aber das Schreien ist eben einer ihrer Fehler – und Fassung nicht ihre Sache – in der großen Mehrzahl.«

Unter zeitgenössischen deutsch-jüdischen Schriftstellerkollegen findet L. Anerkennung für ihre literarischen Leistungen, so etwa von Berthold Auerbach, jedoch auch von Heinrich Heine, dessen literarischen Einfluß auf ihr eigenes Denken und Schreiben L. stets würdigt (*Erinnerungen an Heinrich Heine*, in: *Zwölf Bilder nach dem Leben*, 1888). In der religiös orientierten *Allgemeinen Zeitung des Judenthums* stößt L. jedoch auch auf dezidierte Ablehnung (Horch). Ludwig Philippson unterstellt L. das Motiv, »den Abfall vom Judenthume nicht blos zu beschönigen und zu rechtfertigen, sondern plausibel zu machen, als etwas ganz Natürliches hinzustellen und die Behinderung daran nur als von Umständen und Verhältnissen verursacht nachzuweisen« (*AZJ*, 1864, 435 f.). In der exemplarischen Auseinandersetzung mit L. als getaufter Jüdin kommt Ludwig Fränkel schließlich zu einer positiven Wertschätzung ihres Lebens und Werks und ihrer – trotz vorhandenen Lücken – insgesamt ausgewogenen Darstellung des Judentums (*AJZ*, 1901, 92 ff. u. 103 ff.). Zu Beginn des 20. Jahrhunderts wird L. zunehmend antisemitisch rezipiert (z. B. Marta Weber, 1921) und schließlich in der Zeit des Nationalsozialismus gänzlich verdrängt. Seit Ende der 60er Jahre wurde die Aufmerksamkeit auf ihre revolutionären Schriften gerichtet, heute sind es insbesondere die Publikationen zur Frauen- und Judenemanzipation, die das Interesse wecken.

Werke: Gefühltes und Gedachtes (1838–1888), hg. L. Geiger, Dresden u. a. 1900; Jenny (anonym), 2 Bde., München 1996; Meine Lebensgeschichte, 3 Bde., Königstein a. T. 1998.

Literatur: H. O. Horch, F. L., Paul Heyse und Georg Ebers, in: ders., Auf der Suche nach der jüdischen Erzählliteratur, Frankfurt a. M. 1985, 115–125; B. van Rheinberg, F. L. Geschichte einer Emanzipation, Frankfurt a. M. u. a. 1990; H. B. Lewis, F. L. and Judaism: The Writer, the Woman, the Prussian, the Jew, in: The Germanic Mosaic, hg. C. Blackshire-Belay, Westport u. a. 1994, 267–273; F. L., dargestellt v. G. Schneider, Hamburg 1996; G. Marci-Boehncke, F. L.: Jüdin, Preußin, Schriftstellerin, Stuttgart 1998.

Eva Lezzi

Lind, Jakov
(eigentl. Heinz Landwirth)

Geb. 10. 2. 1927 in Wien

»Bei der Überprüfung meiner Habe stellte ich fest, daß sie aus nichts als der bloßen Haut bestand. Alles übrige war dahin, Zionismus, Idealismus, Liebe, Haß und Sprache.« So beschrieb L. seine Lage unmittelbar nach dem Ende des Dritten Reichs. Der Deportation konnte sich der junge Wiener Jude entziehen; auch seine Eltern entkamen, anders als der Großteil seiner Familie, der Verfolgung. L. hatte einen abenteuerlichen Überlebenskampf »im Rachen des Ungeheuers« geführt. Mit falscher holländischer Identität fuhr er als Schiffsjunge auf einem Rheinschlepper und überdauerte die Nazi-Zeit als Assistent im Reichsluftfahrtministerium – das Opfer überlebte als Mitläufer. Nach Kriegsende waren die einst sinngebenden Koordinaten seiner Existenz zerstört, und ein erneutes Zurechtfinden in der Welt knüpfte sich für den heimatlos Gewordenen vorrangig an die Fähigkeit, dieser Existenz sprachlich Herr zu werden: »Der Krieg war vorüber, und die Sprache hatte ihre Bedeutung verloren. Worte der Liebe, Worte des Vertrauens und des Glaubens, Worte der Hoffnung und immerwährenden Zuneigung und Worte von Küssen und Wolken. Alles unbrauchbar.«

Über den mühevollen Prozeß neuerlicher Ich-Konstituierung und die Suche nach individuell beglaubigtem sprachlichen und literarischen Ausdruck hat L. in drei autobiographischen Büchern detailliert Auskunft gegeben: *Counting My Steps* (1969, dt. *Selbstporträt*, 1970), *Numbers* (1972, dt. *Nahaufnahme*, 1973) und *Crossing* (1991, dt. *Im Gegenwind*, 1997). L. vermochte seine eigene Geschichte nur in der Sprache seiner Wahlheimat England zu schreiben – Spätfolge der intensiven Selbstrecherche eines Menschen, der kein Jude sein wollte, sondern Weltbürger, bis er für sich entdeckte, daß beides eins sein konnte. Nach seinem fulminanten Debüt mit den Erzählungen des Bandes *Eine Seele aus Holz* (1962) galt L. in den 60er Jahren noch als große Hoffnung der deutschen Literatur. Während im deutschsprachigen Raum das Interesse an dem eigenwilligen Erzähler zunehmend verblaßte, blieb er auf dem angloamerikanischen Buchmarkt eine feste Größe.

Dem Jugendlichen, aufgewachsen in einer Familie assimilierter Juden und »verarmter Luftschloßbesitzer«, glich Religion »einem magischen Ritus, einer Phantasterei, bei der neue Fußballstiefel herauskamen und Fahrräder«. Kämpferisches Selbstbewußtsein demonstrierte er durch Mitgliedschaft in einer zionistischen Jugendorganisation. Als das Dritte Reich halb Europa in seine Gewalt gebracht hatte, beschloß L., kollektiver Schicksalsergebenheit zu entfliehen und seinen Überlebenskampf ganz auf eigene Rechnung zu führen – als sei das Überleben eines Juden im Hitler-Reich allein eine Frage des festen Willens. Das vorherrschende Gefühl, das diesen Kampf stützte, war der Haß, auch Haß gegenüber jenen, die sich wie die sprichwörtlichen Schafe zur Schlachtbank führen ließen. »Gleichgültigkeit konnte ich mir nicht leisten. Ich mußte hassen, weil ich leben wollte.« Gegen Kriegsende begann er wieder nach »Spuren weicher Empfindungen« zu suchen und Haß gegen Mitgefühl einzutauschen.

In seinen im Grotesken und Widersinnigen gründenden Texten umschreibt L. sein Lebensthema, das er als die »Menschenfresserorgie des zwanzigsten Jahrhunderts« bezeichnet hat. »Es gibt eine Seuche, die Mensch heißt«, so eine andere Metapher L.s, die als Motto seinem Buch *Landschaft in Beton* (1963) vorangestellt ist. Isoliert von ihren Kontexten gelesen, nehmen sich L.s Selbstauskünfte häufig irritierend aus. Der Beschreibung der Vergangenheit, der Wahrnehmung seiner Umwelt und der Einschätzung der Gegenwart widmet sich L. stets mit »gebotenem Sarkasmus«. Auch seine Reflexionen über Judentum und jüdische Identität stehen im Zeichen einer spezifischen, von der Erfahrung des Holocaust bestimmten Distanznahme.

Selten sind Berichte Überlebender und Entkommener von einer derart ungeschützten Offenherzigkeit in Meinung, Urteil und Selbstdarstellung. L.s rigoroser Behauptungskampf verschafft sich Geltung durch eine hervorgekehrte Virilität, später durch demonstrativ unangepaßtes Einzelgängertum eines ziellosen Lebenskünstlers auf der Suche nach einer authentischen Stimme. Nach dem Krieg sah er sich als einen »unbrauchbaren« Menschen. Im zionistischen Selbstverständnis des entstehenden jüdischen Staats, in dem er nach Kriegsende fünf Jahre lang lebte, erblickte er nur kurz eine Chance für sich. Zionismus, Orthodoxie oder Assimilation waren ja nur noch die »unbrauchbar« gewordenen Wörter, die ihren Bezug zur neuen Realität verloren hatten. 1971 ging L. erneut nach Israel, um das zum wehrhaften Staat gewandelte Judentum mit seinen vielfältigen Lebensformen und Widersprüchen noch einmal auf sich wirken zu lassen. Das private Journal dieser Reise, *Israel. Rückkehr für 28 Tage* (1972), dokumentiert insbesondere den offenen Prozeß seiner eigenen Suchbewegungen: »Ich bin als Zionist erzogen worden, bin Jude aus freier Wahl; ich bin kein Israeli, ich bin kein Zionist; ich weiß nicht, was Jude bedeutet – und ich bin nicht mal sicher, ob es mich wirklich genügend interessiert.«

Nach dem Holocaust wollte der junge Überlebende nicht weiterspielen, was er die »Tragikomödie Jude« nannte. »Der neue Reiz bestand darin, daß man lebte, um sich zu amüsieren, und nicht, weil man den Gaskammern entronnen war.« Zugleich aber war ihm bewußt, daß die dem Zeugen auferlegte Aufgabe, vom Schicksal der Juden unter Hitler-Deutschland zu berichten, als Zwang und innere Verpflichtung zugleich immer präsent blieb. Sein Schreiben ist daher stets von der Ambivalenz zwischen dem Beharren auf freier, individueller Existenz und dem unauflösbaren Gebundensein an die Sonderstellung des Kollektivs »Judentum« geprägt. »Als Überlebender und Zeitzeuge war es meine Pflicht, mein Job, über die Juden und die Deutschen, die Deutschen und die Juden zu sprechen – notfalls *ad nauseam*.«

Gleichwohl bedeutete dies für L. insbesondere, *seine* Geschichte zu erzählen, seine Kriegserfahrungen in ganz eigenständiger Diktion zu vermitteln. In der Groteske und im Surrealen, in metaphorischer und chiffrierter Form vermochte er seine Wirklichkeitserfahrungen zu artikulieren, ohne sich als Opfer oder Zeitzeuge in die Pflicht gleich welcher Gruppen oder Interessen nehmen zu lassen. Von der Gewalt und den Versehrungen zu sprechen, die im 20. Jahrhundert Menschen zugefügt wurden – diesem »Job« des Zeitzeugen hat sich L., insbesondere in *Counting My Steps*, in eindringlicher Weise gestellt. Aber bis heute widerstrebt es ihm, »wie ein Pawlowscher Hund geistigen Speichel abzusondern, wenn jemand Jude, Israelit, Jid, Jew, Jood, Dsjid – egal in welcher Sprache, in welchem Zusammenhang – erwähnte«.

Werke: Eine Seele aus Holz. Erzählungen, Neuwied 1962; Selbstporträt, Frankfurt a. M. 1970; Israel. Rückkehr für 28 Tage, Frankfurt a. M. 1972.

Literatur: J. Veichtlbauer, St. Steiner, J. L., in: KLG (1995); P. Stenberg, 1946. Edgar Hilsenrath and J. L. meet at the employment office in Netanya, Palestine, discuss literature, and contemplate their recent past, in: Yale Companion to Jewish Writing and Thought in German Culture 1096–1996, hg. S. L. Gilman u. a, New Haven u. a. 1997, 642–647.

Jan Strümpel

Lublinski, Samuel (Salomo[n] Liebhardt, Silvio Piccolomini, Peregrinus, Sylvester)
Geb. 18. 2. 1868 in Johannesburg (Ostpreußen); gest. 26. 12. 1910 in Weimar

Der heute weitgehend unbekannte Kritiker und Schriftsteller besaß Otto Stoessl zufolge »die bis zur Vision gesteigerte Erkenntnis der Humanität als Grundmysterium und schöpferische Idealität der Gesellschaft«, wie er 1911 in seinem Nachruf schrieb. So hoch seine geistige Leistung geschätzt wurde, so gering wurde seine körperliche Schönheit veranschlagt: »Die Natur hatte unsern Freund wunderlich geformt, indem sie dem Körper wohlgefällige äußere Bildung [...] versagte, aber dafür alles was sie an Geistigkeit zu vergeben hat, dem Gehirn im Übermaß beilegte.« Mit dieser Beschreibung reagierte Stoessl indirekt auf eine Satire Theodor Lessings, die 1910 einen Literaturskandal verursachte. In *Samuel zieht Bilanz* verspottete Lessing L. als »Samuel, unser aller Rächer und Richter«, der »Literatur käute« und »mit den Aermchen seine Gedanken in die Luft« mauschelte. »Auf ein paar ganz kurzen fahrigen Beinchen ein fettiges Synagöglein, sein Bäuchlein wie die Apsis (in der die Bundeslade verwahrt ist) weit in die Außenwelt hineingestreckt.« Gegen diese Verwendung antisemitischer Klischees zur Charakterisierung eines jüdischen Kollegen protestierten zahlreiche Schriftsteller, u. a. Thomas Mann, der L. für einen der ersten Kritiker hielt, der die Bedeutung der *Buddenbrooks* erkannt hatte. 1910, zur Zeit des Skandals und seines plötzlichen Todes (an einem Herzanfall), war L. ein namhafter Kultur- und Literaturkritiker. Zusammen mit Paul Ernst und Wilhelm von Scholz galt er als Begründer der neuklassischen Ästhetik. Dieses Programm versuchte er als Tragödiendichter in den Dramen *Peter von Rußland* (1906), *Gunther und Brunhild* (1908) und *Kaiser und Kanzler* (1910) paradigmatisch zu verwirklichen.

L. wuchs in einem assimilierten jüdischen Elternhaus auf. Seiner Schwester Ida zufolge wurde er »deutsch und frei von religiösen Einflüssen erzogen«. Kurz vor dem Abitur verließ er das Gymnasium und wurde Buchhändler, erst in Italien, später in Heidelberg. 1895 gab er seinen Beruf auf und begann, in Berlin als Schriftsteller und Journalist zu arbeiten. Er veröffentlichte Aufsätze in zahlreichen Zeitungen und Zeitschriften. Bereits als Buchhändler verfaßte er eine mehrbändige literaturgeschichtliche Bestandsaufnahme *Litteratur und Gesellschaft im neunzehnten Jahrhundert* (1899–1900).

In den frühen Berliner Jahren war Lublinski Anhänger der zionistischen Bewegung. Im Vorwort seines ersten veröffentlichten Buches *Jüdische Charaktere bei Grillparzer, Hebbel und Otto Ludwig* (1899) äußerte er sich über seine Stellung zum Zionismus und »hätte es für unwürdig gehalten, in dieser Hinsicht seine Sympathien nicht offen auszusprechen.« Er lieferte einen Diskussionsbeitrag zum Ersten zionistischen Weltkongreß in Basel 1897 und verteidigte das Programm Theodor Herzls gegen verschiedene Kritiker. 1896, noch in seiner zionistischen Zeit, erschien in der *Neuen deutschen Rundschau* der Aufsatz *Der Antisemitismus*, in dem er nationaljüdische Gedanken vertrat. In der Begründung seines zionistischen Standpunktes zeigen sich jedoch bereits die Motive für die spätere Abkehr vom Zionismus. L. führt den Antisemitismus auf die nomadenhafte Situation des jüdischen Volkes zurück. Die Judenfrage ist für ihn weiter nichts, »als ein Kampf zwischen nomadischer und sesshafter Kultur«. Ein »plumper historischer Zufall« hat die Juden zum Nomadentum verurteilt. Den Ausweg aus dieser Situation sieht er in der nationalen Konstituierung der Juden. Die nationaljüdische Bewegung soll dann zeigen, »ob und wie überhaupt die einzelnen Splitter dieses Volkes noch assimilationsfähig sind – ob sie in ihre ›Gastvölker‹ vollkommen aufgehen.« Nicht zu Unrecht trug diese Auffassung L. von nationaljüdischer Seite den Vorwurf des jüdischen »Nationalismus zum Zwecke der Assimilation« (Achad Haam) ein. Bereits 1901 wandte sich L. dann auch vom Zionismus ab und bekannte sich zur Assimilation: »Immerhin, ich bekenne mich zur Assimilation, von der vor Jahren mein Schiff abstieß, um nach langer Irrfahrt wieder bei ihr zu landen.«

Diese Abkehr vom Zionismus fand in der Herausbildung von L.s neoklassischer Ästhetik ihre Entsprechung. Ihre Grundlagen formulierte er erstmals zusammenhängend 1904 in der *Bilanz der Moderne*, seiner Auseinandersetzung mit dem Naturalismus. Darauf aufbauend folgte 1909 *Der Ausgang der Moderne*. Hier rechnete L. mit der Neuromantik ab, reformulierte und überarbeitete seine neoklassische Position. Er suchte, wie er selbst schrieb, »nach den Lebensbedingungen des tragischen Menschen in der modernen Welt«. In beiden Schriften geht L. von einem Antagonismus von Individuum und Gesellschaft aus: Die literarische Moderne erkenne zwar die Abhängigkeit des Individuums von der Gesellschaft, sei aber nicht in der Lage, sie zugunsten einer »größeren Moderne« zu überwinden. Zwei Vorentscheidungen bestimmen dabei L.s Betrachtung der literarischen Moderne: ein sozialistischer Analyseansatz und der Ruf nach der »großen Persönlichkeit«, d. h. ein Wiederaufgreifen der Genietradition. Die noch in der *Bilanz der Moderne* vertretene marxistisch-sozialistische Position, die er im *Ausgang der Moderne* aufgibt, begründet jedoch für beide Schriften einen soziologischen Ansatz, der Parallelen zum marxistischen Ansatz Franz Mehrings aufweist (Wunberg). L. versucht, Literatur auf konkrete Fakten der Realgeschichte zu beziehen. Eine Lösung für den Antagonismus von Individuum und Gesellschaft sieht er jedoch erst in der neuklassischen Ästhetik, die für ihn nicht Epigonentum, sondern Anknüpfung an die Einheit von Stoff und Form ist. Große Kunst, die eine »große Individualität« benötigt, formt Kultur und leistet Kultursynthese. Darin besteht für ihn die Aufgabe einer wirklich modernen Kunst. »Somit kommt alles darauf an, daß eine Kultur geschaffen wird, die auf dem Ganzen der Menschennatur beruht und einen synthetischen Charakter aufweist«.

Aus dieser ästhetischen Auffassung heraus, die einerseits durch die Überhöhung des Individuums und andererseits durch die Anknüpfung an klassische Traditionen geprägt ist, ist auch L.s Bekenntnis zur Assimilation und das Verhältnis zu seinem eigenen Judentum zu verstehen. So schreibt er 1910, in einer Gegendarstellung zu Lessings Satire *Samuel zieht Bilanz*: »Ich leugnete also keineswegs, daß ich physiologisch Jude sei, behauptete aber in kultureller Beziehung ein Deutscher zu sein.« Sein Bekenntnis, ›kulturell Deutscher zu sein‹ kann als persönlicher Ausdruck seiner ästhetischen Überzeugung gesehen werden. Bereits 1901, in einem Artikel der liberalen jüdischen Zeitschrift *Ost und West* beschreibt L. das Gefühl seiner kulturellen Zugehörigkeit: »Ein einzelner kann sehr wohl herausfühlen, daß die Kultur, die Kindheitseindrücke und die Umgebung ihn stärker und dauernder und tiefer beeinflussten als die dunklen Mächte des Temperamentes und der Rasse. [...] Wer deutsche Kultur ganz und gar in seiner Seele trägt, der ist auch ein Deutscher.« Daß aber für L. selber in seiner gesellschaftlichen Situation keine ungebrochene Verwirklichung seines ästhetischen Programms mehr möglich ist, zeigt Lessings *Samuel zieht Bilanz*. Lessing bezeichnet ihn als einen »esprit-jüdischen Typus«, als Prototyp für den Verlust jüdischer Identität (Sprengel). Gegen L.s Modell der Kultursynthese als Partizipation an der deutschen Kultur und das Bild der »großen Persönlichkeit« stellt Lessing das Zerrbild jüdischer Zerrissenheit. Doch auch für L. gerät das solchermaßen überhöhte Individuum zunehmend in die Isolation. Einen Ausweg sucht er kurz vor einem Tod im Christentum, das als objektiver Sinnbezug des Individuums fungieren soll. Sein Versuch, Tragödie und Christentum zu synthetisieren, scheitert jedoch und führt zu einer Distanzierung vom neuklassischen Programm.

Werke: Litteratur und Gesellschaft im neunzehnten Jahrhundert, Berlin 1899–1900; Die Bilanz der Moderne, Berlin 1904; Der Ausgang der Moderne. Ein Buch der Opposition, Dresden 1909; Die Entstehung des Christentums aus der antiken Kultur, Jena 1910.

Literatur: G. Wunberg, S. L.s Versuch, Literatur soziologisch zu verstehen, in: S. L., Die Bilanz der Moderne, hg. G.

Wunberg, Tübingen 1974, 369–406; A. Wöhrmann, Das Programm der Neuklassik, Frankfurt a. M. 1979; 369–407; P. Sprengel, Urszene im Café Luitpold, in: Germanisch-Romanische Monatsschrift 42 (1992), 341–347.

Kirstin von Glasow

Maimon, Salomon
(eigentl. Schlomo ben Josua)
Geb. um 1752 in Sukoviboeg (Litauen); gest. 1800 in Glogau

Der Philosoph und Aufklärer M., u. a. mit seinem *Versuch über die Transzendentalphilosophie* (1790) Kantianer der ersten Stunde, war weder programmatisch noch politisch und hat über seine Stellung zum Judentum oder über die Haskala nie eine eigene Schrift verfaßt. Seine Autobiographie hingegen, die *Lebensgeschichte* (1792/93), enthält sehr wohl zahlreiche Reflexionen zu aktuellen jüdischen Fragen wie auch persönliche Stellungnahmen, nicht selten im Gewand satirischer Überzeichnung. In der Autobiographie finden sich kritische Kommentare und Exkurse, zum Teil als eigene Kapitel, über Religion, Religionsgeheimnisse und insbesondere über Maimonides. Darüber hinaus gibt es, wenn auch in geringer Anzahl, Erinnerungen, Briefe, Eulogien oder sonstige Papiere, die von seinen Zeitgenossen niedergeschrieben wurden und das Bild seiner Person in die eine oder andere Richtung erweitern können. Zu den bekannteren gehören Sabattia Wolffs *Maimoniana* (1813), ein Freund und zugleich der Biograph M.s, sowie der Nachruf des Kantianers Lazarus Bendavid *Über Salomon Maimon* (1801). Aber dieses Material basiert gleichfalls auf der *Lebensgeschichte*, solange es um seine Herkunft, Kindheit, Jugendzeit und geistige Entwicklung geht.

M. erhielt in Polen die traditionelle jüdische Erziehung in hebräischer Sprache, Bibel und rabbinischer Literatur und galt bereits in jungen Jahren als hochbegabt. Heimlich und im Selbststudium begann er mit der Lektüre astronomischer Bücher, las Schriften über jüdische Geschichte und erlernte das lateinische und das deutsche Alphabet. Fernerhin folgte die intensive Beschäftigung mit Mathematik, Kabbala und der Religionsphilosophie des Mittelalters, vor allem mit Maimonides, dessen religionsphilosophisches Hauptwerk *More Nevuchim* das wichtigste Buch für M.s weitere Entwicklung war. Da der litauisch-polnische Bachur Schlomo ben Josua, so sein Patronym, weiter säkulare Wissenschaften studieren wollte, verließ er Polen um das Jahr 1777 im Alter von 25 Jahren, durchlebte als Bettler eine entbehrungsreiche Zeit, verbrachte zwei Jahre als Hauslehrer in Posen und erreichte schließlich nach langen See- und Landreisen 1780 die preußische Gelehrtenrepublik Berlin. Die Bekanntschaft mit Mendelssohn und dessen Kreis ermöglichte ihm zunächst, mit Stipendien sein Auskommen zu finden, und führte später zu seiner Anerkennung als einer der fähigsten Kantkritiker, dessen Einfluß auf den deutschen Idealismus erst in jüngster Zeit gesehen und neu bewertet wird. Weitere Reisen brachten ihn u. a. nach Hamburg, wo er zwei Jahre das »Christianeum« besuchte und als Gymnasiast Sprachen und säkulare Wissenschaften lernte. Zurück in Berlin, wird er als Philosoph, Herausgeber, Schriftsteller, Übersetzer, Hauslehrer und nicht praktizierender Apotheker eine bekannte, zuweilen skandalöse Figur, wobei er Zeit seines Lebens in äußerster finanzieller Bedrängnis lebte. Seine letzten Jahre verlebte er auf Einladung des Grafen Hans Wilhelm von Kalckreuth auf dessen Gut bei Glogau in Schlesien und starb, so die Legende, an den Folgen heftigen Alkoholgenusses.

In einigen Teilen der autobiographischen Narration präsentiert sich die *Lebensgeschichte* durchaus als politische

Satire, in anderen als Meisterstück philosophisch denkender Kühnheit und verbindet derart die im 18. Jahrhundert gepflegte Öffentlichkeit des Subjekts mit zwei Adressaten: M. führt seine Rede über Interna jüdischer Tradition und die individuelle Vita nicht mehr allein vor Juden, sondern wendet sich in deutscher Sprache an ein weitgehend christliches Lesepublikum.

Während M. als Anhänger der »philosophischen Religion« imstande ist, Religion und Aufklärung, Glauben und Vernunft in »eine vollkommene Harmonie« zu bringen, ist von derselben Aussöhnung in der Lebenspraxis nicht nur nicht die Rede, sondern er läßt seine Aussagen über Religiosität und ihre Ausübung auf der einen und den Begriff jüdischer Vernunftreligion auf der anderen Seite ohne jeden Harmonisierungsversuch als Aporien stehen. In der Vorrede der *Lebensgeschichte* nennt M. emphatisch die Suche nach der Wahrheit als Grund, weshalb er Polen verlassen hat. In der Darstellung des *More Nevuchim* hingegen ist es Gott, der ihn gesandt hat und der ihm befiehlt, die *Lebensgeschichte* zu schreiben. Er befiehlt ihm aber noch etwas anderes: »Nun liebster Leser! Gott der, wie aus dem Vorhergehenden erhellet, mich nach Deutschland *gesandt*, und mir befohlen hat, daß ich dir meine Lebensgeschichte schreibe, befiehlt mir nun, daß ich dich auf diesen Abschnitt aufmerksam machen soll, indem daraus erhellet, wie man, durch eine vernünftige Exegese, den *Glauben* mit der *Vernunft* aussöhnen und in eine vollkommene Harmonie bringen kann.« Die philosophische Suche nach der Wahrheit und Erkenntnis kann die wahre, von Anthropomorphismen befreite Erkenntnis des einen Gottes befördern und ist nach Maimonides' *More Nevuchim* ohnehin die Voraussetzung derselben. M. zitiert hier die erwünschte Versöhnung zwischen Vernunft und Glauben durch vernünftige Exegese als ein Anliegen von Gott selbst. Der Befehl Gottes wirkt zugleich als Rechtfertigung für das Schreiben seiner Autobiographie. Allerdings scheint er sich gerade in diesem Punkt von seinem selbstgewählten Vater Maimonides emanzipiert zu haben, denn die religiöse Praxis, welche dieser noch fest in sein theologisch-apologetisches Denkgebäude mit einschloß, setzt M. für sich außer Kraft, wenn er beispielsweise bei seinen holländischen Gastgebern ablehnt, den Segen über den Wein zu sprechen. Seine Weigerung begründet er damit, daß der Segensspruch die »Folge eines anthropomorphistischen Systems der Theologie« sei. Wer dies als Beleg für M.s Freidenkertum nimmt, das sich aus der Freude am Schock der anderen speist, muß sich allerdings dem Rahmen einer autobiographischen Rhetorik bewußt bleiben. Dennoch ist von Versöhnung zwischen Glauben und Vernunft in der Lebenspraxis nicht die Rede. M. beschreibt sich in seiner *Lebensgeschichte* als einen aufgeklärten Denker, der seine vormals religiöse Welt nach langen inneren und äußeren Kämpfen endlich erleichtert hinter sich gelassen hat und der sich vom Glauben des orthodoxen Judentums völlig emanzipiert hat. Eben diese inneren Kämpfe gegen Aberglauben und Orthodoxie werden in der *Lebensgeschichte* in spöttisch-satirische Erzählformen gehüllt und sind aufgrund ihrer drastischen Überzeichnungen oft nur mit Mühe als persönliche Erfahrungen zu entziffern. Im Gegensatz zu Moses Mendelssohn, der zwar den Gedanken der Vereinbarkeit von Vernunfterkenntnis und praktischem Glauben auch aus seiner Maimonides-Lektüre gelernt hatte, aber Zeit seines Lebens ein observanter Jude blieb, besteht der zu versöhnende Konflikt des »Glaubens mit der Vernunft« durch die Vernunft selbst, bei M. als Disharmonie fort.

Den Kontext dieser Überlegungen bildet zum einen M.s scharfe Kritik am Judentum, die hauptsächlich die praktische Religionsausübung betrifft, nämlich Gesetze, Gebräuche und insbesondere die Methoden der Talmudauslegung, und zum anderen die Verteidigung der polnischen Juden, der rabbinischen Moral und des Talmuds. Letzteren verteidigt er vehement gegen die antisemitischen Angriffe christlicher Autoren wie etwa Eisenmenger, aber auch gegen die Angriffe der »aufgeklärt seyn wollenden Juden«. Auf seine harschen Urteile über jüdische Erziehung, »Rabbinismus« und Kabbala läßt M. im fünfzehnten Kapitel seiner *Lebensgeschichte* eine »Kurze Darstellung der jüdischen Religion von ihren Ursprüngen bis auf die neuesten Zeiten« folgen, die in zärtlicher Preisung der rabbinischen Moral, der Heiligkeit der jüdischen Ehen und der Unschuld der Jugend ausklingt. M.s Hochachtung der praktischen Moral der polnischen Juden läßt sich als Antwort auf die Verleumdungsfeldzüge einiger Maskilim, jüdischer Aufklärer, gegenüber den polnischen Juden, den späteren »Ostjuden« verstehen. Als die Mitglieder der »Freyschule« ihm aufgrund seiner desolaten finanziellen Situation anbieten, durch Übersetzungen wissenschaftlicher Bücher ins Hebräische zur Aufklärung der polnischen Juden beizutragen, nimmt er dieses Angebot nicht aus Überzeugung, sondern als Auftragsarbeit an. Er schreibt: »Ich kannte zu gut den rabbinischen Despotismus, der durch die Macht des Aberglaubens schon seit vielen hundert Jahren in Polen seinen Thron befestigt hat, und der zu seiner Sicherheit die Ausbreitung von Licht und Wahrheit auf alle mögliche Art zu verhindern sucht; wußte, wie genau die jüdische Theokratie mit ihrer Nationalexistenz verknüpft ist, so daß die Abschaffung der ersten die Vernichtung der letzten notwendig nach sich ziehen muß. Ich sahe also ein, daß meine Bemühungen in dieser Rücksicht fruchtlos seyn würden.« Viele Maskilim, wie etwa David Friedländer und Lazarus Bendavid, haben von der Abschaffung des Gesetzes nicht nur gesprochen. M. teilt diese extreme Position nicht, übt aber, wie alle Maskilim, Kritik am unzureichenden hebräischen Sprachunterricht und beklagt die Vernachlässigung der Bibellektüre. Mit Mendelssohn stimmt M. insofern überein, als er sagt, daß die jüdischen Religionsgesetze auch die Grundgesetze der theokratischen Verfassung, also des Staates, bilden und daß eine Abschaffung der Gesetze die Auflösung des Staates bedeuten. Mendelssohn löste das daraus entstehende Dilemma, wie man gesetzestreuer Jude sein und zugleich Mitglied oder loyaler Bürger des preußischen Staates sein könnte, indem er eine Trennung der jüdischen Religion vom jüdischen Staat vollzog. M. hält diese Trennung für unberechtigt, für ihn gibt es nur ein religiöses und nationales Judentum: »Die Grundgesetze der Jüdischen Religion sind zugleich die Grundgesetze ihres Staates. Sie müssen also von allen befolgt werden, die sich als Mitglieder dieses Staates bekennen, und die ihnen unter der Bedingung ihrer Befolgung zugestandenen Rechte genießen wollen. Derjenige hingegen der sich von diesem Staate trennt, für kein Mitglied desselben gehalten seyn [...] will, ist auch in seinem Gewissen nicht zur Befolgung dieser Gesetze verpflichtet. [...] Dahingegen erkläre ich die Handlungsweise derjenigen Juden für unrechtmäßig, die sich aus Familienanhängigkeit und Interesse zur jüdischen Religion bekennen, und dennoch ihre Gesetze [...] übertreten.« M. steht als Anhänger der »philosophischen Religion« außerhalb des jüdischen Gesetzes. Auf diesem Hintergrund ist es nicht verwunderlich, daß M. seine Lobpreisung Mendelssohns mit den höflichen aber bestimmten Worten schließt: »Einem Mendelssohne wird dieses gewiß nicht entgangen seyn, und ich überlasse es andern zu bestimmen, ob, und wie weit, man zum Wohl der Menschheit inkonsequent seyn darf?«

Der Weg des polnischen Juden aus der Orthodoxie in die deutsche Aufklärungskultur, seine Begierde nach Wahrheit und Vernunft haben sich seiner Autobiographie auf verschiedenste Weise eingeschrieben, nicht zuletzt auch in den psychologischen Kriterien der »Erfahrungsseelenkunde«, die er als Mitherausgeber von Karl Philipp Moritz' *Magazin zur Erfahrungsseelenkunde*, in dem die *Lebensgeschichte* zuerst erschien, mitbegründete. Mit seinem Aufklärungsverständnis hat er nicht nur Aporien jüdischer Aufklärungsmodelle aufgezeigt, sondern zugleich jenen Schmerz ›antizipiert‹, welcher kurze Zeit später die Bewegung von der Emanzipation zur Akkulturation bewirkte.

Werke: Gesammelte Werke, hg. V. Verra, 7 Bde., Hildesheim 1965–71; S.M.s Lebengeschichte. Von ihm selbst geschrieben und hg. K.Ph. Moritz, neu hg. Z. Batscha, Frankfurt a.M. 1995.

Literatur: H. Maccoby, The Anguish of S.M. and his Influence on German-Jewish Thought, in: European Judaism 14/1 (1980), 24–31; L. Weissberg, Erfahrungsseelenkunde als Akkulturation: Philosophie, Wissenschaft und Lebensgeschichte bei S.M., in: Der ganze Mensch, hg. H.J. Schings, Stuttgart 1994, 298–328; I. Arroyo, Der »radikale Traditionalismus«: S.M.s Lebensgeschichte und das aporetische Denken, in: Erfahrung und Zäsur. Denkfiguren der deutsch-jüdischen Moderne, hg. A. Noor, Freiburg i.B. 1999, 59–95.

Inka Arroyo

Margul-Sperber, Alfred (eigentl. Alfred Sperber; Pseudonyme: Alfred Hauk, Al. Uliu, Gavilan, Christian Aabe)

Geb. 23.9.1898 in Storojinetz (Bukowina); gest. 3.1.1967 in Bukarest

M. ist heute in Deutschland, anders als bei den wenigen verbleibenden Rumäniendeutschen, zu Unrecht fast nur als Förderer des jungen Paul Celan bekannt, nicht als bedeutender formstrenger und traditionsgebundener Lyriker.

In seinem ländlichen Heimatort (dessen Bewohner etwa zur Hälfte Juden waren) kam der aus einer seit langem deutsch assimilierten Familie stammende M. frühzeitig mit der rumänischen Umwelt in Berührung. Das (deutsche) Gymnasium besuchte er in Czernowitz und, nach der Flucht der Familie vor den einmarschierenden Russen, ab 1914 in Wien, wo er erste Kontakte mit der Arbeiterbewegung hatte. Gegen Ende des Ersten Weltkriegs wurde er einberufen. Nach kurzer Rückkehr in die rumänisch gewordene Bukowina hielt er sich längere Zeit in Paris und New York auf, 1924 kam er endgültig wieder nach Czernowitz, wo er als Mitarbeiter des *Czernowitzer Morgenblatts* die charismatische Zentralfigur der nach wie vor an Wien orientierten deutschen Lyriker der Bukowina geworden ist. Er unterhielt Kontakte zu zahlreichen Autoren, so zu Karl Kraus (in der Affäre der Czernowitzer Irrenhauslyrik), T.S. Eliot und auch Josef Weinheber, dem trotz seines Antisemitismus M.s traditions- und formbewußte Lyrik gefiel, wie auch M. seinerseits in den 30er Jahren an dieser Einstellung Weinhebers keinen Anstoß genommen zu haben scheint. Als 1940 sowjetische Truppen die Nordbukowina besetzten, übersiedelte M. nach Bukarest; der Deportation ist er entgangen. Nach 1944 stand er, der seit jeher dem Kommunismus Sympathien entgegengebracht hatte und daher als deutschsprachiger Vorzeige-Poet für das neue Rumänien taugte, wieder im Mittelpunkt der rumäniendeutschen Literaten in der rumänischen Hauptstadt.

Sieht man von seinen nie gesammelten journalistischen Arbeiten, darunter auch satirisch-polemischen Texten, ab, ist M. fast ausschließlich Lyriker; von ihm liegen insgesamt 14 Gedichtbände vor. Im Zentrum seiner Gedichte – deren eindrucksvollste fast durchweg Naturgedichte sind – steht, nach erst spät bekannt gewordenen frühen expressionistischen Versuchen, lange die symbolisch aufgeladene Landschaft der Bukowina (sein erster 1934 in Czernowitz mehr oder minder im Selbstverlag erschienener Gedichtband hieß *Gleichnisse der Landschaft*).

In einem poetologischen Text von 1945 kennzeichnet M. seine Auffassung von Dichtung: »Das Gedicht ist die Kunst, das Unsägliche zu sagen. [...] Das Gedicht ist die Erinnerung an ein Niedagewesenes, [...] das Lächeln eines Kindes über die Verworrenheit des Lebens [...].« Diese Poetik wie das Überwiegen des Reims und die metrische Strenge noch seiner späten Gedichte verweisen zurück ins 19. Jahrhundert, aber auch auf George und Karl Kraus, der ihn besonders geprägt hat. Dennoch haben M.s sorgfältig gestaltete, häufig mehrfach überarbeitete Gedichte – in denen schlichte Formen dominieren – einen eigenen Ton, sind keineswegs bloß epigonal.

Das 1936 aus aktuellem Anlaß geschriebene Gedicht *Der Neger Jessy Owens U.S.A. er läuft den olympischen Weltrekord* ist vielleicht M.s bekanntestes. Diese sehr politischen Verse wenden sich aber offenbar mehr gegen den Rassismus in den USA als gegen den Antisemitismus im Deutschen Reich. Dieser wird in *Gespräch mit einem Kind. Aus Hitlerdeutschland 1936* (1941) zum Thema. Gegen den Nationalsozialismus hat sich M. u. a. in satirischen Aktionen geäußert, ebenso durch Gedichte wie den visionären *Fackelläufer* (1936) und durch ausgiebige und heftige Polemiken gegen Hitlers Parteigänger in der Bukowina. Sonst ist M.s Lyrik erst nach 1945 stärker politisch akzentuiert, manchmal (z. B. *Lied einer schwarzen Baumwollpflückerin in Louisiana, U.S.A.*, ca. 1955) im Stil des sozialistischen Realismus.

Jüdische Motive sind in seinem Werk selten. Selbst *Auf den Namen eines Vernichtungslagers* (ca. 1959) – beruhend auf dem teilweisen Gleichklang von ›Buchenwald‹ und ›Buchenland‹ (Bukowina) – spricht nicht ausdrücklich von Juden, so wenig wie die Verse auf den großen jiddischen Czernowitzer Dichter *Für Itzig Manger*. Deutlicher ist der Bezug auf den Judenmord der Nationalsozialisten in dem Gedicht *Aus dunkelsten Tagen*. Verse von 1936 heißen *Der Tod Mosis. Nach einer chassidischen Sage*; *Das Ostermahl* von 1941 sieht das Letzte Abendmahl Christi in der jüdischen Tradition, muß aber doch als eine jüdische Distanzierung von dem, was aus dem Christentum geworden ist, interpretiert werden. Der Bezug M.s, der sich um die innerjüdischen Auseinandersetzungen in Czernowitz wenig gekümmert zu haben scheint, zum Judentum ist eher in seiner Rolle innerhalb der Czernowitzer Literaturszene (und deren Ausläufern in Bukarest nach 1945) zu sehen. Er wirkte als selbstloser Entdecker und Förderer literarischer Talente, der aufgrund seiner Kontakte vor allem zu Wiener Literaten Autorinnen und Autoren aus der Bukowina den Zugang zur deutschen Literatur zu erleichtern versuchte, was Rose Ausländer, was noch nach dem Zweiten Weltkrieg Paul Celan (dessen frühes Werk wohl auch Spuren des Einflusses von M. zeigt) zugute kam. Der weit überwiegende Teil der Deutsch schreibenden Czernowitzer Autoren und des an Literatur interessierten Publikums kam aus jüdischen Familien.

Schon früh hat M. eine ausführliche Bilanz der in seinen Augen in ihre letzte Phase eingetretenen deutschsprachigen Literatur der Bukowina verfaßt (*Der unsichtbare Chor*, in: *Czernowitzer Morgenblatt*, 25.7.–5.8. 1928, in 8 Teilen) – hier weist er schon auf Rose Ausländer hin – und eine große Anthologie der Lyrik aus der Bukowina vorbereitet, die, von Alfred Kittner weiter betreut, erst nach dessen Tod 1994 erschienen ist. Vorarbeiten zu dieser Anthologie überschreibt M. mit *Deutschsprachige Judendichtung* und ähnlichen Formulierungen.

Werke: Verzaubertes Wort, Berlin [DDR] 1973; Geheimnis und Verzicht. Das lyrische Werk in Auswahl, hg. A. Kittner, Bukarest 1975; Briefe u. a., in: G. Guțu, Linien zu einem Schriftstellerportrait. Zu dem Briefbestand des Bukarester S.-Nachlasses, in: Kulturlandschaft Bukowina, hg. A. Corbea u. a., Iasi 1990 bzw. Konstanz 1992, 184–204; Versunkene Dichtung der Bukowina. Eine Anthologie deutschsprachiger Lyrik, hg. A.Colin u. A. Kittner, München 1994, 135–149.

Literatur: A. Kittner, A. S. – Der Mensch und das Werk, in: A. M.-S., Geheimnis und Verzicht, Bukarest 1975, 589–614; P. Motzan, Der Lyriker A. M.-S. Ein Forschungsbericht, in: Die deutsche Literaturgeschichte Ostmittel- und Südosteuropas von der Mitte des 19. Jahrhunderts bis heute, hg. A. Schwob, München 1992, 119–136; S. P. Scheichl, M.s Gedicht auf Jesse Owens (1936), in: Südostdeutsche Vierteljahresblätter 47 (1998), 219–226.

Sigurd Paul Scheichl

Meerbaum-Eisinger, Selma

Geb. 15. 8. 1924 in Czernowitz;
gest. 16. 12. 1942 im Arbeitslager Michailowka

Das schmale Werk der mit 18 Jahren ermordeten M.-E. wurde nach seiner Entdeckung Ende der 70er Jahre zu einem anerkannten Bestandteil der Bukowiner Dichtung. M.-E. wuchs in ärmlichen Verhältnissen als Tochter deutschsprachiger Juden auf. Sie besuchte zunächst die rumänische Schule und während der sowjetischen Okkupation eine Schule mit Jiddisch als Unterrichtssprache. Ab Oktober 1941 bis zur Deportation nach Transnistrien im Juni 1942 lebte sie mit den Eltern in dem von der deutschen Okkupationsmacht und rumänischen Behörden auf wenigen Straßenzügen errichteten Ghetto für mehr als 50.000 Juden. M.-E. starb im Lager Michailowka an Typhus, ihr Tod ist durch eine Erinnerung des Malers A. Daghani bezeugt.

Die 57 überlieferten Gedichte, darunter mehrere Übersetzungen, geschrieben in etwa zweieinhalb Jahren, wurden von der Verfasserin handschriftlich in ein Album übertragen, das aus dem Lager gerettet wurde. Gewidmet war das Album dem Freund L. Fichman, der während der Flucht nach Palästina umkam. M.-E. hat ihre Gedichte wie ein Tagebuch, das letzte auf den 23. 12. 1941, datiert, im Album aber gegen die Chronologie, teils motivisch geordnet. Die erste Veröffentlichung eines ihrer Gedichte erfolgte 1968 in der Anthologie *Welch Wort in die Kälte gerufen*. Dem Celan-Biographen I. Chalfen zufolge wollte dieser mit dem Abdruck der Todesfuge am selben Ort der mütterlicherseits mit ihm verwandten M.-E. »ein Denkmal« setzen. Die späteren, bereits im Angesicht der Shoah verfaßten Gedichte stehen im Schatten der Vernichtung. Ihnen bleibt, wie P. Celan formulierte, das ›Datum der Endlösung‹, der »20. Jänner eingeschrieben«. Liest man diese Dichtung als »Chronologie« der Ereignisse von der sowjetischen Besatzung ab Juni 1941 bis zur Deportation im Oktober 1942, so fällt eine zunehmende Verknappung der Form ins Auge. Das Gedicht *Poem* ist auf den 7. 7. 1941 datiert, den Tag nach dem Einrücken von Gestapo und Einsatztruppe D in Czernowitz: »Ein Schatten von einem Baum/ geistert über den Mond./ Man sieht ihn kaum./ Ein Baum./ Ein/ Baum./ Ein Leben/ kann Schatten werfen/ über den/ Mond./ Ein/ Leben./ Hauf um Hauf/ sterben sie./ Stehn nie auf./ Nie/ und/ nie.« In ihrer Gesamtheit ist diese Jugenddichtung doch zuerst Natur- und Dinglyrik, Liebeswidmung, Lebenssehnsucht und

Stilleben finden sich hier, die an das Frühwerk Hofmannsthals erinnern. Die Erfahrung der Trennung als Hadern mit dem Geliebten ist zeit- und alterslos. »Und der Wind singt uns beiden den ewigen Sang von Sehnen und Verzicht, doch auch wenn es dir zum Sterben bang – du rufst mich trotzdem nicht« (*Tränenhalsband*). Die menschliche Welt erscheint häufig entrückt oder wie in einer fotografischen Momentaufnahme verfremdet. »An der moderigen Mauer/ eine nasse Katze schleicht./ Mit hervorgekehrtem Pelz ein Bauer/ schaut, ob ihm das Geld noch reicht« (*Trauer*). Wie sehr M.-E. zu einer dichterischen Existenz gefunden hatte, bezeugen auch ihre Übersetzungen: aus dem Französischen Gedichte P. Verlaines, aus dem Jiddischen u. a. ein Gedicht von I. Manger, aus dem Rumänischen eines von D. Mihneau. Noch in der Lagerzeit hat M.-E. Anlehnung an die gedichtete Sprache gesucht. In einem aus dem Lager herausgeschmuggelten Brief schreibt sie ein Gedicht mit dem Titel *Heimweh* ab, »dessen Autor ich nicht kenne«, wie sie der Adressatin mitteilt.

An der sprachlichen und kulturellen Vielfalt von Czernowitz hatte die junge Dichterin ganz teil. Wie der Großteil der jüdischen Jugend war sie vom zionistischen geselligen Leben bewegt und dürfte hier Schutz und Gegenwelt zum Czernowitzer Antisemitismus gefunden haben, von dem der vier Jahre jüngere Celan bereits in einem Jugendbrief berichtete. Gibt die späte Lyrik Todesvorstellungen Raum, so ist in dem Gedicht *Stefan Zweig* vom Dichten selbst die Rede. M.-E. bekräftigt hier ihren Selbstentwurf als deutschsprachige Lyrikerin, indem sie dem warmen und ungestümen Lebensempfinden die poetische Form als mäßigendes Prinzip entgegenstellt. »Kühl dann und still wie ein nordischer See, glitzernd und weich wie frisch fallender Schnee, siehst es uns an wie viel uraltes Gold.« Zugleich könnte hier eine Sprachreflexion auf die deutsche als »nordische« Sprache vernehmbar sein, die Zielsprache ihrer Übersetzungen. Das Gedicht endet mit den Schlußzeilen: »Und es packt dich ein Sehnen, das süß ist und zieht,/ ein Sehnen nach Menschen, ein heißes: ›versprich!‹/ und dann klingt es aus wie ein Nachtigall-Lied.« Es ist zu vermuten, daß M.-E. ein ungeschrieben gebliebenes Werk hinterlassen hat.

Werke: Ich bin in Sehnsucht eingehüllt. Gedichte eines jüdischen Mädchens an seinen Freund, hg. J. Serke, Hamburg 1980; Gedichte, in: Versunkene Dichtung der Bukowina, hg. A. Colin/ A. Kittner, München 1994, 338–342.

Literatur: W. Emmerich, S. M.-E.s Gedichte als »Chronik der laufenden Ereignisse« in der Bukowina 1939–1941, in: Die Bukowina. Studien zu einer versunkenen Literaturlandschaft, hg. D. Goltschnigg, Tübingen 1990, 275–292.

Barbara Breysach

Mehring, Walter (Walt Merin)

Geb. 27. 2. 1896 in Berlin;
gest. 3. 10. 1981 in Zürich

M. wuchs in einem liberalen Elternhaus auf, dessen Atmosphäre literarisch und künstlerisch gesättigt war. Der Vater, Sigmar M. (1856–1915), tätig als Redakteur, kann als Inbegriff des Linksintellektuellen gelten. Die Mutter, Hedwig Löwenstein (1866–1942, KZ Theresienstadt), trat als Sängerin (unter dem Namen Stein) auf. M. selbst stellt sich nach dem Abitur (1914) auf eine literarisch-journalistische Tätigkeit ein. Für deren Profil bietet sich von Anfang an kein Kennwort besser an als seine eigene Lieblingsvokabel ›Ketzer‹. In der Anfangsphase wie in den letzten Jahren seines Schaffens hat er *Ketzerbreviere* veröffentlicht und sich damit ein Markenzeichen auf dem literarischen Markt geschaffen. Religiöse Bedeutung hat dieser Begriff allenfalls in konnotativem

Sinn. *Ketzer* ist eine Metapher für intellektuellen, dichterischen, politischen und lebensmäßigen Aufstand; sie steht auch für den lebenslang prägenden Einfluß, den der Futurismus Herwarth Waldens und der Dadaismus – sowohl in seiner spektakelhaften Züricher wie in seiner politischen Berliner Version u.a. von George Grosz – auf M. genommen haben. Sein Hervortreten als Kabarettist ab 1919 – zunächst im wiedereröffneten *Schall und Rauch* an Max Reinhardts Bühne – steht unter demselben Motto: Kabarett ist die ketzerische Theaterform par excellence.

Das erste *Ketzerbrevier* von 1921 enthält eine *Conférence mystique*, in der M. das Genre auf Formen ketzerischer Gegenkunst zurückführt, die schon vom frühen Mittelalter an zu verfolgen sind. Diese wurzeln in den häretischen Geheimlehren der Gnosis. Dazu beruft sich M. auf den ›Demiurgen‹, der nach marcionitischer Tradition »mit dem altjüdischen Gott« gleichgesetzt wird, und auf die von der jüdischen Orthodoxie als ketzerisch gewertete kabbalistische Spekulation, wenn er eine *Operette* mit dem Titel *Die 10 Sephirot* ankündigt. Im Kontext der *Conférence* handelt es sich um Metaphern für eine häretische Kreativität nach dem Selbstverständnis der radikalen Avantgarde. Allenfalls mag dabei ein Seitenhieb gegen die Aufwertung der jüdischen Mystik und der Kabbala in der kulturzionistischen Bewegung geführt werden. De facto hat M. zu diesem Zeitpunkt sein Selbstverständnis nicht in erkennbarer Weise als jüdisch bestimmt und ist auch kein Engagement für die jüdische Erneuerung eingegangen.

In den folgenden Jahren verbirgt sich unter der Ketzermetapher eine generelle Religionskritik, primär an christlichen Traditionen, aber auch an messianischen Ideen generell. Wo immer in der Religion ein Machtverhältnis involviert zu sein scheint, welches den unbedingten, bisweilen anarchisch formulierten Anspruch auf individuelle Freiheit und Selbstverwirklichung einschränkt, dafür aber politische oder soziale Herrschaft legitimiert, setzt M.s blasphemische Provokation ein. In seinem breiten, an Jargon, Dialekten und Zitaten reichen sprachlichen Repertoire tritt dann die Parodie liturgischer Texte bis hin zur *Schwarzen Messe* hervor. Solche Kritik schließt aber nicht aus, daß sich M. im Sinne anarchischer oder sozialistischer Ideen mit religiösen Minderheiten solidarisiert, wenn diese in Bedrängnis geraten. Auf dieser Ebene steht neben dem Schwarzafrikaner, den der europäische Kolonialismus unterdrückt, auch der Jude, der in Europa zum Sündenbock politischer oder wirtschaftlicher Fehlentwicklungen gemacht wird.

Diese Haltung erweist sich aber nur tragfähig bis zum Krisenjahr 1929. Für M., der, hellsichtig, von diesem Zeitpunkt an mit einer Rechtsdiktatur rechnet, ergibt sich eine eigene Krisenzeit, die eine Umorientierung erforderlich macht. Sie vollzieht sich – nachdem er mehrere Jahre als Korrespondent in Paris u.a. für Carl von Ossietzkys *Weltbühne* geschrieben hat – im Jahre der Zusammenarbeit mit Erwin Piscator. Für ihn entwirft er das Schauspiel *Der Kaufmann von Berlin*, welches einen ostjüdischen Shylock ins Berlin des Jahres 1923 verpflanzt und als Inflationsspekulanten in das Scheunenviertel-Pogrom geraten läßt. M.s Solidarität mit dem dort ansässigen Ostjudentum bekundet sich in einer minutiösen Einarbeitung des Ostjiddischen in den deutschen Dramentext. Der Spekulant wird freilich im Laufe des Stückes zum Werkzeug deutschnationaler revanchistischer Militärs und Industrieller, die nach dem Muster des Kapp-Putsches den Umsturz der Republik planen. Dessen Scheitern wird außer auf die Scheunenviertel-Bewohner auch auf ›Shylock‹ abgeleitet. Sein Untergang wird zur Allegorie auf die bereits in historischer Reichweite geahnte Katastrophe des deutsch-jüdischen Zusammenlebens. Daher folgte der Berliner Aufführung nicht nur die erwartete Polemik auf Seiten der Presse der Rechten, sondern auch der aufgebrachte Einspruch der *CV-Zeitung*, die den – M. angelasteten – Widerruf der Akkulturationsgeschichte zurückwies und ihren Lesern vom Besuch des »unwahrhaftigen Tendenzstückes« abriet.

Für M. selbst ist aber aufschlußreich, daß er in das Stück das Szenario seiner persönlichen Krise einzeichnet, und zwar in Gestalt einer Auseinandersetzung mit dem Vater, der aus dem Judentum ›ausgetreten‹ und zu der säkularen ›Intellektuellenmehrheit‹ übergetreten war, für die Aufklärung, Atheismus und Sozialismus die Leitbegriffe darstellten. Zitiert wird ein Gedicht des Vaters, in welchem die Traditionsfrage des Seder Abends, »Mah nischtaneh?«, als nicht mehr relevant zurückgewiesen und mit einer der Zukunft angemessenen Aufforderung konfrontiert wird: »Längst schon in verlorner Gasse/ Folgst Du falschem Ahnenruhme/ Heb Dich über Stamm und Rasse/ Auf zu reinem Menschentume!«

Der Kontext im Stück, die Verfolgung und Vertreibung des Berliner Shylock, bedeutet die Absage an die altliberale Position der Vätergeneration. Eine neue Stellung im Verhältnis zum Judentum ist gefordert. M. sieht sich von seiner jüdischen Herkunft wieder eingeholt, was für ihn freilich weder vor noch nach 1933 eine religiöse Bekehrung oder eine Annäherung an zionistische Positionen bedeutet. Aber mit seiner Verarbeitung der Flucht- und Emigrationserlebnisse – er entrann nach Jahren in Wien und Paris und einer Odyssee durch französische Internierungslager nur dank Varian Fry und dem Emergency Rescue Committee – wendet sich M. stärker jüdischen Traditionsmotiven zu. Schon 1931 erscheinen entsprechende Hilferuftexte unter dem Titel *Arche Noah S. O. S.*, später steht die Vertreibung unter der Chiffre des Ahasver, dem auch in den Fluchtländern keine mühelose Aufnahme bevorsteht. Die vierzig Jahre des biblischen Auszugs aus Ägypten, erweitert zum jüdischen »Geschichtsleid« der gesamten Galuth, werden zum geschichtlichen Symbol für das Schicksal aller Versklavten, Ausgebeuteten und Vertriebenen, die den Herrenvölkern Europas zum Opfer gefallen sind: »Was unterscheidet Menschen – Mah nischtaneh?«

M.s Rettung nach New York, wo er mit Arbeiten für den *Aufbau* und die *New York Times* an der Armutsgrenze überlebt, zeitigt als überragenden literarischen Reflex die *Autobiographie einer Kultur*. Es geht um *Die verlorene Bibliothek* des Vaters, Schatzkammer und Inventar des von einem liberalen Juden versammelten geistigen Europa. Nach der Machtübernahme 1933 wird dieser Schatz zwar noch nach Wien gerettet, geht danach aber verloren. So symbolisiert er die ehemalige Existenz und den erzwungenen Exodus des auf eine liberale Symbiose setzenden Judentums aus der deutschen Kultur.

Nach der Rückkehr nach Europa – die aber keineswegs das Ende des Exils aus Deutschland bedeutet – versucht der Autor, nur mäßig erfolgreich, mit alten und neuen Werken an die Weimarer Republik anzuknüpfen und in der deutschsprachigen Literatur wieder Fuß zu fassen. Unter dem erweiterten Titel *Großes Ketzerbrevier* legt er 1974 eine Anthologie seiner lyrischen Werke vor, in der auf dem Wege zahlreicher Zwischentexte zugleich die Geschichte ihrer Rezeption für die Ära des Nationalsozialismus und für die Exiljahrzehnte mit dokumentiert ist. Der Ketzer ist inzwischen zum Märtyrer geworden, wie ein beziehungsreiches Motto von dem auf den Scheiterhaufen gebrachten Dichter und Mystiker Quirinus Kuhlmann (1651–89) deutlich macht. Auch der Ketzer M. hält seine Rolle bis zum letzten durch. Am Ende des *Breviers* stehen Kreuzverhöre durch die staatliche Macht (1933) und ein ›letztes Gericht‹. Dem überirdischen Frager kommt er durch eine Selbstanzeige zuvor. Er wirft ihm vor, daß er im großen Schöpfungsplan für ihn, M., und seine literarischen Schöpfungen nicht genügend Spielraum vorgesehen habe. Denn das Jahrhundert der Kriege, der Vernichtung und des Exils habe ihm nicht gestattet, sein immer geplantes, eigentliches Buch zu schreiben. So mußte es wohl bei den Werken des *Ketzer*-Poeten bleiben, und die angeredete Instanz quittiert die Vorwürfe, indem sie ihm das Wort abschneidet.

Werke: Werke [in Einzelbänden], hg. Ch. Buchwald, Düsseldorf 1978ff.; Drei jüdische Dramen: H. Ungar, Der rote General, W.M., Der Kaufmann von Berlin, P. Kornfeld, Jud Süß, mit Dokumenten zur Rezeption, hg. H.J. Weitz u.a., Göttingen 1995.

Literatur: W.M., in: Text u. Kritik 78 (1983); H.-P. Bayerdörfer, Shylock in Berlin. W.M. und das Judenportrait im Zeitstück der Weimarer Republik, in: Judentum, Antisemitismus und deutschsprachige Literatur vom Ersten Weltkrieg bis 1933/38, hg. H.O. Horch u.a., Tübingen 1993, 307–323; B. Bauer, R. Dürmayer, W.M. und Herta Pauli im Exil: »zwei Parallelen, die im Geistigen sich berühren«, in: Deutsch-Jüdisches Exil, hg. W. Benz u.a., Berlin 1994, 15–43.

Hans-Peter Bayerdörfer

Mendelssohn, Moses (eigentl. Moshe mi-Dessa)

Geb. 6.9.1729 in Dessau;
gest. 4.1.1786 in Berlin

In mehrfachem Sinne ist M. als eine problematische Schwellenfigur der deutsch-jüdischen Literatur und Kultur der Moderne zu begreifen; als eine »transitional figure« (Sorkin), die sich in Übergängen bewegt und Grenzen problematisiert: zwischen der deutschen, europäischen und jüdischen Kultur; zwischen Diskursen der Tradition und der Moderne; zwischen den Disziplinen und Genres der Philosophie, Exegese, Übersetzung, Literatur und Politik; und zwischen deutscher und hebräischer Schriftsprache und Signatur. Obwohl M. nicht im engeren Sinne literarische, d.h. fiktionale Texte geschrieben hat, gilt er als eine der Gründerfiguren der modernen deutschen Literatur und zentraler kritischer Begriffe, wie z.B. Mitleid, Genie, schöne Seele, ästhetische Illusion, Erhabenes (Engel). Zugleich gilt er als eine der Gründungsfiguren einer modernen, säkularen hebräischen Literatur (Pelli). Die Deutung des Judentums, die M. in *Jerusalem* (entstanden 1782) über eine Theorie der jüdischen »Zeremonialgesetze« als einer »Schriftart« entfaltet hat, ist als eine Präfiguration spezifisch moderner Theorien und Praktiken verstanden worden: als Vorgestaltung politischer Theorie von Verdinglichung und Fetischisierung und der grammatologischen Kritik Jacques Derridas (Funkenstein), kultursoziologischer Theorien über Rituale (Eisen) und performativen und widerständigen schriftstellerischen Bewußtseins (Hilfrich).

Eine deutsch-jüdische Literatur im Sinne M.s ist als ein entschieden mehrsprachiges und interdisziplinäres Feld kritischer literarischer Praxis zwischen den Kulturen zu lesen. Tradition und Moderne oder Innovation schließen sich hier nicht aus. In den Übergängen von exegetischer Gedächtniskunst zu innovativer Theoriebildung liegt vielmehr die spezifisch literarische Spannung der Texte M.s. Wenn die deutsch-jüdische Literatur für ihren späten Autor Franz Kafka eine vielfache »Unmöglichkeit« darstellte, dann zeigte sie sich in M.s Texten eher als Feld von sich öffnenden und zu überprüfenden Möglichkeiten, Möglichkeiten kultureller, politischer, literarischer, individueller und kollektiver Redefinition. Schon M.

allerdings verstand die deutsch-jüdische Literatur und ihre Möglichkeiten als Schriftfeld einer paradoxalen und widerständigen Praxis, die die nationalen oder religiösen Begriffsraster in Frage stellt und unerwartete textuelle Dispositionen freimacht. In einem Brief an seinen Freund Herz Homberg schrieb er 1783 über sein *Jerusalem*: »*Jerusalem* ist ein Büchlein von einer besonderen Art [...] So viel ist sicher, es ist von einer Beschaffenheit, wie es weder Orthodoxe noch Heterodoxe beyder Nationen erwartet haben. Denn alle erwarten Religionszank, und ich sehe mich, meiner bösen Gewohnheit nach, bey jedem Schritte nach spekulativer Materie um, die ich anknüpfen kann, und lasse den Streitkolben darüber aus den Händen fallen.« M.s *Jerusalem* versuchte, das »Kampffeld« des deutsch-jüdischen Dialoges seiner Zeit zu einem Schriftfeld »spekulativer Materie« umzuschreiben.

M.s frühe Erziehung in Dessau folgte dem noch neuzeitlich bestimmten Curriculum aschkenasischer Erziehung (Studium des Talmud und der Kommentare; Methode des Pilpul). Eher ungewöhnlich für die Zeit zeigte M. schon als Kind eine Faszination für die biblischen Texte und die hebräische Grammatik sowie für mittelalterliche jüdische Philosophie, v.a. Maimonides. Als 14-jähriger folgte er dem Dessauer Rabbiner David Fränkel ins Zentrum der deutschen Aufklärung nach Berlin und machte sich bei Repräsentanten der frühen Haskala mit Philosophie, klassischen und modernen Sprachen vertraut. In den 50er und 60er Jahren schrieb er Predigten für die Berliner jüdische Gemeinde und übersetzte sie ins Deutsche. 1754 begann seine Freundschaft mit G. E. Lessing, die sinnbildlich für die deutsch-jüdische Begegnung der Moderne werden sollte und in Lessings *Nathan der Weise* (entstanden 1779) literarischen Niederschlag fand. Mit Lessing und Ch. F. Nicolai teilte M. ein besonderes Interesse an einer wissenschaftlichen und zugleich künstlerischen Literaturkritik. 1756 wurde er zum Mitarbeiter und Mitherausgeber von Nicolais *Bibliothek der schönen Wissenschaften*, in der er 21 Rezensionen und zwei größere ästhetische Essays veröffentlichte: die *Betrachtungen über die Quellen und Verbindungen der schönen Künste* (entstanden 1757) und die *Betrachtungen über das Erhabene und das Naive* (entstanden 1758). M.s Beiträge zur *Bibliothek* gaben der entstehenden Literaturkritik in deutscher Sprache ein ambitioniertes Profil: sie rezensierten die wichtigsten deutschen Neuerscheinungen der Zeit; sie begründeten eine vergleichende Rezeption ausländischer Werke, u.a. im Bereich hebräischer Literatur; sie zeigten die literarische Ästhetik als eine werdende Wissenschaft und Übersetzung als ein sprachliches Kunstwerk. Neben diesen literaturkritischen und ästhetischen Arbeiten veröffentlichte M. in den 50er Jahren v.a. metaphysische Schriften und Übersetzungen zeitgenössischer Theorie ins Deutsche. Gleichzeitig widmete er seine literarische Produktivität der Haskala und der hebräischen Sprache. In der zweiten Hälfte der 50er Jahre veröffentlichte M. die erste jüdische Wochenschrift der Moderne, *Kohelet Musar* (Prediger der Moral), in der er philosophische und exegetische Traditionen aneinander zu vermitteln suchte.

M.s mehrfaches schriftstellerisches Engagement – für die Aufklärung und die Haskala in ihren frühen und späten Phasen, für die deutsche und die hebräische Sprache, für philosophische und exegetische Denkmethoden, Lektüren und Genres – prägt sein gesamtes Werk. Die Lavater-Affäre von 1769 allerdings, in der M. öffentlich dazu aufgefordert wurde, entweder seinen Glauben philosophisch zu legitimieren oder zum Christentum überzutreten, machte ihm schockartig deutlich, daß sein schriftstellerisches Engagement äußerst krisenanfällig war. Die Texte, die in der Folgezeit entstanden, verhandelten v.a. diese Krisensituation einer deutsch-jüdischen Literatur und Kultur. Sie sind von einem auffälligen Bruch in M.s Verhältnis zur Kategorie der Offenbarung und zum Begriff des Gesetzes gezeichnet. In den 60er Jahren waren M.s Texte v.a. von dem Wunsch geprägt, sich, wie er es 1766 in einem Brief an Thomas Abbt äußerte, »auf die Offenbarung nicht einlassen« zu müssen. Nach der Lavater-Affäre im Jahr 1769 dagegen widmete M. seine Textproduktion fast ausschließlich dem Begriff der Offenbarung und seinen textuellen Auffaltungen in der jüdischen und der deutschen Kultur. M. markierte nun als entscheidende Frage der entstehenden deutsch-jüdischen Literatur die Frage nach einer interkulturellen Praxis und Theorie der Offenbarung, des Gesetzes, der Schrift in der beginnenden Moderne. M.s Wendung zum Gesetz manifestierte sich ab 1769 auch in seiner Tätigkeit als Vermittler und Gutachter in Fragen jüdischer Rechtssprechung, jüdischen Rituals und jüdisch-christlicher Koexistenz. Knapp 10 Jahre später schrieb er das erste Kompendium jüdischer Gesetze zum Gebrauch an den deutschen Gerichtshöfen, die *Ritualgesetze der Juden* (entstanden 1778).

Im *Sefer Netivot Ha-Shalom* (Buch der Wege des Friedens; entstanden ca. 1774–83) stellte M. die erste jüdische Übersetzung des *Pentateuch* ins Deutsche vor, sowie den ersten exegetischen Bibelkommentar der jüdischen Moderne. M.s Übersetzung sollte dem deutschen Judentum über den lange vernachlässigten biblischen Text den Übergang zur deutschen Sprache erleichtern. Zugleich sollte sie eine Alternative sowohl zu den jiddischen als auch den deutschen christlichen Übersetzungen vorschlagen. Sein hebräischer Kommentar, der *Biur*, verknüpfte rabbinische und mittelalterliche Exegese mit zeitgenössischen literaturästhetischen und philosophischen Überlegungen. Als Praxis einer deutsch-jüdischen Literatur und Kultur, die zweisprachig und übersetzungsbedürftig ist, traditionelle und moderne Diskurse vernetzt, zwei Öffentlichkeiten adressiert und zwei Rezeptionsgeschichten bedingt, muß M.s *Pentateuch*-Projekt allerdings noch gelesen werden.

1781 schrieb M. seine deutschsprachige, dezidiert theoretische und politische Version einer Auseinandersetzung mit der Offenbarung als Gesetz und Schrift: *Jerusalem oder über religiöse Macht und Judentum*. M.s Essay definierte sich als »Theorie« einer deutsch-jüdischen Kultur, die den »Grundbegriff« der Gesetzesoffenbarung »in Anspruch nehmen« will; und er redefinierte das Judentum als eine »durch Schrift geoffenbarte Gesetzgebung«, die partikular und universal und je aktuell von Bedeutung ist. M.s Darstellung des Gesetzes als *Zeremonialgesetz*, das eine »lebendige, bedeutungsvolle Art von Schrift [ist]«, machte das Gesetz in den Funktionskontexten zugänglich, die allgemein Schrift eignen: Kultus, Tradition, Herrschaft und Wissen. In dem schon zitierten Brief an Herz Homberg schrieb M., daß es ihm im *Jerusalem* v.a. darum ging, »den Ceremonien ächte, gediegene Bedeutung unterzulegen, die Schrift wieder leserlich und verständlich zu machen«. M.s Hermeneutik und Lektüre der Gesetzesschrift schlugen auf der Basis traditioneller Exegese eine moderne Bedeutung von Schrift als Kultus vor, indem sie das Gesetz als einen je zu gestaltenden Handlungsraum individueller und kollektiver repräsentativer Praxis zeigten. Die Handlungen, die diese »Zeichensprache der echten Theisten« vorschreibt, las M. als narrative, d.h. als semiotische und als repräsentative Praktiken; und er deutete sie als performativen Widerstand gegen vereinheitlichende Herrschafts- und Wissensformen, insbesondere der beginnenden deutsch-jüdischen Moderne. In

Hinsicht auf den zeitgenössischen Diskurs der Emanzipation und einer »bürgerlichen Verbesserung der Juden« durch politische Gleichheit insistierte M. als Sprecher des deutschen Judentums auf der bleibenden Verbindlichkeit des Zeremonialgesetzes und zugleich auf einer Trennung politischer und ritueller Gesetzbarkeit: »Wenn bürgerliche Vereinigung unter keiner andern Bedingung zu erhalten [ist], als wenn wir von dem Gesetze abweichen, das wir für uns noch für verbindlich halten; so thut es uns herzlich leid, was wir zu erklären für nöthig erachten: so müssen wir lieber auf bürgerliche Vereinigung Verzicht thun.« M.s Projekte der 70er und 80er Jahre machten die Frage nach einer deutsch-jüdischen Praxis und Theorie des Gesetzes als Kernproblem einer deutsch-jüdischen Literatur und Kultur lesbar. Sie können als eine Literarisierung des Gesetzes gedeutet werden, der es zugleich um seine wiederholbare Bewahrung und um seine hermeneutische Innovation geht. Wenn Kafkas Schreiben als »unmögliches« v.a. dort möglich wurde, wo es den Verlust des Gesetzes literarisch reflektierte, dann wurde M.s Schreiben im Raum der beginnenden deutsch-jüdischen Literatur eher als Reflexion einer veränderlichen Bewahrung des Gesetzes als Schrift möglich. Dies allerdings muß als ein Ansatzpunkt der deutsch-jüdischen Literatur verstanden werden, der seinerseits in den nachfolgenden Veränderungen des deutsch-jüdischen Diskurses der Moderne verloren gegangen ist.

Werke: M. Mendelssohn, Gesammelte Schriften, hg. I. Ellbogen u.a., fortges. A. Altmann, Neudr. Stuttgart 1971ff.

Literatur: E. Engel, Die Bedeutung M.M.s für die Literatur des 18.Jahrhunderts, in: M. Studien, Bd. 4, Berlin 1979, 111–159; C. Hilfrich, M.Pelli, The Age of Haskalah. Studies in Hebrew Literature of the Enlightenment in Germany, Leiden 1979; A. Eisen, Divine Legislation as »Ceremonial Script«, in: AJS Review 15 (1990), 239–266; A. Funkenstein, Jüdische Geschichte und ihre Deutungen, Frankfurt a.M. 1995; D. Sorkin, M.M. und die theologische Aufklärung, Wien 1999; C. Hilfrich, »Lebendige Schrift«. Repräsentation und Idolatrie in M.M.s Philosophie und Exegese des Judentums, München 2000.

Carola Hilfrich

Mombert, Alfred

Geb. 6.2.1872 in Karlsruhe;
gest. 8.4.1942 in Winterthur (Schweiz)

Zwischen schöpferischer Phantasie und dem absolut Irrationalen, in das sie sich endlich verliert, stellt Ingeborg Bachmann die Dichtung M.s angelegentlich des Erscheinens des zweiten Bändchens *Der himmlische Zecher* (1951): »Teils in ihrem aufgelösten Rhythmus, teils auch im Inhalt weisen einige Partien seiner ›poésie ininterrompue‹ auf Arno Holz' *Phantasus*, auf Däublers *Nordlicht* und Spittelers *Olympischen Frühling*. Und wider Willen kommt sie in die Nähe Georges zu stehen. Die Gesichte irrationaler Erhabenheit streifen das Groteske, und die Konsequenz zieht zweifellos Morgenstern.«

M.s Gedichtzyklen sind in exponierter Weise Ausdruck ihrer Zeit. Der Totalitätsverlust, die Sprachkrise der Jahrhundertwende erfahren bei M. eine kosmische Umkehrung, führen in ein allein subjektiv begründetes Sprach-Schöpfertum, dessen rhythmische Bindung ins Zyklisch-Sinfonische verschoben wird; *Musik der Welt* lautet ein programmatischer Titel. Inspirierte Bildwelten, kosmische Visionen, geschaute Begriffe, in denen – »Er und Ich« – Schöpfer-Gott und Gott-Schöpfer polar ineinanderfallen. Das Material stammt von Reiseeindrücken (Griechenland, Italien, Palästina), aus Mythen und Philosophie, Nietzsche als großer Inspirator kann nicht überschätzt werden, aber auch der durch den Monismus der Zeit forcierte

Panpsychismus, der davon ausging, daß die Daten des Innen, des psychischen Erlebens und des Außen austauschbar seien. Bei den o.g. Autoren, aber auch bei Gustav Landauer und Richard Beer-Hofmann finden sich solche Experimente der Entgrenzung des Selbst und Selbstermächtigung im psychischen Welterleben. Walter Sokel hat diese narzistischen Selbstentgrenzungsphantasien mit den jüdischen Erfahrungen der Autoren in Verbindung gebracht. Die romantische Utopie eines neuen Mythos und die All-Einheitssehnsucht der Naturphilosophien leben in den zahlreichen Visionen vom neuen Menschen für kurze Zeit wieder auf. M. selbst hatte sich für seine ekstatischen Sprachexperimente, von denen er sagt, sie seien in inspiriertem Schreiben entstanden, eine Art Hieroglyphenschrift gewünscht, Zeichen einer bis ins Unendliche entgrenzten Innenwelt. Heselhaus vergleicht die kosmische Weltfrömmigkeit von M.s Dichtungen mit der Kantatenform des 18. Jahrhunderts, bei der es ebenfalls um das Nachbilden des Großen im Kleinen, um das Überformen des Denkens im Fühlen ging.

M. stammt aus einer jüdischen Karlsruher Kaufmannsfamilie. Wie Gustav Landauer, der ihn für einen der größten zeitgenössischen Dichter hielt, besuchte M. das humanistische Großherzogliche Gymnasium und studierte Jura, um sich sodann mit einer Anwaltspraxis in Heidelberg niederzulassen. Er selbst beschreibt das so: »Aber als ich: ein Student der Rechte, wandelnd zwischen *Tag und Nacht*: mitten im Getöse der Straßen Berlins im Januar 1894 die Erscheinung des *Glühenden* sichtete; – als ich, ein badischer Gerichtsschreiber: im Sommer 1896 im Schwurgerichtssaal amtierend, während der Verhandlungen nebenher noch große Teile der *Schöpfung* dichtete; – als ich: ein deutscher Bücher-Autor: im Jahre 1901 vor dem Gedicht-Werk *Der Denker* die Inschrift-Tafel aufrichtete: ›Dem Sternbild Orion geweiht‹.« Von 1906 an lebte M. in Heidelberg ein ganz dem Dichten gewidmetes zurückgezogenes Leben, unterbrochen nur durch gelegentliche Reisen. 1928 wird M. in die Sektion für Dichtung der Deutschen Akademie der Künste aufgenommen, aus der er 1933, wie alle Mitglieder jüdischer Herkunft, wieder ausgeschlossen wird. Noch 1936 setzt Martin Buber die Publikation von *Sfaira der Alte* im Berliner Schocken Verlag durch. Der inzwischen erkrankte M. wird 1940 verhaftet und in das Internierungslager Gurs deportiert. Freunde, u.a. Hans Carossa und Richard Benz, bemühen sich um seine Freilassung. 1941 kann M. endlich in die Schweiz einreisen, wo er schon wenige Monate später stirbt. Der Nachlaß von M. wurde größtenteils vernichtet, weshalb nur wenige Zeugnisse vom Entstehungsprozeß seines schwer zugänglichen Werkes erhalten sind. Bachmanns Worte am Ende ihrer Besprechung klingen hart: »Auf der Flucht aus der Zeit ist wieder ein Werk von der Zeit überholt worden: die ›Traum-Himmel‹ und ›Äther-Gewölbe‹ sind zusammengestürzt, und es zeigt sich, daß auch Dichter, die den Schöpferthron einzunehmen meinten, fallen können – ›in die Donnerhallen des Lebens‹ [...].«

Werke: Briefe an Richard und Ida Dehmel, hg. K. Wolffheim, Wiesbaden 1955; Gesamtausgabe in drei Bdn., München 1963.

Literatur: F. K. Benndorf, A.M, Leipzig 1910; A. Soergel, Dichtung und Dichter der Zeit, Leipzig 1911; M. Buber, A.M., in: Juden in der deutschen Literatur, hg. G. Krojanker, Berlin 1922, 113–120; I. Bachmann, Kosmische Ekstasen – A.M. Der himmlische Zecher (1953), in: Werke, Bd. 4, München 1978, 313–315; C. Heselhaus, Deutsche Lyrik der Moderne, Bonn 1961; W. Sokel, Judentum und Narzismus, in: Zeitgenossenschaft. Festschrift für Egon Schwarz, 1987; A.M. (1872–1942), hg. S. Himmelheber u.a., Heidelberg 1993.

Hanna Delf von Wolzogen

Mühsam, Erich
Geb. 6.4.1878 in Berlin; gest. 10.7.1934 im KZ Oranienburg bei Berlin

M. wurde zwar in Berlin geboren, die eigentliche Stadt seiner Kindheit war aber Lübeck, wo sein Vater eine Apotheke in der Nähe des Holstentores betrieb und als jüdischer Bürger hohes Ansehen in der Bürgerschaft genoß. Hier besuchte M., wie Heinrich und Thomas Mann, das ehrwürdige Katharineum, das er, wie der letztere, vorzeitig verließ, um nach dem Abitur in Parchim eine Apothekerlehre zu beginnen. Während der Sohn des Konsuls, durch seinen Familienhintergrund geschützt, seine schriftstellerische Identität ausbilden konnte, stieß M. mit seiner früh sich zeigenden rebellischen Persönlichkeit auf reichlichen Widerstand. Schon dem Apothekerlehrling wurden aufrührerische Artikel in Lübecker Lokalzeitungen zur Last gelegt.

Seine Lust an der Schriftstellerei führt den Apothekergehilfen in das Berlin der Jahrhundertwende. In der sozialrevolutionären Vorstadtbohème von Friedrichshagen und in der *Neuen Gemeinschaft*, die damals gerade ihre Glanzzeit erlebte, findet er die Umgebung, die seiner rebellischen und dichterischen Phantasie Anregung und Gelegenheit verschafft. Hier lernt er Martin Buber und Gustav Landauer, seinen literarischen und politischen Mentor, kennen. Mit ihm wird er Jahre später – trotz anderer Ansichten zu Homosexualität (*Die Homosexualität*, 1903), freier Liebe und zum Lumpenproletariat – für den *Sozialistischen Bund* streiten. Hier lernt er nicht zuletzt Peter Hille kennen, dem er in *Bühne und Brettl* (1903) eine liebevolle Hommage widmet. Als Redakteur des *Armen Teufel* (1902) und als politischer Lyriker ist der libertäre Bohèmien bald in den literarischen Zirkeln Berlins bekannt. Literarisch beginnt er mit der Kindergeschichte *Billy's Erdengang*, geschrieben für ein Projekt von Hans Heinz Ewers. 1904 verläßt M. Berlin, um, zeitweise zusammen mit Johannes Nohl, fast immer mittellos zu Reisen aufzubrechen, u.a. nach Paris, Wien und Ascona, dem Mekka der Lebensreformer (*Ascona*, 1905), bis er sich 1908 in Münchens Schwabing niederläßt. Mit den *Unpolitischen Erinnerungen* (*Vossische Zeitung*, 1927–29) und *Namen und Menschen* (1949) schafft er eines der wichtigsten biographischen Zeugnisse der Schwabinger Bohème, die ihn als Bänkelsänger, Kabarettisten und politischen Rebellen kennt. Auf den Brettern der *Elf Scharfrichter* revoltiert er in Versen, Prosa und Szenen gegen die Autoritäten der Moral, für die Befreiung der Frau und die freie Liebe. Mit der Schrift *Die Jagd auf Harden* (1908) ergreift er in der Eulenburg-Affäre für den Herausgeber der *Zukunft* Partei, in der Gruppe TAT des *Sozialistischen Bundes* kämpft er wirksam gegen die Arbeitslosigkeit im München der Jahre 1909/10. Bereits in den ersten Gedichtbänden *Wüste* (1904) und *Krater* (1909) überwiegt die rebellische Haltung über literarischen Zeitgeist, dem Herausgeber von *Kain. Zeitschrift für Menschlichkeit* (1911–14) wird die sozialrevolutionäre Aufklärung Programm. Gegen das bloße Amüsement schreibt er das »polemische Schauspiel« *Die Freivermählten* (1914), das jedoch aus Gründen der Zensur nicht zur Aufführung kommt, wie sämtliche publizistische Tätigkeit mit dem Weltkrieg zum Erliegen kommt, um durch Antikriegs-Agitation ersetzt zu werden. Die Suche nach politischen Mitstreitern führt zu Kontakten mit der USPD, der Spartakusgruppe. Sie ändern aber letztlich nichts an M.s Haltung der gelebten Befreiung, aus der seine anarchistische Grundhaltung sich speist. Die Münchner Räterepublik kennt ihn als einen ihrer radikalsten Streiter, zusammen mit G. Landauer ist er an der Gründung der 1. Münchner Räterepublik beteiligt. Nach wenigen Tagen, am 13.4. 1919, wird er verhaftet, aus München verschleppt und zu 15-jähriger Festungshaft verurteilt. Im Gefängnis setzt sich M. mit den Geschehnissen der Revolution auseinander (*Von Eisner bis Leviné*, 1929), schreibt für *Die Aktion, Die Weltbühne*, den *Freien Arbeiter*, der Gedichtband *Brennende Erde* erscheint 1920. Im Gefängnis entsteht auch das Revolutionsdrama *Judas* (1921), dessen Held, der parteitreue Raffael Schenk, seinen Freund verhaften läßt, um die Arbeiter revolutionsreif zu machen (Ihering, *Von Reinhardt bis Brecht* 1959). Das Stück wird 1921 in Mannheim vor 5000 Arbeitern uraufgeführt und 1928 auf der Piscatorbühne inszeniert.

Nach seiner Begnadigung 1925 wird M. auf dem Anhalter Bahnhof in Berlin stürmisch empfangen. Ungebrochen unterstützt er mit Aufrufen und Reden die anarchistischen Gruppen der Weimarer Republik, agitiert für politische Gefangene in der *Roten Hilfe Deutschlands*, gibt die Zeitschrift *Fanal* (1926–31) heraus. Über seine politische Haltung jener Jahre legt die Schrift *Die Befreiung der Gesellschaft vom Staat. Was ist kommunistischer Anarchismus?* (1932) Zeugnis ab. Auch jetzt noch ist er der Spötter, der Rebell gegen Repression und Staat, eben jenes Lübecker enfant terrible aus einem aufstrebenden jüdischen Elternhaus, das die Energie für solche Haltung aus seinem rebellischen Außenseitertum bezieht.

Als er 1933 verhaftet wird, beginnt ein Martyrium der Folter und Erniedrigung, dem M. ungebrochen und den Mitgefangenen ein Vorbild widersteht, bis man den über 50-jährigen kranken Mann zu Tode quält. Augustin Souchy beschreibt dieses letzte Jahr in seinem Memorandum *E.M. Sein Leben, sein Werk, sein Martyrium* (entstanden 1935).

Werke: Gesamtausgabe, hg. G. Emig, 4 Bde., Berlin 1977ff.; Ausgewählte Werke, 2 Bde., hg. Ch. Hirte, Berlin 1978; In meiner Posaune muß ein Sandkorn sein. Briefe 1900–34, hg. G.W. Jungbluth, Liechtenstein 1984; Tagebücher 1910–1924, hg. Ch. Hirte, München 1994.

Literatur: R. Kauffeldt, E.M. Literatur und Anarchie, München 1983; W. Haug, E.M. Schriftsteller der Revolution, Reutlingen 1984; A. Souchy, E.M., Reutlingen 1984; Ch. Hirte, E.M., Berlin 1985; H. v.d. Berg, E.M. Bibliographie zu seinem Werk, Leiden 1992.

Hanna Delf von Wolzogen

Mynona
(eigentl. Salomo Friedlaender)

Geb. 4.5.1871 in Gollantsch
(Provinz Posen);
gest. 9.9.1946 in Paris

Als philosophischer Schriftsteller war M. einer der vehementesten Verfechter der Kantischen Lehre, der er in unzähligen, jedoch dann zumeist unpubliziert gebliebenen Schriften angesichts der Barbarei der politischen Systeme des 20. Jahrhunderts und ihrer desolaten moralischen Ideen zur angemessenen Wirkung verhelfen wollte. Die Kantische Autonomie der Vernunft sowie den kategorischen Imperativ in moralischen Dingen verstand er als unbedingte Konstituenten einer Existenz, in der sich der Mensch als freier Geist entdeckt und daraufhin alles Heteronome aus seinem Dasein ausgeschieden hat. Als Dichter, der unter dem Pseudonym Mynona, einem Anagramm für anonym, publizierte, war M. ein grotesker Humorist, der die Alltagsvernunft des modernen Menschen durch Verzerrungen, Verdrehungen und durch eine jeglicher Logik spottenden Phantasie derart ins Chaos zu stürzen vermochte, daß aus diesem letztlich nur der Wunsch nach einer bereinigten, von der absoluten Vernunft regulierten Welt wach werden konnte. M.s Philosophieren ist zwar durch sein Studium der Philosophie ab 1896 und seine Dissertation über Schopenhauer und Kant 1902 akademisch fundiert, jedoch gehört es eigentlich nicht zur klassischen Universitätsphilosophie.

Den größten Einfluß auf sein Denken hatte der Essener Jurist und Philosoph Ernst Marcus, dessen ebenfalls jenseits der akademischen Pfade entstandenes Werk über Kant M. ein Leben lang verteidigt und zur Publizität zu verhelfen versucht hat. In Kants Denken fand M. den notwendigen philosophischen Anhalt für seine eigene Lehre von der *Schöpferischen Indifferenz* (1918), in der er die traditionellen Dualismen von Ich und Welt sowie Subjekt und Objekt mittels der absoluten Indifferenz des Selbst aufgelöst bzw. überwunden sah. Mit der Entdeckung des Selbst als »schöpferischem Nichts, Heliozentrum, Weltmittelpunkt«, von dem aus alles Differente nur als das »Auseinander des Selben, [als] innere Aktion des Identischen« (Cardorff) zu bestimmen sei, glaubte M. letztlich gegen die philosophischen Tendenzen seiner Zeit die Wirklichkeit noch einmal aus einem Absoluten erklären zu können. In gleicher Weise hat er auf dem Grunde seines grotesken Humors den Willen entdeckt, »die Erinnerung an das göttliche geheimnisvolle Urbild des echten Lebens dadurch aufzufrischen, daß er das Zerrbild [des] verschlossenen Paradieses [...] bis ins Unmögliche absichtlich übertreibt.«

Die »Schaffung des gereinigten Selbst« (Cardorff) ist für M. sowohl der Fluchtpunkt seines philosophischen als auch seines poetischen Werkes. In der Groteske *Der lachende Hiob* (1935), die er nach seiner Flucht nach Paris 1933 in Frankreich als letztes literarisches Werk veröffentlichte, hat M. die Idee einer gereinigten Existenz unmittelbar mit dem Vernichtungswillen des Nationalsozialismus konfrontiert. Der jüdische Bergwerksbesitzer Josua Zander, der im Gefängnis schlimmsten Folterungen ausgesetzt ist, überwindet die Vernichtung seines Leibes, weil er sich durch seinen Geist von seiner irdischen Existenz befreit hat. Deshalb kann er seinem Folterer mit einem ungeheuerlichen Lachen antworten. Zander hat zwar »wie Hiob gelitten«, jedoch seinen Geist als »lachende Übermacht« mit Hilfe der Kantischen Lehre, »daß die Naturgesetze dem [Gesetz] meines Geistes gehorchen«, gerettet. »Wer der Vernunft gehorcht, wird zum Gott der Erde«, lautet Zanders Erkenntnis, die er in dieser Groteske als erster und einziger Mensch seiner Zeit zu verwirklichen vermocht hat. Daß dieses Groteske für M. nicht gänzlich irrealistische Züge besessen hat, zeigt eine briefliche Äußerung aus dem Jahre 1942. »Selbst Lise [d.i. M.s Frau], meine Arierin, muß sich den gelben Stern gefallen lassen [...] Welche Groteske! Nicht, ohne amüsant zu sein.«

Obwohl Kant dem Judentum die Fähigkeit abgesprochen hatte, sich zu einer reinen, universellen Religion, vergleichbar dem Christentum, entwickeln zu können, hat M., ebenso wie das Reformjudentum und die Neo-Orthodoxie im 19. Jahrhundert, die innere Verwandtschaft des Judentums mit Kants Vernunftreligion behauptet. »Der echte Jude ist der reinste Ansatz zum freien Menschen. [...] Am ehesten der Jude gerät zum Ich-Heliozentrum, zum immanenten einzigen Gottmenschen, zum reinen Vernunftmenschen«, schreibt er 1942 an seine Schwester und deren Mann. Die Möglichkeit der Juden aber, der Menschheit darin voranzugehen, daß sie »alle Heteronomie« ablegen, ist für M. »angesichts der derzeitigen Umstände [...] eine einzige Donquixoterie, [da] jeden Augenblick die barbarische Faust« das Leben zerstören kann.

Werke: S.F., M., hg. H. Geerken, 2 Bde., München 1980; Briefe aus dem Exil – 1933–1946, hg. H. Geerken, Mainz 1982.

Literatur: P. Cardorff, S.F. (M.). Zur Einführung, Hamburg 1988.

Daniel Hoffmann

Nordau, Max
(eigentl. Simon Maximilian Südfeld)
Geb. 29.7.1849 in Pest;
gest. 22.1.1923 in Paris

Nach dem Tod seines Vaters hat der Rabbiner-Sohn Simon (familiär: ›Simcha‹) Maximilian Südfeld im April 1873 sein journalistisches Pseudonym Max Nordau mit behördlicher Genehmigung als seinen neuen Namen angenommen und in seine Papiere eintragen lassen. Dann hat er mit Abschluß des Medizinstudiums seine Heimatstadt Pest im »Judenland« Ungarn verlassen. Unter seinem neuen Namen machte er in Paris, wo er mit wenigen Unterbrechungen von 1876 bis zu seinem Tod 1923 lebte, eine steile Karriere als Auslandskorrespondent und Feuilletonist, Kulturkritiker und Schriftsteller. Der Namenswechsel von einem deutsch-jüdisch zu einem ›nordisch‹-deutsch klingenden Namen war ein kulturpolitischer, ein nationaler und ein antireligiöser Akt. Er bedeutete sowohl den Bruch mit der jüdischen Herkunft und Religion als auch eine Absage an die Kultur und den Nationalismus Ungarns. Der Namenswechsel war Ausdruck des Lebenswunsches, ungeachtet der jüdischen Herkunft als deutscher Schriftsteller, Journalist und Arzt mit religionsfeindlicher, »naturwissenschaftlicher Weltanschauung« Anerkennung zu finden. Als Autor der äußerst erfolgreichen, mehrfach aufgelegten und in alle wichtigen europäischen Sprachen übersetzten kultur- und zeitkritischen Bücher *Die conventionellen Lügen der Kulturmenschheit* (1883), *Paradoxe* (1885) und *Entartung* (2 Bde. 1892/93) gelangte N. zu Weltruhm und wurde einer der gefragtesten europäischen Feuilletonisten deutscher Sprache. Erst das Anwachsen des Antisemitismus im Kontext der Dreyfus-Affäre und die Freundschaft mit Th. Herzl veranlaßten N. wieder zu einem Selbstbekenntnis als Jude und machten ihn nach jahrzehntelanger Verleugnung seines Judeseins ab 1895 zu einem der Mitbegründer der zionistischen Bewegung und zu einem Protagonisten des politischen Zionismus.

Nach Anfängen als Theaterkritiker und Feuilletonist beim *Pester Lloyd* und einer fast zweijährigen Bildungsreise (1874–75) durch Europa wurde N. in seinem Pariser Wahlexil Auslandskorrespondent der Berliner *Vossischen Zeitung*. Zugleich ließ er sich nach Studium und Promotion (1882) bei dem berühmten Nervenarzt Charcot als Frauenarzt und Geburtshelfer nieder. Anfänglich trat er als Autor der Kulturstudien *Aus dem wahren Milliardenlande* (2 Bde., 1878), *Paris unter der dritten Republik* (1880) und *Vom Kreml zur Alhambra* (2 Bde., 1880) hervor. Ein Skandalerfolg wurde *Die conventionellen Lügen der Kulturmenschheit* (1883), denn das Buch wurde durch die vom Darwinismus und französischen Positivismus getragene Weltanschauung N.s geprägt und wegen seiner scharfen Angriffe auf die Religion, den Adel und die Monarchie, den Börsenkapitalismus, die staatliche Bürokratie und die bürgerliche Ehe in Rußland verboten, aber ansonsten in Europa glänzend verkauft. In *Paradoxe* (1885) baut N. seine weltanschauliche Position aus und kritisiert von der Warte eines liberalen Fortschrittsoptimismus und einer »evolutionistischen Ästhetik« aus jeglichen Pessimismus, den Staat als »Charaktervernichter«, die Emanzipation der Frau und den Geniekult in der Literatur.

Den Pessimismus und die Dekadenz meint N.s Romantitel *Die Krankheit des Jahrhunderts* (1887). Die Hauptfigur des Romans, der reiche Erbe Wilhelm Eynhardt, entzieht sich aus Charakterschwäche allen bürgerlichen Lebensentscheidungen und Festlegungen: der Ehe, der Politik, dem Soldatenruhm, der Arbeitsethik und dem Beruf. Dieser wilhelminische *décadent* aus Berlin stirbt schließlich, so wie sein Leben durch den

Zufall statt durch seine Entscheidungen geformt wird, durch einen Unfall. Auch in einigen Novellen der Sammlung *Seelenanalysen* (1892) werden dekadente Hauptfiguren geschildert. Die Kritik der Dekadenz in Europa hat schließlich N.s Opus magnum *Entartung* (1892/93) entscheidend mitbestimmt. In Art einer Psychopathologie der gesamten Kultur des Fin de siècle in Europa kritisiert N. sämtliche Werke der avantgardistischen Literatur in Europa, die formal nicht mehr den Idealen des Realismus und des Naturalismus gehorchen. Werden darüber hinaus inhaltlich andere Tugendideale als die des patriarchalen, fortschrittsgläubigen, liberalen, rationalistischen und arbeitsamen Bürgertums vertreten, gelten N. solche Kunstwerke und Literatur als pathologisch »entartet« und mithin geisteskrank. Die Inhalte, aber auch die Verehrer von Lyrik, Prosa, Dramen und Opern solcher Autoren wie Baudelaire, Verlaine, Mallarmé, Zola, Wilde, Ibsen, Wagner oder Nietzsche werden umstandslos pathologisiert, weil sie der Weltanschauung eines »gesunden«, vernünftigen, wissenschaftlichen, moralischen und bürgerlichen Fortschritts durch Evolution nicht entsprechen. N.s *Entartung* hat das Schlagwort geliefert, aber mit der Pathologisierung jeglicher nicht-naturalistischer Avantgarde-Kunst auch jene Gedankenfigur einer außerästhetischen, quasi-medizinischen Ausgrenzung der ästhetischen Moderne vorgezeichnet, die später durch andere Autoren und Ideologen angeeignet und in popularisierter und politisierter Form in Diktaturen des 20. Jahrhunderts zur herrschenden Praxis wurde. Die als krank denunzierte »Entartete Kunst« wurde an den Pranger gestellt oder brachte, weil unvereinbar mit dem gesunden Volksempfinden oder den Kunstidealen eines sozialistischen Realismus, die Avantgarde-Künstler ins Exil, ins Gefängnis oder in die Psychiatrie.

Auch N.s Engagement für den Zionismus war tief von seiner Weltanschauung geprägt. Nachdem Herzl ihm schon vor Erscheinen von *Der Judenstaat* (1896) aus dem Werk vorgelesen hatte, war N. für den politischen Zionismus gewonnen. Auf dem 1. Zionistischen Kongreß 1897 in Basel gehörte N. zu den Mitverfassern der *Basler Erklärung*, die als Ziel des Zionismus »die Schaffung einer öffentlich-rechtlich gesicherten Heimstätte in Palästina« für das jüdische Volk deklarierte. N. hielt wichtige programmatische Reden auf allen Zionistischen Kongressen bis 1907. Sie finden sich, gemeinsam mit anderen Vorträgen in N.s *Zionistischen Schriften*, die 1909 anläßlich seines 60. Geburtstages erschienen. Angesichts der Pogrome in Osteuropa und des in der Dreyfus-Affäre evident gewordenen, unausrottbaren Antisemitismus selbst in den fortgeschrittensten Demokratien Westeuropas und Amerikas begründet N. in Dutzenden von Vorträgen überall in Europa den Zionismus als eine Notwendigkeit im Kampf ums Dasein des jüdischen Volkes, der neben Gelehrten und Intellektuellen auch das »Muskeljudentum« von jüdischen Bauern und Soldaten erfordere. Den religiösen und den Kulturzionismus hingegen lehnte N. ab und unterstützte gegen Achad Haam Herzls Vision eines modernen, säkularen, industrialisierten und europäisch zivilisierten Judenstaates. Die Übernahme von Ämtern in der Zionistischen Bewegung und die Nachfolge von Herzl nach dessen Tod 1904 hat N. allerdings abgelehnt, um seine geistige und finanzielle Unabhängigkeit als Schriftsteller und Intellektueller zu wahren.

Trotz seines Engagements für den Zionismus hat N. nur in einem Drama, dem »bürgerlichen Trauerspiel« *Doktor Kohn* (1898), die Problematik des Judeseins in einer antisemitischen Umwelt thematisiert: Der aufstrebende junge jüdische Mathematiker Dr. Kohn will gegen den Willen von deren Familie eine Protestantin heiraten und wird im Duell mit einem Bruder seiner Verlobten getötet. In anderen Dramen Nordaus wie *Der Krieg der Millionen* (1882), *Das Recht zu lieben* (1893) und *Die Kugel* (1894) oder auch in dem zweibändigen, im Börsen-Milieu angesiedelten Roman *Drohnenschlacht* (1897/98) gibt es einige jüdische Figuren, aber N. macht Judentum und Antisemitismus nicht ausdrücklich zum Thema. Auch in seinen zahlreichen Feuilletons, die N. 1895–1914 für die Wiener *Neue Freie Presse* verfaßt, spielt das Judentum keine Rolle, obwohl N. etwa von K. Kraus wiederholt als Protagonist der Zionistischen Bewegung attackiert wird. Im Ersten Weltkrieg mußte N. nach Spanien emigrieren, nach dem Krieg überwarf er sich mit der Leitung der Zionistischen Bewegung um Chaim Weizmann in London und zog sich in Paris zurück. Nach einem Schlaganfall starb N. dort verarmt und vergessen 1923. Sein Sarg wurde 1926 nach Tel Aviv überführt und N. dort auf dem Stadtfriedhof ehrenvoll beigesetzt.

Werke: Die conventionellen Lügen der Kulturmenschheit, Leipzig 1883; Paradoxe, Leipzig 1885; Entartung, 2 Bde., Berlin 1892–93; Zionistische Schriften, hg. Zionistisches Aktionskomitee, Köln 1909.

Literatur: M.N. 1849–1923. Critique de la dégénérescence, médiateur francoallemand, père fondateur du sionisme, hg. D. Bechtel u.a., Paris 1996; Ch. Schulte, Psychopathologie des Fin de siècle. Der Kulturkritiker, Arzt und Zionist M.N., Frankfurt a.M. 1997.

Christoph Schulte

Perutz, Leo (eigentl. Leopold)
Geb. 2.11.1882 in Prag;
gest. 25.8.1957 in Bad Ischl

P. entstammt einer seit dem frühen 18. Jahrhundert in Rakonitz (Böhmen) beurkundeten jüdischen Familie, aus der bedeutende Industrielle und Wissenschaftler hervorgingen. Der Aufstieg der Familie führte über Prag nach Wien, wo P.s Vater, ein wohlhabender Textilkaufmann, sich 1901 niederließ. Bereits P.s Eltern waren assimiliert, P. selbst erhielt auf der Piaristenschule und dem Gymnasium in Prag von einem Rabbiner Religionsunterricht, lernte jedoch lieber Tschechisch als Hebräisch und blieb dem jüdischen Glauben entfremdet. Mit den Problemen des Zionismus und der Literatur der »jüdischen Renaissance« dürfte P. vertraut gewesen sein – Richard Beer-Hofmann war einer seiner Förderer –, aber er interessierte sich nicht für sie – anders als sein Bruder Hans, der leidenschaftlicher Zionist war und es später als Industrieller in Palästina zu hohem Ansehen brachte. P. wurde zunächst Versicherungsmathematiker, erst 1923 freier Schriftsteller. Von Bedeutung für seine literarischen Anfänge war der Verein »Freilicht« (1901–04); seine Mitglieder waren überwiegend assimilierte Juden, von denen sich später u.a. Ernst Weiss, Berthold Viertel und Richard A. Bermann als Autoren einen Namen machten. Auf einer Orient-Reise kam P. schon 1913 nach Palästina, für das er jedoch ein ausschließlich touristisches Interesse aufbrachte.

P. verschwieg seine jüdische Herkunft nie, aber seine Arbeiten blieben von ihr und der »jüdischen Renaissance« unberührt. Er war stark von der Romantik, insbesondere E.T.A. Hoffmann beeinflußt, sein stilistisches Vorbild war Schnitzler. Das literarische Werk ist von der Konstellation der österreichischen Literatur der Jahrhundertwende geprägt, in seinem Mittelpunkt steht die »Krise des Ich«. Charakteristisch für P. ist eine stark konstruktive Erzählweise, die häufig anspruchsvolle Rahmentechniken verwendet. Sie machen die Architektur seiner modernen historischen Romane (u.a. *Die dritte Kugel, Der schwedische Reiter*) und Gegenwartsromane (u.a. *Zwischen neun und neun, Der Meister des Jüngsten Tages*) unverwechselbar.

1938 ging P. mit seiner Familie ins Exil nach Palästina, weil er mit Hilfe seines dort lebenden Bruders die Einwanderungsbedingungen problemlos zu erfüllen vermochte. »Wir sind hier im Lande zufrieden und beinahe glücklich«, schrieb er am 15. 1. 1939 an Richard Beer-Hofmann. Unglücklich war P. allerdings über die zionistische Politik. Er wurde Anhänger der binationalen Staatsidee und nahm als Gegner der Gründung des Staates Israel die österreichische Staatsbürgerschaft wieder an. In Palästina lebte P. als Nichtzionist, der sich weigerte, Iwrit zu lernen, isoliert und unter sehr schwierigen Bedingungen. »Die Freunde, die ich hier habe, rümpfen die Nase über meine Tätigkeit«, schrieb er an Richard A. Bermann, »und würden es lieber sehen, wenn ich den Roman der jüdischen Kolonien oder so etwas ähnliches Lokalpatriotisches, womöglich in Iwrith, schreibe. Und so bin ich, was meine Arbeiten betrifft, ein Fremdkörper hier im Land und werde es bleiben.« Im Exil schloß P. die langjährige Arbeit an den schon vor 1938 begonnenen großen Romanen *Nachts unter der steinernen Brükke* und *Der Judas des Leonardo* ab. Nach dem Zweiten Weltkrieg verbrachte P. die Sommermonate jeweils in Österreich, die Wintermonate in Tel Aviv, am 25. 8. 1957 starb er in Bad Ischl. An die großen Erfolge aus der Zwischenkriegszeit konnte er nicht wieder anknüpfen, die Renaissance seines in viele Sprachen übersetzten Werks begann erst in den 80er Jahren.

P. war ein strikter Anhänger der Trennung von Leben und Literatur; in seinem Werk ist »kein Raum für intellektuelle Meditationen und persönliche Konfessionen« (Schalom Ben-Chorin). Ausnahmen von dieser Regel bilden das Romanfragment *Mainacht in Wien* (entstanden 1938, publiziert 1996), in dem P. u.a. die Situation der jüdischen Bevölkerung nach dem Einmarsch der deutschen Truppen schildert, und *Nachts unter der steinernen Brücke*. Diesen aus selbständigen Novellen zusammengefügten Roman, in dem P. neben Legenden und Sagen (u.a. die von Wolf Pascheles unter dem Titel *Sippurim* in Prag herausgegebenen jüdischen Volkssagen) auch Autobiographisches verarbeitete, bezeichnete er 1951 als »Verbeugung vor dem alten Prag, in dessen heute verschwundenen Kulissen meine früheste Jugend verlief und sich verlief«. »Ich glaube, das Buch ist mir wirklich gelungen«, schreibt P. im gleichen Jahr, »schade nur, daß ich es nicht vor zwanzig Jahren geschrieben habe. Kisch und Werfel hätten es gewürdigt, aber wo sind die beiden!« Seine Befürchtung, daß »der – zum Teil – jüdische Inhalt des Romans für einen Verleger von heute ein handicap darstellt«, sollte sich nur als allzu berechtigt erweisen. Der Roman hatte bei seinem Erscheinen 1953 Erfolg bei der Literaturkritik, Mißerfolg aber bei den Lesern; erst in den letzten 15 Jahren wurde er zu einem großen Publikumserfolg.

Werke: Romane in Einzelausgaben, Wien 1985ff.

Literatur: L.P. 1882–1957. Eine Ausstellung der Deutschen Bibliothek, Frankfurt a.M. u.a. 1989; L.P. Eine Bibliographie, hg. H.-H. Müller u.a., Frankfurt a.M. u.a. 1991; M. Mandelartz, Poetik und Historik. Christliche und jüdische Geschichtstheologie in den historischen Romanen von L.P., Tübingen 1992.

Hans-Harald Müller

Pinthus, Kurt (Paulus Potter)
Geb. 29.4.1886 in Erfurt;
gest. 11.7.1975 in Marbach am Neckar

P. war als Lektor, Herausgeber, Literatur-, Theater- und Filmkritiker einer der wichtigen Kulturvermittler in der ersten Hälfte des 20. Jahrhunderts. Bis zum Ende seines Studiums der Literaturgeschichte, Geschichte und Philosophie, das er 1911 in Leipzig mit einer

Dissertation bei Albert Köster über *Die Romane Levin Schückings* abschloß, begegnen jüdische Themen in seiner Biographie nur vereinzelt, in seinen fragmentarischen Tagebuchaufzeichnungen aus der Studienzeit, wenn überhaupt, dann mit einer auffallend selbstverständlichen Beiläufigkeit.

P. stammte aus einem assimilierten Elternhaus. Der Vater Louis P. – seine Vorfahren waren aus Polen eingewandert – führte in Erfurt ein Kaufhaus, die Mutter Bertha Rosenthal war in Magdeburg geboren. An den religiösen und politischen Diskussionen über Assimilation und Zionismus beteiligte sich P. nicht. Wie u. a. verschiedene Vortragsmanuskripte belegen, vollzog sich seine erste Selbst- und Fremdbestimmung als Jude in der Öffentlichkeit in den Jahren 1912/1913. In einem 1912 gedruckten, *Der Jude* überschriebenen Gedicht von ihm heißt es: »Doch ich zwang es, daß die Ahnen in mir schwiegen. [...] Wunschlos fühl ich, daß der Ahnen Wille und die alte Kraft/ Und der Erben spätes Sehnen hart mich in die Ferne rafft.« Vermutlich in dasselbe Jahr zu datieren ist ein Vortrag über *Die Juden und die Kunst unserer Zeit*, mit dem P. auf die behauptete »Verjudung unserer Kunst« reagierte und sich zugleich auf Werner Sombarts 1912 erschienenes Werk *Die Juden und das Wirtschaftsleben* bezog. P. war sich sicher, daß »es eine einheitliche, eigentliche Judenfrage gar nicht gibt« und behandelte deshalb »die Bedeutung der Juden für die Kunst unserer Zeit« als »ein Teilproblem der Judenfrage überhaupt«. Den Feuilletonismus charakterisierte P. in seinem Vortrag als »einen modernen Talmudismus« und schrieb sich, den künftigen Feuilletonisten, damit selbst in eine genuin jüdische Tradition ein. Ende 1912 schließlich sprach P. unter dem Thema *Jüdische Dichtung* einige *Einleitende Worte zum Vortrag des Schauspielers Löwy*, eben jenes Jizchak Löwy, der mit einer Gruppe von Schauspielern aus Lemberg bereits Anfang 1912 Kafka bei einem Auftritt in Prag in seinen Bann gezogen hatte. P. war von der Begegnung mit dem jiddischen Volkstheater so beeindruckt, daß er nach den Aufführungen Löwys ein Werk über das jüdische Theater plante, zu dessen Verwirklichung es dann allerdings nie kam. An der Frage, ob die jiddische Lebenswelt kulturell ernstgenommen werden dürfe, schieden sich insbesondere im zionistischen Lager die Geister, und so bezog P. ähnlich wie Kafka eindeutig Position, wenn er betonte, daß »dies Jiddisch, dessen wir uns fast schämen, [...] eines der größten Wunderwerke der Menschheit«, »eine natürliche Weltsprache« sei, ja daß die in der jiddischen Dichtung bewahrte »jüdische Seele« der Entwurzelung der Juden entgegenwirke.

P. war zu diesem Zeitpunkt bereits ständiger Rezensent der von Georg Witkowski, einem Bruder M. Hardens, herausgegebenen *Zeitschrift für Bücherfreunde*, er war Lektor in dem eben erst gegründeten Verlag von Kurt Wolff und Ernst Rowohlt, war Mitarbeiter u. a. des *Leipziger Tageblatts*, der *Leipziger Neuesten Nachrichten* und Leipziger Korrespondent des *Berliner Tageblatts*. Mit einem dort veröffentlichten ironischen Artikel über das Leipziger Turnerfest im Sommer 1913 löste P. einen noch Jahre später schwelenden Skandal aus, der zur Folge hatte, daß die antisemitische Presse fortan ihr Auge auf ihn richtete.

Fast schlagartig verloren mit der Konsolidierung des Leipziger expressionistischen Kreises, in dessen Mittelpunkt Rowohlt, Wolff, Hasenclever, Werfel und P. standen, jüdische Themen in seinen Schriften ihre programmatische Relevanz. Der ein neues Weltbürgertum propagierende Expressionismus und sein generationsbetontes Gruppenverständnis hatten für P. ein ungleich höheres Identifikationspotential als das Judentum. Im Sommer 1915 wurde P. zum Kriegsdienst eingezogen, im November 1918 rief er, zum Obersten Soldatenrat gewählt, in Magdeburg die Republik aus, ließ sich dann in Berlin nieder, wo er 1920 vorübergehend Dramaturg bei Max Reinhardt und von 1922 an ständiger Theater- und Literaturkritiker am *8-Uhr-Abendblatt* wurde. An der Berliner Lessing-Hochschule hielt P. Vorträge über Gegenwartsliteratur, darunter einen über seinen Freund F. Werfel, von dem sich zu distanzieren er allerdings umso mehr das Bedürfnis hatte, je stärker dieser sich dem Katholizismus verschrieb.

Erst als 1933 P.' Name auf der ersten Liste verbotener Literatur erschienen war und er daraufhin Beiträger jüdischer Blätter wie der *C. V.-Zeitung* und des *Gemeindeblattes* wurde, wandelte sich mit der nunmehr erzwungenen jüdischen Identität das expressionistische zum jüdischen »wir«. Über E. Lasker-Schüler, die ihm unter »allen jüdischen Dichtern deutscher Sprache [...] die am meisten jüdische Dichterin« war, schrieb P. 1936: »Hätte sie in der Epoche Juda Halevis gelebt und in hebräischer Sprache gedichtet, manche ihrer Psalmen wären wohl in die Liturgie der Synagoge übernommen worden. Wir wollen heute nicht nur die Dichterin beglückwünschen, sondern auch uns, weil ihre Gedichte, unter allen Sprachen der Diaspora, gerade in deutscher Sprache geschrieben sind.« Zu den letzten großen Vorträgen vor seiner Flucht aus Deutschland gehören zwei aus dem Jahr 1935: einer über *Jüdisches aus der neuesten jüdischen Literatur*, den P. vor der Berliner Delegiertenversammlung des C.V. hielt, und ein anderer, mehrfach gehaltener, über den im letzten Drittel des 15. Jahrhunderts geborenen elsässischen Juden Josel von Rosheim. P. hatte Josel als »körperlich und geistig gleichermaßen« regsam und gewaltfrei, als »nur mit dem Wort aufrecht und unanfechtbar wirkend«, als rechtskundig und selbstlos geschildert. Seine Botschaft, Josel sei von 1520 an bis zu seinem Tode »tatsächlich eine Art Reichsvertretung der Juden in Deutschland« gewesen, war auch von den nationalsozialistischen Gegnern verstanden und im Juli 1936 mit Redeverbot quittiert worden.

Im Sommer 1937 beauftragte das *Gemeindeblatt* P. zu einer Studienreise nach New York, um eine »Artikelserie über Aufbau und Ziele des jüdischen sozialen Lebens in den U.S.A.« zu schreiben. Die so getarnte Flucht gelang. Nachdem P. nach einer heimlichen Rückkehr nach Deutschland, die der Rettung seiner zu großen Teilen aus verbotener Literatur bestehenden Bibliothek gegolten hatte, wieder in New York angekommen war, konnte er zwei Jahre lang an der New School for Social Research literatur- und theatergeschichtliche Kurse geben. Im Anschluß daran arbeitete P. zunächst mit M. Horkheimer und seinem »International Institute for Social Research« an einem später nicht verwirklichten Dokumentationsprojekt über die deutsche Kultur von 1900 bis 1933 mit, wechselte dann 1941 nach Washington an die Library of Congress und dozierte nebenher an der American University. 1947 kehrte P. nach New York zurück, um dort bis 1960 an der Columbia University Theatergeschichte zu lehren. Zwei weitere Projekte, die jedoch nicht in der geplanten Form realisiert werden konnten, stehen stellvertretend für P.' große Verdienste um die Literatur insbesondere der jüdischen Exilanten und derjenigen, die dem Nationalsozialismus zum Opfer fielen. In den 50er Jahren arbeitete er an einem Projekt *Jewish German Writers who Perished in Connection with the Nazi Persecution*, und zusammen mit F.C. Weiskopf plante er eine zweibändige Monographie über Exilschriftsteller. P. übergab später seine umfangreiche Materialsammlung dazu der Frankfurter Stadt- und Universitätsbibliothek. 1966 wurde P. der Professorentitel und das Große Verdienstkreuz verliehen, 1967 kehrte er endgültig nach

Deutschland zurück, wo er bis zu seinem Tod am Deutschen Literaturarchiv in Marbach tätig war.

Werke: Menschheitsdämmerung, Berlin 1920; Josel von Rosheim, in: Jüdische Gestalten und ihre Zeit, Berlin 1936, 137–150; Culture Inside Nazi Germany, in: The American Scholar 9 (1940), 483–498; Der Zeitgenosse. Literarische Portraits und Kritiken, Stuttgart 1971.

Literatur: W. B. Lewis, Escape from the Third Reich: The Efforts of K. P. to Save Albert Ehrenstein and Alfred Wolfenstein, in: German Life and Letters 39 (1986), 210–219; ders., K. P., in: Deutschsprachige Exilliteratur seit 1933, hg. J. Spalek, Bd.2.2, Bern 1989, 1711–1722; K. Schoor, »Jüdische Lyrik der Zeit«: K. P.' Lyrik-Anthologie in der Berliner »C. V.-Zeitung« vom April 1936, in: Deutschsprachige Exillyrik von 1933 bis zur Nachkriegszeit, hg. J. Thunecke, Amsterdam 1998, 119–140.

Hanne Knickmann

Polgar, Alfred (eigentl. Alfred Polak)
Geb. 17. 10. 1873 in Wien;
gest. 24. 4. 1954 in Zürich

P. wuchs in der Wiener Leopoldstadt auf, der »Judeninsel«, wie sie im antisemitischen Wiener Volksmund hieß (Weinzierl). P.s Vater war aus der Slowakei, seine Mutter aus Ungarn nach Wien gekommen, wie viele Juden aus Osteuropa, die sich nach der Emanzipation in den durch die Industrialisierung boomenden Städten den Aufbau einer Existenz erhofften. Im Wien der Jahrhundertwende trafen sie auf ein stark antisemitisches Klima, das jedoch in den Texten P.s nicht thematisiert wird. Nach dem Besuch einer Handelsschule beginnt P. 1895 seine journalistische Karriere als Mitarbeiter der *Wiener Allgemeinen Zeitung*, für die er unter dem Pseudonym Polgar Theater- und Musikkritiken verfaßt. Nach einer Unterbrechung durch den Militärdienst 1896–97 arbeitet er in den folgenden Jahren u. a. für den *Simplicissimus* und die *Schaubühne*. Im September 1914 kann P. sein Pseudonym legalisieren. Im Ersten Weltkrieg arbeitet er u. a. in der »literarischen Gruppe« des Kriegsarchivs in Wien, wo er gegen seine Überzeugung propagandistische Texte verfassen muß. 1917 wechselt er als Parlamentsberichterstatter zur *Wiener Allgemeinen Zeitung*. Ab 1918 artikuliert P. seine unter dem Einfluß des Ersten Weltkriegs entstandene pazifistische Haltung u. a. in der Zeitschrift *Der Friede* sowie in seinen später erschienenen Monographien (*Kleine Zeit*, 1919; *Schwarz auf Weiß*, 1928; *Hinterland*, 1929). 1925 verlagert P., der auch als Dramaturg arbeitet und Herausgeber des Nachlasses P. Altenbergs ist, seinen Lebensschwerpunkt nach Berlin. Wie zahlreiche seiner Kollegen aus dem pazifistisch-liberal-sozialistischen Milieu thematisiert er in seinen Skizzen keine jüdischen Fragen. Darin manifestiert sich ein Selbstverständnis, das eine Unterscheidung von Deutschem und Jüdischem obsolet macht, weil sich die Frage angesichts zu bekämpfender sozialer Klassenunterschiede nicht stellt.

Mitte der 20er Jahre gelangt P. auf den Höhepunkt seiner Schaffenskraft; neben Feuilletons und Kritiken für das *Berliner Tageblatt* und die *Weltbühne* publiziert er zahlreiche erfolgreiche Bände, meist Sammlungen seiner Zeitungsbeiträge (*An den Rand geschrieben*, 1925; *Schriften des Kritikers; Ja und Nein; Orchester von Oben*, alle 1926). Aufgrund seiner kurzen, mit großer Sprachvirtuosität und hintergründiger Ironie formulierten Beiträge gilt er als »Meister der kleinen Form«, als deren maßgeblicher Repräsentant er heute neben A. Kuh und F. Salten rangiert. Da er als Pazifist und Mitarbeiter der *Weltbühne* nach der Machtübernahme der Nationalsozialisten mit Verfolgung rechnen muß, flüchtet P. nach dem Reichstagsbrand 1933 über Prag nach

Wien. In den folgenden Jahren lebt er von seinen Beiträgen für die deutschsprachigen Periodika des Auslands (*Die Nation*, Bern; *Das Neue Tage-Buch*, Paris, Amsterdam; *National-Zeitung*, Basel; *Prager Tagblatt*). 1938 emigriert P. nach Paris, geht 1940 nach Hollywood und lebt schließlich in New York, wo er amerikanische Theaterstücke übersetzt und F. Molnárs Dramen bearbeitet. Einen gesicherten Lebensunterhalt und eine geistige Heimat findet P. im Exil nicht: »Emigranten-Schicksal: Die Fremde ist nicht Heimat geworden. Aber die Heimat Fremde« (*Der Emigrant und die Heimat*).

In Artikeln für die Emigrationszeitung *Aufbau*, die nach dem Krieg entstehen, setzt sich P. u.a. mit den Geschehnissen in den Lagern auseinander, wie sie durch die Alliierten und die Kriegsverbrecher-Prozesse bekannt wurden. Ohne auf eine spezifisch jüdische Fragestellung einzugehen, beschreibt P. etwa sein fiktives Gespräch mit Ilse Koch, einer KZ-Aufseherin in Buchenwald, die vielfachen Mordes und Folterungen schuldig wurde. Mit beklemmender Ironie, die Normalität suggeriert, wo es um mörderische Perversion geht, artikuliert er seine ablehnende Haltung gegenüber der deutsch-österreichischen Gegenwart: Er sieht die ehemaligen Mörder rehabilitiert und in neuen Positionen im Staat (*Gespräch mit Frau Koch*, 1948). P. beklagt die fehlende Auseinandersetzung mit der Vergangenheit, etwa die passive Zustimmung einzelner Künstler zum Nationalsozialismus (*Der Emigrant und die Heimat*). An anderer Stelle verweist er auf die Ungerechtigkeit der Berichterstattung über die Nürnberger Prozesse. Zwar werde den Verurteilten kein Mitleid entgegengebracht, aber die Berichterstattung begegne ihnen mit Achtung, ihre Worte würden dokumentiert. Den Mördern stellt er die Opfer gegenüber, die in den Lagern ihrer Menschenwürde beraubt wurden – von deren letzten Lebensmomenten aber niemand Zeugnis ablege: »Sicher, viele unter ihnen würden Größe bewiesen haben, wäre ihnen nicht vorher die Beweisfähigkeit aus Leib und Seele geprügelt worden. Ja, manche mögen sogar trotzdem solchen Beweis erbracht haben – aber es war kein Zeuge da, willens, hiervon zu berichten« (*Apropos Nürnberg*, 1946).

1949 kehrt P. erstmals nach Europa zurück und setzt seine im Exil begonnene Reflexion über Exil und Antisemitismus fort. In kürzeren Skizzen beschreibt er, wie er dem nach wie vor bestehenden Antisemitismus und den ideologischen Relikten des Naziregimes in Deutschland und Österreich begegnet – etwa in den Reden der *Mathilde Ludendorff*, einer der Verkünderinnen der »völkischen Idee«. Während ihres Prozesses in München hält sie volksverhetzende Reden, bezichtigt die Juden wegen »satanischer Finanzpläne« und wirft ihnen vor, die deutsche Studentenschaft in den Suff getrieben zu haben, um die Gesundheit der germanischen Jugend zu zerstören (*Münchner Prozesse*, 1949). In seiner Heimatstadt Wien sucht P. nach Verwandten und Freunden aus der Zeit vor dem Krieg: »In den Häusern, die hier standen und nun liegen, wohnten zumeist Juden, und wer, vorbeipassierend denkt, was ihnen geschah, ist versucht, es in Ordnung zu finden, daß jetzt niemand mehr dort wohnt, außer in den öden Fensterhöhlen das Grauen« (*Notizbuch von einer Europareise I*, 1949). Dabei vollzieht P., anders als viele seiner Schicksalsgenossen, keine Selbstreflexion über sein eigenes Judentum. In privaten Briefen, z.B. an P. Loos, resümiert er: »Ich fühle mich in Wien am wohlsten als displaced person; und würde, wieder eingepflanzt in alt-heimatliche Erde, kaum in besonderem Saft schießen« (Weinzierl). Trotz seiner Distanz zu Europa kehrt P. nicht mehr dauerhaft in die USA zurück; er pendelt zwischen Deutschland, Österreich und der Schweiz. 1951 erhält er den erstmals verliehenen Preis für Publizistik der Stadt Wien; 1955 stirbt er in einem Zürcher Hotel.

Werke: Taschenspiegel, hg. U. Weinzierl, Wien 1979; Lieber Freund! Lebenszeichen aus der Fremde [Briefe an W. Schlamm], hg. E. Thanner, Wien 1981; Kleine Schriften, 4 Bde., hg. M. Reich-Ranicki u. a., Reinbek 1982ff.

Literatur: R. Schwedler, Das Werk A. P. s. Die Spiegelung der politischen und sozialen Realität in der Kurzprosa des Wiener Feuilletonisten, Hamburg, 1973; U. Weinzierl, A. P. im Exil, in: P., Taschenspiegel, Wien 1979, 187–242; U. Weinzierl, A. P. Eine Biographie, Wien u. a. 1985.

Stefanie Oswalt

Roda Roda, Alexander Friedrich (eigentl. A. F. Rosenfeld)

Geb. 13. 4. 1872 in Drnowitz (Mähren); gest. 21. 8. 1945 in New York

Obwohl Oskar Maria Graf in seinem Nachruf R. liebevoll zum Symbol für »die wahrhaft menschliche, tief zivilisierte Geselligkeit Mitteleuropas« erhob, obwohl R.s zahlreiche Freundschaften zu prominenten Persönlichkeiten wie etwa zu H. Mann, E. Mühsam, J. Roth, K. Tucholsky, S. Zweig bis zu König Ferdinand von Bulgarien belegt sind, erschöpft sich das, was man von ihm weiß, immer noch weitgehend in Anekdoten, was R. zum Teil selbst zu verantworten hat. Einerseits läßt sich dies mit seinem Hang zur Selbststilisierung erklären, andererseits mag es insofern überraschen, als R. zu den erfolgreichsten Autoren seiner Zeit zählte und weit über die Grenzen der österreich-ungarischen Monarchie bekannt war. Sein umfangreiches literarisches Werk – Romane, Erzählungen, Anekdoten, Humoresken, Theaterstücke, Feuilletons sowie Nachdichtungen von Texten balkanischer Autoren – erfreute sich beim Publikum größter Beliebtheit. Gregor von Rezzori führte seinen Erfolg darauf zurück, daß es das, was wir unter der Welt der Donaumonarchie verstehen, erst seit R. gibt. Ähnlich äußerte sich auch A. Kuh, der R.s Autobiographie mit dem Titel *Roda Rodas Roman* (1924) als das »erste Österreich-Buch« bezeichnete, als »eine packende herzerfrischende Kulturchronik«. »Mir ist dieses Buch, auf dessen Autor die kaltatmigen Niveauschöpsen geringschätzig blicken, lieber als neunundneunzig Hundertstel von allem, was heute deutsches Druckpapier anfüllt. [...] Ganz Österreich ist drin erhalten. Die farbenbunte, gemütliche Mischung aus Juden, Soldateska, Aristokratie, Geschäftsreisenden und Lebewelt.« Die »köstlichen Gestalten von Dummköpfen, vertrottelten Soldaten und schwerfälligen, hohlköpfigen Offizieren« (Magris) bevölkern auch den *Feldherrnhügel* – ein gemeinsam mit C. Rössler verfaßtes Lustspiel, das trotz des anfänglichen Aufführungsverbots zu einem riesigen Theatererfolg und mehrmals verfilmt wurde – in der Stummfilmfassung debütierte R. als Filmschauspieler –, während die mit G. Meyrink geschriebenen Stücke kaum der Rede wert sind. Tucholsky nannte R. »ein Wunder an Erzähltechnik«, das »mit der seltensten Sprachkraft den Ausdruck, die Pointe, das Wort für eine Situation, für Personen und Zustände gefunden und geformt« hat. »Dieser Mann spricht alle Sprachen des Kontinents: deutsch, bürokratisch, bayrisch, weanerisch, jiddisch, preußisch, durch die Nase, kokottisch ... und jedesmal so unheimlich echt.«

Die Anerkennung dieses polyglotten Kosmopoliten wurde keineswegs von allen geteilt. Zu den schärfsten Kritikern gehörte K. Kraus. Er warf R. propagandistische Tätigkeit als Kriegsberichterstatter vor und verhöhnte ihn als einen Literaturfabrikanten, der wahllos für »europäische Witzblätter [...], Hotelanzeiger, Volkskalender, Reisezeitungen und Postbücheln« schreibe und eine schamlose Vielfachverwertung seiner Texte betreibe. So ließ R. beispielsweise seine zuerst im *Simplicissimus* veröffentlichten Novellen später als Bücher mit den Titeln *Adlige Geschichten* (1906) und *Kaiserliche Kämmerer* (1912) erscheinen. Doch dürfte ihn dieser Vorwurf weit weniger getroffen haben als die Abqualifizierung als Verfasser harmloser Humoresken. In dem Prosastück *Lieber Herr Professor* erteilte er dem Verfasser einer *Geschichte der deutschen Literatur* eine Rüge, weil dieser Witz und Satire in seinem Buch nicht gebührend gewürdigt habe. »Warum«, so beschwert er sich, »haben Sie die komische Dichtung im Anhang abgetan, in kleiner Schrift, im letzten Winkel Ihrer Betrachtung!« Die bis heute geringe Beachtung R.s in der Literaturwissenschaft verdankt sich aber wohl der Tatsache, daß er, der sich selbst als liberaler, unpolitischer Mensch empfand, auf gesellschaftliche Erscheinungsformen satirisch reagierte, ohne sie wirklich in Frage zu stellen.

Unter diesem Aspekt läßt R. in seinen Texten auch Juden zu Wort kommen. Der in den *Panduren* (1935) enthaltene »spaßige« Brief des Reb Hersch aus Essegg ist »eine nie versiegende Quelle des Humors, erreicht durch die Komik der Sprache und durch die treffliche Wiedergabe der verworrenen Denkweise dieses erniedrigten Menschen« (Obad). Während sich R. hier auf eine fast rührende Charakteristik des jüdischen Briefschreibers beschränkt, kommt er etwa mit den Darstellungen »geldgieriger« Juden einem antisemitischen Vorurteil seiner Zeit entgegen: »So wußten sie sich doppelten Nutzen zu schaffen: indem sie drüben die Preise drückten und hüben schraubten.« In einer Anekdote erzählt er von dem Verein zur Bekämpfung des Antisemitismus; man beschließt, auch Juden müßten aufgenommen werden, worauf ein bekanntes Mitglied meint, es habe gehofft, wenigstens in diesem Verein vor den Juden Ruhe zu haben. *Der verlorne Sohn* läßt Rückschlüsse auf R.s ambivalente Persönlichkeit zu: Als der Sohn erklärt, Literat werden zu wollen, antwortet der hofrätliche Vater: »Edgar, wann du uns dö Schand durchaus antun mußt un dei Glück derbei findst – gut. [...] Nur aans, Edgar, bitt i mir aus [...]: Israelit därfst du darum net wern.« Dahinter verbirgt sich zweifellos R.s identifikatorisches Problem. Einerseits konnte er nicht auf eine gesellschaftlich attraktive Ahnenreihe zurückblicken – seine Vorfahren waren Handwerker, Geschäftsleute und Bauern –, andererseits bedeutete seine jüdische Abstammung in Zeiten des aufkeimenden Antisemitismus eine Belastung, die er durch Verleugnung seiner Herkunft zu bewältigen versuchte.

R. kam als drittes von fünf Kindern in dem mährischen Dorf Drnowitz zur Welt, in seinem autobiographischen Roman aber verlegt er seinen Geburtsort in das slawonische Zdenci, wo sein Vater einen Gutsverwalterposten angenommen hatte. Hier verlebte R. eine glückliche Kind- und Jugendzeit, so daß Drnowitz für ihn fortan nicht mehr existierte. R. sollte Jurist werden, brach jedoch 1893 sein Studium in Wien ab, um die Offizierslaufbahn zu ergreifen, während der er seine literarischen Ambitionen erstmals 1896 durch Publikationen über militärische Belange kundtat. 1894 konvertierte R. zum Katholizismus – ein Schritt, der weder auf ein »Assimilierungsbedürfnis noch auf religiöse Begeisterung zurückzuführen, sondern als pragmatischer Schachzug zu bewerten ist, der ihm eine Karriere auf der hierarchischen Leiter der k. u. k. Armee ermöglichen sollte« (Obad) und der ihm umso leichter gefallen sein dürfte, als er sich mit dem Judentum niemals identifiziert und auch kaum ernsthaft auseinandergesetzt hatte. Er war »sein ganzes Leben lang als Skeptiker und ironischer Beobachter in religiösen Fragen völlig gleichgültig« geblieben (Obad). Schließlich beantragte R. auch die amtliche Änderung seines »verräterischen« jüdischen Familiennamens Rosenfeld auf Roda und einige Jahre später die Verdopplung auf Roda Roda. Damit war auch seine offizielle Trennung vom Judentum vollzogen. R.s Kapriolen, die das Militär verunglimpfenden Veröffentlichungen und seine »freie Ehe« mit der Witwe Elsbeth Freifrau von Zeppelin hatten den Verlust seiner Charge im Jahre 1907 zur Folge. Als freier Schriftsteller lebte R., wie bereits sein Vater zum Deutschtum hinneigend, nun abwechselnd in München und Berlin und nach Hitlers Machtergreifung in Graz. Erst durch die existenzielle gesellschaftlich-kulturelle Ächtung durch die Nationalsozialisten – seiner Tochter Dana verschwieg er bis 1933, daß sie väterlicherseits »belastet« war – sowie durch die Ermordung seiner Schwester Gisela 1943 im Konzentrationslager Theresienstadt und durch die leidvolle Erfahrung des Emigrantenschicksals in der Schweiz und in New York entwickelte er eine kritische Sensibilität den geschichtlichen Ereignissen gegenüber, was ihn nicht hinderte, trotz seines Engagements für seine Leidensgenossen bis zuletzt seine distanzierte Haltung gegenüber dem Judentum zu bewahren. So beklagt er in seinem Tagebuch aus jener Zeit, daß der *Aufbau* »fanatisch jüdisch« sei, weil er sich weigerte, Pastor Forells Abende anzukündigen, da dieser »100 Juden getauft« habe. Als ihm eine jüdische Stiftung eine finanzielle Unterstützung für die Übersetzung seines *Xenos* in Aussicht stellt, lehnt er ab und bekennt, daß er »guten Gewissens nichts annehmen könne«, zumal er »nicht mittellos« sei. Was R. bisweilen als Opportunismus vorgeworfen wurde, ist somit aus neuer Perspektive zu bewerten.

Werke: Die Panduren, Leipzig u.a. 1935; Tagebuch 1941–1945 (unveröffentlichtes MS); Roda Rodas Roman, Wien 1950; Fünfhundert Schwänke, München 1989.

Literatur: I. Stiaßny-Baumgartner, R.s Tätigkeit im Kriegspressequartier, Wien 1982; R. Hackermüller, Einen Handkuß der Gnädigsten. R. Bildbiographie, Wien u.a. 1986; Zagreber Germanistische Beiträge. Jahrbuch für Literatur- und Sprachwissenschaft, Beiheft 4, hg. V. Obad, Zagreb 1996.

Rotraut Hackermüller

Rodenberg, Julius (eigentl. Julius Levy)

Geb. 26.6.1831 in Rodenberg;
gest. 11.7.1914 in Berlin

Bei dem bedeutenden Journalisten, dem Begründer der *Neuen Rundschau*, kann man geradezu von dem klassischen Fall einer erfolgreichen Assimilation sprechen, bei dem das Judentum, allerdings nur auf den ersten Blick, kaum eine Rolle spielt. R. wird kulturpublizistisch zu einem der wichtigsten Begleiter Berlins auf dem Weg von der Residenz- zur Hauptstadt, in der er seit 1853 lebt. Seine Karriere besagt einiges über das jüdische Leben in Berlin vor 1933, so wie dieses Berlin über sein Judentum Auskunft gibt. In der verspäteten Hauptstadt boten sich größere Aufstiegs-Chancen für Zugereiste, als dies in Städten mit einer etablierten Elite der Fall sein konnte. Diese Konstellation hat auch den Juden zu modernen Lebensweisen verholfen, auch wenn rechtliche Einschränkung der Berufswahl Hindernisse boten.

Die Kindheit bot R. die Optionen des traditionellen wie des assimilierten Judentums: »In dem Hause der Eltern [stand] noch das Thoraschränkchen, zugleich aber eine Bibliothek mit Beckers und Rottecks Weltgeschichten und allen wichtigen Neuerscheinungen der zeitgenössischen deutschen Literatur, bis herab auf Lenaus Gedichte, Auerbachs Dorfgeschichten, Gutzkows große Romane« (Heilborn). R. wählte entschieden den Weg der Akkulturation.

Noch als Student lernte er das Milieu der liberalen Residenzstadt und ihrer Salons kennen, zumal im Hause von Legationsrat August Varnhagen von Ense, der ihm zur Namensänderung und zur Konversion riet. Die Namensänderung des 24-jährigen Julius Levy wurde mit Genehmigung des hessischen Kurfürsten vollzogen. Allerdings verzichtete der überzeugte Nationalliberale (und zugleich Bismarck-Anhänger) R. auf eine Konversion. Der Abschied aus dem Judentum sollte zugleich ein Aufbruch in eine liberal geprägte Zukunft sein. R. vollzieht ihn mit einer Formel, die für das assimilierte Judentum als klassisch gelten darf: Er verspüre eine »Abneigung gegen alle Religion, die den Gläubigen höher stellt als den Menschen, ich liebe nur das Menschentum«. Diese Entscheidung gegen eine Konversion bedeutete zugleich den Verzicht auf eine verwaltungsjuristische oder akademische Karriere, die dem 1856 in Marburg promovierten Rechtsgelehrten möglich gewesen wäre. Dennoch ist die besondere Option, die R. mit seiner publizistischen Karriere ausbaute, für viele Juden beispielhaft. Er verknüpfte seine publizistische Karriere zunächst mit Paris und mehr noch mit London, um dann beiden als Herausgeber der *Neuen Rundschau* mit einer nationalen Kulturzeitschrift, wie es sie in Frankreich und England bereits gab, Konkurrenz zu machen. Paris und London sind hier nicht irgendwelche Orte. Über sie zu schreiben, hieß – in der Tradition der Berichterstattungen von Heine und Marx – vielmehr, sich symbolisch für den Aufbruch in eine entweder diskontinuierliche, solidarisch geprägte, aber unvollendete (Paris) oder eine politisch evolutionäre, sozioökonomisch aber deregulierte (London) politische Zukunft zu entscheiden. Der nationalliberale R. setzt eher auf liberal-evolutionäre Veränderungen nach dem Vorbild Londons, in der die Unterschiede der Abstammung keine Rolle spielen. Die Bildungsreise nach England 1858 ist prägend für sein kompliziertes Verhältnis zum Judentum. In London begegnet R. zahlreichen Emigranten aus Deutschland, u. a. Emanuel Deutsch aus Neiße, mit dem er sich anfreundet. Dieser hatte eine leitende Position beim Britischen Museum inne und war, obwohl von der jüdischen Religion entfremdet, ein Talmudgelehrter. Es folgen Besuche auf dem Landsitz Frau von Rothschilds. Wie sehr sein Verhältnis zum verlassenen Judentum von Scham geprägt war, zeigt sich an einem vielsagenden Tagebucheintrag. R. trägt nämlich die antisemitische Bemerkung in sein Tagebuch ein, daß sie, Frau von Rothschild, »nichts von jener unangenehm auffallenden Suffisance des Stammes habe, obwohl sie eine Jüdin zu sein und sogar zu scheinen mit Stolz sich bewußt sei«.

Seit den 1860er Jahren nimmt seine Karriere als Journalist und Herausgeber ihren Lauf: Er wird Herausgeber des Familienblatts *Deutsches Magazin* (1861–63) und 1867 Chefredakteur u. a. des Leipziger *Salons für Litteratur, Kunst und Gesellschaft* (1867–70). Die Bekanntschaft mit Schriftstellern wie Paul Heyse und Berthold Auerbach prägte seine nationalkulturellen Maßstäbe nachhaltig. Als Schriftsteller hingegen erlangte er weniger Bedeutung. Mit heute meist vergessenen realistischen Großstadt-Romanen und Erzählungen vergewisserte er sich der europäischen Geschichte. Jüdische Themen berührt allein der Roman *Die neue Süntflut*. Hier wird die Teilnahme an Emanuel Deutschs Talmudstudien 1858 thematisiert. R.s Hauptwerk, die Gründung und Herausgeberschaft der *Deutschen Rundschau* (ab 1874) ist dieser Entscheidung verpflichtet. Es handelt sich darüber hinaus um die für Deutschland neuartige Konzeption einer nationalen Kulturzeitschrift. Erstmals, so sein Bestreben, sollte sich in dieser Zeitschrift ein Sprachgebiet mit einem einheitlichen Kulturverständnis identifizieren.

Maßstab des modernen kulturellen Lebens war die Literatur der Goethezeit. Viele Meisterwerke des deutschsprachigen Realismus erschienen hier zum ersten Mal. Die großen realistischen Erzähler gehörten ebenso zu den Beiträgern wie die führenden Wissenschaftler. R.s publizistische Orientierung gibt in diesem Zusammenhang Aufschluß über sein zugunsten einer nationalliberalen Überzeugung abgelegtes Judentum. Die Wirkungsgeschichte der *Neuen Rundschau* ist bezeichnend: Selbst völkische Literaturhistoriker wie Adolf Bartels ließen R.s Werk unter kulturpublizistischen Gesichtspunkten gelten. Auch seine Beiträge zur Gattungstrias und zur journalistischen Sachprosa sind aussagekräftig im Kontext des assimilierten Judentums. Schon in seiner national geprägten Lyrik der Jugendzeit geht er den typischen Weg von Außenseitern, die sich durch Übererfüllung von Werten und Rechtsnormen Anerkennung verschaffen müssen. Bezeichnend ist etwa der Titel *Hohes Lied. Im Namen der deutschen Jugend dem Vaterland gesungen von Julius Levy* (1848), eine Übertragung der biblischen Liebessprache auf die deutsche Nation. R.s ungebrochene Geltung in den Gattungen des Feuilletons geht zurück auf die liberaldemokratische Erweiterung, die der Kulturbegriff durch Heine und Börne erfahren hat; sie ist allerdings auch als Kehrseite eines Stigmas zu verstehen: Seit dem Antisemitismus der Reichsgründung nimmt die Produktion von Juden im Bereich der Sachprosa zu. Gleichzeitig solidarisieren sich in der Folge der Dreyfus-Affäre zahlreiche französische Intellektuelle mit den Juden.

Werke: Pariser Bilderbuch, Braunschweig 1856; Alltagsleben in London, Berlin 1860; Tag und Nacht in London, Berlin 1862; Paris bei Sonnenschein und Lampenlicht. Ein Skizzenbuch zur Weltausstellung, Leipzig 1867; Bilder aus dem Berliner Leben, Berlin 1885–88; Aus seinen Tagebüchern, Berlin 1919.

Literatur: R. Neisser, Dem Andenken J. R.s, in: Dr. Blochs österreichische Wochenschrift 32 (1914), 556–558; H. v. Spiero, J. R., Berlin 1921; M. Spanier, J. R. und seine Stellung zum Judentum, in: Jüdisch-liberale Zeitung Berlin 37 (1922), 2.

Christoph Grubitz

Rosenzweig, Franz

Geb. 25. 12. 1886 in Kassel;
gest. 10. 12. 1929 in Frankfurt a. M.

»Zwischen zwei Welten« stehe R., so Emmanuel Lévinas 1959; eine Einschätzung, die R. seit der Veröffentlichung seines Hauptwerks *Der Stern der Erlösung* im Jahr 1921 begleitet: R.s Denken stehe zwischen Philosophie und Theologie, so wie es zwischen Christentum und Judentum stehe.

In einer nur sehr lose mit dem Judentum verbundenen Kaufmannsfamilie aufgewachsen, studierte R. zunächst Medizin, dann bei Friedrich Meinecke Geschichte, schloß dieses Studium 1912 mit dem Doktorexamen mit einem Teil von *Hegel und der Staat* (erw. erschienen 1920) ab. In dieser Zeit konvertierten einige von R.s Freunden und Verwandten zum Christentum, und auch R. selbst zieht einen Übertritt mit dem Argument in Erwägung, daß er und seine Freunde »in allen Dingen Christen«, nur noch dem Namen nach Juden seien. Trotzdem konvertierte R. nicht, betrachtete er doch, wie seine Eltern, eine Konversion zum Christentum ohne den Glauben daran als einen sozial schäbigen Akt. Entscheidend für R. war die Begegnung mit seinem entfernten Verwandten Eugen Rosenstock-Huessy, einem passionierten, wenn auch unkonventionellen protestantischen Theologen, und der sich an diese Begegnung anschließende Briefwechsel. Nach einer intensiven Diskussion mit Rosenstock im Juli 1913, dem sogenannten »Nachtgespräch«, entschied sich R. zwar zur

Konversion, machte diese aber abhängig von einem nochmaligen bewußten Überdenken seiner jüdischen Ursprünge. Schon im Oktober 1913 nahm er den Entschluß zur Konversion zurück, sicher auch unter dem Einfluß Hermann Cohens – bei dem er vom Sommer 1913 bis Herbst 1914 in Berlin gehört hatte –, den er gegenüber Rosenstock den ersten richtigen Philosophen und Juden nennt, dem er begegnet sei. R. fängt an, Arabisch und Hebräisch zu lernen, beginnt während des Ersten Weltkriegs, an dem er als Kriegsfreiwilliger teilnimmt, mit dem Schreiben an seinem philosophischen Hauptwerk, dem *Stern der Erlösung*, der als Ergebnis von R.s Auseinandersetzung mit dem Judentum in einer christlichen Welt betrachtet werden muß. Er ist bis heute singulär geblieben als der Versuch, unter Ablehnung aller zionistischen Tendenzen eine Rechtfertigung und Erneuerung des Judentums innerhalb und mit der christlichen Welt zusammen zu begründen. Im August 1920 schreibt R. an Friedrich Meinecke, daß es ihm nicht mehr möglich sei, sich bei ihm zu habilitieren, da die universitäre Wissenschaft nur Selbstzweck sei, während es darauf ankomme, das Erkennen als »Neues Denken« in den Dienst am Menschen zu stellen. R. gründet in Frankfurt a. M. – mit Hilfe von u. a. Rabbi N. Nobel, M. Buber, E. Fromm, E. Strauß, E. Simon, G. Scholem, N. Glatzer – das »Freie Jüdische Lehrhaus« und beginnt dort bis zum Ausbruch seiner Krankheit im Januar 1922 Kurse abzuhalten. Im Oktober 1922 übergibt R. aus Krankheitsgründen – er leidet an amyotropher Lateralsklerose – die Leitung des Lehrhauses an Rudolf Hallo, im Dezember des Jahres kommt es zum Versagen der Schreibfähigkeit. Ans Haus gebunden, beginnt R. seine Übersetzungen vom Hebräischen ins Deutsche, die stets begleitet sind von philosophischen und theologischen Reflexionen sowohl zu einzelnen Problemen der Übersetzung als auch zum Problem der Übersetzung überhaupt (*Jehuda Halevi. Hymnen und Gedichte*, 1924 und 1927). Im Dezember 1929 stirbt R.; die mit Buber 1924 begonnene Übersetzung des Alten Testaments war bis zum Buch Isaiah gekommen, sie wurde in den 50er Jahren von Buber komplettiert.

R.s Rückkehr ins Judentum ist nicht nur eine Abwendung von Wissenschaft, sondern auch von unabhängiger, weltlich orientierter Kunst und Kultur. Diese müsse, um »Dienst am Menschen« werden zu können, in den Kult überführt werden. Voraussetzung dieser »Aufhebung« ist jedoch, daß Kunst als spezifisch heidnische Hinwendung zur Welt überhaupt existiert, und zwar in jedem einzelnen Menschen. Jeder »volle Mensch« müsse Sinn für Poesie haben, das mindeste sei, daß er einmal gedichtet hat, »denn wenn einer allenfalls ein Mensch sein kann ohne zu dichten, ein Mensch werden kann er nur, wenn er einmal eine Zeit lang gedichtet hat«, so R. im *Der Stern der Erlösung*. Bei dieser Stellungnahme zur Unverzichtbarkeit der Dichtung überrascht, daß in den veröffentlichten Briefen und Tagebüchern R.s keine Hinweise auf eigene literarische Versuche zu finden sind – wobei dies an den starken Kürzungen der Herausgeber liegen mag.

Die exponierte Stellung der Dichtung, von der aus bildende Kunst und Musik marginal erscheinen, gründet auf der Sprachtheorie R.s, genauer auf der von ihm immer vorausgesetzten Offenbarung Gottes im Wort. Deshalb ist die Dichtung zwar unverzichtbar, zugleich ist sie aber als in sich verschlossenes Kunstwerk nur Grundlage, Vorstufe des eigentlichen Sprechens des Menschens, der sich zum Anderen und zu Gott hin öffnenden Sprache des Dialogs und des Gebets. Der eigentliche Ort der Kunst und somit auch der Dichtung ist R. das Heidentum der Antike, das sich personifiziert im monologisierenden Sprechen des Heros der griechischen Tragödie. Erst durch den Anruf des Menschen durch Gott, den Ruf »Wo bist du, Adam?« und die antwortende Annahme der Offenbarung tritt das Du in die Welt, das monologisierende Sprechen kann sich öffnen zum Dialog. Dieser ist zuerst Zwiesprache des Einzelnen mit Gott, ist Gebet. Dieses ist »das Letzte, was in der Offenbarung erreicht wird« (*Stern der Erlösung*), Schrei der einzelnen Seele nach Erlösung. Um über die Offenbarung hinaus zur Erlösung führen zu können, muß das Gebet geerdet, das heißt in die Koordinaten von Raum und Zeit eingelassen werden, in das Wir des gemeinsamen Anrufs Gottes im festgesetzten liturgischen Jahresablauf. Im gemeinsamen Gebet verläßt die »Dichtung ihre eigene ›ideale‹ Welt«, wird »Führerin einer Menschenmenge ins Land des gemeinsamen wechselseitigen Schweigens«, der Gebärde, wie sie sich in der Kunstform des Tanzes zeigt oder, vollendet, im Kniefall des heiligen Volks an den Versöhnungsfesten. Die Trennungslinie zwischen dem »Religiösen« und dem »Ästhetischen« muß aufgehoben werden (*Das Formgeheimnis der biblischen Erzählungen*, 1928). Und es gibt eine Sprache, in der das immer schon der Fall ist, die hebräische, die für R. als »heilige Sprache« eine Gottessprache ist, die als weitergesprochene zugleich ganz lebendig in die Welt eingelassen ist (*Neuhebräisch?*, 1925). Ihre Übersetzung in profane Sprachen hat die Schwierigkeit, daß niemals ihr geschichtsgeladener Gehalt mitübersetzt werden kann. Vor diesem Hintergrund wurde Übersetzen, »bewußtes Hinübertragen des Fremden als eines Fremden ins Eigene« (*Weltgeschichtliche Bedeutung der Bibel*, 1929), die eigentliche literarische Tätigkeit R.s seit 1920, seit dem Abschluß des *Stern der Erlösung* und seiner Dissertation über Hegel.

Werke: Der Mensch und sein Werk. Gesammelte Schriften, Den Haag 1976 ff.

Literatur: E. Fox, We mean Voice. The Buber-R. Translation of the Bible, in: Responce (1971), 29–42; D. Mach, F. R. als Übersetzer jüdischer Texte, in: Der Philosoph F. R. (1886–1929), Bd. II, hg. W. Schmied-Kowarzik, Freiburg u. a. 1988, 611–619; C. Hufnagel, Die kultische Gebärde. Kunst, Politik, Religion im Denken F. R.s, Freiburg u. a. 1994.

Cordula Hufnagel

Roth, Joseph
Geb. 2. 9. 1894 in Brody;
gest. 27. 5. 1939 in Paris

Die Konstitution jüdischer Identität bei R. ist von Anfang an mit einer poetologischen Kategorie verbunden, die geradezu als »Mythomanie« (Bronsen) bezeichnet werden kann und in einem Finden und Erfinden von Identitäten besteht. In dem Maße aber, wie bei R. Identität Gegenstand von literarischer Konstruktion war, wurde sie mehrdimensional, vielgestaltig und ambivalent. Widersprüchliche Positionen, etwa zum eigenen konfessionellen Status, stehen unvermittelt nebeneinander. Eine Selbstcharakterisierung wie »ich bin ein getaufter Jude«, so 1937 gegenüber Barthold Fles, scheint derjenigen von 1936 gegenüber Stefan Zweig offen zu widersprechen: »Was ein armer kleiner Jude ist, brauchen Sie nicht ausgerechnet mir zu erzählen. Seit 1894 bin ich es und mit Stolz. Ein gläubiger Ostjude, aus Radziwillow.« Symptomatisch für diese Ambivalenz ist nicht zuletzt R.s Begräbnis, anläßlich dessen sich seine Freunde nicht einigen konnten, ob er mit dem Kaddisch nach dem jüdischen oder nach dem christlichen Ritus zu beerdigen sei, wobei sich beide Seiten mit gutem Recht auf R. selbst berufen konnten. Solche Literarisierung und Mythisierung der Identität fordert Subtilität bei der Beantwortung der Frage nach dem Profil von R.s jüdischem Schreibdispositiv.

Wenn auch R. gewiß kein »gläubiger Jude« im traditionellen Sinne war, so wuchs er doch im galizischen Brody an der österreichischen Grenze zum Russischen Reich im Umfeld eines religiös geprägten Judentums auf. Nicht nur, daß zwei Drittel dieser Stadt jüdische Einwohner waren, R.s Großvater mütterlicherseits, Jechiel Grübel, bei dem er nach der frühen psychischen Erkrankung seines Vaters zusammen mit seiner Mutter lebte, war, wie diese selbst, streng religiös. R.s Vornamen Moses Joseph – nach seinem Urgroßvater Moische Jossif – und der von Moses abgeleitete Name Muniu, die R. bis in seine Studienzeit benutzte, dokumentieren die ostjüdische Lebenswelt. Dies gilt auch für seine jüdische Bildung: Neben dem Jiddischen, das im Alltag gesprochen wurde, lernte R. in der jüdischen Volksschule auch Hebräisch. Zugleich aber orientierte er sich schon in seiner Gymnasialzeit in Brody (1905–13), deutlicher noch mit seinem Germanistik-Studium in Lemberg (1913) und Wien, das bis zum Krieg dauerte, an der deutschen Literatur und Kultur. Mehr noch: Wie R. in seinem Essay über die Ostjuden *Juden auf Wanderschaft* deutlich machte, ließ sich an der deutschen ein geradezu europäischer Begriff von Literatur entwickeln. Für den »lernbegierigen jüdischen Jüngling«, als welchen sich der ausgezeichnete Schüler R. verstand, war »das Land Goethes und Schillers, der deutschen Dichter«, Inbegriff eines europäischen Humanismus. Dieser Begriff der deutschen Kultur korrelierte mit dem österreichischen Patriotismus der galizischen Juden. Denn ihnen galt, an der äußersten Grenze Österreichs, die Vielvölker-Monarchie als Garant von ethnischer und kultureller Toleranz und damit der eigenen Existenz. Vor diesem Horizont ist auch R.s Wunsch, Soldat der kaiserlichen Armee zu werden, zu verstehen. 1916–18 leistete er Kriegsdienst, und zwar zum großen Teil in seiner galizischen Heimat. Für die dort lebenden Juden war der Krieg nicht nur deshalb eine Katastrophe, weil viele aus diesem Kriegsschauplatz fliehen mußten, sondern auch, weil Galizien beim Zusammenbruch der Monarchie an Polen verlorenging, und damit auch die Politik kultureller Toleranz. Was dies für R. bedeutete, formulierte er im *Radetzkymarsch* (1932) in extenso, und bündig in einem Brief kurz vor dem Exil: »Mein stärkstes Erlebnis war der Krieg und der Untergang meines Vaterlandes, des einzigen das ich je besessen habe: der österreichisch-ungarischen Monarchie. Auch heute noch bin ich durchaus patriotischer Österreicher und liebe den Rest meiner Heimat wie eine Reliquie.« R.s Monarchismus der Exiljahre ist erst vor dem Hintergrund des zu einer Art Utopie verklärten österreichischen Vielvölkerstaates verstehbar.

Mit dem Krieg setzen sich auch R.s erste journalistische Arbeiten in Wien (1918–20) und Berlin (1920–22) auseinander. Sein zentrales Thema war die Heimkehr, eine Heimkehr allerdings unter dem negativen Vorzeichen des Verlustes der Heimat. Mit der auch in seinen ersten Romanen seit 1924 wiederholt thematisierten Heimatlosigkeit beschreibt R. explizit auch eine jüdische Realität. Nicht zufällig sind die Protagonisten seiner beiden wichtigsten Heimkehrer-Romane *Hotel Savoy* (1924) und *Flucht ohne Ende* (1927) sowohl von der eigenen religiösen und kulturellen Tradition wie auch von der säkularen politischen, nämlich österreichischen, Heimat entwurzelte Juden. Im *Hotel Savoy* gilt dies auf unterschiedliche Weise für eine ganze Reihe von Figuren: für den Kriegsheimkehrer Gabriel Dan, den Devisenhändler Abel Glanz, der seine Existenz als »jüdisches Schicksal« versteht – »man läuft den ganzen Tag herum« –, den seinen verstorbenen Vater Jechiel Blumenfeld suchenden Millionär Bloomfield, schließlich für die wiederholt als Kulisse auftretenden emigrierenden Ostjuden, von denen der Erzähler schreibt: »Seit Tausenden Jahren wandert dieses Volk in engen Gassen.« Auch Franz Tunda in *Flucht ohne Ende*, »Sohn eines österreichischen Majors und einer polnischen Jüdin, in einer kleinen Stadt Galiziens [...] geboren«, trägt die Züge des jüdischen Heimatlosen, des »Verschollenen«, der seine Identitäten und Namen ebenso wie Berufe und Aufenthaltsorte ständig wechselt. Die Heimatlosigkeit hat R. schließlich auch in seinem journalistischen Essay *Juden auf Wanderschaft* (1927) zum entscheidenden Existenzial der Ostjuden erklärt: »Viele wandern aus Trieb und ohne recht zu wissen, warum. Sie folgen einem bestimmten Ruf der Fremde, oder dem bestimmten eines arrivierten Verwandten, der Lust die Welt zu sehen und der angeblichen Enge der Heimat zu entfliehen, dem Willen zu wirken und ihre Kräfte gelten zu lassen. Viele kehren zurück. Noch mehr bleiben unterwegs. Die Ostjuden haben nirgends eine Heimat, aber Gräber auf jedem Friedhof. Viele werden reich. Viele werden bedeutend. Viele werden schöpferisch in fremder Kultur. Viele verlieren sich und die Welt.« Was R. hier anläßlich einer Rußland-Reise für die *Frankfurter Zeitung* anstrebte, als deren Mitarbeiter er seit 1923 zu einem der bekanntesten und bestbezahlten Journalisten im deutschsprachigen Raum avancierte, war auch eine angemessene »Berichterstattung« über die Ostjuden: eine »Darstellung mit Liebe [...] statt mit ›wissenschaftlicher Sachlichkeit‹«. Damit distanzierte er sich auch von Alfred Döblins *Reise in Polen* (1926), die R. schon Anfang 1926 in der *Frankfurter Zeitung* kritisch rezensiert hatte. Während Döblin die Ostjuden mit dem ethnographischen Blick des sich überlegen fühlenden Westeuropäers beschrieben hat, gibt sich R. als Anwalt der Ostjuden gegenüber den Westjuden. Deutlich wird dies auch in dem Essay *Das Moskauer jüdische Theater* (1928), wo er feststellt: »Alle Maßstäbe, die ich aus dem Westen mitbringe, versagen in diesem Theater.« Das Judentum, dem R. hier begegnete, schien ihm »ein orientalischeres«, »heißeres«, »älteres« zu sein als dasjenige »einer westlich zivilisierten, verflachten, verwässerten Schicht einer ausgewanderten Judenschaft«, das sich in Zionismus oder Assimilation an die nationalen Werte des Westens aufgibt. Diese Kritik an Zionismus und Assimilation zieht sich nicht nur durch den Essay *Juden auf Wanderschaft*; sie findet sich noch in den letzten journalistischen Arbeiten.

In dem 1937 geschriebenen Vorwort zur Neuauflage von *Juden auf Wanderschaft* mußte R. angesichts der inzwischen eingerichteten Naziherrschaft feststellen, daß das »Unglück« der Wanderschaft und der Verfolgung nun auch die deutschen Juden ereilte. Doch nicht erst 1937, sondern schon 1923 erkannte R. die bevorstehende Gefahr für die Juden in Deutschland, so in dem vom 7. Oktober bis 6. November 1923 in der Wiener *Arbeiterzeitung* erschienenen Roman *Das Spinnennetz* – R.s lange vergessenem ersten Roman. In der Figur des Theodor Loose und eines um Erich Ludendorff sich organisierenden rechten Geheimbundes skizzierte R. die Pathographie eines neuen, ins wahnhafte gesteigerten Antisemitismus, wie er mit dem Auftauchen der *Protokolle der Weisen von Zion* Anfang der 20er Jahre aufkam und den Nationalsozialismus ideologisch maßgebend speiste. Wie scharfsichtig R. dabei die tagespolitischen Ereignisse beobachtete, zeigt sich daran, daß der im Roman beschriebene Hitler-Ludendorff-Putsch in München nur wenige Tage nach dem Erscheinen der letzten Folge auch tatsächlich eintraf. Das *Spinnennetz* legt allerdings nicht nur die antikommunistischen und antisemitischen Umtriebe jener Geheimorganisation frei, sondern auch und gerade die Verstrickung der deutschen Juden in die korrupte und in hohem Maße gewaltbereite Gesellschaft.

Der Geschäftsmann Efrussi, Typus des deutschnationalen assimilierten Juden, unterstützt lieber den rechten Geheimbund als die ostjüdischen Flüchtlinge des Berliner Scheunenviertels, in denen er potentielle Kommunisten fürchtet. Überboten wird diese Haltung im Selbsthaß des Juden Trebitsch, dem eigentlichen Ideologen des Geheimbundes. In zahllosen Broschüren und Artikeln im »Nationalen Beobachter«, in dem leicht der *Völkische Beobachter* zu erkennen ist, schürt er den »Haß gegen die jüdische Rasse«. Mit Trebitsch ist zweifellos der getaufte Jude Arthur Trebitsch gemeint, der um 1920 in einer Reihe von hochgradig antisemitischen Schriften die jüdische Weltverschwörung beschworen hatte. Bei Anton Kuh und Theodor Lessing erscheint er, zusammen mit seinem Lehrer Otto Weininger, als der krasseste Fall von jüdischem Selbsthaß. Die komplexeste jüdische Figur des *Spinnennetzes* ist jedoch der Ostjude Benjamin Lenz, der sich, in jeder Hinsicht heimatlos, zwischen allen Gruppierungen bewegte: »Er haßte Europa, Christentum, Judentum, Monarchen, Republiken, Philosophie, Parteien, Ideale, Nationen«, ein Profil, das in mancher Hinsicht auch auf den jungen R. zutrifft.

Das Buch, mit dem R. schon bei seinen Zeitgenossen auf großes Echo gestoßen war und das ihn als Schriftsteller etablierte, war zugleich sein »jüdischstes«: *Hiob, Roman eines einfachen Mannes* (1930). In vielen Aspekten ist der Roman eine literarische Transposition dessen, was er in *Juden auf Wanderschaft* als journalistischer Beobachter beschrieben hatte. In der Geschichte der Familie Singer werden Gesellschaft, Kultur und Religion der Ostjuden bzw. gerade die Auflösung jener alten Ordnungen thematisiert: die Konfrontation mit Assimilation und Auswanderung. Zur literarischen Beschreibung dieser jüdischen Lebenswelten bedient sich R. zweier biblischer Mytheme, der Hiob-Legende und der Josephs-Legende (Shaked). Gemäß der Hiob-Legende erscheint die Assimilation der Singers als Katastrophe. Mendel Singer sieht seine religiöse Lebenswelt durch eine Reihe von »Unglücksfällen«, die seinen Kindern zustoßen, in Frage gestellt: Der jüngste Sohn Menuchim kommt behindert zur Welt, Mirjam liiert sich mit Kosaken, Jonas wird Bauer und Soldat, Schemarjah emigriert – als »Sam« – nach Amerika, für R. Inbegriff einer unheilvollen Moderne, und wird Geschäftsmann. All dies sind Formen der Transgression des Judentums, die Mendels Angst vor dem Nichtjüdischen symbolisieren. Zum eigentlichen Hiob wird er, als die Kinder in Krieg und Wahnsinn vollends verlorengehen und seine Frau aus Verzweiflung stirbt. Mit dem Vorsatz »Gott will ich verbrennen« bricht er jede religiöse Praktik ab. Damit folgt aus der tragischen Assimilationsgeschichte der Kinder Mendels eigene Assimilation. Dagegen steht jedoch in der Figur Menuchims eine »positive Assimilationsgeschichte«: Der inzwischen berühmte Komponist erscheint am Ende als geradezu messianisch semantisierter Retter, der die Reste der Familie wieder zusammenführt, so wie der von seinen Brüdern verstoßene Joseph in der biblischen Legende den Stamm Israels restituiert.

Das Anfang 1933 mit einer Reise nach Paris beginnende Exil war für R. einschneidend; es potenzierte die Erfahrung der Heimatlosigkeit. Hier entstand 1934 die mit dem *Hiob*-Roman in vieler Hinsicht vergleichbare Erzählung *Der Leviathan* (postum 1940). Auch sie thematisiert die ostjüdische Lebenswelt eines einfachen Mannes, des Korallenhändlers Nissen Piczenik, der, in der Gestalt einer »Sehnsucht nach dem Meer«, die »kontinentale« jüdische Existenz zugunsten eines »neuen, ozeanischen« Piczenik aufgibt, eines Piczenik, der die Gebote nicht mehr hält und, als Chiffre des Transgression des Jüdischen, in die Stadt zieht und schließlich mit einem Schiff auf den Atlantik fährt. Indem er auf dieser Überfahrt ertrinkt, wird sein Ausbruch aus dem Judentum zugleich erfüllt und verhindert. Zwei weitere Romane, ebenfalls im Pariser Exil entstanden, sind in der ostjüdischen Welt angesiedelt: *Das falsche Gewicht* (1937), in dem neben dem jüdischen Eichmeister Anselm Eibenschütz die Figur des Nissen Piczenik wieder auftaucht, und *Tarabas* (1934), in dessen Zentrum die Geschichte eines Pogroms in einem polnischen, jüdischen Stetl steht, welche unmißverständlich auch die Situation in Deutschland nach 1933 angesprochen hatte.

Solche Politisierung der Literatur im Exil hat R. in zahlreichen Exilzeitschriften gefordert. Zeugnis dafür ist nicht nur der geradezu apokalyptische *Antichrist* (1934). Im Dezember 1934 wandte sich R. in einem Artikel im *Pariser Tagblatt* vehement gegen den ästhetischen Rückzug auf »zeitlose Dinge« und forderte von der Literatur den Kampf »gegen Hitler und gegen das Dritte Reich«. Dabei fällt gerade den »deutschen Schriftstellern jüdischer Abstammung« eine entscheidende Aufgabe zu, wie R. in dem Essay *Autodafé des Geistes*, der im Herbst 1933 in den *Cahiers Juifs* erschienen war, argumentierte. Als Exilanten, Opfer und nicht Täter der Barbarei, sei ihnen nichts weniger als die Rettung der alten europäischen Kultur überantwortet: »Wir Schriftsteller jüdischer Herkunft sind, Gott sei gedankt, vor jeder Versuchung, uns der Seite der Barbaren anzunähern, geschützt. Wir sind die einzigen Repräsentanten Europas, die nicht mehr nach Deutschland zurückkehren können. [...] In einer Zeit, da Seine Heiligkeit, der unfehlbare Papst der Christenheit, einen Friedensvertrag, ›Konkordat‹ genannt, mit den Feinden Christi schließt, da die Protestanten eine ›Deutsche Kirche‹ gründen und die Bibel zensieren, bleiben wir Nachkommen der alten Juden, der Ahnen der europäischen Kultur, die einzigen legitimen Repräsentanten dieser Kultur.« Zum Beleg listet R., ähnlich wie Arnold Zweig in seiner *Bilanz der deutschen Judenheit 1933*, die Namen der jüdischen Schriftsteller auf, die »ihren Beitrag zur Deutschen Literatur geleistet« haben. Das war nicht Apologie, sondern Appell an die moralisch-politische Aufgabe, die das Exil für die deutsch-jüdischen Schriftsteller bedeutete: Gegen allen Nationalismus die europäische Kultur zu retten. Mit dieser Position, die er erneut in dem provokativen Essay *Der Segen des ewigen Juden* einnahm, hat R. im Herbst 1934 eine Debatte unter jüdischen Emigranten ausgelöst. Wiederum polemisierte er gegen die Assimilation, gegen die »törichten Optimisten, diese deutschen Juden«, die »in wahrhafter Selbstverleugnung Deutschland gegen die christlich-europäische Welt immer und mit allen Mitteln verteidigt« haben, und zugleich gegen den Zionismus, in dem er die jüdische Version des »Chauvinismus der modernen Nationen« sah. Beiden Formen jüdischer »Heimkehr« hielt er den europäischen Kosmopolitismus, eben den »Segen des ewigen Juden«, entgegen: »Welch eine Schande, keiner Nation anzugehören? – Worin liegt eigentlich die Schmach? [...] Ist es denn nicht ehrenvoller, ein Mensch [...] zu sein als ein Deutscher, ein Franzose, ein Engländer?« »Es gibt keine andere Möglichkeit«, so folgerte er unter dem programmatischen Titel *Jedermann ohne Paß* in seiner Antwort auf die zahlreichen Einwände, »als die, daß die Juden, die nicht in ihren Ländern ›aufgehen‹, und jene, die nicht nach Palästina gehen und dennoch Juden bleiben, die Träger des Gedankens vom allgemeinen Vaterland werden. Unser Vaterland ist die ganze Erde.« Vor diesem Horizont ist sowohl R.s Frankreichbild, als auch sein scheinbar reaktionärer Katholizismus und Monarchismus der Exilzeit, Thema v.a. von *Die Büste des*

Kaisers (1935) und *Die Kapuzinergruft* (1938), zu verstehen. Was R. im Modell der k.u.k. Monarchie anstrebte, war nichts anderes als die verlorene europäische, humanistische, kosmopolitische und – in diesem wörtlichen Sinne – katholische Kultur, zu der er gerade die deutsch-jüdischen Emigranten aufgerufen sah. In diesem Sinne zog R. den Katholizismus einem Judentum vor, das wie im Fall der Assimilation den deutschen Chauvinismus mitträgt oder im Fall des Zionismus auf Partikularität und Nationalismus setzt. Genau deshalb hatten beide »Fraktionen« auf R.s Beerdigung am 30. Mai 1939 auf dem Pariser Cimetière Thiais recht: diejenigen, die in R. den Katholiken sahen, insofern damit eine universale, humanistische Kultur gemeint war, und diejenigen, die in ihm den Juden sahen, insofern damit ein übernationales, europäisches Judentum gemeint war. »Katholisch« und »jüdisch« konnte insofern für R. dasselbe bedeuten, das nämlich, was er bereits 1925 an Paris schätzengelernt hatte: »Paris ist katholisch im weltlichsten Sinn dieser Religion, zugleich europäischster Ausdruck des allseitigen Judentums.«

Werke: Briefe 1911–1939, hg. H. Kesten, Köln 1970; Werke in 6 Bdn., hg. F. Hackert u. a., Köln 1990ff.

Literatur: H. Ausserhofer, J. R. und das Judentum, Bonn 1970; D. Bronsen, J. R., Köln 1974; C. Magris, Weit von wo. Verlorene Welt des Ostjudentums, Wien 1974; M. Gelber, Juden auf Wanderschaft, in: J. R. Interpretation, Rezeption, Kritik, hg. M. Kessler u. a., Tübingen 1990, 127–136; G. Shaked, Was ist ein deutsch-jüdischer Roman? Über J. R.s Hiob, in: ders., Die Macht der Identität, Frankfurt a. M. 1992, 81–94.

Andreas Kilcher

Rubiner, Ludwig
Geb. 12.7.1881 in Berlin;
gest. 27.2.1920 in Berlin

Der Dichter greift in die Politik – der Titel von R.s bekanntestem Text, einem Manifest von 1912, signalisiert, daß sein Verfasser zu der anfänglich kleinen Gruppe von Autoren des literarischen Expressionismus gehörte, die politisch dachten. Daher könnte man vermuten, R. habe sich zum Judentum ausführlich geäußert, war es doch auch zu Beginn des 20. Jahrhunderts ein politisch aktuelles Thema, das nicht zuletzt ihn selbst, den »baumhaften, blonden Juden« (Kurt Hiller) betraf: Sein Vater war einer der vielen ostjüdischen Einwanderer Berlins, wo er als Unterhaltungsschriftsteller reüssierte. Aber R. hatte sein eigenes zentrales Thema früh gefunden: Gemeinschaft und Kameradschaft. Für ihn sollte der anzustrebende Neue Mensch im Mitmenschen vor allem den Bruder erkennen, gleichgültig, welcher Nation er angehörte oder welchen Glauben er hatte. Im umfangreichen kritisch-essayistischen Werk wird diese Idee immer wieder ausgebreitet, künstlerische Arbeiten anderer werden nach diesem Kriterium beurteilt. Eine einzelne Religionsgemeinschaft konnte da keine Rolle spielen, auch nicht die eigene. Für seinen Biographen K. Petersen bildet R.s rastloses Wanderleben noch das erkennbarste Zeichen seiner Abstammung. Journalistische, literarische oder gar autobiographische Äußerungen R.s darüber sind sehr selten. Verschollen ist ein Artikel über das jüdische Theater in Rußland, den R. in einem Brief erwähnt, doch gibt es immerhin einen über dreißig Seiten langen Beitrag in den *Weißen Blättern* von 1917, der sich eingehend mit dem Judentum beschäftigt und den R. für so wichtig hielt, daß er ihn in seine Aufsatzsammlung *Der Mensch in der Mitte* (1919) aufnahm: *Legende vom Orient.*

Vordergründig geht es darin um eine

Auseinandersetzung mit Martin Bubers Buch *Vom Geist des Judentums* (1916). In ihm, so R., finde er Auskunft über den neuen Weg der Menschheit, der in einer »Unio mystica des Abendlandes mit dem Geiste des Orients« bestehe. Das Judentum bilde dabei die Brücke zwischen beiden. R. bescheinigt Buber, daß er in seinem Buch eine »ganz wunderbare Darstellung der ersten, notwendigen geistigen Situation für den schaffenden Menschen gegeben« habe, der allerdings ausdrücklich mit dem jüdischen gleichgesetzt werde. Alles, »was schön, mutig, wirklich ist, [werde] vom Menschen abgezogen und dem orientalischen Menschen zugeschoben«. Bubers »Feierlichkeit der Rede«, seine »Rhetorik der Andeutungen« sieht R. als »Judentheater mit Reliefbühne«, das letztlich dazu diene, eine nationale Sondergruppe zu konstituieren, deren Ziel die Gründung eines zionistischen Staates sei. Diesen Plan lehnt R. entschieden ab. Vor allem nach den Erfahrungen des Weltkriegs, der die Menschen zu großem Nationalismus drängte, sollte auf die Gründung weiterer Nationen verzichtet werden. Erst recht sollten für Menschen, die bereits Nationen angehören, keine neuen Nationen errichtet werden.

Die Gemeinsamkeit der Juden liegt für R. ohnehin nicht in der angeblich alten Nation, in der Natur oder der Vererbung, nicht einmal in der Religion, die für ihn keine mehr ist, sondern besteht nur in einem aus dem alten Orient stammenden, oberflächlichen Kult. Da dieser laut R. nicht dem modernen Europa angepaßt wurde, führte er zur Isolation der Juden als einer Sondergemeinschaft. Deshalb sei die Idee von Zion – so positiv sie als bloße Idee von der Reinheit des Einzelnen, vom Paradies auf Erden, der Besitzlosigkeit und der Unbedingtheit des Menschen vor Gott auch ist – real ausgeführt anachronistischer als die Reise in einer Postkutsche im Zeitalter des Automobils. Statt der Bemühungen um eine neue Nation wünscht sich R. Hilfe für die Ostjuden, den seiner Meinung nach ärmsten, verlassensten, unwissendsten, jämmerlichsten Menschen. Ihnen müsse Zion naturgemäß wie ein Wunder erscheinen, weil es vor allem die Änderung ihrer Lage bedeute. Aber von den Zionisten werde ihre Hilflosigkeit nur ausgenutzt, ja sie würden bewußt darin gehalten – etwa dadurch, daß sie aufgefordert würden, sich nicht zu assimilieren. Dabei gebe es jetzt mit der Schaffung einer geistigen Friedensgemeinschaft ein ganz anderes, höheres Ziel: »Was tut hierzu der Zionismus? Nichts!« R. betrachtet den Zionismus als »Ghetto eines neuen Nationalismus«, gegen den er einen allerdings eher unpolitisch zu nennenden Sozialismus setzt. Auch sein Aufsatz zum Judentum schließt daher mit den für ihn so charakteristischen, programmatischen Worten: »Es lebe die Menschheit!«

In R.s schmalem dichterischen Werk – immerhin ist er mit Gedichten sowohl in der ersten als auch in der bekanntesten expressionistischen Lyrikanthologie vertreten, im *Kondor* (1912) bzw. in der *Menschheitsdämmerung* (1919) – treten Juden als typisch expressionistische (Rand-)Figuren des Ausgestoßenseins, der Fremde, der Unterdrückung auf, so neben »Negern«, Bettlern und Flüchtlingen in dem Gedicht *Die Stimme* (1916) oder in *Mein Haus* (1913).

Werke: Der Mensch in der Mitte, Berlin-Wilmersdorf 1917; Der Dichter greift in die Politik, hg. K. Schumann, Frankfurt a. M. 1976.

Literatur: K. Petersen, L. R. Eine Einführung mit Textauswahl und Bibliographie, Bonn 1980.

Eckhard Faul

Sachs, Nelly

Geb. 10. 12. 1891 in Berlin;
gest. 12. 5. 1970 in Stockholm

Im Dezember 1947 erschien im Ostberliner Aufbau Verlag S.' Gedichtband *In den Wohnungen des Todes*: »O die Schornsteine!/ Auf den sinnreich erdachten Wohnungen des Todes/ Als Israels Leib zog aufgelöst in Rauch/ Durch die Luft – / Als Essenkehrer ihn ein Stern empfing/ Der schwarz wurde/ Oder war es ein Sonnenstrahl?« *In den Wohnungen des Todes* war das erste lyrische Werk deutscher Sprache, das die Shoah in den Titel aufnahm und zum einzigen Thema machte. Eine »Lyrik im Angesicht der Shoah« (Eshel), deren Leitworte Nacht, Stern, Verdunkelung, Rauch und Staub davon ebenso zeugen wie die biblischen Gestalten Hiob, Jakob, Saul, David und die Propheten. Der zweite Gedichtband *Sternverdunkelung* erschien 1949 im Amsterdamer Exilverlag Berman-Fischer. Das Werk von Martin Buber, vor allem dessen chassidische Erzählungen, hat S. tief beeindruckt und sich ihren Texten eingeprägt. Man kann, ganz in der Tradition Bubers, S.' Verhältnis zum Judentum als ein erlebtes, erlittenes charakterisieren.

Fast fünfzig Jahre hat S. in Berlin gelebt. Mit einem der letzten Passagierflüge gelangten S. und ihre Mutter am 16. Mai 1940, dank der Vermittlung von Selma Lagerlöf, von Berlin nach Stockholm. Erst in den letzten zwanzig Lebensjahren von S. erschienen die Werke, die sie bekannt machen sollten. Bei der Abschiedsveranstaltung des Deutschen Kulturbunds, einer Vereinigung deutschsprachiger Emigranten in Schweden, las 1946 einer der Schauspieler aus S.' Zyklus *Dein Leib im Rauch durch die Luft*. Die Dichterin erhielt daraufhin einen Brief von Walter Berendsohn, einem Literarhistoriker, der 1933 von Hamburg nach Dänemark, zehn Jahre später nach Schweden emigriert war. Dieser Brief war der Beginn einer langen wechselvollen Freundschaft. Am 18. Mai zitiert S. aus Berendsohns Brief: »Es scheint mir fast ein Mirakel, mit welcher Zartheit Sie dies grauenvolle Geschehen ergreifen und vor den Richterstuhl der Ewigkeit stellen. Es mit realistischen Mitteln darzustellen ist wirkungslos, weil sich die erschrockene Seele wehrt, dies alles in sich aufzunehmen, und sich bald verschließt und verhärtet, um leben zu können. Aber die Essenz von Ihren klagenden, anklagenden und verklärenden Gedichten wird aufgenommen und bleibt haften. Sie sind mit einem großen Worte berechtigt dem Denkmal für Millionen ermordeter Juden [...].« Hier bricht S. das Zitat aus dem an sie gerichteten Brief ab. Es war auch dieser Brief, der sie zu dem Versuch führte, »die Tragödie des jüdischen Volkes in einem Mysterienspiel zu gestalten«. 1951 erschien *Eli. Ein Mysterienspiel vom Leiden Israels* in einer schmalen Auflage in Malmö, sieben Jahre später, im Mai 1958, in einer von Alfred Andersch eingerichteten Hörspielfassung, vom Süddeutschen und Norddeutschen Rundfunk ausgestrahlt, 1962 von einer Studentenbühne in Frankfurt am Main uraufgeführt. Es ist in seiner Reihung szenischer Dialoge ein allegorisches, kaum aufführbares Stück über den Schuster Michael, der den Mörder des Hirtenjungen Eli sucht. Ein Soldat hatte ihn mit dem Gewehrkolben erschlagen. Michael findet diesen Soldaten; der Mann zerfällt vor dem »Gottglanz« auf Michaels Stirn, dem »Urlicht«, zu Staub. Die Reaktion auf die Hörfunksendung in Deutschland war ganz anders, als S. es erwartet hatte. Hatte die Dichterin nämlich »eine Botschaft aus Göttlichem – aus Versöhnung« erwartet, so trat jetzt das Entgegengesetzte ein: »Die Menschen glauben, dieses wäre ein rächendes Gedicht«, schrieb S. in einem Brief.

S.' Judentum wird in der deutschsprachigen Rezeption zu einer repräsentativen Größe: »Nelly Sachs ist die letzte

Dichterin des Judentums in deutscher Sprache, und ihr Werk ist ohne diese königliche Herkunft nirgends zu begreifen«, schreibt Hans Magnus Enzensberger in seiner Auswahl ihrer Gedichte. Israel stehe bei S. stellvertretend für die Heils- und Unheilsgeschichte der ganzen Schöpfung. Enzensberger schreibt: »So handgreiflich, als nackte Realität wie die Asche und der Rauch in den Vernichtungslagern, so gegenständlich beginnt die Reise, als Exil, besitzlose Verbannung, Flucht vor den Schergen des Jahres 1940 in das gefriedete Schweden, und wie der Staub, so endet die Fahrt als kosmische, als Weltfigur.« S.' Judentum wird zu einer zusammenführenden, synthetisierenden Größe. 1965 wird ihr der Friedenspreis des Deutschen Buchhandels verliehen. In der Urkunde heißt es: »Das dichterische Werk von Nelly Sachs steht ein für das jüdische Schicksal in unmenschlicher Zeit und versöhnt ohne Widerspruch Deutsches und Jüdisches. Ihre Gedichte und szenischen Dichtungen sind Werke hoher deutscher Sprache, sie sind Werke der Vergebung, der Rettung, des Friedens.« Dem widersprach S. schon in ihrer kurzen Dankesrede, die schließt: »Lassen Sie uns gemeinsam der Opfer im Schmerz gedenken und hinausgehen aufs neue, um wieder und wieder zu suchen – von Ängsten und Zweifeln geplagt zu suchen, wo vielleicht weit entfernt, aber doch vorhanden, eine neue Aussicht schimmert, ein guter Traum, der seine Verwirklichung in unseren Herzen finden will.«

1966 erhielt S., zusammen mit dem israelischen Autor S.J. Agnon, den Nobelpreis für Literatur. Die Dichterin starb 1970, wenige Tage nach dem Freitod von Paul Celan, mit dem sie eine im Briefwechsel beider dokumentierte Freundschaft verband.

Werke: Fahrt ins Staublose. Die Gedichte der N.S., Frankfurt a.M. 1961; Zeichen im Sand. Die szenischen Dichtungen der N.S., Frankfurt a.M. 1962; Verzauberung. Späte szenische Dichtungen, Frankfurt a.M. 1970; Teile dich Nacht. Die letzten Gedichte, hg. M. u. B. Holmqvist, Frankfurt a.M. 1971.

Literatur: B. Lermen/M. Braun, N.S.: »an letzter Atemspitze des Lebens«, Bonn 1998; A. Eshel, Zeit der Zäsur. Jüdische Dichter im Angesicht der Shoah, Heidelberg 1999.

Thomas Sparr

Sahl, Hans (eigentl. Hans Salomon)
Geb. 20.5.1902 in Dresden;
gest. 27.4.1993 in Tübingen

Die literarischen Arbeiten, die seit 1933 im Exil entstanden, in das ihn die Machtübernahme Hitlers zwang, tragen jenen Autorennamen, der ihn erst Jahrzehnte später berühmt machte: Hans Sahl. Geboren in Dresden, seit seinem sechsten Lebensjahr in Berlin ansässig, wuchs S. in einem großbürgerlichen Elternhaus auf. Sein Vater, der Bankier und Kommerzienrat Paul D. Salomon, und seine Mutter, Anna, geb. Maaß, waren typische Vertreter eines »schon fast völlig assimilierten, deutsch denkenden und deutsch betenden jüdischen Patriziertums geworden, das mit zahlungskräftiger Kaisertreue in der deutschen Gesellschaft aufzugehen trachtete«, wie S. am Anfang seiner *Memoiren eines Moralisten* schreibt. Dies unterstreicht auch der Umstand, daß der Vater Mitglied im »Verein deutscher Staatsbürger jüdischen Glaubens« war. Wenn S. von seinem Judentum in jenen Jahren spricht, so nennt er es am ehesten »sein Anderssein«. Konfrontiert mit dem Ostjudentum stellt S. sich die Frage »Wohin gehöre ich? [...] Ich glaubte an Gott, aber in welcher Sprache sollte ich zu ihm beten?«

S. studierte Kunst- und Literaturgeschichte, Archäologie und Philosophie in München, Berlin, Leipzig und Breslau. Seine kunstgeschichtliche Dissertation über den Breslauer Barbara-Altar veröffentlichte er 1926 noch unter dem Familiennamen Salomon. Bereits während seiner Studienzeit publizierte S. erste Beiträge in der *Berliner Volkszeitung*, der *Weltbühne* und im *Prager Tagblatt*. Seine fünfteilige Serie *Klassiker der Leihbibliothek*, die im *Tage-Buch* erschien und in der er zeitgenössische populäre Literatur besprach, verschaffte dem jungen Kritiker Aufmerksamkeit und Ansehen. So erhielt der gerade vierundzwanzigjährige S. direkt nach Studienabschluß eine Anstellung als Film-, Theater-, und Literaturkritiker beim *Montag Morgen*. Neben journalistischen Beiträgen auf hohem Niveau entstanden die ersten dichterischen Versuche, Gedichte und Novellen. S. stand am Anfang einer glänzenden Karriere, als er sich gezwungen sah, Berlin von heute auf morgen zu verlassen und sich ins zunächst noch sichere Prag zu retten. Von dort aus wurden Zürich, Paris und nach seiner Flucht aus dem Internierungslager Le Ruchard schließlich Marseille zu Stationen seines Exils. Dort angekommen, schloß er sich dem Emergency Rescue Committee an, das unter Leitung von Varian Fry verfolgten politischen Flüchtlingen und bedrohten Künstlern half. Er wurde zu einem der wichtigsten Mitarbeiter Frys, dessen Buch *Auslieferung auf Verlangen* auch von S.s Mitarbeit berichtet. Mit einem der letzten aus Lissabon auslaufenden Schiffe, der SS Guinée, gelang ihm die Flucht nach New York.

Wie viele Neuankömmlinge hatte S. in Amerika einen schweren Start. Obgleich er 1942 in einem kleinen Exilverlag seine Gedichtsammlung *Die hellen Nächte* veröffentlichen konnte, schlug er sich mit gelegentlichen Schreib- und Übersetzungsarbeiten durch. Erschwert wurde diese Situation durch die vor allem politisch motivierten Streitigkeiten unter den Exilanten. Zentrale Figur dieses Konfliktes war Bert Brecht, dem S. nach anfänglich uneingeschränkter Verehrung bis an sein Lebensende in Haßliebe verbunden blieb, wovon S. im zweiten Band seiner Memoiren, *Das Exil im Exil*, berichtet. Neben Freundschaften wie denen zu Brecht und Piscator, die auf Grund politischer Meinungsverschiedenheiten zerbrachen, stehen solche, die über Jahre Bestand hatten; an herausragender Stelle jene zu George Grosz, zu dem S. 1950 persönlichen Kontakt aufgenommen hatte, nachdem sein Essay *Die Stockmenschen* in der *Neuen Zürcher Zeitung* erschienen war, deren New Yorker Kulturkorrespondent er zu dieser Zeit war. Der 1993 publizierte Band *So long mit Händedruck*, der Briefe und Dokumente von George Grosz und S. enthält, ist ein eindrückliches Zeugnis einer Künstlerfreundschaft. Über Jahre verbunden war S. auch jenen amerikanischen Autoren, deren kongenialer Übersetzer er nach dem Zweiten Weltkrieg wurde. Neben den Übertragungen zahlreicher Stücke von A. Miller, Th. Wilder, T. Williams und J. Osborne hat S. sich durch eine Vielzahl von Veröffentlichungen über das amerikanische Theater und die amerikanische Gegenwartsliteratur verdient gemacht, wofür er 1979 mit dem *Thornton Wilder Prize for Distinguished Translation of American Literature* geehrt wurde.

Das erste eigene literarische Werk, das S. nach dem Krieg größere Anerkennung brachte, war sein 1959 publizierter Roman *Die Wenigen und die Vielen*. Der Untertitel, *Roman einer Zeit*, verdeutlicht die Absicht des Autors, in der Form des Zeitromans Zeugnis abzulegen von jener Epoche, die Tausende ins Exil getrieben hatte. S. verschlüsselt darin bekannte und weniger bekannte Persönlichkeiten, denen er im Laufe seiner Exiljahre begegnet ist. So trägt die Figur des Dichters Jochen Scharf Züge Bert Brechts, Nathalie Asch ist an Ruth Fischer angelehnt, und nicht zuletzt erinnert der im New Yorker Exil lebende Protagonist namens Kobbe an S. selbst. Entsprechend der Zeit und der Verfassung jener, die sie erlebten, ist der Roman kaleidoskopartig aus Fragmenten zusammengesetzt: neben den erzählten Erinnerungen enthält er Briefe und Tagebucheintragungen. Die Form der Montage spiegelt die zerrissene Identität seiner Protagonisten wider.

Ob in seinen Memoiren, ob in der Prosa, die in den beiden Bänden *Umsteigen nach Babylon* (1987) und *Der Tod des Akrobaten* (1993) gesammelt erschienen, S. war stets ein gattungsbewußter Schreiber. Unter einer immer stärker werdenden Sehschwäche leidend, hat S. seine Memoiren mit Hilfe eines Diktiergerätes verfaßt. Schon früh hat S. auf soziale Ungerechtigkeiten in seiner Umwelt sensibel reagiert. Antisemitische Anfeindungen, denen er während seiner Schul- und Studienzeit ausgesetzt war, führten zu einer stärkeren Identifizierung mit seinem Judentum. Die Auseinandersetzung mit dem Verhältnis zwischen Juden und Deutschen steht im Mittelpunkt seines 1976 entstandenen Theaterstücks *Hausmusik*. Es formuliert die Absage an den Weg der Assimilation, den seine Eltern wie viele andere deutsche Juden gewählt hatten: »In meinem Theaterstück *Hausmusik* habe ich versucht, jenes Bürgertum jüdischer Provenienz zu zeichnen, das den Prozess der Eindeutschung bis zur Selbstaufgabe betrieb, die Tragikomödie einer Illusion, die in Auschwitz endete.« Bis in die Intimität der Beziehung des Vaters zu seinem zärtlich geliebten Kind schlägt sich das grausame Wissen um die Zugehörigkeit zu den für die Vernichtung Vorgesehenen nieder: »An den Stätten, über die kein Mund berichten/ Kann ohne zu stammeln, hätten sie dich in ein Hemd/Aus schwarzer Erde gekleidet und zu den Ratten geworfen.« S.s Antwort auf dieses grausame Wissen war weder eine Hinwendung zu einem religiös noch zu einem zionistisch geprägten Judentum. Er blieb, was er in der Weimarer Republik war: Kosmopolit und Autor deutscher wie jüdischer Herkunft und als solcher mehr Angehöriger einer Schicksals- als einer Religionsgemeinschaft oder Nation.

Darüber, daß S. nie wieder in einem Land ganz heimisch wurde, sollte auch seine späte Übersiedlung im Jahre 1989 aus den USA in die Bundesrepublik nicht hinwegtäuschen. Für S. wurde das Exil, in das er 1933 gestoßen wurde, zur Metapher einer Existenzform, die nicht mit dem Zweiten Weltkrieg endete und der das beste abzutrotzen er sich bis an sein Lebensende bemühte: »Ich bin ein exterritorialer Mensch geworden, ich habe einen Pakt mit der Fremde geschlossen. Ich kann nicht mehr ohne sie leben, ohne dieses Gefühl, nicht ganz zu Hause zu sein. Ein Gast in fremden Kulturen [...].«

Werke: Die Wenigen und die Vielen. Roman einer Zeit, Frankfurt a.M. 1959; Memoiren eines Moralisten, Zürich 1983; Das Exil im Exil. Memoiren eines Moralisten II, Frankfurt a.M. 1990; Wir sind die Letzten. Der Maulwurf. Gedichte, Frankfurt a.M. 1991.

Literatur: E.W. Skwara, H.S. Leben und Werk, Bern 1986; S. Kellenter, H.S., in: Deutsche Exilliteratur seit 1933, hg. J.M. Spalek, Bd. 2, Bern 1986, 90–103; G. Ackermann u.a., H.S. Eine Bibliographie seiner Schriften, Marbach 1995.

Karina von Tippelskirch

Salten, Felix (eigentl. Siegmund Salzmann)

Geb. 6.9.1869 in Budapest;
gest. 8.10.1945 in Zürich

S. war einer der erfolgreichsten Schriftsteller der ersten Hälfte des 20. Jahrhunderts. Seine im Paul Zsolnay Verlag veröffentlichten Novellen, Romane und Tiergeschichten, darunter das von Walt Disney verfilmte Buch *Bambi* (1923), erreichten hohe Auflagen und seine zahlreichen Theaterstücke viele Aufführungen. Seine ungebrochen positive und in dem Buch *Neue Menschen auf alter Erde* (1925) sowie zahlreichen Zeitungsartikeln ausformulierte Beziehung zum Judentum ist aber, im Gegensatz zu R. Beer-Hofmann, nur wenigen seiner Leser und Rezipienten bewußt. Dazu kommt, daß sowohl seine Publikationen wie auch sein Nachlaß – im Privatbesitz in Zürich – kaum erforscht sind.

S. stammte aus einer rabbinischen Familie, wuchs in Wien auf und konnte wegen der finanziellen Notlage seiner Eltern nicht studieren. Nach einer kurzen Zeit als Mitarbeiter der Phönix Versicherung wurde er Theaterkritiker der *Wiener Allgemeinen Zeitung*, übersiedelte 1906 nach Berlin und kehrte bald darauf als Feuilletonredakteur der *Zeit* nach Wien zurück. Als späterer Feuilletonredakteur der *Neuen Freien Presse* wurde er der Nachfolger von Theodor Herzl, mit dem er befreundet war. 1929 pries er ihn in einer Gedenkrede bei einer zionistischen Feier, die auch in der *Neuen Freien Presse* abgedruckt wurde, als Genie, Prophet und Befreier seines Volkes. Herzls Schrift *Der Judenstaat* lobte er in geradezu hymnischen Tönen: »Auf ihren Schwingen hob sie die Seele eines entmutigten, beleidigten, verzweifelten Volkes zur Höhe der Entschlossenheit.« In dem renommierten Blatt schrieb er immer wieder über jüdische Autoren, darunter über Schalom Asch und den populären Wiener jüdischen Romancier Leopold Ehrlich-Hichler. Daneben berichtete er auch über interne Angelegenheiten der Israelitischen Kultusgemeinde und wiederholt über das jiddische und hebräische Theater.

Als der zionistische Publizist Yomtow Ludwig Bato, der hebräische Sprachwissenschaftler Harry Torczyner (in Israel Naphtali Tur-Sinai) und M. Y. Ben-Gavriêl 1918 den Verein jüdischer Forscher, Schriftsteller und Künstler Haruach gründeten, trugen sie S. die Präsidentschaft an. Die Vorstandssitzungen fanden in seinem Haus statt. Einen Eindruck von S.s jüdischem Selbstverständnis zu dieser Zeit vermittelt Bato, der ein nach einem Vortrag Ende der 20er Jahre formuliertes Bekenntnis von S. überliefert: »›Alles was ich bin, sagte er, alles, was ich weiß, alles, was ich kann, verdanke ich einzig und allein dem Judentum.‹« S.s Buch *Geister der Zeit* enthielt auch Essays über Herzl und über Karl Lueger, dessen Antisemitismus er nicht verschwieg. 1925 besuchte S. Palästina und veröffentlichte im gleichen Jahr das aus einer zionistischen Perspektive geschriebene, von den Zionisten begeistert aufgenommene Buch *Neue Menschen auf alter Erde*, in dem er bekannte: »[...] durch nichts in der Welt kann das Judentum gerettet werden als durch dieses Land.« Über das Judentum schrieb er darin: »Die Juden wissen von ihrem eigenen Volk nur sehr, sehr wenig; die anderen aber ahnen nichts vom jüdischen Wesen und so ist es gekommen, daß die Juden unter allen Völkern fast gar nicht gekannt und am meisten gehaßt werden. Richtiger: sie werden am meisten gehaßt, weil sie gar nicht gekannt werden.« Das Buch enthielt auch einige sehr aufschlußreiche autobiographische Stellen, darunter die Sätze: »Ich bin kein Jude gewesen, da ich ein Knabe war. Als Jude geboren, bin ich erst später, erst als Jüngling mit aufgewachtem Denken und aufgerütteltem Gefühl Jude geworden.« Außerdem bekannte sich S. darin erneut zu Herzl, »als mich seine Gestalt, seine Menschlichkeit, der Umgang mit ihm entflammte«.

1928 wurde S. Präsident des österreichischen PEN-Klubs. Bei der Konferenz des Internationalen PEN-Klubs 1933 in Ragusa trat er gegen einen verschärften Kampf gegen die nationalsozialistischen Schriftsteller auf und erklärte nach der Eröffnungsrede des internationalen Präsidenten des PEN, H. G. Wells, daß er Jude sei und in Deutschland noch nie danach gefragt worden sei. Dies brachte ihm von zahlreichen Kollegen, darunter Karl Kraus, den Vorwurf des Verrats ein und führte zur Spaltung des österreichischen PEN Klubs und zum Austritt S.s.

S.s 1904 geborene Tochter Anna Katharina heiratete den Schweizer zionistischen Rechtsanwalt Veit Wyler, der als Verteidiger des Gustloff-Attentäters David Frankfurter und als jahrzehntelanger Herausgeber der Zeitschrift *Das Neue Israel* bekannt wurde. Nach dem »Anschluß« Österreichs an das Deutsche Reich 1938 emigrierte S. zu seiner Tochter nach Zürich, von wo er nicht mehr nach Wien zurückkehrte.

Werke: Geister der Zeit. Erlebnisse, Berlin u.a. 1924; Neue Menschen auf alter Erde, Berlin u.a 1925.

Literatur: Y.L. Bato, Bekenntnis zum Judentum. Der Schriftsteller F.S., in: Allgemeine Wochenzeitung der Juden in Deutschland, 31. 12. 1965; L. Muerdel Dormer, F.S., in: Major Figures of Turn of the Century Modern Austrian Literature, hg. D.G. Daviau, Riverside 1991, 407–440.

Evelyn Adunka

Saphir, Moritz Gottlieb (eigentl. Gottlieb Moses)

Geb. 8.2.1795 in Pest; gest. 5.9.1858 in Baden bei Wien

Schreiben und Denken des erfolgreichen Journalisten und Humoristen S. zielten in erster Instanz darauf ab, die Einschränkungen seiner jüdischen Herkunft durch schriftstellerische Popularität zu überwinden und damit gesellschaftliche Akzeptanz zu gewinnen. Da dieses Bestreben an seinen verschiedenen Aufenthaltsorten immer wieder antisemitische Gegenreaktionen hervorrief, wurde der opportunistische, manchmal skrupellose S. gelegentlich dazu gebracht, über die Assimilations- bzw. Ausgrenzungsproblematik zu räsonieren. Die sich daraus ergebenden Gedankengänge blieben zwar fragmentarisch, erweisen sich aber als überraschend einsichtsvoll für einen niemals als besonders meinungsfest oder engagiert geltenden Autor.

Trotz der Tatsache, daß S., der Sohn eines Kaufmanns und Steuereinnehmers, 1806 an eine Talmudschule in Prag geschickt worden war und eigentlich Rabbiner hätte werden sollen, war er keineswegs sehr religiös. Schon 1814 begann er seine literarische Tätigkeit als Theaterkritiker, die er bald erweiterte und in Wien, Berlin, München und Paris fortsetzte, wo er zahlreiche Zeitschriften wie *Berliner Schnellpost* und *Courier* (1826–30), *Der deutsche Horizont* (München 1830–32) und *Der Humorist* (1837 ff.) gründete. Weder in seiner redaktionellen Tätigkeit noch in den von S. selbst geschriebenen Artikeln ging es ihm darum, »jüdische« Themen zu behandeln oder »jüdische« Fragen zu erörtern. S. schrieb als repräsentatives Mitglied einer sprachlich und kulturell als »deutsch« zu bezeichnenden Öffentlichkeit. Das »Jüdische« an seinen Schriften wurde vor allem in ihrem Ton und in der allgemeinen Assoziation des Judentums mit dem Entstehen des Boulevard-Journalismus gesehen. In allen seinen Veröffentlichungen bediente sich S. eines inkonsequent-wortspielerischen, aber auch oft schneidend-satirischen Humors, der von der Mehrheit seiner Leser als jüdisch angesehen wurde, so daß er bald den zweifelhaften Ruf erlangt hatte, einen »zersetzenden« jüdischen Witz in den deutschen Kulturdiskurs eingeführt zu haben. Da S. nicht davor zurückscheute, Theaterproduktionen und andere kulturelle Veranstaltungen auf polemischste Art und Weise zu kritisieren und persönliche Fehden durch Spott und Charakterverleumdungen auszufechten, wurde diese rezeptionelle Tendenz im Laufe der Jahre immer stärker. Zusammen mit Heine und Börne wurde S. in der Literaturgeschichte wiederholt zum Bannerträger bzw. Symbol des bösen feuilletonistischen »Judenwitzes« (Geiger) im deutschen Vormärz gemacht.

Maßgebend für die ethnisch beladenen Konflikte, die S. mit seinen schnell erscheinenden und weitverbreiteten Zeitschriften provozierte, war der sogenannte »Pamphletenkrieg« seiner Berliner Periode (Townsend). Nachdem er mehrmals einige prominente kulturelle Persönlichkeiten perhorresziert hatte, denen er sich früher vergeblich anzuschließen versucht hatte, wurde S. selbst wiederholt als geld- und machtgieriger Eindringling und halbgebildeter Feind des sittlichen und kulturellen Wohls der preußischen Hauptstadt attackiert. Da krasse Stereotypen von dem »nach Knoblauch stinkenden« und des Hochdeutschen unfähigen Juden nicht ausblieben, sah sich S. dazu gezwungen, zur Assimilationsfrage Stellung zu nehmen und sich dabei Gedanken über den ethnischen Inhalt verschiedener Diskursmodalitäten zu machen. Die Kultur, insbesondere das Theater, war für S. eine offene Arena, die allen Deutschsprechenden im gleichen Maße zugehörte: Das Adjektiv »deutsch«, wie es in Begriffen wie »die deutsche Kultur« vorkam, bezeichnete bloß die Sprache, in der man schrieb, brachte aber keinen spezifischen Inhalt mit sich. Einen Mißbrauch der deutschen Öffentlichkeit konnte es laut S. kaum geben. Solange die Organe der Kultur allgemein zugänglich und relativ zensurfrei blieben, würden S. zufolge wahre Ideen über falsche, Talent über Mittelmaß immer siegen. Durch die Instrumentalisierung dieser kulturellen Öffentlichkeit konnten Juden und andere Minoritäten ihre völlige Integration in die Gesellschaft geradezu erzwingen.

Der Witz spielte in diesem Assimilationsprozeß eine besondere Rolle, zumal witzige Wendungen, Wortspiele und ähnliche innovative Sprachgebräuche starr gewordene Denkmuster durchbrechen konnten. S. selbst behauptete an mehreren Stellen eine enge Verbindung zwischen dem Humor und dem Judentum. »Schon darin erstens«, witzelte S., »weil man durch die Censur den Witz fast überall beschneiden läßt, hält er sich selbst für einen Juden, und hält sich zu seinen Glaubensgenossen.« Da das Lachen reflexiv war, also nicht unter der Kontrolle des meistens vorurteilsbeladenen Bewußtseins stand, bot sich der Humor als Mittel an, Stereotype und soziale Ungerechtigkeiten zu bekämpfen. »Die Juden haben zu dem Witz gegriffen«, meinte S., »weil das jener Waffendienst ist, bei dem sie es mit der Zeit bis zum Officier bringen können, bevor ein Armeebefehl den Taufschein und nicht das Verdienst in Betracht zieht.« Soziale Kommunikation wurde als Dauerkampf begriffen, wobei das ultimative Ziel die Überwindung bzw. Irrelevanz jüdischer Herkunft durch gesellschaftliche Integration blieb. Trotz seiner frivolen Ausdrucksweise warf S. damit ein Schlaglicht auf die kommende historische Signifikanz des Humors für nach Gleichberechtigung und Integration strebende Minoritäten. S. führte gelegentlich den besonderen jüdischen Hang zu humoristischen Diskursmodalitäten auf die Heimatlosigkeit und das unfreiwillige Exil des jüdischen Volkes zurück. Trotzdem glaubte S. nicht, daß die Juden zu seiner Zeit noch eine ethnische oder kulturelle Einheit bilden sollten und setzte sich für die Auflösung jüdischer Partikularität ein.

S.s analytisches Räsonnement zeigte sich nicht minder einsichtsreich in bezug auf die Psychologie des Antisemitismus. Nietzsches bzw. Freuds Begriffe von Ressentiment und Kompensation antizipierend, diagnostizierte S. die Judenfeindlichkeit seiner Zeit als Verstellungsstrategie, die den Zweck bediente, eigene Identitätsschwächen zu kompensieren. »Wenn dem Judenfeind einmal die Juden den verdammten Streich spielen wollten, ganz auszusterben«, schrieb S. polemisch, »wäre er das geschlagenste, erbärmlichste, miserabelste Männchen aller fünf Welttheile, er hörte auf, etwas zu sein, er müßte stumm herumwandeln.« Dabei erklärte er die bald zum Cliché erstarrende Humorlosigkeit der Deutschen als Symptom unterwürfiger und von daher sich immer bedroht fühlender kollektiver Identität: »Der Humor ist ein geborener Engländer und kein Deutscher. Daher schreibt er wie die Engländer das I groß, und nicht wie die Deutschen, die kaum ein i klein genug finden können, um ihr demüthiges ›ich‹ damit anzufangen«.

Solche pointierten Formulierungen waren als amüsante Unterhaltungsprovokationen seiner Leserschaft kalkuliert. Demzufolge ist es nicht verwunderlich, daß S. im Laufe des 19. Jahrhunderts zum Prügelknaben deutscher Chauvinisten und Antisemiten geworden ist. Heinrich von Treitschke beschrieb S. z. B. als »einen ungarischen Juden ohne Geist, ohne Geschmack, sogar ohne die gewöhnlichsten Schulkenntnisse, aber von unverwüstlicher Frechheit«. Eben an solcher Feindseligkeit kann man aber heute feststellen, ohne S. verherrlichen zu wollen, daß S. einen neuen politischen Ton des Humors im deutschen Feuilleton angeschlagen und dadurch die deutsche Kultur mit einer von ihr ausgegrenzten »jüdischen Präsenz« konfrontierte. Auch und gerade als Fürsprecher der Assimilation erwies er sich so als engagierter Advokat einer »jüdischen« Teilname an der deutschen Öffentlichkeit.

Werke: Schriften. Gesammt-Ausgabe, Brünn u. a. 1887–89.

Literatur: L. Geiger, Berlin 1688–1840. Geschichte des geistigen Lebens der preußischen Hauptstadt, Berlin 1895; Juden im Vormärz und in der Revolution von 1848, hg. J. Schoeps u. a., Stuttgart 1983; M. L. Townsend, Forbidden Laughter: Popular Humor and the Limits of Repression in Nineteenth-Century Prussia, Ann Arbor 1992; J. S. Chase, Inciting Laughter: The Development of »Jewish Humor« in Nineteenth-Century German Culture, Berlin u. a. 1999. *Jefferson S. Chase*

Schlegel, Dorothea
(eigentl. Brendel Veit)
Geb. 24. 10. 1764 in Berlin;
gest. 3. 8. 1839 in Frankfurt a. M.

Sch. hat sich in ihren überlieferten und veröffentlichten Schriften kaum je zu jüdischer Religion, Geschichte und Gegenwart geäußert. Sie könnte darum zu jenen Autorinnen aus jüdischem Hause gezählt werden, die dem (fast vollständigen) Schweigen der frühen jüdischen Aufklärung zur Situation der Frauen mit ihrem eigenen Schweigen zum Judentum begegneten. Als Brendel, Tochter der Fromet und des Moses Mendelssohn, wuchs sie in einem zugleich aufklärerischen und religiös observanten Haus auf. Ihr Vater arrangierte ihre Verlobung mit dem Bankier Simon Veit, den sie 1783 heiratete – eine Ehe, in der sie unglücklich blieb. Brendel Veit war Gastgeberin und Gast von Lesegesellschaften und gründete mit Henriette Herz, Alexander und Wilhelm von Humboldt den »Tugendbund«. 1797 lernte sie Friedrich Schlegel kennen und leitete die Scheidung in die Wege, die zu Beginn des Jahres 1799 ausgesprochen wurde. Dorothea – so nannte sie sich seit 1798 – veröffentlichte anonym oder unter Friedrich Schlegels Namen Kritiken, den Roman *Florentin* und trug durch zahlreiche Übersetzungen aus dem Französischen entscheidend zum gemeinsamen Unterhalt bei. 1804 konvertierte sie zum Protestantismus und heiratete Schlegel, 1808 konvertierten beide zum Katholizismus. Was Sch. über ihre jüdischen Erfahrungen zu sagen hatte, scheint in einer schroff abweisenden Geste beschlossen. 1802 schreibt sie über das katholische Christentum: »Dieses hat mir zu viel Aehnlichkeit mit dem alten Judenthum, das ich sehr verabscheue.« Doch ermöglichen Sch.s Schriften auch eine Lektüre, die neben der wortkargen Abkehr vom Judentum den beredten Versuch entdeckt, über ein Konzept von »Herkunft«

hinauszugelangen, das eine so allgemeine wie sprachlose Negation erzwingt, will eine sich weder als Jüdin noch als Frau festlegen lassen. Wo in Sch.s Roman und einigen ihrer Briefe und Aufzeichnungen die miteinander verwobenen Motive der Reise und der Fremde, der Kindheit und des Vaterlands hervortreten, wird die Negation der Herkunft in eine Geschichte der Herkunftslosigkeit verwandelt, die es erlauben könnte, sich Herkunft erst, und immer neu, zuzuschreiben.

Florentin, der Protagonist des gleichnamigen Romans von 1801, präsentiert sich zunächst als Reisender, dann – nach wenigen Seiten – in der Begegnung mit einer adligen Familie als Fremder: »So weit mich mein Gedächtnis zurückträgt, war ich eine Waise und ein Fremdling auf Erden, und so denke ich das Land mein Vaterland zu benennen, wo ich zuerst mich werde Vater nennen hören.« Sch.s Versuch, Florentins Herkunft offen zu lassen, indem sie auf jüdische Tradition und Sprache rekurriert, wird noch im selben Atemzug zurückgenommen. Florentin entwirft sein Konzept des Vaterlands als Absage an das jüdische »Land der Väter«: es soll nicht Abkunft, sondern Ankunft bezeichnen, einen Ort, der nicht von der Vergangenheit, sondern von der Zukunft her zu denken ist, ein Land, das sich der Möglichkeit des Hervorbringens – eines Sohnes, eines Werks – verdankt. Reisender bleibt Florentin, weil er sich dem Prozeß der Einschließung in Familie und Haus unentwegt entzieht. Er erzählt von einem Mann und einer Frau aus seiner frühesten Kindheit, die aber nicht seine Eltern sind, von einem Vater, der gestorben ist, von einer Mutter, die ihm enthüllt, daß sie nicht seine richtige Mutter ist, und von der Isolierung in einem Haus, in dem er sich lernend auf eine klösterliche Zukunft vorbereiten muß, es gelingt ihm aber die Flucht. Während die Tochter seiner adligen Gastfamilie erkennt, daß sie die familiär vorgezeichneten Wege nicht zu verlassen vermag und Hochzeit feiert, bricht Florentin aus dem Zirkel der Festgesellschaft aus und begibt sich auf die Reise zu einer Angehörigen der Familie, die stets abwesend geblieben ist. Sie könnte womöglich seine Herkunft aufdecken, doch Florentin insistiert auf seiner Herkunftslosigkeit, indem er erneut entflieht – dieses Mal dem Auge der Lesenden wie der Autorin: der Roman bricht hier ab. Sch. weist das Verfahren des Bildungsromans, Herkunft an einen Prozeß der Selbst-Bildung zu knüpfen und so als formbar darzustellen, zurück. Sie besteht auf Florentins Herkunftslosigkeit, die die Maxime des Bildungsromans, »mich selbst, ganz wie ich da bin, auszubilden«, bedeutungslos macht. Er könnte nur werden, was noch nicht da ist, nicht er selbst, nicht ein anderer. Sch. experimentiert mit dem romantischen Begriff der Bestimmung, der Möglichkeit immer neu zu bestimmen, was die eigene Bestimmung ist (Stephan), und rückt Herkunft auf diese Weise nahe an eine Figur des unendlichen Aufschubs, darstellbar nur durch eine »ironische Ästhetik der Abwesenheit«, eine unabschließbare Reihe der Verschiebungen und Supplemente (Helfer).

Strategien der Verschiebung, des »Überschreibens« (Stephan) ermöglichen es Sch. auch, Erfahrungen eines Mädchens aus jüdischem Haus um 1780, die weder unmittelbar preisgegeben noch schweigend übergangen werden sollen, verkleidet und verfremdet darzustellen. So fällt auf, daß Florentin den drohenden Verlust seines Haars beim Eintritt ins Kloster und sein Entsetzen darüber als letzten Auslöser seiner Flucht aus dem Haus der Kindheit schildert. Erst fünfzehn Jahre später wird Henriette Herz in ihrer Autobiographie die Verletzung direkt zur Sprache bringen, die der Brauch, nach der Heirat das Haar vollständig zu verbergen, für sie bedeutete. Florentins Versicherung, seine Kindheit sei »die einzige Epoche meines Lebens, die mich interessiert, die mich so schwatzhaft gemacht hat« und Sch.s briefliche Bemerkung, im Roman seien die Farben »manchmal etwas kindlich zu grell aufgetragen«, diese flüchtige Überschneidung zwischen der Perspektive des Ich-Erzählers und der Autorin, kann als Indiz dafür gelten, daß die Erzählung von »Zwang« und »Unrecht« der Kindheit auch als autobiographische Inszenierung gelesen werden darf.

Sch. hat ihren Roman als »guten Sohn« anerkannt, doch ihr Versuch, sich als Fremde hervorzubringen, die keine Herkunft und keine Repräsentation außer derjenigen zuläßt, die sie selbst artikuliert, stieß in der zeitgenössischen Kritik auf Widerstand. Ihre schreibenden Leser weigerten sich, ihre Autorschaft als Vaterschaft anzuerkennen, die ein neues Vaterland produzieren könnte, und waren von dem Wunsch beherrscht, die Herkunft Florentins zu klären, indem sie ihn restlos auf Gestalten aus Romanen anderer Schriftsteller und aus Sch.s Leben zurückführten. Der Schluß, den Sch. für Florentin entwarf, könnte daher auch als Antwort auf die Schwierigkeit gelesen werden, ein Vaterland zu finden, das nicht schon Land der Väter – Mendelssohns, Goethes, Schlegels, Tiecks – ist: Florentin gelangt nach Amerika, besucht Europa wohl noch einmal, doch »wissen wir ja, dass er [...] die Vortheile, die Feinheiten der Kultur verschmähte und zu seinen geliebten Wilden zurückkehrte. [...] Er lebt vielleicht noch und erzählt seinen Enkeln die unglückbringenden Wunder und das glänzende Elend der Europäer.« Es bedarf eines unkultivierten, wilden Ortes, um Florentin zum Autor seiner Repräsentation machen zu können und eine Herkunft für ihn zu finden, die sich aus der Möglichkeit der Kritik, des Erzählens und der Überlieferung ergibt.

Werke: D. v.Sch. geb. Mendelssohn und deren Söhne Johannes und Philipp Veit. Briefwechsel, Bd. I, hg. J. M. Raich, Mainz 1881; Kritische Friedrich-Schlegel-Ausgabe, hg. E. Behler u. a., Abt. III: Briefe von und an Friedrich und D.Sch., Paderborn 1980ff.; Florentin. Roman, Fragmente, Varianten, hg. L. Weissberg, Frankfurt a. M. u. a. 1987.

Literatur: B. Hahn, Unter falschem Namen. Von der schwierigen Autorschaft der Frauen, Frankfurt a. M. 1991; I. Stephan, Weibliche und männliche Autorschaft. Zum »Florentin« von D.Sch. und zur »Lucinde« von Friedrich Schlegel, in: »Wen kümmert's, wer spricht«. Zur Literatur und Kulturgeschichte von Frauen aus Ost und West, hg. I. Stephan u. a., Köln u. a. 1991, 83–98; L. Weissberg, Schreiben als Selbstentwurf. Zu den Schriften Rahel Varnhagens und D.Sch.s, in: Zeitschrift für Religions- und Geistesgeschichte 47 (1995), 231–253; M. B. Helfer, D. Veit-Sch.'s Florentin. Constructing a Feminist Romantic Aesthetic, in: The German Quarterly 69 (1996), 144–160.

Andrea Schatz

Schnitzler, Arthur

Geb. 15. 5. 1862 Wien;
gest. 21. 10. 1931 in Wien

Sch.s Lebensweg scheint von Anfang an auf die Bahnen des großbürgerlich akkulturierten Wiener Judentums angelegt zu sein und dabei jene Generationenschwelle zu überschreiten, die nach der beruflichen und wirtschaftlichen Sicherung der Vätergeneration nun die Freisetzung für intellektuelle und künstlerische Berufsneigungen gestattet. So schwenkt Sch. in die ärztliche Berufslaufbahn wie der Vater Johann Sch. (1835–93) ein, befaßt sich aber früh mit literarischen Plänen. Trotz geebneter Wege zeigen sich im *Tagebuch*, schon in den ersten Jahrgängen, sowie in den literarischen Entwürfen Indizien für ein »zwischen Zugehörigkeit und Entfremdung schwankendes Bewußtsein« (Schwarz), die sich offenkundig im Jahrzehnt der ersten Bühnenerfolge des Autors vertiefen. In dieses Jahrzehnt, ab 1890, fällt die Dreyfus-Affäre, in deren drittem Jahr ein persönliches Erlebnis Sch. sehr nahe geht. Sein Freund Paul Goldmann hat sich mit einer Reihe von Artikeln zur Affäre in der *Frankfurter Zeitung* beleidigende Äußerungen eines französischen Diplomaten zugezogen und sieht sich zu einer Duellforderung genötigt. Nach dem glimpflichen Verlauf zeigt sich Sch. äußerst erleichtert und schreibt an den Freund (22. 11. 1896): »Du hast Dich einfach prachtvoll benommen – auf *Dein* Tun und Schreiben hin allein müßte das Verfahren gegen Dreyfus neu aufgenommen werden.« Dieses Ereignis fällt in die Jahre, in denen Sch.s Abneigung gegen das Duell literarischen Ausdruck gefunden hat. Dem Drama *Freiwild* (1896), das Sch. Goldmann im Sommer vorgelesen hatte, folgt später *Lieutenant Gustl* (1900), ein Werk, das ihm – nicht wegen seiner innovativen Form als Erzählung des inneren Monologs, sondern wegen seiner Problematisierung der Ehrencodices – die Aberkennung seines Offiziersranges und öffentliche antisemitische Anfeindung eintrug.

Schon im Jahr zuvor hat die erneute Verurteilung von Dreyfus das Problem des europäischen Antisemitismus neu virulent werden lassen. Besonders die Reaktion der Wiener antisemitischen Partei, von der ein höhnischer Vorschlag, alle Juden nach Cayenne zu deportieren, beklatscht wird, ruft Sch.s Empörung hervor (Briefe an Gustav Schwarzkopf vom 9.9. und 29. 9. 1899). So ist es nicht verwunderlich, daß der Autor ab 1903 mit literarischen Großentwürfen beschäftigt ist, die sich dem Thema Antisemitismus und der Situation des Judentums widmen.

Prinzipiell gesehen besteht sein Interesse an der sog. Judenfrage, welches nach seinen eigenen Worten vorwiegend psychologisch ist, schon seit früher Zeit, wie er in der Autobiographie *Jugend in Wien* (entstanden zwischen 1915 und 1920) ausführt. In der Tat hat Sch. in seinem *Tagebuch* bereits in der Schulzeit der Jahre 1875–79, dann vermehrt in den Studentenjahren, systematisch seine Beobachtungen über Antisemitismus und dessen Äußerungen eingetragen. Ebenso penibel verzeichnet er die Varianten jüdischen Verhaltens in allen seinen Schattierungen, wobei ihm zeitlebens der Überläufer so unangenehm ist wie der sich erniedrigende Assimilant oder gar der dem sogenannten ›jüdischen Selbsthaß‹ Verfallene. Solche Aufzeichnungen finden sich dann auch in den Jahren der literarischen Debatten und Versuche im Kreis von ›Jung-Wien‹, während er sich gleichzeitig um Berücksichtigung an den Theatern bemüht und sich die Zusammenarbeit und Freundschaft mit Otto Brahm anbahnt, dem wichtigsten Anwalt seiner Stücke außerhalb Österreichs, der diesen auf rund eineinhalb Jahrzehnte an seinen Berliner Bühnen Aufführungsmöglichkeit einräumt. Bezeichnenderweise treten die *Tagebuch*-Notizen dann zurück, als sich ab 1900 das Thema Antisemitismus und Judentum in die literarische Produktion direkt verlagert.

Auf diesem Lebensweg zeichnet sich eine Folgerichtigkeit und Konsequenz ab, die Sch. immer mehr zum Inbegriff eines religiös ungebundenen jüdischen Intellektuellen und Literaten werden läßt. Er versagt sich von Jugend auf jegliche nostalgischen Gefühle für die Vorgeschichte der Familie; er tilgt alle Rückbindungen an die religiöse Tradition; er entwickelt keinerlei Affinität zu den Varianten jüdischer Erneuerung und zeigt sich resistent gegenüber dem Zionismus, obwohl er Th. Herzl persönlich kennt und – ihm zu Gefallen – dessen Drama *Das neue Ghetto* anonym diversen Bühnen und Verlagen anbietet. Dennoch hält Sch. lebenslang an seinem

Judesein fest, postuliert die uneingeschränkte Ebenbürtigkeit von Geben und Nehmen im Verhältnis von jüdischer und deutscher bzw. österreichischer Kultur und vertritt ebenso, trotz ständiger und zeitweilig heftiger Verunglimpfung, das Postulat der vernunftgemäßen Symbiose als Notwendigkeit wie als Chance, ohne sich Illusionen über deren Realisierung zu machen. Dies alles zeigt sich deutlich in den Jahren nach der Dreyfus-Erfahrung, in denen der Autor seiner tabubrechenden Gesellschaftsdramatik – angefangen von *Liebelei* (1895) bis zu *Reigen* (1900), von den frühen *Anatol*-Einaktern (ab 1893) bis zu *Zwischenspiel* (1905) oder *Das weite Land* (1911) – nun ausdrücklich die Themen des deutsch-jüdischen Miteinanders in Österreich hinzufügt. Der Roman *Der Weg ins Freie* (1908) entfaltet diese Probleme in einem Panorama der eigenen Generationsgenossen als Intellektuelle und Künstler. Es reicht vom jüdischen Sozialisten, der seine gesellschaftlichen Ideale mit dem Zionismus verbindet und daher keine Scheidewand zwischen westlichem und östlichem Judentum duldet, bis zum assimilatorischen Gecken, den nur materieller Druck von der Konversion zum Katholizismus abhält, wobei die seismographische Erfassung der sozialen und psychischen Lage der Figuren sie aller doktrinären Grobzeichnung entrückt. Die Last, die ihnen allen mit dem Zwang zu einer eigenen Klärung ihrer Position auferlegt ist, wird selbst der nichtjüdischen Hauptfigur Georg von Wergenthin deutlich. Er beobachtet an seinen jüdischen Bekannten, wie sie das Gefühl, in Österreich daheim und verwurzelt zu sein und doch gerade hier diskreditiert und von der Mitwirkung an der Kultur ausgeschlossen zu werden, unablässig umtreibt. Diese permanente Verunsicherung läßt dem Beobachter die Bezeichnung »Jude« in einer neuen »gleichsam düsteren Beleuchtung« aufgehen. Alle Gestalten des Romans sind beschädigt, überverletzlich und nervös, auch die häufig als Selbstporträt des Autors interpretierte Literatenfigur Heinrich Bermann, der Sch. einen Disput mit dem Zionisten Leo Golowski einräumt. Trotz allem ist Bermann allenfalls bereit, ein moralisches und soziales Prinzip im Zionismus anzuerkennen, u. a. mit Rücksicht auf das religiöse Ostjudentum und seine Traditionen, schließt aber für sich die Hinwendung zur Idee eines Judenstaates nach religiösen und nationalen Prämissen aus, da sie ihm »wie eine unsinnige Auflehnung gegen den Geist aller geschichtlichen Entwicklung« erscheint.

Ein ähnliches Panorama wird – nun im Bereich von wissenschaftlichen und ärztlichen Berufen und erweitert um Charaktere wie den Altliberalen der Vor-Lueger-Zeit – in dem als »Komödie« bezeichneten Stück *Professor Bernhardi* erneut entworfen. Das Drama, dem u. a. Erfahrungen von Sch.s Vater und ihm selbst im Medizinermilieu zugrunde liegen, stellt eine rasant disponierte Verlaufsstudie über Anlaß und Dynamik einer antisemitischen Kampagne dar. Daher umfaßt es auch eine breite Galerie der ideologischen Varianten des Antisemitismus vom Deutsch-Nationalen bis zum Religiös-Klerikalen. Es ist Sch.s dramatisches Pendant zur *Affäre*, denn der Held Bernhardi wird von seinem Verräter-Freund, dem Minister Flint, unter Beziehung auf die liberal-jüdische Wiener *Neue Freie Presse* »als eine Art medizinischer Dreyfus« bezeichnet. Dabei ist besonders aufschlußreich, daß das Stück ein aporetisches Ende aufweist. Eine soziale oder politische Lösung ist nicht in Sicht, und persönlicher ethischer Heroismus, als eine Art Märtyrertum, wird keineswegs proklamiert. Dennoch hält der Autor – vor allem im Dialog zwischen Bernhardi und dem katholischen Geistlichen – am Postulat eines Miteinander von Juden- und Österreichertum fest, ohne daß der Handlungsverlauf diese Erwartung rechtfertigen würde.

Die Differenz zwischen Sch.s utopischer Erwartung und seiner realen Position als Autor wird in der Rezeptionsgeschichte des Stückes immer wieder evident. Zunächst wird in Österreich die Aufführung untersagt, nicht einmal eine Lesung (Preßburg 1913) wird eingeräumt, und nach Kriegsbeginn wird dem Autor durch die *Volkspresse* (1815) zum Vorwurf gemacht, das »erbärmlichste, allergemeinste, das Österreichertum am tiefsten verletzende Theaterstück« verfaßt zu haben. Aber auch in Berlin, wo 1912 das Stück aufgeführt wird und viele positive Rezensionen erhält, sieht man die Thematik nicht mit Sch.s Augen. Selbst Ludwig Geiger, der Wortführer des deutschen liberalen Judentums, will die Zeitdiagnose für Deutschland nicht wahrhaben und auf »ausgesprochen österreichische Verhältnisse« eingeschränkt wissen. Sch. selbst, dem 1913 der Vorschlag unterbreitet wird, ein wahrhaft österreichisches Drama – wohl ohne jüdische Hauptfigur – zu verfassen, reagiert in doppelter Hinsicht bemerkenswert. Zum einen erinnert er daran, »wie vieles das Deutschtum selbst den kulturellen und ethischen Leistungen des Judentums, soweit seine Geschichte zurückreicht, zu verdanken hat«. Zum zweiten lehnt er es ab, ein politisch beziehungsreiches österreichisches Stück zu schreiben, ohne daß darin der Bedeutung »jüdischer Elemente« und der »Eigentümlichkeit jüdischen Geistes« Rechnung getragen würde.

Es entspricht dieser Position, daß Sch. in den folgenden Jahren der geschichtlichen Entwicklung ohne jeglichen Anflug von Nationalismus gegenübersteht. Im Unterschied zu zahllosen Zeitgenossen ruft das Jahr 1914 bei ihm Entsetzen hervor: »Der Weltkrieg. Der Weltruin. Ungeheure und ungeheuerliche Nachrichten«, notiert er lakonisch am 5. 8. 1914. Und als 1918 in Wien ein »jüdischer Nationalrat« gebildet wird, zieht er sich – wie Egon Schwarz kommentiert – auf die Bastion des alten Liberalismus, das autonome Ich, zurück: »*Wer* hat zu entscheiden, wohin ich gehöre? Ich allein« (27. 11. 1918). Sch. hält diese Position auch in den Jahren der Republik aufrecht, obwohl ihn gleich zu Beginn die ›Affäre‹ um seinen *Reigen* heftiger antisemitischer Verunglimpfung aussetzt. Was um 1900 als sittlicher Skandal empfunden wurde, wird nun antisemitisch ausgeschlachtet. Knapp zehn Jahre später sieht Sch. dann selbst die aufsehenerregende *Affäre Dreyfus* von W. Herzog und H. J. Rehfisch. In Berlin ist sie als ›Zeitstück‹, als beschwörender Appell an die Öffentlichkeit, die Republik gegen die Machtübernahme von rechts zu retten, auf die Bühne gekommen. Die Aufführung am Volkstheater Wien, die Sch. im Jahr darauf sieht, kommentiert er mit dem Tagebuch-Eintrag: »Recht geschickt, im 4. und 5. Akt mehr« (15. 4. 1930). Im Zusammenhang mit dem politischen Aplomb dieses Stückes ist dann auch die Neuinszenierung der ›Affäre *Bernhardi*‹ durch Victor Barnowsky im Berlin des Jahres 1930 zu sehen, mit Fritz Kortner in der Titelrolle. Alfred Kerr rezensiert überschwenglich und wertet die Komödie höher als die Zeitdramatik der Gegenwart, indem er die unmittelbare politische Relevanz, die sie jetzt gewonnen hat, in den Mittelpunkt rückt. Die Aufforderung an Leser und Zuschauer lautet: »Stärkt Euch an gekonnter Vergangenheit – für das Heut, für das Übermorgen« (24. 1. 1930). Bevor dieses Übermorgen dann anbricht, findet diese *Bernhardi*-Inszenierung noch einmal besondere Aufmerksamkeit, denn sie bildet das Kernstück bei der Berliner Trauerfeier für Sch., wenige Wochen nach dessen Tod. Erneut spricht A. Kerr über »das Meisterwerk unter den Zeitstücken« (Nov. 1931) und fragt, wie lange es noch möglich sein mag, »wertvolle Stücke solcher Art zu spielen?«

Werke: Die dramatischen Werke, 2 Bde., Frankfurt a.M. 1961; Die erzählenden Schriften, 2 Bde., Frankfurt a.M. 1961; Jugend in Wien. Eine Autobiographie, hg. H. Schnitzler u.a., Wien u.a. 1968; Briefe, 1875–1912, hg. Th. Nickl u.a., Frankfurt a.M. 1981; Tagebuch, hg. W. Welzig, bislang 9 Bde., Wien 1981–97.

Literatur: H. Scheible, Sch. Reinbek 1976; E. Schwarz, A.Sch. und das Judentum, in: Im Zeichen Hiobs. Jüdische Schriftsteller und deutsche Literatur im 20. Jahrhundert, hg. G.E. Grimm/H.-P. Bayerdörfer, Königstein/Ts. 1985, 67–83; W.E. Yates, The Tendentious Reception of Professor Bernhardi. Documentation in Sch.'s Collection of Press Cuttings, in: Vienna 1900, hg. E. Timms u.a., Edinburgh 1990, 108–125.

Hans-Peter Bayerdörfer

Seghers, Anna (eigentl. Netty Reiling)

Geb. 19.11.1900 in Mainz; gest. 1.6.1983 in Berlin

»Ein Jude in Wien, der jetzt schon geraume Zeit tot war, war auf den Gedanken gekommen, das Gelobte Land, das Gott versprochen hat, sofort für das jüdische Volk zu fordern. Es sollte aus allen Ländern der Welt, in denen es verfolgt wurde, in seine Heimat nach Palästina zurückkehren.« Diese wenig emphatische Bezugnahme auf die zionistische Bewegung und ihren Begründer Theodor Herzl findet sich in der Erzählung *Post ins Gelobte Land*, die S. im Spätsommer 1945 im mexikanischen Exil schrieb. Es blieb der einzige literarische Text, in dem S. sich explizit mit Fragen des Judentums auseinandersetzte. Nicht einmal das entbehrungsreiche, langjährige Exil konnte sie offenbar für eine positive Perpektive auf eine jüdische Identität erwärmen. Sie sprach sich in dieser Erzählung ebenso für eine Assimilation aus, wie sie diese biographisch schon Ende der 20er Jahre für sich gewählt hatte: »S. hat ihrer jüdischen Herkunft, der durch das Judentum begründeten Welt- und Lebenssicht eine kompromißlose Absage erteilt und diese Entscheidung auf Dauer gestellt« (Haller-Nevermann). Auch in ihrer 1924 fertiggestellten kunstgeschichtlichen Dissertation *Jude und Judentum im Werke Rembrandts* erarbeitete S. keine positiven Bezugspunkte für ein jüdisches Selbstbewußtsein. Allenfalls beiläufig zitierte sie jüdische Charakterklischees: »Was Rembrandt dem jüdischen Modell entnimmt, das ist der Ausdruck jener Seite des jüdischen Wesens, welche sich mit Passivität, Hoffnung, Kummer, Leidensfähigkeit umschreiben läßt.« Ihr Hauptaugenmerk lag auf einem sozialen Realismus bei Rembrandt, zu dem ihn die Einwanderung ostjüdischer »Proletarier« und »Besitzloser« nach Amsterdam seit den 40er Jahren des 17. Jahrhunderts motiviert habe. Vor allem betonte S. in ihrer Dissertation, daß Rembrandts Malerei keinem genuin jüdischen Impuls entspringe, sondern umgekehrt einer christlichen Perspektive des Neuen Testaments unterstehe, daß »Rembrandt sein Modell ausschließlich als Medium einer christlichen Idee verwende, nicht als Mittelpunkt einer aus dem Judentum des Alten Testamentes gewonnenen Handlung«. Weniger die jüdische Fragestellung der Dissertation als ihr sozialgeschichtliches Interesse und ihre Orientierung an einem sozialen und politischen Realismus sollte für S.' weiteres Leben entscheidend werden. Vom Standpunkt eines marxistisch-kommunistischen Internationalismus erscheint der Verzicht auf eine religiöse und nationale Identifikation mit dem Judentum naheliegend. S.' Entscheidung für eine kommunistische und gegen eine jüdische Identität mit der Figur des jüdischen Selbsthasses zu erklären, findet zumindest weder in ihren literarischen noch ihren biographischen Dokumenten einen weiterreichenden Anhaltspunkt.

S. wuchs in einer relativ wohlhabenden und gebildeten Familie auf. Ihre Eltern, Hedwig (geb. Fuld) und der Kunst- und Antiquitätenhändler Isidor Reiling, gehörten der orthodoxen Israelitischen Religionsgemeinschaft in Mainz an, so daß die Tochter schon früh mit jüdischem Ritus in Berührung kam. Nach ihrem – damals für Frauen keineswegs selbstverständlichen – Studium in Heidelberg und Köln, das sie 1924 mit der Rembrandt-Dissertation abschloß, heiratete sie 1925 den ungarischen Juden und Kommunisten László Radványi und trat aus der jüdischen Gemeinde aus. Nach dem Umzug nach Berlin, wo Radványi Leiter der Marxistischen Arbeiterschule wurde, erhielt sie 1928 für ihre beiden Erzählungen *Grubetsch* und *Aufstand der Fischer von St. Barbara* auf Vorschlag des Vorjahrespreisträgers Hans Henny Jahnn den angesehenen Kleist-Preis. Mit Beginn ihrer schriftstellerischen Tätigkeit wählte sie das Pseudonym Seghers, nach dem niederländischen Maler Hercules Seghers aus dem 17. Jahrhundert. Sie trat in die KPD ein und wurde 1929 Mitglied im Bund Proletarisch-Revolutionärer Schriftsteller (BPRS). Mit Recht sprach Hans Mayer von »der nicht zufälligen Synchronisierung ihres Debüts als Kommunistin und als Schriftstellerin«. Die kommunistische Überzeugung, für eine gerechte und klassenlose Gesellschaft zu kämpfen, bestimmte auch ihre literarische Perspektive auf die Unterdrückung kleiner Leute, wahlweise bäuerlicher oder proletarischer Herkunft, und die Möglichkeit des Befreiungskampfes. Nach einer der ganz seltenen biographischen Angaben S.' habe die Oktoberrevolution mit ihren Auswirkungen in Politik und Kunst ihr einen grundlegenden Begriff von »Gerechtigkeit« vermittelt, dem sie bis an ihr Lebensende politisch und literarisch verpflichtet geblieben sei. Schon der scheiternde Aufstand der Fischer von St. Barbara in ihrer frühen Erzählung endet mit einer entschiedenen Hoffnung darauf, daß ihnen der zukünftige Kampf Gerechtigkeit bringen werde. S.' kommunistischer Messianismus beinhaltet einen humanistischen Kern, der sich auch in ihren Erzählungen und Romanen gegen jede zu einlinige Tendenz behauptet. In *Überfahrt* von 1971 heißt es: »Es muß aber im Innern des Menschen einen unverwüstlichen, zwar manchmal im Dunst, sogar im Schlamm verborgenen, dann aber wieder in seinem ursprünglichen Glanz aufleuchtenden Kern geben. Es muß ihn geben.« In der Begründung der Preisverleihung wies Jahnn 1928 auf einen Dualismus hin, demzufolge die unverkennbare politische Tendenz der Erzählungen von einer »leuchtenden Flamme der Menschlichkeit« aufgezehrt und dadurch, bei aller »Klarheit und Einfachheit der Satz- und Wortprägung«, in eine »sinnliche Vieldeutigkeit« gestellt würde. Hans Mayer hat im Sinne Jahnns für die besten Erzählungen der S. eine Irreduzibilität von realistischer und »mythischer Welt« geltend gemacht.

Nach der faschistischen Machtergreifung ging S. mit ihrer Familie ins Exil. Der Weg führte sie unter den größten Entbehrungen und Gefahren über Paris und Südfrankreich, Auffanglager in der Karibik und Ellis Island (USA) schließlich 1941 nach Mexiko, wo sie bis 1947 blieb. Im Exil sind eine Reihe ihrer bekanntesten Texte entstanden. Zunächst und an erster Stelle ist *Das siebte Kreuz* zu nennen, ein Roman, der, Ende der 30er Jahre enstanden und erst 1942 erschienen, die Geschichte von sieben internierten Kommunisten behandelt, die aus einem deutschen Konzentrationslager geflohen sind und bis auf einen, Georg Heisler, wieder eingefangen und getötet werden. Von den sieben durch den KZ-Kommandanten aufgestellten Folterkreuzen bleibt am Ende eines als Symbol des antifaschistischen Widerstandes leer. Der Roman wurde ein großer Erfolg und bereits 1944 ebenso erfolgreich von Fred Zinnemann verfilmt. Die Flucht ist auch Thema des Romans *Transit*, der, ebenfalls im französischen Exil begonnen, 1944 zunächst in amerikanischer Sprache erschien. Obwohl beide Romane unmittelbar mit »Hitlerdeutschland« und der Verfolgung und Ermordung von Menschen zu tun haben, handeln sie, ebensowenig wie die erwähnte Erzählung *Post ins gelobte Land*, vom Holocaust. Dieser »scheint für S. selbst in diesem erzählerischen Zusammenhang kein Thema zu sein« (Haller-Nevermann). Neben einigen karibischen und mexikanischen Erzählungen hat S. im mexikanischen Exil eine Erzählung verfaßt, die ausnahmsweise eine biographische Beziehung explizit herstellt: *Ausflug der toten Mädchen* von 1943/44. Die Erinnerung an einen Ausflug mit Mainzer Mitschülerinnen wird zu einem tragischen Gedenken des Umstandes, daß sie allesamt mit Ausnahme der exilierten Ich-Erzählerin inzwischen gestorben sind, und zwar »im Grunde am Dritten Reich« (Mayer). In der starken Betonung des Eingedenkens als Erinnerung der Toten läßt sich unter Umständen ein implizites jüdisches Motiv ausmachen. 1949 erschien der im Exil geschriebene, umfangreiche Roman *Die Toten bleiben jung*, in dem S. den *Ausflug der toten Mädchen* gewissermaßen zu einer Chronik ausgearbeitet hat, die den Zeitraum von 1918–45 umfaßt. Angesichts der barbarischen Politik des deutschen Nationalsozialismus stellt S. als Deutsche sich vor allem die Frage ihrer weiteren Zugehörigkeit zu diesem Volk: »Ein Volk, das sich auf die anderen Völker wirft, um sie auszurotten, ist das noch unser Volk?« Nationale und kulturelle Identität versprach ihr angesichts der historischen Katastrophe die Erneuerung im kommunistischen deutschen Teilstaat, der späteren DDR: »Die Entfaschisierung Deutschlands wird seinem Volk, die eigne Geschichte überwindend, die Einheit des sozialen und nationalen Bewußtseins bringen, die Grundlage seiner neuen Kultur.« Dieses Prinzip Hoffnung blieb nach ihrer Rückkehr aus dem mexikanischen Exil in die sowjetische Besatzungszone 1947 bis zu ihrem Tode 1983 in Ostberlin leitende Maxime ihrer schriftstellerischen und politischen Aktivitäten. Von 1952–78 war sie Vorsitzende des Schriftstellerverbandes der DDR, erhielt zahlreiche Literaturpreise und setzte sich in ihren Texten (vor allem in *Die Entscheidung*, 1959 und *Das Vertrauen*, 1968) mit dem Aufbau eines sozialistischen deutschen Staates auseinander. Dabei bezog sie häufig, etwa im Zusammenhang der Niederschlagung des Aufstands von 1953, die offizielle Position der Partei.

Werke: Jude und Judentum im Werke Rembrandts. Mit einem Vorwort v. Ch. Wolf, 3. Aufl., Leipzig 1990 (Diss. 1924); Gesammelte Werke in Einzelausgaben, 14 Bde., Berlin u. a. 1975 ff.; Werke in zehn Bdn., Darmstadt u. a. 1977; Über Kunstwerk und Wirklichkeit, 4 Bde., hg. S. Bock, Berlin 1970–79.

Literatur: A. S. Materialienbuch, hg. P. Roos u. a., Darmstadt 1977; W. Roggausch, Das Exilwerk von A. S. 1933–1939, München 1979; A. S., hg. H. L. Arnold, Text u. Kritik 38 (1982); H. Mayer, A. S., in: ders., Aufklärung heute. Reden und Vorträge 1978–1984, Frankfurt a. M. 1985, 237 ff.; Ch. Zehl Romero, A. S., Reinbek 1993; M. Haller-Nevermann, Jude und Judentum im Werk A. S.', Frankfurt a. M. u. a. 1997.

Detlef Kremer

Soyfer, Jura

Geb. 8. 12. 1912 in Charkow;
gest. 15./16.2. 1939 in Buchenwald

S. – der Verfasser satirischer Gedichte, Szenen, Dramen und eines Romanfragments über die Katastrophe der österreichischen Sozialdemokratie 1934, »Österreichs Büchner« (H. Qualtinger) – zählte zu jener im Sozialismus und seinen Organisationen beheimateten jüdischen Intelligenz, die »vollkommen davon überzeugt« war, »daß der Kommunismus dieses Problem [Antisemitismus und ›Judenfrage‹, S. B.] restlos lösen würde« (M. März). S.s Werk zeugt von den Hypotheken, die dieser Auffassung in der Auseinandersetzung sowohl mit dem Austrofaschismus wie mit dem deutschen Nationalsozialismus zuwuchsen, aber auch von einer zunehmenden Differenzierung des Blicks auf die Stellung der Juden in der eskalierenden politischen Entwicklung der 30er Jahre.

S. war der Sohn eines jüdischen Industriellen; der Name entspricht der jiddischen Aussprache von hebr. »Sofer« (Schreiber, Schriftgelehrter). Nach der Oktoberrevolution waren die Eltern nach Wien geflüchtet. Als Schüler besuchte S. den jüdischen Religionsunterricht, doch gleichzeitig findet er Zugang zur »Vereinigung Sozialistischer Mittelschüler«, einer Jugendorganisation der österreichischen Sozialdemokratie. In der von ökonomischer Krise und wachsendem Antisemitismus geprägten Zwischenkriegszeit, die insbesondere jüdischen Jugendlichen die Aussicht auf sozialen Aufstieg innerhalb der bürgerlichen Gesellschaft nahmen, war der VSM ein Treffpunkt zahlreicher jüdischer Schüler aus Klein- und Großbürgertum und bildete den Bestandteil eines kulturellen und politischen Milieus, in dem sich zahlreiche jüdische Mitglieder organisierten, ohne daß ihr Judentum anders als nach den Maßgaben des offiziösen ideologischen Diskurses thematisch wurde. Die Verbindlichkeit, aber auch der untergründig wirksame Einfluß solcher reduzierten Perspektiven offenbart sich am deutlichsten in S.s literarischem Schaffen dort, wo er antisemitische Klischees der sozialdemokratischen Parteipropaganda übernimmt. Namentlich genannte Bankiers werden als »Bankenjuden« bezeichnet (*Kapitalistischer Segensspruch*, 1932). In einer anfänglichen eklatanten Verkennung des NS-Antisemitismus wird suggeriert, wohlhabende Juden seien von der Verfolgung ausgenommen: »›Zu mir!‹ ruft der Nazi. ›Wer braucht ein Programm,/ Gelüstet's ihn nur nach Pogromen?/ Wir schlagen alle Juden zusamm -/ Von denen kein Geld zu bekommen!‹« (›*Seid national!*‹ 1932). Noch im Oktober 1933 führt die fatale propagandistische »Assoziation Großkapital – Judentum« (H. Jarka) zu den Versen: »Die Herr'n (trotz lautem Schlachtruf nicht verreckt),/ Sie gaben seinerzeit den Startschuß ab« (*Rennbericht aus dem Dritten Reich*).

Die sich radikalisierende Verfolgung im Reich, aber auch die Katastrophe vom Februar 1934 führen zu einer Revision des polemischen Repertoires. In der Folge verzichtet S. auf antisemitische Klischees in seiner Produktion. Im Sommer 1934 – nach dem Versagen der SDAPÖ im Februar arbeitet S. unterdessen bei der illegalen KPÖ – nimmt er an einem mehrwöchigen Sommerlager der sozialistisch-zionistischen Organisation »Blau-Weiß« in Jugoslawien teil. Inwieweit dieser Aufenthalt die spätere dezidierte Kritik an der Assimilation beschleunigt oder gar verursacht hat, ist nicht eindeutig zu beantworten. Eingeladen zu einem Zeitpunkt, da nach den Februar-Kämpfen und der Ermordung des austrofaschistischen Kanzlers Dollfuß durch deutsche Nationalsozialisten »die Meinungsverschiedenheiten der jüdischen Jugend über den richtigen Weg auf hohen Touren liefen« (M. Jerusalem), scheint S. den antizionistischen Standpunkt der KPÖ nachhaltig verteidigt zu haben. In einem Brief aus Jugoslawien an M. Szecsi bezeichnet er den Zionismus als »eines der verzwacktesten sozialimperialistischen Ziele, dessen Widerlegung gar nicht so einfach ist«.

Im ersten der zwei noch von S. verfaßten Texte, die die Frage nach der Stellung des Juden in der Gegenwart explizit thematisieren – *Zwei Ringe* –

führt er eine scharfe polemische Anklage gegen jene jüdischen Sportler, die sich 1936 bereiterklärt hatten, für die Olympiade aus dem Ausland zurückzukehren und für das Deutsche Reich anzutreten. »Gestern rassisch unzureichend,/ Heut den Nibelungen gleichend/ Ziehen wir in Garmisch ein. [...] In Berlin und auch in Garmisch/ Merken wir von Nürnberg jarnisch,/ man ist ganz toll tolerant,/ Und so wurden zum Exempel/ Jüngst aus Garmisch Parten-Tempel/ Die Stürmerkästen schnell verbannt ... Hepp hepp hurrah, hepp hepp hurrah!« Differenzierter als diese Invektive gegen jüdische Kollaboration mit dem NS-Regime erweist sich die im Herbst 1937 zur Aufführung gebrachte Szene *Der treueste Bürger Bagdads*. Zum Verständnis beider Texte sind die situativen Kontexte von Belang: Sie kamen in den für das Wien der Schuschnigg-Jahre charakteristischen Kellerbühnen zur Aufführung, deren Publikum »zum allergrößten Teil aus jüdischen Intellektuellen des linken Lagers« (H. Jarka) bestand – d.h. die Thematisierung jüdischer Gegenstände, die Diskussion über das Verhalten als Jude in der Gegenwart der Bedrohung waren nahezu in einem Binnengespräch möglich. Vor diesem Hintergrund kommt der Gehalt der *Bagdad*-Szene zu seiner vollen historischen Entfaltung, erweist auch seine selbstkritische Dimension: In einem Rätselwettbewerb hat der jüdische Händler Ruben vor dem Kalifen mit seinen vieldeutigen, auch ausweichenden Antworten am meisten von »jenem orientalischen Fatalismus« erwiesen, »der so sehr der Eigenart des Volkes von Bagdad entspricht« – in S.s Kabarett gängige Paraphrasen auf Wien und Österreich. Als Ruben jedoch auf Befragung des Kalifen seine »Sekte« angeben muß, erstarrt der Kalif und konstatiert darin, »daß gerade du der treueste Bürger von Bagdad bist«, für sich »eine Blamage ohne Ende und eine Bitternis ohne Boden«. Als der Kalif Ruben nun auffordert, »Nieder mit Harun!« zu rufen und sich entweder damit oder über eine Befehlsverweigerung den Behörden und damit dem sicheren Tod auszuliefern, bricht Ruben in Tränen aus, nicht ohne schließlich noch zu seufzen: »Schwer zu sein ein Kalif ...« – Abwandlung des Ausrufes »Schwer zu sein ein Jud!« S. unterwirft in dieser Szene nicht nur den Ständestaat einer bitteren Satire, sondern stellt zugleich, wenn nicht vorrangig die Frage nach dem historischen Ort der Assimilation. Wenige Monate vor dem Anschluß war hier kein Zweifel daran gelassen, daß, auch bei noch so großer Übereinstimmung mit »der Eigenart des Volkes«, nur noch die eigene akute Verteidigungsfähigkeit Rettung versprechen konnte.

Unter dem Verdacht der Mitarbeit bei der KPÖ im November 1937 in Wien verhaftet, gelangt S. durch die Amnestie vom 17. 2. 1938 wieder in Freiheit. Am Abend des 12. 3. 1938 – deutsche Truppen sind in Österreich einmarschiert – reist S. aus Wien ab und versucht am nächsten Tag die Flucht per Ski über die Schweizer Grenze. Von einer österreichischen Grenzpatrouille verhaftet, wird er der Gestapo überstellt, im Juni ins KZ Dachau deportiert. Hier trägt S. das »rote Dreieck der Politischen mit dem Judenstern« (H. Jarka). Noch im Lager verfaßt er das *Dachaulied*. Am 23. 9. 1939 wird S. ins KZ Buchenwald verlegt, wo er wenige Wochen darauf an Typhus stirbt.

Werke: Das Gesamtwerk. Lyrik – Prosa – Szenen und Stücke, 3 Bde., hg. H. Jarka, Wien u. a. 1984; Sturmzeit. Briefe 1931–39, hg. H. Jarka, Wien 1991.

Literatur: P. Langmann, Sozialismus und Literatur – J. S., Frankfurt a.M. 1986; H. Jarka, J. S. Leben, Werk, Zeit, Wien 1987.

Stephan Braese

Sperber, Manès
Geb. 12. 12. 1905 in Zablotow;
gest. 5. 2. 1984 in Paris

S. war zeitlebens geprägt von seiner Herkunft als einer von drei Söhnen einer orthodoxen jüdischen Familie im Stetl Zablotow in der Nähe von Kolomea in Ostgalizien. Daran änderte auch nichts, daß er seit seiner Jugend ein »Ungläubiger«, ein bekennender Atheist war, allerdings ein jüdischer Atheist, denn er war überzeugt, wie er in *Churban* (1979) schrieb: »Gäbe es einen Gott, so wäre er, meine ich, zweifellos der jüdische.«

S. besuchte in Zablotow den Cheder, die traditionelle orthodoxe Knabenschule. Noch 1975 bekannte er, daß sich die Liebe zur Bibel »in keinem Augenblick seines Lebens [...] vermindert habe« und daß er genau wisse, wie sehr er »unter dem Einfluß der Bibel schreibe«. Das wichtigste Erbe des Judentums war für S. aber der Messianismus, der sich mit seinem Marxismus verband, als er mit 22 Jahren der Kommunistischen Partei beitrat. In dem Essay *Mein Judesein* in der ausschließlich jüdischen Themen gewidmeten Essaysammlung *Churban* (1979) explizierte er: »Ich bin nie einer Idee begegnet, die mich so überwältigt und die Wahl meines Weges so beeinflußt hat wie die Idee, daß diese Welt nicht bleiben kann, wie sie ist, daß sie ganz anders werden kann und es werden wird.« Diese Überzeugung überlebte den Bruch mit der Partei, und auch nach den Katastrophen dieses Jahrhunderts blieb S.s Vertrauen in den Menschen, wie er explizit bekannte, bestehen.

1916 floh S. mit seiner Familie nach Wien, wo er bis zu seiner Übersiedlung nach Berlin im Jahr 1927 lebte. In Wien schloß er sich der sozialistisch-zionistischen Jugendbewegung »Schomer Hazair« an. Hier besuchte er 1922 die Vorstellungen der berühmten jiddischen Theatergruppe »Wilnaer Truppe« und eine Lesung des sowjetischen jiddischen Dichters Perez Markisch, der 1952 von Stalin ermordet wurde. Die jiddische Literatur blieb für ihn, wie der letzte Abschnitt des Buches *Churban*, der den Dichtern Scholem Alejchem, Joseph Opatoshu, H. Leivick, Jacob Glatstein, Mendel Mann und Isaak Babel gewidmet ist, zeigt, auch weiterhin bedeutend. Die Gedichte jener Dichter, die wie Abraham Sutzkever oder J. Glatstein nach der Shoah weiter schrieben, nannte er darin »einen unsäglich schmerzlichen Triumph über alle Auschwitze, über alle Henker und ihre Komplizen«. 1921 lernte S. den Individualpsychologen Alfred Adler kennen. Bis zum Bruch mit Adler 1932 wurde er einer seiner ersten Biographen sowie einer seiner engsten und später kritischsten Schüler. 1923 nahm S. als Ordner am 13. Zionistenkongreß in Karlsbad teil. Hier war für ihn vor allem die Begegnung mit dem jiddischen, später hebräischen Dichter Uri Zwi Grünberg von Bedeutung, den er 1958 in Israel wiedersah.

Nach dem Reichstagsbrand wurde S. in Berlin verhaftet und nach der Intervention seines Vaters und des Psychologen Edmund Schlesinger freigelassen. Er emigrierte über Wien nach Zagreb und 1934 nach Paris, wo er ein Mitarbeiter des von der Komintern gegründeten Instituts zum Studium des Faschismus wurde. Nach seinem Bruch mit dem Kommunismus 1937 wurde er wie Arthur Koestler, Ludwig Marcuse und Richard Löwenthal 1938 ein Mitarbeiter der von Willi Münzenberg herausgegebenen Zeitschrift *Die Zukunft*. Die Shoah überlebte S. im freien Teil Frankreichs und ab 1942 in der Schweiz.

Seine Skepsis gegenüber Ideologien ließ ihn auch gegenüber dem Zionismus Distanz bewahren. Er hatte in seinen eigenen Worten »früh aufgehört zu glauben, daß der Zionismus – selbst wenn ihm die Errichtung eines jüdischen Staates gelänge – je die Judenfrage lösen könnte«. S., der dreimal Israel besuchte und dort auch Vorträge hielt, bezeichnete sich selbst weder als Zionisten noch als Antizionisten. Aber während des Sechstagekrieges 1967 schrieb er den solidarischen Essay *In tiefer Bangnis...* und protestierte gegen die Haltung Charles De Gaulles in diesem Krieg. Skeptisch blieb S. auch gegenüber der Verehrung der »Kotel«, der als »Klagemauer« bezeichneten Westmauer des Tempels, denn, wie er ebenfalls in *Churban* schrieb: »Der Judaismus wurde gerettet, weil er fortab an keinen Raum und an keine Institution, weil er an nichts Verlierbares mehr gebunden war.« Bei aller positiven Identifizierung mit dem Judentum machte S. im zweiten Band seiner Autobiographie sein Bekenntnis zum Judentum auch abhängig vom Antisemitismus: »[...] niemals habe ich auch nur einen Augenblick lang erwogen, mein Judentum zu verleugnen oder aus der jüdischen Glaubensgemeinschaft auszutreten, solange noch irgendwo auf dem Erdenrund Juden wegen ihres Glaubens verfolgt, wegen ihrer Abstammung diskriminiert werden.« Ähnlich definierte er in dem Aufsatz *Mein Judesein* sein Judentum mit der kurzen Formel: »Und auch das ist mein Judaismus: Solidarität mit allen, denen Unrecht getan wird. Das ist seit jeher mein Sozialismus gewesen [...].« Der Essay, der dem Band den Titel gab, handelt von der Shoah, für die S. das gleichfalls hebräische Wort *Churban* (für Vernichtung, Verwüstung) vorzog und über die er bekannte, »daß es uns nie gelingen wird, jenen, die nach uns leben werden, den *Churban*, die jüdische Katastrophe unserer Zeit, zu erklären.«

Der letzte Teil von S.s literarischem Hauptwerk, der Romantrilogie *Wie eine Träne im Ozean*, mit dem Titel *Wolyna* handelt von der Zerstörung des fiktiven jüdischen Städtchens dieses Namens. Der Wiener Jude Edi Rubin rief die wehrfähigen Männer dazu auf, sich bewaffnet den Nazis entgegenzustellen. Aber der chassidische Rabbiner verweigerte Rubin die Unterstützung und argumentierte: »Wir sind das einzige Volk der Welt, das nie besiegt worden ist [...] Weil wir allein der Versuchung widerstanden haben, zu werden wie der Feind. Und auch deshalb werden wir nicht in die Wälder gehen; nicht wie Mörder, sondern wie Märtyrer werden wir sterben.« Damit wird die Erzählung zur grundlegenden Auseinandersetzung über die Prinzipien des Judentums. Die Erzählung wurde 1952 als eigenes Buch veröffentlicht. S.s Freund André Malraux bezeichnete es im Vorwort als »eines der ganz großen Bücher des jüdischen Volkes«. Der Bruder des Autors, der Schauspieler Milo Sperber, inszenierte *Wolyna* 1974 an der »Habimah«, dem Schauspielhaus in Tel Aviv. Für *Die Träne im Ozean* wurde S. 1967 auf Vorschlag seines Freundes Elie Wiesel mit dem Remembrance Award des Weltverbandes der Überlebenden von Bergen-Belsen ausgezeichnet. Elie Wiesel arrangierte in New York auch ein Zusammentreffen zwischen S. und dem berühmten Lubawitscher Rebben. 1979 erhielt S. die Buber-Rosenzweig Medaille des Deutschen Koordinierungsrates der »Gesellschaften für Jüdisch-christliche Zusammenarbeit«.

Bei aller Verbundenheit mit seinem jüdischen Erbe war S. aber auch ein Homme de lettres, der ebenso beeinflußt war von der französischen Kultur seiner Wahlheimat Paris, wie von der Antike und von Hölderlin, dem von S. am meisten bewunderten Dichter.

Werke: Verwoben ins täglich Leben, in: »Sie werden lachen – die Bibel«, hg. H.J. Schultz, Stuttgart 1975, 135–152; Churban oder Die unfaßbare Gewißheit, Wien u.a. 1979; Wolyna, Wien u.a. 1984; Der schwarze Zaun, Wien u.a. 1986.

Literatur: M.S. 1905–1984, hg. ÖNB, Wien 1987; Die Herausforderung M.S., hg. W. Licharz u.a., Frankfurt a.M. 1988;

J. Zipes, Wolyna: M.S.s Beschäftigung mit der »Judenfrage«, in: M.S. als Europäer, hg. S. Mosès u.a., Berlin 1996, 122–137.

Evelyn Adunka

Spiel, Hilde
Geb. 19. 10. 1911 in Wien;
gest. 30. 11. 1990 in Wien

Auf den ersten Blick erscheint S.s Verhältnis zum Judentum voller Widersprüche und Ambivalenzen. Einer intensiven literarischen Auseinandersetzung mit der Geschichte jüdischen Lebens und jüdischer Kultur in Mitteleuropa steht eine dezidiert geäußerte persönliche Distanz zum Judentum als religiöser oder ethnischer Gemeinschaft gegenüber. »Ich empfinde mich eigentlich nur nach den Nürnberger Gesetzen als Jüdin, und das mag ich ja nicht so gern anerkennen« (*Süddeutsche Zeitung*, 29. 2. 1988). Diese Abwehr gegen jegliche kollektive Identitätszuweisung ist häufig auf Befremden gestoßen, bis hin zu der absurden Behauptung, sie verweigere sich dem Gedenken an die jüdischen Opfer des Holocaust.

S.s Umgang mit dem eigenen jüdischen Familienhintergrund korrespondiert durchaus mit dem Grundtenor ihrer literarischen Werke. Neue Untersuchungen anhand des literarischen Nachlasses (Österreichisches Literaturarchiv) zeigen charakteristische Abweichungen der rekonstruierten Biographie im ersten Memoiren-Band *Die hellen und die finsteren Zeiten 1911–1946* von den vorhandenen Dokumenten (Schramm). Die Autorin verstärkt das Bild einer seit Generationen in der Hauptstadt des Habsburgerreiches ansässigen Familie, »die für das Entstehen einer gebildeten Menschenschicht jüdischer Herkunft, ihren bereits vollzogenen Eingang in das Wiener Sozialgefüge, beispielhaft war«. Die Familiengeschichte der Mutter wird voller Stolz bis auf einen berühmten Oberlandesrabbiner von Mähren zurückverfolgt, dessen Sohn sich im Vormärz in Wien niedergelassen habe. Zwei Onkel mütterlicherseits hätten es zu »Hofräten und Kapazitäten in ihren Berufen« gebracht und seien zumindest bis zu Hitlers Einzug völlig »in der Christenheit« aufgegangen. Die Geschichte der väterlichen Linie hingegen, deren Einwanderung aus Galizien wesentlich jüngeren Datums war, läßt die Memoirenschreiberin offenbar bewußt weitgehend im Dunkeln. S. hat häufig betont, daß sie selbst im Ablauf der katholischen Feste aufgewachsen sei. Obwohl als Erwachsene nicht mehr religiös, bewahrte sie dennoch zeitlebens eine nostalgische Anhänglichkeit für den katholischen Glauben ihrer Kinderzeit (*Rückkehr nach Wien*, 1968); jüdische Traditionen und Gebräuche wurden nicht gepflegt. Die Motivation für die Ausblendung des ostjüdischen Familienteils, die S. bei ihrem Vater explizit wahrnimmt und gleichzeitig selbst fortführt, dürfte nicht allein im Selbstschutz gegen antisemitische Ausgrenzung, sondern mehr noch im sozialen Gefälle zwischen alteingesessenen »Westjuden« und ostjüdischen Neuankömmlingen begründet sein. S.s Zugehörigkeitsgefühl galt den assimilierten jüdischen Familien Wiens. An ihre Existenz zu erinnern, die durch den Nationalsozialismus unwiederbringlich vernichtet wurde, ihren bedeutenden Anteil an der österreichischen Kultur sichtbar zu machen, ist ein zentrales Thema ihrer späteren literatur- und kulturkritischen Schriften geworden.

Im erzählerischen Frühwerk jedoch spielt das Judentum – trotz S.s Beschäftigung mit den Werken Jakob Wassermanns – praktisch keine Rolle. Noch in den 30er Jahren habe sie sich angesichts der gewalttätigen Ausschreitungen gegen jüdische Studenten an der Wiener Universität vom zunehmenden Antisemitismus zwar abgestoßen, jedoch nicht persönlich betroffen gefühlt. Ihre Emigration nach London im Herbst 1936 war zunächst politisch motiviert. Eine Hinwendung zu jüdischen Themen setzte erst ein, nachdem S. aus der Ferne miterleben mußte, wie ihr Vater trotz seiner intensiven Assimilationsanstrengungen (Mitgliedschaft in der Studentenverbindung Suevia, k.u.k. Offizier im Ersten Weltkrieg) in Wien der »Schmach seiner Abkunft« ausgesetzt war und es ihr nur unter verzweifelten Mühen gelang, einen Fluchtweg für die Eltern zu finden. Ihre Großmutter starb im Ghetto Theresienstadt. Mit dem Roman *The Fruits of Prosperity* (entstanden 1941–43; dt. *Die Früchte des Wohlstands*, 1981), begab sich die Autorin auf die »Suche nach den Wurzeln [ihrer] eigenen Epoche, in der das Judenproblem einer so entsetzlichen Lösung entgegenging«. Die 1873–81 angesiedelte Romanhandlung problematisiert jenes Aufgehen in der Christenheit, das der Autorin noch vor kurzem als selbstverständlich erschienen war. Im Zentrum stehen Familie und Verwandtschaft des wohlhabenden Woll- und Seidenhändlers Carl Benedict und seiner Frau Marie, deren Mitglieder die verschiedenen Stufen der Assimilation verkörpern, von der strenggläubigen jüdischen Großmutter bis hin zur Tochter, die mit einem Christen verheiratet wird. Benedict und seine Freunde stehen gleichzeitig für das liberale jüdische Großbürgertum, das sich trotz der erreichten ökonomischen und gesellschaftlichen Position durch den aufkommenden Rassenantisemitismus erneut gefährdet sieht und als Sündenbock für eine industrielle Entwicklung herhalten muß, die mit ihren negativen Auswüchsen im Roman für die Entwurzelung und Radikalisierung breiter Bevölkerungsschichten verantwortlich gemacht wird. Den Gegenpol, den die Erzählerin hier mit großer Sympathie zeichnet, repräsentiert der Handelslehrer Simon Wolf mit seinem Beharren auf geschäftlicher Redlichkeit und Solidität und seinem Festhalten an der orthodoxen jüdischen Tradition. Benedict hat sich dagegen als erster seiner Familie vom jüdischen Glauben abgewandt, ein »getauftes Mädchen« geheiratet und seine Kinder katholisch aufwachsen lassen. Er setzt seine ganze Hoffnung auf eine vollständige Verschmelzung mit der christlichen Umwelt. Die Heirat seiner Tochter mit seinem jungen kroatischen Teilhaber empfindet er als »Befreiung« von der »Bürde seines Erbes«. Gerade diese Hoffnungsträgerin aber kommt am Ende in den Flammen des Ringtheaterbrandes um. Ob ihr Feuertod als Strafe für die Abkehr von den intellektuellen, künstlerischen und sozialen Ambitionen des assimilierten Judentums zugunsten eines hauptsächlich materiellen Wohlstands zu verstehen ist, oder ob die Protagonistin im Gegenteil den Sprung in die christliche Welt nicht radikal genug vollzieht, bleibt unklar.

Den Eindruck von ihrer Konfrontation mit Überlebenden der Konzentrationslager in einem DP-Camp in Kärnten im Februar 1946 hat S. nicht nur in einem Artikel für den *News Statesman and Nation* beschrieben, mit dem sie in der britischen Öffentlichkeit für die unbeschränkte Aufnahme der heimatlosen Juden ins britische Mandatsgebiet Palästina werben wollte, sondern auch in dem 1961 erschienenen Roman *The Darkened Room* (dt. *Lisas Zimmer*, 1965) der Erzählerfigur, einer jungen, verwaisten Lettin, in den Mund gelegt. Im Roman schildert die Augenzeugin einer Psychoanalytikerin ihre erste, von Entsetzen geprägte Reaktion beim Anblick der von der KZ-Haft gezeichneten Juden. Mit der Forderung der Analytikerin, die junge Frau müsse ihren unmittelbaren Eindruck von den überlebenden Juden korrigieren, rührt S. an ein Problem, das im Umgang mit den Überlebensberichten der Betroffenen bis heute aktuell geblieben ist: daß im öffentlichen Gedenken nur ein idealisiertes Bild der Opfer zugelassen und damit ein Teil von deren individueller traumatischer Erinnerung ausgelöscht wurde.

War die Auseinandersetzung mit der Geschichte jüdischer Assimilation in *Die Früchte des Wohlstands* von der emotionalen Belastung einer »allzu peinigenden Gegenwart« geprägt, nähert sich S. diesem Thema in ihrer Biographie *Fanny von Arnstein oder Die Emanzipation. Ein Frauenleben an der Zeitenwende 1758-1818* unter Betonung der Objektivität ihrer Darstellung. Die im Preußen Friedrichs des Großen aufgewachsene und im Wien der Revolutionszeit und des Wiener Kongresses durch ihren Salon zu öffentlichem Ansehen gelangte Franziska Arnsteiner faszinierte die Autorin als ein »Sinnbild der Befreiung ihres Volkes« und »Symbol einer dritten Lösung« der sogenannten ›Judenfrage‹, »die so vollkommen gewesen wäre, daß sie nicht durchgeführt werden konnte: wie jede andere Idee seit allem Urbeginn«. In Fanny von Arnsteins Salon verkehrten bedeutende Persönlichkeiten ihrer Zeit, ohne daß die Hausherrin – anders als ihre berühmteren Zeitgenossinnen Rahel Varnhagen oder Dorothea Schlegel – den Glauben ihrer Vorfahren aufgegeben hätte. Es war eine dritte Lösung jenseits der Alternativen einer vollständigen Anpassung an die christliche Umgebung durch die Taufe und der »Errichtung eines neuen Nationalstaats auf uraltem Boden«. Diese Lösung schien jedoch nur für eine kurze Zeitspanne realisierbar; gegen den im 19. Jahrhundert aufkommenden Rassenhaß, so S., »gab es keine anderen Auswege als Unkenntlichmachung oder Flucht«: »Eines freilich hat die Geschichte gezeigt: Von den drei Verhaltensweisen, die den Juden der Diaspora, zumindest in Mittel- und Osteuropa, offenstanden – sich in dem Land ihres Wohnsitzes auf einer Insel der Orthodoxie zu verschließen; sich zu bemühen, dem Staat ein loyaler Bürger zu sein, ohne die eigenen religiösen oder ethnischen Bindungen aufzugeben; oder aber, durch ein Ablegen des Glaubens ihrer Väter und christliche Heiraten nach und nach, eines Tages dann spurlos, in der übrigen Bevölkerung aufzugehen –, hat lediglich die letzte, damals wie heute, Aussicht auf Erfolg.« Dieses Resümee zog S. 1987 angesichts des noch immer latent vorhandenen Antisemitismus in ihrem Band *Vienna's Golden Autumn 1866–1938* (dt. *Glanz und Untergang. Wien 1866–1938*), in dem sie die wichtigen Impulse und Leistungen der Bürger jüdischer Abstammung in den verschiedenen Bereichen der österreichischen Kultur nachzeichnete, obwohl diese selbst es vorgezogen hätten, »ganz einfach als österreichische Dichter, Maler, Komponisten oder Wissenschaftler angesehen zu werden«.

S.s Hoffnung, die sie jedoch resignierend als eine unerfüllbare Utopie einschätzte, war auf ein Ende der Unterscheidung zwischen jüdischen und nicht-jüdischen Einwohnern gerichtet. »Das ist bedauernswert, auch dann, wenn es sich philosemitisch äußert. Das ständige Auseinanderhalten zwischen diesen und jenen sollte aufhören« (*Die Grande Dame*, 1992). Das persönliche Credo, das in S.s Werken zum Ausdruck kommt, läßt sich in dem Ausruf Nathans des Weisen zusammenfassen: »Ah! wenn ich einen mehr in Euch / Gefunden hätte, dem es gnügt, ein Mensch / Zu heißen!«

Werke: Fanny von Arnstein oder Die Emanzipation, Frankfurt a. M. 1962; Die Früchte des Wohlstands, München 1981; Glanz und Untergang. Wien 1866–1938, Wien 1987; Die hellen und die finsteren Zeiten. Erinnerungen 1911–1946, München 1989.

Literatur: D. C. G. Lorenz, H. S.: »Lisas Zimmer«. Frau, Jüdin, Verfolgte, in: Modern Austrian Literature 25 (1992), 79–95; W. Strickhausen, Die Erzählerin H. S. oder »Der weite Wurf in die Finster-

nis«, New York u.a. 1996; H.S. Weltbürgerin der Literatur, hg. H.A. Neunzig u.a. (= Profile 2, 1999).

Waltraud Strickhausen

Steiner, Franz Baermann

Geb. 12.10.1909 in Prag-Karolinenthal; gest. 27.11.1952 in Oxford

Das Werk von St. ist ein äußerst komplexes Mosaik, das von der wissenschaftlichen Betätigung des Ethnologen und seinem orientalischen Verständnis des Zionismus geprägt wurde. St.s Zuneigung zu den Naturvölkern, die mit der Ablehnung der Herzlschen Theorien einhergeht, findet ihre Parallele in seinem Skeptizismus gegenüber der westlichen Zivilisation. Die weltanschaulichen wie wissenschaftlichen Voraussetzungen und seine tiefe Verwurzelung im jüdischen Glauben sind auch in den Gedichten und Aphorismen erkennbar, die sich dem Holocaust widmen. »Die Pflicht zur Erinnerung« lautet eine Aufzeichnung. »Wer sie nicht als religiöse Pflicht versteht, hat keinen Zugang zum Judentum.«

Bis zum 21. Lebensjahr schien nur der nach jüdischem Brauch hinzugefügte Vorname – Baermann – seines Großvaters väterlicherseits auf St.s Zugehörigkeit zum Judentum hinzuweisen. »Er besuchte zwar den Religionsunterricht und kam dadurch auch in die Synagoge, doch da die Eltern das nicht unterstützten und der Synagoge fernblieben, verlor sich auch Franzens Kontakt zu Beginn seiner Gymnasialzeit immer mehr« (H.G. Adler). Sein Vater Heinrich St. gehörte dem assimilierten, deutschsprechenden und -empfindenden Prager Kleinbürgertum an. »Meine geistige Entwicklung«, resümiert St. in einem Brief an R. Hartung (14.3.52), »führte von dem orthodoxen und verbohrten Marxismus meiner Jugend auf ›interessanten‹ Umwegen zu einem schlichten, sehr ›uninteressanten‹ traditionellen Judentum. Die Eltern meines Vaters waren orthodoxe Dorfjuden, die meiner Mutter liberale Städter.« Ob diese Abkehr vom Marxismus jedoch mit der Hinwendung zum Judentum zusammenhing, muß offen bleiben. Jedenfalls deklarierte sich St. bei einer Volkszählung im Jahr 1930 national als Jude und nicht als Tscheche oder Deutscher. Das Bekenntnis als »Nationaljude« hängt auch mit seinem wachsenden Sprachbewußtsein im Schmelztiegel Prag zusammen, das um 1928/29 mit Beginn der literarischen Tätigkeit verstärkt wurde. »Ihre Feststellungen in bezug auf Fremdheit-Sprache sind wesentlich«, schrieb er R. Hartung über die typische Situation der Prager deutschen Dichter, zu denen St. sich zählte. »Vielleicht wäre da noch zu bedenken, daß K[afka] nicht nur deutsch sprechender Jude unter deutsch sprechenden Nichtjuden war, sondern auch, und vor allem, unter tschechisch sprechenden Nichtjuden. Dies ergibt eine doppelte Fremdheit und Unsicherheit, die sich jemand, der nicht unter Prager Juden gelebt hat, kaum vorstellen kann.« Seine jüdische Identität, »die Basis von Franzens Eigenart als Mensch, Künstler und Gelehrter« (H.G. Adler), unterschied sich aber wesentlich von der Kafkas. Sie begann sich anläßlich eines Studienaufenthalts an der Hebräischen Universität in Jerusalem in den Jahren 1930/31 auszubilden: Er wohnte bei Hugo Bergmann (1883–1975), der ihn mit der zionistischen Pionierarbeit vertraut machte. Das Palästina-Erlebnis ließ ihn als begeisterten Juden und überzeugten Zionisten nach Prag zurückkehren: »Wesentlich verändert und vertieft wurde seine Religiosität. Gefestigt hatte sich auch sein positives, dabei nie unkritisches Verhältnis zum jüdischen Volk. Sein jüdisches Wesen begann er stark hervorzukehren, er begriff sich jetzt als ein im Westen geborener Orientale« (Fleischli).

St. nährte sein jüdisches Selbstverständnis aus den Lehren des Kulturzionisten Achad Haam (1856–1927), ungewöhnlich zwar für einen Juden, der aus Mitteleuropa stammte, nicht aber für einen Ethnologen. Wie Achad Haam sah St. die Juden als ein orientalisches Volk, das auch durch die Assimilation nicht seine Eigenschaften verloren habe. Das Westjudentum lehnte St. ab. In den Tagebüchern apostrophiert er etwa die Werke J. Wassermanns als »romantischen Assimilationsschleim« (12. 4. 1939) oder Freuds Moses-Buch nicht nur als »tiefste Theorie der Emanzipation«, sondern auch als »krankhaften Hochverrat« (31. 5. 1939). Dagegen setzte sich St. zeitlebens für die friedliche Koexistenz von Juden und Arabern ein, forderte den Dialog und verfocht Achad Haams Idee, in Palästina einen jüdischen Staat als vollwertiges Mitglied der asiatischen Völkergemeinschaft zu begründen. Dies alles formulierte er in dem Artikel *Orientpolitik* in der Zeitschrift *Selbstwehr* (1936). St. schlug u. a. auch die Gründung eines ägyptischen Instituts in Tel Aviv vor: Autor und Ethnologe St. vereinigten sich im Wunsch, Forschung als »Friedenstaube« einzusetzen: »Der Wissenschaftler hat eine Verantwortung – vergleichbar Canettis Bild des Dichters –, die jegliche fachwissenschaftliche Abkapselung ausschließt« (Mack). Auch seine politische Betätigung läßt sich hieraus ableiten; St. engagierte sich im Exil in der sozialistisch-zionistischen Partei *Poale Zion*. Als offizieller Vertreter der Oxforder Gruppe nahm er etwa an der *Annual Zionist Conference* 1944 in London teil. Aktiv vertrat St. seinen zionistischen Standpunkt auch in einem 25seitigen Brief, den er 1946 an Gandhi richtete (DLA Marbach).

Als Dichter zeigte sich St. insbesondere durch seine frühe Kafka-Lektüre beeinflußt: Kurz nach dessen Erscheinen las er 1926 den Roman *Das Schloß*. Die befreundete Exil-Germanistin L. Salzberger schrieb M. Susman über das Verhältnis von St. zu Kafka (24. 11. 1944): »Er [...] fühlt sich Kafka sehr nahe. Allerdings so starr ist er nicht, er steht der Mystik sehr nahe, ist ja ein Lyriker.« Die zionistische Haltung von St. amalgamiert sich in der Lyrik mit seiner Religiosität und der außerordentlichen Belesenheit. Über sein bekanntestes Gedicht, *Gebet im Garten*, schrieb er seinem Lektor Hartung (30. 5. 1948): »Es ist voller Anspielungen (auch in Rhythmus und Reim) auf die jüdische Liturgie und die mittelalterliche hebräische Poesie, Begriffe der jüdischen Mystik werden ohne Erklärung gebraucht, als sei dies selbstverständlich – ein volles Verstehen ist bei Nichtjuden so unwahrscheinlich, daß ich gar nicht weiß, ob das Gedicht überhaupt Teilnahme erwarten darf.« Lyrik und Gebet sind bei St. kaum zu trennen. So notierte er: »Das ›Ich‹ in den Psalmen ist das Ich des Beters, nicht des Dichters.« Das Gedicht *Gebet im Garten* erinnert zwar an seine im Konzentrationslager ums Leben gekommenen Eltern, doch betet St. auch »für die Wahrnehmung des entsetzlichen Völkermords und sein Beten unterstreicht seinen Glauben an den ethischen Charakter der Erkenntnis« (Mack). Das Gedicht zeugt zudem von einem Zivilisationsskeptizismus, der sich bei St. häufig konstatieren läßt, im Hinblick auf den Holocaust zum Sarkasmus gesteigert: »Andererseits hat es das Fähnlein der Aufrechten in Westeuropa besonders beunruhigt, daß die deutsche Schreckensherrschaft so kaltblütig mechanisch mit ihren Opfern verfuhr. Derlei darf doch nicht so ordentlich zugehen!«

Werke: Unruhe ohne Uhr, hg. H. G. Adler, Heidelberg 1954; Taboo, hg. L. Bohannan, London u. a. 1956; Eroberungen, hg. H. G. Adler, Heidelberg 1964; Fluchtvergnüglichkeit, hg. M. Hermann-Röttgen, Stuttgart 1988; Taboo, Truth and Religion, hg. J. Adler, Oxford 1999; Orientpolitik, Value and Civilisation, hg. J. Adler, Oxford 1999.

Literatur: A. Fleischli, F. B.St., Hochdorf 1970; J. Serke, F. B.St., in: ders., Böhmische Dörfer, Wien u. a. 1987, 300–313; J. Adler, The poet as anthropologist, in: Psychoanalysis in its Cultural Context, hg. E. Timms, Edinburgh 1992, 145–157; M. Mack, F. B.St.s Auseinandersetzung mit dem Nationalsozialismus, in: Mit der Ziehharmonika 14 (1997), 17–22; M. Atze, »Ortlose Botschaft.« Der Freundeskreis H. G. Adler, F. B.St. und E. Canetti im englischen Exil, Marbach 1998.

Marcel Atze

Tabori, George

Geb. 24. 5. 1914 in Budapest

»Ich wäre kein Jude, wenn die Deutschen mich nicht daran erinnert hätten.« Mit dem ihm eigenen Hang zum pointierten Understatement benannte T. seine jüdische Herkunft als ein zufälliges Attribut. Für seine persönliche Entwicklung hatte es vor der Machtergreifung der Nationalsozialisten keinerlei Bedeutung, für die Rassenfanatiker des Dritten Reichs wurde es zum entscheidenden Faktor, der zwischen Leben und Tod entschied. Auch T. wäre dem Prozeß der Verfolgung und Vernichtung der europäischen Juden zum Opfer gefallen, hätte er nicht rechtzeitig seine ungarische Heimat verlassen. Als die »Endlösung« 1944 auch die bis dahin weitgehend verschonte jüdische Bevölkerung Ungarns einbezog, wurde der größte Teil von T.s Familie ermordet. Ein Roman mit dem Titel *Pogrom*, geschrieben bald nach Kriegsende, war der erste Versuch T.s, sich ein Bild von der Katastrophe zu machen, doch er vernichtete das Manuskript, und weder in seinen vier, in den Jahren 1945–1951 veröffentlichten Romanen noch in seinen Theaterarbeiten bis zur Mitte der 60er Jahre hat er das Thema jüdischer Existenz und Identität nach dem Holocaust in spezifischer Weise zur Sprache gebracht. Es bedurfte vielfältiger Umwege und biographischer Zufälle, bis aus dem erfolgreichen anglophonen Romancier, Drehbuchschreiber und Dramatiker der für die deutschen und österreichischen Bühnen wichtigste Autor eines im Zeichen von »Auschwitz« stehenden Theaters wurde.

Die jüdische Herkunft, an die ihn erst die Nazis »erinnern« mußten, spielte in T.s Elternhaus, in dem deutsch und ungarisch gesprochen wurde, keine Rolle. Eine Synagoge hatte T. als Kind nie betreten, jüdische Gesetze und Rituale wurden ihm nicht vermittelt. Seine Familie – Vater und Bruder waren engagierte Journalisten – verstand sich als Teil eines liberalen Weltbürgertums, sie war frei von jenen rassischen und religiösen Vorbehalten, denen sie ihrerseits nicht unterworfen zu sein hoffte. »Aber dabei ging es uns nicht um Assimilation. Das Ziel war, aus dem Ghetto herauszukommen, auch im übertragenen Sinne.« Die Erfahrung des Exils, das er seit 1935 in zahlreichen Ländern durchlebte, war der wesentliche Impuls für die literarischen Arbeiten des jungen T. Vor bunter, multikultureller Kulisse formulierte er in seinen Romanen existentialistisch getönte Fremdheitserfahrungen unbehauster Außenseiter, die nebenbei auch jüdischer Herkunft sein mochten. Erst in seinem Theaterstück *The Cannibals* (Uraufführung 1968, dt. *Die Kannibalen*, 1969) rückte der Holocaust ins Zentrum seiner Arbeit, und er blieb seither in vielen seiner Stücke – und in seinen wichtigsten – dominant. In der Rückschau erweisen sich diese Stücke auch als geduldige Annäherungen an das (eigene) Judentum und vermögen weit genauer Auskunft darüber zu geben als T.s – stets anekdotisch unterminierten – biographischen Skizzen und Stellungnahmen.

T. stellt in den *Kannibalen* eine Gruppe von Männern vor, die sich durch Rollenspiele in den Überlebenskampf ihrer im KZ ermordeten Väter hineinzuversetzen versuchen. Sie erproben spezifisch sinnliche, im wahrsten Sinne des Wortes handgreifliche Formen der Erinnerung, die das »Unbegreifbare« verstehbar, wenigstens erahnbar machen sollen. Aber T. gab anhand exemplarisch durchgespielter Fälle einen Begriff vom Leiden und Tod von sechs Millionen Menschen, nicht von sechs Millionen Juden. Die gedemütigte Identität seiner Protagonisten macht sich in ihrem Selbstbehauptungswillen und Überlebenskampf bemerkbar. Eine Rückbesinnung auf jüdische Wurzeln oder die jüdische Religion stellt für keinen von ihnen ein entscheidendes Kraftreservoir dar – und das darf als Indiz für das Selbstverständnis auch ihres Autors gelten. Der nach dem Krieg in den Vereinigten Staaten von Amerika vorerst seßhaft gewordene T., der (nach den Worten der Schauspielerin und zweiten Ehefrau T.s Viveca Lindfors) »nie wieder einen Fuß auf deutschen Boden setzen oder jemals ein deutsches Produkt kaufen« wollte, wurde eingeladen, *Die Kannibalen* in Deutschland zu inszenieren. Ein Arbeitsstipendium brachte ihn so wieder in das Land der Täter. Hier ging seine Auseinandersetzung mit dem Judentum zunächst ganz in seiner Beschäftigung mit Fragen des Theaterspielens auf, so daß lange Zeit Reflexionen über »das Jüdische« nicht zu trennen waren von Fragen nach den besonderen Aufgaben und Erfahrungsmöglichkeiten des Theaters. Aus seiner Weigerung, den »Wert« erfahrenen Leides zu taxieren – es gibt Leid, furchtbares Leid, aber kein »jüdisches« Leid –, resultiert in seinen Stücken insbesondere der 70er Jahre, daß eine Beschäftigung mit dem Judentum und seinen Traditionszusammenhängen kaum stattfindet, von den *Improvisationen über Shakespeares Shylock* (1979) abgesehen. T.s Figuren in Stücken wie *Mutters Courage* (1979) oder *Jubiläum* (1983) können sich selbst durch ihr Judentum nicht definieren. Sie erfahren ihre Zuordnung von außen und als Stigma, nicht anders als ein Behinderter oder ein Farbiger. Das Selbstverständnis von T.s Figuren ist also zumeist negativ bestimmt über Wurzeln, die sie gerade nicht haben, die sie verloren und nicht wiedererrungen haben. Und sie ist bestimmt von der Angst, dieses mühsam errungene Konstrukt namens Identität, das den Figuren etwas Halt im Leben verleiht, könne erneut von außen in Frage gestellt werden.

In der Conditio Judaica verdichtet sich für T. in exemplarischer Weise die Conditio Humana – und darin wiederum eine biographische Grunderfahrung des Theatermachers T. »Mich beschäftigt nicht mein Anderssein als Jude, sondern mein Anderssein als Mensch und Künstler«, sagte er Ende der 80er Jahre in einem Interview – eine Aussage, die in der damaligen Arbeit des »playmakers« eigentlich schon wieder überwunden war. Denn in den Jahren seiner größten Erfolge als Dramatiker, mit den Stücken *Mein Kampf* (1985), *Weisman und Rotgesicht* (1990) und *Die Goldberg-Variationen* (1991), also in den Stücken und Äußerungen des über Siebzigjährigen, sind inzwischen genuin jüdische Dimensionen zu verzeichnen. In *Mein Kampf* tritt mit dem Hausierer Schlomo Herzl erstmals ein Jude auf, der sich selbst wesentlich durch die jüdische Tradition definiert, dessen Sprechen gesättigt ist von Zitaten, Anspielungen, jüdischen Witzen, talmudischem Denken und intellektueller Brillanz. T. vermittelt hier eine an George Steiner geschulte Antisemitismus-Theorie: Hitler habe mit dem Judentum den Kern der abendländischen Zivilisation vernichten wollen, er habe die vom Judentum formulierten und tradierten Grundlagen des Lebensschutzes und der Liebes- und Gerechtigkeitsgebote aus der Welt schaffen wollen, weil sie individuelles Gewissen vor autoritätshörige Unterwerfung stellten. Die Denkfigur der »jüdischen Erfindung« des Gewissens – die laut Hermann Rauschning auf Adolf Hitler selbst zurückgeht – wird T.s Auseinandersetzung mit jüdischer Existenz nunmehr dominieren, vor allem in seinen *Goldberg-Variationen* (1991), einem vielschichtigen, höchst komischen Spiel um Gott und sein auserwähltes Volk. Lessings Jude Nathan fällt in T.s Bearbeitung (*Nathans Tod*, 1991) einem Pogrom zum Opfer, zur Freude des von Zweckdenken bestimmten Sultans und des religiös intoleranten Patriarchen, denn ihnen wurde mit Nathan die durch ihn repräsentierte Ethik der Toleranz aus dem Blickfeld entfernt: »Endlich verklingt/ Sein lächerliches Lied./ Das törichte Märchen/ Über irgendwelchen Ring/ Wir werden es nie wieder hören«, so wird das Ende des Lessingschen Aufklärungsgedankens gefeiert.

Die Konfrontation von jüdischem Selbstbild und antijüdischem Ressentiment wurde zur Grundlage für T.s Dramaturgie auf dem Höhepunkt seines Schaffens, und sie ist zugleich die subtile Essenz seines Nachdenkens über das Judentum. T. hat damit weite Gedankenräume geöffnet, die Wege weisen zu einer immer wieder erneuten und möglichst enttabuisierten Beschäftigung mit dem Holocaust, auch zu seiner Thematisierung im Theater, die sich nicht im moralisch-appellativen Gerichtsspiel erschöpfen muß. Es wirft ein bezeichnendes Licht auf den Prozeß der Erinnerung und Vergegenwärtigung des Holocaust in Deutschland, daß ihn nicht ein einziger deutschsprachiger Dramatiker zu *seinem* Thema gemacht hat. Rolf Hochhuths *Stellvertreter* und Peter Weiss' *Ermittlung* – die beiden prominentesten, tief im kulturellen Gedächtnis Deutschlands verankerten Stücke – blieben thematisch singuläre Erscheinungen im Werk der beiden Autoren. Das Beschreiben des »Unbeschreiblichen« schien sich dramatischer Gestaltung noch stärker zu entziehen als der erzählenden Form oder dem »nach Auschwitz« geschriebenen Gedicht. Als einziger Dramatiker im deutschsprachigen Raum hat sich T. über Jahrzehnte kontinuierlich mit dem Holocaust und seinen Folgen auseinandergesetzt: ein ungarischer Jude mit britischem Paß und amerikanischer Theaterschulung, ein Remigrant, dessen Stücke für ein deutsches und österreichisches Publikum in englischer Sprache geschrieben sind.

Werke: Ich wollte meine Tochter läge tot zu meinen Füßen und hätte die Juwelen in den Ohren, hg. A. Welker u. a., München 1979; Son of a Bitch. Erzählungen, München 1981; [Gespräch mit G. T.], in: H. Koelbl, Jüdische Portraits, Frankfurt a. M. 1989, 234–238; Betrachtungen über das Feigenblatt, München 1991; Theaterstücke I und II, München 1994; Autodafé: Erinnerungen, Berlin ³2002; Das Opfer: Roman, Göttingen 2004; Ein guter Mord, Göttingen 2004.

Literatur: J. Strümpel, G. T., in: KLG (1995); G. T., Text u. Kritik 133 (1997); Verkörperte Geschichtsentwürfe. G. T.s Theaterarbeit, hg. P. Höyng, Tübingen 1998.

Jan Strümpel

Tergit, Gabriele (eigentl. Elise Reifenberg)

Geb. 4. 3. 1894 in Berlin;
gest. 25. 7. 1982 in London

T. wurde als Elise Hirschmann im Osten Berlins geboren. Ihr Vater war Geschäftsmann und Fabrikdirektor, ihre Mutter eine Münchnerin aus der Posamentenbranche. Sie begann schon im Alter von 19 Jahren im *Berliner Tageblatt* zu publizieren. 1919–23 studierte sie an den Universitäten München, Heidelberg, Berlin und Frankfurt a. M. Geschichte und promovierte 1924. Zwischen 1914 und 1933 arbeitete sie beim *Berliner Tageblatt*, bei der *Vossischen Zeitung*, bei der *Dame*, beim *Berliner-Börsen-Courier* sowie bei der *Weltbühne* und beim *Tagebuch*. 1933 emigrierte sie mit ihrem Mann Heinz Reifenberg in die Tschechoslowakei und im selben

Jahr nach Israel. 1938 ging sie zusammen mit ihrem schwerkranken Mann nach England, wo sie bis zu ihrem Tod lebte. In London engagiert sie sich beim PEN-Zentrum deutschsprachiger Autoren im Ausland und arbeitet 1957–81 ehrenamtlich als Sekretärin des deutschen PEN-Auslandszentrums.

T. veröffentlichte zu Lebzeiten zwei Romane, *Käsebier erobert den Kurfürstendamm* (1931) sowie *Effingers* (1951), eine Kulturgeschichte der Blumen, *Kaiserkron und Päonien rot* (1958), *Das Tulpenbüchlein* (1965), sowie *Das Büchlein vom Bett* (1954). Ein Jahr nach ihrem Tod erschienen ihre Erinnerungen *Etwas Seltenes überhaupt* (1983). Die bürgerkriegsähnlichen Zustände in den letzten Jahren der Republik, die skandalös einseitigen Gerichtsverfahren, über die T. seit 1923 ihre berühmten Gerichtsreportagen erst beim *Berliner Börsen-Courier*, dann beim *Berliner Tageblatt* schrieb, die Presselandschaft Berlins, sowie das Anwachsen von Antisemitismus und Revanchismus finden in T. eine in ihrer Generation selten objektive Darstellung. Als der Reichskanzler Papen am 29. August 1932 in einer Rundfunkrede mit deutlichen Worten gegen rechten wie linken Terror für die Wiederherstellung des Rechtsfriedens und die Gleichheit aller Staatsbürger vor dem Gesetz eintritt, bemerkt T. resigniert, daß »die aufrechte Rede, das Verbot des *Angriffs*, keinen Eindruck« auf die Generation ihrer gleichalten Freunde machte, die in Papen nur den »Handlanger des vertrusteten Monopolkapitalismus« bzw. einen »Herrenreiter« sahen, während aus der Generation ihrer Eltern lauter begeisterte Anrufe gekommen seien: »Was sagt man zu Papen, eben doch großartig.«

1996 erschien schließlich ein noch von T. selbst zusammengestelltes Manuskript über ihre viereinhalb Jahre in Palästina: *Im Schnellzug nach Haifa*. Dieses sowohl in literarischer wie politischer Hinsicht bemerkenswerte Buch schildert ebenso frei von zionistischem Überschwang wie ›jeckischer Überheblichkeit‹ die Schwierigkeiten und Überspanntheiten beim Aufbau des neuen Staates. Trauer um den Verlust der alten Heimat, Neugier und Befremdung gegenüber der angebotenen neuen Heimat vermischen sich und erzeugen eine hellsichtige Distanz: »Wie in der ganzen Welt nimmt das Eigenleben, das Bodenständige ab und das Internationale zu, aber zugleich wächst der Nationalismus, das Trennende wird betont und das Zusammenwachsen der Kulturen verschwiegen. Die arabischen Dörfer sind gewachsen, die jüdischen angelegt und noch nicht von Grün umgeben. Die arabischen Häuser sind geworden aus endloser, nie unterbrochener Tradition. Die jüdischen kommen bestenfalls aus dem Katalog oder dem Wettbewerb: ›Siedlungshäuschen zu 50 bis 200 LP.‹ Das kann nicht anders sein. Europa dringt in den Orient ein. Kolonialgebiet ist überall häßlich. [...] Das arabische Palästina ist das biblische geblieben durch die Jahrtausende, das jüdische ist russisch.« Angesichts des Unterrichts in einer Moschee in Haifa bemerkt sie: »So schön wird der Mensch, der verwurzelte, der unverfolgte, der seßhafte, in vielen Jahrhunderten. [...] Der Verfolgte wird häßlich, er hat Angst, er gönnt sich nie mehr ein gutes Leben, und die Schönheit wird ihm Luxus, der nicht für ihn da ist.« T. glaubte nicht an die zionistische Devise, daß in »Palästina ein Land ohne Volk für ein Volk ohne Land« bereitstände. Wer an ein ›Zusammenwachsen der Kulturen‹ glaubte, mit Bezug auf Israel von ›Kolonialland‹ sprach und sich positiv an europäischen ›Luxus‹ erinnerte, mußte im sozialistischen und nationalen Projekt Palästina einen schweren Stand haben, und so zeigen ihre Berichte aus Israel auch, daß sie das Land 1938 wohl nicht nur wegen der Krankheit ihres Mannes wieder in Richtung Europa verließ. Geschult an der pseudoreligiösen Sehnsucht deutscher Ursprungsromantik, blickt sie mit den Erfahrungen des Berlin der 20er Jahre auf ähnliche ideologische Verwerfungen im neuen Israel: »In Tel Aviv gibt es ein glückliches, heiteres jüdisches Volk. Es lebt sich gut unter Juden in Tel Aviv. [...] Die Verächter Tel Avivs verlangen wie Gott selber, daß das Volk vierzig Jahre durch die Wüste wandern soll, ehe es ins Gelobte Land kommt. Sie fordern, wie alle zukünftigen Weltanschauler, die besessen sind von einer Idee, eine neue Generation. Sie wollen keine Städte, und sie werten das Bedienen eines Traktors moralisch.«

Werke: Käsebier erobert den Kurfürstendamm, Berlin 1931; Effingers, Hamburg 1951, Frankfurt/M. 1979; Etwas Seltenes überhaupt – Erinnerungen, Berlin 1983; Blüten der Zwanziger Jahre, hg. J. Brüning, Berlin 1984; Im Schnellzug nach Haifa, hg. J. Brüning, Berlin 1996.

Arpe Caspary

Toller, Ernst

Geb. 1. 12. 1893 in Samotschin;
gest. 22. 5. 1939 in New York

Als er im Frühjahr 1925 Palästina bereiste, wo er u. a. der Gründung der Hebräischen Universität in Jerusalem beiwohnte, nahm eine amerikanisch-jüdische Zeitschrift dies zum Anlaß eines Berichts über T., in welchem er auch auf seine Haltung zum Zionismus zu sprechen kommt. Dort heißt es: »I am not a Zionist. I believe that one can only be a Zionist from necessity. Only that individual can be of value to the movement who brings to it the greatest measure of devotion. Sheer necessity made me a socialist and left no room to a cause like Zionism.« Damit ist zweierlei ausgedrückt, was sich in T.s literarischem Werk wie in seiner politischen Arbeit widerspiegelt: Zum einen die unkorrumpierbare Konsequenz, mit welcher er sein oft zwischen allen Konventionen angesiedeltes Verständnis des Sozialismus vertrat. Zum andern wird hier bei aller Wertschätzung, die T. den zionistischen Pionieren entgegenbrachte, eine Absage an alles Nationale ausgedrückt, die entscheidend mit seinen Erfahrungen als deutscher Jude zusammenhing. In zweien seiner Werke, im erfolgreichen Dramenerstling *Die Wandlung* (entstanden 1917) und in seiner im Exil publizierten Jugendautobiographie *Eine Jugend in Deutschland* (1933), tritt das Judentum als entscheidende Ursache der Ausgrenzung und damit als Mitauslöser seiner revolutionären Ideen hervor.

Die politisch prägenden Erlebnisse T.s waren der Erste Weltkrieg und die darauf folgende Münchner Räterepublik, in welcher er als einer der politischen und militärischen Köpfe eine prominente Rolle spielte. Nach der gewaltsamen Niederschlagung der Räterepublik konnte er sich einige Wochen lang verstecken, was ihn davor bewahrte, wie andere ihrer führenden Persönlichkeiten (etwa Gustav Landauer) von Soldaten erschlagen oder (wie Eugen Leviné) standrechtlich erschossen zu werden. Dennoch wurde er wegen »Hochverrats« zu fünf Jahren Festungshaft verurteilt. Während seiner Haft wurde T. zu einem der berühmtesten, auch international beachteten Dramatiker Deutschlands, einsetzend mit der Uraufführung der *Wandlung* 1919. In dem Stück, das der ehemalige Frontsoldat T. geschrieben hatte, nachdem er aus psychischen Gründen vom Dienst beurlaubt worden war, findet sich der Grund der allgemeinen Kriegsbegeisterung unter den deutschen Juden 1914 im Protagonisten Friedrich – dessen Judentum nie ausdrücklich benannt, aber klar angedeutet wird – aufs Persönliche konzentriert. Nachdem er die Enge und die Ausgrenzung, in welcher er lebt, beklagt hat, ergreift er euphorisch die Gelegenheit, als Freiwilliger in den (ebenfalls nicht explizit benannten) Krieg zu ziehen, um zu »beweisen, daß ich zu ihnen gehöre«. Angelegt als Stationendrama mit einigen plakativen Symbolen (dem Kreuz, der Sage vom Ewigen Juden, dem Bildnisverbot), verkündet *Die Wandlung* nicht die Unmöglichkeit der Zugehörigkeit, sondern die Notwendigkeit einer umfassenden geistigen Veränderung der Gesellschaft, um sie zu ermöglichen. In der Verknüpfung des Gleichheitspostulats nicht nur mit der Ablehnung des Krieges, sondern auch mit einer impliziten Antisemitismuskritik innerhalb der nationalen Gesellschaften setzt die Wandlung, wiewohl formal »ein typisches, wenn nicht das typische expressionistische Drama schlechthin« (Dove), innerhalb des Expressionismus einen unverkennbar eigenen Akzent.

Vom Felde aus hatte T., wie er später berichtet, »dem Gericht geschrieben, es möge mich aus den Listen der jüdischen Gemeinschaft streichen«. Die Fähigkeit, aus der Orientierungslosigkeit nach Ausscheiden aus dem Heer eine neue politische Ausrichtung zu gewinnen, verdankte er jedoch wiederum vorab zwei jüdischen Mentoren, die er beide im Winter 1917/18 kennenlernte: G. Landauer und K. Eisner. Beide standen für einen Sozialismusbegriff jenseits der »Selbstgerechtigkeit« und »Herzensträgheit« und der eingeschworenen Doktrin einer »Parteisekte«, wie sie die Figur Hinkemann in T.s gleichnamigem Drama von 1922 anprangert. Entsprechend liegt das Primat des revolutionären Prozesses für T. auch nicht in der Agitation und Radikalisierung der Massen, sondern in der Reflexion und Legitimität der eigenen Position. Stehen diese revolutionären Tendenzen im Drama *Masse Mensch* (1920) in einem aporetischen Verhältnis zueinander, so wird im Stück *Die Maschinenstürmer* (1922) die reine Agitationstätigkeit als suspekt und sogar verräterisch denunziert, der Proletarier aber auch fern aller Glorifizierung als verführbar gezeigt.

In der Haltung gegenüber seinem Judentum gelangt T. erst in der Autobiographie zu einem offenen Erkenntnisprozeß und einer vollen Bekenntnisbereitschaft, der Eroberung seines »konkret-realen Ich« (Frühwald/Spalek). Mit dem Exil von 1933, als die inneren Konflikte einer deutsch-jüdischen Existenz nicht mehr zu übertünchen waren, sah auch T. sich gezwungen, sie in ihrer Unüberwindbarkeit offenzulegen. Seinem Bekenntnis an die deutsche Landschaft und Sprache, an Goethe und Hölderlin, folgt die Frage: »Aber bin ich nicht auch Jude? Gehöre ich nicht zu jenem Volk, das seit Jahrtausenden verfolgt, gejagt, gemartert, gemordet wird, dessen Propheten den Ruf nach Gerechtigkeit in die Welt schreien, den die Elenden und Bedrückten aufnahmen und weitertrugen für alle Zeiten, dessen Tapferste sich nicht beugten und eher starben, als sich untreu zu werden?« Hierin liegt für T. der verbindliche Kern seines Judentums, während jede andere Form nationalen Bekenntnisses ihm austauschbar und destruktiv erscheint. »Soll ich dem Wahnwitz der Verfolger verfallen und statt des deutschen Dünkels den jüdischen annehmen?«

Wie Alfred Döblin mit seiner Tetralogie *November 1918* wollte auch T. durch die Auseinandersetzung mit der Deutschen Revolution von 1918/19 aus der Sicht des Exils die Ursachen der deutschen Katastrophe beleuchten und auch als Ergebnis der Versäumnisse der deutschen Linken kenntlich machen. Anders als das Gros der linksliberalen Intellektuellen hatte er selbst jedoch bereits in den Jahren der Republik eindringlich vor einer nationalsozialistischen Machtergreifung gewarnt. Der Artikel *Reichskanzler Hitler*, veröffentlicht in der *Weltbühne* nach dem ersten spektakulären Wahlerfolg der Nationalsozialisten bei Reichstagswahlen im Herbst 1930, ahnt die Mechanismen dieser Machtergreifung und teilweise auch ihre Folgen äußerst realistisch voraus. T. wandte sich gegen die damals weitverbreitete Meinung, man solle Hitler regieren und sich dabei diskreditieren lassen, und er warnte davor, daß Hitler »die Errungenschaften der Sozialdemokratie, auf die die Partei so stolz ist, mit einem Federstrich beseitigen« werde. Daß T. in dem Artikel nicht die möglichen Folgen für die deutschen Juden, sondern nur die für die Linke und die Demokratie an sich thematisiert, hängt wohl auch damit zusammen, daß er ihn als Aufruf an die Arbeiter und Gewerkschaften richtete, die er allein noch als Gegengewicht des Nationalsozialismus betrachtete. T. scheute sich aber auch nicht vor der direkten Konfrontation und hielt im selben Jahr mit dem nationalsozialistischen Redakteur Alfred Mühr am Radio eine *Diskussion über den Kulturbankrott des Bürgertums* ab. Es ist kennzeichnend für T.s Selbstverständnis als politischer Aufklärer, daß er Hitler auch noch 1933 nicht einfach simplifizierend als Irren oder als Dämon darstellte, sondern dessen Gefährlichkeit in seiner neurotischen Kriegserblindung festzumachen suchte: »Welche Kraft muß ein Mensch haben, daß er blind werden kann vor einer Zeit, die er nicht sehen will.« Im Gegensatz etwa zu Heinrich Manns krasser Fehleinschätzung Hitlers als unfähigen, impotenten und an der Realität der Macht notgedrungen scheiternden Schwindler hat T. in einem Satz die verhängnisvolle Mischung von Selbstverblendung und Faszinationskraft des Diktators festgemacht.

T. zählte zu den wenigen nach 1933 emigrierten Autoren, die durch das Exil nicht in materielle Not gestürzt wurden. Er fand Bühnen für seine Stücke im angelsächsischen Raum, und auch seine Werke (die Autobiographie ebenso wie etliche Stücke und die 1934 erschienenen *Briefe aus dem Gefängnis*) erschienen auf Englisch. Im Juni 1934 gründete er zusammen mit Rudolf Olden in London den deutschen PEN-Club im Exil. Schon ein Jahr zuvor hatte er beim PEN-Kongreß von Ragusa wenige Wochen nach der Bücherverbrennung für Aufsehen gesorgt, als er in seiner Rede die offizielle deutsche Delegation angriff und bloßstellte. Darin geißelte er nicht nur das Schweigen des deutschen PEN-Clubs zu allen Verfolgungen und Verboten deutscher Schriftsteller, sondern hob auch hervor, daß der Schriftführer des PEN-Clubs selbst der Autor der antisemitischen Hetzschrift *Juden sehen dich an* war. Er erreichte mit seiner Rede, daß die offizielle deutsche Delegation den Kongreß unter Protest verließ.

Indem T. die Zugehörigkeit zu den Gemarterten und die Tradition der Propheten jenseits nationaler Abgrenzungen als entscheidende Elemente des Judentums definierte, lokalisierte er auch sich selbst sowohl als Exilanten wie als humanitär aktiven Sozialisten nicht spezifisch im jüdischen Bereich. Der Held und die Titelfigur seines letzten Dramas *Pastor Hall* (1939) ist – obwohl in dem Stück auch die Verfolgung der Juden in Deutschland thematisiert wird – nicht ein Jude, sondern ein Pastor, der nach seiner Flucht aus dem Konzentrationslager die Angst endgültig überwindet, sich offen gegen das Regime zu predigen entschließt und damit zu einem Träger des Widerstands zu werden versucht. Auch in einem Artikel, der nach seinem Tod unter dem Titel *The Last Testament of Ernst Toller* veröffentlicht wurde, stellt er sich und die anderen Emigranten als Nachfolger der exilierten Heine, Börne, Marx, Herwegh und Carl Schurz und selbst des Antisemiten Richard Wagner dar, womit er die Legitimation deutscher Emigranten als wichtigster Vertreter der deutschen Kultur betont, ungeachtet ihrer Konfession. Auch T.s großes humanitäres Projekt, die Unterstützung der Zivilbevölkerung auf beiden Seiten des spanischen Bürgerkriegs, entsprang diesem Verständnis von Judentum als Sozialismus. Daß es am Ende sein Ziel nicht erreichte, weil trotz weltweiter Beachtung die entscheidende

Unterstützung durch Franklin D. Roosevelt ausblieb, mag mit ein entscheidender Auslöser von T.s Freitod im New Yorker Hotel Mayflower gewesen sein.

Werke: Gesammelte Werke, 5 Bde., hg. J. M. Spalek u.a, München u. a. 1978.

Literatur: Der Fall T., hg. W. Frühwald u. a., München u. a. 1979; M. Ossar, Die jüdische messianische Tradition und E. T.s Wandlung, in: Im Zeichen Hiobs. Jüdische Schriftsteller und deutsche Literatur im 20. Jahrhundert, hg. G. E. Grimm u. a., Königstein/Ts. 1985, 293–308; A. Bodenheimer, E. T. und sein Judentum, in: Deutsch-jüdische Exil- und Emigrationsliteratur im 20. Jahrhundert, hg. I. Shedletzky u.a, Tübingen 1993, 185–193; R. Dove, E. Toller, Göttingen 1993.

Alfred Bodenheimer

Torberg, Friedrich

Geb. 19. 9. 1908 in Wien;
gest. 10. 11. 1979 in Wien

Anders als seine Familie, die durch Assimilation geprägt war, war sich T. seines Judentums zeit seines Lebens und in seinem Schreiben stets bewußt. Diese Haltung entsprach zunächst derjenigen des berühmten Wiener jüdischen Sportclubs Hakoah, wie T. in dem von Arthur Baar herausgegebenen Buch *50 Jahre Hakoah 1909–59* erklärte: »Wir wollten die antisemitische Lüge von der körperlichen Minderwertigkeit und Feigheit der Juden entlarven [. . .] Dieser Beweis ist uns damals überzeugend gelungen. Seither wurde er uns vom Staate Israel und seiner Armee abgenommen.« In den 30er Jahren, nach dem Gymnasium, begann T. für das *Prager Tagblatt* und die zionistische *Selbstwehr* zu schreiben. Gefördert wurde er von Max Brod, den er seinen jüdischen Vater und Lehrer nannte. Brod lehrte ihn, wie T. in der Festschrift für Brod schrieb, »wie man sich mit den Fragen des Jude-Seins auseinandersetzt und wie man sie mit den Fragen der Welt in Einklang bringt«. 1938 floh T. von Prag nach Zürich. 1940 entkam er mithilfe des von Varian Fry geleiteten Emergency Rescue Committee, das ihn auf die Liste der Outstanding German Anti-Nazi Writers setzte, in die USA. Seine Mutter und eine seiner Schwestern wurden Opfer der Shoah. In den USA lebte er als Scriptwriter in Hollywood und in New York. 1951 kehrte er nach Wien zurück, wo er der bekannteste und einflußreichste österreichisch-jüdische Schriftsteller der Nachkriegszeit wurde, nicht zuletzt auch durch seine Übersetzungen der Werke Ephraim Kishons.

Vor allem in drei seiner literarischen Werke setzte sich T. explizit mit jüdischen Fragen auseinander. Die 1942 entstandene Erzählung *Mein ist die Rache* beschreibt mit erstaunlicher Intuition, die späteren authentischen Zeugnisse vorwegnehmend, das Schicksal des Rabbinatskandidaten Joseph Aschkenasy, der in einem KZ den Lagerkommandanten erschießen und danach fliehen konnte. Das eigentliche Thema der Erzählung ist die Frage, ob der Mensch das Recht zur Rache habe oder ob er sie, wie es in der Torah heißt, Gott überlassen müsse. Der von 1943–46 entstandene Roman *Hier bin ich, mein Vater*, handelt von einem Wiener Juden, der zum Gestapo-Spitzel wurde, weil ihm die Nazis versprachen, daß er damit seinen Vater aus dem KZ retten könne. In vielen Passagen, darunter in einem Gespräch zwischen der Hauptfigur und seinem alten Religionslehrer, behandelt der Roman die exemplarische Tragödie eines assimilierten Juden und dessen Ringen mit den Wertvorstellungen des Judentums. Mit dem Roman über den jüdischen Minnesänger *Süßkind von Trimberg* setzte T. 1972 dem Beginn der deutsch-jüdischen Symbiose, von deren Ende er, wie er glaubte, ein Zeuge wurde, ein Denkmal. Wiederholt formulierte T. seine, wie sich herausstellte, irrige Überzeugung, daß er der letzte deutsch-jüdische Schriftsteller sei, wie z. B. 1955 in einem Brief an Max Brod: Die deutsch-jüdische Symbiose »ist vorbei und zu Ende [...]. Wenn ich überhaupt noch eine jüdische Funktion habe, dann ausschließlich die, mein öffentliches Wirken so zu gestalten, daß möglichst viele Nichtjuden den Tod des letzten deutsch-jüdischen Schriftstellers als Verlust empfinden.« Darüber hinaus gehören T.s Gedichte *Hebräische Melodie, Kaddisch 1943, Seder 1944* und *Sehnsucht nach Altaussee* (geschrieben 1942 in Kalifornien) zu den wichtigsten jüdischen Exilgedichten überhaupt. Die drei ersten Gedichte formulieren eindrucksvoll die kollektive jüdische Identität, die Verbundenheit mit den tausenden jüdischen Vätern und Müttern, die in *Kaddisch 1943* genannt werden, und mit der jüdischen Vergangenheit, wie es am Beginn von *Seder 1944* heißt: »Tausend Jahre trag ich auf den Armen/ wie ein Bündel Strandgut vor mir her...« In seinen Anekdotensammlungen *Die Tante Jolesch* und *Die Erben der Tante Jolesch* vermittelte T. ein authentisches Bild der ausgelöschten Welt des jüdischen Bürgertums Mitteleuropas.

Auch publizistisch wurde T. als »Jud vom Dienst«, wie er es formulierte, von der Israelitischen Kultusgemeinde dankbar aufgenommen, so in seinen Polemiken, in seiner umfangreichen, im mehreren Bänden veröffentlichten Korrespondenz und nicht zuletzt als Herausgeber der Zeitschrift *Forum*. Besonders zu nennen sind in diesem Zusammenhang seine Stellungnahmen gegen die jüdische Witzsammlung von Salcia Landmann und sein Briefwechsel mit Heinz Politzer, dem er »die Entbrodung und Entjudung Kafkas« vorwarf. Wichtig wurde auch T.s jahrzehntelange Auseinandersetzung mit dem österreichischen jüdischen Schriftsteller Hans Weigel und dessen versöhnlicher Haltung gegenüber dem österreichischen Antisemitismus und Nationalsozialismus. In diesem Zusammenhang ist sein Essay *Das philosemitische Mißverständnis* in dem Band *Apropos* zu sehen, in dem er den Philosemitismus als einen Antisemitismus mit umgekehrtem Vorzeichen bezeichnete. Der Philosemitismus »akzeptiert den Juden als Deutschen, als Menschen, sogar als Christen – als alles, nur nicht als Juden.« Umstritten blieb T.s kompromißloser Antikommunismus im Kalten Krieg, der auch vor persönlichen Diffamierungen nicht zurückschreckte.

T. fühlte sich trotz seiner Verbundenheit mit Israel in Österreich zu Hause, und er beschrieb den Dualismus als ein generelles Kennzeichen jüdischer Existenz: »Jeder jüdische Mensch außerhalb Israels sollte erkennen, daß er eine Doppelexistenz führt. Man ist niemals nur Jude, sondern noch etwas anderes.« Zwei Monate vor seinem plötzlichen Tod besuchte er auf Einladung der Jerusalemer Stadtverwaltung Israel, wo seine Schwester Ilse und viele seiner Jugendfreunde leben. Ein 1978 in der Zeitschrift *Das jüdische Echo* angekündigtes Buch über Israel konnte T. nicht mehr realisieren.

Werke: Lebenslied. Gedichte aus fünfundzwanzig Jahren, München 1958; Gesammelte Werke, München 1962ff.

Literatur: H. Eisenreich, Typisch jüdisch, in: Der Weg war schon das Ziel. Festschrift für F. T. zum 70. Geburtstag, hg. J. Strelka, München u. a. 1978, 27–50; D. Axmann, »Iwrí anochí. Ich bin ein Hebräer.« F. T.s jüdisches Selbstverständnis, in: Und Lächeln ist das Erbteil meines Stammes. Erinnerung an F. T., hg. D. Axmann, Wien 1988, 149–158; E. Adunka, F. T. und Hans Weigel, in: Modern Austrian Literature 27 (1994), 213–237; F. Tichy, T., Salzburg u. a. 1995.

Evelyn Adunka

Tucholsky, Kurt
(Peter Panter, Theobald Tiger, Ignaz Wrobel, Kaspar Hauser)
Geb. 9. 1. 1890 in Berlin;
gest. 21. 12. 1935 in Göteborg

»Mich hat die Frage des Judentums niemals sehr bewegt. Sie ersehen aus meinen Schriften, daß ich höchst selten diesen Komplex überhaupt berühre; meine Kenntnisse auf diesem Gebiet sind nicht sehr groß, und ich weiß nicht, ob die Zionisten recht oder unrecht haben, und ich schweige«, schreibt T. am 27. April 1929 an Hans Reichmann, einen Mitarbeiter der Zeitung des Centralvereins der Juden. In allen Phasen seines Werkes finden sich aber sehr wohl Äußerungen über Juden und Judentum.

Mit dem Schreiben beginnt T. 1907: Zunächst für den *Ulk*, die satirische Beilage des *Berliner Tageblatts*, später für den sozialdemokratischen *Vorwärts*. Ersten Ruhm erlangt er 1912 mit seinem Buch *Rheinsberg. Ein Bilderbuch für Verliebte*. Seit 1913 arbeitet er als Kritiker für die *Schaubühne* (ab 1918 *Weltbühne*). T. promoviert 1915 in Jura an der Universität Jena. In der Weimarer Republik zählt T., der unter Pseudonymen veröffentlicht und neben politischen und kritischen Beiträgen auch Kabarett-Texte und Feuilletons und Lyrik publiziert, zu den anerkanntesten Schriftstellern.

Deutlich ist bei T. eine seit früher Jugend bestehende Ablehnung gegenüber den assimilierten, kaisertreuen, deutsch-nationalen Juden, so in Texten wie *Die patriotische Synagoge* (1912). In Anspielung auf das preußische Militärgesetz, das Juden vom Offiziersdienst ausschloß, kritisiert er die devote Haltung der Juden angesichts der Einweihung einer neuen Synagoge in Anwesenheit kaiserlicher Militärs: »Hier kommen die sonst Geprügelten, Verachteten zusammen [...], hier steht unter ihnen ein hoher Offizier [...] Fühlen sie nicht, wie sie sich verspotten? – Was denkt sich der Kaiservertreter unter Leuten, die er nie in seinen Kreis wählen würde? [...] - Es ist würdelos.« Unter dem Eindruck des Ersten Weltkriegs, in dem T. vom Soldaten bis zum Feldpolizeikommissar aufsteigt, festigt sich seine pazifistische Überzeugung. Nach dem Krieg engagiert er sich als Pazifist u. a. in der Liga für Menschenrechte – die *Weltbühne* wird sein wichtigstes publizistisches Forum. Wiederholt attakkiert T. in diesem Kontext nationalistisch orientierte jüdische Organisationen, etwa den »Reichsbund jüdischer Frontsoldaten«. Eine solche Kritik an den deutschen Juden steht bei T. im Zusammenhang mit einer generellen Gesellschaftskritik. Die von jüdischen Interessenvertretern angesichts eines zunehmend antisemitischen Klimas in Deutschland immer wieder geforderte Rücksichtnahme auf die Juden weist T. zurück. Dem Kaufmann A. Herz erklärt T. 1929 diese Haltung: »[Ü]ber den Gruppen ›Christen‹ und ›Juden‹ gibt es bedeutend wichtigere Kollektivitäten. Eine der stärksten Grenzen läuft – zwischen Ausbeutern und Ausgebeuteten – quer durch die Religionen und Rassen, und meine Arbeit gilt den Wehrlosen, unbekümmert darum, was die Juden oder sonst eine Rasse dazu sagen.« T.s Kritik an den deutschen Juden weist zahlreiche Ambivalenzen und Brüche auf. Sehr deutlich ist dies in den siebzehn *Wendriner*-Geschichten, die er 1922–30 in der *Weltbühne* veröffentlicht. Wendriner, ein mittelständischer Berliner Kaufmann, berichtet in satirischen Monologen, die an ein nicht zu Wort kommendes Gegenüber gerichtet sind, über Alltagserlebnisse. Die Kennzeichnung der Figur als jüdisch erfolgt nur sehr subtil, etwa durch Verwendung typisch jiddischer Worte, etwa »Goi« (Nicht-Jude). Ansonsten unterscheidet sich Wendriner nicht von anderen deutschen Durchschnittsbürgern – in den geschilderten Alltagssituationen mit seiner Familie, mit Geschäftskollegen oder Bekannten entpuppt er sich als undemokratisch, biedermännisch, geschäftstüchtig und autoritär. Trotz dieser negativen Charaktereigenschaften, die *Wendriner unter der Diktatur* (1930) schließlich zum selbstverleugnenden Duckmäuser werden lassen, ist die Figur nicht gänzlich negativ gezeichnet, wohnt ihr, wie T. selbst einmal formulierte, auch ein Stück »Idylle« inne.

Das Gegenstück zur kritischen Auseinandersetzung mit den deutschen Juden bildet T.s Kritik am Antisemitismus, dem er selbst vehement ausgesetzt ist. In zahlreichen Artikeln wie *Der jüdische Untertan* (1914), *Hepp Hepp Hurra!* (1921) und *Herr Adolf Bartels* (1924) verurteilt er den Antisemitismus, ohne das Phänomen jedoch theoretisch zu erörtern. T. karikiert das Klischee einer »verjudeten Gesellschaft« und deckt antisemitische »Sündenbock«-Argumentationen auf: »Ein gewisser Mittelstand in Deutschland [hat] heute die liebe Gewohnheit [...], für die Sonnenfinsternis, die Republik, den Durchfall von kleinen Kindern und den schlechten Stand der Mark die Juden verantwortlich zu machen« *(Kadett Ludendorff*, 1922). Außerdem prangert er die undifferenzierten Feindbilder der Rechten und die antisemitischen Tendenzen in der Justiz an *(Avrumele Schabbesdeckel und Prinz Eitel-Friedrich von Hohenzollern*, 1921; *Prozeß Harden*, 1922*)*. Gleichzeitig stellt er Charakterschwächen und mangelnde Intelligenz der Antisemiten bloß. Gerade in den späteren Jahren rückt dabei die Argumentation in den Hintergrund, vielmehr zieht T. den Antisemitismus durch satirische Überspitzung ins Lächerliche, ohne sich selbst zum Anwalt der Juden zu machen.

Zu Deutschland hat T. zeitlebens ein ambivalentes Verhältnis, wie es sich in zahllosen Artikeln und in seinem mit J. Heartfield erarbeiteten Kollagenbuch *Deutschland Deutschland über alles* (1929) artikuliert. Als Pariser Korrespondent der *Weltbühne* verläßt er Deutschland 1924. Von 1930 an hat er seinen festen Wohnsitz in Schweden. Nach seinem letzten großen Publikumserfolg *Schloß Gripsholm. Eine Sommergeschichte* (1931) reduziert T. seine literarische und journalistische Produktion. Im Exil bezeichnet er sich als »aufgehörten Schriftsteller«. 1935 sind seine finanziellen Ressourcen erschöpft, er ist ständig krank. In den erhaltenen Briefen schreibt er auch über sein Verhältnis zu den Juden, das von Enttäuschung geprägt ist. Er kritisiert die »Ghettomentalität« und bezeichnet die Juden als »Sklavenvolk« (vgl. v. a. die Briefe an Hedwig Müller). Ein wichtiges Dokument dazu ist auch sein Abschiedsbrief an Arnold Zweig, den T. zwei Tage vor seinem Suicid im Dezember 1935 schreibt. Er beginnt den Brief mit einer persönlichen Bemerkung zum Judentum: »Ich bin 1911 [sic] aus dem Judentum ausgetreten [...] und weiß, daß man das gar nicht kann.« Tatsächlich war T. 1914 aus der jüdischen Gemeinde ausgetreten (Bemann) und hatte sich während des Ersten Weltkrieges im rumänischen Turn-Severin evangelisch taufen lassen. Der Brief ist eine scharfe Kritik an den deutschen Juden, denen T. vorwirft, sich den nationalsozialistischen Repressalien gebeugt zu haben: »Getto ist keine Folge – Getto ist Schicksal [...] Der Jude ist feige. Er ist selig, wenn ein Fußtritt kommt – ihn als so primär annehmend, als das, was ihm zukommt. Er duckt sich.« Er weist den Juden eine Mitverantwortung beim Scheitern der Weimarer Republik zu: »Ich klage die Gesinnung der Juden an, und viel weiter gehend, die Gesinnung der sog. ›deutschen Linken‹ [...].«

Seine harschen, zuweilen polemisch zugespitzten Stellungnahmen zum Judentum und zu aktuellen jüdischen Debatten haben T. zu Lebzeiten und nach seinem Tod heftige Kritik eingetragen. Ihre Hauptexponenten interpretieren T.

kontrovers. Während A. Zweig in T. eine »tiefverletzte Seele« erkannte, bezeichnete G. Scholem in seiner Rede auf der fünften Plenartagung des Jüdischen Weltkongresses T. als einen »der begabtesten und widerwärtigsten jüdischen Autoren«, dem es vorbehalten geblieben sei, »auf hohem Niveau das zu leisten, was die Antisemiten selber nicht fertigbrachten«. Tatsächlich hatten die Nationalsozialisten T.s Brief 1936 für propagandistische Zwecke nachgedruckt. Seit den 80er Jahren bemüht sich die Tucholsky-Forschung um eine differenziertere Darstellung, die tendenziell eher der Interpretation Zweigs folgt (Benz, Gay, Hepp).

Werke: Gesamtausgabe. Texte und Briefe, hg. A. Bonitz u. a., Reinbek b. Hamburg 1997ff.

Literatur: A. Zweig, Antwort, in: Die neue Weltbühne, 6. 2. 1936, 165–170; M. Reich-Ranicki, K. T. Deutscher, Preuße, Jude, in: Juden und Judentum in der Literatur, hg. H. A. Strauß, Ch. Hoffmann, München 1985, 254–272; »Entlaufene Bürger«. K. T. und die Seinen, Ausstellungskatalog, Marbach 1990; M. Hepp, K. T., Reinbek b. Hamburg 1993; K. T. und das Judentum, hg. M. Hepp, Oldenburg 1996.

Stefanie Oswalt

Ungar, Hermann

Geb. 20. 4. 1893 in Boskowitz (Mähren); gest. 28. 10. 1929 in Prag

Als U. 1929 im Alter von nur 36 Jahren starb, hinterließ er ein schmales Werk, das viele seiner Zeitgenossen verstört hat. Geboren wurde U. im alten Ghetto von Boskowitz, einer mährischen Kleinstadt in der Nähe von Brünn; sein Vater war ein Branntweinfabrikant, der großen Wert auf säkulare Erziehung legte und bemüht war, den Kontakt der Kinder mit tschechischen Kindern zu verhindern. Die ersten Schuljahre wurde U. vom Vater und von einem jüdischen Privatlehrer unterrichtet; erst später kam er an das deutsche Staats-Gymnasium in Brünn. Schon U.s Zeitgenossen haben versucht, sein Werk auf traumatische Erlebnisse in seiner Jugend zurückzuführen (»... seelische Höllenfahrt eines jungen Dichters«, Eduard Schröder, 1929). Anlaß dafür bot die neurotische Sexualität seiner Figuren, aber auch U.s autobiographisch belegter Selbsthaß, der sich in Anfällen neurotischer Hypochondrie oder in der schmerzlich empfundenen Diskrepanz zwischen Selbstbild und Erscheinung äußerte. Bezeichnend dafür ist, was der Protagonist in der *Geschichte eines Mordes* (1920) von sich sagt: »Ist es nicht wahr, daß man nichts so aus der Tiefe seines Herzens hassen kann und verachten, als sich selbst oder sein Spiegelbild.« Auch die antisemitischen Wellen, die Teile der Tschechoslowakei zur Zeit der Jahrhundertwende ergriffen – so etwa im Zuge des sogenannten Polaner Prozesses von 1899 – prägten diese Selbstwahrnehmung. Häufig verbanden sich in U.s Werk bei den meist dem Kleinbürgertum zugeordneten Figuren antisemitische Einstellung und neurotische Sexualität, etwa in der Figur des Schlachters im Roman *Die Verstümmelten*.

Noch während seiner Schulzeit begeisterte sich U. für den Zionismus, er wurde Mitglied zionistischer Jugendgruppen und spielte mit dem Gedanken, nach Palästina zu gehen. Aus diesem Grund schrieb U. sich nach dem Abitur in Berlin im Fach Orientalistik ein, wo er u. a. Hebräisch und Arabisch lernte, und trat der zionistischen Studentenverbindung »Hasmonäa« bei. Aus dieser Zeit rührte seine lebenslange Freundschaft mit Ludwig Pinner und Gustav Krojanker; letzterer schrieb nach U.s plötzlichem Tod einen Nachruf in der *Jüdischen Rundschau* (17.12.29). Nach einem Jahr verließ U. Berlin und schrieb sich in München, ab 1913 in Prag, für Jura und Nationalökonomie ein. Auch hier wurde er Mitglied einer zionistischen Studentenverbindung, aber auch der Prager Freimaurer. Bei Ausbruch des Ersten Weltkriegs meldete sich U. freiwillig und wurde in Galizien und Wolhynien verwundet. Als Offizier noch konnte er 1917 sein Studium in Prag mit dem Dr. jur. beenden.

Erste dichterische Arbeiten erschienen 1919 im *Prager Tagblatt*; frühe literarische Zeugnisse U.s müssen als verschollen gelten. In der Hoffnung, ein Leben als Schriftsteller und/oder Schauspieler führen zu können, lebte U. zeitweise in München, doch bald fand er sich als Bankangestellter in Prag wieder und kam 1921 als Attaché der tschechoslowakischen Botschaft nach Berlin. Die beiden Novellen *Ein Mann und eine Magd* und *Geschichte eines Mordes*, die U. 1920 unter dem Titel *Knaben und Mörder* veröffentlichte, machten U., nach den begeisterten Besprechungen von Stefan Zweig und Thomas Mann, berühmt; letzterer lobte, gut nachvollziehbar an der Novelle *Geschichte eines Mordes*, worin ein Mörder erzählt, wie es zur Tat kam, U.s Fähigkeit, »das seelisch Extreme, Exzentrische, ja Groteske als das eigentlich Menschliche empfinden zu lassen«. U.s zwei Jahre später erschienener Roman *Die Verstümmelten* (1923) hingegen wird mit einiger Irritation aufgenommen; der Roman konnte nur mit Streichungen erscheinen, zudem fehlt das Schlußkapitel, das U. nie geschrieben hat. Thomas Mann spricht von einem »fürchterlichen«, Kurt Pinthus von einem »grausigen und peinigenden Buch«, »denn wir fühlen, diese grausamen Geschehnisse sind mehr als einmalige unterhaltende Erzählungen, sondern Symbol für das Leid der Menschen unserer Zeit«. Anlaß zu Debatten gab auch U.s Roman *Die Klasse* (1927/29). Gegenstand der Spekulation war hier der jüdische Selbsthaß des Autors. Der Protagonist Joseph Blau verstrickt sich zusehends in ein Netz von Wahnvorstellungen, die ihn den Hilfeschrei eines Schülers als Angriff mißverstehen und ihn zum zeitweiligen Opfer eines ihm wirklich feindlich gesinnten Gegenspielers werden lassen. Ihn verzehrt die Vorstellung einer Schuld, die er sühnen muß, deren Grund er aber nicht kennt.

U.s einziges zu Lebzeiten aufgeführtes Schauspiel, *Der rote General*, wurde am 15. 9. 1928 mit Fritz Kortner in Berlin uraufgeführt. Das Stück wurde als Revolutionsstück rezipiert und die Protagonisten in Beziehung zu ihren angeblichen Vorbildern Trotzki/Rathenau und Stalin gesetzt. Als Revolutionsdrama wurde es sowohl von linker wie rechter Seite abgelehnt. Doch gab es auch Stimmen, die hinter dem »Trotzkikonflikt« einen anderen sahen. Max Brod erkannte, daß es nur vordergründig um die Revolution, eigentlich aber um das »dunkle Judenschicksal« geht. Gerade darin kritisierte Herbert Ihering die eigentliche Schwäche des Stücks (»Der Trotzkikonflikt auf sentimentale Rasseneinwände zurückgeführt«). Jenseits tagespolitischer Frontstellungen zwischen Rechts und Links sahen auch Alfred Kerr und Lutz Weltmann den eigentlichen Konflikt des Stücks in der Judenproblematik. Carl von Ossietzky schrieb vorsichtig: »Denn das Judentum [...] scheint auch der roten Revolution verdächtig.« Ganz im Sinne des Marxismus sah Walter Mehring dagegen in diesem hintergründigen Konflikt einen Anachronismus. »Der Antisemitismus ist ein rückständiges Vorurteil aus der Zeit der ökonomischen Emanzipation des Ghettos.«

Trotz des großen Publikumserfolgs – *Der Rote General* war neben der *Dreigroschenope*r der Höhepunkt der Theatersaison – war U. durch die zwiespältige Aufnahme des Stückes beunruhigt. Sie verstärkte die Schaffenskrise, in der sich U. seit längerer Zeit befand. Als U. 1927 befördert und nach Prag versetzt wurde, zog er sich zeitweise völlig vom gesellschaftlichen Leben zurück und schrieb nur noch selten. Seine neurasthenischen Anfälle und Depressionen häuften sich, und er mußte sich für längere Zeit beurlauben lassen. 1929 starb U. infolge eines zu spät behandelten Blinddarmdurchbruchs. Seine Mutter und sein Bruder sowie dessen Familie wurden 1942 nach Theresienstadt deportiert, ihre Spuren verlieren sich in Auschwitz; U.s zweiter Frau gelang mit den Kindern die Flucht nach England.

Werke: Das Gesamtwerk, hg. J. Serke, Wien u. a. 1989.

Literatur: D. Sudhoff, H. U. Leben-Werk-Wirkung, Würzburg 1989.

Heidelore Riss

Varnhagen, Rahel (Friederike Varnhagen von Ense, geb. Rahel Levin)

Geb. 19. 5. 1771 in Berlin;
gest. 7. 3. 1833 in Berlin

V.s Briefe und Aufzeichnungen wurden gelesen als Dokumente ihres unbedingten Willens, den »Makel« abzustreifen, den ihre jüdische Herkunft ihr bedeutete, und sich an die nichtjüdische Gesellschaft zu assimilieren (Arendt). Zugleich richtete sich die Aufmerksamkeit auf die Spuren des Mißlingens solcher Assimilation: V.s Briefe sprechen von der Gewalt der Ordnungen, die sie ausschließen, Ordnungen der Familie, der nichtjüdischen Gesellschaft, der Sprache, und von ihrer Weigerung, diese Gewalt zu verschweigen. Das Schreiben selbst wird zum Versuch, der Gewalt zu entgehen und zu überliefern, was sich den vorgeschriebenen Rollen und angebotenen Identitäten widersetzt – unter den Strategien der Assimilation eine Gegenstrategie.

Rahel wurde als ältestes Kind der Chaie und des Levin Marcus geboren. Ihr Vater war Kommissair des Münzunternehmers Veitel Heine Ephraim und seit 1763 generalprivilegiert; zwei frühere Ehen waren kinderlos geblieben. Über V.s Ausbildung ist wenig bekannt: sie lernte Französisch, erhielt Musikunterricht, der nach ihrem eigenen Zeugnis aus »lauter Musik von [Johann] Sebastian [Bach]« bestand, und besuchte regelmäßig das Theater. Sie konnte zudem in hebräischen Lettern schreiben und dürfte von ihrer Mutter das Wissen erworben haben, das notwendig war, um einen jüdischen Haushalt zu führen. Levin Marcus starb 1790. Im selben Jahr entstand V.s »erster Salon« – regelmäßige Gesellschaften im elterlichen Haus, die Mitglieder der Familie, Adlige, Künstler und Intellektuelle zusammenführten, so Friedrich und August Schlegel, Wilhelm und Alexander von Humboldt, Schleiermacher und Fichte. Die ersten regelmäßigen Briefwechsel sind seit 1793 überliefert: mit dem Medizinstudenten und späteren Arzt David Veit und mit dem schwedischen Diplomaten Carl Gustav von Brinckmann. 1795 kam es zu einer ersten kurzen Begegnung mit Goethe in Karlsbad. Ende des Jahres begann V.s Beziehung zu Karl Graf von Finckenstein, der sich jedoch nicht entschließen konnte, die Frau aus jüdischem Haus zu heiraten, so daß V. die Verbindung im Jahr 1800 löste. Auch die Beziehung zu dem spanischen Gesandtschaftssekretär Raphael d'Urquijo scheiterte ebenfalls. In den politisch und wirtschaftlich heiklen Jahren, die auf den Einzug Napoleons in Berlin im Herbst 1806 folgten, konnte V. ihren Salon nicht fortführen, doch das Netz ihrer Korrespondenzen weitete sich aus: u. a. wechselte sie Briefe mit Rebecca Friedländer und Pauline Wiesel, Friedrich Gentz und Alexander von der Marwitz. 1808 lernte sie Karl August Varnhagen von Ense kennen. Im selben Jahr zog sie aus dem schwierigen Verhältnis zu ihrer Mutter Konsequenzen, verließ die gemeinsame Wohnung und richtete sich in eigenen Räumen ein. Varnhagen gab 1812 in Cottas *Morgenblatt für gebildete Stände* Auszüge aus ihrer beider Briefwechsel über Goethe heraus – V.s erste (anonyme) Veröffentlichung. Als Preußen 1813 Frankreich den Krieg erklärte, verließ V. Berlin, zog zu ihrer Freundin Auguste Brede nach Prag und organisierte dort eine breite und behördlich unterstützte Hilfsaktion für die zahlreichen verwundeten Soldaten und Flüchtlinge in der Stadt. 1814 konvertierte V. zum Protestantismus, heiratete Varnhagen und führte fortan den Namen Friederike, mit dem sie auch zahlreiche Briefe zeichnete – eine hommage an Friedrich II. und die Emanzipationszeit, dadurch zugleich auch Spur der Erinnerung an ihre jüdische Geschichte. Mit Varnhagen, der sich für die Diplomatenlaufbahn entschieden hatte, hielt sie sich während des Kongresses einige Zeit in Wien auf. 1816 zogen beide nach Karlsruhe, wo Varnhagen tätig war, bis er im Frühjahr 1819 – wohl wegen seiner liberalen Haltungen – von seinem Posten abberufen wurde. Zurück in Berlin, etablierte V. ihren zweiten Salon, den u.a. Eduard Gans, Heinrich Heine und Leopold Ranke besuchten, doch wiederum auch Familienmitglieder, so ihr Bruder Ludwig Robert und seine Frau. In den folgenden Jahren veröffentlichte sie mehrfach anonym aus ihrer Korrespondenz und begann mit Varnhagen, ausgewählte Briefe für die Veröffentlichung vorzubereiten. Die erste Fassung des *Buchs des Andenkens*, die Karl August Varnhagen wenige Wochen nach V.s Tod herausbrachte, beruhte auf diesen gemeinsamen Vorarbeiten.

In ihren frühen Briefen an David Veit interpretiert V. die Beschränkungen, denen sie sich unterworfen sieht, als diejenigen einer »Ordnung«, in der Frauen der Zugang zu Welt und Wissen verwehrt ist. Sie betont, daß ihr Schreiben, das Veit – ironisch gebrochen – als Kunst anerkennt, in der Ordnung, in der sie lebt, nicht vorgesehen ist. Zur Kunst wird es trotz ihrer Welt- und Kenntnislosigkeit und wegen derselben. Gerade dort, wo sie das Regelwerk des Schreibens im Umgang mit Orthographie und Grammatik, aber auch mit Papier, Tinte und Feder ignoriert, erhalten ihre Texte »Ausdruck« und »Physiognomie«. Manch disziplinierende Regel kennt V. nicht, manche erkennt sie nicht an, und zwischen beiden Optionen hin- und hergleitend, den Unterschied zwischen ihnen überspielend, gelingt es ihr, etliche Regeln zu suspendieren. Sie vergleicht ihre Worte »zusammengelaufenen Rebellen mit Knittlen« und besteht darauf, daß sie aus der »Ordnung«, die sie ausschließt, eben auch entlassen ist, und die Arbeit an neuer »Anordnung« möglich wird: »Eins muß ich doch noch von meiner Art zu schreiben aussprechen: über das Allermeiste, was darin endlich ausgebildet sein sollte, kann ich – aus innren, und *viel* äußren Gründen – nicht Herr werden; über eines aber, was man gewiß auch dazu rechnet, mag ich nicht Herr werden. Nämlich, ich mag nie eine Rede schreiben, sondern will Gespräche schreiben, wie sie lebendig im Menschen vorgehn, und erst durch Willen, und *Kunst* – wenn Sie wollen – wie ein Herbarium, nach einer immer todten Ordnung hingelegt werden. Aber auch meine Gespräche sind nicht ohne Kunst; d.h. ohne Beurtheilung meiner selbst, ohne Anordnung« (an Gentz, 26. 10. 1830.). Der »Mangel« wird »zugleich zum Impuls einer widerständigen Produktivität« (Schuller).

In den gedruckten Briefen V.s sind Äußerungen über ihre jüdische Herkunft eng verknüpft mit Überlegungen zu ihrer Situation als Frau und mit Reflexionen über Sprache und Schreiben. Wenn sie sich in späteren Briefen, etwa um 1819, konkret zu Judentum und Antisemitismus äußert, werden zudem Ansätze politischer Reflexion sichtbar. V.s Strategie, beim Verstoß gegen Konventionen darauf zu verweisen, daß sie weder von den Konventionen noch vom Verstoß gegen sie weiß, erscheint allerdings nicht zuerst dort, wo es um das Schreiben geht, sondern dort, wo sie sich der Repräsentation als Jüdin widersetzt: »es wird mir nie einkommen, daß ich ein Schlemihl und eine Jüdin bin, da es mir nach den langen Jahren und dem vielen Denken drüber nicht bekannt wird, so werd ich's auch nie recht wissen. Darum ›nascht auch der Klang der Mordaxt nicht an meiner Wurzel‹, darum leb ich noch« (an Veit, 1. 4. 1793.). V. beschreibt es als Lebensnotwendigkeit, der Ordnung, in der sie als Jüdin repräsentiert wird, zu entgehen, und dies scheint – in einer Weise, die an Kafkas Odysseus erinnert – möglich durch wohlkalkulierte Ignoranz, durch listige Naivität. Zu ihren Mitteln gehört die Lüge als selbstgewisse Selbstverleugnung: »Warum verbietet man den Kindern so ausdrücklich Läugnen und Ausreden? die man (zwar leider! aber) doch braucht: man erzieht sie ja für den Tummel der Welt, und nicht für einen positiven Himmel, der ein rothes Herz, und ungefllecktes Gewissen genau belohnt?« (an Veit, 18. 2. 1794.) V.s Verlangen, ihrer jüdischen Herkunft zu entweichen, tritt in Gegensatz zu David Veits Forderung, statt sich dem Judentum zu entziehen, im Sinne der Reformbewegung verändernd einzugreifen. Zugleich drückt es sich in der harschen Zurückweisung traditionellen jüdischen Lebens aus, wie sie es bei ihrer Reise nach Breslau 1794 kennenlernt und fast ausschließlich in zudringlicher Körperlichkeit wahrnimmt – Stimmen, Gerüche, Schmutz. Ihre Distanzierung gegenüber dem traditionellen wie dem reformorientierten Judentum lassen sich als Zeichen der Assimilierung lesen.

Doch schon die Briefe des Jahres 1795 zeigen, daß V. gerade im Versuch, über die Grenzen, die ihr als Frau und Jüdin gesetzt sind, hinwegzugehen, deren Gewalt besonders genau erfährt. Frau und Jüdin zu sein, bedeutet in der Welt, die »eingerichtet« ist, ein ursprüngliches Exil, einen Bruch, eine Krankheit. V. schreibt am 22. März 1795 an Veit: »Denn ich bin krank durch gêne, durch Zwang, so lang ich lebe; ich lebe wider meine Neigung [...] und da kann ich nicht heraus, weil die Welt eingerichtet ist.« Und weiter unten die oft zitierten Sätze: »Ich habe solche Phantasie; als wenn ein außerirdisch Wesen, wie ich in diese Welt getrieben wurde, mir beim Eingang diese Worte mit einem Dolch in's Herz gestoßen hätte: ›Ja, habe Empfindung, sieh die Welt, wie sie Wenige sehen, sei groß und edel, ein ewiges Denken kann ich dir auch nicht nehmen, Eins hat man aber vergessen; sei eine Jüdin!‹ und nun ist mein ganzes Leben eine Verblutung; mich ruhig halten, kann es fristen; jede Bewegung, sie zu stillen, neuer Tod; und Unbeweglichkeit mir nur im Tod selbst möglich. Diese Raserei ist wahr, ist zu übersetzen.« In späteren Briefen hat V. neben ihre Urgeschichte als Jüdin ihre Familiengeschichte gesetzt und ihren Vater als Agenten der eingerichteten Welt benannt: »Dies alles kommt daher: weil die holde, freigebige, sorglose Natur mir eins der feinsten und starkorganisirtesten Herzen gegeben hat, die auf der Erde sind; weil ich keine persönliche Liebenswürdigkeit habe, und man es also nicht sieht: weil auch mein rauher, strenger, heftiger, launenhafter, genialischer, fast toller Vater es übersah und es brach, *brach*. Mir jedes Talent zur That zerbrach, ohne solchen Karakter schwächen zu können« (an Varnhagen, 28. 3. 1814.). Was V. als Frau und was ihr als Jüdin widerfährt, ist nicht voneinander zu trennen. Die Gewalt, die sie beschreibt, trägt einerseits unpersönliche, archaische Züge und macht sie zur Jüdin, andererseits ist sie mit den Zügen ihres Vaters ausgestattet und macht sie zur Frau. Dies legt eine Briefpassage nahe, in der sie ihr Selbst – das Herz, das ihr Vater einst brach – als das eines Mannes charakterisiert: »Ich bin doch ein Mann geworden, wozu das empfindlichste, das stärkste Organ, mein Herz, immer die Anlage war; bei einem der freiesten Geister wie ich ihn habe, oder bin« (an Gentz, 27. 12. 1827).

Die Gewalt, von der V. spricht, affiziert auch das Schreiben. Neben die Rede vom Ignorieren und Leugnen tritt die hartnäckige Rede von der Wahrheit, die nicht unmittelbar im Schreiben hervortreten kann, sondern der Abschrift, der Übersetzung, des Dialogs bedarf und in solcher Angewiesenheit auf die bestehenden Ordnungen der Sprache und der Gesellschaft nur ihrerseits gebrochen hervortreten kann. Der Raum des dialogischen Schreibens bleibt bestimmt durch die Grenzen der »eingerichteten« Welt: »Diese Woche habe ich erfunden, was ein Paradox ist. Eine Wahrheit, die noch keinen Raum finden kann, sich darzustellen; die gewaltsam in die Welt dringt, und mit einer Verrenkung hervorbricht« (an Varnhagen, 19. 2. 1809). Der Dialog ist nicht nur Bedingung für das Schreiben der Wahrheit, er öffnet auch der Lüge und der Inszenierung Tür und Tor. Die Lüge erhält nun aber eine präzisere Bedeutung: kein Leugnen, sondern »Surrogat« der Wahrheit.

Der Übergang von Strategien der Naivität zu Strategien der Kritik vollzieht sich auch in V.s Schreiben über das Judentum. Die Körpersprache, die sie für ihren Wunsch, vom Judentum los zu kommen, entwickelt hat, weicht einer historisch und politisch orientierten Sprache. In einem Brief an ihren Bruder Ludwig Robert während der »Hepp-hepp-Krawalle« kritisiert sie zunächst scharf und hellsichtig den »Judenhaß«, die Verschlingung von Religion und Politik und die Verbindung des Ressentiments von unten mit der Agitation von oben: »Die Gleißnerische Neuliebe zur Kristlichen Religion [...], zum Mittelalter, mit seiner Kunst, Dichtung und Gräueln, hetzen das Volk zu dem *einzigen* Gräuel zu dem es sich noch an alte Erlaubniß erinnert, aufhezen *läßt*! Judensturm. [...] Die Professoren Fr:[ies] und Rü:[hs], und wie sie heißen. Ar-n:[im] Brent:[ano], unser Verkehr; und noch höhere Personen mit Vorurtheil. Es *ist* nicht Religionshaß: sie lieben ihre nicht, wie wollten sie andere hassen [...].« Im selben Brief formuliert sie auch ihre, die individuelle Erfahrung überschreitende Kritik des Judentums, die an die jüdische Aufklärung erinnert, besonders an Mendelssohns *Jerusalem*: »Eine herrschende Religion taugt nicht. das ist unreligiös. dies war der faule Flek' im Judenthum, dies die Politik in dieser Religion *etc:*« Das Judentum als politische Theologie wird als zu überwindende Kraft der Vergangenheit gekennzeichnet, zugleich aber die Solidarität mit den Juden gegen die Gewalt ihrer Gegner erklärt. In ihren Briefen an Heine stellt V. schließlich den Text ihrer privaten »Krankengeschichte« selbst in historische und politische Kontexte und schreibt über den »St: Simonism«: »Er ist das neüe, großerfundene Instrument, welches die große alte Wunde, die Geschichte der Menschen auf der Erde, endlich berührt.« Das ursprüngliche Exil der Jüdin könnte zugleich mit dem Privaten, Isolierten ihrer Erfahrung aufgehoben werden in einer Bewegung der Emanzipation, die wiederum die Juden, die Frauen und die Sprache zugleich betrifft. Der Gegensatz zwischen ihrem »Leben als Text« und der »eingerichteten« Welt wird nicht mehr in archaischer Bildsprache formuliert, sondern geschichtlich, so daß die Möglichkeit auftaucht, in der Verknüpfung sprachlicher und politischer Intervention über ihn hinauszugelangen. Indem V.s Texte diese Perspektive eröffnen, geben sie ihrer einmal selbstbewußt hingeworfenen Bemerkung, sie halte sich für eine der »allerersten Kritikerinnen Deutschlands«, eine bis heute lesbare Bedeutung.

Werke: Rahel-Bibliothek. R. V. – Gesammelte Werke, hg. K. Feilchenfeldt u. a., München 1983; Briefe an eine Freundin. R. V. an Rebecca Friedländer, hg. D. Hertz, Köln 1988; R. Levin V. –

Pauline Wiesel. Briefwechsel, hg. B. Hahn, München 1997.

Literatur: H. Arendt, R. V. Lebensgeschichte einer deutschen Jüdin aus der Romantik, München 1959; M. Schuller, »Unsere Sprache ist unser gelebtes Leben«. Randbemerkungen zur Schreibweise R. V.s, in: Rahel-Bibliothek, hg. K. Feilchenfeldt u. a., München 1983, Bd. 10, 43–59; B. Hahn, »Antworten Sie mir«. R. Levin V.s Briefwechsel, Basel u. a. 1990; L. Weissberg, Stepping out. The Writing of Difference in R. V.'s Letters, in: Anti-Semitism in Times of Crisis, hg. S. L. Gilman u. a., New York 1991, 140–153; U. Isselstein, Der Text aus meinem beleidigten Herzen. Studien zu R. Levin V., Turin 1993.

Andrea Schatz

Viertel, Berthold

Geb. 28. 6. 1885 in Wien;
gest. 24. 9. 1953 in Wien

Als Sohn galizischer Juden im Wien der k. u. k. Monarchie gehörte V. zu jener Generation österreichischer Juden, denen zwar alle bürgerlichen Positionen offenstanden, die sich aber einem Bürgertum anglichen, das im Niedergang begriffen war. Selbst nicht im Osten des Kaiserreiches geboren, stand V. dennoch zwischen der Welt der jüdischen Provinz und der Assimilation an ein christlich-bürgerliches Großstadtleben. Auch wenn die Großeltern die einzige Beziehung zum traditionellen Judentum darstellten und V. diesem mit Befremden gegenüberstand, war er sich dieser anderen Welt stets bewußt. »Nur wollte es schon dem Knaben vorkommen, als wäre alles Jüdische von Anfang an nur mit einem Fuße in dem gestanden, was man Geschichte nennt.« In der Antibürgerlichkeit der Bohème entfernte er sich gleichermaßen von der Welt der Großeltern und der Welt der angepassten Bürgerlichkeit.

V. schrieb – vielseitig begabt – Lyrik und Prosa, inszenierte im Film wie im Theater, übersetzte englischsprachige Autoren, arbeitete als Journalist und Drehbuchautor, gründete eine eigene Truppe, war Mitbegründer eines Verlages, hatte ein Gespür für junge Talente und neue Strömungen und betätigte sich als Theater- und Literaturkritiker. Eine wichtige Quelle seiner literarischen Betätigung ist seine eigene Biographie; autobiographisches Schreiben wurde ihm zu einer beständigen Selbstvergewisserung: »All diese Geschichten, mit dem Ich als Helden, die jeder Mensch sich verfaßt, so viele Rollen sich auf den Leib schreibend: jeder Mensch schleppt sie mit sich herum, ganze – höchst ungeordnete und unausgelüftete – Bibliotheken davon.«

So scheint es nicht weiter verwunderlich, daß V.s Theaterleidenschaft früh erwachte. Sein erstes prägendes Theatererlebnis war eine Aufführung von Ferdinand Raimunds *Die gefesselte Phantasie*, wie auch die Stücke Theodor Körners seiner jugendlich-idealistischen Heldenverehrung entgegenkamen. Eine andere Art von Helden stellten für V. die biblischen Propheten dar, mit denen er sich identifizierte. »Ich wollte, ich wäre dieser Knabe wieder, um seines Umgangs mit den jüdischen Propheten willen. Er kannte sie alle, er unterschied ihre Gesichter, ihre Bärte, ihren Stil, ihr Schicksal, die Merkmale ihrer Innerlichkeit: Natürlich zählte er sich zu ihnen, glaubte – mit bangen Zweifeln – einer von ihnen zu sein.« Doch erst die Werke Shakespeares regten V. zu eigenen dramatischen Produktionen und die Lektüre Heinrich Heines zu ersten lyrischen Versuchen an. »Der Judenknabe, dem *hep, hep* nachgerufen wurde, mitten im sachlichen Vorkriegs-Wien, verstand instinktiv den kleinen Harry aus Düsseldorf.« Als Abonnent in einer Wiener Leihbibliothek verschlang der junge V. die Literatur des Fin de siècle: Hamsun, Strindberg, Prévost, Wedekind, Anatole France, »die anarchistischen und nihilistischen Totengräber der bürgerlichen Kultur«, sie kamen seinem Bedürfnis nach antibürgerlichem Protest entgegen. Zu diesem gehörte auch die obligatorische, allerdings nur kurze Flucht nach Paris, der »Hauptstadt des 19. Jahrhunderts«.

Früh schon (1904) erschienen erste Gedichte von V. in Karl Kraus' *Fackel*. Seit der legendären Erstaufführung der *Büchse der Pandora* am 29. Mai 1905 im Trianon Theater, bei der Kraus seine berühmte Einführung hielt, bestand zwischen V. und Kraus eine enge Verbindung. 1912 bis zu seiner Einberufung 1914 ist V. Regisseur an der Neuen Freien Volksbühne in Wien. Als Theaterkritiker und Feuilletonredakteur 1914–18 am *Prager Tageblatt* machte er Bekanntschaft u. a. mit Franz Kafka und Max Brod. Nach Kriegsende wurde er Regisseur und Dramaturg in Dresden. Dort war er an der Umgestaltung des ehemals Königlichen Schauspielhauses von einem Hoftheater zu einem republikanischen Staatstheater beteiligt. Zwar scheiterte er mit seinem Vorschlag der gewerkschaftlichen Selbstverwaltung, doch gelang es ihm, in seiner künstlerischen Arbeit Neuland zu betreten. Junge expressionistische Autoren wie Walter Hasenclever, Friedrich Wolf, Georg Kaiser, August Stramm und Arnolt Bronnen entdeckte V. für die Bühne.

Obwohl er Dresdens Theater als eine bekannte Bühne der Avantgarde etablierte, war er mit der Institution Theater selbst unzufrieden. Er verließ Dresden 1922 und gründete im folgenden Jahr in Berlin das expressionistische Theater *Die Truppe*. Nach dem Beispiel des Moskauer Künstlertheaters von Stanislawsky sollte dies ein Ensemble sein, das ohne finanzielle Absichten einzig künstlerische Ansprüche verwirklichen wollte. Unterschiedliche Auffassungen der Beteiligten ließen das Unternehmen 1926 jedoch scheitern, und noch im selben Jahr kam V. an das Düsseldorfer Schauspielhaus. Seine Inszenierung des Filmes *K 13513. Die Abenteuer eines Zehnmarkscheines* machte ihn auf einen Schlag berühmt. Der damals bereits in Hollywood lebende Friedrich Murnau holte ihn und seine Frau Salka daraufhin 1928 nach Hollywood, aber es gelang ihnen nicht, beruflich in der amerikanischen Filmindustrie Fuß zu fassen. Desillusioniert kehrte V. 1931 nach Europa zurück. Doch blieb ihm ein Neuanfang verwehrt. Der Sieg der Nationalsozialisten zwang ihn 1933 zur Emigration zunächst nach Paris, dann nach London, und schließlich 1940 in die USA.

Trotz seiner schwierigen Lage als Emigrant verfolgte V. mit großer Empathie das Schicksal seiner Leidensgenossen. Für ihn waren die Emigranten alle »gescheiterte, entzweigebrochene Existenzen, die im Exil vergeblich altern, eines organischen Lebensabschlusses beraubt, auch wenn sie nicht buchstäblich umgebracht worden sind. Sie schreiben die Geschichte ihres verpfuschten Lebens, um sich zu rechtfertigen, um ihre Niederlage zu erklären, ihre guten Absichten zu belegen – oder um sich am Ende selbst zu beweisen, daß sie überhaupt gelebt haben.« Tagebuchaufzeichnungen und Manuskripte sollten das verlorene Leben retten, von dem nichts als die Erinnerung und die Muttersprache geblieben waren. Diese Muttersprache wurde jedoch für V. immer problematischer; sie war nun auch die Sprache der Mörder: »Deutsch zu sprechen, hast du dir verboten/ Wie du sagst aus Zorn und tiefer Scham/ Doch wie sprichst du nun mit deinen Toten/ Deren keiner mit herüber kam« (*Der nicht mehr deutsch spricht*, 1941). Was für Paul Celan zu einem unüberwindbaren Widerspruch geriet, löste V., indem er zwischen der Sprache und seinen Sprechern unterschied. So schreibt er wenig später in dem Gedicht *Die deutsche Sprache* (1941): »Daß ich bei Tag und Nacht in dieser Sprache schreibe [...] wird mir viel verdacht/ Hat sie mich leiden auch gemacht, ich tu ihr nichts zuleide. [...] Wir tragen lieber unseres Unglücks Fracht und wirken, daß sie menschenwürdig bleibe.«

Seine künstlerischen und beruflichen Ambitionen und Pläne kann V. im Exil selten verwirklichen. Das Projekt eines Drehbuches zusammen mit Stefan Zweig unter dem Titel *Das verlorene Jahr* scheitert 1940; erst 1950 wird es verfilmt. Dennoch engagiert sich V. in verschiedenen Emigrantenorganisationen, so zunächst in London als Mitgründer des »Freien Deutschen Kulturbundes« oder später in den USA als Mitglied der »German American Writers Association« und als Gründer des *Aurora Verlages* 1944 in New York. Nach einigem Zögern kehrte V. 1946 nach Europa zurück. Zwischen 1947 und seinem Tod 1953 war er als Regisseur in Zürich, Wien und Berlin tätig. Legendär wurden V.s Inszenierungen der Dramen von Tennesse Williams, womit er die Aufführung amerikanischer Autoren auf deutschsprachigen Bühnen einführte. Seinen späten Erfolgen stand V. jedoch mit Resignation gegenüber: »[...] ich habe Werke geplant und begonnen, sie alle brachen ab, bald früher, bald später. Ich mußte in ein anderes Land, und der Zusammenhang war zerrissen. Dort gab es einen neuen Horizont und eine andere Zeitrechnung. Zwei Weltkriege unterbrachen mich. Trotz aller Bestrebungen blieb ich immer außerhalb der Wirklichkeit.«

Werke: Fürchte dich nicht, New York 1941; Der Lebenslauf, New York 1945; Studienausgabe in vier Bänden, hg. S. Bolbecher u. a., Wien 1989.

Literatur: S. Viertel, Das unbelehrbare Herz, Frankfurt 1970; Tribüne und Aurora, Wieland Herzfelde und B. V. – Briefwechsel 1940–1949, Mainz 1990.

Heidelore Riss

Wassermann, Jakob (eigentl. Karl Jakob W.)
Geb. 10. 3. 1873 in Fürth;
gest. 1. 1. 1934 in Altaussee

Ältestes Kind des Detailhändlers Adolf Wassermann und seiner Frau Jette geb. Traub, entstammt W. dem jüdisch-mittelfränkischen Kleinbürgertum. Erst seit Beginn des 17. Jahrhunderts hatte sich in Fürth eine nennenswerte jüdische Gemeinde etablieren können, sie wuchs durch Aufnahme von Juden, die 1670 aus Wien vertrieben worden waren, und erlangte durch das Reglement von 1719 eine vergleichsweise günstige Stellung. Allerdings war W.s Vater erst in den 60er Jahren des 19. Jahrhunderts von Zirndorf in die aufstrebende Industriestadt gezogen, während seine Mutter aus Sommerhausen am Main stammt. Der frühe Tod der Mutter und das harte Regiment einer Stiefmutter trugen sicher zu den psychischen Problemen Jakobs bei, die dazu führten, daß er – auch wegen einer früh ausgeprägten Neigung zum Erzählen – sich in der Schule ebenso wenig wohl fühlte wie in den verschiedenen Lehrstellen als Kaufmann oder im einjährigen Militärdienst, wo er wegen seiner körperlichen Untauglichkeit antisemitisch angerempelt wurde. Nach Jahren einer unsteten Wanderschaft zwischen Nürnberg, München, Freiburg und Zürich fand er 1894 in München mit Ernst von Wolzogen und dem Verleger Albert Langen erste Förderer. Bei Langen erscheint 1897 der Roman *Die Juden in Zirndorf*, dem W. seinen frühen Ruhm verdankt. 1898 ließ er sich als Theaterberichterstatter für die *Frankfurter Zeitung* in Wien nieder – eine in jeder Hinsicht folgenreiche Entscheidung für seine schriftstellerische Laufbahn wie für sein privates Leben. Denn in Wien lernte W. neben R. Beer-Hofmann auch A. Schnitzler und H. von Hofmannsthal kennen, mit denen ihn bis zu deren Tod eine literarisch fruchtbare Freundschaft verband. Seine 1901 erfolgende Heirat mit Julie Speyer, einer exzentrischen Tochter aus reichem Wiener Haus, erwies sich allerdings als äußerst problematisch. Psychologisch einfühlsam und schriftstellerisch produktiv verarbeitet wurde die glücklose Ehe im letzten Roman *Joseph Kerkhovens dritte Existenz* (postum 1934).

1899 wurde W. wie seine Freunde Autor des S. Fischer Verlags und der *Neuen Rundschau*. Erst kurz vor seinem Tod verdüsterte sich die Beziehung zu diesem Verlag, weil er angesichts der neuen Machthaber nach W.s Meinung zu diplomatisch taktierte und so gerade jüdischen Autoren kaum mehr Platz bieten konnte. Das Romandebüt bei Fischer ist *Die Geschichte der jungen Renate Fuchs* (1900), dessen ›jüdische‹ Aspekte bezeichnenderweise von zwei konträren Seiten aus – von Georg Brandes und dem antisemitischen Schriftsteller Richard Schaukal – hervorgehoben wurden: von Brandes im Sinn einer Zuschreibung zum nationaljüdischen Zionismus, von Schaukal »als Typus einer dem deutschen Geiste seit Jahren aufgenötigten spezifisch semitischen Kunst«. Ende 1904 erschien nicht nur W.s historischer Roman *Alexander in Babylon*, der zu den besten Werken des Erzählers zu rechnen ist, sondern in der *Neuen Rundschau* auch der Aufsatz *Das Los der Juden*, mit dem W.s essayistische Selbstreflexion über die deutsch-jüdische Existenz beginnt.

Unter den großen Romanen bis zum Ende des Ersten Weltkriegs ist zunächst *Caspar Hauser* (1908) hervorzuheben. Der Untertitel *Die Trägheit des Herzens* weist auf eine Konstante in W.s Werk hin: Am Fall des unbekannten Findlings Caspar Hauser demonstriert der Autor nicht nur ein Grunddefizit der modernen Welt – die Einschränkung auf rationale Funktionalität zu Lasten der emotionalen Kräfte von Liebe und Gerechtigkeit –, sondern entwirft in diesem »deutschen« Buch zugleich ein Außenseitertum, wie es für Juden als typisch gilt. Noch in den *Selbstbetrachtungen* von 1933 – ebenso wie in der *Selbstschau* aus demselben Jahr – insistiert W. darauf, daß der Begriff der Gerechtigkeit nicht bloß als Idee, als Inkarnation des göttlichen Wesens, sondern als sittliche Forderung von höchster Dringlichkeit das moralische und legislative, politische und religiöse Fundament des Judentums bildet. Zu einem großen Erfolg wurde der Roman *Das Gänsemännchen* (1915), der sich als ein Lieblingsbuch des deutschen Bürgertums erweist – vielleicht, weil die Geschichte des Komponisten Daniel Nothafft trotz der Anfeindung durch die Kleinbürgerwelt letztlich bürgerlich-harmonisch ausklingt. Die bürgerliche Lösung ist der Th. Manns ähnlich: Der Künstler muß sich mit dem Bürger versöhnen, er darf die ethische Dimension des Lebens nicht zugunsten der ästhetischen des Werks vernachlässigen.

Eine literarische Frucht des Ersten Weltkriegs ist der 1919 erscheinende umfangreiche Roman *Christian Wahnschaffe*, der als erstes Werk W.s ins Englische übersetzt und in Deutschland mit bedeutenden Schauspielern verfilmt wurde. Das Vorbild Dostojewskis ist nicht zu verkennen, wenn der Sohn aus reichem Großindustriellenhaus nach einem ausschweifenden Luxusleben zu einer Art mönchischer Existenz in der Nachfolge Jesu oder des heiligen Franz von Assissi findet und sich den Erniedrigten und Beleidigten zuwendet. Die formale wie stilistische Monstrosität des Romans kann als Antwort auf die gesellschaftlich-soziale und moralische Problemlage vor dem Weltkrieg verstanden werden, die notwendig in eine Katastrophe münden mußte. In der jungen Jüdin Ruth Hofmann findet Christian eine Gleichgesinnte; als Figuration reiner Nächstenliebe fällt sie einem Lustmord zum Opfer – Beleg für die Gefährdung des Reinen und Sittlichen in der zeitgenössischen Welt. Ruth und Christian stehen bereits von ihren Namen her für die Einheit von Judentum und Christentum im Prinzip der Hinwendung zu allen Unterprivilegierten – ein Appell für religiöse Toleranz, der gerade 1919 auf nicht allzu günstigen Boden fiel. Eine tief deprimierte Antwort auf diese Situation ist die Ende 1920 abgeschlossene und 1921 erschienene Bekenntnisschrift *Mein Weg als Deutscher und Jude*, W.s bedeutendste autobiographische Arbeit.

Der Mord an dem mit W. befreundeten Walther Rathenau im Juni 1922 wird vom Autor als auf alle Juden gezielt empfunden. Ein Gedenkaufsatz erscheint im Augustheft der *Neuen Rundschau*. Mit seiner *Rede über Humanität* (1922, veröffentlicht 1923 in der *Neuen Rundschau*) erntete W. auf einer Lesereise durch Skandinavien viel Beifall, weil mit ihr gegen die eigene Zeit ein Prinzip hochgehalten wurde, das verlorenzugehen drohte: die selbstverständliche Erfüllung kleiner und großer Pflichten gegenüber den Mitmenschen wie der Gesellschaft. Humanität gilt als »Höflichkeit des Herzens«, ist also das Prinzip, das der im *Hauser*-Roman angegriffenen »Trägheit des Herzens« genau entgegengesetzt erscheint. 1924 begannen bei S. Fischer die Gesammelten Werke zu erscheinen – bester Beweis dafür, daß W. nun auf der Höhe seines Ruhms angelangt war und mit H. Hesse und Th. Mann in der Lesergunst gleichgezogen hatte. W. genoß in den 20er und beginnenden 30er Jahren seine Popularität und nutzte sie zu mannigfachen Vortragsreisen, ohne die Arbeit an weiteren Erzählwerken zu unterbrechen. Hervorzuheben ist vor allem die historische Novelle *Der Aufruhr um den Junker Ernst* (1926), die ohne Zweifel zu den Glanzstücken des Autors gehört. Die Novelle spielt im 17. Jahrhundert und stellt dem grassierenden Hexen- und Dämonenwahn und seiner staatlichen Sanktionierung die geniale Gabe eines jugendlichen Geschichtenerzählers gegenüber, für dessen Geschenke sich seine Kameraden durch einen zum Erfolg führenden Aufruhr gegen die Widersacher revanchieren. Als Gegenspieler der Verfolger und Helfer in der Not wird Friedrich von Spee eingeführt. Zweifellos hat W. im Junker Ernst seine eigene Erzählgabe verbildlicht – eine ähnlich unmittelbar rettende Wirkung des Erzählens bleibt freilich im 20. Jahrhundert notwendigerweise Utopie.

Unter den drei großen Romanen der Spätzeit *Der Fall Maurizius* (1928), *Etzel Andergast* (1931) und *Joseph Kerkhovens dritte Existenz* (1933, erschienen postum 1934) ist der erstgenannte zweifellos der populärste. *Der Fall Maurizius* ist – wie Kafkas *Der Proceß* (erschienen 1925), Werfels *Der Abituriententag* (1928), A. Zweigs *Der Streit um den Sergeanten Grischa* (1928) oder Feuchtwangers *Erfolg* (1930) – der epochal bedeutsamen Gerichtsliteratur zuzuordnen. In ihm konzentriert W. noch einmal das Thema der Gerechtigkeit, wobei die beiden nichtjüdischen Hauptfiguren – der Staatsanwalt Andergast in seiner Gesetzesstrenge ebenso wie die Messias-Gestalt seines Sohnes Etzel in seiner kompromißlosen Wahrheitssuche – Aspekte dieses beherrschenden Diskurses repräsentieren. In der dialektischen Figur des aus dem russischen Judentum stammenden Georg Warschauer alias Gregor Waremme verdichtet sich die ganze Problematik jüdischer Identitätsdiskurse: Als Intellektueller ist Warschauer wie niemand sonst in der Lage, Glanz und Elend seiner Existenz zwischen den Kulturen zu reflektieren, zugleich aber auch die Prävalenz der Ethik zu erkennen, ohne die ein Leben trotz aller ästhetisch-sinnlicher Faszination verfehlt bleiben muß. Daß Warschauer kein »Luther des Judentums« wurde, sondern ein »Monstrum«, hängt nicht zuletzt von der historischen und sozialen Kondition ab, die dem Außenseiter die Integration in die Gesellschaft verwehrt. Es spricht für W.s erzählerische Intuition, daß er Warschauer in den USA an die Seite der Unterprivilegierten stellt und ihn damit seinen Ursprüngen im Ostjudentum wieder näherbringt. Zwischenstation auf diesem Weg zurück zu den Wurzeln ist Berlin, wo Etzel von dem Geläuterten die Wahrheit über den »Fall Maurizius« erfährt. Felix Weltsch hat in der *Jüdischen Rundschau* W.s ablehnende Haltung dem Ostjudentum gegenüber als die »allerdunkelste Stelle« in seinem System bezeichnet; die Figur Warschauers allerdings zeigt am Einzelfall eine differenziertere Haltung – trotz der allerdings generellen Artikulation der Fremdheit gegenüber den durch eine reale soziokulturelle Kluft getrennten Ostjuden, für die W. zufolge allein der ansonsten abgelehnte Zionismus als angemessene politische Lösung in Frage kommt.

Nach der nationalsozialistischen Machtübernahme war W. als österreichischer Staatsangehöriger zwar nicht unmittelbar gefährdet, wurde jedoch als Jude Anfang Mai 1933 aus der Sektion Dichtkunst der Preußischen Akademie der Künste ausgeschlossen, nachdem er im März 1933 in einem Artikel für die *Neue Rundschau: Selbstschau am Ende des sechsten Jahrzehnts* den deutschen Antisemitismus ungeschminkt angeprangert hatte. Bis zu seinem Tod Anfang 1934 blieb W. mit Vortragsreisen und schriftstellerischer Arbeit aktiv; er wurde auf dem Friedhof von Altaussee, seinem langjährigen Wohnort, beigesetzt.

Was W. heute besonders interessant macht, ist – neben der narrativen Analyse moderner Mann-Frau-Beziehungen – vor allem seine repräsentative Doppelexistenz als »Deutscher und Jude«: Ohne »Selbsthasser« zu sein, als der ihn u.a. Theodor Lessing gesehen hat, verarbeitet er in seinem Werk immer auch die Problematik der »westjüdischen Intelligenz« zwischen Deutschtum und Judentum. Der Roman *Die Juden von Zirndorf* (1897) bietet hierfür ein frühes Beispiel. In *Mein Weg als Deutscher und Jude* bekennt sich W. zu diesem Roman als dem »jüdischen« Pol seines Ringens um das Publikum; den »deutschen« Pol bildet der Roman *Caspar Hauser.* Er habe sich in *Die Juden von Zirndorf* von einem »Alp« befreit, der als Antisemitismus wie als dogmatisch-orthodoxes Judentum seine Jugend »zermalmt« habe. Mit dem Vorspiel des Romans über die Geschichte des Sabbatai Zwi und die durch ihn veranlassten messianischen Unruhen meint W. sogar, »einen der Anlässe zur ganzen zionistischen Bewegung« gegeben zu haben (an F. Weltsch, 1928). Die extreme Spannweite in der Rezeptionsgeschichte des Romans, der von Juden (L. Geiger, G. Karpeles, M. Heimann, St. Zweig) ebenso emphatisch abgelehnt oder gefeiert wurde wie von Nichtjuden (H. Hesse, A. Bartels, R. Schaukal, M.G. Conrad, E.v. Wolzogen), belegt jedenfalls, daß W. einen wunden Punkt im jüdischen Diskurs der Jahrhundertwende getroffen hat. Diese konträre Wirkung liegt nicht zuletzt im ›häretischen‹ Charakter des Textes, der – ähnlich wie die sabbatianische »Häresie« – die Ablehnung jedes religiösen Partikularismus impliziert. So versteht sich auf der Ebene der in der Gegenwart spielenden Romanhandlung die messianische Figur Agathon Geyer – unehelicher Sohn einer Jüdin mit einem Christen – im Sinn Heines und Nietzsches als Überwinder des religiösen Spiritualismus und Verkünder einer diesseitigen Glücksbotschaft. Problematisch freilich ist Geyers metaphorische Usurpation des ›Jüdischen‹ als des negativ Modernen schlechthin. In diesem Sinn glättet die Überarbeitung des Romans 1906 aus angeblich künstlerischen Gründen, was in der originalen Fassung Ausdruck einer offenen Wunde im Selbstverständnis des deutsch-jüdischen Schriftstellers gewesen ist. Nur um den Preis dieser Glättung konnte der Roman in den Kanon bürgerlicher Literatur integriert werden. Ähnlich offen spricht

W. künftig nur in essayistischer Form über ein Problem, das für ihn bis zu seinem Tod bestimmend geblieben ist: das Problem des deutsch-jüdischen ›double-bind‹.

Geprägt von den Erfahrungen der Kindheit und Jugendzeit, die gleichzeitig im autobiographischen Roman *Engelhart Ratgeber* (1903/05) verarbeitet werden, ist W.s Essay *Das Los der Juden* (1904). Gleich zu Beginn findet sich eine klassische Formulierung des Identitätsproblems aus der Sicht eines Nichtzionisten: »Was ist ein Jude? was ist jüdisch? was ist Judentum? Diese Fragen scheinen für den tieferen Geist unserer Zeit sinnlos zu sein. Dennoch: der Jude existiert. Es gibt kein jüdisches Volk, vielleicht nicht einmal eine jüdische Rasse, doch alle wissen vom Juden, dem Gezeichneten, Auserwählten, mit Erinnerungen Beladenen, Schicksalserfüllten.« Die Konsequenz aus der jahrhundertelangen Unterdrückung durch die christlich-deutsche Mehrheit ist – im Sinn eines sublimierten Rachegedankens – der »Genius aus jüdischem Blute«, ein »Mann der tiefsten Leidenserfahrungen und des stolzesten Adelsbewußtseins«, der sich seiner Fremdheit bewußt bleibt und seiner Vereinzelung, deren Resultat der Kosmopolitismus und die Anhänglichkeit an die eigene Familie ist. Die Produktivität der Juden, so heißt es im Aufsatz *Der Literat oder Mythos und Persönlichkeit* (1909), manifestiert sich in zwei grundsätzlich zu unterscheidenden Formen: »Der Jude als Europäer, als Kosmopolit ist ein Literat; der Jude als Orientale, nicht im ethnographischen, sondern im mythischen Sinne, mit der verwandelnden Kraft zur Gegenwart, die er besitzen muß, kann Schöpfer sein.« In einem Beitrag zu dem von Buber inspirierten Prager Sammelbuch *Vom Judentum* wird 1913 die höhere Variante des »orientalischen« Schöpfertums dann noch einmal verdeutlicht: der *Jude als Orientale* (so der Titel) sei das »Eidos«, auf das hin jede intellektuelle, geistige Anstrengung auszurichten ist.

Wie schwer eine solche Haltung zu bewahren ist, zeigt der rabiate Antisemitismus im Gefolge des Ersten Weltkriegs, der Anstoß ist zu W.s 1921 erscheinender Bekenntnisschrift *Mein Weg als Deutscher und Jude*. Diese Schrift ist ein Grunddokument deutsch-jüdischer Problematik im 20. Jahrhundert; in ihr rekapituliert W. die Erfahrungen seines als repräsentativ empfundenen Lebens. Ausgangspunkt ist die Entfremdung dem ›Judentum‹ gegenüber, dessen begriffliche Konsistenz ebenso unklar scheint wie die des ›Deutschtums‹: »Die Juden, die Deutschen, diese Trennung der Begriffe wollte mir nicht in den Sinn, nicht aus dem Sinn, es war die peinlichste Überlegung, darüber mit mir selbst ins klare zu kommen. Worin besteht das Trennende? fragte ich. Im Glauben? Ich habe nicht den jüdischen Glauben, du hast nicht den christlichen. Im Blut? Wer will sich anmaßen, Blutart von Blutart zu scheiden? Gibt es blutreine Deutsche? Haben sich Deutsche nicht mit französischen Emigranten vermischt? Mit Slawen, Nordländern, Spaniern, Italienern, wahrscheinlich auch mit Hunnen und Mongolen, als ihre Horden deutsches Gebiet überfluteten? Kann man nicht vorzügliche, ja vorbildliche Deutsche von nachweisbar undeutscher Herkunft nennen, Künstler und Feldherrn, Dichter und Gelehrte, Fürsten, Könige sogar? Und die zwei Jahrtausend alte Existenz der Juden im Abendlande sollte nicht ihr Blut berührt haben, wenn es nun schon fremdes Blut sein soll, Luft, Erde, Wasser, Geschichte, Schicksal, Tat und Anteil nicht, wenn man selbst physische Vermischung ausschließt? War auch ihr eigenes Gesetz dagegen und der Widerstand der Völker, konnten sie sich dem natürlichen Gesetz entziehen? Sind sie von anderer moralischer Beschaffenheit? Von anderer menschlicher Prägung?«

Alle Unterschiede werden dem Schriftsteller hinfällig angesichts der absoluten Dominanz der deutschen Sprache, in der er »atmet«: »Ihr Wort und Rhythmus machen mein innerstes Dasein aus. Sie ist das Material, woraus eine geistige Welt aufzubauen ich, wenn schon nicht die Kraft, so doch den unmittelbaren Trieb in mir spüre. Sie ist mir vertraut, als sei ich von Ewigkeit her mit diesem Element verschwistert gewesen. Sie hat meine Züge geformt, mein Auge erleuchtet, meine Hand geführt, mein Herz fühlen, mein Hirn denken gelehrt; sie hat mir das Gesehene, in Phantasie und Urteil Gesammelte durch Geschichte, Fluß des täglichen Seins, Spiel der Lebensläufe, Erlebnis der großen Werke zur Anschauung Gewordene in einmalige, unwiderrufliche Gestalt verdichtet [...]«.

Warum werden Juden dennoch zu den »Jakobinern der Epoche«? Weil ihr Idealismus sich den Ausweg der sozialen Revolution sucht, da er in der deutschen Nation offenbar nicht gebraucht wird. Das geträumte Gleichnis des ›deutschen Juden‹ offenbart die nicht zu versöhnende Polarität: »Ich legte die Tafeln zweier Spiegel widereinander, und es war mir zumute, als müßten die in beiden Spiegeln enthaltenen und bewahrten Menschenbilder einander zerfleischen.« Pessimismus und Resignation sind die Folge der Analyse, und so gipfelt die Schrift im zehnmaligen Verzweiflungsschrei »Es ist vergeblich«. Angesichts dieser Verzweiflung wirkt die Deutung des eigenen Wegs als paradigmatische Chance für die Zukunft deutsch-jüdischer Identität eher voluntaristisch als zukunftsträchtig: »Ich bin Deutscher, und ich bin Jude, eines so sehr und so völlig wie das andere, keines ist vom anderen zu lösen.« Konträr dazu steht die Anspielung auf Ahasver, der in der Menschheit aufzugehen bestimmt sei. Ohne Zweifel spielt W. damit auf R. Wagners Pamphlet *Das Judentum in der Musik* von 1850 an – ein paradoxer Tribut an die antisemitische Gegenseite. Ein Wagnerianer wie Th. Mann hat gleichwohl sehr kühl auf W.s Schrift reagiert und sie als »dichterische Hypochondrie« heruntergespielt. Erst 1935, selbst im Exil, hat er die Hellsichtigkeit der Antisemitismus-Analyse des verstorbenen Freundes erkannt, zu dessen unausgeführten Plänen ein *Ahasver*-Roman gehörte. Das letzte Gespräch, das der durch die Zeiten gehende Ewige Jude an historischen Wendepunkten mit epochal bedeutenden Persönlichkeiten führen sollte, war dasjenige mit Hitler – eine wohl als endgültig gedachte Abkehr von dem Land, in dem ein integraler Weg als Deutscher und Jude unmöglich geworden war.

Werke: Der Fall Maurizius, München 1981; Deutscher und Jude. Reden und Schriften 1904–1933, hg. D. Rodewald, Heidelberg 1984; Die Juden von Zirndorf, Cadolzburg 1995; Die Juden von Zirndorf. Mein Weg als Deutscher und Jude, München 1999.

Literatur: J. W. 1873–1934. Ein Weg als Deutscher und Jude, hg. D. Rodewald, Bonn 1984; H. O. Horch, »Verbrannt wird auf alle Fälle ...«. Juden und Judentum im Werk J. W.s, in: Im Zeichen Hiobs, hg. H.-P. Bayerdörfer u. a., Königstein/Ts. 1985, 124–146; J. W. Werk und Wirkung, hg. R. Wolff, Bonn 1987; R. Koester, J. W., Berlin 1996.

Hans Otto Horch

Weil, Grete

Geb. 18. 7. 1906 in Egern;
gest. 14. 5. 1999 bei München

Wie kein anderes Werk der westdeutschen Nachkriegsliteratur thematisieren die Romane und Erzählungen W.s die Gegenwart der Vergangenheit, das Nachleben des Nationalsozialismus in den gesellschaftlichen und kulturellen Verhältnissen Westdeutschlands als Kondition eines ›Weiterlebens‹ jüdischer Überlebender auf deutschem Boden nach 1945. In der eindringlichen Schilderung des Alltags des Überlebens, der unlösbaren Verschränkung jüdischer Verfolgungserfahrung in das Erleben westdeutscher Nachkriegsrealität, immer wieder geknüpft an die Frage nach eigener Schuld, gerät W.s Werk zur kompromißlosen, schließlich sich zunehmend radikalisierenden Rechenschaftslegung als Jüdin in Deutschland, als jüdische Autorin deutscher Sprache heute. Dissident zum militanten Versöhnungsklima des westdeutschen Kulturbetriebs vor allem der 60er und 70er, aber auch noch der 80er Jahre, der W.s Veröffentlichungen einen Platz in der westdeutschen Nachkriegsliteratur bis zuletzt nicht wirklich zuerkennen mochte, beharren ihre Schriften auf einer Selbstbestimmung als Jüdin gerade auch gegen aktuelle diskurspolitisch wirksame Verabredungszusammenhänge. Es ist genau diese spezifische Qualität ihres Werks, die W. in ihrer Autobiographie von 1998 selbstbewußt sagen läßt: »Nach dem Krieg trat ich in die neu gegründete Gemeinde nicht wieder ein, weil ich es für ausreichend fand, dass ich mich vor aller Welt in meinen Büchern als Jüdin bekannte.«

Aufgewachsen ohne Bindung an jüdische Religion und Tradition, engagiert sich die Tochter einer jüdischen Rechtsanwaltsfamilie zwar für kurze Zeit in einer zionistischen Organisation; doch von diesem Zwischenspiel abgesehen, spielen Fragen explizit jüdischer Selbstbestimmung bis Anfang der 30er Jahre keine herausragende Rolle. Der eskalierende Antisemitismus in Deutschland trifft die assimilierte Familie weitgehend unvorbereitet; die kurzfristige Verhaftung des Ehemanns Edgar Weil, Dramaturg an den Münchner Kammerspielen, im März 1933 erreicht W. als Schock. In der Folge wird die Emigration in die Niederlande vorbereitet. Nach einer Ausbildung zur Fotografin folgt W. ihrem Gatten 1936 ins Amsterdamer Exil. Ein Fluchtversuch unmittelbar nach dem deutschen Überfall im Mai 1940 scheitert. Noch vor Einsetzen der Massendeportationen wird Edgar W. am 11. 6. 1941 bei einer Straßenrazzia verhaftet und ins KZ Mauthausen verschleppt, wo er – wahrscheinlich am 17. September – umkommt. Dieser Verlust bildet fortan nicht nur die Zäsur in den explizit autobiographischen Selbstreflexionen W.s, sondern auch die entscheidende Grundierung ihrer poetischen Arbeit. Von Juli 1942 bis September 1943 arbeitet W. im Jüdischen Rat Amsterdams. Kurz vor einem der letzten Transporte geht sie in den Untergrund. Nach der Befreiung durch die alliierten Truppen bereitet sie ihre Remigration vor und kehrt nach kürzeren Aufenthalten Ende 1947 endgültig nach Deutschland zurück.

In der Kontroverse um W.s Remigration – K. Mann etwa versuchte sie energisch davon abzubringen, Robert Raphael Geis dagegen äußerte »im Gegensatz zu fast allen Emigranten« frühzeitig Verständnis – findet eine wichtige Klärung der eigenen Identität als Jüdin statt. Das bezeugt eindringlich ein Brief W.s an M. Susman vom 1. 8. 1947, in dem W. ausführlich die Gründe ihrer Rückkehr darlegt. Er dokumentiert ein jüdisches Selbstverständnis, das ganz aus der Erfahrung der Verfolgung und der unwiderruflichen Faktizität der Massenvernichtung der europäischen Juden hervorgeht. »Vollkommen ohne jüdische Bindungen und Tradition aufgewachsen [...], hat das jüdische Schicksal mich mit seiner ganzen Wucht getroffen«. Schon in diesem frühen Zeugnis bezeichnet W. kennzeichnenderweise »das Ende des Krieges und die Wiederaufnahme der Beziehungen mit den Menschen, die nicht in den dämonischen Kreis des Bösen mit einbezogen waren und deren Norm nicht der Tod ist«, als »das Allerschwerste vielleicht«. Doch dieser skeptischen Perspektive ihrer Zukunft in Deutschland steht die Erfahrung »einer ganzen Anzahl von

Menschen« gegenüber, »die verstehen [...] und verstehend hören können«. W.s Werk hat auf diese Menschen spekuliert.

In ihrer Autobiographie *Leb ich denn, wenn andere leben* formulierte W. 1998: »Jude, was ist das? Ich habe es als Mädchen nicht gewusst und weiß es auch heute nicht genau.« In charakteristischem Duktus markieren diese Worte die spezifische Position W.s als jüdische Autorin deutscher Sprache, die Selbstvergewisserung als Jüdin wesentlich im Prozeß des Schreibens sucht: Hinwendung zur eigensten, der Subjektgeschichte, Skepsis gegenüber normativen Festschreibungen, auch gegenüber den Definitionen in politischen und ideologischen Diensten. Auf die Einsichten, die eine solche, »›primärhistorisierende‹ Arbeit am NS-Trauma« (K. Briegleb) gerade für das deutsche Publikum bereithielt, reagierten viele Rezensenten mit einer Pathologisierung von W.s Schreiben mit dem strategischen Ziel der Einschränkung seiner Zuständigkeit für deutsche Leser. Es ist wesentlich diese Erfahrung, die nicht nur W.s Werdegang im westdeutschen Literaturbetrieb kennzeichnet, sondern auch auf ihr Schreiben selbst Einfluß nimmt.

In dem Maße, in dem W.s Reflexion jüdischer Identität im historischen Nachraum des Nationalsozialismus im Medium einer ausdrücklich auf das deutsche Publikum zielenden Erinnerungspoetologie erfolgte, konnten ihre Bemühungen um eine Bestimmung des Ortes, den eine jüdische Autorin deutscher Sprache in Deutschland nach 1945 sinnvoll einnehmen könnte, nicht absehen von deutschen Reaktionen. Schon der erste Text, um dessen Veröffentlichung W. sich unmittelbar nach Ende des Krieges bemüht, bildet hierfür ein Beispiel. Die Erzählung *Ans Ende der Welt*, noch im Untergrund verfaßt, gibt ein meist lakonisch getöntes Bild der Verhältnisse in der Amsterdamer Schouwburg, unter deutscher Besatzung die ›Sammelstelle‹ der für die Deportation vorgesehenen jüdischen Familien. Das Manuskript, das illusionslos den Terror im Augenblick der tödlichen Bedrohung zur Darstellung bringt, findet in Deutschland jahrelang keinen Verlag. Erst 1949 kann der Text in der DDR erscheinen, bis zur westdeutschen Erstausgabe verstreichen noch einmal 13 Jahre.

Mit *Tramhalte Beethovenstraat* (1963) versucht W. eine von der frühen Erzählung abweichende Intervention in die Gepflogenheiten deutschen Erinnerns. Der deutsche Journalist und Schriftsteller Andreas geht als Kulturkorrespondent eines reichsdeutschen Blattes in das besetzte Amsterdam. Durch die Konfrontation mit der systematischen Deportation der jüdischen Gemeinde unwiderruflich aus dem Mitläufer-Alltag seiner journalistischen Arbeit gerissen, aber auch ohne Verständnis mehr für die moralische Korruption in seinem deutschnationalen Elternhaus, nimmt Andreas an Widerstandsaktionen teil. Die mutmaßliche Deportation des in seinem Zimmer versteckten Juden Daniel trifft Andreas als traumatisierender Schock. Nach der Befreiung durchdrungen von dem Wunsch, als Schriftsteller Zeugnis abzulegen vom Erlebten, wird er überwältigt von der Erfahrung, daß »jedes Wort verkleinerte, verharmloste, es gab keine Worte für das, was geschehen war«. Doch sein Begehren, »als Zeuge« zu sprechen, prallt gleichzeitig ab an den bereits wieder ›neu‹ konstituierten deutschen Literaturverhältnissen. Die nach Kriegsende tonangebenden deutschen Autoren – zusammengekommen unter dem Motto »Die Stunde Null ist unsere Sternstunde« – charakterisiert Andreas' frühere Verlegerin in *Tramhalte Beethovenstraat* mit den Worten: »Es ist eine herrliche Zeit. So viele Talente. Jugend, rücksichtslose Jugend, die sich einen Teufel um das Vergangene schert. Das, worüber ihr geweint habt, ist ihnen nicht einmal einen Fußtritt wert. Recht haben sie. Ihnen gehört die Zukunft.« Andreas verstummt. Er bleibt gezeichnet von der Erfahrung – gezeichnet auch vom allmählichen Verblassen der Erinnerung an Daniel, vom Nachlassen des Schmerzes. Die Erzählgegenwart zeigt Andreas als Schriftsteller, der nicht schreibt, aber nach Amsterdam und Mauthausen fährt, im verzweifelten Versuch, »noch näher an das Vergangene heranzukommen. Die Zeit aufzuheben. Die Leere wieder mit Schmerz zu füllen. [...] die Worte zu finden.«

Nicht nur als ein »Zeugnis« der Vernichtungspolitik, sondern auch in seiner Erinnerungspoetologie steht der Roman *Tramhalte Beethovenstraat* für ein zentrales Moment jenes Schreibens, in dem W. Selbstbestimmung als jüdische Autorin deutscher Sprache verwirklicht. Indem W. die NS-Verbrechen aus Andreas' deutscher Sicht beschreiben läßt, demonstriert sie zum einen die ›historische‹ Sichtbarkeit der Verbrechen auch für Deutsche; zum andern – dies eine entscheidende sprachpolitische Prämisse für W.s Schreiben – beharrt sie auf einer gemeinsamen Sprache von Deutschen und Juden selbst im Angesicht der Vernichtungsverbrechen. Es ist diese Poetologie, in der sich W.s Ort als jüdische Autorin in Deutschland ausspricht: das Begehren nach einem Dialog mit den Deutschen, der unmittelbar zu den begangenen Verbrechen einsetzen muß. Die Skizze des deutschen Literaturbetriebs im Roman deutet gleichzeitig an, daß W. in die Bereitschaft der westdeutschen Nachkriegsliteratur, an diesem Dialog teilzuhaben, wenig Vertrauen hatte.

Selbstbefragung als jüdische Überlebende des Holocaust steht im Mittelpunkt auch der 1968 erschienenen Erzählungen *Happy, sagte der Onkel.* In Los Angeles begegnet die Ich-Erzählerin, Überlebende der nationalsozialistischen Verfolgung, in ihrem Onkel und ihrer Tante einem Modus des ›Weiterlebens‹, der einzig durch eine vollständige Verdrängung der Vergangenheit aufrechtzuerhalten ist. Die zweite Erzählung schildert einen Besuch der gleichen Ich-Erzählerin in Harlem. Verschiedene Begegnungen belehren sie darüber, daß die vermeintliche Gemeinsamkeit der Erfahrung rassistisch motivierter Verfolgung den sozialen und ideologischen Realitäten im amerikanischen schwarzen Ghetto von 1968 nur wenige Stunden standhält. Die dritte Erzählung führt die Ich-Erzählerin mit einem Touristenführer in Chichen Itzá zusammen, in dem sie einen SS-Mann aus Amsterdam zu erkennen meint; ohne ihn je wirklich anzusprechen, imaginiert sie eine Anklage und eine Verteidigung, welche zuletzt zur radikalen Selbstanklage wird. Die Bereitschaft sich abzufinden mit dem, was war, aber auch mit der nicht wirklich infragegestellten Inkaufnahme von »Atombomben, Vietnamkrieg und Apartheid«, bildet den Gegenstand einer rückhaltlosen Selbstkritik als Überlebende – im Duktus der phantasierten Rede des Touristenführers: »Sie haben sich abgefunden, wie jeder sich abfindet, der überlebt.« Wenn Martin Gregor-Dellin W.s Schriften 1980 mit dem Hinweis darauf würdigte, daß die Autorin »Verfolgte und Verfolger mit einer Aufrichtigkeit porträtiert, die ihr einen besonderen Platz in der Gegenwartsliteratur zuweist«, so gilt dies in besonderer Weise für die Erzählungen von 1968, die in ihrer Entschiedenheit als jüdische Selbstbefragung vor deutschem Publikum ohne Parallele sind in der westdeutschen Literatur seit Kriegsende.

Rechenschaftslegung und Selbstbefragung als jüdische Autorin deutscher Sprache in Deutschland nach 1945 erfahren eine erneute Radikalisierung in *Meine Schwester Antigone* (1980). Die Ich-Erzählerin, ebenfalls eine autobiographisch grundierte Figur einer jüdischen Überlebenden des Holocaust, lebt als alte Frau in einem Frankfurter

Hochhaus und arbeitet an einem Antigone-Roman. Die Antigone-Figur, so wird deutlich, wird vor allem als Medium der Erinnerung in Funktion gesetzt: der Erinnerung an Flucht und Verfolgung, vor allem aber auch der Situationen möglichen Widerstands unter akuter Lebensgefahr im Jüdischen Rat von Amsterdam. In diese Reflexionen bricht eine junge Frau ein, als mutmaßliche RAF-Sympathisantin polizeilich gesucht. Unversehens konfrontiert mit der Option eines militanten Widerstands zerbricht jenes Antigone-Konstrukt, das zuletzt eine ›versöhnende‹ Erinnerung auch des ausgebliebenen Widerstands ermöglicht hatte. Des Trostes beraubt, den der Kenn-Satz der traditionellen Antigone-Überlieferung – »Nicht mitzuhassen, mitzulieben bin ich da« – der Selbstvergewisserung verschafft hatte, verharrt die Erzählerin zuletzt in der Spannung zwischen ihrem »oberflächlichen Leben«, das »Antigones vieldeutigen Satz [zu] verfälschen [...], zum Leben [zu] mißbrauchen« sich angewöhnt hatte, und den Bildern einer nicht steigerbaren Radikalität des persönlichen Widerstands gegen die fortdauernde Katastrophe, auch um den Preis des Lebens. Das Erscheinen von *Meine Schwester Antigone* 1980 ist als W.s »literarischer Durchbruch« (U. Meyer) bewertet worden. Ein genauerer Blick auf das Presseecho deutet allerdings auf einige der Hypotheken, von denen die westdeutsche Rezeption in der Konfrontation mit einer solchen Selbstbefragung einer jüdischen Autorin in Deutschland auch Anfang der 80er Jahre noch belastet war. Zu den Eigentümlichkeiten dieser Lektüren zählen etwa die eklatante Marginalisierung des RAF-Motivs, aber auch das fast ausnahmslose Verschweigen des in den Romantext montierten authentischen Berichts eines deutschen Wehrmachtsoffiziers, der Augenzeuge der Liquidierung eines polnischen Dorfes war. Auch die Auszeichnung des Romans mit dem Wilhelmine Lübke-Preis für »realitätsnahe Darstellungen des Alters« deutet auf eine Lektüre, die über den erinnerungspoetologischen Impetus des Buches hinwegzulesen verstand.

Auf gänzlich andere Weise thematisiert W. Judentum im acht Jahre später erschienenen *Brautpreis*. In einander abwechselnder Rede von »Grete«, der Überlebenden, und »Michal«, der ersten Frau Davids, wird in der Annäherung an die biblischen Figuren eine Auseinandersetzung mit jüdischer Überlieferung gesucht, die die Bestimmung der jüdischen Identität »Gretes« durch Auschwitz nicht zu revidieren vermag. So offenkundig sich ein Kontinuum, ja ein »Wiederholungszwang von Krieg und Vernichtung« zu erkennen zu geben scheint, so unveränderbar scheint die Differenz: »Trotz ähnlicher Leidenserfahrungen unterscheiden sich die beiden jüdischen Schicksale in der historischen Dimension, die Auschwitz markiert« (U. Meyer).

Es ist diese Dimension, die den Erzählungsband *Spätfolgen* (1992) bestimmt. Erneut thematisiert W., in meist verknappter Form, das Fortleben von Angst und Grauen in der Gegenwart der Überlebenden. Doch es ist der letzte, unverstellt autobiographische, nicht-fiktionale Text unter dem Titel *Und Ich? Zeugin des Schmerzes*, der eine letzte Verschärfung der Selbstbefragung W.s als jüdischer Autorin dokumentiert. Verfaßt nach Lektüre des kurz zuvor in deutscher Übersetzung erschienenen Bandes von Primo Levi, *Die Untergegangenen und die Geretteten*, und unter dem Eindruck der kurz zurück liegenden Nachricht von der Selbsttötung Bruno Bettelheims, bekennt W., daß ihr Glaube, »alle Schrecken, jede Qual, jeden durch Mißhandlung zugefügten Schmerz und die ohnmächtige Verzweiflung beim gewaltsamen Tod der Kameraden« in den KZs »miterlebt zu haben«, »abhanden gekommen« sei, daß sich ihre »so oft geäußerte Behauptung, ein Zeuge zu sein«, »in Nichts« aufgelöst habe. Von dieser letzten Revision ihrer Selbstbestimmung als jüdische Autorin ist auch W.s letztes zu Lebzeiten erschienenes Buch bestimmt, die Autobiographie *Leb ich denn, wenn andere leben*. Dem Eingedenken vor allem der Familie und den Freunden gewidmet, ruft W. noch einmal ausführlich die Erinnerungen an die Jahre vor 1933 auf, aber auch an die Zeit in Amsterdam vor und nach dem Leben im Versteck. Die Retrospektive ist – wie jedes Buch W.s – gezeichnet vom Verlust des Ehemanns, der immer begriffen ist als das subjektgeschichtliche Äquivalent für die säkulare Katastrophe des Holocaust. Der Mord an Edgar Weil, die Vernichtung der europäischen Juden bilden den archimedischen Punkt im Schreiben W. s. Er begründet den Status ihrer Texte als Werke einer jüdischen Autorin deutscher Sprache. An ihm und im Gegenüber zum deutschen Publikum hat sich W.s Selbstbestimmung als Jüdin und jüdische Autorin auf deutschem Boden nach 1945 entwickelt und radikalisiert.

Werke: Tramhalte Beethovenstraat, Wiesbaden 1963; Happy, sagte der Onkel, Wiesbaden 1968; Meine Schwester Antigone, Zürich u.a. 1980; Spätfolgen, Zürich u.a. 1992; Leb ich denn, wenn andere leben, Zürich u.a. 1998.

Literatur: S. Weigel, Die Stimme der Medusa. Schreibweisen in der Gegenwartsliteratur von Frauen, Dülmen-Hiddingsel 1987, 298–308; U. Meyer, »Neinsagen, die einzige unzerstörbare Freiheit«. Das Werk der Schriftstellerin G.W., Frankfurt a.M. 1996; L. Exner, Land meiner Mörder, Land meiner Sprache. Die Schriftstellerin G.W., München 1998.

Stephan Braese

Weiss, Ernst

Geb. 28.8.1882 in Brünn;
gest. 15.6.1940 in Paris

Stammte sein Vater noch aus dem tschechisch-ländlichen, religiös orthodoxen Judenghetto und hatte sich erst nach großen Anstrengungen als Tuchhändler in Brünn etablieren können, so wuchs W. bereits in einem großbürgerlich-deutschen Milieu auf, in dem religiöse Indifferenz als progressiv galt, und wurde sich seines Judentums wesentlich nur durch den deutschen Antisemitismus bewußt. Später engagierte er sich sogar bei den Freimaurern, ein Indiz dafür, daß er die humane Tat über den Gottesgehorsam stellte. Nicht die jüdische Tradition, die ihm auch im Religionsunterricht nur in depravierter Form begegnete, sondern der frühe Tod des Vaters wurde ihm zur prägenden Erfahrung, stigmatisierte die Kindheit und ließ ihn zu einem wurzellosen, selbstquälerischen Einzelgänger werden, der dem unerreichbaren patriarchalen Vorbild zunächst durch eine Arztkarriere in Wien und Prag gerecht zu werden suchte und dann auch als Schriftsteller durch Fleiß und Anpassung, nicht immer zum Vorteil des Werks, stets den verinnerlichten Leistungsnormen der vorangegangenen Vätergeneration genügen wollte. In W.s Romanen, dezidiert in den Vater-Sohn-Konstellationen der Spätphase, ist diese repressive Situation ein ständiger Topos. Sie erklärt auch seine zeitweilige, nicht unproblematische Freundschaft zu dem ähnlich sozialisierten F. Kafka, der in W. bei der ersten Begegnung 1913 einen »Juden von der Art« erkannte, »die dem Typus des westeuropäischen Juden am nächsten ist und dem man sich deshalb gleich nahe fühlt«.

W.s indifferenter, wenn auch nicht gottloser Glaubenshaltung entspricht es, daß in seinem autobiographisch und psychologisch angelegten Romanwerk, von neuromantischen Anfängen (*Die*

Galeere, 1913) über eine expressionistische Phase (*Mensch gegen Mensch*, 1919) bis hin zu den neusachlichen Pseudobiographien (*Der arme Verschwender*, 1936) und dem nachgelassenen *Augenzeugen* (1963, entstanden 1938/39), zwar immer wieder labile, an sich und den Menschen verzweifelnde Ärzte als Protagonisten auftreten, diese aber meist christlich drapiert sind, und daß Juden gewöhnlich nur als Nebenfiguren begegnen, oft noch belastet mit den Klischees allgemeiner Vorurteile. Ausnahmen sind selten, und auch sie sind entweder beliebig, wie im Roman *Mensch gegen Mensch*, dessen zentrales Thema die Destruktion des Krieges ist, oder zwangsläufig, wie in der biblischen Geschichte *Daniel* (1924). Auch in seinen Essays hat W. das jüdische Thema nur gelegentlich behandelt, explizit in dem Aufsatz *Adeliges Volk* (1926), in dem er zwar den Judenhaß ironisch umwertet zur »Schattenseite eines ungeheuren Ruhmes« (»Denn für mich steht fest, daß der Antisemitismus, wie jeder Haß, rühmlich ist; nicht ungehaßt lebt ein Volk, eine Gemeinschaft von Menschen ein auch in seinen Fehlern exemplarisches Dasein, nicht ungehaßt drückt es seinen Stempel, scheinbar ohne es zu wollen, säkularen Zeiträumen auf.«), dabei aber doch von sich persönlich absieht und ihn nur bekämpfen will, »soweit er mit dem Recht der Masse sich gegen die Minderheit wendet«: »Ich glaube, daß wir in diesem Sinne dem Jüdischen tief treu bleiben. Denn eine Minderheit waren wir und sind wir. Wir werden vielleicht einmal verschwinden, nie aber verschwinden in der Masse wie ›Sand am Meere‹. Schwerthelden, Geisteshelden, Handelshelden selbst, aber nie ungeformte, unformbare Masse, rinnender gleichartiger Staub. Dies unsere Ehre, unsere Schuld, Fluch und Segen zugleich wie jede echte Berufung.«

Der unterdrückten Kreatur, unabhängig von ihrer Zugehörigkeit, gehört W.s Sympathie in allen seinen Werken. Seine Perspektive dabei aber ist der mitleidslos diagnostizierende Blick des Arztes, der die Neurosen des einzelnen ebenso entblößt wie er den Finger auf die Wunden einer kranken, zum Untergang verurteilten Gesellschaft legt. W. operiert als »Chirurg der Seele«, sei es, daß er die Liebesunfähigkeit eines morphiumsüchtigen, obsessiv forschenden Arztes schildert (*Die Galeere*), die sexuelle Abhängigkeit einer Prostituierten (*Tiere in Ketten*, 1918) oder die Abgründe des Verbrechens (*Der Fall Vukobrankovics*, 1924; *Georg Letham, Arzt und Mörder*, 1931). Im Vordergrund stehen die Dämonien des Alltags, die Übermacht des Unbewußten und die Determinierung der Figuren durch ihre Triebe. Treffend formulierte Hermann Kesten Gemeinsamkeiten dieser stilistisch höchst disparaten Romane: »Das verlorene Individuum wandelt einsam durch ein eisiges Universum. Das Vaterhaus ist ein Schlachtfeld, die Familie ein Fangnetz, die Ehe eine Falle, die Liebe Verrat und Fluch. Der Vater steht gegen den Sohn, das Weib gegen den Mann, der Körper gegen den Geist, der Tod gegen das Leben, der Beruf gegen die private Neigung.« W. selbst war der hier anklingende tragische, zum heroischen Aufbegehren gegen das Schicksal auffordernde Dualismus im europäischen Denken (dem er als Ideal die »vielpolige« Welt Chinas entgegenstellte) sehr bewußt. In einem Essay über den Freund Albert Ehrenstein (1922) hat er diese »Bipolarität« (»Zwischen Gut und Böse, zwischen Hier und Dort, zwischen Gott und Mensch«) und den damit korrespondierenden heroischen »Grundwillen der Welt gegenüber« sogar als jüdisches Erbe definiert und so ansatzweise auch sein eigenes Dichten in die Tradition jüdischen Denkens gestellt.

Unmittelbar mit seinem Judentum konfrontiert wurde W., der seit 1921 als freier Schriftsteller in Berlin lebte, durch die Machtergreifung der Nazis. Nach dem Reichstagsbrand ging er 1933 zunächst zurück nach Prag, um seine kranke Mutter zu pflegen; im Frühjahr 1934 emigrierte er dann nach Paris, wo er sich trotz fortdauernder Produktivität nur mühsam durchbringen konnte und in zunehmende Isolation geriet. Seine Exilromane variieren vor allem die Vater-Sohn-Problematik, am überzeugendsten im Entwicklungsroman *Der arme Verschwender*, der noch einmal die untergehende Provinzwelt der österreichisch-ungarischen Monarchie beschwört und vor diesem morbiden Hintergrund den verzweifelten Werdegang eines sensiblen Einzelgängers nachzeichnet, der an seiner Haßliebe zum ebenso genialischen wie tyrannischen Vater zerbricht. Deutlicher als früher reflektieren die letzten Romane, auch wenn ihre Ich-Erzähler betont als Christen auftreten, nun jüdische Gedankenmuster: Im Generationenkonflikt, in dem die Söhne als »Auserwählte« eines harten, unmenschliche Leistungen fordernden Vaters erscheinen, wiederholt sich die »Bipolarität« zwischen dem jüdischen Gott und seinem erwählten Volk, und nicht zufällig erinnern die Ärzte, Verschwender und Verführer dieser Romane mit ihrer zähen Willenskraft und ihrer grenzenlosen Leidensfähigkeit an die biblische Hiobsgestalt, die W. als »das Jüdischste unter allem Jüdischen« empfand. Dasselbe gilt auch für den erst postum veröffentlichten Roman *Der Augenzeuge*, der seine eigentliche Brisanz daraus bezieht, daß W. ein ähnliches Einzelschicksal hier vor den Hintergrund der Genese des Faschismus stellt und die fiktive Lebensgeschichte eines ehrgeizigen Arztes und Psychiaters auf kühne Weise mit dem authentischen Fall des im Ersten Weltkrieg zeitweise erblindeten »Gefreiten A. H.« verbindet.

Nach der Erinnerung Soma Morgensterns soll W. in seinen letzten Lebenswochen, als die deutschen Truppen sich unaufhaltsam Paris näherten, »fromm« geworden sein und zu ihm gesagt haben: »Sie haben keinen Hitler gebraucht, um zu wissen, daß wir Juden nur einen Schutz haben: den Allmächtigen.« Mag es auch weitere Anzeichen dafür geben, daß W. sich dem Glauben seiner Väter näherte, so ist diese Aussage doch zuallererst als verzweifelter Ausdruck seiner Verlassenheit zu werten. Am Tag des deutschen Einmarsches unternahm W. einen Suizidversuch; er starb noch in der folgenden Nacht.

Werke: Gesammelte Werke, 16 Bde., hg. P. Engel u. a., Frankfurt a. M. 1982.

Literatur: W.-Blätter, hg. P. Engel, 1–7 (1973–78), Neue Folge, hg. P. Engel u. a., 1–11 (1983–89); E. W., hg. P. Engel, Frankfurt a. M. 1982; T. Delfmann, E. W., Münster 1989; E. W. – Seelenanalytiker und Erzähler von europäischem Rang, hg. P. Engel u. a., Bern u. a. 1992; M. Pazi, E. W. Schicksal und Werk eines jüdischen mitteleuropäischen Autors in der ersten Hälfte des 20. Jahrhunderts, Frankfurt a. M. u. a. 1993.

Dieter Sudhoff

Weiss, Peter

Geb. 8. 11. 1916 in Nowawes bei Berlin; gest. 10. 5. 1982 in Stockholm

Auf die Frage nach ihrem jeweiligen Ort, die Klaus Wagenbach 1964 einer Reihe von Autoren gestellt hatte, antwortete W., dieser Ort sei Auschwitz. »Meine Ortschaft« heißt dieser Text, »meine Ortschaft, für die ich bestimmt war und der ich entkam.« Es ist eine Beschreibung des Konzentrationslagers, so wie es erhalten ist. W. hatte es am 13. 12. 1964 selbst besucht.

Auschwitz ist auch der zentrale Ort in der Poetik von W. Zwischen Dezember 1963 und August 1965 fand in Frankfurt am Main der sogenannte Auschwitz-Prozeß, gegen die Hauptverantwortlichen des Konzentrationslagers, statt. *Die Ermittlung* heißt das Stück von W., das im Herbst 1965 an fünfzehn Orten – in der damaligen DDR wie der Bundesrepublik – gleichzeitig uraufgeführt wurde, in Berlin in der Inszenierung von Erwin Piscator. Im Untertitel heißt es »Oratorium in 11 Gesängen«. Das dokumentarische Theaterstück nimmt den Prozeßverlauf, die Aussagen der Angeklagten, der Zeugen, der Verteidiger wie der Ankläger auf und gestaltet sie im Anklang an Dantes *Inferno* als Gesänge: Gesang von der Rampe, Gesang vom Lager, Gesang vom Bunkerblock, der beginnt: »ZEUGE 8 Ich wurde verurteilt/ zu 30 mal Stehzelle/ Das bedeutete/ tagsüber Strafarbeit/ und nachts die Zelle// RICHTER Was war der Grund der Verurteilung// ZEUGE 8 Ich hatte mich zweimal/ bei der Essensausgabe angestellt.« Das Besondere an diesem Theaterstück von W. liegt zum einen darin, daß es die Topographie des Vernichtungslagers zeigt und zugleich in seinem Fortgang das Verschwinden der Individualität. Die Monotonie und Kälte des mordenden Alltags treten ebenso hervor wie die Abwesenheit von Reue oder Schmerz bei den Tätern, während die Opfer Zeugen sind und numeriert aufgeführt werden. W.' *Ermittlung* löste 1965 heftige Debatten aus. In einer Podiumsdiskussion im Oktober 1965 sagte W.: »Ich bin nach dem Prinzip vorgegangen, daß ich zunächst diesen Mechanismus schildern wollte, diese Institution des Lagers; ich wollte untersuchen, wie dieser große Komplex, mit dem wir seit zwanzig Jahren oder noch länger leben, der ein Bestandteil unseres Lebens ist, eigentlich ausgesehen hat, was da vorgegangen ist, wie sich die Menschen verhalten haben, die da gelebt haben und da gestorben sind.« Der »Herzpunkt des Stückes« sei, »daß es in dieser totalen Erniedrigung des Menschen Einzelnen möglich gewesen ist, eine menschliche Würde zu bewahren. Diese menschliche Würde wird der völligen Entmenschlichung gegenübergestellt.«

W.' Verhältnis zum Judentum zeichnet etwas Protokollierendes, Dokumentierendes aus, das einen Ort in Augenschein nimmt: Auschwitz. Aber dieser sachliche Grundzug verdeckt nur einen tieferliegenden: den der vollkommenen Fremdheit. Das Motiv, fremd zu sein, nicht dazuzugehören, aber dadurch auch die Fähigkeit zu erwerben, in seiner Kunst ein anderer zu werden, durchzieht alle Schriften von W. In seinem biographischen *Fluchtpunkt* erinnert W. sich: »Daß ich kein Deutscher, und väterlicherseits von jüdischer Herkunft war, erfuhr ich erst kurz vor der Auswanderung. Ich war getauft worden und hatte den christlichen Religionsunterricht und die Konfirmation über mich ergehen lassen, gleichgültig und halb betäubt wie unter allem, was mir von Erziehung zukam. Meine Sprache war mit keinem Landstrich verbunden, denn wir zogen oft von Stadt zu Stadt um. Ich war zuhause in Hafengegenden, auf Jahrmärkten und in Zirkuszelten, wo die Gedanken offen waren für Veränderlichkeiten und Wanderschaft, wo der Blick ins Weite gerichtet war. Ich las von der Welt der Russen und Franzosen, der Engländer, Amerikaner und Skandinavier, und nichts hinderte mich, dort in Gedanken heimisch zu sein. Ich war verwandt mit Gauguin auf Tahiti, mit van Gogh in Arles, mit Myschkin in Sankt Petersburg, Leutnant Glahn im norwegischen Wald und Fabrizzio in der Kartause von Parma. Die plötzliche Ernennung zum Ausländer und Halbjuden, das Verbot der Teilnahme am gemeinsamen Gruß, beeindruckte mich nicht, da mir die Fragen der Nationalität und rassischen Zugehörigkeit gleichgültig waren.« So ist auch der Prosatext *Abschied von den Eltern* aus den 60er Jahren der elegische Bericht einer Jugend ohne Bindung an die Eltern, ohne tiefere Auseinandersetzung mit den beiden »Portalfiguren« des Lebens. Die meisterhafte Erzählung *Der Schatten des Körpers des Kutschers* zeichnet biographische Wege von W. nach.

1933 gelangte W. auf der Flucht vor den Nazis nach Prag. Von dort gelangte er nach Stockholm. Eng war seine Mitwirkung an dem Theater der schwedischen Hauptstadt, wo W. als Bühnenbildner, Dramaturg, Übersetzer und Autor wirkte. Das Theaterstück *Die Verfolgung und Ermordung Jean Paul Marats, dargestellt durch die Schauspielgruppe des Hospizes zu Charenton unter Anleitung des Herrn de Sade* sorgte für großes Aufsehen und zeigte W.' große Begabung, einen historischen Stoff zum Sprechen zu bringen. Sein Engagement für den demokratischen Sozialismus hat W. in der Bundesrepublik der 60er Jahre viel Widerspruch eingetragen. W. war ein politischer Autor: entschieden – in seinem Engagement gegen den Vietnamkrieg –, scharf, analytisch, präzis und doch wieder verhalten. Dennoch läßt W. sich nicht einem politischen Lager zurechnen, so wie er auch als Schriftsteller eine singuläre Erscheinung blieb. W.' *Ästhetik des Widerstands* ist ein Schlüsselwerk für das Verhältnis von Individuum und Kollektiv im 20. Jahrhundert, der Widerstand als komplementärer Akt des Eigensinns. Noch einmal kehrt in diesem Hauptwerk von W. das Motiv zurück, nicht dazuzugehören. Es prägt auch sein Verhältnis zum Judentum, ein Verhältnis der Zugehörigkeit wie auch der Nicht-Zugehörigkeit, des Widerstands gegen gängige Klassifikationen.

Als W. im Mai 1982 in Stockholm starb – er war in Schweden geblieben –, fand sich in seinem Nachlaß ein schmaler Text, *Es leben die Toten*: »Von denen, die die Kunst des Vergessens so viel besser beherrschen, lassen sich die Wissenden allzu leicht beiseite drängen, bestehen bleibt das Selbstsichere, Freche, Unverschämte, Zynische, in gigantischer Verschwendung dagegen sterben die Keime von Hoffnung, Liebe, Wärme und Zuversicht ab. Es lebe das Wirkliche, wenn wir uns an den Haaren wieder heraufgezogen haben, nach unseren Absenzen, unsern Schwächeanfällen, wenn wir wieder einen Fußbreit Boden ertasten können, es lebe die Aufgabe, mit all unsern Toten in uns, mit unserer Totenklage, unserm eigenen Tod vor Augen, zwischen den Lebenden dahin zu balancieren, sich ihnen bemerkbar zu machen, es lebe das wilde Ansinnen, alles ringsum in leuchtender Greifbarkeit entstehen zu lassen. Phantastisch, ungeheuerlich dieser Einfall, daß wir im Leben vorhanden sind, daß es noch etwas für uns zu tun gibt, daß noch etwas bevorsteht, unfaßbar, daß wir hier um unsere Bleibe kämpfen, daß wir hier sogar Gerechtigkeit einrichten wollen, daß wir Hilferufen entgegeneilen, daß wir erwarten, auch nach uns strecke sich eine Hand aus, wenn wir sie brauchen, da es doch nur eine Gewißheit gibt, gleich ist es zu Ende.«

Werke: Werke in sechs Bdn., hg. Suhrkamp Verlag in Zusammenarbeit mit G. Palmstierna-Weiss, Frankfurt a. M. 1985.

Literatur: C. Weiß, »... eine gesamtdeutsche Angelegenheit im äußersten Sinne ...«. Zur Diskussion um P. W.' Ermittlung, in: Deutsche Nachkriegsliteratur und der Holocaust, hg. S. Braese u. a., Frankfurt a. M. 1998, 53–70.

Thomas Sparr

Weißglas, Immanuel James (Ion Iordan)
Geb. 14. 3. 1920 in Czernowitz;
gest. 28. 5. 1979 in Bukarest

Die Situation der deutsch-jüdischen Dichter in der rumänischen, heute ukrainischen Bukowina wird wohl von kaum jemandem so deutlich verkörpert wie von dem 1920 in Czernowitz geborenen W. Er ist der jüngeren Generation der Dichter zuzurechnen, die zwischen und nach den beiden Weltkriegen von Czernowitz aus eine bemerkenswerte Rolle bei der Entwicklung moderner deutschsprachiger Lyrik übernahmen. W.' junge Literatenlaufbahn gipfelte in der Bekanntschaft mit Tudor Arghezi, der ihm auch zur Veröffentlichung einer frühen Übersetzung verhalf. Er hatte »schon als Schüler die Aufmerksamkeit der anspruchsvollen, kulturell interessierten Kreise seiner Vaterstadt auf sich gelenkt« (Kittner). Die Besetzung der Bukowina und die Deportation der jüdischen Bevölkerung (1942–44) in den Steinbruch (›Kariera‹) am Bug, von denen auch der Vater, Isak W. (*Steinbruch am Bug*, 1995) berichtete, beendeten das Studium und den schriftstellerischen Werdegang vorerst. Zurückgekehrt schloß W. sich erneut den Literatenkreisen in Czernowitz an. 1945 übersiedelte er, wie viele Dichter seiner Heimat, nach Bukarest und arbeitete dort bis zu seinem Tod als Redakteur, Journalist und Übersetzer.

Während W. mit seinen Übersetzungen schon früh zwischen deutscher und rumänischer Literatur zu vermitteln suchte, ist sein lyrisches Werk deutlich vom Spannungsverhältnis von jüdischer Identität und deutscher Kultur gekennzeichnet. Alfred Kittner, der neben Rose Ausländer, Paul Celan, Alfred Gong, Alfred Margul-Sperber, Selma Meerbaum-Eisinger und Moses Rosenkranz zum Kreis der Bukowiner Dichter zu zählen ist, charakterisierte das Werk seines Freundes »als eine Dichtung des Leidens um und an Deutschland« (*Neue Literatur*). Damit ist auch das Grundproblem von W.' Lyrik benannt: die Suche nach einer (Sprach-)Heimat zwischen deutscher, rumänischer und jüdischer Kultur in der untergehenden kakanischen Enklave. Das nicht sehr umfangreiche Werk markiert die Entwicklung dieser Suche. In dem als Typoskript erhaltenen Gedichtband *Gottes Mühlen in Berlin* (1947) setzt W. einen deutlichen Akzent auf das problematische Verhältnis von deutscher Sprache und jüdischer Identität. Gedichte wie *Der deutsche Krieg*, *Deutsche Klage* u. a. zeigen dies bereits im Titel, andere zitieren die deutsche Lyriktradition: A. Droste-Hülshoff (*Der Auszug*) wird ebenso zum Vorbild wie St. George (*Auf eine alte Spange*), R. M. Rilke, E. Lasker-Schüler. Aber auch inhaltlich setzen sich einzelne Gedichte mit der zwiespältigen Situation auseinander: »Deutschland ist fern, ein Freund, zu dem wir schweben«, beginnt *Das Gespräch* (1943), in dem die von Deutschen gemordeten Toten ihre deutsch-jüdische Souveränität behaupten. Auch *In deutschen Domen* wird das Verhältnis des Autors zu Deutschland wie zu der Büßerattitüde der Nachkriegsgesellschaft in Frage gestellt. Der Anfang 1947 erschienene Gedichtband *Kariera am Bug* setzt dagegen andere Akzente. Die meisten der Gedichte dieses Bandes entstanden in den Todeslagern am Bug, deren Namen sich in die Gedichte eingeprägt haben: Belto, Krishopol, Ladeshin, Matchiucha, Tulczyn, Obodomka. In *Der Auszug*, *Unterwegs und Luzerne*, *Völkerwanderung* u. a. zeichnet W. die Bewegung der jüdischen Opfer, die von Lager zu Lager ziehen. In anderen Gedichten scheint der Todesmarsch kurz innezuhalten: *Das Schneegrab*, *Himmelfahrt*, *Tod im Moor* oder *Das Massengrab* lauten die Titel der Gedichte, die mit ihrem Entstehungsort lokalisiert wurden. W. versucht, eine poetische Sprache für die extremen Erfahrungen von Tod und Destruktion zu finden. Die Vorbemerkung des Autors weist der Lektüre den Weg: »Die Gedichte stehen hier als Meilensteine, die den schauerlichen Weg bezeichnen, den wir in den Jahren 1941/44 zwischen Dnjestr und Bug in der Ukraine gegangen sind« (*Kariera*). Auffällig ist die völlige Abwesenheit jeder deutschen Thematik in diesem Gedichtband. Mehr noch: W. entfernt sie auch aus jenen Gedichten, die im Typoskript noch einen eindeutig deutsch-jüdischen Kontext haben.

Die Gedichte der *Kariera* sind als lyrische Dokumente der Verfolgung und der Ermordung des jüdischen Lebens in der Bukowina mit anderen Gedichten ihrer Zeit durchaus vergleichbar. Dennoch ist W. lange Jahre nicht mehr als Dichter in Erscheinung getreten. In Rumänien wurde er als Übersetzer von Goethe, Grillparzer, Stifter und Feuchtwanger bekannt. Übersetzungen aus dem Rumänischen (T. Arghezi, V. Alecsandri u.a.) machten ebenso wie Abdrucke seiner Gedichte in Anthologien und in der *Neuen Literatur* vereinzelt auf ihn aufmerksam. In Westdeutschland bedurfte es eines Artikels von Heinrich Stiehler (*Akzente*, 1979), der auf die Nähe zwischen Paul Celans *Todesfuge* (1947) und W.' Gedicht *Er* (1947; Erstdruck 1970) hinwies. Der angedeutete Plagiatsvorwurf gegen Celan ist allerdings nicht gerechtfertigt und wird auch von W. zurückgewiesen. W. bezeichnet die Jugendfreundschaft zu Celan, die nach dessen Flucht aus Bukarest Ende 1947 keine Fortsetzung fand, als einen »kameradschaftlichen Kontrapunkt«, der »›zwei wortbesessene Freunde‹ in Bemühung um das Gedicht verband« (Baumann). Ein Vergleich zwischen den beiden Gedichten zeigt die Eigenständigkeit und die poetische ›Überlegenheit‹ des Celanschen Dichtens deutlich.

Erst 1972 erscheint W.' zweiter und letzter Gedichtband *Der Nobiskrug*, für den er den Lyrikpreis des rumänischen Schriftstellerverbandes erhielt. Im *Nobiskrug* gerät die deutsch-jüdische Thematik zugunsten der Darstellung einer allgemeinen Grenzerfahrung zwischen Leben und Tod in den Hintergrund. Interessant ist hier die nochmalige Bearbeitung einiger früherer Gedichte. W. reduziert die Gedichte dabei nicht nur formal, sondern bemüht sich auch, jeglichen transzendenten Gehalt aus den Texten zu entfernen. Besonders deutlich ist das beim Gedicht *In deutschen Domen*, das verändert unter dem Titel *Schwarze Kirche* erscheint. W. sucht hier nicht mehr die Auseinandersetzung mit dem spezifisch deutsch-jüdischen Verhältnis, vielmehr markiert er mit der ›Schwarzen Kirche‹ in Kronstadt eine Station rumänien-deutscher Geschichte. Insgesamt ist *Der Nobiskrug* vor allem ein Bekenntnis zur lyrischen Traditionalität: *Götzengezeter* nennt W. die Forderung nach lyrischen und sprachlichen Neuerungen. Das Festhalten an der lyrischen Tradition scheint auch ein Festhalten an der eigenen deutsch-jüdischen Identität zu sein. Denn trotz seiner Erfahrungen in den Vernichtungslagern Transnistriens ist W. nie von seinem Sprechen und Dichten in deutscher Sprache abgerückt. Vielmehr, so W., sei »dafür zu danken, am unendlichen Besitz der deutschen Sprache teilnehmen zu dürfen und als Demütigster ihrer Waltenden [...] zu stehen und [...] zu bestehen« (Baumann). Dieser Dank äußert sich ein letztes Mal in der Übersetzung von Stifters *Nachsommer*, die er trotz schwerer Krankheit kurz vor seinem Tod fertigstellen konnte.

Werke: Aschenzeit. Gesammelte Gedichte, Aachen 1994.

Literatur: G. Baumann, Dank an die Sprache, in: Tradition und Entwicklung, hg. W. Bauer u.a., 443–451; Th. Buck, Eine leise Stimme, in: I. W., Aschenzeit, Aachen 1994, 128–156; A. Kittner, Abschied von I. W., in: Neue Literatur (1979), 33–36: H. Stanescu, Der Dichter des Nobiskruges. I. W., in: German Life and Letters 39 (1985), 21–64; B. Wiedemann, »Altneutränen«. Überlegungen zu I. W.' zweitem Gedichtband, in: A. Corbea, M. Astner, Kulturlandschaft Bukowina, Iasi 1990, 155–173; H. Merkt, Poesie in der Isolation, Wiesbaden 1999.

Peter Goßens

Werfel, Franz

Geb. 10.9.1890 in Prag;
gest. 26.8.1945 in Beverly Hills

Wenngleich W. des öfteren als christusgläubiger Jude bezeichnet wurde und Sympathien für den Katholizismus gezeigt hat, hielt er doch zeitlebens am

Judentum fest. Mit dem Gedichtband *Der Weltfreund* avancierte W. 1911 zum erfolgreichsten Lyriker des Expressionismus. In seiner frühen Lyrik verkündete er die Solidarisierung mit den Leidenden und Ausgestoßenen der Gesellschaft und die Hoffnung auf eine allumfassende Menschenliebe (messianischer Expressionismus). In dieser universalistisch ausgerichteten Erlösungshoffnung sparte W. »jüdische Fragen« beinahe gänzlich aus. Dem in einem assimilierten, liberal-bürgerlichen Elternhaus in Prag aufgewachsenen W. blieb die jüdische Geisteswelt weitgehend verschlossen, während er von den Riten der katholischen Kirche und der christlichen Volksfrömmigkeit fasziniert wurde, angeregt durch Kirchenbesuche mit seiner tschechischen Kinderfrau Barbara, der er später ein literarisches Denkmal gesetzt hat. 1920 suchte er sich in dem unveröffentlichten, für M. Bubers Zeitschrift *Der Jude* verfaßten autobiographischen Essay *Erguß und Beichte* Rechenschaft über sein zwiespältiges Verhältnis zum Judentum abzulegen. In der Kindheit empfand er »Scheu und Abscheu« für das Judentum. Während er vom »Gemurre und Gemurmel« in der Synagoge und der Schablonenhaftigkeit des Religionsunterrichts enttäuscht wurde, war er, wenngleich nur für kurze Zeit, fasziniert von mystischen Elementen der jüdischen Religiosität: »Scheu erzeugte der Anblick der Thora, die Zeremonie ihrer Bekleidung [...]«. Als »Tatsache« und »Erlebnis«, vor allem aber als »Problem« wurde ihm sein Judesein jedoch erst bewußt, als er Prag verlassen hatte und in Deutschland und Wien stärker mit dem Antisemitismus konfrontiert wurde. Da er sich der Identitätsproblematik erst in negativer Form gewahr wurde, resultierte daraus ein Gefühl des Schwebens zwischen heterogenen Zugehörigkeiten. Einerseits suchte er sich an die europäische Kulturtradition zu assimilieren (»Meine Welt waren die großen europäischen Künstler in ihrer Gegensätzlichkeit von Dostojewski bis Verdi«), der gegenüber ihm die Welt der Bibel, aber auch die des modernen Judentums fremd erschien. W. empfand Mißtrauen gegenüber den Ostjuden, die er aus einem Gefühl des »inneren Antisemitismus«, wie er in seiner Selbstanalyse freimütig zugibt, als »fremdartig und unheimlich« beschreibt; ebenso distanzierte er sich von der zionistischen Idee einer nationalen Wiedergeburt des Judentums. Andererseits mußte er feststellen, daß sein Wille zur Assimilation auf den Widerstand der Nichtjuden stieß: »Ich lebe und strebe also in einer Welt, deren Kulturblüte ich leidenschaftlich liebe, die ich vermehren möchte, die das Ziel all meiner Zuneigung, Kritik, Hoffnung, Erfüllung ist, und eines Tages muß ich erkennen, daß ich ihr nicht angehöre, daß ich woanders hin zuständig bin, dorthin, wo ich mich erst recht nicht zuhause fühle –.«

Die Frage nach Identität im Sinne kultureller, religiöser oder nationaler Zugehörigkeit ließ W. ohne Antwort; er sah sich gezwungen, den Widerstreit der christlich-europäischen Kultur und der jüdisch-biblischen Überlieferung in sich auszutragen: »Wohin also soll ich? Dort wo ich bin, gehöre ich nicht hin. Das, wohin ich gehöre, liebe ich nicht, es ist mein Traum nicht, ich habe keinen Zusammenhang damit in meinem Willen.« Wie einer Tagebuchnotiz aus dem Jahre 1917 zu entnehmen ist, faßte W. das »seelische Elend« des assimilierten Diaspora-Judentums – die »soziale Hysterie des verlorenen Mittelpunkts« – als ein historisch bedingtes Phänomen der Moderne auf, ausgelöst durch den Eintritt der Juden in die europäische Kultur nach der Auflösung der Ghettos an der Wende vom 18. zum 19. Jahrhundert. Stellenweise führte W.s Distanz zu seiner Herkunft so weit, daß er sich zu einem »christlichen« Dichter stilisierte, beispielsweise in dem 1917 unter dem Titel *Die christliche Sendung* in der *Neu-*

en Rundschau veröffentlichten Absagebrief an den Berliner Aktivisten Kurt Hiller. Der »neue Christ«, wie ihn sich W. erträumt, bekennt sich zum Anarchismus, d. h. zur »Zerstörung des alten Bewußtseins«, zum Kampf gegen Abstraktion, Staat und Macht. W.s zionistisch gesinnter Freund M. Brod antwortete in *Der Jude* polemisch auf diesen Artikel und deutete ihn als Ausdruck der Identitätskrise eines jüdischen Diaspora-Intellektuellen. Zugleich aber wies Brod darauf hin, daß W.s »christliche Mission« in wesentlichen Elementen, selbst wenn sich W. dessen nicht bewußt ist, eine »jüdische Sendung« sei.

In seiner expressionistischen Lyrik – in den Bänden *Der Weltfreund* (1911), *Wir sind* (1913), *Einander* (1915), *Gesänge aus den drei Reichen* (1917) und *Der Gerichtstag* (1919) –, in der er die Krise der Moderne analysierte, thematisierte W. jüdische Problemstellungen nur peripher, zumeist in biblischen Kontexten. Des öfteren sind biblische Figuren mit revolutionärem Denken assoziiert, so etwa im Gedicht *Das Gebet Mosis* (1919), wo der Gesetzgeber als »Festungsstürmer« erscheint, der sich in die göttliche Ordnung wirft, um den Menschen die Freiheit zu bringen. Der Ordnungshüter wandelt sich bei W. zu einem Unruhestifter, der den Aufstand gegen Gott als Inbegriff der Vater-Imago wagt. In der Erzählung *Nicht der Mörder, der Ermordete ist schuldig* (1919/20) wird ein Anarchistenkreis von einem an einen biblischen Propheten erinnernden Juden namens Chaim Leib Beschitzer angeführt, der der »patriarchalischen Weltordnung« den Kampf ansagt und dem W. seine von den Matriarchats-Thesen Johann Jakob Bachofens und Otto Gross' inspirierte Kritik am männlichen Autoritätsprinzip in den Mund legt. Ebenfalls als Sprachrohr des Autors fungiert der Jude Feiwel, der im Drama *Bocksgesang* (1920/21) die Revolution zwar befürwortet, den Revolutionären jedoch den Verrat an ihren ursprünglichen Zielen vorwirft. Das Schuldgefühl, das aus seiner Abkehr bzw. Gleichgültigkeit gegenüber jüdischen Traditionen entstanden ist, verarbeitete W. in der *Ballade von einer Schuld* des Bandes *Der Gerichtstag*. Der Titel dieses Buches assoziiert die »Bußtage« vom Neujahrsfest Rosch-ha-Schana bis zum Jom Kippur, die Zeit des Gerichts und des Aufrufs zur Teschuwa, zur Umkehr.

Intensiver setzte sich W. mit jüdischen Fragen wie auch mit biblischen und talmudischen Überlieferungen erst in der nach-expressionistischen Phase auseinander. Angeregt wurde er hierbei von den Eindrücken seiner im Februar 1925 unternommenen Palästina-Reise, auf der er nicht nur den Überresten biblischer Kultur begegnete, sondern auch den Zionismus kennenlernte. Enttäuscht von den »Widerständen« seiner Lebensgefährtin (und seit 1929 Ehefrau) Alma Mahler »gegen das Jüdische hier an sich, weiters (selbstverständlich) gegen das Kommunistisch-Jüdische«, vertraute er seinem Tagebuch an: »die Verwirrung des Auges [...] und der Seele sind groß.« Das Palästina-Erlebnis inspirierte ihn zum historischen Drama *Paulus unter den Juden* (1926), das die für W. entscheidende Frage behandelt, warum sich das Christentum vom Judentum losgelöst hat und worin sich beide Religionen unterscheiden. Der Konflikt zwischen dem Judentum und dem – aus der Sekte der Nazaräer, der Anhänger des gekreuzigten Jesus von Nazareth, herausgebildeten, jedoch erst von Paulus geschaffenen – Christentum eskaliert bei W. in der Auseinandersetzung zwischen Paulus und seinem ehemaligen Lehrer, dem Tannaiten Gamaliel. Die Wege der beiden Religionen trennen sich nach einem Streitgespräch zwischen Paulus und Gamaliel. Während für Paulus mit der Menschwerdung Gottes die Tora »ungültig« geworden und eine »neue Welt« angebrochen ist, verteidigt Gamaliel den in der Tora gestifteten, unantastbaren Bund zwischen Jahwe und dem Volk Israel: »Kein Jude kann etwas leben, denken oder sagen, was nicht schon besiegelt stünde im Gotteswort.« Der von W. als ein vorbildlicher Vertreter »verklärter Toleranz« gezeichnete jüdische Gelehrte ahnt die Gefahren voraus, die mit der Außerkraftsetzung des göttlichen Gesetzes verbunden sind: »Messias ist nicht gekommen, denn der Ewig-Künftige ist er! Niemals hast du die Thora verstanden, du böser Schüler. In ihrer Sternen-Tiefe allein ruht das Reich Gottes und unsre Freiheit, es zu vollenden! Wo sie nicht herrscht, da ist Wüste und Willkür! Dränge keinen fremden Geist zwischen Gott und Israels Freiheit!« Gamaliel erkennt, daß die Lehre des Paulus (unjüdische Vorstellung einer Menschwerdung Gottes, Vorrang des Glaubens vor der Tat, Delegation der Verantwortung des Einzelnen an den Erlöser) die Besonderheit des Judentums als einer nicht nur religiösen, sondern auch ethischen, sozialen und nationalen »Kulturform« (Klausner) außer Kraft setzt, so daß ihm Paulus als Verkörperung von »Israels Selbsthaß« erscheint. Dennoch läßt W. seine »dramatische Legende« ambivalent enden. Anhand der gegensätzlichen Positionen seiner Protagonisten, des »Ringens zwischen Gamaliel – Gesetz und Paulus – Christus«, suchte sich W. erstmals Rechenschaft über seine Zugehörigkeit zum Judentum und seine gleichzeitige Affinität zum Christentum abzulegen. »Gegen alle falschen oder feindseligen Gerüchte« erklärte er 1926 auf eine Anfrage des *Israelitischen Wochenblatts*: »Ich bin nicht getauft! Ich werde mich niemals taufen lassen! Ich habe niemals vom Judentum fortgestrebt, ich bin im Fühlen und Denken bewußter Jude!«

Unter dem Eindruck der Verfolgung und Entrechtung der Juden in Hitler-Deutschland schrieb W. das Bibelspiel *Der Weg der Verheißung* (1935), das »unter einer zeitlosen Gemeinde Israel in einer zeitlosen Nacht der Verfolgung« spielt. Die Rahmenhandlung findet in einer Synagoge statt, in der sich eine jüdische Gemeinde auf der Flucht vor einem Pogrom versammelt hat und die Liturgie des Tischa be-aw, des Trauertags zur Erinnerung an die Zerstörung des Tempels von Jerusalem, begeht. Diese Erinnerung aktualisiert sich in Form der gegenwärtigen Bedrohung durch Pogrom und Vertreibung. Unter der Anleitung eines Rabbis werden in dem Mysteriendrama die wichtigsten Stationen der biblischen Geschichte rekapituliert. In diesem Akt der Erinnerung finden die verfolgten Juden – entsprechend Bubers Definition des Judentums als »Erinnerungsgemeinschaft« – ihr Zusammengehörigkeitsgefühl und das Vertrauen in ihre jüdische Identität wieder, dem Gebot des Rabbis folgend: »Wir wollen uns erinnern [...] Ich will mit euch noch einmal den Weg gehen, den unsre Seelen, Israels Seelen, gegangen sind von Anfang der Zeiten bis hierher [...] Und der alte Weg soll uns kräftigen für den neuen Weg, der morgen beginnt«. Die biblische Geschichte dient somit als Medium der Identitätsstiftung für die von der nationalsozialistischen Rassenpolitik bedrohten Juden.

Die Geschichte von der Eroberung Jerusalems durch Nebukadnezar und der Vertreibung des Volkes Israel in das babylonische Exil diente W. noch ein weiteres Mal als Spiegel der Gegenwart, im Roman *Höret die Stimme* (1936/37). Unausgesprochen wird Nebukadnezar mit Hitler und der scheiternde Prophet Jirmijah (Jeremias) mit dem ohnmächtig vor der politischen Entwicklung warnenden Intellektuellen der Gegenwart verglichen. Mit der Arbeit am Jeremias-Roman suchte W. einen neuen Zugang zur Überlieferung des Judentums, als dessen Zentrum er die universale, Immanenz und Transzendenz in sich begreifende Verkündigung des Gottesnamens interpretierte. Angesichts des zerstörten Tempels vernimmt Jirmijah die Antwort Gottes in Form einer Verkündigung der Ewigkeit des zu Leid und Gotteszeugenschaft auserwählten Volkes Israel: »Blick nicht umher in diesem Grauen! Blick auf das Zeichen, das ich inmitten dieses Grauens dir heute sende: Damit du lebest! Damit du mein seist, damit ich dein sei, hast du gelitten. Euer Sieg wächst von Niederlage zu Niederlage.« Auch der historische Roman *Die vierzig Tage des Musa Dagh* (1932/33), eine unter Anwendung der Mose-Typologie verfaßte Anklage gegen den Völkermord an den Armeniern im Ersten Weltkrieg, läßt sich u.a. als eine Warnung vor der Judenverfolgung in Hitler-Deutschland lesen. Der Roman wurde 1934 in Deutschland verboten – und W. selbst sprach von einer »symbolischen Aktualität« seines Buches.

1938 erstellte er im *Neuen Tage-Buch* eine Liste über den Beitrag jüdischer »Gotteskünder«, Gelehrter und Künstler zur Weltkultur: *Das Geschenk Israels an die Menschheit.* Mit dem Schicksal der von Antisemitismus und Nationalsozialismus verfolgten Juden befaßte sich W. u.a. im Romanfragment *Cella oder die Überwinder* (1938/39), der Erzählung *Eine blaßblaue Frauenschrift* (1940) und der »Komödie einer Tragödie« *Jacobowsky und der Oberst* (1943). Charakteristisch für W.s Zerrissenheit zwischen Judentum und Christentum ist jedoch, daß solche Bekenntnisse zum Judentum wiederum von »christlichen« Werken gefolgt wurden – insbesondere den im französischen und amerikanischen Exil entstandenen Romanen *Der veruntreute Himmel* (1939) und *Das Lied von Bernadette* (1941; verfaßt aufgrund eines Gelübdes von W. im August 1940 im Wallfahrtsort Lourdes vor der waghalsigen, gemeinsam mit seiner Frau sowie Heinrich, Nelly und Golo Mann angetretenen Flucht über die Pyrenäen).

In seinen letzten, im Exil in Los Angeles verbrachten Lebensjahren (1940–45) arbeitete W., von mehreren Herzanfällen geschwächt, an dem unvollendet gebliebenen Aphorismenbuch *Theologumena* zu religiösen Themen. In diesen Aufzeichnungen nahm er erneut zur Frage des Verhältnisses von Judentum und Christentum Stellung. An *Paulus unter den Juden* anschließend deutete er Jesus als Glaubenszeugen des Volkes Israel: »Einzig in Israels Seele war die Erkenntnis dieses Gottes präformiert, von Abraham bis Jesus.« Diese theologische Konzeption liegt auch seinem letzten Werk, dem nach dem Vorbild der *Divina Commedia* Dantes konzipierten utopischen »Reiseroman« *Stern der Ungeborenen* (1945) zugrunde; nach W.s Ansicht sind »Israel« und die (katholische) »Kirche« aufeinander angewiesen. Der Konversion verweigerte er sich bis zuletzt, da er darin eine Flucht aus dem »Gottesvolk« sah, »das sich herangelitten hat von Abrahams Verfolgung in Ägypten bis zur Ghettoschlacht in Warschau des Jahres 1943, ewig hingemordet um seines Gottes willen«.

Werke: Gesammelte Werke, hg. A.D. Klarmann, Frankfurt a.M. u.a. 1948ff.; Zwischen oben und unten. Prosa – Tagebücher – Aphorismen – Literarische Nachträge, hg. A.D. Klarmann, München u.a. ^{2}1980; Das F.W. Buch, hg. P.St. Jungk, Frankfurt a.M. 1986; Gesammelte Werke in Einzelbänden, hg. K. Beck, Frankfurt a.M. 1989ff.

Literatur: P.St. Jungk, F.W., Frankfurt a.M. 1987; A.A. Wallas, F.W. – Kulturkritik und Mythos 1918/19. Zur Phantasie Spielhof, in: Jahrbuch des Wiener Goethe-Vereins 94 (1990), 75–137; N. Abels, F.W., Reinbek bei Hamburg 1990; D.K. Heizer, Jewish-German Identity in the Orientalist Literature of Else Lasker-Schüler, Friedrich Wolf, and F.W., Columbia 1996.

Armin A. Wallas

Wolf, Friedrich
Geb. 23. 12. 1888 in Neuwied; gest. 5. 10. 1953 in Lehnitz bei Oranienburg

In den 80er Jahren des vergangenen Jahrhunderts geboren, gehörte der Arzt und Dramatiker W. zu jenen exponierten Vertretern bürgerlicher Intellektueller, die sich seit Mitte der 20er Jahre immer entschiedener dem Marxismus zuwandten. Enttäuscht von der wirtschaftlichen und sozialen Realität der Weimarer Republik und alarmiert vom schleichenden Extremismus, der den gesellschaftlichen Konsens zusehends untergrub, sah W. einen Ausweg nur im Umsturz der politischen Verhältnisse.

Mit seiner Generation teilte W. das Fronterlebnis des Ersten Weltkrieges; traumatische Erfahrungen an der Westfront wie die Schlacht um Langemarck, bei der W. zu den wenigen Überlebenden zählte, ließen ihn zu einem entschiedenen Kriegsgegner werden. Erste dichterische Arbeiten entstanden in dieser Zeit. Noch im Felde verweigerte W. 1918 den Kriegsdienst. Fast gleichzeitig engagierte sich W. in der USPD, für die er 1918 Gemeinderatsmitglied in Lehnitz wird. Obwohl sein soziales Engagement auf diese Weise in konkretes politisches Handeln mündete, verband W. sein künstlerisches Schaffen zunächst nicht mit seinem politischen Engagement. Sein Drama *Du bist Du* war 1919 mit großem Erfolg in Dresden uraufgeführt geworden. Am dortigen Staatstheater hatten bald nach Kriegsende junge expressionistische Autoren dank Berthold Viertel ein Forum gefunden. Dieses Stück, wie auch W.s übrige dramatische Werke der Nachkriegsjahre, kreiste um den expressionistischen Topos vom neuen Menschen als Schöpfer einer neuen Gesellschaft. Auch seine Veröffentlichungen aus diesen Jahren zur Gymnastik oder zur Naturheilkunde stehen in diesem Zusammenhang.

Da W. Abgeordneter der USPD war, geriet er zusehends in das Fadenkreuz rechter Hetzpropaganda. Vollends zum Feindbild wurde W. im folgenden Jahr, nachdem er im Kampf gegen die Freikorps als ›roter General‹ eine entscheidende Rolle im Ruhrgebiet gespielt hatte. Den offenen Antisemitismus dieser Angriffe interpretierte W. jedoch als eine Form der »Linksphrase gegen den Kapitalismus«, bei der die diffamierende Darstellung der Juden nur als Vehikel zur Kapitalismuskritik diene. Diese Auffassung bestimmte W.s Verhältnis zum Judentum, das er nur als historische Größe gelten ließ, obwohl er sich selbst als Jude begriff. Die sozialistisch geprägten Ansätze der Kibbuzbewegung und der Chaluzzim verfolgte er mit Interesse, doch war er kein Zionist, da der Zionismus sich in seinen Augen nicht mit dem allen Menschen zugute kommenden Kommunismus verbinden ließ. Den Antisemitismus wiederum erklärte W. als dialektischen Nebenwiderspruch, der wie Rassismus, Antidarwinismus, Frauenfeindlichkeit oder Faschismus nur ein weiteres typisches »Endprodukt der imperialistisch-kapitalistischen Epoche« sei. Ein Symptom dafür war ihm der wirtschaftliche und künstlerische Niedergang des deutschen Theaters. In der Art und Weise, wie allabendlich unter dem Beifall eines bürgerlichen Publikums antidemokratische Ideen widerspruchslos beklatscht wurden, erkannte W. die Zerrüttung der bürgerlichen Klasse, der Trägerin des kapitalistischen Systems. Die ästhetische Verbrämung politischer Absichten wie bei Hanns Johst war auch anderen Autoren nicht entgangen. Herbert Ihering sprach offen vom »Theater der Reaktion« und Theodor W. Adorno sah gerade in der kommerziellen Ausschlachtung der Kultur bei gleichzeitiger Trivialisierung der Sujets eine Form des Kulturfaschismus. Der Dichter, so W., hat in diesen Kämpfen eine hohe moralische und sittliche Verantwortung. In dieser Hinsicht war W. ein ganz in bürgerlicher Bildungstradition stehender

Moralist und Aufklärer; er glaubte an das Gute im Menschen, wie Lion Feuchtwanger es ausdrückte: »Es geht eine große Liebe durch alles, was Friedrich Wolf geschaffen hat.«

Mitte der 20er Jahre wandte sich W. beinahe folgerichtig von seinen im individuellen Empfinden aufgehenden Figuren ab und dem Zeitdrama zu. In dem 1926 geschriebenen Artikel *Der Dichter und das Zeitgewissen* stellt W. den Dichter neben biblische Propheten, antike Philosophen und Religionsstifter, die in vorderster Front des Klassenkampfes stehen. Kam hier der Begriff des Klassenkampfes noch als Metapher vor, so nimmt er in W.s berühmtem Aufruf *Die Kunst als Waffe – Eine Feststellung* von 1928 eine zentrale Rolle ein. Der Dichter als persongewordenes Zeitgewissen kämpft, ganz im Sinne von Marx, gegen soziales Unrecht. Beispielhaft sieht dies W. etwa bei Emile Zola in der Dreyfus-Affäre realisiert. Doch trat nun, 1928, »der Dichter als Trommler neben der Fahne« in Erscheinung, der im wörtlichen Sinne neben der roten Fahne des Kommunismus seht. Der Dichter kann seiner Verantwortung nur gerecht werden, wenn er sein Werk an den Erfordernissen des politischen Kampfes, »dem Geist der Arbeiterbewegung«, orientiert. Ein solches Werk war sein Schauspiel *Cyankali*, eine Anklage gegen den Paragraphen 218, das 1929 mit großem Erfolg im Lessingtheater uraufgeführt wurde. Ebenfalls an der Tagesaktualität orientiert war *Tai Yang erwacht* (1931), das vor dem aktuellen Hintergrund des Kantoneser Aufstandes spielt und beispielhaft vom Publikum auf deutsche Verhältnisse übertragen werden sollte.

Anzeichen einer neuen sozialen, proletarischen Ordnung sah W. trotz aller Kritik gerade auch im Theater – bei Erwin Piscator sowie bei den zahlreichen »Agitpropgruppen« und proletarischen Spieltrupps. W. selbst hatte in Stuttgart, wo er nach zahlreichen Umzügen und einer Zeit der Arbeitslosigkeit während der 20er Jahre seit 1926 praktizierte, zusammen mit seiner Frau den *Spieltrupp Süd-West* gegründet. Für W. gab es eine »Kulturgeschichte des Agitproptheaters«, dessen Entwicklungslinie sich von altindischen Tempelspielen, dem Deboralied und den Dionysosspielen, über die Fastnachtspiele des Mittelalters, die Volksstücke der Reformationszeit, die Puppenspiele bis hin zu den Agitproptheatern in den Betrieben der Stahlindustrie während der 20er Jahre ziehen läßt.

Seinen größten Erfolg hatte W. mit dem Drama *Professor Mamlock*. Noch bevor das Stück Ende 1934 am renommiertesten Theater des deutschsprachigen Exils, dem Züricher Schauspielhaus, seine Erstaufführung erlebte, fand unter dem Titel *Der gelbe Fleck. Dr. Mamlocks Ausweg* seine Uraufführung im Januar 1934 am Warschauer Kaminski-Theater in jiddischer Sprache statt. Im Sommer des gleichen Jahres realisierte die Habimah eine hebräische Fassung in Tel Aviv. Während das Stück wegen der jüdischen Thematik vor allem als Anklage gegen den Antisemitismus rezipiert wurde, stand für W. ein anderer Aspekt im Zentrum. »Das Stück behandelt im Vordergrund die Tragödie der westlichen Demokratie, im Untergrund aber die beginnende heroische illegale Arbeit der KPD.« Die Titelfigur Mamlock erscheint als typischer Vertreter des Bürgertums (»Ein Mamlock – 12 Millionen Mamlocks!«), das angesichts der politischen Realität versagt hat. Mamlock ist Jude, weil sich die Juden am ausdrücklichsten mit dem Bürgertum identifiziert haben und aus dieser Perspektive heraus ein jüdischer Vertreter des Bürgertums gerade auch der typischste Vertreter des deutschen Bürgertums ist. Zwar stirbt Mamlock am Ende und steht damit für das Scheitern der bürgerlichen Klasse, doch anstelle des Vaters nimmt nun sein Sohn im Untergrund den Kampf für die KPD auf. Daß

W. nicht die Proletarier sondern die Bürger zum Kampf aufrief, hing mit einer Frage zusammen, die W. während des gesamten Exils beschäftigte: Warum war es den sozialistischen Spieltrupps nicht gelungen, die Katastrophe zu verhindern? In Deutschland fand die Erstaufführung des Stückes erst am 19.1.46 im Berliner Hebbel-Theater statt.

Nach Jahren des Exils in Frankreich, USA und der Sowjetunion kehrte W. nach Kriegsende nach Berlin zurück, wo er sich neben Anna Seghers und Johannes R. Becher im Freien Deutschen Kulturbund engagierte. 1953 starb W. hochgeehrt in Lehnitz bei Dresden, im Westen dagegen blieb er vielen wegen seines kommunistischen Engagements suspekt, und die Berühmtheit seiner beiden Söhne Marcus (als Chef des DDR-Geheimdienstes) und Konrad (als Regisseur) ließen den Vater zumindest im Westen bald in Vergessenheit geraten.

Werke: Ausgewählte Werke in Einzeldarstellungen, 14 Bde. Berlin 1952–60.

Literatur: H. Müller, Der jüdische Arzt und Kommunist Dr. F. W. – Dokumente des Terrors und der Verfolgung 1931–1944, Neuwied 1988.

Heidelore Riss

Wolfenstein, Alfred

Geb. 28. 12. 1883 in Halle;
gest. 22. 1. 1945 in Paris

Die Frage, worin die Besonderheit des hohen Anteils jüdischer Schriftsteller an der Moderne, insbesondere am Expressionismus begründet war, veranlaßte W. 1922 zu seinem bahnbrechenden Essay *Jüdisches Wesen und neue Dichtung*. In dieser Studie arbeitet er Elemente des »Jüdischen« – genauer gesagt: Elemente der jüdischen Diaspora-Erfahrung – anhand der expressionistischen Literatur heraus. Neben eigenen literarischen Texten zitiert er u.a. A. Ehrenstein, K. Hiller, E. Lasker-Schüler, A. Lichtenstein, L. Rubiner und F. Werfel. Den Dichter faßt W. ebenso wie den Juden als Paradigma des metaphysisch Ortlosen und des existentiell Verbannten auf. Er betont jedoch, daß aus der »Vergleichbarkeit des jüdischen mit dem dichterischen Schicksal« nicht zu folgern sei, »als stelle der Jude geradezu den Dichter dar, vielmehr dies gefährdet ihn. Durch die Nähe seiner Wirklichkeit zu seinem Dichtertum kann beides unsicher werden, sich kreuzen, ineinander übergehn.« W., der selbst an den wichtigsten expressionistischen Zeitschriften mitgearbeitet hat, mißtraut dem Begriff »Expressionismus« und spricht stattdessen von einer »geistigen Umwandlung«, um den Krisencharakter zu präzisieren. Aus dem Diaspora-Schicksal, »den Boden unter den Füßen nie so sicher wie die andern zu besitzen«, leitet er das von Dynamik und Unruhe geprägte »spirituell schwebende Wesen des Juden« ab, woraus sich für ihn erklärt, daß jüdische Intellektuelle besonders sensibilisiert für die krisenhaften Veränderungen des frühen 20. Jahrhunderts seien: »in der Gegenwart trägt keiner die Zeichen des Übergangs so sichtbar wie der Jude. Krieg und Revolution, die geschwisterliche Katastrophe, hat all seine Problematik aufgewühlt. Vielleicht begann die Diaspora, wie nach der Zerstörung Jerusalems und nach dem Fall des Ghettos, von neuem jetzt.« Charakteristisch für W.s Verständnis jüdischer Identität ist es, daß er sich offensiv zur revolutionären, festgefahrene Ordnungen in Frage stellenden Funktion der jüdischen Diaspora – abseits jeglicher Assimilationswünsche – bekennt. Dementsprechend engagierte er sich in den Umbruchjahren nach dem Ersten Weltkrieg für die Revolution, u.a. durch die Herausgabe des aktivistischen Jahrbuchs *Die Erhebung* (1919/20). Wie er sich in einer autobiographischen Notiz für die expressionistische Lyrikanthologie *Menschheitsdämmerung* (1920) erinnert, erlebte er in München, wo er 1916–24 tätig war, »die Geistglut unbekannter Arbeiter und [...] den zur Ewigkeit fortleuchtenden, fortkeimenden Kampf [...], wo aus Versammlungen der Scheinrevolution wirkliche Stimmen, Stimmen aus dem Unbekannten laut wurden und gegen verfolgende Dummheit – Brüderlichkeit, diese Tagesphrase, einmal rührend sich verwirklichte [...].«

W., der von 1916–30 mit der expressionistischen Schriftstellerin Henriette Hardenberg verheiratet war, beschreibt in seiner Lyrik – u. a. in den Bänden *Die gottlosen Jahre* (1914), *Die Freundschaft* (1917), *Menschlicher Kämpfer* (1919) und *Bewegungen* (1928) – vornehmlich die Nöte, Ängste und Sehnsüchte des intellektuellen Großstadtmenschen. Mit Stilelementen des Expressionismus, beispielsweise dämonisierenden Metaphern, ohne jedoch die Tendenz zur Formzertrümmerung nachzuvollziehen, nimmt er die Stadt als Ensemble unzusammenhängender Fragmente wahr, die das Subjekt als Bedrohung empfindet und aus deren Beobachtung es die Erkenntnis existentieller Einsamkeit ableitet. Der Analyse entfremdeter Lebenswirklichkeiten steht die – zumindest imaginäre – Erlösungshoffnung entgegen. Im Wunsch nach »Begegnung« – das dialogische Glaubensverhältnis der jüdischen Religiosität assoziierend – sucht das lyrische Ich der Einsamkeit zu entfliehen und Zugang zur »Gemeinschaft«, d. h. zum Kollektiv der Leidenden zu finden. W.s Revolutionsengagement könnte als säkularisierte Form messianischer Hoffnung interpretiert werden. Der Aufstand gegen die bürgerliche, von Ausbeutung, sozialer Not und Wertzerfall beherrschte Gesellschaft stellt sich ihm als der »gute Kampf« dar, von dem er sich die Begründung einer neuen, auf Solidarität beruhenden »Gemeinschaft« erhofft. W.s Revolutionsutopie steigert sich zur visionären Schau von »Geistherzen, die zu Freundesstädten schwellen!« (*Neue Stadt*, 1916)

Konkreter als in der Lyrik thematisiert W. in seinen Dramen und Erzählungen die »neue Gemeinschaft« unter dem Aspekt des Zwiespalts von Individuum und Masse. Im Drama *Symphonie von eines Mannes Tod* (1920) reflektiert er über das Dilemma des Revolutionsführers, der unter seiner Distanz zur Masse ebenso leidet wie am Mißlingen der revolutionären Erhebung – dies auch angesichts der von ihm miterlebten Niederschlagung der Münchener Räterepublik, eine traumatisierende Erfahrung, die bei W. eine Schaffenskrise auslöste. Differenzierter analysiert er den Konflikt zwischen revolutionärer Politik und utopischem Denken im Drama *Der Narr der Insel* (1925), indem er darauf hinweist, daß die gesellschaftliche Umwandlung nur dann gelingen könne, wenn sie von einer Erneuerung des Einzelmenschen, beruhend auf einer »neuen Einheit von Leben und Kunst«, ihren Ausgang nehme – so auch im Essay *Der menschliche Kämpfer* (1919). Der Literatur weist W. die Aufgabe zu, ethische Wertsetzung mit politischem Engagement in Einklang zu bringen. Leitmotivisch wird sein Werk von Kerkerszenerien geprägt, verbunden mit der Darstellung der Gewissensqualen und Ängste der zum Tod Verurteilten, als Anlaß zur Reflexion über den Zusammenhang zwischen »Opfer« und »Erlösung«, aber auch als Plädoyer zur Abschaffung der Todesstrafe, besonders im Drama *Die Nacht vor dem Beil* (1929). Vor allem in den Erzählungen thematisiert W. auch die Identitätskonflikte des modernen Menschen; jüdische Fragen hingegen werden in seinen literarischen Texten nur selten explizit thematisiert.

Seit 1924 in Berlin ansässig, analysierte und kommentierte W. die Krise der Weimarer Republik und die Radikalisierung der antisemitischen Agitation. Nach der Machtergreifung Hitlers emigrierte er in die Tschechoslowakei, wo sein letztes zu Lebzeiten erschienenes Buch, der Erzählband *Die gefährlichen Engel* (1936), erschienen ist. 1938 flüchtete er nach Paris, und es gelang ihm, unter ständiger Todesgefahr die deutsche Besetzung Frankreichs zu überleben. Trotz der psychischen und physischen Belastung – 1940 befand er sich für mehrere Monate in Gestapo-Haft – arbeitete er an seinen literarischen Projekten. Wenige Monate nach der Befreiung beging er – von schweren Depressionen gepeinigt – in einem Pariser Krankenhaus Selbstmord.

Während der Emigrationsjahre in der Tschechoslowakei und in Frankreich verfaßte er den fragmentarischen Roman *Frank* (postum 1984), ein Panorama der intellektuellen und politischen Auseinandersetzungen im Exil. Die Hauptfigur, der Dichter Abel Spann, trägt autobiographische Züge, wobei W. sein fiktionales alter ego zwar ausführlich über Fragen des Judentums reflektieren läßt, ihm jedoch eine nichtjüdische Herkunft zuschreibt. Anhand dieser Figur setzt sich W. selbstkritisch mit den Chancen und dem Dilemma des literarisch-künstlerischen Widerstands gegen Macht und Totalitarismus auseinander. Vor dem Hintergrund der Ereignisse nach der Machtergreifung Hitlers, an den Schauplätzen Berlin und Prag, schildert der Roman den Generationenkonflikt zwischen Abel Spann, der an liberaldemokratischen, individualistischen Überzeugungen festhält, und seinem Sohn Frank, der es als Aufgabe der Jugend betrachtet, im Kollektiv Widerstand gegen den Nationalsozialismus zu leisten. Für Abel Spann bedeutet die Emigration eine Facette des existentiellen Exils, dem er sich gerade als Dichter ausgesetzt sieht. Als Aufgabe der Dichter – der »Seher der ewigen Freiheit« – betrachtet er es, kritisches Gewissen zu sein, indem sie darüber wachen, »daß die Kunst nicht in der Politik untergeht. [...] Sie wachen, daß kein Volk in den Staatsgrenzen, seien es auch die Grenzen eines Weltstaats, aufgeht. Die Kunst ist das Gewissen der Politik.« Angesichts der Ohnmacht des Intellektuellen wird W. jedoch zu einer Selbstbefragung dieses Kunstverständnisses herausgefordert: »In deiner Kunst wolltest du nicht weniger als Religion und Revolution, beide großen Elemente des Menschen, miteinander vereinen, unmäßig viel [...]! Aber Religion ist voller Vergangenheit, Revolution voller Gegenwart, du mußt beides lieben, immer doppelt lieben, also gar nicht.« Damit zieht W. eine desillusionierte Bilanz seines literarischen und politischen Engagements. Abschließend nimmt er auch zur Frage seines Judeseins Stellung. Im Gespräch mit einem jungen Zionisten formuliert Abel Spann eine Interpretation des Judentums, die Gedanken aus W.s Essays *Jüdisches Wesen und neue Dichtung* (1922), *Von der Dichtung des Juden* (1934) oder *Vom deutschjüdischen Dichter der Gegenwart* (1934) aufnimmt. Er bekennt sich zur Ungebundenheit der Diaspora und distanziert sich sowohl von der Assimilation, als auch vom Zionismus: »Und denken wir nicht doch im Innersten, die Heimatlosigkeit des Juden sei nicht nur sein Schicksal sondern zugleich sein kostbarstes und fruchtbarstes Element? Und wenn er, wie der Dichter, ewig und überall in einer Verbannung lebt, so entstehe und wirke aus solchem geheimnisvollen Abstand, aus solcher Spannung doch alles, was sein Geist zu geben hat?« Die Arbeit an dem Exilroman *Frank*, den er auf der Flucht und in Verstecken verfaßt hat, bedeutete für W. die Selbstbefragung seiner Ideale und den Versuch, die revolutionäre Kraft der »Geistpolitik«, wie er sie in den Jahren des Ersten Weltkriegs formuliert hatte, auch angesichts der gewandelten Zeitverhältnisse zu bewahren. Der Dichter bzw. Intellektuelle verkörpert – wie W. sein literarisches Sprachrohr Abel Spann verkünden läßt – den Träger des geistigen Widerstands, der als Erzieher gegen »Verrohung, Verarmung, Vergleichgiltigung der Welt« kämpft. Auch hier wird deutlich, daß W.s Werk – vom Expressionismus bis zum Exil – von der Frage nach der Funktion von Kunst und Literatur als Mittel einer nicht bloß ästhetischen, sondern vor allem auch ethischen Erneuerung der Gesellschaft durchzogen ist.

Werke: Werke, hg. H. Haarmann u. a., 5 Bde., Mainz 1982ff.

Literatur: P. Fischer, A. W. – der Expressionismus und die verendende Kunst, München 1968; G. Holtz, Die lyrische Dichtung A. W.s, Berlin 1972; W. Huder, Über den Exilanten A. W. und dessen Produktion vor und nach 1933, in: Fascismo ed esilio, hg. M. Sechi, Pisa 1988, 141–158; A. A. Wallas, A. W., in: IASL 21 (1996), 162–175.

Armin A. Wallas

Wolfskehl, Karl

Geb. 17. 9. 1869 in Darmstadt; gest. 30. 6. 1948 in Auckland (Neuseeland)

»Römisch, jüdisch, deutsch zugleich«, so hat W. sich selbst charakterisiert, und zu diesen drei Quellen kehren seine Gedichte und Essays, seine Briefe und Übersetzungen immer wieder zurück: das lateinische Erbe seiner Familie, die jahrhundertelang an Rhein und Main seßhaft war; die Quellen jüdischer Überlieferung, die W. aufnimmt; und das »Deutschtum«, das im Kreis um Stefan George als Idee propagiert und als Dichtung Gestalt annimmt. *Deutsche Dichtung* heißt die dreibändige Anthologie, die W. 1903 zusammen mit Stefan George herausgibt.

W.s Verhältnis zum Judentum ist zunächst ein ganz enthistorisiertes: »Das Judentum ist ganz Historie und ganz Metaphysik, es ist beides schlechthin: ganz Wirklichkeit und ganz Idee. Dies Volk hat als Volksganzes das Unzeitliche, das vom zeitlichen Zustand wesenhaft verschiedene Moment der Währung, als Zeitlichkeit innerhalb des Hier, raumhaft ausgedrückt, es ist immer dagewesen und lebte immer woanders«, heißt es in *Das jüdische Geheimnis*, einem Aufsatz, der 1913 in dem berühmten Band der Bar Kochba *Vom Judentum* in Prag und Leipzig erschien. Vermutlich hatte Martin Buber W. um einen Beitrag gebeten. Das enthistorisierte Moment in W.s Deutung des Judentums zeigt sich auch in seiner Dichtung, die wie das Gedicht *Am Seder zu sagen* zyklische Motive aufgreift. Es endet mit der Strophe: »Immer wieder, nun und immer wieder/ Samml' Ich meines Volks verworfne Glieder/ Zu der Zeltnacht Meiner Passahstunde,/ Schlag' und schone, treu dem ewigen Bunde,/ Ziehe immer wieder, wieder immer/ Vor euch, tags Gewölk und nächtens Schimmer;/ Nächtens Schimmer!« Dieses Moment gibt neben Motiven auch Themen vor: das Geheimnis der Überlieferung oder *Die Juden und das Buch* von 1936.

1868 in Darmstadt geboren, wuchs W. in die stolze Selbstbehauptung des jüdischen Bürgertums im Kaiserreich hinein. Um die Jahrhundertwende lebte er in Schwabing und arbeitete in der Weimarer Republik als Journalist. 1933 emigrierte er nach Italien, von dort nach Neuseeland. Sein Grab liegt im jüdischen Teil des Aucklander Waikomete-Friedhofs; auf der Granitplatte steht in lateinischen und hebräischen Buchstaben »Exul Poeta«. In dem Gedicht *Feigenbaum* – über einen Baum in seinem Garten – erinnert W. an sein Exil: »Darbst nicht allein, wir beide sind gestrandet./ Leben, gedeihn wir? Gelt, wir spürens kaum!/ Wer in der Heimat kargstem Karst versandet/ Zog bessres Los. Ists nicht so, Feigenbaum?«

1946 schreibt W. in einem Brief aus Neuseeland nach Amerika: »alles, was ich seit dem Abschied von Europa schuf, lebt und ersteht unter dem Bilde ›Hiob‹.« Im neuseeländischen Exil entstand in den Jahren zuvor der Zyklus *Hiob oder Die vier Spiegel*, in dem W. die historische Erfahrung des jüdischen Volkes in der Gestalt Hiobs spiegelt und damit sein enthistorisiertes Verhältnis zum Judentum aufhebt: »Wüßtet ihr was ich weiß/ Euer Lachen klänge leis,/ Leis wie vertrocknetes Weinen/ über Grabsteinen,/ Wo die Schrift verblich [...]« beginnt »Der dritte Spiegel« dieses Zyklus. *An die Deutschen* heißt ein langes Gedicht, das W. 1934 in Rom zu verfassen begann: »Euer Wandel war der meine / Eins mit euch auf Hieb und Stich. / Unverbrüchlich was uns eine, / Eins das Grosse, eins das Kleine: / Ich war Deutsch und ich war Ich. [...]« Ein Jahr später fügte der Dichter den *Abgesang* hinzu. Er beginnt mit der Zeile »Dein Weg ist nicht mehr der meine« und endet: »Wo du bist, ist Deutscher Geist!« Bekräftigung und Apologie des Deutschtums gehen mit Distanz und Absage einher, die der Autor zunehmend mehr einnimmt. W. erweist sich auch darin als der bedeutendste Repräsentant der jüdischen George-Rezeption, die eine Symbiose von Deutschtum und Judentum anstrebte. Stefan George hat nachhaltig Juden beeinflußt und geprägt. Seine Gedichte fanden bei ihnen einen Resonanzraum wie bei niemandem sonst. Zur engsten Umgebung des Dichters gehörten, neben W., Friedrich Gundolf, Richard Perls, Georg Simmel, Georg Bondi; zum weiteren Kreis zählen Ludwig Strauß, Ernst Kantorowicz, Werner Kraft, auch Walter Benjamin und auf besondere Weise Rudolf Borchardt. Die jüdische George-Rezeption im ersten Drittel dieses Jahrhunderts läßt sich nicht wirklich von der deutschen trennen; um so weniger, als darin deutsche Juden ihr »Deutschtum« suchten und fanden. Georges Lyrik schuf ein Bild von Juden, das ihnen erlaubte, etwas zu sein, was ihnen die Wirklichkeit verwehrte: Deutsche und Juden. George schuf einen Mythos von einer deutsch-jüdischen Wahlverwandtschaft, einer inneren Ähnlichkeit von Deutschen und Juden. »Verkannte Brüder« hat George sie im *Stern des Bundes* genannt: »Verkannte Brüder suchend euch und hassend/ Ihr immer schweifend und drum nie erfüllt!«

Das Scheitern dieses Mythos der Symbiose hat W. erkannt und ausgesprochen. Sein *Hiob*-Zyklus und das Gedicht *An die Deutschen* gehören zusammen. Auch in seinen Briefen hat W. ein bedeutendes epistolarisches Zeugnis der deutsch-jüdischen Geschichte im 20. Jahrhundert hinterlassen.

Werke: Gesammelte Werke, hg. M. Ruben u.a., 2 Bde., Hamburg 1960; »Du bist allein, entrückt, gemieden ...«. K. W.s Briefwechsel aus Neuseeland 1938–1948, hg. C. Blasberg, Darmstadt 1988; Gedichte – Essays – Briefe, hg. C. Blasberg u.a., Frankfurt a.M. 1999.

Literatur: F.B. Stern, K. W.s Stellung zum Judentum, in: Bulletin des Leo-Baeck-Instituts 5 (1962), 13ff.; K. W. 1869–1969. Leben und Werk in Dokumenten, hg. M. Schlösser, Darmstadt 1970; G.E. Grimm, K. W. Die Hiobs-Dichtung, Bonn 1972; K. W.-Kolloquium, hg. P. Klussmann, Amsterdam 1983; C. Blasberg, Nachwort, in: K. W., Gedichte – Essays – Briefe, hg. C. Blasberg u.a., Frankfurt a.M. 1999.

Thomas Sparr

Zweig, Arnold

Geb. 10. 11. 1887 in Glogau (Schlesien); gest. 26. 11. 1968 in Ostberlin

Als Z. im Dezember 1933, von Frankreich her kommend, zu seiner Familie nach Palästina stieß, hatte er bereits sein erstes größeres Exilwerk verfaßt. Es war ein Essay, um dessen willen er die Arbeit an seinem Romanzyklus über den Ersten Weltkrieg für einige Zeit zurückgestellt hatte, um auf die aktuellen Geschehnisse in Deutschland zu reagieren. Die *Bilanz der deutschen Judenheit*, so der Titel des Essays, erschien 1934 und suchte der Umwelt noch einmal vor Augen zu halten, was mit der Machtergreifung des NS-Regimes zerstört worden war. Dabei ging es Z. nicht nur darum, die psychologischen Abläufe der Diskriminierung festzuhalten (wie er es ausführlicher schon im Essay *Caliban oder Politik und Leidenschaft* von 1926 getan hatte) und den Kollaps der Weimarer Republik nachzuzeichnen, sondern in erster Linie sollte der Beitrag des Judentums in allen Bereichen von Wirtschaft, Wissenschaft und Kultur Deutschlands noch einmal gewürdigt werden.

Über sich selbst schreibt Z. in der *Bilanz*, er habe in zahlreichen Publikationen versucht, »seine Haltung als bewußter Jude und Zionist, europäischer Geistiger und deutscher Dichter klar zu legen und zu vereinheitlichen«. Dieses Bewußtsein, Verkörperer einer nicht nur deutsch-, sondern europäisch-jüdischen Symbiose zu sein, mußte Z.s Integration in Palästina empfindlich stören. War er als Jude aus Deutschland vertrieben worden, so regte sich hier der Widerstand seines eigenen europäisch orientierten Intellekts gegen die Bemühungen des Jischuw (jüdische Bevölkerung Palästinas), ein jüdisches Nationalbewußtsein herauszubilden. Z., der Deutschland als Autor von Weltruf verlassen hatte, fand sich in seiner »neuen Heimat« in Haifa in jeder Hinsicht an der Peripherie der Gesellschaft wieder: Der kleine Literaturbetrieb wie das Alltagsleben des Jischuw waren radikal auf das Hebräische ausgerichtet, Z.s ökonomische Situation litt unter mangelnden Publikationsmöglichkeiten, und gerade in Haifa fand er wenige adäquate Gesprächspartner. Vor allem aber schildert Z. »die Situation Palästinas aus der Außenperspektive des Exilierten« und »transferiert sein Interpretationsschema für politische Vorgänge ohne Modifikation von Berlin nach Haifa« (Müller).

Die Ambivalenz zwischen europäischem und jüdischem Dasein, das Z. in sich zu vereinigen suchte, kommt in seinem Werk von Anfang an zum Ausdruck. Schon in den 1909 begonnenen, zwei Jahre später erschienenen *Aufzeichnungen über eine Familie Klopfer*, bemerkt der todkranke Protagonist, der mit seiner Schwester in Galiläa lebt: »In diesem Volk beginnender Asiaten sind wir die letzten Europäer. [...] Ich aber bin froh gestimmt, daß ich noch von Europas Quellen getrunken habe und niemand mich zwingen kann, dies zu vergessen.« Auch in der Erzählung *Quartettsatz von Schönberg* (1916) ändert die Hauptfigur an ihrem letzten Abend vor der Auswanderung nach Palästina bei dem aufwühlenden Erlebnis angesichts dieser europäischen Musik seine Pläne und beschließt, vorderhand nur für ein Jahr nach Palästina zu fahren und dann nach Europa zurückzukehren und über seine weitere Zukunft zu entscheiden. Mit der Lektüre der frühen Schriften Martin Bubers, den er Ende 1912 erstmals anschreibt und in dessen Zeitschrift *Der Jude* er später etliche Artikel publiziert, erhält die Ambivalenz eine auch politisch differenzierende Note, die vor allem im Artikel *Die Demokratie und die Seele des Juden* (1912) zum Ausdruck kommt.

Die Kriegsbegeisterung Z.s muß nicht als Abwendung von den zionistischen Idealen verstanden werden – insbesondere die Aussicht auf eine Besserstellung der osteuropäischen Juden hat viele deutsche und österreichische Zionisten zum Kampf gegen Rußland motiviert. Doch die Ernüchterung über die allgemeine deutsche Kriegsführung und ihre immer offener zutage tretenden politischen Hintergründe mischt sich mit der Empörung über die Diskriminierung der Juden im deutschen Heer. Auf die von antisemitischen Kreisen angeregte Judenzählung im deutschen Heer im Herbst 1916 reagiert Z. mit dem bitteren Prosastück *Judenzählung vor Verdun*, in welchem er die Gebeine der getöteten jüdischen Soldaten zum Zählappell antreten läßt. Hinzu kommt, daß auch die erhoffte Verbesserung der Zustände für die osteuropäischen Juden ausbleibt. Im Kriegsroman *Einsetzung eines Königs* (1937) bezeichnet der jüdische Wilnaer Arzt Dr. Eliaschuw einem ungläubigen deutschen Hauptmann gegenüber die deutschen »Arbeitsbataillone«, in welche tausende von Juden gebracht worden sind, als »Todeslager« und beziffert die Sterblichkeit in Wilna unter deutscher Besetzung als zehnmal so hoch wie unter russischer. Der deutsche Zivilisationsbruch von 1933 mitsamt seinem gravierenden antisemitischen Element wird hier an der Verrohung der Sitten im vorhergegangenen Eroberungskrieg festgemacht.

Hat Z. in den ersten Jahren des Ersten Weltkriegs als Armierer den Abnützungskrieg im Westen erlebt, so bringt seine Versetzung 1917 ins litauische Armeequartier Ober-Ost eine grundlegend neue Erfahrung. Er kommt erstmals mit den Juden Osteuropas in Kontakt, die er – wie viele deutsch-jüdische Intellektuelle seiner Zeit – als authentische Juden wahrnimmt. Er freundet sich mit dem ebenfalls in Ober-Ost stationierten jüdischen Maler Hermann Struck an (der später nach Haifa übersiedelt, was vielleicht mit eine Ursache von Z.s Wahl dieser Stadt als Wohnort ist) und veröffentlicht mit ihm zusammen 1920 den Band *Das ostjüdische Antlitz*. Das positive, aber stereotype Bild, das dieses Buch von den Ostjuden zeichnet, möchte einer weitverbreiteten Abneigung der deutschen Juden gegen die Ostjuden entgegenwirken und entspricht weitgehend der zionistischen Doktrin, die in Osteuropa das menschliche und spirituelle Potential eines jüdischen Aufbauwerks in Palästina sieht.

Als Romancier erlebt Z. den Durchbruch mit dem Roman *Der Streit um den Sergeanten Grischa* (1927). »Mit ihm tritt das Problem des verdrängten Krieges in die Mitte der deutschen Literatur«, hält sich Z. später zugute. Durch das Verlegen der Handlung in die Etappe, wo anhand eines Justizfalls der Zerfall von Sitte und Gesetz durch den Krieg manifest wird, gelingt Z. ein Vermeiden der Sensationshascherei durch blutige Schlachtszenen und eine Konzentration auf die eigentlichen Wurzeln des Unrechts in einer mörderischen Staatsräson einerseits und mangelndem Bewußtsein der Machbarkeitsgrenzen andererseits: Die rettende Rücknahme eines zuvor ausgesprochenen Todesurteils durch den sich in Allmachtsphantasien ergehenden Generalmajor bleibt in den vom Schneesturm heruntergerissenen Drähten hängen. Wohl nicht ganz zu Unrecht hat später Jean Améry behauptet, in der Zusammenstellung jener Personen, die für die Rettung des unschuldigen Grischa kämpfen, einem preußischen General und seinem Neffen einerseits sowie einem jüdischen Kriegsgerichtsrat und seinem ebenfalls jüdischen Untergebenen andererseits, habe sich »ein Zweigscher Traum verwirklicht: der Traum von der deutsch-jüdischen Symbiose«. Allerdings wird dieser Traum im folgenden Roman des Weltkriegszyklus, *Junge Frau von 1914* (1932) stark relativiert. Dort ist es der alte jüdische Bankier Markus Wahl, der gegenüber seinem Sohn Hugo, der Patriotismus mit finanziellem Gewinn aus dem Krieg zu verbinden hofft, die exponierte Rolle der Juden mit ihrem moralischen Auftrag verbindet: »Du hast gesagt, vor allem müsse man die eigene Industrie hochbringen und Schutzzölle machen. Ich habe gesagt, wir sind Juden, unsere Freiheiten hier stehen auf schwachen Füßen, wir müssen uns mit allen verbünden, die in der gleichen Lage sind; und wer, außer den Junkern und den Industriellen, ist nicht in unserer Lage?« Erst in seinem ersten Exilroman, *Erziehung vor Verdun* (1935), wird Z. auch offen antisemitische Offiziere im deutschen Heer darstellen. Die politische Erziehungsarbeit in Deutschland, die er ursprünglich mit den Weltkriegsromanen zu leisten hoffte, kann er damit nicht mehr leisten, aber in den

USA wird dieses Buch zu einem beachtlichen Erfolg; auch finanziell ist es Z.s letzter im Exil.

Z.s selbstgestellte Aufgabe, das Verdrängte des Krieges erneut zu thematisieren, war eng an seine Auseinandersetzung mit dem Werk Sigmund Freuds verbunden, dem er den Roman *Der Streit um den Sergeanten Grischa* auch gewidmet hatte. Mit Z.s persönlicher Sendung des Romans an Freud entstand eine Korrespondenz, die, später durch persönliche Bekanntschaft ergänzt, zur wichtigsten intellektuellen Beziehung in Z.s Leben wurde. Ab 1932 redet Z. den Briefpartner konsequent mit »Vater Freud« an und vertraut sich ihm an – in literarischen, politischen, aber auch persönlichen Angelegenheiten. Letzteren weicht Freud eher aus, aber zu Z.s Werken und auch zu seinen politischen Ansichten nimmt er wiederholt Stellung. Zudem findet er in »Meister Arnold« jenen Literaten, vor dem er sein letztes Buchprojekt, *Der Mann Moses und die monotheistische Religion*, entwickeln kann, das er zunächst als Roman plant. Der Bereich, in welchem sich persönliche, literarische und politische Fragestellungen im Briefwechsel Z.s mit Freud überschneiden, ist die Beziehung zu Palästina. Von seiner ersten Palästinareise im Frühjahr 1932 berichtet Z. Freud nach seiner Rückkehr nach Berlin beinahe begeistert. Zugleich spricht er ein Romanprojekt an, das neben dem Weltkriegsprojekt entstehen soll und gegen eine andere Verdrängungsgeschichte ankämpft. Gemeint ist der (ebenfalls 1932 veröffentlichte) Roman *De Vriendt kehrt heim*, der einen ungeklärten Jerusalemer Mordfall an einem jüdischen, antizionistischen Pädophilen aus dem orthodoxen Milieu aufgreift. Während der Mord vom zionistischen Lager mit einer Liebesaffäre zu einem arabischen Jungen in Verbindung gebracht wird, macht Z. sich im Roman die inoffiziell gängige Meinung zu eigen, daß es sich hier um einen politischen Mord eines zionistischen Attentäters handle. Wie Z. Freud gegenüber erklärte, zwang ihn die Entdeckung des wahren Sachverhalts dieses Mords, »den Dingen ohne projüdisches Vorurteil auf die Haut zu sehen, den politischen Mord des Juden am Juden genau so zu beleuchten, als wäre es sein politischer Mord in Deutschland, den Weg der Desillusion weiter zu gehen, so weit als nötig, als möglich – weiter als gut.« Obwohl das Buch, das Ende 1932 erschienen war, in Deutschland bald verboten wurde und eine hebräische Übersetzung bis lange nach Z.s Tod nicht vorlag, war er später in Palästina überzeugt davon, als Verfasser dieses Buches boykottiert zu werden. Doch Pläne, Palästina in den 30er Jahren in Richtung USA zu verlassen, kamen nicht zustande.

Obwohl Z. insbesondere in den Briefen an Freud schon seit Anfang 1934 erklärte, »keinerlei zionistische Illusionen mehr« zu haben, verteidigte er in der Öffentlichkeit noch lange Zeit seinen Entschluß, als Jude nach Palästina emigriert zu sein, und stellte rückblikkend selbst die Reise von 1932 als Erkundungsreise vor einer geplanten Einwanderung dar, was sich aus den Dokumenten zu dieser Reise allerdings keineswegs schlüssig erkennen läßt. Erst 1938, in der Artikelserie *Hitler und Antihitler*, die in der *Pariser Tageszeitung* erscheint, bezichtigt er die Zionisten nicht nur der Kollaboration mit Hitler im Rahmen des zur Rettung deutscher Juden geschlossenen Haavara-Abkommens, sondern erklärt auch, »die aufrichtigste Bewunderung unter den Juden« zollten Hitler »zionistische Gruppen«. In der Folge begibt sich Z. immer mehr in die zionismus-kritische Opposition, die einen Höhepunkt in seiner Mitherausgeberschaft bei der deutschsprachigen Haifaer Zeitschrift *Orient* 1942/43 findet. Z.s berechtigtes Gefühl, daß die deutsche Sprache im Jischuw auch dann unwillkommen war, wenn die »seelischen Zentren« der Neueinwanderer aus Deutschland und Österreich allein kraft ihrer Herkunft danach ausgerichtet waren, wurde aufs schlimmste bestätigt, als er selbst bei der Veranstaltung eines Vereins zur Unterstützung der Sowjetunion im Krieg gegen Deutschland als deutschsprachiger Redner von Extremisten, die den Saal stürmten, tätlich angegriffen wurde. Hatte Z. allerdings noch im Sommer 1942 im *Orient* geklagt, daß »keines meiner Bücher in den letzten zehn Jahren Zugang auf den hebräischen Büchermarkt« erhalten habe, so erschien ein gutes Jahr danach sein Roman *Das Beil von Wandsbek*, lange vor der Publikation des deutschen Originals oder irgend einer anderen Übersetzung, auf Hebräisch. Doch auch dieser Roman sollte grundsätzlich an der Isolation Z.s in Palästina nichts mehr ändern, zumal im Jahr seines Erscheinens in Jerusalem einer seiner nächsten Freunde in Palästina starb, der Psychoanalytiker und Freud-Schüler Max Eitingon. In jener Zeit begann Z. sich, auch unter dem Einfluß seines neuen Bekannten Louis Fürnberg, stärker dem Marxismus zuzuwenden, wobei er – wohl auch seiner schlechten Augen wegen – über eine rudimentäre theoretische Beschäftigung mit dessen Lehren nie hinauskam.

Ob Z. im Juli 1948, zwei Monate nach der Ausrufung des Staates Israel, bei seinem Wegflug nach Prag bereits das endgültige Verlassen des Landes plante, ist strittig. Jedenfalls erkannte er schnell, daß er hier als Autor auf eine andere Resonanz stieß, und der ehrenvolle Empfang in Ost-Berlin einige Monate später mußte ihm endgültig klarmachen, daß er hier nicht nur, wie er hoffte, an der Verwirklichung des sozialistischen Traums teilnehmen konnte, sondern auch materiell und prestigemäßig anders gestellt sein würde als in Israel. Z.s Frau litt psychisch stark unter der Rückkehr nach Deutschland. Das äußert sich in Briefen, die sie selbst an Nachum Goldmann schrieb, aber auch in einem Brief Z.s an Lion Feuchtwanger, wo er erklärte, seine Frau wolle »nur zurück, nur nicht hier leben müssen, in den Trümmern und bei diesen Menschen, die so viel Grausiges getan haben«. Z. selbst erklärte im Sommer 1949, »weder Berlin noch Haifa als Wohn- und Arbeitsort preisgeben« zu wollen und seine Frau allenfalls für einige Monate im Jahr allein auf dem Karmel zurückzulassen. Die politischen Implikationen eines Lebens im Ostblock hat Z., nicht nur in dieser Frage, offenbar stark unterschätzt. Ebensowenig wie von einem Pendeln zwischen Israel und der DDR die Rede sein konnte, war Z.s Absicht zu verwirklichen, der Psychoanalyse im sozialistischen System Akzeptanz zu verschaffen. Sein Manuskript *Freundschaft mit Freud*, das er auf Anregung von Freuds Tochter Anna nach Freuds Tod begonnen hatte und Anfang der 60er Jahre abschloss, wurde ihm vom Berliner Aufbau-Verlag kommentarlos zurückgegeben. Im fortgesetzten Briefwechsel mit Anna Freud mußte er feststellen, daß sein Leben in der DDR ihn von jeder Entwicklung und Neuerscheinung im Gebiet der Psychoanalyse und der Freud-Forschung fernhielt. Das Manuskript wurde erst 1996 gedruckt.

Wie *Freundschaft mit Freud* waren fast alle größeren Arbeiten, die in Z.s letzten zwei Jahrzehnten in der DDR erschienen, noch in Haifa konzipiert worden. Dies galt für zwei Romane im Umfeld des *Grischa*-Zyklus ebenso wie für den 1963 erschienenen Roman *Traum ist teuer*, eines seiner schwächsten Bücher, das in Palästina und Ägypten während des Zweiten Weltkriegs angesiedelt ist und dessen Protagonist ein österreichisch-jüdischer, nach Palästina ausgewanderter Psychoanalytiker ist. Die Figur des zum Marxismus und Antifaschismus neigenden Nervenarztes scheint in weiten Teilen Z.s eigenem Selbstbild entlehnt. Dazwischen finden sich problematische zeitgeschichtliche Aussagen. So wird der »Hochmut« gerügt, »mit dem Mandatarmacht und Jewish Agency es unterließen, der palästinensischen Bevölkerung für die Bereitwilligkeit zu danken, den von Hitler und seinen Bluthunden ausgetriebenen deutschen Juden Asyl zu gewähren.« Das mußte jüdische Leser eingedenk der feindseligen arabischen Haltung in den 30er und 40er Jahren und der daraus resultierenden restriktiven britischen Einwanderungspolitik zur Zeit der Shoah schockieren. Etliche israelische Besucher Z.s in Ost-Berlin haben allerdings später seine positive, zuweilen auch sehnsüchtige Haltung gegenüber Israel bezeugt, und 1967 verweigerte er seine Unterschrift unter eine öffentliche Verurteilung Israels durch jüdische Künstler und Intellektuelle der DDR anläßlich des Sechstagekriegs. Insgesamt jedoch war der Rang des »Staatsschriftstellers« mit einer Einschränkung der Äußerungsmöglichkeiten verbunden, die für Z. gerade im Bereich des Jüdischen (etwa auch bezüglich einer Wiederveröffentlichung der *Bilanz* in einem DDR-Verlag) besonders schmerzlich gewesen sein dürfte.

Z.s Ansehen im Westen litt während der Nachkriegszeit beträchtlich darunter, daß er als Aushängeschild der DDR verstanden wurde. Erst die Wiedervereinigung konnte dazu führen, daß eine umfassende Ausgabe seiner Werke zustande kam, wobei die älteren Werke erstmals wieder in der ursprünglichen, unzensierten Fassung vorliegen. In Israel manifestierte sich ein neuer, ideologiefreier Blick auf Z. in der hebräischen Übersetzung des *Grischa* in den 80er Jahren und von *De Vriendt kehrt heim* Anfang der 90er Jahre. Gerade dieses letztere Buch ist wenige Jahre später nach der Ermordung des Premierministers Jitzchak Rabin durch einen jüdischen Fanatiker für Israel zum aktuellsten überhaupt geworden.

Werke: Berliner Ausgabe, hg. Humboldt-Universität zu Berlin u. Akademie der Künste, Berlin 1996ff.

Literatur: M. Wiznitzer, A. Z. Das Leben eines deutsch-jüdischen Schriftstellers, Königstein/Ts. 1983; A. Z., hg. W. v. Sternburg, Frankfurt a. M. 1987; L. H.-H. Müller, A. Z. und der Zionismus, in: Text u. Kritik 104 (1989), 9–24; A. Wolf, Größe und Tragik A. Z. s. Ein jüdisch-deutsches Dichterschicksal in jüdischer Sicht, London u. a. 1991.

Alfred Bodenheimer

Zweig, Stefan

Geb. 28. 11. 1881 in Wien; gest. 23. 2. 1942 in Petropolis (Brasilien)

Z. wuchs in einer bürgerlichen jüdischen Familie auf, deren Vorfahren aus Mähren und Deutschland nach Wien gekommen waren. Der Vater war ein erfolgreicher Textilunternehmer, die Mutter kam aus einer angesehenen Bankiersfamilie. In seiner Autobiographie, der *Welt von Gestern* (1942), schrieb Z. nicht ohne Wehmut: »So wie meine Eltern haben zehntausend oder zwanzigtausend Familien in Wien gelebt in jenem Jahrhundert der gesicherten Werte.« Dazu gehörte unabdingbar auch die Pflege der Kultur. Sie nahm als beinahe ontologische Größe einen festen Platz im Humanitätsverständnis des gehobenen Wiener Bürgertums ein. Die Beschäftigung insbesondere mit der Literatur war auch für Z. ein wichtiger Fluchtpunkt während seiner Schulzeit. Er las die Werke von Friedrich Nietzsche, Gerhard Hauptmann und den französischen Symbolisten, und zeitweise ließ er keine Vorstellung des Wiener Hoftheaters aus. Kunst und Geist wurden für ihn zu Orten der Freiheit, der Individualität und der Selbstverwirklichung.

Schon der 14jährige Schüler schickte Gedichte an Zeitschriften wie *Die Gesellschaft* oder *Die Zukunft* von Maximilian Harden, wo sie auch gedruckt wurden. Auch wandte er sich an Karl Emil Franzos in Berlin, den Herausgeber der *Deutschen Dichtung*, der seit 1898 einige Gedichte und Manuskripte annahm. Nach der Schulzeit schrieb sich Z. an der Wiener Universität ein, führte ein Bohème- und Caféhausleben und schrieb unaufhörlich. Von den zahlreichen Gedichten, die er bis dahin verfaßt hatte, stellte Z. 1901 eine Auswahl zusammen, die unter dem Titel *Silberne Saiten* zu einem ersten großen Erfolg wurden. Rilke schickte ihm daraufhin eine Sammlung eigener Gedichte, und Max Reger vertonte zwei Gedichte der Sammlung. Eine Novelle mit dem Titel *Im Schnee*, die Z. 1900 Karl Emil Franzos angeboten hatte, lehnte dieser jedoch ab. Darin wird das Schicksal einer jüdischen Gemeinde im Mittelalter behandelt, die auf der Flucht vor Flagellanten in einen Schneesturm gerät und verschüttet wird; Z. sieht diesen Schluß als Apotheose, die die Erlösung von irdischen Qualen bringt. Obwohl die Novelle nach dem Verständnis von Z. »absolut keine nationale Tendenz« enthielt, konnte er sie 1904 in Berthold Feiwels *Jüdischem Almanach* unterbringen. Erst 1963 wurde sie als Sonderdruck wieder aufgelegt. 1900 machte Z. auch die Bekanntschaft mit Theodor Herzl, der einen Artikel Z.s über die Dichtkunst in der *Neuen Freien Presse* veröffentlichte.

1901 kam Z. als Student nach Berlin und knüpfte wichtige Kontakte, obwohl er nur einige Monate blieb. Er besuchte die Veranstaltungen der *Neuen Gemeinschaft* der Brüder Hart und verkehrte im *Club der Kommenden*, zu dem so unterschiedliche Persönlichkeiten wie Ephraim Moses Lilien, Peter Hille und Rudolf Steiner gehörten. Aus Wien kannte Z. bereits Herzl und stand in Berlin in Kontakt zu Zionisten der ersten Stunde wie Buber und Lilien, doch blieb sein Verhältnis zum Zionismus ambivalent. Im Grunde lehnte er den Zionismus ab, ging jedoch niemals in Opposition zu ihm und pflegte zeitlebens gute Kontakte zu Zionisten. So schrieb er 1902 unter dem Titel *Werdegang eines jüdischen Künstlers* die Einleitung zur ersten Monographie über Lilien: »Der Zionismus ist das Banner, der ladende Ruf, der die Tausende um sich versammelt. Er hat das Judentum wieder bewußt gemacht, er hat in tausend Augen das Sternbild einer realen Möglichkeit entfacht. Er hat aus einer wachsenden Zersplitterung und Entfremdung eine kraftvolle Einheit gestaltet.« Der Zionismus als politische Bewegung aber blieb Z. immer fremd, wie er in einem Brief an Martin Buber formulierte: »Von Ihnen und den Ihren trennt mich nur dies, daß ich nicht wollte, daß das Judentum wieder Nation wird, daß ich die Diaspora liebe und bejahe als den Sinn seines Idealismus, als seine weltbürgerliche allmenschliche Berufung.« Zu Herzl hielt er bis zu dessen frühem Tod engen Kontakt, zumal beide neben persönlicher Sympathie ein gemeinsamer sozialer und gesellschaftlicher Hintergrund verband. Eine für 1929 geplante Biographie Herzls kam jedoch nicht zustande. In Berlin hatte Z. auch den jiddischen Dichter Schalom Asch kennengelernt, der später häufig bei ihm zu Gast war und der ihm die jiddische Literatur näherbrachte. Zu Aschs Geburtstag verfaßte Z. 1930 einen Artikel für die *Literarische Welt* in Berlin. Über Ernst Lissauer, Autor des umstrittenen *Haßgesangs gegen England*, schrieb Z. zwei Jahre später einen Artikel in der *C. V.-Zeitung*. Eine weitere wichtige Bekanntschaft, die Z. in seiner Berliner Zeit machte, war Richard Dehmel, der ihn zu ersten Übersetzungen aus dem Französischen anregte. Denn obwohl Z. in seinem Prosawerk von der Wiener Schule der Moderne beeinflußt und die Psychologie seiner Figuren den Lehren Freuds verpflichtet war, hatte Z. eine große Affinität zur französischen Literatur. Er übersetzte Paul Verlaine und

Emile Verhaeren, den er 1912 auf einer Vortragsreise durch Deutschland und Österreich begleitete, wobei Z. jeweils die Einführungsvorträge hielt. Durch seine Übersetzung weiterer Autoren wie Arthur Rimbaud, Romain Rolland, Jules Romains und André Malraux wurde Z. ein wichtiger Vermittler französischer Literatur.

Daß 1907 Ludwig Barnay vom Königlichen Schauspielhaus in Berlin das Schauspiel *Tersites* angenommen hatte, war ein Zeichen für Z.s zunehmende Beliebtheit. Dieses Vorhaben zerschlug sich aber ebenso wie der Plan, das Stück am Wiener Hoftheater herauszubringen. Die Uraufführung fand schließlich am 26. 11. 1908 in Dresden statt. *Tersites* und das folgende Stück *Haus am Meer* von 1911 begründeten Z.s Ruf als Bühnenautor. In den Jahren bis zum Weltkrieg reiste Z. regelmäßig; den Anstoß für Z.s größte Reise gab Walter Rathenau, den er seit 1907 kannte. Dieser hatte ihm geraten, sich einmal die Welt außerhalb Europas anzusehen, und Z. trat bereits wenige Monate später eine Reise an, die ihn nach Indien, ins Himalayagebiet und nach Hinterindien führte. Die Folgen des Kolonialismus und der Rassismus der europäischen Kolonialherren gegenüber den Einheimischen bestürzten ihn ebenso wie die Klassenschranken in den besuchten Ländern.

Den Ausbruch des Ersten Weltkrieges begrüßte Z. zunächst und wurde wie viele seiner Zeitgenossen vom Patriotismus ergriffen; auch er meldete sich nach der Mobilmachung freiwillig, wurde jedoch für dienstuntauglich erklärt. Dennoch wurde er zum Kriegspressehauptquartier eingezogen, einer Propaganda- und Zensurbehörde der österreichischen Armee, zu der auch Alfred Polgar und Albert Ehrenstein gehörten. Im Auftrag dieser Behörde wurde Z. 1915 »in das schwarzeste Galizien« geschickt. Unter dem Einfluß von Romain Rolland, dessen *Jean Christoph* Z. vor dem Krieg sehr gelobt hatte, löste er sich allmählich von seiner anfänglichen Kriegsbegeisterung und wurde ein entschiedener Kriegsgegner. 1916 übersetzte er Henri Barbusses Antikriegsroman *Le Feu*. Emile Verhaeren schlug in dieser Zeit in seinen Werken einen antideutschen Ton an, aber auch einen antijüdischen – Z. zeigte sich davon sehr verletzt. »Sie wissen, wie sehr ich ihn geliebt habe – und doch kann ich jetzt nicht trauern. Das Schicksal, persönlich für eine Rasse gehaßt zu werden, hat mich mein jüdisches Blut seit Jahren lächelnd ertragen gelehrt und seltsam, gerade in der Vehemenz seiner Äußerungen spüre ich einen tiefen Schmerz, eine Verzweiflung, die ich ehre und achte« (1915 an Romain Rolland). Klaus Mann nannte diese Reaktion einmal ironisch »eminent pazifistisch«, eine Formulierung, die Z. selbst geprägt hatte. Doch den Kern traf Joseph Roth, als er 1937 an Z. schrieb: »Sie widerlegen nichts mit ihrer Sanftmut, die übrigens gar keine ist, sondern Flucht.« Doch Z. verstand diese »Sanftmut« als letzten Versuch, das Individuum vor Ansprüchen kollektiver Art zu schützen. Vor diesem Hintergrund sind auch seine Monographien zu sehen, die ihn im Lauf der 20er Jahre einem immer größeren Publikum bekannt machten. So sollten die Arbeiten zu Balzac, Dickens und Dostojewski die ersten Bände einer Reihe mit dem Untertitel *Die Baumeister des Geistes. Versuch einer Typologie* bilden. Weitere Monographien verfaßte er über Romain Rolland (1921), Leo Tolstoi (1927), Joseph Fouché (1929), Marie Antoinette (1932) und Erasmus von Rotterdam (1934). In diesen Themenkreis gehören auch Z.s Essays zu historischen Figuren, die er 1927 unter dem Titel *Sternstunden der Menschheit* veröffentlichte. Z. brachte die Portraitierten nicht nur durch seine Schriften in Erinnerung; er sammelte seit seiner Schulzeit Autogramme und Manuskripte, aus denen im Laufe der Jahre ein kleines Museum geretteter Individual- und Geistesgeschichte entstand.

1918 veröffentlichte Z. sein Anfang 1916 begonnenes Drama *Jeremias*. Es war das erste Antikriegsdrama in Europa und begründete Z.s Ruhm als Literat und Pazifist. Das Stück handelt von der Kraft, die aus der Niederlage gezogen werden kann: »Die Macht der Niederlage ist die seelische Superiorität des Besiegten.« Doch gab es auch Kritik, wie z.B. von dem jiddischen Dichter David Frischmann, der Z. 1922 vorwarf, daß die biblische Figur und der jüdische Hintergrund nur Fassade seien, um universale und daher beliebige Ideen zu verbreiten. Z. floh nach der Machtergreifung 1933 über die Schweiz nach London, wo er bis 1940 lebte, bevor er sich in Brasilien niederließ; im Mai 1933 wurden seine Bücher verbrannt, doch hatte das Antikriegsdrama *Jeremias* ein besonderes Schicksal. In Palästina war es bereits 1929 in der Übersetzung von Avigdor Hameri aufgeführt worden, als zweite Inszenierung des Ohel-Theaters. Sie machte aus Z.s Drama ein zionistisches Propagandastück. In dieser Version sah es Z. 1934 in London bei einem Gastspiel des Ohel-Theaters, das von Ovationen des Publikums begleitet war. Wie Z. zu dieser oder anderen Umdeutungen seines Dramas stand, ist nicht bekannt. 1934 zeigten auch die zahlreichen jüdischen Kulturbünde, die seit ihrer Gründung im Sommer 1933 ihre Arbeit in Deutschland aufgenommen hatten, Interesse an Z.s *Jeremias*. Als erster führte der Berliner Kulturbund im Oktober 1934 den *Jeremias* auf, mit großem Erfolg. Das Stück fand die Zustimmung aller, der Zionisten, des Centralvereins und des Publikums. So schrieb Eva Reichmann am 5. 10. 1934 in der *C. V.-Zeitung*: »Und er lehnt sich gegen den Zorn des Ewigen. Aber seine Versuchung ist auch zugleich seine Erhöhung. Er gibt seiner Niederlage neuen Sinn, und sein Leiden preist er heilig, weil es in ihm erwählt ist zur ewigen Nachfolge Gottes. Hier recht eigentlich, in der Sinngebung des nationalen Untergangs als Begründung ewigen religiösen und geistigen Fortbestands, wächst die Deutung des prophetischen Wortes zur grandiosen Apotheose des Judentums.«

Als Z. 1916 die Arbeit am *Jeremias* aufnahm, stand er ganz unter dem Eindruck einer Reise nach Galizien. Damals schrieb er an Buber, der ihn zur Mitarbeit an seiner neugegründeten Zeitschrift *Der Jude* aufgefordert hatte, über dieses Stück: »Es ist die Tragödie und der Hymnus des jüdischen Volkes als des auserwählten – und der Schluß ist gleichsam der Verkündigung im Auszug aus Jerusalem zum ewig neu bebauten Jerusalem« (8. 5. 1916). Doch bedeutete dies für Z. keine zionistische Wende: »Ich halte nationale Gedanken, wie den jeder Einschränkung als eine Gefahr und erblicke eigentlich in der Idee, daß das Judentum sie realisieren sollte, ein Herabsteigen und einen Verzicht auf seine höchste Mission.« Zudem sah er in »allem was an Stolz in den jüdischen Bekenntnissen ist [...] eine aufgetane Unsicherheit, eine umgewendete Angst, ein gedrehtes Minderwertigkeitsgefühl, was uns fehlt, ist Sicherheit, Unbesorgtheit – ich fühle sie auch als Jude in mir immer stärker.« Z. sah schon 1916, zwei Jahre vor Kriegsende, voraus, daß die Schuld an einer eventuellen Kriegsniederlage den Juden angelastet werden würde, wie er an Abraham Schwadron schrieb: »Ich bin fest überzeugt, daß die Erbitterung, die jetzt schon latent ist, nach dem Kriege sich nicht gegen die Kriegshetzer, die Reichspost-Partei, sondern gegen die Juden entladen wird. Ich bin überzeugt – felsenfest – daß dem Krieg der Antisemitismus die Zuflucht dieser ›Großösterreicher‹ sein wird.« Wie sehr er recht behalten sollte, und welch dramatische Auswirkungen der Antisemitismus auf sein eigenes Leben haben sollte, war dann auch einer der Gründe für seine seit Mitte der 20er

Jahre und besonders im Exil häufig auftretenden Depressionen. Dennoch versuchte Z. weiter zu arbeiten. Neben dem Libretto zu Richard Strauss' Oper *Die Schweigsame Frau* (1933) verfaßte er 1929 die Legende *Rahel richtet mit Gott* und 1936 *Der begrabene Leuchter, die Geschichte der Menorah*. Auch hier standen singuläre Menschen im Zentrum, so wie Rahel, die sich als einzige dem zürnenden Gott entgegenstellt und dadurch das ganze Volk rettet, oder wie Benjamin (*Der begrabene Leuchter*), der aus inneren und äußeren Anfechtungen als Sieger hervorgeht. 1937 beteiligte sich Z. neben André Gide, André Malraux und Aldous Huxley an einem Aufruf zur Gründung eines internationalen Hilfsfonds für emigrierte deutsche Schriftsteller.

1940 kam Z. erstmals nach Brasilien, wo ihm ein triumphaler Empfang bereitet wurde; er beschloß, sich dort niederzulassen. Z.s Bekanntheit hätte ihm zwar das Emigrantenleben im Gegensatz zu den vielen Unbekannten erleichtern können; doch war für ihn das Exil von Anbeginn an ein fast unerträglicher Zustand. Am 23. 2. 1942 begingen er und seine zweite Frau in Petropolis bei Rio de Janeiro Selbstmord. Die brasilianische Regierung bestand auf einem Staatsbegräbnis und benannte eine Straße in Rio de Janeiro nach ihm. Z. selbst aber hatte in den letzen Monaten seines Exils von sich gesagt: »Ich passe nicht in diese Zeit. Diese Zeit mißfällt mir.«

Werke: Gesammelte Werke in Einzelbänden, hg. K. Beck, Frankfurt a.M. 1981ff.

Literatur: D.A. Prater, St.Z. Das Leben eins Ungeduldigen, München 1981; St.Z. heute, hg. M. Gelber, New York u.a. 1987; H. Mittelmann, Jüdischer Dichter, österreichischer Geist. St.Z.s. Autobiographie »Die Welt von Gestern«, in: Das Jüdische Echo 48 (1999), 199–206.

Heidelore Riss

Verfasserinnen und Verfasser

Adunka, Evelyn: Salten, Felix; Sperber, Manès; Torberg, Friedrich
Arroyo, Inka: Maimon, Salomon
Atze, Marcel: Adler, H G; Steiner, Franz Baermann
Bayerdörfer, Hans-Peter: Mehring, Walter; Schnitzler, Arthur
Billen, Josef: Ausländer, Rose; Buber, Martin
Bodenheimer, Alfred: Goldschmidt, Georges-Arthur; Herzl, Theodor; Lasker-Schüler, Else; Toller, Ernst; Zweig, Arnold
Braese, Stephan: Hildesheimer, Wolfgang; Kesten, Herrmann; Soyfer, Jura; Weil, Grete
Brand, Alix: Kraus, Karl
Breysach, Barbara: Klüger, Ruth; Meerbaum-Eisinger, Selma
Briegleb, Klaus: Heine, Heinrich
Caspary, Arpe: Altenberg, Peter; Tergit, Gabriele
Chase, Jefferson S.: Börne, Ludwig; Saphir, Moritz
Drews, Jörg: Kraft, Werner
Egyptien, Jürgen: Koestler, Arthur
Faul, Eckhard: Rubiner, Ludwig
Freytag, Karl: Klemperer, Victor
Gilman, Sander L.: Becker, Jurek (Übersetzung: Alix Brand)
Glasenapp, Gabriele von: Franzos, Karl Emil; Herzberg-Fränkel, Leo
Glasow, Kirstin von: Lublinski, Samuel
Goßens, Peter: Weißglas, Immanuel
Grubitz, Christoph: Rodenberg, Julius
Günter, Manuela: Kracauer, Siegfried
Hackermüller, Rotraut: Roda Roda, Alexander Friedrich
Herzog, Andreas: Brod, Max; Feuchtwanger, Lion
Hilfrich, Carola: Mendelssohn, Moses
Hoffmann, Daniel: Broch, Herrmann; Heimann, Moritz; Mynona
Hoffmann, Elisabeth: Langgässer, Elisabeth
Horch, Hans Otto: Auerbach, Berthold; Behr, Isachar Falkensohn; Döblin, Alfred; Hilsenrath, Edgar; Kisch, Egon Erwin; Wassermann, Jacob
Hufnagel, Cordula: Rosenzweig, Franz
Kilcher, Andreas: Kafka, Franz; Kuh, Anton; Roth, Joseph
Knickmann, Hanne: Pinthus, Kurt
Kremer, Detlef: Seghers, Anna
Krobb, Florian: Kompert, Leopold; Landsberger, Arthur
Lauer, Gerhard: Friedell, Egon
Lezzi, Eva: Lewald, Fanny
Mittelmann, Hanni: Gronemann, Sammy
Müller, Hans-Harald: Perutz, Leo
Müller-Lentrodt, Matthias: Goll, Yvan
Nickel, Gunther: Jacobsohn, Siegfried
Olbrich, Horst: Eloesser, Arthur
Oswalt, Stefanie: Harden, Maximilan; Polgar, Alfred; Tucholsky, Kurt
Riss, Heidelore: Hollaender, Felix; Kerr, Alfred; Ungar, Hermann; Viertel, Berthold; Wolf, Friedrich; Zweig, Stefan
Rosenberger, Nicole: Aichinger, Ilse
Schardt, Michael: Jacobowski, Ludwig
Schatz, Andrea: Herz, Henriette; Schlegel, Dorothea; Varnhagen, Rahel
Scheichl, Sigurd Paul: Margul-Sperber, Alfred
Schettler, Katja: Haas, Willy
Schulte, Christoph: Nordau, Max
Sparr, Thomas: Celan, Paul; Kolmar, Gertrud; Sachs, Nelly; Weiss, Peter; Wolfskehl, Karl
Stieg, Gerald: Canetti, Elias
Strickhausen, Waltraud: Spiel, Hilde
Strümpel, Jan: Améry, Jean; Lind, Jakov; Tabori, George
Sudhoff, Dieter: Weiss, Ernst
Thunecke, Jörg: Fried, Erich
Tippelskirch, Karina von: Landau, Lola; Sahl, Hans
Varga, Eva: Behr, Isachar Falkensohn
Vollmer, Hartmut: Hessel, Franz
Wallas, Armin A.: Ehrenstein, Albert; Werfel, Franz; Wolfenstein, Alfred
Wiese, Christian: Anders, Günther; Domin, Hilde
Wolzogen, Hanna Delf von: Beer-Hofmann, Richard; Landauer, Gustav; Mombert, Alfred; Mühsam, Erich

Die in diesem Band versammelten Autorenporträts stammen aus dem »Metzler Lexikon der deutsch-jüdischen Literatur« (2000).

Bibliografische Information
Der Deutschen Bibliothek
Die Deutsche Bibliothek verzeichnet diese Publikation in der Deutschen Nationalbibliografie; detaillierte bibliografische Daten sind im Internet über <http://dnb.ddb.de> abrufbar.

Gedruckt auf chlorfrei gebleichtem, säurefreiem und alterungsbeständigem Papier

ISBN-13: 978-3-476-02136-6
ISBN-10: 3-476-02136-X

www.metzlerverlag.de
info@metzlerverlag.de

Einbandgestaltung: Katja Störrle
Satz: Typomedia GmbH, Scharnhausen
Druck und Bindung: C. H. Beck, Nördlingen
Printed in Germany
März / 2006
Verlag J. B. Metzler Stuttgart · Weimar